Michael Wolffsohn, Douglas Bokovoy
Israel

Michael Wolffsohn/Douglas Bokovoy

Israel

Grundwissen-Länderkunde
Geschichte Politik Gesellschaft
Wirtschaft (1882-1994)

4. erweiterte und überarbeitete Auflage

Leske + Budrich, Opladen 1995

Zur Person der Autoren:

Prof. Dr. Michael Wolffsohn, geboren 1947, lehrt Neuere Geschichte an der Universität der Bundeswehr München. Studium der Geschichte, Politikwissenschaft und Volkswirtschaftslehre an der FU Berlin und in Tel-Aviv. Promotion 1975 (FU Berlin), Habilitation 1980 (Universität des Saarlandes; Politikwissenschaft), Erweiterung der Lehrbefugnis (Venia Legendi) für Zeitgeschichte 1980 (Universität des Saarlandes).

Veröffentlichungen: u.a. *Die Debatte über den Kalten Krieg* (1982); *Politik in Israel* (1983); (mit Friedrich Schreiber) *Nahost* (1987, dritte Auflage 1993); *Ewige Schuld? 40 Jahre deutsch-jüdisch-israelische Beziehungen* (1988, fünfte Auflage 1994, aktualisierte und erweiterte US-Ausgabe 1993); *Wem gehört das Heilige Land?* (erste und zweite Auflage 1992); (mit Uwe Puschner) *Geschichte der Juden in Deutschland* (1992, ausgezeichnet mit dem Deutschen Schulbuchpreis 1993). *Verwirrtes Deutschland?* (1993, zweite Auflage 1994); *Frieden Jetzt? Nahost im Umbruch* (1994)

Douglas Bokovoy, geboren 1949, ist Gymnasiallehrer und wissenschaftlicher Mitarbeiter an der Universität der Bundeswehr München. Studium der Geschichte, Germanistik und Amerikanistik an Macalester College in Minnesota und an der Ludwig-Maximilians-Universität in München. Veröffentlichung von wissenschaftlichen Übersetzungen und Aufsätzen; Herausgeber (mit Stefan Meining) und Mitautor von *Versagte Heimat. Jüdisches Leben in München Isarvorstadt* (1994).

Die 2. Auflage des vorliegenden Buches ist 1987 in den USA unter dem Titel *Israel: Polity, Society, Economy, 1882-1986* erschienen.

Deutsche Bibliothek – CIP-Einheitsaufnahme
Wolffsohn, Michael/Bokovoy, Douglas
Israel : Grundwissen; Geschichte – Politik – Gesellschaft – Wirtschaft /
Michael Wolffsohn. – 4. völlig überarb. Aufl. – Opladen: Leske und Budrich, 1995
(Grundwissen – Länderkunden; Bd. 3)
ISBN: 3-8100-1310-2
NE: GT

Satz: Leske + Budrich, Opladen
Gesamtherstellung: Presse-Druck, Augsburg
Printed in Germany

Vorwort

„Israel-Grundwissen“ will, ähnlich wie die übrigen Veröffentlichungen in dieser Reihe des Leske Verlages, grundlegende Daten und Informationen über wichtige ausgewählte Bereiche der Politik, Wirtschaft und Gesellschaft des untersuchten Staates auf knappem Raum darstellen. Auch dieser Band versteht sich als Einführung und Nachschlagewerk, das Daten sowie Informationen leicht und schnell abrufbar vorlegt. Abbildungen und Tabellen sollen Lernenden und Lehrenden, die dieses Buch verwenden, die Arbeit erleichtern. Literaturverweise und -verzeichnisse wurden auf ein Mindestmaß beschränkt.

Soweit wie möglich werden Materialien für den Zeitraum von 1882, dem Beginn der zionistisch motivierten Einwanderung nach Palästina, bis 1994 vorgelegt. Die amtlichen Statistiken liefern zwar die besten, doch nicht immer die aktuellen Daten.

Hinter der Masse unpersönlicher Daten darf freilich nicht der Mensch vergessen werden, sie sollen ihn nicht „abschaffen“ (Tenbruck), vielmehr als Kürzel andeuten, wieviel Leistung er erbracht, Leid ertragen, Hoffnungen verwirklicht oder begraben. Ein Beispiel: Die Zahlen zeigen uns für die Jahre von 1932 bis 1938 einen dramatischen Anstieg der jüdischen Einwanderung nach Palästina. Daß sich dahinter der Aufstieg des Nationalsozialismus verbirgt, muß jedermann mitbedenken. Oder: Zwischen 1947 und 1948 wurden die Araber Palästinas aus einer Mehrheit zu einer Minderheit. Hier muß man sich des erbarmenswerten Schicksals der Flüchtlinge und Vertriebenen bewußt sein. Wegen des begrenzten Umfangs dieses Buches, blieben diese Aspekte weitgehend unerwähnt, doch fehlt es wahrhaftig nicht an qualitativ und normativ höchst unterschiedlichen Veröffentlichungen zu diesen Themen.

Daten schaffen also den Menschen nicht ab, sondern zeichnen seine Existenz nach.

Es läge nahe, die seit 1967 von Israel besetzten/eroberten/ befreiten/verwalteten (je nach Standpunkt) Gebiete stärker in dieses Buch einzuarbeiten. Da es sich aber hierbei nach wie vor um ein gesondertes politisches Problem handelt und nicht mehr um den bevölkerungspolitisch sowie normativ unzweideutig jüdischen Staat, bin ich hierauf nur zu sprechen gekommen, wenn es für Israel in den Grenzen vom 4. Juni 1967 bedeutsam ist. Auf die Probleme, die sich für den jüdischen Charakter des jüdischen Staates langfristig durch die Siedlungs- und (faktische) Annexionspolitik ergeben, weise ich besonders in den Abschnitten über die politische Geographie, die Bevölkerungsentwicklung und die Situation der Araber hin.

Derjenige, der Bekenntnisse zu oder über Israel sucht, möge dieses Buch beiseite legen. Wer sich jedoch um eigene Erkenntnisse durch das Sammeln von Kenntnissen bemüht, könnte Starthilfen erhalten.

Bei der bewertenden Urteilsbildung lasse ich den Leser absichtlich allein. Meine Einstellungen und Meinungen halte ich nicht für bedeutsam genug, um sie den Lesern direkt oder indirekt aufzudrängen. Aus den Tatsachen möge er sich ein *eigenes* Urteil bilden.

Erwähnenswert ist die Tatsache, daß einige, wenngleich wenige, bundesdeutsche Rezensenten gerade diese Zurückhaltung bedauerten oder rügten. Kritiker in den USA haben sie dagegen ebenso wie zahlreiche israelische Kollegen und auch Repräsentanten der PLO gelobt. Ich vertraue weiterhin auf den mündigen Leser. Ich möchte eher informieren als diskutieren, denn Information ist die Grundlage der Diskussion. Besonders im Abschnitt über israelische Identität habe ich gegen den selbstgestellten Anspruch absichtlich verstoßen.

Es wurde in den meisten Abschnitten versucht, nicht nur die Handlungen der Politiker, sondern auch die Einstellungen der Bürger zu den jeweiligen Problemen wiederzugeben. Deshalb sind Umfrageergebnisse zu den jeweiligen Themenbereichen häufig zitiert und interpretiert worden. Für die ständige Versorgung mit aktuellen Umfragedaten danken wir besonders Dr. Shlomit Levy vom Louis Guttman Israel Institute of Applied Social Research in Jerusalem.

Diese Buch ist die veränderte und aktualisierte Fassung der dritten Auflage, die 1991 erschien.

Erweitert wurde auch der Titel des Buches um den Bereich *Geschichte*. Das entspricht der historischen Vorgehensweise in den drei Teilen des Buches.

München, im Oktober 1994

Inhalt

Einleitung

1. Israel als Parteienstaat

Am Anfang war die Organisation der Parteien (vgl. Abb. 1). Im Jischuw, der jüdischen Gemeinschaft in Palästina vor der Staatsgründung, existierten Parteien, bevor es eine jüdische Gesellschaft, geschweige denn Wirtschaft gab. Bevor die Mehrheit der Bevölkerung ins Land kam, hatten die wenigen Einwanderer, die Ende des 19. und Anfang des 20. Jahrhunderts nach Palästina eingewandert waren, politische Institutionen gegründet, kurzum, die Rahmenbedingungen für das Parteiensystem und darüber hinaus für die gesellschaftlichen und wirtschaftlichen Strukturen geschaffen. Das Dach wurde vor dem Haus gebaut. Die Parteien, besonders die sozialistischen, begnügten sich nicht nur mit der Errichtung der Organisationen, sie bauten ein Netzwerk auf, das ihre Mitglieder und Anhänger ‚von der Wiege bis zur Bahre' versorgen sollte. Politik, Wirtschaft, Gesellschaft und Kultur, ja auch der militärische Bereich, waren mit der Parteipolitik von Anfang an nicht nur verflochten, sie wurden durch sie bedingt. Eine Darstellung Israels muß daher lange vor der Staatsgründung von 1948, und zwar mit dem politischen Bereich beginnen, gleichzeitig aber Kontinuität und Wandel verdeutlichen. Die institutionell-organisatorisch-beschreibenden Daten über Politik, Gesellschaft und Wirtschaft werden häufig durch Umfrageergebnisse ergänzt. Diesen Materialien über Meinungen und Einstellungen werden wiederum Skizzen über das Handeln der Israelis in diesen Bereichen gegenübergestellt.

Da Politik, Gesellschaft, Wirtschaft, Kultur und Militär, also fast alle Bereiche des öffentlichen, ja sogar des privaten Lebens vor, doch auch Jahrzehnte nach der Unabhängigkeit mit Parteipolitik zusammenhingen, wird in diesem Buch immer wieder auf die Parteien hingewiesen. Israel konnte lange als Musterbeispiel eines „Parteienstaates" gelten. Nichts ging ohne oder gar gegen sie. Nicht einmal Sportvereine waren unpolitisch: Die Anhänger der Arbeiterparteien fanden sich im Hapoel-Verein zusammen. Liberal-Bürgerliche im Makkabi, reine Nationalisten, besonders Sympathisanten Begins, im Beitar, Nationalreligiöse im Elizur. Noch heute tragen Fußballspiele zwischen Hapoel- und Beitar-Mannschaften manchmal Züge politischer Ersatzhandlungen.

Abbildung 1: Entwicklungsschema im Zionistischen Aufbauwerk

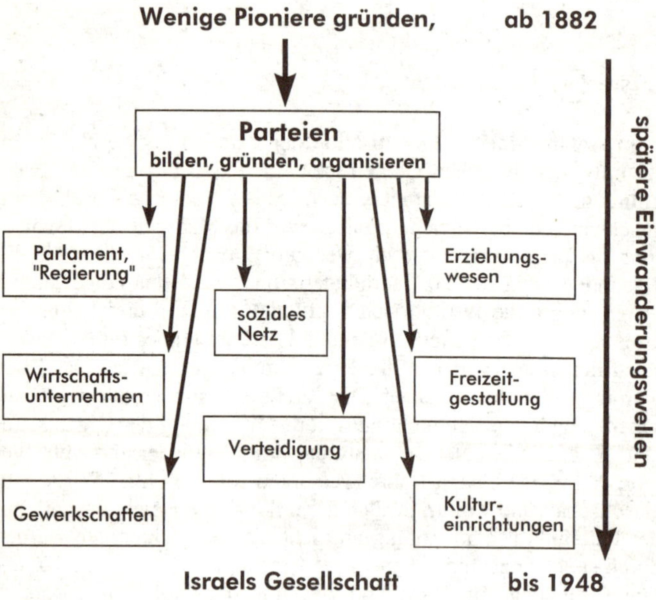

Kernpunkt: Die politischen Strukturen, vor allem die Parteien, entstehen *vor* Wirtschaft und Gesellschaft. Die Gesellschaft kommt bzw. entsteht später durch Einwanderung, als die politisch-wirtschaftlichen Institutionen schon bestehen. Die jüdische Gesellschaft wurde importiert.

2. Politische Geographie

Politische Geographie kann *normativ* sowie *historisch-politisch* sein. Weder die eine noch die andere ist eindeutig bestimmt, und feststehend ist keine von beiden. Voraussetzung sowohl der normativen als auch der historisch-politischen Geographie ist die *natürliche*, da sie beide sozusagen dynamisiert, politisch-militärische Offensiven oder Defensiven programmiert. Beispiele: Der Rhein in der französischen Geschichte, der Jordan in der zionistischen.

Die wichtigste Grundlage der normativen, politischen Geographie des Zionismus ist das Alte Testament. Aber selbst diese normative Grundlage ist keineswegs eindeutig, da auch die „von Gott verheißenen" Landesgrenzen, die in der Bibel genannt werden, höchst unterschiedlich sind. Auch im Talmud, der Fixierung und Kommentierung der zunächst nur mündlich überlieferten Gesetze, gibt es zahlreiche abweichende Schilderungen der Grenzen des „Landes Israel" (Eretz Israel).

In Genesis (15: 18) versprach Gott Abraham das Land „vom Nil bis zum Euphrat", das später vor allem die Untergrundarmee Lehi beanspruchen sollte (vgl. Deuteronomium 1: 7 und 11: 24). In Numeri (34: 3-15), ähnlich auch in Jehezkel (47: 15-20), ist das Gebiet schon wesentlich kleiner, ohne daß es heute genau rekonstruierbar wäre. Es umfaßt zumindest Teile des nördlichen Negev, das Westjordanland und Galiläa. Wesentlich expansiver ist das in den Psalmen (72: 8-11) dem künftigen Messiaskönig versprochene Reich, das vom Nil, dem Mittelmeer, Euphrat, Persischem Golf und Rotem Meer umgrenzt werden sollte.

Die Formel vom „gelobten Land" bezieht sich auf die Juden. Diese normative Grundlage der politischen Geographie beinhaltet also jüdisch-arabischen Sprengstoff. Die Verheißung für den einen wird zum Schrecken des anderen.

Paradoxerweise könnte man jedoch sogar den Koran als historisch-politischen Atlas zugunsten der jüdischen Seite zitieren. Das ist nicht verwunderlich, denn der Prophet Mohamed stellte sich unzweideutig in die Tradition des Alten Testamentes. Man schlage im Koran folgende Suren auf: 10/94, 14/14-16, 17/105, 21/72-76, 24/56, 26/58 und 26/59. Wie für die jüdischen Propheten ist für Mohamed Zion das Gelobte Land der Juden, aus dem sie ihrer Sünden wegen von Gott ins Exil geschickt wurden. Demzufolge hinge eine Rückkehr der Juden ins Gelobte Land von ihrer religiösen Umkehr ab. Diese Umkehr müßte, aus islamischer Sicht, dann freilich die Abkehr vom Judentum bedeuten. Mit anderen Worten: Die jeweils Heilige Schrift bietet eine zumindest problematische Rechtfertigungsgrundlage für politisch-geographische Ansprüche – der einen *und* anderen Seite (Wolffsohn, 1992).

Orte und Ortsnamen können Symbole sein und der normativen politischen Geographie zugeordnet werden. Auschwitz wäre ein Beispiel aus der diasporajüdischen Zeitgeschichte. Die Umwandlung arabisch-palästinensischer Orte und Ortsnamen in israelisch-hebräische wäre in diesem Zusammenhang ebenfalls zu nennen. Das oberhalb und westlich des Sees Genezareth gelegene Plätzchen Karnei Chittin ist besonders am 4. Juli ein Ort der politischen Wallfahrt israelischer Araber mit ausgeprägt palästinensischer Identität geworden. Warum? Weil hier am 4. Juli 1187 die Schlacht von Hattin stattfand: Die Kreuzfahrer wurden von Saladin entscheidend geschlagen. Es war der Anfang vom Ende einer Fremdherrschaft in Palästina. Und als Fremdherrschaft empfinden Palästinenser den jüdischen Staat.

Die Dynamik der historisch-politischen Geographie veranschaulichen die folgenden Abbildungen.

a) Das Staatsgebiet

In der Unabhängigkeitserklärung Israels werden die Grenzen des Jüdischen Staates nicht genannt, da sich Maximalisten und Minimalisten nicht einigen konnten (vgl. Wolffsohn, 1983: 244ff.) Art. 1 des am 16.9.1948 vom Provisorischen Staatsrat verabschiedeten „Gesetzes über den räumlichen Rechts- und Zuständigkeitsbereich" besagt: „Jedes im gesamten Staat Israel angewandte Gesetz wird als gültig angesehen in bezug auf das gesamte Gebiet, das den Staat Israel sowie alle Teile von Eretz Israel umfaßt, die der Verteidigungsminister (!) als von Zahal (israelische Verteidigungsarmee) gehalten erklärt" (zit. aus: Rubinstein, 1974: 60).

Nach dem Unabhängigkeitskrieg von 1948/49 hatte man sich mit den Grenzen abgefunden, sie jedoch nicht gesetzlich verankert. Am 27.6.1967, nach dem Sechs-Tage-Krieg, ergänzte die Knesset, Israels Parlament, das Neuordnungsgesetz „Law und Administration Ordinance"), LAO, vom 19.5.1948 um Art. 11 b, der besagt: „Recht, Gerichtsbarkeit und Verwaltung des Staates werden auf das Gebiet von Eretz Israel angewandt, welches die Regierung (!) durch eine Verordnung festsetzt" (zit. aus: Rubinstein, 1974: 63). Am 28.6.1967 wurde israelisches Recht auf Ost-Jerusalem übertragen, es wurde annektiert. Am 30.7.1980 verabschiedete die Knesset ein „Grundgesetz", das Jerusalem zu Israels „unteilbarer" Hauptstadt bestimmte.

Abbildung 2: Historisch-politische Geographie

1. Periode des zweiten Tempels:
Das Königreich Herodes um 20. v. Chr.

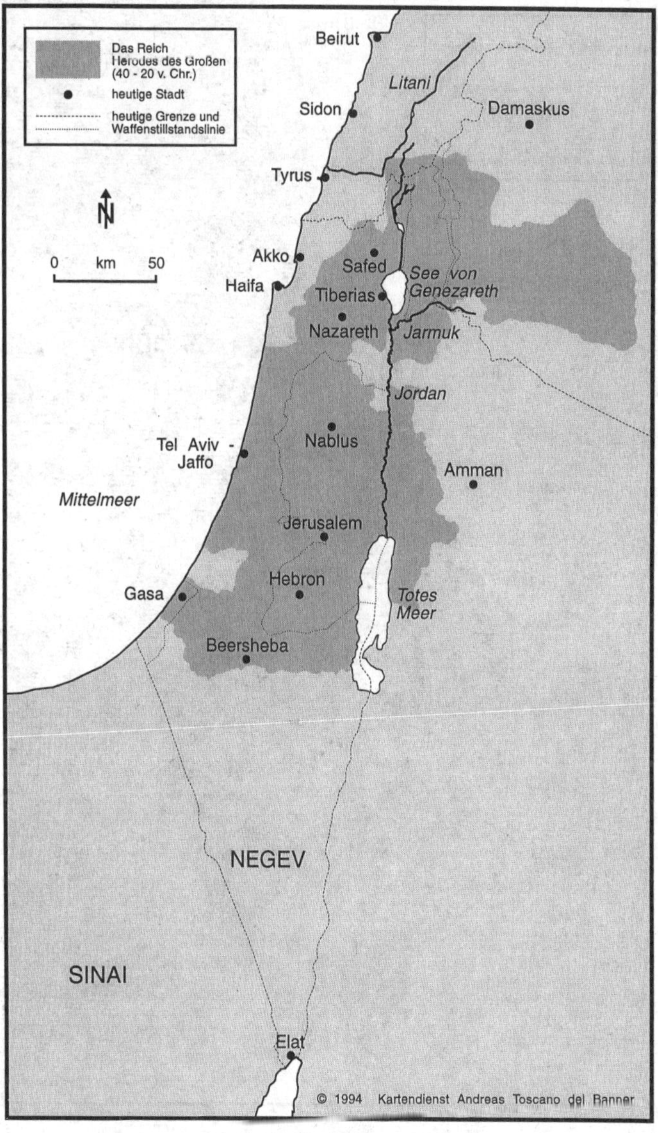

2. Die römische und byzantinische Zeit:
Die Provinz Palästina, 1.-7. Jh.

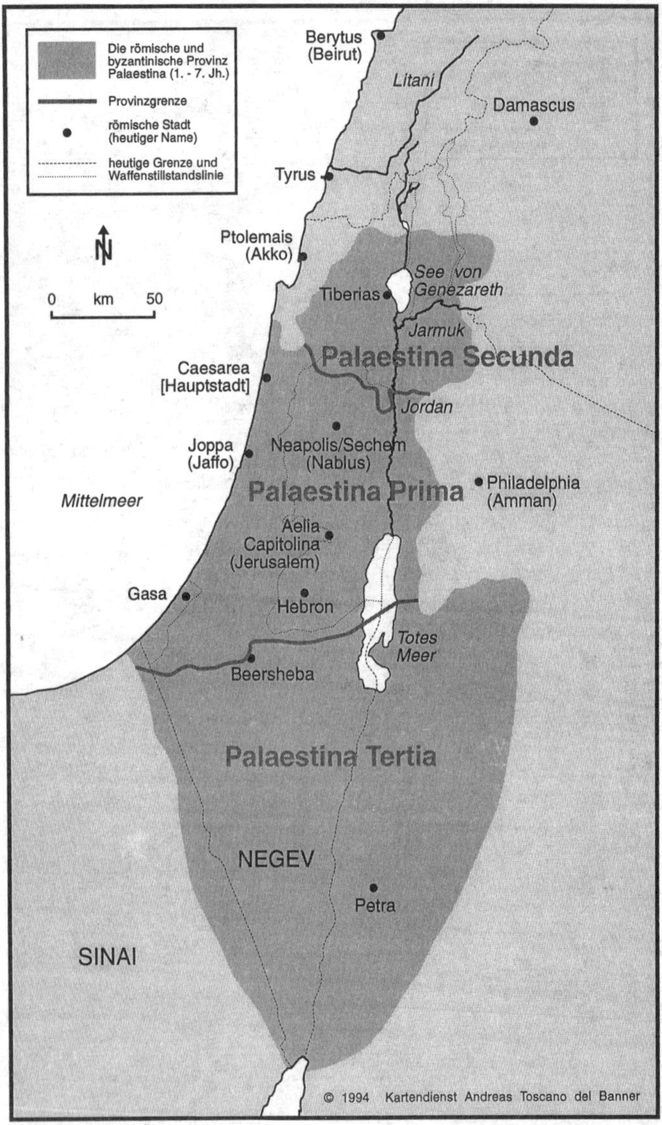

3. Palästina nach der arabischen Eroberung: Dschund Filastin, 7.-10. Jh.

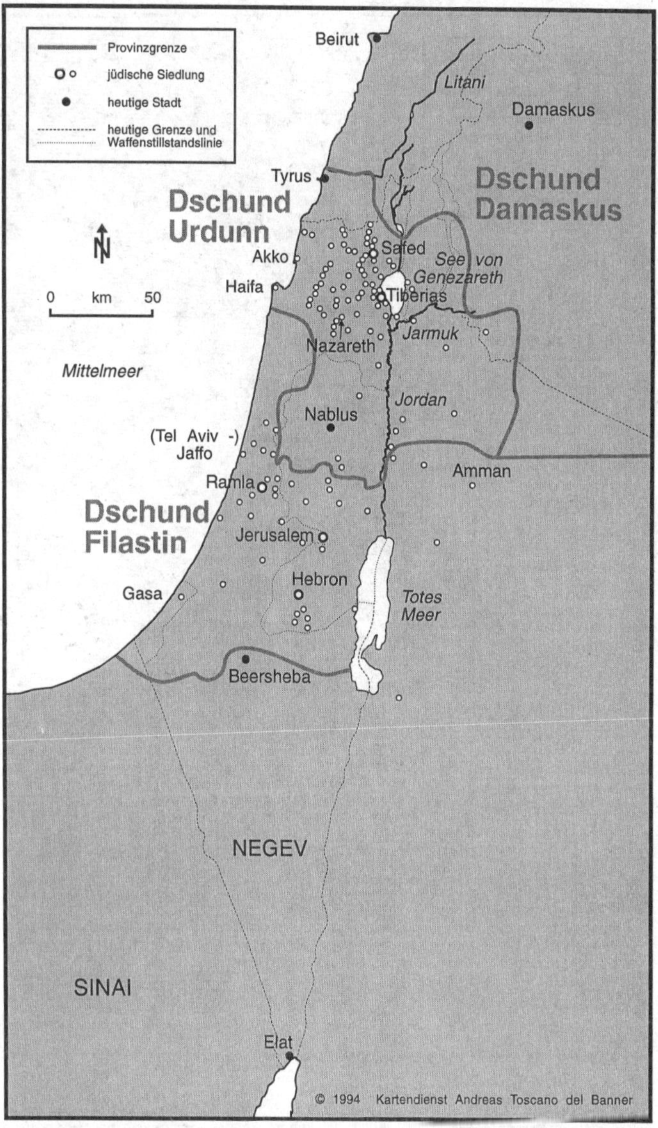

4. Die Zeit der Kreuzfahrer: Das Königreich Jerusalem, 1099-1229

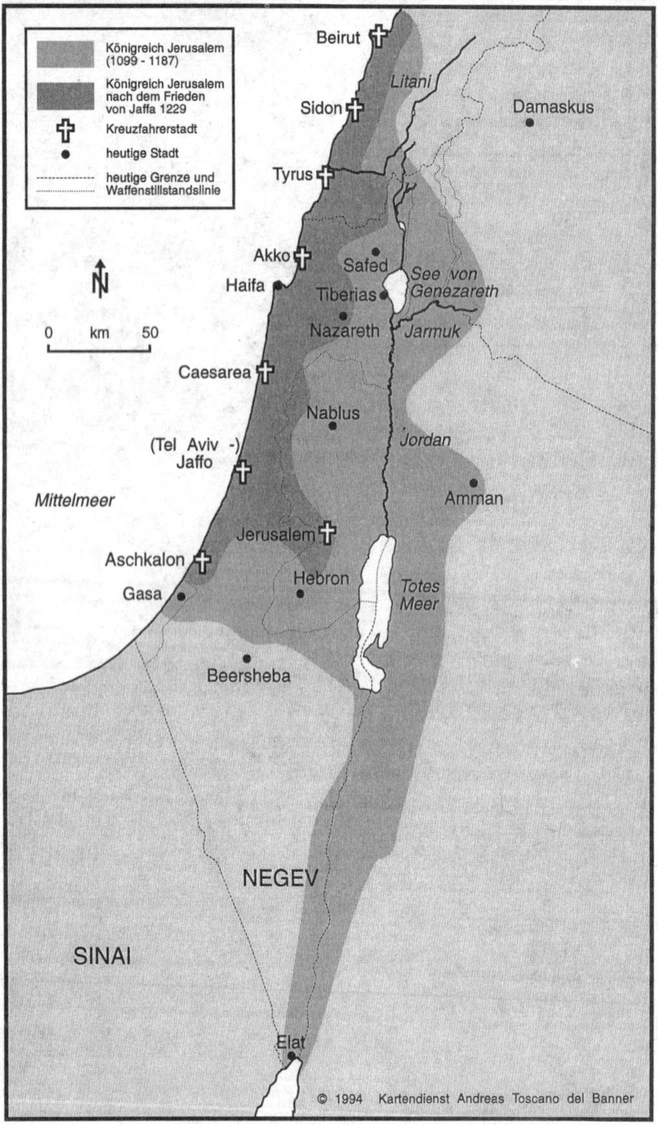

5. Die Mameluken- und osmanische Herrschaft (13.-20. Jh.): Palästina um 1880

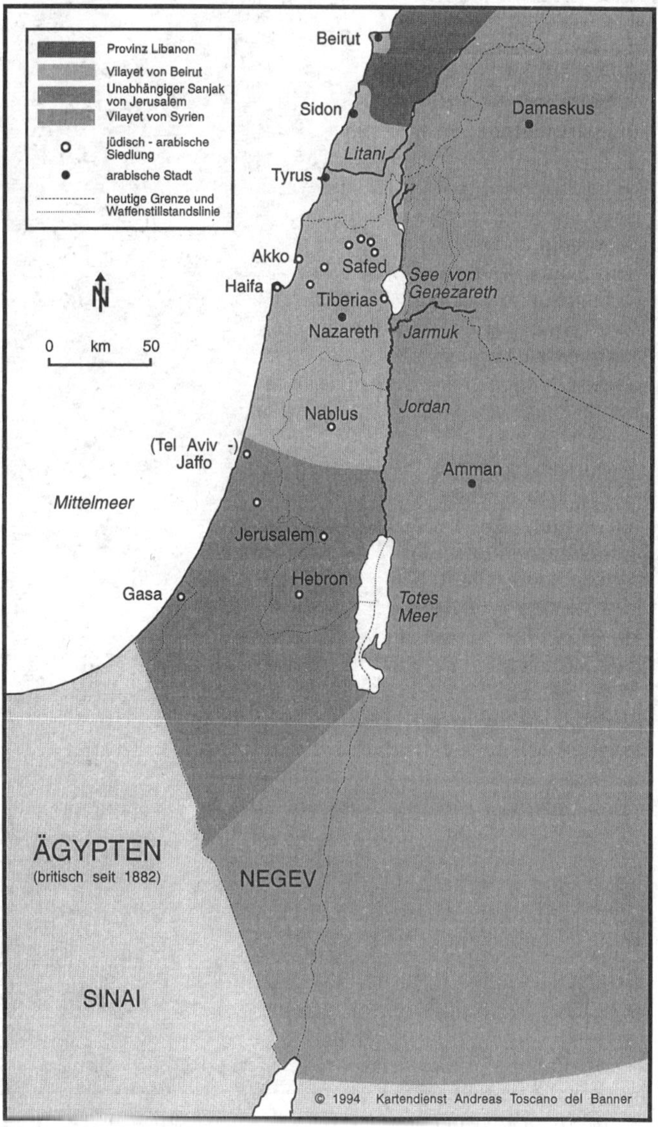

6. Die Teilung Palästinas 1921-1923

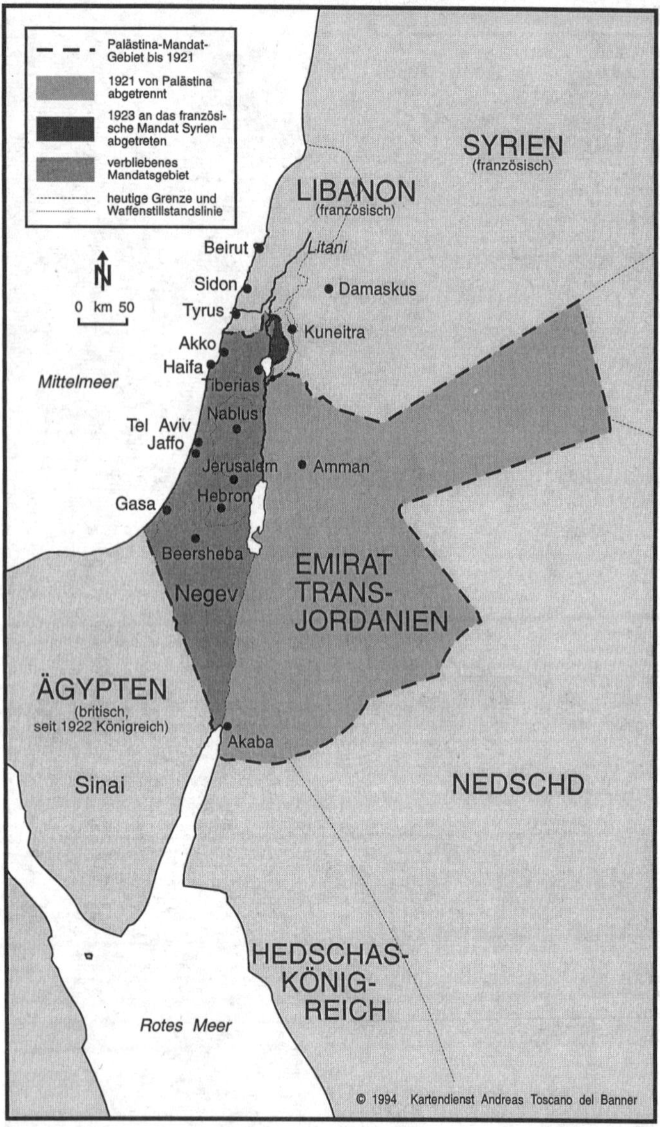

7. Der UNO-Teilungsplan von 1947

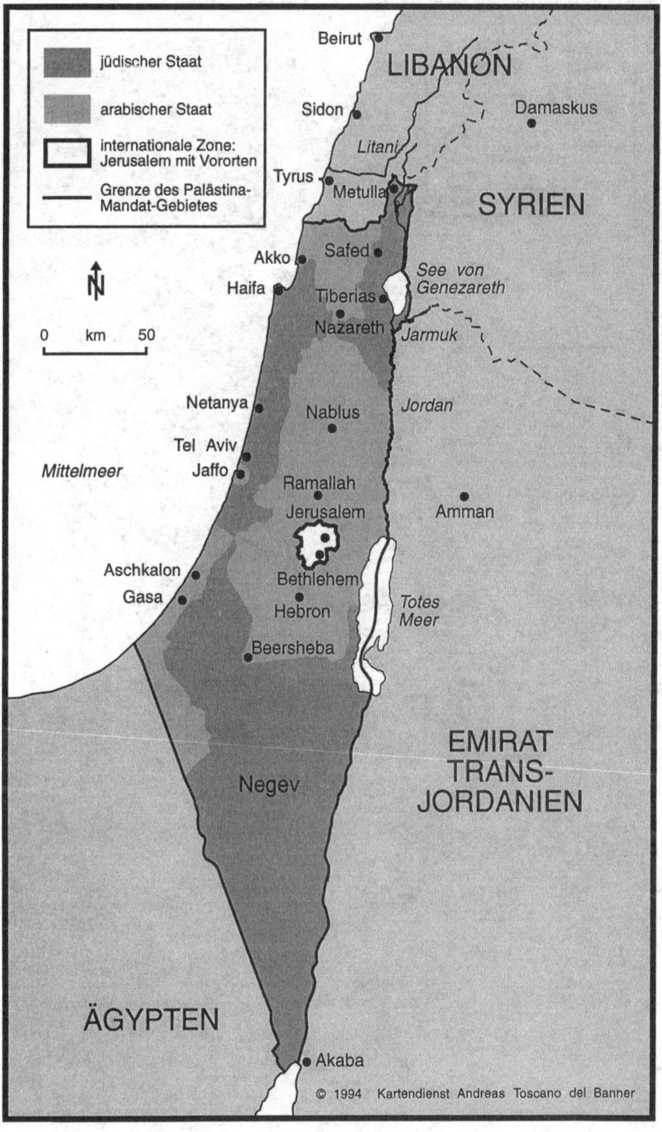

8. Israel 1948-1967

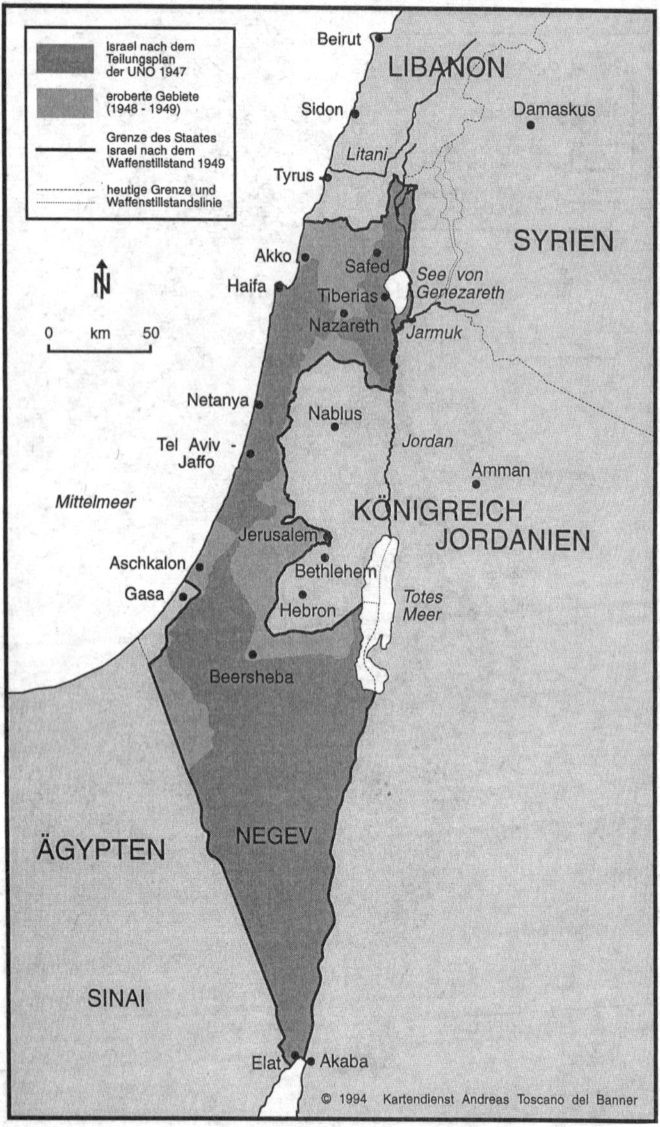

9. Israel 1967-1982

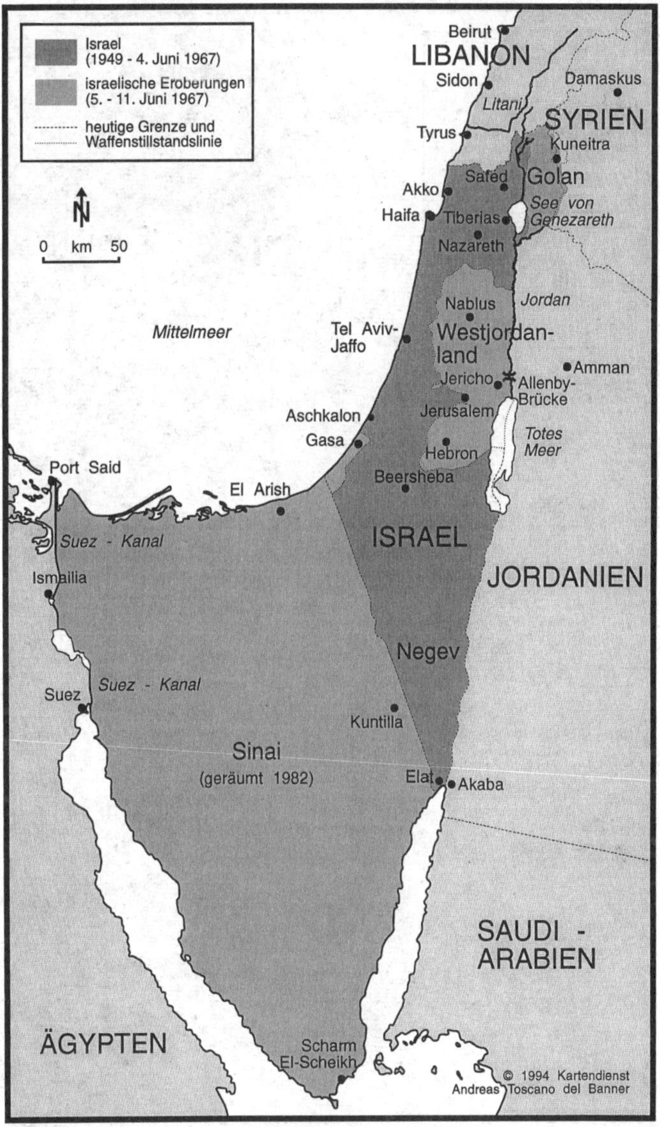

10. Israel 1994

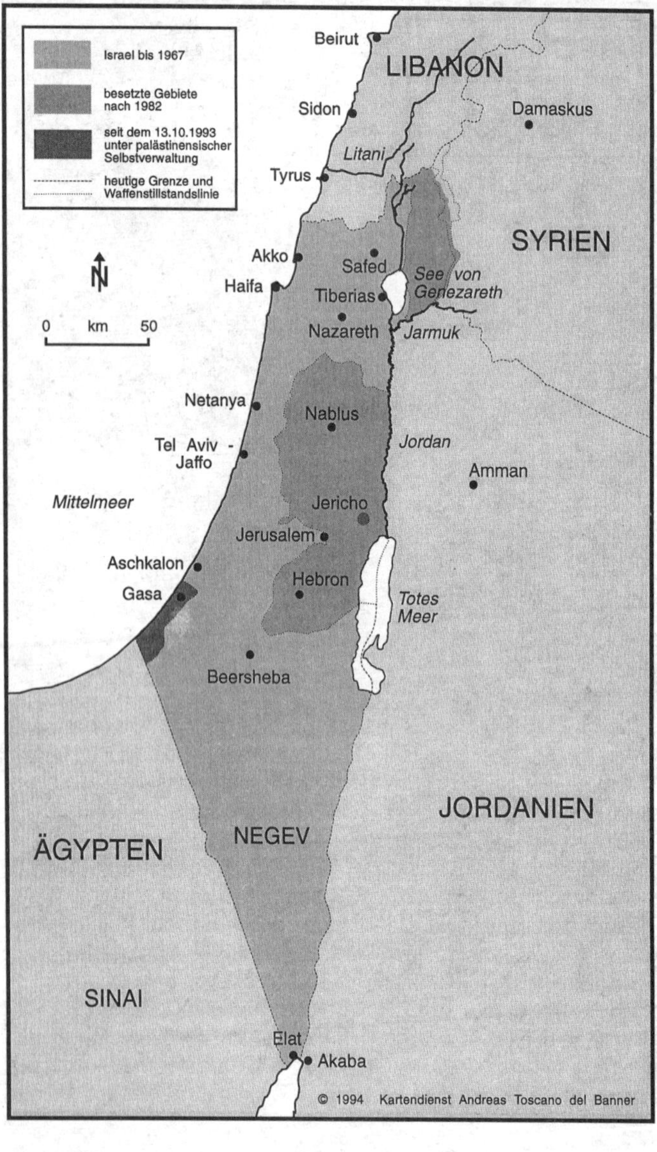

Die Einverleibung Ost-Jerusalems führte keineswegs zu einem jüdisch-arabischen Miteinander (Layisch, 1992). Nur das geographische Nebeneinander war aufgehoben worden. Im Herbst 1987, noch vor dem „Aufstand der Palästinenser in den besetzten Gebieten“, also vor der „Intifada“, ergab eine Umfrage bei den jüdischen Bürgern der Stadt, daß zwei Drittel seltener als früher in Ost-Jerusalem einkauften. Ebenfalls zwei Drittel lehnten eine Beteiligung der arabischen Jerusalemer an der Verwaltung der Stadt ab, und ein Drittel wollte ihnen das Wahlrecht verweigern. „Mit harter Faust“ müsse man sie beherrschen, meinten 52% (Smith-Institut, N. Schragai, Haaretz, 21.3.1988).

Am 14.12.1981 wurden die Golan-Höhen durch Beschluß des Parlamentes israelisches Rechtsgebiet.

Seit 1978 bzw. 1982 kontrolliert Israel mit Hilfe der „Südlibanesischen Armee“ Teile des südlichen Libanon, den die Zionistische Weltorganisation schon 1919 für den künftigen jüdischen Staat beansprucht hatte. Der Grund: Der Südlibanon hat viel Wasser. Israels derzeitige Anwesenheit hat andere Gründe, zumindest andere Anlässe, doch die Geographie zwischen diesen beiden Staaten war selten unpolitisch, und man muß sie im geographisch-politischen Zusammenhang mit der Wasserscheide der Golan-Höhen und Nord-Galiläas, also den Quellflüssen des Jordan, sehen. Kontrolle über die Wasservorräte bedeutet eben auch politisch-militärische und nicht zuletzt wirtschaftliche Sicherheit.

Syrien und Jordanien möchten das Wasser des Jarmuk zumindest teilweise in eigene Bewässserungssysteme ableiten. Das beunruhigt Israel, das bereits seit 1987 drohte, gegen diese Pläne gegebenenfalls mit militärischen Aktionen vorzugehen.

Seit 1967 trinken die Israelis Wasser, das ihnen eigentlich gar nicht gehört. Es kommt aus dem besetzten Westjordanland. Im Wasserhaushalt Israels wird nicht mehr zwischen dem Kernland und den besetzten Gebieten unterschieden. Ein Viertel der Wasserreserven Israels, das sind 475 Millionen Kubikmeter, lagern unter dem Westjordanland. Achtzig bis neunzig Prozent behält Israel für die jüdische Bevölkerung. Umgekehrt liefert Israel aus eigenen Quellen Wasser in den Gasa-Streifen (Beschorner 1992; Hof 1985; Starr/Stoll 1988; Naff 1984).

Schon heute kann man daher sagen, daß eine Lösung der Gebietsfrage keineswegs nur durch Ideologien oder militärische Denkmuster erschwert werde. Es kommt darauf an, daß keine Seite der anderen „das Wasser abgräbt“ – im wörtlichen Sinne.

Die legalistischen, „völkerrechtlichen“, Diskussionen über die Grenzen Israels oder Palästinas, auch Jordaniens und des Libanon, verfehlen das eigentliche Problem. Weder israelisches noch jordanisches, osmanisches oder durch Völkerbund und Vereinte Nationen gesetztes „Recht“ ist in diesem Konflikt unumstritten, beziehungsweise überparteilich. Alle diese Ausprägungen des stets parteilichen Rechts betreffen das zweitrangige Problem der *Legalität*. Von erstrangiger Bedeutung ist jedoch die *Legitimität*, das heißt das Problem der inneren und dann geäußerten Zustimmung der Betroffenen, aller Betroffenen, zu den jeweiligen Grenzen. Die bisherigen legalen Grenzen entbehrten der Legitimität.

Literaturhinweise

Beschorner, 1992
Blake/Schofield, 1987
Kipnis, 1987
Shalit, 1987
Hof, 1985
Karmon, 1983
Kimmerling, 1983
Gilbert, 1974

b) Die Siedlungspolitik

An der Siedlungspolitik scheiden sich nicht nur im Ausland, sondern auch in Israel die Geister. Sie ist der Streitpunkt zwischen „Tauben“ und „Falken“, d.h. zwischen denjenigen, die territoriale Verzichte befürworten oder ablehnen.

Hier einige der wichtigeren Daten und Zusammenhänge:

Die meisten Siedlungen haben Mitglieder der religiösen, extrem nationalistischen Gruppe Gusch Emunim gegründet. Rund ein Viertel aller jüdischen Siedlungen in den besetzten Gebieten haben diese Falken errichtet. Es sollte nicht unerwähnt bleiben, daß die Männer und Frauen des Gusch Emunim fast ausschließlich europäischer, weit häufiger noch amerikanischer Herkunft sind.

Die Siedlungsaktivisten unter den Falken, diejenigen also, die ihren harten Worten auch Taten folgen lassen, sind, entgegen dem weit verbreiteten Denkmuster, *nicht* afro-asiatischer beziehungsweise orientalischer Herkunft. Dies wird uns noch mehrfach im Zusammenhang mit dem „zweiten Israel“, den Israelis orientalischer Herkunft, beschäftigen.

Im Gasa-Streifen lebten 1972 rund 700 jüdische Siedler, 1977 waren es 3.500, 1981 5.300, doch im Dezember 1982, also nach dem Rückzug, der im israelisch-ägyptischen Friedensvertrag vorgesehen war und im April 1982 verwirklicht wurde, registrierte man wieder rund 700 jüdische Siedler. Im Jahre 1993 waren es rund 4.000.

Auf den Golan-Höhen lebten 1977 rund 3.000 jüdische Siedler, 1993 waren es 12.600.

Tabelle 1: Jüdische Siedler im Gasa-Streifen

1972	1977	1981	1983	1989	1992
700	3.500	5.300	700	2.300	4.000

Tabelle 2: Jüdische Siedler auf den Golan-Höhen

1972	1977	1983	1989	1993
600	3.000	6.800	9.400	12.600

Im Westjordanland lebten 1972 nur 800 jüdische Siedler, und im letzten Jahr der sozialdemokratisch geführten Regierung, 1977, waren es 4.400. Dagegen wurden Ende 1981, rund vier Jahre nach dem Machtwechsel, 16.200 jüdische Siedler registriert, im Dezember 1982 schon 21.000, während es Ende 1984 42.600 waren, die über 114 Siedlungen verteilt lebten. 1993 waren es rund 130.000.

Tabelle 3: Jüdische Siedler im Westjordanland

1972	1977	1981	1984	1986	1989	1991	1993
800	4.400	16.200	42.600	60.500	85.000	96.000	130.000

Oft wird bei den Zahlenangaben übersehen, daß außer den etwa 130.000 jüdischen Siedlern im Westjordanland viele jüdische Israelis im 1967 einverleibten Ost-Jerusalem leben. Im Sommer 1993 waren es 152.800. Die Zahl der dort lebenden Palästinenser betrug 150.500. Vor dem Sechs-Tage-Krieg von 1967 war Ost-Jerusalem eine ausschließlich arabische Stadt. Freilich ist sie 1947/48 von den Jordaniern sozusagen „judenrein" gemacht worden.

Der vom Likud geführten Regierung ist es zweifellos gelungen, die Siedlungspolitik im Westjordanland bzw. „Judäa und Samaria", so auch die Sprachregelung unter nicht wenigen der Tauben, zu intensivieren.

Von 1984 bis 1990, als der Likud nicht mehr die Regierung alleine, sondern mit der Arbeitspartei gemeinsam führte, hat sich die Zuwachsrate der jüdischen Siedler im Westjordanland nur geringfügig verändert. In der Siedlungspolitik bedeutete demnach der Wechsel der Koalition an der Regierungsspitze keine Wende.

Im Sommer 1992 erfolgte die Rückwende zur Arbeitspartei. Die Zahl der genehmigten Neubauten für jüdische Siedler sei gestiegen, war zu lesen. Das widerspräche den offiziellen Leitlinien der Regierungspolitik. Amtliche Statistiken stehen noch aus.

Die meisten Siedler, nämlich rund drei Viertel, haben sich in unmittelbarer Nähe, das heißt rund dreißig Autominuten von Jerusalem (45%) oder Tel-Aviv (30%) niedergelassen. Sie leben vor allem in fünfzehn Großsiedlungen. Allein in Maale Adumim, östlich von Jerusalem, lebt rund ein Viertel aller jüdischen Siedler im Westjordanland.

Abbildung 3: Jüdische Siedler im Westjordanland 1977-1993

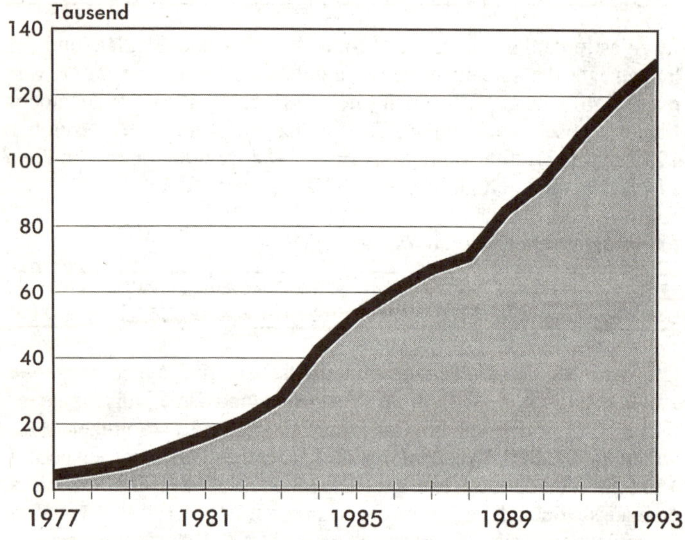

Daten: Statistical Abstract of Israel

Als weitere wichtige, eher städtische Ballungsräume der jüdischen Siedler wären zu nennen: Ariel, Kirjat-Arba bei Hebron, Maale Ephrajim, El Kana und Emanuel.

In rund zwei Drittel aller Siedlungen leben nur ungefähr 200 Menschen, manchmal sogar noch weniger. Die Benvenisti-Daten für 1984: In 42% der jüdischen Siedlungen im Westjordanland lebten 20 Familien, in 38% zwischen 20 und 50 Familien, und in den übrigen 20% lebten mehr als 50 Familien. Dieses Muster hat sich nicht verändert.

Das strategisch-politische Ziel liegt bei diesem Siedlungsmuster auf der Hand: Mit vergleichweise wenig Siedlern sollten arabische Städte und Dörfer umzingelt, ja voneinander abgeschnitten werden. Die geringe Quantität der jüdischen Siedler wird auf diese Weise eine bedeutsame politisch-strategisch-bevölkerungspolitische Qualität im Westjordanland.

Von 1967 bis 1977 hat die von der Arbeitspartei geführte Koalition ein anderes Siedlungsmuster bevorzugt: Sie errichtete die meisten bevölkerungs- und militärpolitischen „Stützpunkte“ in Form von Siedlungen vornehmlich in der Jordansenke, auf den Höhenzügen des Westjordanlandes, in der Gusch-Etzion-Region (zwischen Jerusalem und Hebron), im Großraum Jerusalem, auch auf den Golan-Höhen.

Seit 1977 gab der Likud in der Regierung auch siedlungspolitisch den Ton an. Er bevorzugte das „Streuungsmuster“. Das Ergebnis: Die der Arbeitspartei nahestehenden Siedlungen in der Jordansenke gerieten in eine Krise, finanziell und siedlungspolitisch. Auftrieb bekamen die Siedlungen der extrem nationalistischen und religiösen Gruppierungen. Sie stellen die meisten Siedler und Siedlungen.

Die scheinbar trockenen Zahlen bergen Zündstoff in sich: Je mehr Siedlungen nämlich bestehen, desto mehr müßten im Falle eines territorialpolitischen Kompromisses geräumt werden. Wenn man sich an die Szenen erinnert, die sich 1982 bei der Räumung von Jamit (im Nord-Sinai) abspielten, als der israelisch-ägyptische Friedensvertrag verwirklicht wurde, kann man sich vorstellen, wie schwierig es sein würde, nicht nur eine, sondern viele, sehr viele Siedlungen räumen zu lassen. Ein Sperriegel ist territorialpolitischen Zugeständnissen seit 1977 vorgeschoben worden.

Und wie sieht die Zukunft der der mehr als 150.000 Juden in Ost-Jerusalem aus? Das israelisch-palästinensische Abkommen vom 13. September 1993 und das Kairoer Autonomieabkommen vom 4. Mai 1994 haben diese Klippen umschifft. Umgeben von palästinensischer Halbstaatlichkeit, später vielleicht Staatlichkeit könnten die jüdischen Siedlungen im übertragenen Sinne austrocknen. Vielleicht entwickelt man aber auch funktionierende Modelle personeller, nicht territorialer Autonomie? Wird es Gewalt geben? Noch mehr Gewalt als nach dem Massaker von Hebron, das die Welt am 26. Februar 1994 erschütterte?

Abbildung 4: Israelische Siedlungen im Westjordanland

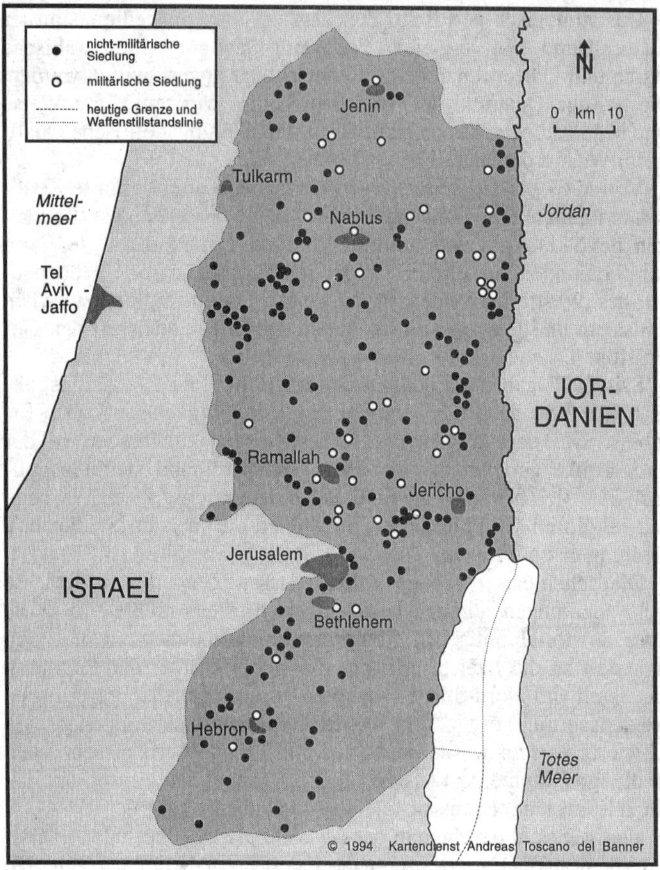

Wir haben gesehen: Die meisten jüdischen Siedler im Westjordanland ziehen es vor, in städtischen, nicht-landwirtschaftlichen Ortschaften zu leben, die man bequem, d.h. in etwa 30 Autominuten von Jerusalem oder der Küstenebene (Großraum Tel-Aviv) erreicht.

Diese Aussage ist sowohl geographisch als auch ideologisch bedeutsam, denn sie dokumentiert die Tatsache, daß diese Siedler mit dem traditionellen zionistischen Chalutz-Ideal des landwirtschaftlichen Pioniers gebrochen haben. Der Chalutz wurde offensichtlich vom bürgerlichen Pendler ersetzt. Seit dem Ausbruch der Intifada, also seit Dezember 1987, ist dieses Pendeln allerdings riskanter denn je. Das könnte Siedlungswillige langfristig entmotivieren.

Kein Wunder, daß 26.000 jüdische Israelis im Jahre 1992 ihre Absicht aufgaben, ins Westjordanland zu ziehen. Es wurde ihnen zu brenzlig. Im Vergleich zu 1983 war die Zahl der Siedlungswilligen um 94% gesunken (Umfrage Market-Test-Institut, Maariv, 22.1. 1992). Die russischen Neueinwanderer waren (wenn überhaupt) nur in Jerusalem anzusiedeln, 10% insgesamt (Sohar, Haaretz, 31.12. 1992).

Andererseits leben nicht wenige der motivierteren Siedler (andere würden sie „Fanatiker" nennen) in kleineren landwirtschaftlichen Gemeinschaften, in denen hart gearbeitet und nicht gependelt wird. So gesehen sind sie diejenigen, die die chalutzische Tradition des Zionismus fortsetzen. Eine Tradition, die ursprünglich von der Arbeiterbewegung begründet wurde.

Genau wegen dieser Tatsache werden die Siedlungsaktivisten auch von ihren ideologischen und politischen Gegnern in der heutigen Arbeiterbewegung bewundert. Es besteht eine Art Haßliebe zwischen den chalutzischen Siedlern und ihren Kritikern.

Die Siedlungen im Westjordanland übten darüber hinaus bis 1992 noch eine andere Anziehungskraft aus. Wohnungen waren in den eher städtischen Ortschaften weit billiger zu erwerben als im israelischen Kernland. Außerdem liegen sie in landschaftlich wunderschönen Gegenden, wo die Luft noch gut und die Umwelt unzerstört ist. Selbst Anhänger der „Frieden-Jetzt"-Bürgerinitiative oder „Tauben" des Arbeiterlagers, die ansonsten die Siedlungspolitik der Likud-Regierung heftigst angreifen, konnten dieser wirtschaftlichen Versuchung nicht immer widerstehen. Die Lebensqualität sticht hier deutlich die ideologisch-politische aus. Man mache sich dennoch kein falsches Bild: die meisten jüdischen Siedler im Westjordanland sind nicht den Tauben zuzurechnen. Sie sind deshalb auch bereit, die seit der Intifada deutliche Minderung ihrer Lebensqualität aus ideologisch-politischen Gründen hinzunehmen.

Abbildung 5a: Siedlungsstrategie der IAP bis 1977 (Allon-Plan)

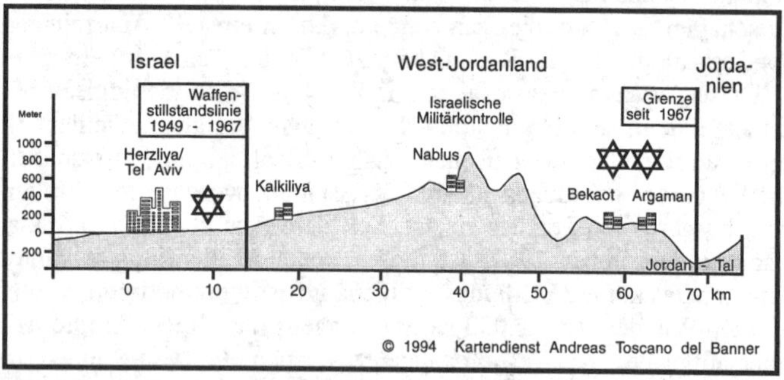

Abbildung 5b: Siedlungsstrategie des Likud 1977-1992

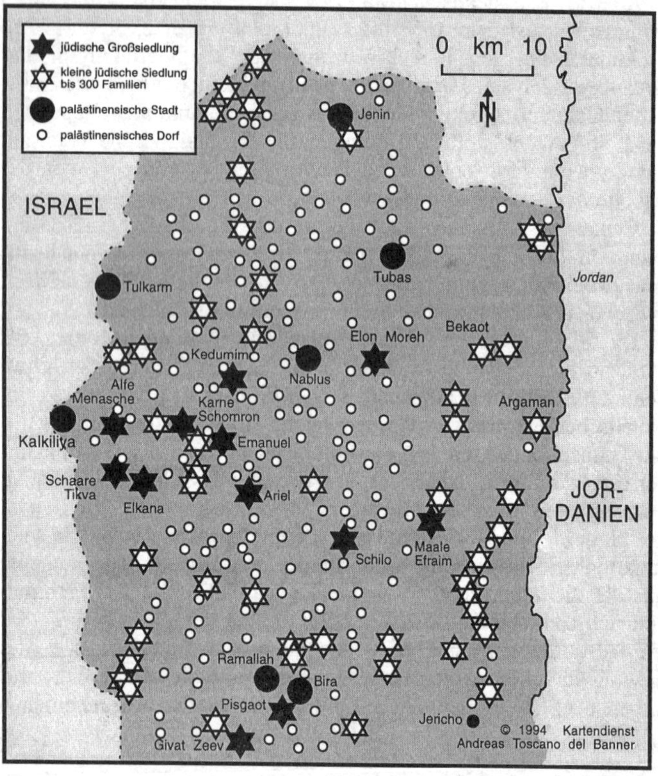

Mit dem Durchschneiden oder Umzingeln arabischer Ortschaften mögen die Siedler das Problem der geringeren Zahl technisch-militärisch, nicht jedoch politisch, ideologisch oder demographisch gelöst haben.

So sehr sich die Siedler, zum Teil durchaus chalutzisch, abmühen, so wenig können sie das demographische Ungleichgewicht zwischen Arabern und Juden grundsätzlich, vor allem gewaltlos, verändern. Je mehr das Westjordanland ein Teil des jüdischen Staates wird, desto gewichtiger wird der Anteil von Arabern in diesem Gemeinwesen.

In Zahlen ausgedrückt: Im israelischen Kernland leben heute rund 800.000 Araber (ohne Ost-Jerusalem, wo ca. 150.000 Palästinenser leben), in den besetzten Gebieten (einschließlich Gasa-Streifen) knapp 2 Millionen. Den etwa 4 Millionen Juden stünden im Falle der Annexion oder vollständigen Integration der Gebiete rund 2,8 Millionen Araber gegenüber, eine beachtliche Minderheit.

Es sei versucht, die langfristigen Auswirkungen des Siedlungsaktivismus abzuschätzen: Die Bemühungen, das Westjordanland zu judaisieren müssen paradoxerweise zur Entjudaisierung des jüdischen Staates führen, dessen jüdische Substanz verwässern oder gar auflösen. Ungewollt schaffen die Super-Falken das Traumziel der Super-Tauben: den bi-nationalen, das heißt den jüdisch-arabischen, Staat – anstelle des rein jüdisch bestimmten Gemeinwesens. Nur eine Alternative wäre denkbar: Die Abschaffung der Demokratie. Warum? Die Antwort ist einfach, weil die demographisch-mengenbezogene Integration von weiteren 2 Millionen Arabern aus den Gebieten neue politische Grundentscheidungen notwendig machte. Entschieden werden mußte, ob man dieser großen Minderheit von knapp 3 Millionen Arabern aus dem Kernland *und* den Gebieten das gleiche Wahlrecht auf Dauer verweigern könnte. (Die Araber im Kernland haben das gleiche Wahlrecht.) Verweigerte man zwei Millionen Arabern das gleiche Wahlrecht, würde man zwar Israels zionistische Strukturen erhalten, das heißt seinen jüdisch bestimmten Charakter bewahren, gleichzeitig aber die demokratische Tradition des Zionismus aufgeben. Räumte man diesen Arabern das gleiche Wahlrecht ein, verlöre der jüdische Staat seinen zionistischen, rein jüdischen Charakter. Mit anderen Worten: Die Alternative scheint zu heißen: „Zionismus oder Demokratie".

Diese Alternative wird inzwischen in Israel erkannt, offen, heftig und kontrovers diskutiert, und es gibt Repräsentativumfragen zu diesem Problem. Sie wurden bei Jugendlichen im Alter von 15 bis

18 Jahren durchgeführt, wobei Mitglieder von Kibbutzim unberücksichtigt blieben.

Im August 1984 waren 60% der Jugendlichen der Meinung, daß sogar den Arabern des israelischen Kernlandes (Grenzen vom 4. Juni 1967) nicht die gleichen Rechte zu gewähren seien wie den Juden. Mehr noch: 42% befürworteten die „Einschränkung der Demokratie", um den Arabern gleiche Bürgerrechte zu verweigern (Zemach/Zinn, 1984:5).

Bei der gleichen Befragung sprachen sich 62% für eine Einverleibung „Annexion") des Westjordanlandes sowie des Gasa-Streifens aus, und 64% wandten sich ausdrücklich gegen das Wahlrecht für die Araber in den besetzten, dann freilich annektierten, Gebieten. Nur 32% zeigten sich bereit, ihnen dieses Recht zuzugestehen.

Daß für viele jüdische Siedler im Westjordanland die Demokratie eher ein goldenes Kalb als eine heilige Kuh ist, zeigte eine Meinungserhebung aus dem Jahre 1983: Von den befragten, aus den USA stammenden Siedlern im Westjordanland strebten nur 17% „irgendwie" ein friedliches Nebeneinander mit den Arabern in den Gebieten an, und lediglich für 50% war Demokratie „ein Wert an sich" (Newmann, 1985: 212 und 215).

Im Mai 1989 und April 1990 sprach sich ein Drittel der jüdischen Israelis dafür aus, die Gebiete zu annektieren, ohne den Arabern gleiche Rechte zu gewähren (IIASR-Daten). Für die Einverleibung mit gleichen Rechten für die Araber waren jeweils 24% (ebd.).

Im März 1991 (nach dem Golfkrieg) sprachen sich gegenüber dem Dahaf-Institut allerdings nur noch 16% für eine Einverleibung der Gebiete „ohne volle Rechte für die Araber" aus. Ein Großteil der Israelis war sanfter geworden. Kommende Dinge bahnten sich an. Sie führten im Juni 1992 zur Wende.

Nicht nur die Siedler, fast alle Israelis sind von ihrem Recht auf das Land Israel, „Eretz Israel", durchdrungen: Daß die Juden mehr Rechte hierauf hätten als die Araber, meinten im Herbst 1986 genau 70% aller erwachsenen jüdischen Israelis (Zemach, 1987:30; ähnliche Daten in bezug auf Jugendliche Zemach 1987a: 46).

Daß die Besetzung des Westjordanlandes jedoch langfristig den jüdischen Charakter Israels tatsächlich gefährden könnte, meinten im Herbst 1986, also rund ein Jahr vor Ausbruch der Intifada, nur 36% der jüdischen Israelis (Zemach, 1987:30).

Die arabische Auswanderung aus dem Westjordanland ist in den letzten Jahren zurückgegangen, nicht zuletzt wegen der wirtschaftlichen Probleme der Ölförderstaaten, die zudem kein Interesse daran haben, politisch bewußtere und aktivere, also für ihre Herrschaft gefährliche Bürger zu importieren. Die Auswanderung ist rückläufig, das natürliche Bevölkerungswachstum bleibt eindrucksvoll, die Lebenserwartung steigt.

Mit anderen Worten: Das zahlenmäßige Ungleichgewicht zugunsten der arabischen Bevölkerung wird im Westjordanland kaum zu verändern sein (vgl. Zakai, 1984). Auch mit einer jüdischen Masseneinwanderung nach Israel im allgemeinen und in die besetzten Gebiete im besonderen war nicht zu rechnen, und auch die spektakuläre Ansiedlung einiger äthiopischer Juden im Westjordanland änderte 1984/85, abgesehen vom politischen Lärm, an dieser Grundtatsache nichts. Das jüdische Siedlungspotential blieb begrenzt, von den finanziellen Schwierigkeiten, die sich langfristig türmen, ganz zu schweigen.

Könnte die Auswanderung sowjetischer Juden das Siedlerpotential erhöhen? Nicht grundsätzlich, obwohl Ministerpräsident Schamir dies am 15. Januar 1990 verkündete. Er ließ sich wahrscheinlich von der Begeisterung über die Zahl der erwarteten Einwanderer hinwegtragen. Für die Zeit bis 1995 rechnete Israel mit rund 2 Millionen sowjetischen Juden. Weil die USA im Herbst 1989 ihre Tore für sowjetische Juden weitgehend schlossen und auch die Westeuropäer zurückhaltend blieben (am wenigsten die Bundesrepublik Deutschland, besonders Berlin), begann gleichzeitig der Strom der unerwartet hohen Einwandererzahl zu fließen. Gewiß, die Größenordnungen veränderten sich damit zugunsten der Juden. Das strukturelle Problem blieb: eine große, eine wachsende Minderheit von Nicht-Juden.

1993 sah alles schon wieder anders aus: Der Zerfall der Sowjetunion hatte (anders als befürchtet) keine Pogrome ausgelöst. Auch deshalb wanderten weniger Juden aus. Hinzu kam 1991 der Golfkrieg. In ein offenbar so unsicheres Gebiet zog es die gerade auf Sicherheit bedachten russichen Juden kaum. Und die dramatisch hohe Arbeitslosigkeit der bereits nach Israel eingewanderten russichen Juden wirkte auch nicht gerade motivierend. Einmal mehr: das strukturelle Problem wurde nicht gelöst. Anders als behauptet, zogen auch nur wenige russiche Neuisraelis nach Ost-Jerusalem oder ins Westjordanland. Es waren rund vier Prozent, wenn man die Gebiete und Ost-Jerusalem zusammenfaßt, weniger als zwei Prozent bezogen auf das Westjordanland. Die meisten aus der Ex-UdSSR Gekommenen zog es nach Haifa (12%) oder Tel-Aviv (10%; Jerusalem Post, 31.7.1991).

Wegen der ideologischen, propagandistischen und siedlungspolitischen Anstrengungen der Likudregierung übersehen viele, daß auch sie in ihrer Spätphase weniger das Westjordanland als vielmehr den Süden des israelischen Kerngebietes sowie den von vielen israelisch-palästinensischen Arabern bewohnten Norden entwickeln wollte (vgl. die Pläne bis 1995, Jerach Tal, Haaretz, 5.8.1992).

Die Alternative „Zionismus oder Demokratie" ließe sich auch auf andere Weise lösen: entweder durch eine Rückgabe aller besetzten Gebiete oder durch die Rückgabe der dortigen arabischen Siedlungsschwerpunkte. Die erste Möglichkeit wird von der überwiegenden Mehrheit der jüdischen Israelis abgelehnt, ist also politisch schwer durchsetzbar.

Die zweite Möglichkeit peilt der sogenannte Allon-Plan an, der von der Arbeitspartei (IAP) bevorzugt wird. Entwickelt hat diese Vorstellung der inzwischen verstorbene IAP-Politiker Jigael Allon.

Der Allon-Plan strebt die Quadratur des Kreises an. Das heißt: Israel solle so viel Gebiete wie militärisch-sicherheitspolitisch nötig und so wenig Araber behalten wie möglich. So wäre nicht nur der jüdische Charakter Israels aufrechtzuerhalten, sondern auch den wehrpolitischen Erfordernissen gedient. Doch dieser Plan hat für die Palästinenser einen Pferdefuß: Der Korridor um Jerusalem zerschnitte den nördlichen und südlichen Teil des arabischen Gebietes.

Wieder gibt es Hindernisse: Was heißt „Rückgabe"? Kann zum Beispiel das Königreich Jordanien daran interessiert sein, weitere 2 Millionen Palästinenser zu integrieren? Schon heute ist mehr als die Hälfte der Bürger dieses Staates palästinensischer Herkunft. Sie zählen bekanntlich nicht zu den Stützen der jordanischen Monarchie. Kämen nun noch mehr Palästinenser in das Königreich, gäbe es dort nicht nur ca. 60%, sondern rund 75% Palästinenser. Will, ja kann sich der jordanische König in dieses Abenteuer stürzen? Der Plan einer jordanisch-palästinensischen Konföderation, das heißt eines Staatenbundes, wäre nur eine geringfügige Abweichung von diesem Modell. Ja, Jordanien könnte Palästina eher steuern. Ob dies langfristig gelänge, bleibt aufgrund der innerjordanischen Bevölkerungsstruktur von heute (60% Palästinenser) jedoch außerordentlich zweifelhaft. Am Ende könnte der Kontrollierende der Kontrollierte werden. Anders formuliert: Jordanien würde nicht Palästina, sondern Palästina Jordanien kontrollieren oder in sich aufnehmen. Die Nicht-Palästinenser würden dann bestenfalls Minderheitenschutz genießen.

Die im August 1993 zwischen der Rabin-Regierung und der PLO vereinbarte und am 13. September 1993 in Washington in Anwesenheit von Rabin, Arafat und US-Präsident Clinton besiegelte Formel „Gasa und Jericho zuerst" bedeutete einen grundlegenden

Wandel. Führt die Dynamik der Entwicklungen zu einem Palästinenserstaat im Westjordanland und Gasa-Streifen? Alles andere als unwahrscheinlich. Enstünde dann aber bei den Palästinensern in Jordanien nicht der Wunsch, mit ihren Brüdern und Schwestern in Palästina vereinigt zu werden? Gewiß. Daß diese Wiedervereinigung unter jordanischen Vorzeichen stattfände, ist mehr als unwahrscheinlich.

Einen „Transfer", d.h., die Umsiedlung eines (größeren) Teils der palästinensischen Bevölkerung aus dem Westjordanland und Gasa nach Jordanien oder in andere arabische Staaten fordern israelische Super-Falken seit 1987 immer offener und energischer. Die 1988 gegründete Moledet hat diese Forderung zum eigentlichen Programm ihrer Partei erhoben. Die Techija erklärte im Wahlprogramm 1988, die Auswanderung der „Araber Judäas und Samarias" ermutigen zu wollen. Im Februar 1988, zwei Monate nach Beginn des Aufstandes der Palästinenser in den besetzten Gebieten, sprachen sich 41% der Mitglieder des Zentralkomitees der regierenden Herut-Partei für einen solchen Transfer aus (E. Ehrlich, Haaretz-Magazin, 28.2.1988).

Die Radikal„lösung", nämlich die Einverleibung der Gebiete sowie die Vertreibung der Araber aus dem Westjordanland, befürworteten 1982 immerhin 30% der israelischen Juden. Drei Jahre später, 1985, stieg dieser Anteil auf 43% (Inbar/Yuchtman/ Yaar, 1989: Tabelle 4). Im Herbst 1986 waren es wieder nur (nur?) rund ein Drittel der jüdischen Israelis (Smith Research Institute, Jerusalem Post, 11.10.1986). Im Sommer 1987 sprachen sich hierfür 20% aus (Maariv-Umfrage, FAZ, 17.7.1987, S.5).

Im Januar 1988 – der Aufstand der Palästinenser in den besetzten Gebieten hatte am 9. Dezember 1987 begonnen – waren 29% für und 63% gegen einen Transfer (Gallup-Israel, Newsweek, 25.1. 1988, S. 12). Im Sommer 1988 stimmten 49% aller jüdischen Israelis einem Transfer der Palästinenser des Westjordanlandes zu (IIASR-Umfrage, Jerusalem Post, 12.8.1988). Bei den Anhängern des Likud und der ihm nahestehenden Parteien waren es sogar 60%, bei Anhängern der eher linken Parteien immerhin 21% (IIASR-Umfrage, Elihu Katz, Jerusalem Post, 5.8.1988 und 9.9.1988).

Im Oktober 1988 befürworteten rund 40% einen Transfer, „um den sowohl jüdischen als auch demokratischen Charakter des Staates zu bewahren" (IIASR, E. Katz, Jediot Acharonot, 4.11.1988). Im März 1989 waren 38% bereit, „eine Vertreibung" der Palästinenser aus dem Westjordanland zu „erwägen, wenn eine Friedensregelung unerreichbar" sei, im September 1989 waren es bereits 52% (Smith-

Umfrage, Haaretz, 3.4.1989 und Haaretz, 10.11.1989), im Dezember 1990 (nach Iraks Kuwait-Invasion) gar 55% (IIASR).

Um ein „jüdisches und demokratisches Israel" zu erhalten, wollten 40% „dafür sorgen, daß die Araber die Gebiete verlassen" (IIASR-Umfrage, Jediot Acharonot, 4.11.1988). Eine PORI-Erhebung vom Frühjahr 1989 zeigte, daß 38% der jüdischen Israelis eine „Vertreibung" der „Araber aus den Gebieten" guthießen, „sofern eine Friedensregelung unmöglich sei (Haaretz, 3.4.1989).

Bis zum Sommer 1989 stieg die Zahl der Transfer-Befürworter auf 51% der jüdischen Israelis (IIASR-Daten, Jerusalem Post, internationale Ausgabe, 2.9.1989). Im April 1990 waren es 59% (IIASR-Daten). Bei einer Umfrage unter Schülern der Klassenstufen 8 mit 12 im Frühjahr 1990 stellte Kalman Benyamini fest, daß sich 80% für einen „Transfer" aussprachen (Haaretz, 12.6.1990). Bei einer Dalaf-Umfrage im Juli 1990 waren „nur" 51% für eine Vertreibung (Jediot Acharonot, 23.8.1990).

Nachdem der geistige Vater des Transfergedankens (Rechawam Seewi) im Februar 1991 Minister, also in die Verantwortung genommen und der Plan auch von der Regierung verworfen worden war, reagierte die Öffentlichkeit: Nach (!) dem Golfkrieg befürworteten nur noch 27% einen Transfer (IIASR-Daten, Januar/Februar 1991). Das Dahaf-Institut ermittelte im März 1991 gar 15%.

Die Forderung nach einem „Transfer" stellt die jüdische Zeitgeschichte auf den Kopf, denn: Die Befürworter eines „Transfers" übersehen (übersehen?) die Tatsache, daß dieser Begriff historisch belastet ist: 1933 hatten die Jewish Agency und das nationalsozialistische Deutschland ein „Transferabkommen" geschlossen. Es verschaffte Hitler-Deutschland Finanzquellen und ermöglichte deutschen Juden die Auswanderung nach Palästina. Als „Pakt mit dem Teufel" hatte die alte zionistische Rechte seinerzeit diesen Vertrag gegeißelt. Heute benützt die neue Rechte Israels diesen Begriff. Sie beweist damit mangelnde historische Kenntnisse sowie wenig Einfühlsamkeit gegenüber Palästinensern *und* Juden. Das zeigte sich auch im Frühjahr 1989, als der Bürgermeister von Ariel, einer jüdischen Siedlung im Westjordanland, vorschlug, arabische Arbeiter sollten – gut sichtbar! – Erkennungszeichen tragen. Im In- und Ausland erhob sich ein Sturm der Entrüstung. Daß Juden Arabern so etwas wie den einstigen Judenstern aufzwingen sollten, war schließlich nicht durchzusetzen.

Zurecht beklagen viele Israelis, daß die Welt sie mit zweierlei Maß messe. Bevölkerungsvertreibungen und Verschiebungen, also „Transfers", gebe es auch woanders, ohne ähnliche Protestreaktionen. Neuere Beispiele: Die Vertreibung der Türken aus Bulgarien in den Jahren 1988/89, die Umsiedlung der Kurden im Irak 1989, ihre Ermordung 1991, das Gemetzel in Ex-Jugoslawien. Das stimmt. Doch Israels Gründungs- und Rechtfertigungsideologie setzte selbst hohe und höchste moralische Maßstäbe. An ihnen wird Israel gemessen, im In- und Ausland.

Denkbar wäre eine andere Lösung: Die Gründung eines Palästinenserstaates. Diesen lehnen jedoch sowohl Israel als auch Jordanien (noch?) ab. Politisch scheidet diese Möglichkeit demnach solange aus, wie diese beiden Staaten, oder auch nur einer von beiden, einen Palästinenserstaat als Bedrohung der eigenen Existenz ansieht und daher verhindern wird.

Annehmbarer wäre ein politischer Zwitter, das heißt ein autonomes Gebiet für Palästinenser im Westjordanland und im Gasa-Streifen: Für die Falken wäre dies vielleicht gerade noch erträglich, für die Tauben die bessere der schlechten Möglichkeiten. Eine Lösung, die politisch durchsetzbar wäre und die Konflikte beseitigte, ist nicht in Sicht.

In den frühen 90er Jahren wurde einer immer größeren Zahl jüdischer Israelis immer deutlicher, daß in den besetzten Gebieten eine gegen sie gerichtete Zeitbombe tickte, daß die wirtschaftliche, militärische und politisch-psychologische Belastung für Israel schier unerträglich zu werden drohte. Auch deshalb wurde von Transfer oder Annexion weniger, von Frieden mehr geredet – alles andere als unumstritten, aber wahlwirksam. Das Ergebnis waren die Wende bei den Wahlen vom Juni von 1992 und der (im wörtlichen Sinne) israelisch-palästinensische Durchbruch mit der Formel „Gasa und Jericho zuerst". Für die PLO war es die wohl letzte Chance, die immer stärker werdende Ablehnungsfront der islamischen Fundamentalisten doch noch zu durchbrechen und den finanziellen Zusammenbruch zu verhindern.

Die Rabin-Regierung hat eingesehen, daß die zionistisch-israelische Demokratie durch die fortwährende Besatzung palästinensischer Gebiete von innen ausgehöhlt würde.

Literaturhinweise

Statistiken: Statistical Abstract, Stichworte: Bevölkerung sowie „Judäa, Samaria, Gasa-Streifen".

In diesem Buch vgl. die Abschnitte A/II/4a (Tauben und Falken), B/VI/3 (Araber in der israelischen Gesellschaft), C/XV/3 (Ausgaben der Regierung)

Schreiber / Wolffsohn, 1989: Kapitel XXII und XXIV

Efrat, 1988, bester allgemeiner Überblick

Benvenisti, 1987 sowie seine anderen, grundlegenden Veröffentlichungen (Literaturverzeichnis)
Chagnollaud, 1987
Peretz, 1985
Sandler/Frisch, 1984
Kieval, 1983

3. Die in der Gegenwart wirksame Vergangenheit: Historische Grundlagen

Die in der israelischen Politik wirksame Vergangenheit äußert sich vor allem im *Holocaust-Syndrom* sowie in der *Kontinuitätsthese* und, abgeleitet aus dem Holocaust-Syndrom, dem *Einsamkeitsgefühl.* Hinzu kommt bei den religiösen Israelis das Bewußtsein der *Auserwähltheit* des jüdischen Volkes, bei den weltlichen Israelis die Überzeugung, Zionismus und Israel verkörperten (im Sinne Rousseaus) den „allgemeinen Willen" des jüdischen Volkes (vgl. B/X). Der allgemeine Wille kann bei Rousseau bekanntlich nicht irren.

Unter dem Holocaust-Syndrom sei das aus der Geschichte des jüdischen Volkes überlieferte Gefühl verstanden, ständig von anderen verfolgt zu werden. Die Kontinuitätsthese hebt die ständige Verbindung zwischen dem Volk und seinem Land hervor. Daß diese nicht im Land bestand, wird auf den Gang der Geschichte zurückgeführt, nicht auf den Willen des Volkes.

Anhand der Zahlen über die Herkunftsländer der Einwanderer vor und nach der Staatsgründung kann mühelos abgelesen werden, wo und wann Judenverfolgungen stattfanden (vgl. B/VI/1/a-d). Aus den Staaten, in denen Juden nicht verfolgt wurden und wo sie auch günstige materielle Lebensbedingungen fanden, kamen, wenn überhaupt, weniger Einwanderer.

Das Holocaust-Syndrom bezieht sich keineswegs nur auf Deutschland und das deutsch-jüdische bzw. deutsch-israelische Verhältnis. Deutschland symbolisiert den Holocaust, der wiederum ein allgemeines Kennzeichen für die in der Gegenwart Israels wirksame Vergangenheit ist. (Zum deutschen Aspekt Wolffsohn, 1989; Zuckermann, 1988). Dies ist sozusagen der Wahrnehmungsfilter, durch den und mit dem die Betroffenen ihre Umwelt sehen.

Das Holocaust-Syndrom ist nicht nur auf die Israelis euroamerikanischer Herkunft beschränkt. Die in den arabischen Staaten lebenden Juden erlebten andere, aber doch psychologisch und politisch vergleichbare Ängste. Sie wurden zum Beispiel 1941 im Irak während eines prodeutschen Aufstandsversuches verfolgt und ermordet, weil sie Juden waren und deshalb als Zionisten verdächtigt wurden. Wäre der Putschversuch gelungen, hätten weitere Drangsalierungen nicht auf sich warten lassen. Rommels Wüstenfeldzug hätte der Anfang der „Endlösung“ des nordafrikanischen Judentums werden können.

Für mehr als zehntausend nordafrikanischer Juden war dieser Anfang bereits das Ende. Sie wurden in die Vernichtungslager Osteuropas verschleppt und dann ermordet.

In Äthiopien wurden die dortigen Juden, Falaschas genannt, ebenfalls verfolgt. Deshalb unternahm Israel zu Beginn der 1980er Jahre eine Rettungsaktion für diese Juden. Sie wurden mit amerikanischer und – jawohl – sudanesischer Hilfe nach Israel ausgeflogen. Das war die „Operation Moses“ (Parfitt, 1985). Seit Januar 1990, seit der Wiederaufnahme diplomatischer Beziehungen zwischen Äthiopien und Israel, wird sie öffentlich fortgesetzt. Die Falaschas wollten dem Bürgerkrieg entkommen. Im Mai 1991 wurden im Rahmen der „Operation Salomon“ fast alle verbliebenen Falaschas in wenigen Tagen nach Israel gebracht.

Das Holocaust-Syndrom ist ein nicht nur historisch gewordener Wahrnehmungsfilter, er dient auch als politisches Argument. So wurde beispielsweise die PLO oft mit den Nationalsozialisten gleichgesetzt. Daß zudem der historische Führer der palästinensischen Nationalbewegung, Amin el-Husseini (der „Großmufti“ von Jerusalem), Adolf Hitler im Zweiten Weltkrieg versprach, sich aktiv an der „Endlösung“ der Judenfrage zu beteiligen, festigt Wahrnehmungsmuster dieser Art zusätzlich. Am 6. November 1941 wurde hierüber eine deutsch-italienisch-palästinensische Vereinbarung getroffen. Dokumente im Kriegsverbrecherarchiv der UNO belegen dies (vgl. Schlomo Schamir, Haaretz, 23.7.1991). Ende November 1941 empfing Hitler den Mufti in Berlin.

Die Blockade der Meerenge von Tiran durch Ägyptens Staatspräsident Nasser in den Jahren 1956 und 1967 wurde ebenfalls als Versuch interpretiert, einen neuen Holocaust zu inszenieren.

Die in der Gegenwart wirksame Vergangenheit wird zusätzlich durch die Gegenwart verstärkt. Mehr noch: Die Zabarim (die im Lande Geborenen) oder die Kinder derjenigen, die „ihren“ Holocaust erlebt hatten, lernten in Palästina, dann auch im Staate Israel, was es bedeutet, um seine Existenz kämpfen zu müssen: 1929 (Massaker), 1936-1939 (Arabische Revolte), 1944-1947 (Kampf gegen die Mandatsmacht), 1948/49 (Unabhängigkeitskrieg), 1956 (Sinai-Kampagne), 1967 (Sechs-Tage-Krieg), 1969/70 (Abnutzungskrieg am Suez-Kanal sowie verstärkte militärische Auseinandersetzungen mit palästinensischen Freischärlern), 1973 (Jom-Kippur-Krieg, Krieg gegen die PLO). Das Gefühl, daß Juden bzw. Israelis von anderen Völkern verfolgt werden, verstärkte sich. Der Libanon-Krieg des Jahres 1982 (mit seinen Folgen bis in die unmittelbare Gegenwart) wurde erstmals von weiten Teilen der israelischen Öffentlichkeit als Angriffskrieg empfunden und dürfte nicht zuletzt deswegen, bezogen auf das Bewußtsein der Israelis, als Einschnitt empfunden worden sein.

Abgeleitet vom Holocaust-Syndrom ist das Einsamkeitsgefühl, das auch durch die politische Geographie bedingt wird. Israels Nachbarn sah man, jedenfalls bis zum Abschluß des Friedensvertrages mit Ägypten (26.3.1979) ausnahmslos als Feinde; die Freunde des Staates waren auch geographisch weit entfernt. „Vor dem Hintergrund der Massenvernichtung in der Nazizeit und deren unmittelbaren Nebenwirkungen hat sich die Wirkung der Isolierung vervielfacht und einen Pessimismus, ein Gefühl des ‚völligen Alleinseins in der Welt‘ hervorgebracht" (Elon, 1972: 214). Ähnlich reagierte die israelische Öffentlichkeit am Vorabend des Sechs-Tage-Krieges nach der Schließung der Straße von Tiran durch Nasser. Vergleichbare Gefühle löste auch die Nahost-Erklärung der Außenminister der EG vom 6.11.1973, nach dem Jom-Kippur-Krieg, aus.

„Die ganze Welt gegen uns". Das war schon Ende der 60er Jahre ein Erfolgsschlager in der Pop-Hit-Parade Israels. Dieser Pop-Indikator ist kein Flop in bezug auf die Messung des Einsamkeitsgefühls der Israelis. In einer im Januar 1986 durchgeführten Repräsentativerhebung stimmten diesem Satz knapp die Hälfte aller Befragten zu (Arian u.a., 1988: 109).

Kritik an Israel wurde – kein historischer Zufall! – im Januar 1986 von rund 60% der jüdischen Israelis als „Antisemitismus" bezeichnet (a.a.O.: 110). Die Schlußfolgerung: „Bei der Gestaltung seiner Politik sollte sich Israel nicht um die Meinung der Nicht-Juden" kümmern. Das meinten, ebenfalls im Januar 1986 immerhin 55% der Israelis (ebd.).

Holocaust- und Einsamkeitssyndrom haben das Gefühl in Israel aufkommen lassen, daß man die einstige gesellschaftliche Isolation der Juden in den verschiedenen nationalen politischen Systemen, ihre Ghetto-Existenz, mit der heutigen politischen Vereinzelung des jüdischen Staates im internationalen System vergleichen könne. Israel sei – tragische Ironie der Geschichte des Zionismus – so etwas wie ein neues Ghetto in der heutigen Staatenwelt. Erträglicher wird freilich das Einsamkeitsgefühl durch ein ausgeprägtes Selbstwertgefühl. Bei den weltlichen Israelis bezieht es sich auf die Leistungen des zionistischen Aufbauwerks, bei den Religiösen wird es durch das Bewußtsein der Auserwähltheit gestärkt.

Die Kontinuitätsthese stellt den Zusammenhang zwischen Volk und Land her. Es ist kein Zufall, daß in Israel die Archäologie so etwas wie ein Volkssport geworden ist. Es ist eine „patriotische Archäologie" (Elon, 1972: 307). Die „alten Steine" besitzen politische Symbolkraft. Die „Klagemauer" in Jerusalem und die Festung Massada belegen dies besonders überzeugend (Wolffsohn, 1983: 326f.). Massada symbolisiert die physische und psychische Kontinuität zwischen Volk und Land. Physisch, weil damals und heute Juden in Eretz Israel lebten und leben; psychisch, weil der Geist von Massada das genaue Gegenteil der Diaspora-Juden darstellt: Den wehrhaften Juden, der sich nicht einfach zur Schlachtbank führen läßt. Deshalb wählen noch heute viele Israelis Vor- oder bei Hebraisierungen auch Familiennamen, die Festigkeit, Mut oder Kraft ausdrücken.

Als Vorbilder gelten die Widerstandskämpfer, die im Frühjahr 1943 den Aufstand in Warschauer Ghetto gegen die Deutschen entfachten. Die „Judenräte", die im allgemeinen das Schlimmste verhüten wollten, doch passiv blieben, oder gar die Diasporajuden, die sich „wie Lämmer zur Schlachtbank", also in die Vernichtungslager, führen ließen, stießen lange auf Unverständnis.

Im Sommer 1989 begann gerade hierüber eine heftige innerisraelische Diskussion. Ausgelöst wurde sie durch die Tagebuchnotizen des 1970 verstorbenen Dichterfürsten Natan Altermann. Nicht nur der bewaffnete Widerstand, auch die Tätigkeit der Judenräte müsse anerkannt werden, schrieb Altermann. Ähnliches hatte er schon 1954 veröffentlicht. Denkmalstürzerisch war jedoch seine bis 1989 unveröffentlichte Tagebuchnotiz, in der er dem jüdischen Widerstand unterstellte, mehr am antifaschistischen Kampf als an der Rettung von Juden interessiert gewesen zu sein. Das freilich ist eine geradezu böswillige, weil unzutreffende Unterstellung.

Zur Verherrlichung des jüdischen Widerstandes greift man auch auf die Alte Geschichte zurück, zum Beispiel auf die Makkabäer. Sie hatten im zweiten vorchristlichen Jahrhundert die hellenistisch-seleukidischen Syrer geschlagen und ein jüdisches Staatswesen errichtet.

Der Typ des wehrhaften Juden personifiziert eine andere historische Gestalt: Simon Bar Kochba, der in den Jahren 132 bis 135 n. Chr. in Judäa den letzten, vergeblichen Aufstand der Juden gegen die römischen Eroberer anführte. (Vgl. zum Gegenwartsbezug auch Aronoff, 1986.) In der „amtlichen" Geschichtsschreibung, in den

Schulbüchern Israels, gilt Bar Kochba als „Held". Yehoschafat Harkabi, ehemals Professor für Politikwissenschaft an der Hebräischen Universität Jerusalem, davor Chef des militärischen Nachrichtendienstes, hält eben diesen Bar Kochba für einen Irrationalisten, der sein Volk in einen sinnlosen, selbstmörderischen, weil aussichtslosen Kampf führte. Harkabi (1983) schägt daher eine „Revision" des Geschichtsbildes über Bar Kochba vor, um aus den Fehlern von gestern vor den Gefahren irrationaler Politik heute und morgen zu warnen. „Eine Nation, die ihr Bild über die eigene Vergangenheit ändert, wird auch ihre Zukunft verändern," meint Harkabi. Kein Zweifel: Geschichte als politisches Argument wird Gegenstand der politischen Kontroversen der Gegenwart; Geschichte ist in der Gegenwart wirksam, ist Teil der Gegenwart.

Unter anderen Vorzeichen ist eine ähnlich empfundene Vergangenheit in der israelischen Gegenwart wirksam. Für die in und um Palästina lebenden Araber sind die Ereignisse der Jahre 1947/48 sicherlich auch eine Art Holocaust-Trauma, dessen Fernwirkungen politisch bedeutsam wurden. Auch das Massaker von Beirut (16./ 17.9.1982). In der politischen Psychologie der palästinensischen Araber haben Dir Jassin und die Massenflucht (andere sagen: Vertreibung) arabischer Palästinenser im Jahre 1948/49 sowie 1967 und 1982 sicherlich den gleichen Stellenwert wie Auschwitz für die jüdischen Israelis. Hier geht es nicht um die Vergleichbarkeit der tatsächlichen Dimensionen, den Unterschied zwischen wehrlosen KZ-Insassen und Zivilisten, die zumindest teilweise bewaffnet waren, es geht nicht nur um die objektiv historische Wahrheit (gibt es die?), sondern um die kollektiv-subjektiv empfundene Wahrnehmung der Geschichte.

Die im Staatsgebiet Israels lebenden Araber haben sich gewiß ebenfalls einsam gefühlt, besonders, solange sie nicht den Kontakt zur arabischen Welt, d.h. zur Bevölkerung im Westjordanland, im Gasa-Streifen und durch die Politik der offenen Brücken mit den Nachbarstaaten hatten. Und als Nicht-Juden im jüdischen Staat sind sie zwar zuhause, aber heimisch fühlen können sie sich schwerlich.

Für das Bewußtsein der Kontinuität, d.h. die Verbindung von Arabern und Palästina, brauchten sie zudem keine archäologischen Beweise, da ihre Vorfahren seit Jahrhunderten hier gelebt hatten.

Die in der israelischen Gegenwart wirksame Vergangenheit gilt also unter verschiedenen Vorzeichen für beide Seiten, sowohl Juden als auch Araber. Ja, auch das Gefühl der Auserwähltheit im positiven als Modernisierungsvorsprung verstanden, im negativen als vermehrtes Leid, kann bei den Palästinensern anderen Arabern gegenüber beobachtet werden.

Literaturhinweise

Wolffsohn, 1992
Harkabi, 1983
Elon, 1972
Zum Zionismus
Vital, 1982 und 1975
Sachar, 1977
Laqueur, 1975
Hertzberg, 1959

4. Jüdisch-Israelische Identität

Die Nation und ihre Geschichte, die Religion, Kultur und biologische Herkunft kennzeichnen vor allem die Identität einer Gemeinschaft. Identität kennzeichnet das Wesen, das Wesentliche, der Gemeinschaft.

Mit diesen Bestandteilen der Identität identifizieren sich die Mitglieder der Gemeinschaft unterschiedlich stark. Identifikation drückt daher die durchaus unterschiedlichen Einstellungen zu den Bestandteilen der Identität aus. Aussagen über die Identität müssen also Probleme der Identifikation beinhalten.

Anders als für das alte, biblische waren für das neue Israel Kultur und Religion des beziehungsweise der alteingessenen eroberten Völker weder Verlockung noch Versuchung. Die andere, die arabische Seite blieb dem modernen Israel fremd und bedrohlich, und diese Bedrohung schweißte die jüdischen Bürger des jungen Staates, die aus den verschiedensten Weltteilen und Zivilisationen kamen, zu einer neuen Gemeinschaft zusammen. Das neuisraelische Wir-Gefühl wird deshalb unter anderem durch die äußere Bedrohung und die beachtlichen Aufbauleistungen geprägt, die sowohl trotz als auch wegen dieser Bedrohung erbracht wurden.

Die Bedrohung wirkte integrierend, motivierend und mobilisierend. Wie in den altisraelischen Zeiten Ezras und Nehemjas vor rund 2500 Jahren „arbeiteten sie mit der einen Hand, und die andere hielt die Waffe". Dieser Satz aus dem Alten Testament (Nehemja, 4/11) wird im neuen Israel immer wieder zitiert, und zwar keineswegs nur als Schlager aus der Sammlung historisch-politischer Schallplatten, über die Israel (wie jeder andere Staat) verfügt. Dieses Zitat schlägt bewußt eine gedanklich-gefühlsgeladene Brücke zwischen dem neuen und alten Israel, schafft ein Bewußtsein jüdisch-historischer Kontinuität in Zion und stiftet Legitimität.

Anders als vor rund 2500 Jahren empfindet man heute die Welt der nichtjüdischen Nachbarn nur als äußere Gefahr einer möglichen Vernichtung, nicht als innere Versuchung.

Für geschichtsbewußte Juden hatte der neue jüdische Staat einen historisch-geographischen Geburtsfehler: Israel entstand nicht im einstigen biblischen Kernland, Judäa und Samaria, sondern hatte sein Zentrum in der Küstenebene, wo einst die Philister gelebt und in Galiläa, wo Jesus gewirkt hatte.

Die Eroberungen des Sechs-Tage-Krieges machten im Juni 1967 aus Israel auch geographisch einen jüdischen, demographisch einen jüdisch-arabischen Staat. Der historisch-geographische Geburtsfehler wurde getilgt, der moralische gleichzeitig verschärft – obwohl Israel auch 1967 schuldlos schuldig wurde und aus der Verteidigung angriff, eine im klassischen Sinne tragische Situation.

Der 1967 erreichte Höhepunkt der Rückkehr nach Zion wurde damit Wendepunkt in der Geschichte des jüdischen Staates: moralisch und demographisch. Moralisch, weil man in die Rolle des Besatzers schlüpfte, die über kurz oder lang immer häßlich ist; demographisch, weil die arabische Minderheit im jüdischen Staat erheblich größer wurde. Langfristig stellte sich die Frage nach ihrer politischen, rechtlichen und gesellschaftlichen Integration. Damals merkten es wenige, heute ist es das Hauptproblem Israels.

Das Wir-Gefühl des neuen, 1948 gegründeten Israel beruht ähnlich wie im alten, biblischen Israel keineswegs nur auf der jüdischen Religion, sondern auch auf der Leidensgeschichte des Volkes.

Das vorangegangene Leid bindet und verbindet die jüdischen Bürger Israels – heute ebenso wie damals. Je blasser die Erinnerung an das vorangegangene Schicksal, desto poröser wird das israelische Wir-Gefühl, und nicht zuletzt deswegen wird in Israel die Erinnerung an den Holocaust aufrechterhalten.

Waren einst das pharaonische Ägypten oder das Volk der Amalekiter historisch-ideologisch-gesellschaftliches Bindemittel und weltlich-politische Identitätsstifter, so ist es heute der Holocaust und damit Deutschland. Hierzulande hält man diesen Gebrauch des Holocaust oft für Antigermanismus, übersieht jedoch die politische Mechanik der innerisraelischen Identitäts- und Identifikationsstiftung.

Die Israelis orientalischer Herkunft – und das ist inzwischen rund die Hälfte der jüdischen Bürger – waren im Gegensatz zu ihren aus Europa stammenden Landsleuten vom Holocaust kaum betroffen. Die orientalische Juden prägende Verfolgung vollzog sich in den nordafrikanischen und westasiatischen Gesellschaften in dem Maße wie der Konflikt zwischen Zionisten und Palästinensern auf die gesamte arabische Welt überschwappte und dort besonders in den 1940er Jahren zu Judenverfolgungen führte. Weil der zionistisch-arabische Gegensatz nach Israels Staatsgründung eher zu- als abnahm, blieb bei den orientalischen Juden Israels nicht nur das alte Feindbild erhalten, sondern auch die Intensität des Willens zur Abgrenzung gegenüber der einstigen Heimat, sei es die eigene oder die der Eltern und Großeltern.

Die aus Europa und Amerika stammenden „aschkenasischen" Israelis, betrachten ihre einstige Heimat nicht oder nicht mehr feindselig; ja, sie wird durchaus als alt-neue Alternative zur Existenz im jüdischen Staat gesehen. Das gilt inzwischen auch in bezug auf (West-) Deutschland, oder die ehemalige Sowjetunion.

Diese Tatsache erklärt zumindest teilweise die im Vergleich zu den euro-amerikanischen Israelis ausgeprägtere Bereitschaft der Juden afro-asiatischer Herkunft, auch in schwierigeren Zeiten eher im Lande zu bleiben und nicht auszuwandern, obwohl diese im allgemeinen wirtschaftlich schlechter gestellt sind als jene.

Das Verhältnis zur Diaspora stellt sich daher für die orientalischen Israelis ganz anders als für ihre aschkenasischen Landsleute. Nach Europa und Amerika können aschkenasische Israelis jederzeit zurück; in den Irak, Jemen oder nach Syrien, sogar in das inzwischen wieder wesentlich tolerantere Marokko und Tunesien empfiehlt es sich weniger, zumal die islamische Radikalisierung in der gesamten Region des Vorderen Orients strukturell nicht zur jüdisch-arabischen Entspannung beiträgt. Die Alternative zum Leben in Israel wäre für die orientalischen Juden die Lebensgefahr in der alten Heimat der arabischen Staaten.

Ob die Friedensperspektiven vom Sommer 1993 daran etwas ändern werden, darf bezweifelt werden, weil der israelisch-arabische Durchbruch auch eine Reaktion der arabischen Regierungen auf die fundamentalistisch-islamische Herausforderung war. Und die ist den Juden gegenüber kaum freundlich zugeneigt.

Die zionistischen Gründungsväter gingen zunächst ebenso wie später viele Israelis zur Diaspora bewußt auf Distanz. Das neue jüdische Gemeinwesen in Zion sollte in allem anders als die Diaspora sein, ein „neuer jüdischer Mensch" sollte geschaffen, eine „neue jüdische Gesellschaft" errichtet werden. Mit der Diaspora verband man Schwäche, Wehrlosigkeit und Verfolgung. Jetzt demonstrierte man Stärke und Wehrhaftigkeit.

Im Laufe der Jahre erkannten jedoch Israels Politiker und Gesellschaft, daß die Diaspora, besonders in den USA, die zuverlässigste und unverzichtbare ausländische Stütze des jüdischen Staates sei.

Zwischen Israel und der Diaspora hat sich in den vergangenen vierzig Jahren eine Schere aufgetan: Israel hat sich der Diaspora genähert, während sie sich von Israel entfernte. Die Schere wird – unabhängig von der Politik des jüdischen Staates – mit Sicherheit noch größer werden, weil die Diaspora vornehmlich euro-amerikanisch ist, Israels Gesellschaft innerjüdisch gesehen zunehmend orientalisch und insgesamt jüdisch-arabisch wird – mit oder ohne die besetzten Gebiete.

Jeder Staat verfügt über Symbole, Riten, Mythen und weltliche Glaubensbekenntnisse. Sie dienen der Rechtfertigung der jeweiligen politischen, sozialen, wirtschaftlichen und kulturellen Ordnung. Man könnte sie als weltliche Staatsreligion bezeichnen. Ihr weltlicher Charakter ist offenkundig, und man könnte daher die zentralen Bezugspunkte dieser Staatsreligion weltliche Heiligtümer nennen. Wie alle Religionen weckt die Staatsreligion nicht nur die Kräfte des Verstandes, sondern auch die des Gefühls, nicht zuletzt durch ihre Heiligtümer.

Das bedeutendste weltliche Heiligtum Israels ist die Gedenkstätte Jad Washem in Jerusalem. Diese Gedenkstätte, die zugleich eine Dokumentationsstätte ist, steht in ihrer Heiligkeit lediglich der Klagemauer im Ostteil Jerusalems nach. Die Heiligkeit dieser einstigen Tempelwand widerspricht übrigens ebenfalls dem religiösen Selbstverständnis des Judentums, das außer dem heiligen Innenteil des einstigen Tempels kein Heiligtum im engeren, christlichen Sinne kennt. So gesehen bedeutet die Historisierung des jüdischen Volkes eine Entleerung der religiös-jüdischen Inhalte.

Der symbolisch-sakrale Charakter des Holocaust wird am „Tag des Holocaust" (Schoa) erkennbar, der jedes Jahr genau eine Woche vor dem Unabhängigkeitstag begangen wird. Holocaust und staatliche Unabhängigkeit, Vernichtung und weltliche Auferstehung werden in einen unmittelbaren zeitlichen und damit inhaltlichen Zusammenhang gebracht. Am eindruckvollsten ist das Zeremoniell dieses Gedenktages, wenn zwei Minuten lang im ganzen Land die Sirenen ertönen, der Verkehr zum Stillstand kommt und sich die Menschen von ihren Sitzen erheben. Das sonst so laute Israel schweigt in diesen Minuten, vereint im Gedenken an die Opfer des Holocaust.

Der Holocaust summiert und symbolisiert das gesamte Leid der langen und leidensvollen Geschichte des jüdischen Volkes; er wurde zum Kürzel jüdischer Geschichte. Dabei geschah etwas ebenso Merkwürdiges wie Typisches für alle Gruppen, die sich von ihrer religiösen Tradition lösen und zunehmend verweltlichen: Im Zuge dieser „Säkularisierung" wird Leid nicht mehr, wie im religiös bestimmten Zeitalter, als göttlich vorbestimmt verstanden, sondern als rein diesseitige Geschichte erfahren, das heißt als Menschenwerk und nicht als Gotteswerk.

Die gewiß nicht harmlose Verfolgung der Kinder Israels durch Pharao und die Ägypter in biblischen Zeiten wurde von den Juden über Jahrtausende als gottgewolltes Leid verstanden, dem später die Offenbarung am Sinai sowie die Eroberung des „Landes der Väter" folgte – ebenfalls gottgewollt. Auch die zwischenzeitlichen Siege der Philister, Ammoniter, Amalekiter, Edomiter oder Moabiter waren „Strafen Gottes" für die „Sünden Israels". Die Vernichtung des Königreiches „Israel" durch die Assyrer im Jahre 721 vor Christus galt, wie die Zerstörung des ersten Tempels durch die Babylonier (586 vor Christus) und des zweiten Tempels (70 nach Christus durch die Römer) oder spätere Drangsalierungen in der Diaspora, als Gottes „Strafe". Und die Diaspora selbst war ja von den biblischen Propheten als Folge der jüdischen Sünden vorhergesagt worden.

Erst die Säkularisierung der Juden – und als Teil dieser Verweltlichung der Zionismus – brach diese Tradition. Judenverfolgungen, so die neue Weltsicht, seien Menschenwerk der nichtjüdischen Umwelt und könnten nur durch die politische Tat der Juden im Hier und Heute verhindert werden, zum Beispiel durch die Gründung eines jüdischen Staates.

Der Holocaust wurde daher natürlich vom Zionismus, von Israel und von der verweltlichten Mehrheit des jüdischen Volkes nicht als Gottes Strafe, sondern als Hitlers Teufelswerk interpretiert. Eine kleine orthodox-jüdische Minderheit sah es anders: Glaubwürdigen Quellen zufolge bezeichnete ein ungarischer Rabbiner kurz vor seiner Ermordung in einer Gaskammer des Vernichtungslagers Auschwitz seinen unmittelbar bevorstehenden Tod als „Gottes Strafe" dafür, daß er den gotteslästerlichen Zionismus nicht energischer bekämpft hätte; eine für die meisten von uns ebenso erschütternde wie nicht nachvollziehbare, jedoch religiös schlüssige Auffassung.

Im gleichen Maße wie die religiöse Entleerung des Judentums innerhalb und außerhalb Israels zunahm, jüdische Identität eher durch die jüdische Geschichte und den jüdischen Staat als durch die jüdische Religion gestiftet wurde, beschäftigten sich Israelis und Diasporajuden immer mehr mit dem Überleben der Juden als mit dem Überleben des Judentums. Anders formuliert: Die Geschichte der Juden und Israels wurde zum Judentum schlechthin verkürzt. Der Zionismus wollte einen „neuen jüdischen Menschen“ schaffen. Das Ziel wurde erreicht. Um den Preis des Judentums?

Die Dejudaisierung des Judentums durch die Historisierung des jüdischen Leids und die religiöse Entleerung bewirken, daß die jüdische Geschichte sowie Israel, das heißt die jüdische Situation und nicht mehr die Religion, jüdische Identität stiften. Israel und die Juden brauchen daher den Holocaust als allgemeines und Deutschland als besonderes Symbol. Sie sind an Deutschland gekettet, um jüdische Identität zu bewahren.

Die Identifizierung mit dem Holocaust stärkt, wie Umfragen bei erwachsenen und jugendlichen Israelis mehrfach bewiesen haben, die jüdische Identität der Bürger. Fast zwei Drittel der 1968 befragten Gymnasiasten stimmten dem Satz zu, daß jeder Jude ein Überlebender des Holocaust sei, beziehungsweise sich als solcher empfinden müsse. (Wolffsohn, 1983: 180ff. und 233ff. mit Belegen. Die Daten von Levy, 1985: 87ff. und 125ff. relativieren das Gewicht des Holocaust: Er verstärke die jüdische Identifizierung, entscheide jedoch nicht über sie.)

So weit die normative Einschätzung. Und die wirklichkeitsbezogene? Im Januar 1986 rechneten 82% der jüdischen Israelis nicht mit einem nochmaligen Holocaust (Arian u.a., 1988: 100).

Der sogenannte ethnische Unterschied zwischen Israelis euroamerikanischer und afro-asiatischer Herkunft hat sich in bezug auf die Identifizierung mit und Identitätsfindung durch den Holocaust in den Umfragen von 1968 bis 1983 verwischt. Genauer: Die orientalischen Juden identifizierten sich 1983 sogar mehr als die euroamerikanischen Juden mit dem Holocaust. Am schwächsten ausgeprägt ist die gesamtjüdische Gleichsetzung mit dem Holocaust bei den in Israel Geborenen, den Zabarim (Zemach, 1987).

Die Umfrage-Ergebnisse von Zemach erhärten die These von der religiösen Entleerung durch die Historisierung. Diese Befragung vom Herbst 1986 ermittelte die Bedeutung, die Gymnasiasten in Israel verschiedenen Unterrichtsfächern beimessen. 92% aller jüdischen Israelis hielten das Fach „Israelische Geschichte“ für „äußerst wichtig“, 89% nannten „Jüdische Geschichte“, 84% „Naturwissenschaften“, 82% „Weltgeschichte“, 61% „Englische Literatur“ – und nur 51% erwähnten die Unterweisung in der wichtigsten Sammlung und Kommentierung religiös-jüdischer Vorschriften, dem Talmud. Englische Literatur halten die Israelis demnach für wichtiger als den Talmud. Darüber läßt sich trefflich streiten, nicht jedoch darüber, daß diese Ergebnisse die These der Dejudaisierung des Judentums durch die Fixierung auf jüdische und israelische Geschichte erhärten.

In den staatlich geförderten Kultur- und Freizeitzentren (Matnassim) herrscht große Nachfrage in bezug auf Fremdsprachenkurse oder Sport, weniger auf Kulturelles oder gar Religiöses (Jahresbericht der Matnassim mit Datenangaben, Haaretz, 4.8.1988).

Israel, auch die Juden der Diaspora, werden immer mehr „wie alle anderen Völker“: Die Besonderheit ihrer Geschichte, doch nicht jüdische Inhalte prägen ihre Identität. Über die Notwendigkeit oder Richtigkeit dieser Entwicklung kann man streiten, nicht aber über die Tatsache, daß diese Art der jüdisch-nichtjüdischen Angleichung dem traditionellen jüdischen Selbstverständnis widerspricht: Das „auserwählte Volk“, das „Volk des Buches“ sollte nicht „wie alle anderen Völker“, sondern „Licht der Völker“ sein, eine Vision verkünden.

Wenn die Juden und Israel „wie alle anderen Völker“ werden, müssen zwangsläufig zwei Entwicklungen eintreten: Zum einen wird die jüdische Diaspora ihre jüdische Substanz verlieren und sich assimilieren; zum anderen verliert Israel innerjüdische Anziehungskraft, wenn – was gleichzeitig am stärksten zu hoffen ist – die Verfolgung und Ermordung von Juden endgültig Vergangenheit ist. Der jüdische Staat ist kein Notanker mehr und angesichts der schwierigen materiellen Lebensverhältnisse, der militärischen Gefahren sowie der ideell-jüdischen Entleerung ist dieses Land nicht mehr lebenswichtiges Einwanderungsziel von Juden aus der Diaspora. Mehr noch: Die Attraktivität Israels sinkt für euro- amerikanische Juden nicht nur wegen der gesellschaftlichen „Orientalisierung“, dem zunehmenden Gewicht der Juden aus afro-asiatischen Staaten, sondern vor allem deswegen, weil jüdische Substanz in Israel nur noch bei der extremen Orthodoxie zu finden ist. Da es kaum einen Mittelweg gibt, bleiben sie in der Diaspora.

Der Israelismus, das heißt ein nur auf den Errungenschaften Israels aufbauender und jüdisch-religiös entleerter Nationalismus, ist kein Ausweg aus dieser Situation. Er ist eine Fortentwicklung des Zionismus, der im verweltlichten Zeitalter der Nationalstaaten Gott zum Teil durch den Götzen der Nation und des Nationalstaates ersetzte. In der historisch wahrlich verständlichen und durch den Holocaust leiden-schaftlichen Sehnsucht nach Erlösung trat ein großer Teil des verweltlichten Judentums, „von Obertönen des Messianismus begleitet“, den „utopischen Rückzug auf Zion“ an (Scholem, 1968: 74).

Die messianischen Obertöne des Zionismus zeigen, daß israelischer Nationalismus beziehungsweise Israelismus kein Nationalismus wie viele andere sein darf und noch nie sein durfte; er würde sich dann selbst in Frage stellen.

„Nie wieder Opfer!“ war eine der Lehren, die Israelis aus der jüdischen Geschichte und dem Holocaust zogen. „Haben wir inzwischen nicht vielleicht überzogen?“ fragen viele Israelis. Sie sorgen sich wegen der oft übertriebenen Härte israelischer Soldaten und Siedler, die man seit Ausbruch der Intifada beobachten konnte. Sie sind bekümmert, weil das Ideal israelischer Identität an der israelischen Realität zerschellt. Das ehrt die Sorgenvollen.

Um „nie wieder Opfer zu sein“, wollten die zionistischen Gründungsväter eine kraftvolle, bodenständige und bodenverbundene, den Boden landwirtschaftlich bearbeitende Gemeinschaft in Zion aufbauen. Das landwirtschaftliche Pionierideal (Chalutziut) sollte israelische Identität, „Israelismus“ schaffen. Das wollten vor allem die Pioniere der zweiten Einwanderungswelle. Tatsächlich entstand in Israel keine Gesellschaft der landwirtschaftlichen Pioniere (Chalutzim), sondern ein sehr bürgerlich-städtisches Gemeinwesen. Man betrachte die berufliche Zusammensetzung des Parlamentes oder lese das Kapitel über die Wirtschaftspolitik Israels in diesem Buch. Bewußt Jüdisches und typisch Chalutzisch-israelisches fehlt also dem Israelismus.

Gleicht Israelismus jetzt dem Nationalismus der unzähligen anderen Staaten? Ist Israel „wie alle anderen Völker“ geworden? Diese Gleichheit oder Ähnlichkeit wäre für einen weltlich orientierten Staat kein Problem, müßte Israel seinen Einwohnern und den möglichen Einwanderern nicht mehr bieten, weil es von ihnen mehr verlangt und verlangen muß, um allein schon das militärische Überleben zu sichern. Wenn der Staat Israel „wie alle anderen Völker“ eine Konsumgesellschaft „wie alle anderen“ wird, ohne zusätzliche Verlockungen zu bieten Opfer verlangt, sinkt die Einwanderungsbereitschaft der Diasporajuden und steigt die Auswanderungsbereitschaft der in Israel lebenden Juden. Für die Besonderheit der zusätzlichen Opfer und Gefahren bleiben nur Idealisten oder diejenigen im Land, die keine andere Wahl haben. Konsumgesellschaften, in denen es sich leichter und ungefährlicher leben läßt, finden viele Israelis in den USA oder in Westeuropa, wo sie sich mit Hilfe der Diasporajuden sowie der Unterstützung von Landsleuten, die vor ihnen ausgewandert sind, relativ mühelos eingliedern können. Die Zahl der in den USA ständig lebenden Ex-Israelis wird auf drei- bis fünfhunderttausend geschätzt. Diese Zahl belegt die selbstverschuldeten, doch eigentlich unvermeidlichen Folgen der Historisierung, die wiederum Teil der Säkularisierung ist. Die Alternative zu ihr scheint nur im religiösen Fundamentalismus zu liegen, den man nicht nur bei den Moslems im Iran, sondern auch bei den Orthodoxen in Israel beobachten kann – für die Steuerer jüdischer und israelischer Politik eine Wahl zwischen Teufel und Beelzebub.

Die Historisierung hat darüber hinaus noch eine weitreichende Folge: Sie zerstört letztlich auch die Daseinsberechtigung des jüdischen Staates. In dem Maße, wie das Volk der Bibel nicht mehr zur Bibel hält, verliert es seinen Anspruch auf das biblische Land, wird der jüdische Anspruch historisch und, wie alles Historische, nicht mehr absolut, sondern relativ. Dies ist der Grund für die zunehmende Selbstkritik vieler Israelis am jüdischen Staat: Sie wollen mehr jüdische Inhalte als jüdisches Land, haben aber zwischen fundamentalistischer Orthodoxie und totaler Verweltlichung noch keinen für die Mehrheit gangbaren Weg gefunden. Daß die Israelis es leicht haben oder sich selbst das Leben leicht machten, kann man wahrhaftig nicht behaupten.

Die Historisierung schafft zwar Identität, sie führt aber über kurz oder lang auch in die Auseinandersetzungen über und mit Geschichte. Auf diese Weise trennt Identität die Israelis, sie verbindet nicht. Es klingt paradox, trifft aber zu: Die Identifizierung mit der Identität nimmt ab, indem Geschichte Identität stiftet.

Kontrovers diskutiert man nämlich inzwischen zum Beispiel die Frage, ob die zionistische Führung in Palästina wirklich alles unternahm, um die von der „Endlösung“ bedrohten Juden zu retten. Im Frühjar 1989 brach erneut ein Streit über den Sinn des Warschauer Ghettoaufstandes 1943 und über die Rolle der „Judenräte“ während des Holocaust aus (vgl. Haaretz, 8.6.1989 „Literatur“ und der Beitrag von Tom Segev, ebd.). Nicht Identifizierung, sondern Polarisierung wurde erreicht.

Literaturhinweise

Wolffsohn, 1989, 1988 und 1986
Young, 1988 informativ auch über den israelischen Rahmen hinaus.
Eisenstadt, 1987
Biale, 1986
Oz, 1984. Ein israelischer Schriftsteller, der zu diesem Thema mehr zu sagen hat als viele Sozialwissenschaftler.
Goldscheider / Friedlander, 1982 mit Daten zum Problem der Religion.
Herman, 1977 mit älteren Umfragen und Interpretationen

Politik

I. Das Regierungssystem

1. Vom Osmanischen Reich zum unabhängigen Staat

Als die zionistisch motivierte Einwanderung im ausgehenden 19. Jahrhundert begann, war Palästina Teil des Osmanischen Reiches. Vom Oktober 1917 bis September 1918 eroberten britische Truppen das Gebiet. Am 19.4.1920 übertrug der Völkerbund den Briten das Mandat für Palästina, am 24.7.1922 bestätigte der Rat des Völkerbundes die Statuten des Mandats, im September 1923 traten sie in Kraft.

Am 23.8.1903 tagte erstmals die Versammlung des Jischuw (Knessiat Hajischuw) in Sichron Jaakow. Mehr als 7 Sitzungen führte sie nicht durch. Obwohl es seit 1902 im Rahmen der Zionistischen Weltorganisation und seit 1905 in Palästina Parteien gab, schlugen erneute Versuche in den Jahren 1908, 1910 und 1911 fehl, eine „alljüdische“ Institution zu gründen, zumal die osmanischen Behörden nach 1908 eine systematische und dauerhafte politische Organisierung des Jischuw erschwerten. Die Eroberung Palästinas durch Großbritannien weckte die Hoffnung auf die in der Balfour-Erklärung vom 2.11.1917 zugesagte „Errichtung einer nationalen Heimstätte in Palästina für das Jüdische Volk“, die „Seiner Majestät Regierung mit Wohlwollen“ betrachtet und daher „die größten Anstrengungen machen“ wollte, „um die Erreichung dieses Zieles zu erleichtern“ (zit. aus: Laqueur, 1970, 36).

Am 2.1.1918 trat die erste Vorbereitende Versammlung in Jaffo zusammen. Es war eine Konferenz führender Parteipolitiker und „Honoratioren“. Ihre Mitglieder waren eingeladen, nicht gewählt worden. Die Versammlung wählte einen 36köpfigen Provisorischen Rat der Juden Eretz Israels in den (von Großbritannien) eroberten Gebieten. Im Juli 1918 fand die zweite Vorbereitende Versammlung statt, welche die Rechtsbestimmungen für die Wahlen zur Delegiertenversammlung (DV) festsetzte. Sie wurden am 19.4.1920 durchgeführt.

Die Gestaltung der Politik des Jischuw übernahm der von der Delegiertenversammlung (Assefat Haniwharim) gewählte Nationalrat (Waad Leumi), dessen Mitgliederzahl von 1920 bis 1948 zwischen 23 und 42 schwankte. Der Nationalrat erfüllte in zunehmendem Maße die der DV zugedachten parlamentarischen Funktionen und tagte mehrmals im Jahr.

Ausführendes Organ des Nationalrates war der 6-14köpfige Vorstand des Nationalrates (Hanhalat Hawaad Haleumi), den die Mitglieder des Nationalrates aus ihrer Mitte wählten. Die Vorstandsmitglieder leiteten folgende Abteilungen: Politik, Lokalpolitik, Rabbinatsfragen, Erziehung, Kultur, Gesundheit, Soziales, Sport, Information. Finanziert wurde die Arbeit des Nationalrates durch die ZWO sowie durch Jischuw-Steuern. Politisch gewichtiger war die Exekutive der Jewish Agency in Eretz Israel. Sie setzte sich aus Vertretern der Zionistischen Weltorganisation (ZWO) und anderer jüdischer Organisationen der Diaspora zusammen.

Von der Mandatsregierung anerkannt und rechtlich verankert, wurden die Institutionen der jüdischen Selbstverwaltung durch die „Regulations of the Organization of the Jewish Community in Palestine“ (1.1.1928). Sie ermächtigten die offiziell eingeschriebenen Mitglieder (Mindestalter 18 Jahre) der jüdischen Gemeinschaft in Palästina (= Knesset Israel) im Abstand von drei Jahren (danach abgeändert auf vier, auch dieser Zeitabstand wurde nicht eingehalten) eine 71köpfige Delegiertenversammlung zu wählen. Sie sollte den Haushalt der weltlichen und religiösen Institutionen der Knesset Israel verabschieden und die Steuern für ihre Institutionen festsetzen. Die orthodoxe Partei Agudat Israel boykottierte die ihrer Meinung nach „gotteslästerliche“, weil nicht auf den Grundsätzen der Bibel basierende, Knesset Israel. Grundsätzlich bekämpften zahlreiche streng religiöse Juden den Zionismus, da dessen Anhänger in „Gottes Werk“, d.h. in den Gang der Geschichte eingriffen, indem Menschen (und nicht Gott) das Exil der „Kinder Israels“ durch die Gründung eines neuen jüdischen Staates beenden wollten.

Die UN-Entschließung vom 29.11.1947, welche die Teilung Palästinas in einen jüdischen und einen arabischen Staat sowie die Internationalisierung Jerusalems vorsah, bestimmte u.a., daß in jedem der beiden Staaten bis zum 1.10.1948 Wahlen zur Verfassunggebenden Versammlung erfolgt sein müßten. Dieser Versammlung, die zugleich eine „Provisorische Regierung“ einsetzen sollte, war die Aufgabe zugedacht, eine Verfassung auszuarbeiten, die eine parlamentarische Regierungsform sicherte und eine Legislative vorsah, die durch allgemeine und geheime Wahlen auf der Grundlage der verhältnismäßigen Repräsentation bestimmt werden sollte. Während der Übergangsphase vom November 1947 bis zum Oktober 1948 sollte je ein „Provisorischer Regierungsrat“ – eine Kommission hatte ihn spätestens bis zum 1.4.1948 einzusetzen – allmählich die administrative Verantwortung sowie die Polizeigewalt erhalten. Der Provisorische Regierungsrat hatte außerdem Wahlen vorzubereiten, die innerhalb von 2 Monaten nach dem Abzug der Mandatstruppen (für den 1.8.1948 vorgesehen) abzuhalten waren.

Da die britische Regierung die Ausführung der Entschließung verhinderte – sie ließ die UN-Kommission erst kurz vor Ablauf des Mandats nach Palästina und zog ihre Truppen zurück, ohne die Staatsgeschäfte den vorgesehenen Selbstverwaltungskörperschaften ordnungsgemäß zu übergeben – beschloß der Nationalrat gemeinsam mit der Palästinensischen Exekutive der JA in Eretz Israel im März 1948, selbst die Initiative zu übernehmen und den vorgesehenen „Provisorischen Regierungsrat", den Volksrat (Moetzet Haam), zu bilden. Dieser bestand aus dem Vorstand des Nationalrates (14 Mitglieder), der elfköpfigen Exekutive der JA in

Abbildung 6: Vorläufer von Regierung und Parlament

Regierung		*Parlament*	
		1903	Versammlung des Jischuw
1918	Provisorischer Rat	1918	Vorbereitende Versammlung
1920	Vorstand des Nationalrats (+ Exekutive der JA in 1920 Eretz Israel)	1920	Delegiertenversammlung wählt Nationalrat
1948	März Volksdirektorium	1948	März Volksrat (= Vorstand des Nationalrats und Exekutive der JA in Eretz Israel)
14.5.1948:	Provisorische Regierung	14.5.1948:	Provisorischer Staatsrat
8.3.1949:	Regierung	14.2.1949:	Verfassunggebende Versammlung wird Knesset

Eretz Israel sowie 12 Delegierten, die in keinem der beiden Gremien vertreten waren: Sepharadim (= langeingesessene Juden orientalischer Herkunft), Revisionisten, die man zuvor ausgeschlossen hatte, Orthodoxe der AI, die sich selbst den jüdischen Organisationen der Selbstverwaltung entzogen hatten, und Kommunisten.
Dieses Gremium wählte einen 13köpfigen Exekutivausschuß, das Volksdirektorium (Minhelet Haam). Am 29.4.1948 nahm das britische Parlament den „Palestine Act" an, der das Ende des Mandats auf den 15.5. jenes Jahres festlegte. Der Volksrat trat am 14.5.1948 in Tel-Aviv zusammen und verkündete die Unabhängigkeit des jüdischen Staates „Israel", die einen Tag danach in Kraft treten sollte. Der Volksrat hieß nun Provisorischer Staatsrat (Moetzet Hamedina Hazamit), und das Volksdirektorium wurde die Provisorische Regierung (Hamemschala Hazmamit). Vor allem wegen des Kriegsausbruchs unmittelbar nach der Verkündung der Unabhängigkeit konnten die Wahlen nicht, wie vorgesehen, bis zum 10.10.1948, sondern erst am 25.1.1949 durchgeführt werden.

Die Verfassunggebende Versammlung (Haassefa Hamehonenet) trat am 14.2.1949 zusammen und verabschiedete zwei Tage danach das „Übergangsgesetz" (Transition Act, Hok Hamawar), das dem israelischen Parlament den Namen „Knesset" (= Versammlung) gab und mit dem sich die verfassungsgebende Versammlung als Erste Knesset konstituierte. Zugleich wurden Bestimmungen über das Amt des Staatspräsidenten, die Regierung sowie über das Verhältnis zwischen Knesset und Regierung verabschiedet.

Literaturhinweise

Vital, 1982 und 1975
Horowitz / Lissak, 1978
Sachar, 1977
Laqueur, 1975

2. „Verfassung", Rechtswesen, Staatsbürgerschaft

a) „Verfassung"

In Israel gibt es keine geschriebene Verfassung. Die Unabhängigkeitserklärung sowie „Grundgesetze" erfüllen weitgehend die Funktion einer Verfassung. Es gibt folgende Grundgesetze (GG): Knesset (1958); Böden (1960); Staatspräsident (1964); Regierung

(1968); Wirtschaft des Staates (1975); Militär (1976); Jerusalem, Hauptstadt Israels (1980); Gerichtswesen (1984). Das Grundgesetz: „Staatskontrolleur" wurde 1988 verabschiedet.

Im März 1992 wurden drei weitere Grundgesetze verabschiedet. „Berufsfreiheit" (im Februar 1994 religionspolitisch freundlicher ergänzt, um die Einfuhr von nicht-koscherem, also nach dem Religionsgesetz verbotenem Fleisch zu erschweren), „Menschenwürde und Freiheit", „Direktwahl des Ministerpräsidenten". Im November 1993 folgte das das „Grundgesetz: Gesetzgebungsverfahren".

Die religiösen Parteien hatten sich seit Jahren gegen das Grundgesetz „Menschenwürde und Freiheit" gesträubt. Die allgemeingültigen Menschenrechte, so ihre Befürchtung, würden die jüdisch-religiösen verwässern, den jüdischen Charakter Israels gefährden. Einmal mehr wurde hier der uralte innerjüdische Konflikt zwischen Universalisten und Partikularisten deutlich.

Die Gesamtheit der Grundgesetze soll als „Verfassung" Israels gelten.

Im Sommer 1985 wurde das Grundgesetz „Die Knesset" um einen bedeutsamen Absatz ergänzt. Hierin heißt es, daß Israel der Staat des Jüdischen Volkes sei. Zwar dürfen „rassistische" Gruppierungen (gemeint war die extrem antiarabische Partei von Rabbiner Kahana) nicht mehr bei Wahlen zur Knesset kandidieren, doch die Stoßrichtung ist eindeutig: die zweitrangige Stellung der Araber als geduldete Minderheit sollte juristisch abgesichert werden. Geduldet, jedoch nicht verfolgt – so könnte man die Absicht des Gesetzgebers umschreiben.

Die Partei Kahanas wurde zu den Wahlen vom 1. November 1988 tatsächlich nicht zugelassen. Sie sei „rassistisch" (Haaretz, 19.10.1988). Mit drei gegen zwei Stimmen erlaubte der Oberste Gerichtshof die Kandidatur der arabisch-jüdischen und einen Dialog mit der PLO fordernden „Progressive Friedensliste".

Die Grundgesetze sind Ergebnisse einer Kompromißentschließung vom 13.6.1950, auf die sich die Mitglieder der Ersten Knesset einigten. Umstritten war zwischen den Parteien vor allem die Wirkungsbreite religiöser Vorschriften. Die Entscheidung des Parlaments sah vor, daß die Verfassung aus der Summe einzelner „Kapitel" zu bestehen habe, wobei jedes ein „GG" und der Knesset einzeln vorzulegen sein sollte.

Während alle übrigen Gesetze mit der Mehrheit der *abstimmenden* Parlamentsmitglieder erlassen oder geändert werden können, bedarf es zur Modifizierung oder Annullierung „geschützter Artikel“ eines Grundgesetzes, nicht des gesamten Grundgesetzes, der Mehrheit aller Knesset-Abgeordneten (mindestens 61 Stimmen). Grundgesetze sind demnach anderen Gesetzen nicht übergeordnet.

Allerdings wurden einige Grundgesetze „Regierung“ und „Berufsfreiheit“) oder Gesetzesteile („Menschenwürde und Freiheit“) in ihrer Gesamtheit dadurch abgesichert, daß sie nur von der Mehrheit aller Parlamentarier (mindestens also 61 Stimmen) verändert werden können. Genau dagegen stemmten sich die religiösen Parteien in bezug auf das Grundgesetz „Menschenwürde und Freiheit“.

Die Knesset ist „souverän“, so daß es wegen dieser „Oberhoheit des Parlamentes“ nicht, wie z.B. in den USA, eine „Judicial Review“ gibt. Der Oberste Gerichtshof ist lediglich diejenige Instanz, die verbindlich über die Interpretation bestehender Gesetze zu befinden hat. Gesetze, die die Knesset ordnungsgemäß verabschiedet, d.h. mit den erforderlichen Mehrheiten (über welche die Knesset selbst bestimmt), kann der Oberste Gerichtshof nicht für „verfassungswidrig“ erklären. Gesetz ist, was die Knesset beschließt. Hat sie bei der Verabschiedung eines Gesetzes formaljuristische Vorschriften nicht beachtet, ist der Oberste Gerichtshof, sofern er angerufen wird, durchaus berechtigt, die Ungültigkeit des verabschiedeten (neuen) Gesetzes zu erklären.

In bezug auf die abgesicherten Grundgesetze ist jedoch der Oberste Gerichtshof zugleich „Verfassungsgericht“. Er könne dann herkömmliche Gesetze, die diesen Grundgesetzen widersprächen, aufheben, meint Oberrichter Aharon Barak (Daia Schechori, Haaretz, 23. 11. 1992).

Literaturhinweise

Sharmann, 1993
Klingnoffer, 1987

b) Rechtswesen

Daß besonders Personenstandsfragen nach religiösen Vorschriften geregelt werden sollten, gehörte zur grundsätzlichen Übereinkunft bei der Gründung des Staates. Die interne Rechtsautonomie der Religionsgruppen reicht aber in die osmanisch-türkische Herrschaft zurück. Die Vermischung von weltlichem *Recht* und *Religion* führte häufig zu Streitigkeiten und Problemen.

Der Oberste Gerichtshof hat zwei Funktionen. Er ist

- oberste juristische Instanz des Landes, das heißt letzte Berufungs- und höchstrichterliche Entscheidungsstelle.
- einzige verwaltungsgerichtliche Instanz als „High Court of Justice“ (Hoher Gerichtshof für Gerechtigkeit) und damit ein weiteres wichtiges Kontrollorgan der ausführenden Gewalt des Staates „Exekutive“). Dies schließt die Kontrolle der Regierungsbehörden, nicht zuletzt des Militärs, auch der Militärverwaltung in den besetzten Gebieten, ein. Als einziges und oberstes Verwaltungsgericht kann der High Court of Justice weitreichende Verfügungen und Verbote erlassen. Durch eine „order nisi“ kann *jedermann* schnell, unproblematisch und kostengünstig dieses Verwaltungsgericht anrufen.

Eine Verfassungsgerichtsbarkeit kennt Israel nicht. Wir haben dies im Abschnitt über die „Verfassung“ erläutert. Lediglich Verfahrensfragen im Zusammenhang mit der Gesetzesgebung können vom Obersten Gerichtshof beanstandet werden.

Eine Kommission, bestehend aus neun Mitgliedern, empfiehlt dem Staatspräsidenten die Ernennung von Kandidaten für das Richteramt am Obersten Gerichtshof. Insgesamt gibt es zehn Oberste Richter. Vorsitzender der Kommission ist der Justizminister, ihr gehören außerdem an: Der Präsident des Obersten Gerichtshofes, zwei weitere seiner Mitglieder, ein vom Kabinett bestimmter Minister, zwei von der Knesset in geheimer Abstimmung gewählte Delegierte sowie zwei Vertreter der Anwaltskammer.

Die Unkündbarkeit gilt für Richter der untergeordneten Gerichte ebenfalls.

Rücktritt, Tod, das Erreichen des Pensionsalters (70) oder „disziplinarische Vergehen“, über die der Oberste Richter gemeinsam mit fünf weiteren zu entscheiden hat, beenden die Tätigkeit eines Rechtsprechenden.

Das seit 1984 geltende Grundgesetz „Das Gerichtswesen“ enthält eine wichtige Änderung: Sieben der neun Kommissionsmitglieder, welche die Richter für den Obersten Gerichtshof auswählt, sind ermächtigt, auch darüber zu befinden, ob ein amtierender Richter nicht mehr in der Lage ist, sein Amt auszuüben. Diesen Antrag zu stellen, ist entweder der Justizminister oder der Präsident des Obersten Gerichtshofs befugt.

Ende 1986 schlug der Oberste Gerichtshof vor, daß die Wahlkommission für die Richter auch ermächtigt werde, Richter gegebenenfalls absetzen zu können.

Parteipolitische Einseitigkeit ist der Auswahlkommission in den Jahren von 1981 bis 1984 vorgeworfen worden.

Auffallend ist, daß sich die palästinensischen Bewohner der besetzten Gebiete gegen Enteignungen beim High Court of Justice zur Wehr setzen, nicht selten erfolgreich, was, trotz aller Kritik, auf die Unabhängigkeit dieser Institution schließen läßt. Auch israelische Beduinen konnten gegen die Art und Weise der Enteignung ihrer Böden erfolgreich Berufung einlegen.

Die Unabhängigkeit des Rechtswesens hat wohl auch die Kommission bewiesen, die die Vorgänge um das im September 1982 in Beirut an Palästinensern begangene Massaker untersuchte und der sowohl ein amtierendes als auch ein ehemaliges Mitglied des Obersten Gerichtshofes angehörte. Wie jedermann wußte, war der Regierung das Untersuchungsergebnis keineswegs willkommen.

Das Oberste Gericht erwies sich auch als Institution einer „wehrhaften Demokratie“, als es 1964 und 1965 die arabisch-nationalistische Al-Ard-Gruppe verbot (siehe „Parteien und Araber“). 1984 und 1988 verhielt sich das Gericht gegenüber der ähnlich orientierten „Progressiven Friedensliste“ großzügiger. Sie durfte an den Knessetwahlen und am Parlamentsgeschehen teilnehmen. Die Entscheidung fiel aber mit drei gegen zwei Stimmen knapp aus (Haaretz, 28.9.1989).

Die Israelische Gesellschaft für Menschenrechte warf 1988/89 allerdings der Justiz vor, Rechtsbrüche von Juden und Arabern unterschiedlich zu ahnden (vgl. Süddeutsche Zeitung, 22.6.1988). Chaim Cohen, einstiger Rechtsberater der Regierung und Richter am Obersten Gerichtshof, also ein Mann des „Establishments“, ging noch weiter: „Israel hat die Menschenrechte vergessen“ (Haaretz-Interview, 27.1.1989). Er bezog seine Kritik allerdings mehr auf die Organe der ausführenden Gewalt (im doppelten Sinne des Wortes), weniger auf das Rechtswesen.

Durch Art. 9 der LAO (Neuordnungsgesetz; Law and Administration Ordinance vom 19.5.1948) ermächtigte sich der Provisorische Staatsrat dazu, wenn erforderlich, den Notstand zu erklären, und noch am selben Tag wurde dies vollzogen. Zunächst sollte er nur für drei Monate gelten, wurde aber bis heute durch Beschluß der Knesset immer wieder verlängert. Aufgrund dieser Bestimmungen können u.a. Militärgerichte und -verwaltungen eingerichtet werden, eine Tatsache, die den Status der israelischen Araber bis Dezember 1966 beroffen hat und die Bewohner der besetzten Gebiete, sofern sie nicht annektiert wurden, bis heute betrifft.

Die Befugnisse der Militärgerichte werden vom Obersten Gerichtshof überwacht. Sie verfügen trotzdem über weitreichende Vollmachten, die das Alltagsleben der in den besetzten Gebieten lebenden Palästinenser betreffen. Vor allem schaffen sie zunächst Tatsachen, die erst später ziviljuristisch kontrolliert werden können.

Das Grundgesetz: Gesetzgebungsverfahren aus dem Jahre 1993 schränkt die Notstandsbefugnisse vor allem zeitlich ein: auf höchstens zwei Jahre.

Außer den Notstandsbestimmungen ermächtigt auch die „Verordnung zur Verhinderung von Terrorakten" (1948) die Militärgerichte, tätig zu werden. Mutmaßliche Terroristen werden daher vor Militärgerichte gestellt.

Der Rechtsberater der Regierung erfüllt zwei Aufgaben: Zum einen berät er, wie die Amtsbezeichnung andeutet, die Regierung in juristischen Fragen, zum anderen ist er gleichzeitig Generalstaatsanwalt.

Im Juni 1986 kam es zu einer bislang einzigartigen Konfrontation zwischen dem Rechtsberater und der Regierung: Jener wollte den Chef des Geheimdienstes zur Rechenschaft ziehen, zumindest juristisch nachprüfen, ob dieser tatsächlich die Ermordung zweier palästinensischer Terroristen durch Soldaten der israelischen Armee gedeckt hätte. Die Regierung weigerte sich, dem Rechtsberater hierfür grünes Licht zu geben, weil sie fürchtete, militärische Geheimnisse könnten aufgedeckt und in die Öffentlichkeit getragen werden.

Der Rechtsberater wurde ausgewechselt, doch sein Nachfolger leitete unerwartet und von der Regierungsmehrheit zunächst unerwünscht dennoch eine Untersuchung ein, und der Geheimdienstchef mußte gehen, öffentlich und ohne Geheimnis.

Im Mai 1987 bewies das israelische Rechtswesen einmal mehr seine Unabhängigkeit und Korrektheit: Es hob das Urteil eines Militärgerichtes auf, das einen Tscherkessen aufgrund von Geständnissen verurteilte, die der Geheimdienst durch Folterungen erzwungen hatte.

Im Sommer 1991 wurden erstmals zwei Angehörige des innerisraelischen Geheimdienstes entlassen, die zwei Palästinenser gefoltert und getötet hatten (Haaretz, 2.9.1991).

Im Sommer 1993 eine andere Kontroverse: Generalstaatsanwalt Harisch empfahl die Entlassung des unter Korruptionsverdacht stehenden Innenministers Deri. Ministerpräsident Rabin weigerte sich. Er fühlte sich an Koalitionsvereinbarungen gebunden und fürchtete, daß Deris Partei (Schass) seine Regierung in einem für den israelisch-palästinensischen Konflikt schicksalshaften Augenblick verlassen könnte. Mauschelei, sagten die einen. Staatsräson, konterten die anderen. Das Verhältnis zwischen Rabin und dem Generalstaatsanwalt hätte jedenfalls nicht schlechter sein können. Im September 1993 entschied der Oberste Gerichtshof zugunsten von Harischs Position. Der Innenminister mußte zurücktreten. Als Sieger reichte Harisch zum 1. November 1993 seinen eigenen Rücktritt ein. Keine Überraschung: Rabin nahm ihn an.

Die Gerichte haben einen guten Ruf: Im Januar 1987 sowie im Sommer 1989 hielten sie circa 80% der erwachsenen jüdischen Israelis für „absolut" oder „teilweise vertrauenswürdig" (Peres, 1987: 16; ähnlich Yuchtman-Ya'ar, 1987: 32 und derselbe, 1989: 9). Nur das Militär erreichte bessere Werte.

Den Landesgesetzen entsprechend zu handeln, hielten 1983 97% der jüdischen Israelis für „wichtig" oder für „sehr wichtig" (Levy, 1986: 28). Zwischen Legitimität und Legalität besteht offenbar kein Konflikt. Gerade im Vergleich zu Deutschland sind diese Zahlen aufschlußreich. Im Sommer 1992 hatten nämlich in den alten Bundesländern 28% der Befragten „volles Vertrauen zu Richtern und Gerichten", und in den neuen Bundesländern waren es gar nur 9% (Umfrage Imas-Institut, München, FAZ, 23.9.1992).

Das Bild von der Unbestechlichkeit israelischer Gerichte erlitt seit 1987 allerdings einige Kratzer, denn eine Lawine von Bestechungsfällen wurde aufgedeckt.

Zumindest ein grundlegender Unterschied im Rechtsbewußtsein der jüdischen und arabischen/palästinensischen Israelis fällt auf: Dem Satz „Ein Staatsbürger muß nur den Gesetzen gehorchen, die er für gerecht hält", stimmten im Frühjahr 1993 nur 23% der jüdischen Israelis zu. Bei den arabischen/palästinensischen Staatsbürgern waren es jedoch 61% (Umfrage des Instituts für Soziologie und Anthropologie der Universität Haifa, Prof. Arie Ratner, Haaretz, 28.5. 1993).

Andererseits neigt eine aktive jüdische Minderheit – man findet sie vor allem bei den Siedlern im Westjordanland – besonders häufig seit Beginn der Intifada (9. Dezember 1987) dazu, das Recht in die „eigenen Hände" zu nehmen, also Faustrecht anzuwenden. Das schließt den Gebrauch von Schußwaffen ein. Diese Selbstjustiz wurde bis Mitte 1989 so bedrohlich, daß sie zum Beispiel von Staatspräsident Herzog, vom Polizei- und Justizminister mehrfach öffentlich gebrandmarkt wurde (vgl. Haaretz, 1.6. und 13.7.1989).

Daß man „sein Recht selbst in die Hand nehmen kann, wenn das gültige Recht einen nicht genügend schützt," meinten 22% der Juden und 52% der Araber (Umfrage des Instituts für Soziologie und Anthropologie der Universität Haifa, Prof. Arie Ratner, Haaretz, 28.5.1993). Welche konkreten politischen Folgen könnten die 22% der jüdischen Antworten zeitigen, wenn es an die Räumung von Gebieten und Siedlungen geht? Rechtsbewußtsein und Rechtspraxis von Randgruppen sind brisante politische Faktoren.

c) Staatsbürgerschaft

Aufgrund des 1951 von der Knesset verabschiedeten Rückkehr-Gesetzes kann jeder aus dem Ausland kommende Jude sofort die israelische Staatsbürgerschaft erhalten. (Man ist hier an Artikel 11b des Grundgesetzes der Bundesrepublik Deutschland erinnert.) Ansonsten gilt für den Erwerb der Staatsbürgerschaft das *Abstammungsprinzip,* während das *Gebietsprinzip* in abgewandelter Form angewandt wurde in bezug auf diejenigen nichtjüdischen Einwohner Palästinas, die nach 1948 im Gebiete Israels lebten. *Einbürgerung* und *Verleihung* sind ebenfalls mögliche Formen, die israelische Staatsbürgerschaft zu erlangen.

Abbildung 7: Erlangung der Staatsbürgerschaft

1. Rückkehr-Gesetz
2. Abstammungsprinzip (über Eltern)
3. Gebietsprinzip (durch Wohnsitz)
4. Einbürgerung („Naturalisierung")
5. Verleihung

Während bei jüdischen Israelis im Personalausweis unter der Rubrik „Nationalität" das Wort „Jude" vermerkt ist, findet man bei den arabischen Israelis die Bezeichnung „Araber". Zwischen Nationalität und Religion wird also in bezug auf die Juden, gleichgültig, ob sie gläubig sind oder nicht, überhaupt nicht unterschieden, während bei den Arabern unter derselben Rubrik auf religiöse Vielfalt (Christen, Sunniten oder Drusen) nicht eingegangen wird.

Nichtjüdische Bewohner der 1967 eroberten und auch juristisch dem Staatsgebiet zugeschlagenen, d.h. annektierten Gebiete (Ostjerusalem und Golan-Höhen) sind trotzdem *keine israelischen Staatsbürger.* Sofern sie die Staatsbürgerschaft erhalten möchten, müssen sie sich einbürgern lassen. Sie wollten es nicht – wie zu erwarten. Bis 1992 hatte lediglich 1% der Ostjerusalemer die israelische Staatsangehörigkeit erbeten (Haaretz, 8.7.1992).

Auf diese Weise kann man Gebiete annektieren, ohne deren Bewohner zu Wahlbürgern zu machen. Genauer: An Knessetwahlen können sie nicht teilnehmen, wohl aber an Kommunalwahlen, da hier nicht nur Staatsbürger, sondern Einwohner Israels wahlberechtigt sind (vgl. „Arabische Kommunalverwaltungen").

Die niedrige Beteiligung an den Kommunalwahlen in Jerusalem hat es immer wieder bewiesen: Am jüdischen Gemeinwesen wollen sie nicht teilhaben. Nach der israelisch-palästinensischen Einigung auf die Formel „Gasa und Jericho zuerst" erwog Jassir Arafat den Ostjerusalemer Palästinensern eine Wahlbeteiligung zu empfehlen – zugunsten von Bürgermeister Kollek (Haaretz, 29.8. 1993). Sieben Prozent befolgten die Empfehlung. Es reichte nicht zur Wiederwahl Kolleks.

Literaturhinweise

Shetreet, 1994
Klinghoffer, 1987
Bin-Nun, 1983
Wolffsohn, 1983, Kap. 40
Likhovski, 1971
Jährliche Ergänzungen: Israel Year Book

3. Die Knesset (Das Parlament)

a) Rechtliche Rahmenbedingungen

Das Neuordnungsgesetz („Law and Administration Ordinance", LAO, vom 19.5.1948) bestimmte in Art. 7 a, daß der Provisorische Staatsrat die gesetzgebende Gewalt des Staates sei. Art. 3 des Übergangsgesetzes vom 16.2.1949 übertrug alle Vollmachten des Provisorischen Staatsrates an die Verfassungsgebende Versammlung, die sich gleichzeitig zur Ersten Knesset erklärte. Am 29.3.1949 wurden die Vorgehensweisen zur Verabschiedung gesetzgeberischer Maßnahmen von der Knesset gebilligt. Die Tatsache der Veröffentlichung gilt als „Beweis für die Rechtmäßigkeit des Gesetzes" (LAO, Art. 10).

Standort der Knesset ist Jerusalem. Ihre Mitgliederzahl beträgt 120. Die Legislaturperiode dauert vier Jahre. Eine vorzeitige Auflösung ist nur möglich, wenn die Stimmenmehrheit der Parlamentarier ein „Sondergesetz über die vorzeitige Auflösung" des Parlaments billigt. Vorzeitige Auflösungen erfolgten 1951, 1961,

1977, 1981, 1984 und 1992. Die Geschäftsordnung schreibt zwölf ständige Ausschüsse vor.

Gesetzesinitiativen können von der Regierung ausgehen, vom Knesset-Ausschuß sowie von jedem einzelnen Parlamentarier. Ca. 95% der Gesetzesvorlagen stammen inzwischen von der Exekutive. Zur Verabschiedung eines Gesetzes sind drei Lesungen erforderlich.

Die Knesset ist einerseits als Nachfolgerin der „Verfassunggebenden Versammlung" Verfassungsgeberin und andererseits die gesetzgebende Gewalt Israels, erfüllt demnach eine Doppelfunktion im gesetzgeberischen Bereich. Sie ist zudem Kontrollinstanz der Regierung, verfügt über das Haushaltsbewilligungsrecht einschließlich der Folgegesetze und kann Untersuchungsausschüsse einrichten. Nicht zuletzt ist das Amt des Staatskontrolleurs wirksames und ergänzendes Kontrollorgan der Regierung (vgl. A/I/4; für weitere Einzelheiten Wolffsohn, 1983, Kap. 54).

Abbildung 8: Israels Regierungssystem

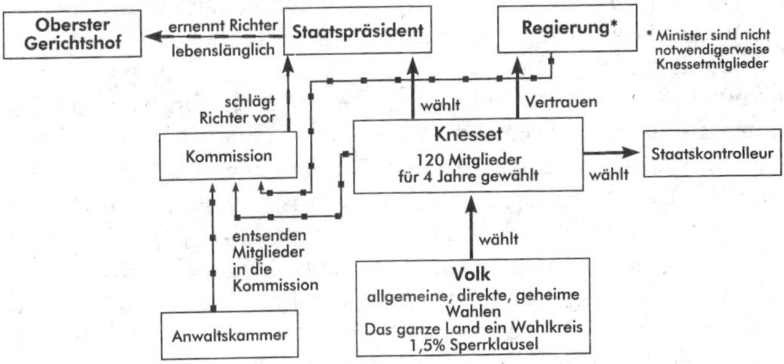

b) Politischer Stellenwert, politische Funktionen

Der „verfassungsrechtlichen" Souveränität der Knesset stand lange die Allmacht der Parteiapparate gegenüber. Die Knesset war nur so stark bzw. schwach, wie es die Struktur der Parteien, die im Parlament vertreten sind, ermöglichte. Von der Unabhängigkeit des einzelnen Parlamentariers seiner Partei gegenüber konnte kaum die Rede sein, auch wenn weder das GG noch die Geschäftsordnung oder eine andere gesetzliche Bestimmung „Fraktionszwang" kennt. Das System der starren Listen (vgl. Wahlrecht, A/I/3/c) hat, solange deren Zusammensetzung letztlich von den führenden Parteifunktionären bestimmt wurde, so wirksame Strafmechanismen, daß man keine gesetzliche Bestimmungen über die Fraktionsdisziplin benötigte. Stärker werden konnten die Fraktionen nur, wenn die jeweilige Regierung schwächer wurde. Die „Souveränität" der Knesset hing also weniger von den gesetzlichen Bestimmungen ab als vielmehr von der Machtverteilung in den Parteien und zwischen ihnen, vor allem aber von der Durchsetzungskraft der Regierung, besonders des Ministerpräsidenten.

Die seit 1973 in den Parteien erheblich erweiterte Mitbestimmung der Basis festigte indirekt auch die Legitimität der Knesset-Souveränität. Eine andere Folge: Mehr neue Gesichter im Parlament. 1984, 1988 und 1992 waren es rund ein Drittel. Auch im internationalen Maßstab ein beachtlicher Anteil.

Die Knesset dient den Politikern als Tribüne, ihre Debatten liefern Argumente für die öffentliche Diskussion, sie ist ein Ort, an dem Informationen und Erfahrungen ausgetauscht werden können, weil die Kommunikationslinien hier noch kürzer sind als in dem ohnehin schon kleinen Land. Man hat Entscheidungsträger und -zuträger an einem Platz versammelt. Das Parlament ist zugleich wichtiges politisches Sprungbrett für diejenigen, die weiter nach oben, also in die Regierung, wollen. Bis zum Anfang der 70er Jahre war es wichtiger, den Gründungsvätern des Staates anzugehören, um Minister werden zu können. Aus dieser Gruppe rekrutierten sich von 1949 bis 1971 43,5% der israelischen Minister. Dagegen waren es nur 8% aus den Reihen der „reinen" Parlamentarier, und 24,2% hatten sich auf nichtpolitischen Gebieten profilieren können (Weiss, 1973: 98). Jedoch: auch die Gründungsväter gehörten der Knesset an und nahmen die ersten Plätze auf den Kandidatenlisten ihrer Parteien ein und schließlich muß auch der Ministerpräsident Mitglied der Knesset sein. Im ersten Kabinett Rabin (1974-76) gehörten 6 von 19 Ministern dem Parlament an, im

Kabinett 18b unter Begin (1977-78) nur einer nicht, im Kabinett 19a und 19b (1981-83) alle.

Dieser Trend hat sich durchgesetzt. Es entspricht heute einer seltenen Ausnahme, daß Minister nicht zugleich Mitglieder der Knesset sind.

Die im Parlament vertretenen Parteien können offenbar nicht ganz den Willen der Bevölkerung vergegenwärtigen bzw. repräsentieren. Das dokumentiert die Tatsache, daß vor allem seit dem Libanonkrieg (1982) die Zahl der Protestdemonstrationen hochschnellte (vgl. Lehman-Wilzig, 1987; für die Zeit vor 1982 Lehman-Wilzig, 1981 und derselbe/ Goldberg, 1983).

Trotzdem scheint auch außerparlamentarischen Gruppierungen die Mitgliedschaft oder zumindest die Verbindung zum Parlament unverzichtbar: Sowohl Vertreter der Rechtsreligiösen (Gusch Emunim) als auch der Linken und Linksliberalen außerparlamentarischen Opposition (Frieden Jetzt) gehörten Parteien oder Fraktionen der Knesset an. Sie wirken gleichzeitig parlamentarisch und außerparlamentarisch. Die Knesset ist Brennpunkt der politischen Betätigung.

Literaturhinweise

Sager, 1985
Wolffsohn, 1983: Teil 4 und Kap. 54
Mahler, 1981
Likhovski, 1971

c) Das Wahlrecht

Grundsätzliche Entscheidungen über das Wahlsystem des späteren Staates fielen auf der dritten „Vorbereitenden Versammlung" (sie nannte sich „Der Rat von Eretz Israel"), die am 18.12.1918 in Jaffo stattfand. Die Wahlen sollten direkt, gleich, geheim, allgemein, landesweit (= das gesamte Land ist ein Wahlkreis) und proportional sein, wobei man sich für das System der starren, von den Parteigremien festgesetzten, Listen entschieden hatte. Das Wahlalter wurde auf 20 Jahre (aktiv) und 25 (passiv) festgesetzt. Heftig umstritten zwischen weltlichen und religiösen Zionisten war dabei das Frauenwahlrecht. Die orthodoxe AI boykottierte die Wahlen und die Mitarbeit in der DV.

Die wichtigste Folge des Wahlrechtes dürfte die weitgehende Behinderung der Mitbeteiligung, Mitbestimmung und Mobilisierung der Parteimitglieder durch das System der starren Listen gewesen sein. Die Nominierung der Kandidaten vollzog sich seit der

Staatsgründung immer mehr im Kreis der inneren Parteiführung, wobei 1977 wichtige Veränderungen stattfanden. Seitdem wurde die Mitgliedschaft an der Nominierung der Kandidaten stärker beteiligt.

Die Diskussion um eine Reform des Wahlrechtes, wobei meist an das Mehrheitswahlrecht oder eine höhere Sperrklausel gedacht wurde, riß nicht ab, doch mußten stets die großen Parteien, die durchaus Veränderungen anstrebten, auf ihre jeweiligen kleineren Koalitionspartner Rücksicht nehmen, die sich in ihrer Existenz bedroht fühlten.

Nur 1931 wurden den „ethnischen" Gruppierungen 18 der 71 Mandate garantiert, den Sepharadim 15, den Jemeniten 3. Dies war das einzige Mal, daß nicht nach den Grundsätzen der Proportionalität vorgegangen wurde (Einzelheiten zu den Wahlen in der Jischuw-Periode in: Wolffsohn, 1983: 437ff.).

Die gesetzlichen Grundlagen für das Wahlrecht im unabhängigen Staat sind vor allem das GG „Knesset" sowie die Knesset-Wahlgesetze aus den Jahren 1959 und 1969 einschließlich einiger Veränderungen. Das *aktive* Wahlrecht besitzen Männer und Frauen, die israelische Staatsbürger sind und ihr 18. Lebensjahr vollendet haben. Mit 21 Jahren ist man *passiv* wählbar. Es besteht keine Wahlpflicht. Wenn ein Parlamentarier auf sein Mandat verzichtet oder ein Amt übernimmt, das mit der parlamentarischen Tätigkeit unvereinbar ist, rückt der Bewerber mit dem nächsthöchsten Listenplatz derselben Partei nach.

Eine Erweiterung des Grundgesetzes über die Knesset vom Sommer 1985 verbietet die Kandidatur von Parteien, die in ihrem Programm oder Verhalten die Existenz Israels als Staat des jüdischen Volkes direkt oder indirekt bekämpfen. Auch Gruppierungen, die den demokratischen Charakter Israels verändern wollen oder „rassistische Hetze" betreiben, müssen von der Kandidatur ausgeschlossen werden.

Dieser Gesetzeszusatz ist als Absicherung gegen arabische *und* jüdische Extremisten zu verstehen, wenngleich der zionistische, sprich erstrangig jüdische Charakter des Staates vor allem geschützt werden soll.

Wenn diese einstige Selbstverständlichkeit der zionistischen Bewegung heute als Gesetz festgeschrieben werden muß, kann man, ja, muß man darauf schließen, daß dieser exklusiv-jüdische Charakter inzwischen in Frage gestellt wird; nicht mehr nur von Arabern oder jüdischen Randgruppen, sondern von größeren Teilen der jüdischen Gesellschaft. Wir werden uns diesem Problem häufiger zuwenden.

Sperrklausel: 1% der abgegebenen gültigen Stimmen, seit 1992: 1,5%. Die Zahl der Mandate, die eine Liste erhält, wird errechnet, indem man die für die Liste abgegebenen gültigen Stimmen durch die Wahlzahl dividiert. (Berechnung der Wahlzahl: Die Summe der für die an der Sitzvergabe beteiligten Listen abgegebenen gültigen Stimmen, geteilt durch die Zahl der Knesset-Mandate). Die übrigen Sitze wurden bis 1969 nach der Methode des größten Überrestes verteilt, was die kleineren Parteien begünstigte. Seit 1973 erfolgt die Verrechnung nach der modifizierten Methode d'Hondt, welche den größeren Parteien zugute kommt.

Wahlverfahren: Das Gesetz über Parteienfinanzierung vom 24.1.1973 regelt die Finanzierung der Wahlkampfausgaben sowie der laufenden monatlichen Aufwendungen der Parteien. Der Wahltermin liegt am Ende einer Legislaturperiode, und zwar am dritten Dienstag des jüdischen Monats Heschwan (= Oktober/ November). Bei vorherigem Schaltjahr findet die Wahl am ersten Dienstag des Monats statt. Bei vorzeitiger Auflösung des Parlaments muß das Sondergesetz zugleich einen Wahltermin festsetzen. Briefwahl ist nicht möglich. In der Wahlkabine liegen gedruckte Wahlzettel aller Listen aus. Der Wähler steckt den Wahlzettel der Liste, für die er sich entscheidet, in einen Umschlag und wirft diesen in die Wahlurne.

Das traditionelle Wahlsystem war nicht sehr beliebt. Im September 1984 sagte es nur 34% der Israelis zu. Knapp zwei Drittel, nämlich 57%, bevorzugten eine Regelung mit mehreren Wahlkreisen, was zu einer Stärkung der Wahlkreiskandidaten und damit zu einer gewissen Schwächung der Parteiapparate führen würde (Index to International Public Opinion, 1984/85: 407). Im Frühjahr 1990 unterschrieben rund 500.000 Israelis einen Aufruf zur Änderung des Wahlrechts. 80% der befragten Israelis waren im März 1990 für eine Änderung des Wahlrechts (Dahaf-Umfrage Jediot Acharonot, 11.4.1990).

Im Februar 1992 meinten 68% der jüdischen Israelis, eine Änderung des Wahlrechts könnte viele Probleme des Staats lösen helfen (Gallup-Umfrage, Haaretz, 6.3.1992). Dem Druck der Öffentlichkeit gab die Knesset im März 1992 teilweise nach. Dabei setzten sich die damals oppositionellen Linksparteien gegen die Regierung durch. Freilich halfen Zomet und einige Likud-Überläufer, die den Einfluß der Religiösen dämpfen wollten. 1992 wurde noch das alte Wahlrecht angewendet. Danach wird aber jeder zwei Stimmen haben: Die eine für die jeweilige Partei, die andere für den Ministerpräsidenten-Kandidaten. Der Regierungschef benötigt mehr als 50%. Erreicht keiner der Kandidaten diesen Anteil, findet eine Stichwahl statt.

Literaturhinweise

Diskin, 1991 und 1989
Wolffsohn, 1983: Kapitel 37

d) Wahlkämpfe und politische Geschichte, Wahlergebnisse

Den folgenden Abschnitt versteht man besser, wenn man weiß, daß es in der israelischen Parteienlandschaft traditionell drei große Lager gibt:

Das Arbeiterlager, das bürgerliche und religiöse. Im Arbeiterlager war und blieb die sozialdemokratische Mapai/Arbeitspartei tonangebend. Im bürgerlichen Lager bestimmte die nationalistische Herut immer mehr die Richtung, zumindest in bezug auf ihr Gewicht. Im religiösen Lager wetteiferten die Nationalreligiösen, die dem zionistischen Aufbauwerk seit jeher wohlwollend gegenüberstanden, mit den extrem Orthodoxen der Agudat Israel, die dem Zionismus gegenüber mehr als distanziert blieben, weil sie den Gang von Geschichte und Politik Gott überlassen wollen, Menschenwerk in diesem Bereich für „Gotteslästerung" halten.

Im Arbeiterlager und im bürgerlichen gab es seit 1965 eng zusammenarbeitende Parteien, die man als „Block" bezeichnet. Bei den Religiösen gibt es derzeit drei fast gleich große Gruppierungen: Nationalreligiöse, Orientalisch-Orthodoxe (Schass) und Agudatisten, wobei Schass ursprünglich nichts anderes als eine organisatorische Verselbständigung der orientalischen Agudatisten war.

Die übrigen Parteien der drei Lager, auch die Kommunisten, verwirren außenstehende Beobachter und Koalitionspolitiker, doch sie kennzeichnen taktische, nicht strategische „Gleichgewichtsstörungen".

Die ideologischen Grenzen zwischen den Lagern sind fließend geworden. Das gilt besonders in bezug auf den Übergang zwischen Likud und Religiösen, zwischen Arbeitspartei und Linksliberalen. Sowohl der Likud als auch die Arbeitspartei sind seit 1988 keine „Blöcke" mehr. Herut und Liberale sowie IAP und Weizman-Partei haben sich zusammengeschlossen.

Das Schema (Abb. 10) der politischen Lager soll das Verständnis zusätzlich erleichtern. Die Geschichte der Parteien wird in einem anderen Kapitel (A/II/1) erzählt.

Hier seien die Wahlkämpfe skizziert, die wichtigsten Streitpunkte und Zusammenhänge erwähnt.

Schon bei den ersten Wahlen zur Delegiertenversammlung im Jahre 1920 distanzierten die Arbeiterparteien, allen voran die organisatorische Vorläuferin der Mapai, also die Achdut Haawoda, die übrigen Gruppierungen.

Die Epoche der Mapai/Arbeitspartei begann demnach schon 1920. Sie endete 1977, als der Likud den Arbeiterblock schlug und den ersten Machtwechsel des jüdischen Gemeinwesens vollziehen konnte.

Obwohl die Mapai/Arbeitspartei in jenen Jahren stets wesentlich stärker als die übrigen Parteien war, reichte die Mehrheit nie, um alleine die Regierung führen zu können. Koalitionspartner wurden benötigt. Die Linksliberalen und Linksreligiösen bildeten in dieser Epoche gemeinsam mit der Mapai/Arbeitspartei den Koalitionskern.

Abbildung 9: Wahlen zur Delegiertenversammlung des Jischuw 1920-1944

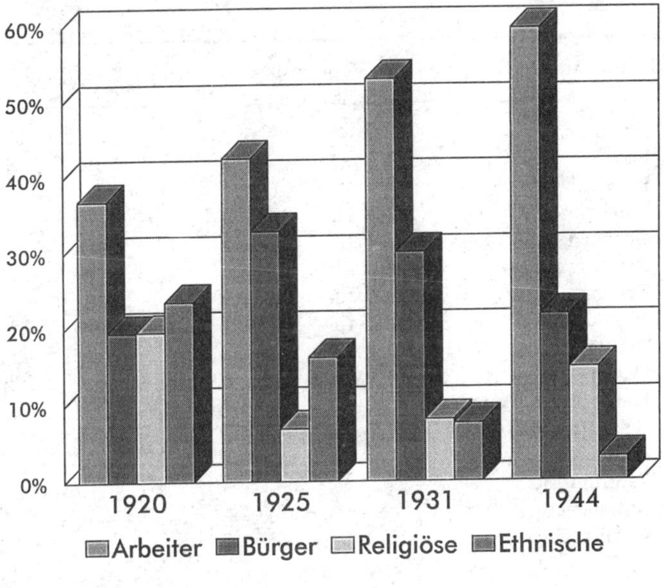

Tabelle 4: Wahlen zur Delgiertenversammlung des Jischuw 1920–1944, in %

	1920	1925	1931	1944
Wahlberechtigt	28765	64764	89656	300108
Gewählt	20160	36767	50436	202448
Wahlbeteiligung in %	70,1	56,8	56,3	67,5
Arbeiter				
AH	22,4	24,0		
HPZ	13,0	14,4		
Mapai			46,0	36,5
PKP	–	2,7	1,9	1,9
PZL (Abramowitz)	–	–	1,8	–
Borohow-Liste (EREM-PZL)	–	–	1,8	–
Linke Front (HHZ + PZL)	–	–	–	12,3
(N) AH	–	–	–	9,0
Kibbutzim (Emek)	–	1,5	–	–
„Beamte“	1,6	–	–	–
Summe Arbeiter:	37,0	42,6	53,1	59,7
Bürger				
Farmer	5,1	0,6	Boykott	Boykott
Progressive	4,1	–	–	–
Namenlose	2,2	–	–	–
Unabhängige	2,2	–	–	–
Handwerker	1,9	0,5	0,7	–
Frauenverbände	1,6	0,4	–	–
Jugend Israels	1,3	–	–	–
Der Bürger	0,9	–	–	–
Makabi	0,3	–	–	1,8
Landw.-bund (Farmer)	–	5,4	–	–
Hebr. Frauen	–	5,4	3,7	–
Demokraten	–	3,4	–	–
Zentrumsliste	–	2,5	–	–
Nat. Bürgerorg.	–	2,4	–	–
4. Alija (Polen)	–	1,7	–	–

Daten aus Eliav, 1976: 156ff.; Zuordnung zu den Blöcken/Lagern entsprechend Horowitz/Lissak, 1977: 336f. sowie eigene Daten.

	1920	1925	1931	1944
AZ	–	–	5,6	Boykott
Dem. Zentr. (M. SNEH)	–	–	–	3,6
Zionist. Arbeiter	–	–	–	1,8
WIZO (Frauen)	–	–	–	2,1
NE	–	–	–	10,7
Jüd. Händler	–	–	–	0,8
Revisionisten	–	6,7	16,0	Boykott
Oriental. Revisionisten	–	–	4,2	–
Judenstaatspartei	–	–	–	0,7
Ortslisten und andere	–	3,5	–	0,4
Merkaz, Haklai (Farmer)	–	0,5	–	–
Summe Bürger:	19,6	33,0	30,2	21,9
Religiöse				
Orthodoxe	16,2	Boykott	Boykott	Boykott
Misrahi + M-Jugend	3,5	3,2	–	–
HPM	–	2,5	–	9,9
Misrahi + HPM	–	–	8,1	–
Misrahi + Unabh. Orthodoxe	–	–	–	3,5
Unabh. Rel. Liste	–	–	–	1,5
Orientl. Landwirte (Farmer)	–	0,4	–	–
Ortsliste Bne-Brak	–	0,4	–	–
Einzelkandidaten	–	0,4	–	–
Summe Religiöse:	19,7	6,9	8,1	14,9
Ethnischer Block				
Sepharadim	17,3	7,2	4,6	Boykott
Jemeniten	3,9	8,8	3,0	0,5
Buhara	1,6	–	–	–
Grusinier	0,3	0,3	–	–
Oriental. Jugend u. a.	0,6	–	–	0,1
Unabh. Jemeniten	–	–	–	2,5
Summe Ethnischer Block:	23,7	16,3	7,6	3,1
Ungültig	–	1,2	1,9	1,3

Die Verfassunggebende Versammlung, die sich am 16.2.1949 zur Ersten Knesset erklärte, wurde am 21.1.1949 gewählt. Dieser Urnengang stand ganz im Zeichen des Unabhängigkeitskrieges von 1948/49. Eindeutige Siegerin war *die* Staatspartei, *des* Staatsvaters, also Ben-Gurions.

Streitpunkte während der Legislaturperiode und im Wahlkampf von 1951 waren die Erziehungs- und Wirtschaftspolitik sowie das Problem des Wehrdienstes für Frauen. Im Grunde genommen stritt man sich um das Sparen zum einen und um das Gewicht der Ideologien und der Religion zum anderen. In der Schulpolitik wollten Arbeiterparteien und Religiöse ihren Einfluß gesichert sehen, den Wehrdienst der Frauen lehnten die Orthodoxen ab, die unpopuläre Sparpolitik sollte dem jeweils anderen Partner in die politischen Schuhe geschoben werden.

Die erste Knesset wurde vorzeitig aufgelöst, am 30.7.1951 neu gewählt. Die Mapai büßte Stimmen ein, die rechtsliberalen Allgemeinen Zionisten gewannen kräftig hinzu, weil sie sagten, sie würden durch weniger Staat in der Wirtschaft mehr Wohlstand erreichen.

In dieser Legislaturperiode trat Ben-Gurion 1953 als Regierungschef zurück. Er übernahm das Amt 1955 wieder, nach den Wahlen vom 26.7.1955, bei denen ein Rechtsruck erfolgte. Die eher rechten Parteien des jeweiligen Lagers verbuchten die größten Gewinne. Davon profitierte besonders die Herut Menachem Begins. Vom Prestige des erfolgreichen Sinai-Feldzuges (Oktober/November 1956) zehrte die Mapai bei den Wahlen vom 3.12. 1959, doch gerade in der nun folgenden Zeit verschliß Ben-Gurion sein Ansehen durch parteiinternes Gerangel, das sogar zu vorgezogenen Neuwahlen führte. Sie fanden am 15.8.1961 statt. Erwartungsgemäß büßte die Mapai Stimmen ein, die neu gegründete Liberale Partei, die Vereinigung von Rechts- und Linksliberalen, schnitt überraschend schlecht, die Herut ebenso erstaunlich gut ab. Ben-Gurions Rücktritt zeichnete sich ab. Er erfolgte 1963. Levy Eschkol, ebenfalls Mapai, wurde Ministerpräsident. Personell und organisatorisch bahnten sich Veränderungen an. Sie wurden vor den Wahlen vom 2.11.1965 vollzogen: Mapai und Achdut Haawoda hatten den Kleinen Maarach gebildet, nicht zuletzt gegen Ben-Gurion und die von ihm gegründete Rafi.

Herut und (rechte) Liberale bildeten den Gachal-Block, die Kommunisten hatten sich in eine jüdisch-nationalkommunistische und eine arabisch-jüdische, Moskau-orientierte Partei (die Neue Kommunistische Liste) gespalten.

Weitgehend spannungslos verliefen die Wahlen vom 28.10. 1969. Seit dem Vorabend des Sechs-Tage-Krieges (Juni 1967) regierte eine große Koalititon. Mapai, Achdut Haawoda und Rafi hatten sich 1968 zur Israelischen Arbeitspartei zusammengeschlossen und bildeten mit der linkssozialistischen, inzwischen sehr gemäßigten Mapam den Großen Maarach, der nur knapp dic absolute Mehrheit verfehlte.

Die Wahlen vom 31.12.1973 wurden vom psychologischen Schock des Jom-Kippur-Krieges (Oktober) überschattet. Der Regierung, besonders der Arbeitspartei, wurde vorgeworfen, die drohende Gefahr nicht erkannt, ja, versagt zu haben. Trotz seiner Verluste blieb der Arbeiterblock, der Große Maarach, stärkste Fraktion, aber der neu formierte „Likud", dem sich außer dem Gachal-Block (aus Herut und Liberalen) noch andere kleinere Gruppierungen anschloßen, profilierte sich als mögliche Alternative.

Für das Wahldebakel des Arbeiterblocks am 17.5.1977 wären folgende mittel- und kurzfristige Gründe zu nennen: Es war eine verspätete Reaktion auf die Protestbewegungen nach dem 1973er Krieg. Diese hatten „mehr Demokratie" in und zwischen den Parteien und das Ende des politisch-wirtschaftlich-gesellschaftlichen Elitekartells gefordert. Die Demokratische Bewegung für Veränderung (DBV) machte dies 1977 zu *dem* Thema des Wahlkampfes. Sie versprach Erneuerung in zionistischer Kontinuität. Diverse Skandale und Korruptionsaffären hatten der IAP geschadet. Hohe Inflationsraten festigten das Ansehen der Partei wenig, und sie vernachlässigte die Israelis orientalischer Herkunft in ihrer früheren Politik sowie im Wahlkampf, während sich der Likud ihrer besonders annahm. Nicht zuletzt trug die innere Zerrissenheit der IAP sowie ihre auch biologisch bedingte Führungskrise zum Ende der Dominanz der Mapai/IAP bei. Mit Golda Meir trat im April 1974 die letzte charismatische Persönlichkeit der Gründungsgeneration endgültig von der politischen Bühne der Arbeiterparteien ab. Der Übergang von einer charismatisch „natürlichen" zu einer „gewählten" Elite gelang nicht.

Dagegen verfügte der Likud mit Begin über einen ausstrahlungskräftigen Spitzenkandidaten. Außerdem verfügte er über das Charisma der Gründungsgeneration. Insofern ließ das Ergebnis eine Nostalgie der Israelis erkennen, eine Sehnsucht nach der „guten alten Zeit" der Gründungsepoche, als es zwar auch Sicherheitsprobleme gab, aber ein Grundkonsens über Ziele und Landesgrenzen des Judenstaates bestand und Israels Gesellschaft keine Identitätskrise durchmachte. Diese Identitätskrise wurde in erster

Linie durch die Ergebnisse des Sechs-Tage-Krieges ausgelöst und führte dazu, daß die Frage nach dem Charakter und den Grenzen des Staates erneut grundsätzlich gestellt wurde (vgl. Politische Geographie in der Einleitung). Wollte man das historische „Eretz Israel"? Wenn ja, welches? Wie sollte man die Araber dort behandeln? Müßten sie die israelische Staatsbürgerschaft erhalten? Würde dies nicht den jüdischen Charakter Israels aufheben? Behandelte man sie freilich nicht als ebenbürtige Staatsbürger, würde man die Demokratie in Israel abschaffen. Zionismus oder Demokratie? Gäbe man alle Gebiete zurück, wäre dann Israels Sicherheit gefährdet?

Auf diese für die Zukunft des Staates zentralen Fragen konnte die Arbeitspartei seit 1967 keine eindeutigen Antworten geben, schlimmer noch: sie vertrat keine eindeutige Linie. – Die *Identitätskrise* der israelischen Gesellschaft, die *Legitimitätskrise* der dominanten Partei und ihrer Führung, die *Partizipationskrise,* d.h. die Anfechtung der traditionellen Regierungsweise durch Elitenkartelle, die *Integrationskrise* der Gesellschaft, also die Polarisierung zwischen afro-asiatischen und euro-amerikanischen Israelis sowie die damit verbundene *Distributionskrise,* das Gefälle zwischen arm und reich, haben zum Regierungswechsel in Israel geführt und 1981 den Likud im Amt bestätigt. Die Wahlen vom 17.5.1977 waren „kritische" Wahlen, d.h. sie haben zu tiefgreifenden Veränderungen der Machtverhältnisse geführt.

Die Wahlen vom 30.6.1981 bestätigten das Ende der Dominanz der IAP im Parteiensystem, dessen entscheidendes Merkmal jetzt der Wettbewerb zwischen zwei fast gleich starken Gruppierungen ist. Jede kann die andere ablösen. Die Wahlen zur Zehnten Knesset fanden vorzeitig statt, da die 1977 gebildete Koalition allmählich politisch zerbröselte. Vor allem die DBV löste sich in diverse politische Bestandteile auf. Bemerkenswert ist, daß sowohl zeitlich als auch inhaltlich die Regierungskrisen und Spaltungen in den Koalitionsparteien mit Problemen der Friedenspolitik (Sadat-Initiative 1977) zusammenhingen. Der Friedensdialog führte besonders in den Regierungsparteien zu Zerreißproben.

Gleichzeitig verschärften die Auseinandersetzungen über die Wirtschaftspolitik die Krisen. 1981 erreichte Israel den Jahresweltrekord für Inflation. Ausgerechnet der Religionsminister (NRP) wurde wegen Betrugs sowie Korruption angeklagt (und 1982/83 rechtskräftig zu einer dreimonatigen Haftstrafe verurteilt). Die Siedlungspolitik, „Frieden auf Sparflamme" bzw. „Frieden auf Probe" mit Ägypten, ständige Arbeitskämpfe, letztlich die „Maarachisierung“ des Likud sowie Israels zunehmende außenpolitische Isolierung führten zu einem Meinungstief für die Koalition. Die Wende kam im Januar 1981, als der neue Finanzminister Aridor seine populistische Finanzpolitik einleitete. Die Raketenkrise im Libanon (April), die Attacken Begins vom 3.5.1981 auf Bundeskanzler Schmidt und Frankreichs Präsident d'Estaing sowie nicht zuletzt die Zerstörung des Atomreaktors bei Bagdad steigerten die Popularität des Likud-Blocks. Nicht zuletzt setzte der Likud auf die orientalischen Israelis, was zu einer nie gekannten „ethnischen“ Polarisierung in Politik und Gesellschaft führte.

Der Wahlkampf begann 1984 mit dem Rücktritt von Ministerpräsident Begin, der am 28. August 1983, unmittelbar vor dem angekündigten Besuch Bundeskanzler Kohls, bekanntgegeben wurde. Der neue Ministerpräsident, Jitzhak Schamir, mußte sich zunächst in seiner eigenen Partei gegen Mitbewerber behaupten. Im September 1983 setzte er sich in einer geheimen Abstimmung des Zentralkomitees der Herut-Partei gegen den prominentesten Politiker marokkanischer Herkunft, David Levy, durch und wurde für das Amt des Ministerpräsidenten nominiert. Nach seiner Wahl zum Ministerpräsidenten war er jedoch nicht in der Lage, die vom neuen Finanzminister Cohen-Orgad vorgeschlagenen Sparmaßnahmen politisch durchzusetzen. Aridor, der entlassene Finanzminister und Cohen-Orgad-Vorgänger, tat alles, um die Finanz- bzw. Sparpolitik seines Nachfolgers zu torpedieren. Beide gehörten übrigens zur Herut-Partei.

Auch in der Regierungskoalition, nicht nur in der Herut, war die Sparpolitik umstritten. Die vor allem von Israelis orientalischer Herkunft unterstützte Tami-Partei des ehemaligen Religionsministers Aharon Abuchatzira widersetzte sich den Sparmaßnahmen, die diese ohnehin schon wirtschaftlich schlechter gestellte Bevölkerungsgruppe besonders hart betroffen hätte. (Abuchatzira wurde 1984 zu drei Monaten Gefängnis wegen Korruption verurteilt, der erste israelische Minister, der während seiner Amtszeit, allerdings dann als Sozial- und Arbeitsminister, wegen eines derartigen Vergehens überführt und verurteilt wurde.)

Nicht nur der neue Finanzminister kämpfte gegen seinen Partei„freund“. Auch Mosche Arens wurde wiederholt von seinem Vorgänger Ariel Scharon, seit Anfang 1983 Minister ohne Geschäftsbereich, beide Herut, kritisiert. Scharon drängte auf eine „härtere“ Politik im Libanon und in den besetzten Gebieten.

Die orthodoxe Agudat Israel verlangte eine Verschärfung der religiösen Gesetzesbestimmungen, die das Reform- und konservative Judentum, nicht zuletzt in den USA, hart getroffen hätten. Dagegen erhob die Liberale Partei im Likud Einspruch. Es knisterte in der Koalition, die zerbröselte. Die Knesset wurde vorzeitig aufgelöst. Für das Amt des Ministerpräsidenten nominierte die Herut erneut Schamir, der sich mit 60% gegen 40%, die für Scharon stimmten, vergleichsweise knapp im Zentralkomitee durchgesetzt hatte. Ein geschlosseneres Bild lieferte die Arbeitspartei. Die Rivalität zwischen Peres und Rabin wurde zeitweise begraben, und der beliebte frühere Staatspräsident Navon sorgte, ebenso wie der einstige Generalstabchef Bar-Lev, für die politische Anziehungskraft des Führungs-„Quartetts".

Drei Themen beherrschten den Wahlkampf 1984:

1) Die Wirtschaft. Die Arbeitspartei (IAP) verlangte Einsparungen im Verteidigungshaushalt, in der Siedlungspolitik und drängte im Zusammenhang mit den vorgesehenen und vorgeschlagenen Einsparungen auf den Rückzug der israelischen Streitkräfte aus dem Libanon.

2) Einig waren sich der Likud sowie die mit ihm verbündeten Parteien und die IAP mit ihren Partnern in bezug auf die Notwendigkeit eines israelischen Rückzuges aus dem Libanon. Das „Was" war nicht umstritten, wohl aber das „Wie".

3) Die Siedlungspolitik war ein weiterer Stein des Anstosses. Der Arbeiterblock war bereit, bestehende Siedlungen hinzunehmen, weitere Aktivitäten sollten jedoch auf diesem Gebiet „eingefroren" werden. Dies galt besonders für Vorhaben in Ballungszentren der arabischen Bevölkerung im Westjordanland. Weitere Siedlungen, sofern sie überhaupt gebaut werden sollten, müßten, so die IAP, von sicherheitspolitischen, nicht von ideologischen Überlegungen geprägt sein. Die Siedlungspolitik, besonders in den arabischen Ballungszentren, würde langfristig den jüdischen Charakter des jüdischen Staates gefährden, argumentierten der Arbeiterblock und die mit ihm verbündeten Parteien. Warum, so konterten der Likud und die mit ihm zusammenarbeitenden Gruppierungen, könnten sich Juden in New York oder Los Angeles, nicht aber im „Land der Väter" niederlassen?

Während des Wahlkampfes waren die Umfragen für den Arbeiterblock außerordentlich günstig. Diese Prognosen schienen nicht zuletzt deswegen so überzeugend, weil der Likud erstmals ohne seinen charismatischen Spitzenkandidaten, Menachem Begin, antreten mußte. Der frühere Ministerpräsident hatte sich aus dem politischen Leben völlig zurückgezogen und mischte sich, nicht einmal durch Wahlaufrufe zugunsten seiner Partei, in den Wahlkampf.

Es kam anders als die Meinungsforscher vorhergesagt hatten. Durch die Wahlen vom 23. Juli 1984 entstanden zwei fast gleich starke Blöcke, die sich gegenseitig außer Gefecht setzen konnten: Die Arbeitspartei und der Likud mit ihren jeweiligen Partnern. Die „Linke" (Arbeiterblock, Bürgerrechtsbewegung, Schinui, Neue Kommunistische Liste, Progressive Liste für den Frieden und Eliav) hatten 45,8% der gültigen Stimmen errungen. Verglichen mit 1981 waren dies 1,3% mehr. Damals, 1981 zählten zu dieser Gruppierung der Arbeiterblock, Schinui, die Neue Kommunistische Liste, die Bürgerrechtsbewegung, Schelli und die Unabhängigen Liberalen. Die „Rechte" (Likud, Techija) kam 1984 auf 35,9%, während sie noch 1981 40,7% errungen hatten.

Sowohl 1981 als auch 1984 wurde die „Mitte" zerrieben. 1981 kam Telem (Dajan-Partei) auf 1,6%, und 1984 errangen die Parteien von Jigael Hurwitz und Ezer Weizman 3,4%.

Stabil blieb dagegen das religiöse Lager, wo sich nur interne Veränderungen ergeben hatten. Die religiösen Parteien (zu denen auch Tami, Morascha, Schass und Kahana 1984 gerechnet werden müssen) errangen 1981 11,4% und 1984 13%. Ohne Rabbiner Kahana, den man auch der Rechten zuordnen kann, waren es 11,8%.

„Restparteien" verbuchten 1984 2,3%. 1981 waren es 1,4%. Das wichtigste Ergebnis vom Juli 1984 bestand wohl darin, daß der Likud an die eher rechtsnationalistischen Parteien Stimmen verlor, der Arbeiterblock an die Linksliberalen abgeben mußte.

Die Wende im Wahlkampf, d.h. das Abwenden der „Katastrophe", die dem Likud vorhergesagt wurde, kam ungefähr vier Wochen vor dem Wahltag. Die Wahlgeschenke hatten sich offensichtlich bezahlt gemacht.

Sechs religiöse Parteien kamen in die Knesset: Die NRP (Verlust von zwei Mandaten), Schass, die sich 1983 von der Agudat Israel getrennt hatte und mit Hilfe von orientalisch (marokkanisch)-orthodoxen Wählern vier Mandate errang, die Agudat Israel (Verlust von zwei Sitzen), Morascha (eine Vereinigung von früheren NRP-Falken und den Poale Agudat Israel), die ebenfalls auf zwei Parlamentarier kam, Abuchatziras Tami, die zwei von ihren drei Sitzen verlor, sowie Rabbiner Kahana mit der Partei der „Super-Falken", Kach. Diese Partei war zu Beginn des Wahlkampfes von der Zentralen Wahlkommission ebenso wie die arabisch-jüdische Progressive Liste für den Frieden nicht zugelassen worden. Der Oberste Gerichtshof hob diese Entscheidung auf, so daß beide Parteien erfolgreich kandidierten.

Die 1984 gebildete Große Koalition unter der wechselnden Führung von IAP (Peres) und Likud (Schamir) erreichte eine beachtliche Stabilisierung, wenngleich keine vollständige Sanierung, der Wirtschaft. Außerdem zog sich Israel aus dem Libanon weitgehend zurück. Ob beides einer anders zusammengesetzten Koalition gelungen wäre, bleibt fraglich.

Seit 1986 knisterte es allerdings ständig in der Regierung. Immer wieder spekulierte man über vorgezogene Neuwahlen, doch dazu kam es nicht.

Die koalitionsinternen Streitigkeiten bezogen sich auf drei Themen, die 1988 auch den Wahlkampf bestimmten:

1) Die Zukunft der besetzten Gebiete.
2) Die Frage einer internationalen Friedenskonferenz zur Lösung des israelisch-palästinensisch/arabischen Konfliktes.
3) Die Rolle der Histadrut (Gewerkschaft) in Israels Wirtschaft.

Die Frage nach der Zukunft der besetzten Gebiete stellte sich seit Ausbruch der Intifada (9.12.1987) dringender denn je. Die IAP wollte zwar nicht alle, doch sehr große Gebiete an Jordanien zurückgeben. Doch König Hussein von Jordanien hatte Ende Juli 1988 kategorisch eine Wiedereingliederung der Gebiete in seinen Staat abgelehnt. Der IAP fehlte jeglicher Partner, und mit der PLO wollte sie nur sprechen, wenn diese unzweideutig erstens Israels Existenzrecht anerkennen und auf Terrorakte verzichten würde. (Hierzu war die PLO erst im Dezember 1988, also nach den israelischen Wahlen bereit, und auch diese neue Politik reichte der IAP-Mehrheit nicht.)

Nur durch eine Rückgabe der Gebiete könne der jüdische Charakter des jüdischen Staates bewahrt werden. Andernfalls würde Israel ein jüdisch-arabischer, also ein binationaler Staat. Langfristig würden die Juden eine Minderheit. Das habe der Zionismus nie gewollt. „Ohne jüdische Mehrheit keine Sicherheit. Und mit Gebieten keine jüdische Mehrheit!" erklärte der IAP-Vorsitzende Peres.

Der Likud konterte: „Ohne Gebiete keine Sicherheit!"

Die IAP akzeptierte eine Vermittlerrolle der Großmächte auf einer internationalen Konferenz. Eine derartige Zusammenkunft wäre zudem eine Art innenpolitisches Alibi für gemäßigte arabische Politiker. Der Likud stemmte sich gegen eine Beteiligung der

Sowjetunion und der Volksrepublik China, da beide Staaten keine diplomatischen Beziehungen zu Israel unterhielten. Als Vermittler schieden sie daher aus. Sie seien parteilich.

Die mit der IAP eng verflochtene Histadrut (Gewerkschaft) hatte seit Jahrzehnten ihr Ansehen eingebüßt. Ihre angeschlagenen Wirtschaftsunternehmen standen nun vor dem Bankrott. Das nutzte der Likud. IAP und Histadrut seien nicht nur in der Wirtschaft, sondern auch in der Politik bankrott. Die Histadrut-Unternehmen seien aufzulösen, die Rolle der Gewerkschaft müsse eingeschränkt werden.

Das Ergebnis vom 1. November 1988 stärkte die religiösen sowie die linken und rechten Randparteien. Dabei war der rechtesten Partei (der Kach von Rabbiner Kahana) vom Obersten Gerichtshof eine Wahlbeteiligung verboten worden.

Je ein Drittel entschied sich für den Likud, die IAP und die übrigen Parteien. Im Vergleich zu 1984 konnte sich der Likud behaupten, und die IAP verlor. Weder der Likud noch die IAP war aufgrund des Ergebnisses in der Lage, eine kleine Koalition unter eigener Regie zu bilden. Wieder mußte die Große Koalition die Pattsituation überwinden. Weil die israelische Gesellschaft in zwei fast gleich große ideologische Lager gespalten blieb, gab es keine Alternative.

Im März 1990 zerbrach die Große Koalition. Nach ständigem Hick-Hack in der Regierung hatte IAP-Chef Peres geglaubt, Schass und vielleicht auch andere religiöse Parteien für eine kleine, von ihm geführte Koalition gewinnen zu können. Eine Fehlkalkulation mit zwei Folgen: Erstens wurde im Juni 1990 eine kleine Koalition vom Likud mit Schamir an der Spitze gezimmert. Zweitens büßte Peres in seiner Partei noch mehr Ansehen ein. Als Ewiger Verlierer stand Peres da. Auch deshalb bestimmten am 19. Februar 1992 die IAP-Mitglieder Rabin zu ihrem Kandidaten für das Amt Ministerpräsidenten. Bei dieser ersten Direktwahl (primary) in der Geschichte israelischer Parteien erhielt Rabin 38.646 Stimmen (40%), auf Peres entfielen 32.868 (34%), auf Histadrut-Chef Israel Kessar 18.984 (20%) und auf Ora Namir 5.148 Stimmen (5%).

Die kleine Koalition Schamirs konnte im Februar 1991 um Seewis Moledet erweitert werden. Sie zerbröselte jedoch als Folge der Friedensverhandlungen, die im Spätherbst 1991 begannen (Konferenz von Madrid). Techija und Eytans Zomet verließen die Regierung. Schließlich einigten sich Likud und IAP auf vorgezogene Neuwahlen.

Der Wahlkampf 1992 kreiste um zwei große Themen:

1) Die Zukunft der Gebiete
2) Wirtschaftskrise und Arbeitslosigkeit

Beide Themen waren miteinander verknüpft. Der nationalistisch-religiöse Blöck unter der Führung des Likud hatte seit 1977 stets behauptet: Siedlungspolitik *und* Sozialpolitik wären möglich. Mit einem nüchternen Blick in den Geldbeutel oder auf den Kontoauszug erkannte Anfang der 90er Jahre der „einfache Mann auf der Straße" (und auch die Frau): „Siedlungspolitik *oder* Sozialpolitik? Das ist hier die Frage." Der Wahlausgang gab die neue Antwort: Ohne oder gar gegen die Arbeitspartei war in der neuen Knesset eine Koalition so gut wie unmöglich. Nicht nur innerhalb, sondern zwischen den politischen Lagern verschoben sich die Gewichte zugunsten der IAP sowie der ihr nahestehenden Parteien. Innerhalb des „linken" Lagers war der die Meretz-Liste besonders erfolgreich. Drei Parteien bildeten diesen „Block": Die Bürgerrechtsbewegung von Schulamit Aloni und Jossi Sarid; die Schinui des Verfassungsrechtlers Professor Amnon Rubinstein und die linkssozialistische Mapam. Innerhalb der Rechten gewann Zomet, die Partei von Ex-Generalstabschef Eytan, erheblich. Großer Verlierer war die Techija, die sich 1979 vom Likud getrennt hatte.

Das Bild bei den Religiösen: Die Nationalreligiösen verbesserten sich zur allgemeinen Überraschung. Warum Überraschung? Weil diese Partei zunehmend zur religiösen Verlängerung des Likud geworden war. Schass blieb trotz aschkenasisch-orthodoxer Attacken und diverser Korruptionsaffären stabil. Die Vereinigte Thora-Front gehörte eher zu den Verlierern, wenn man das Ergebnis ihrer Einzelparteien (Agudat Israel, Degel Hathora sowie immer noch eigenständig organisiert Poale Agudat Israel) aus dem Jahre 1988 zugrundelegt.

Bei den arabischen Wählern verloren die Kommunisten, gewann die Arabisch Demokratische Partei.

Abbildung 10: Schema der politischen Lager und ihrer wichtigsten Parteien*

	Arbeiter- bzw. Linksparteien	Bürgerliche bzw. rechte Parteien	Religiöse Parteien
Größte Partei (traditionell)	*Mapai* (1930) = sozialdemokratisch *Arbeitspartei* (1968; aus Mapai, Achdut Haawoda, Rafi)	*Herut* (1948) = nationalistisch. Seit 1988 mit der Liberalen Partei: *Likud*	*Nationalreligiöse Partei* (1956 NRP; vorher: Hapoel Hamisrahi HPM + Misrahi) = gemäßigt religiös
Wichtigere Parteien	*Mapam* (1948) = linkssozialistisch *Achdut Haawoda* (1944: AH) soz. *Rafi* (1965) rechtssozialdemokrat. *Kommunisten* (1919, KP) *Neue Kommunistische Liste* (1965; NKL) = Moskau-orientiert	*Allgemeine Zionisten* (1948; AZ) *Liberale Partei* (1965) = rechtsliberal *Progressive Partei* (1948; PP) Unabhängige Partei (1965; UL) = linksliberal (Von 1961-65 AZ + PP als vereinigte Liberale Partei) *Techija* (1979)	*Agudat Israel* (1912; AI) = orthodox *Poale Agudat Israel* (1925; PAI) = orthodox-sozial *Schass* (1983/84) orientalisch-orthodox. Seit 1988 klar größte religiöse Partei
„Block"**	*Kleiner Maarach* (1965; Mapai, Achdut Haawoda) *Großer Maarach* (Arbeitspartei; Mapam 1969-84; 1981 bis 1987 mit UL; 1984 bis 1987 IAP, UL, Weizmann)	*Gachal* (1965; Herut, Liberale) *Likud* (1973; Gachal mit 3 kleineren Parteien; seit 1982 praktisch wieder nur Herut + Liberale	

* in Klammern das Gründungsjahr

** In einem „Block" besteht die organisatorische Eigenständigkeit der einzelnen Parteien fort. Sie präsentieren eine einzige Kandidatenliste bei Wahlen und bilden eine Fraktionsgemeinschaft in der Knesset oder in Kommunalvertretungen.

Tabelle 5: Wahlen zur Knesset

Knesset	1. 25. 1. 49	2. 30. 7. 51	3. 26. 7. 56	4. 3. 11. 59	5. 15. 8. 61	6. 2. 11. 65	7. 28. 10. 69	8. 31. 12. 73	9. 15. 5. 77	10. 30. 6. 81	11. 23. 7. 84	12. 1. 11. 88
Wahlberechtigt	506 567	924 885	1 057 795	1 218 483	1 271 285	1 499 709	1 748 710	2 037 478	2 236 293	2 490 014	2 654 613	2 894 267
Wähler	440 095	695 007	876 085	994 306	1 003 030	1 244 706	1 427 981	1 601 098	1 771 726	1 954 609	2 091 402	2 305 567
Wahlbeteiligung %	86,9	75,1	82,8	81,6	81.6	83,0	81.7	78,6	79,2	78,5	78,8	80,0
Gr. Maarach	—	—	—	—	—	—	46,2	39,6	24,6	36,6	34,9	30,0
Kl. Maarach / Weizmann	—	—	—	—	—	36,7	—	—	—	—	2.2	—
Rafi	—	—	—	—	—	7,9	—	—	—	—	—	—
Mapam	(a) 14,7	(a) 12,5	7,3	7,2	7,5	6,6	—	—	—	—	—	2,5
Mapai	35,7	37,3	32,2	38,2	34,7	—	—	—	—	—	—	—
Achdut Haawoda	(a) —	(a) —	8,2	6,0	6,6	—	—	—	—	—	—	—
Arab. Liste mit Maarach verbunden	3,0	4,7	3,2	3,0	3,5	3,3	3,1	(c) 1,4	0,6	—		
Moket	—	—	—	—	—	1,1	1,2	0,7	—	—	—	—
Kommunist. Partei	3,5	4,0	4,5	2,8	4,2	1,2	1,2	—	—	—	—	3,7
Neue Kommunist. Liste / Dem. Friedensfront	(k) —	—	—	—	—	2,3	2,8	3,4	4,6	3,4	3,4	—
Nationalreligiöse	—	(d) 8,3	9,1	9,9	9,8	8,9	9,8	8,3	9,2	4,9	3,5	3,9
Agudat Israel	(c) 12,2	2,0	4,7	4,7	3,7	3,3	3,2	3,8	3,4	3,7	1,7	4,5
Poale Agudat Israel / Morascha	—	1,6	—	—	1,9	1,8	1,8	—	1,3	0,9	1,6	—
Kahana	—	—	—	—	—	—	—	0,8	0,3	0,3	1,2	—
Tami	—	—	—	—	—	—	—	—	—	2,3	1,5	—
Schass	—	—	—	—	—	—	—	—	—	—	3,1	4,7
Torah-Banner	—	—	—	—	—	—	—	—	—	—	—	1,5

Likud	(f) —	—	—	—	—	—	—	30,2	33,4	37,1	31,9	31,1
Gahal	—	—	—	—	—	21,3	21,7	—	—	—	—	—
Staatsliste / Telem / Ometz	—	—	—	—	—	—	3,1	—	—	1,6	1,2	—
Herut / Tehija	11,5	6,6	12,6	13,5	13,8	—	—	—	—	2,3	4,0	3,1
Liberale Partei	(g) 5,2	16,2	10,2	6,2	(i) 13,6	—	—	—	—	—	—	—
Unabhängige Liberale	(h) 4,1	3,2	4,4	4,6	(i) —	3,8	3,2	3,6	1,2	0,6	—	—
Bürgerrechtsbewegung	—	—	—	—	—	—	—	2,2	1,2	1,4	2,4	4,3
Schlomzion (Scharon)	—	—	—	—	—	—	—	—	1,9	—	—	—
Dem. Bew. f. Veränd. / Schinui	—	—	—	—	—	—	—	—	11,6	1,5	2,6	1,0
Freies Zentrum	—	—	—	—	—	—	1,2	—	—	—	—	—
Schelli / Progressive Friedensliste	(j) —	—	—	—	—	—	—	—	1,6	0,4	1,8	—
Haolam Haze (Avnery)	—	—	—	—	—	1,1	1,2	0,7	—	—	—	—
Zomet	—	—	—	—	—	—	—	—	—	—	—	2,0
Moledet	—	—	—	—	—	—	—	—	—	—	—	1,9
Andere Arab. Listen	—	—	1,6	0,8	0,4	0,5	—	0,2	0,4	0,5	—	—
Flatow Scharon	—	—	—	—	—	—	—	—	2,0	0,6	0,1	—
Andere Listen	10,1	3,6	1,9	2,2	0,3	1,3	1,1	3,3	2,2	1,6	2,7	—

Tabelle 6: Knessetmandate 1949-1988

Knesset Mandate insgesamt	1. 120	2. 120	3. 120	4. 120	5. 120	6. 120	7. 120	8. 120	9. 120	10. 120	11. 120	12. 120
Gr. Maarach	—	—	—	—	—	—	56	51	32	47	44*	39
Kl. Maarach / Weizman	—	—	—	—	—	45	—	—	—	—	3*	—
Rafi	—	—	—	—	—	10	—	—	—	—	—	—
Mapam	(a) 19	(a) 15	9	9	9	8	—	—	—	—	(6*)	3
Mapai	46	45	40	47	42	—	—	—	—	—	—	—
Achdut Haawoda	(a) —	(a) —	10	7	8	—	—	—	—	—	—	—
Arab. Listen mit Maarach verbunden	(b) 2	5	5	5	4	4	4	3	(c) 1	—	—	—
Moked	—	—	—	—	—	—	—	1	—	—	—	—
Kommunist. Partei	4	5	6	3	5	1	1	—	—	—	—	—
Neue Kommunist. Liste / Dem. Friedensfront	(k) —	—	—	—	—	3	3	4	5	4	4	4
Nationalreligiöse Partei	—	10	11	12	12	11	12	10	12	6	4	5
Agudat Israel	(e) 16	(d) 3			4	4	4		4	4	2	5
Poale Agudat Israel / Moroscha/Thora-B.	—	2	} 6	} 6	2	2	2	} 5	1	—	2	2
Kahana	—	—	—	—	—	—	—	—	—	—	1	—
Tami	—	—	—	—	—	—	—	—	—	3	1	—
Schass	—	—	—	—	—	—	—	—	—	—	4	6

Likud	—	—	—	—	—	—	—	39	43	48	41	40
Gahal	—	—	—	—	—	26	26	—	—	—	—	—
Staatsliste / Telem / Ometz	—	—	—	—	—	—	4	—	—	2	1	—
Herut / Tehija	14	8	15	17	17	—	—	—	—	3	5	3
Liberale Partei	(g) 7	20	15	8	(i) 17	—	—	—	—	—	—	—
Unabhängige Liberale	(h) 5	4	5	6	(i) —	5	4	4	1	—	—	—
Bürgerrechtsbewegung	—	—	—	—	—	—	—	3	1	1	3*	5
Schlomzion	—	—	—	—	—	—	—	—	2	—	—	—
Dem. Bew. f. Veränderung / Schinui	—	—	—	—	—	—	—	—	15	2	3	2
Freies Zentrum	—	—	—	—	—	—	2	—	—	—	—	—
Schelli / Progressive Friedensliste	(j) —	—	—	—	—	—	—	—	2	—	2	—
Haolam Haze (Avnery)	—	—	—	—	—	1	2	—	—	—	—	—
Zomet	—	—	—	—	—	—	—	—	—	—	—	2
Moledet	—	—	—	—	—	—	—	—	—	—	—	2
Andere Arab. Listen / Flatow												
Scharon	—	—	—	—	—	—	—	—	1	—	—	—
Andere Listen	7	3	-	—	—	—	—	—	—	3	—	—

* September 1984: Mapam verläßt den Maarach mit 6 Abgeordneten. 3 Abgeordnete von Weizman („Jahad') zur Maarah im August 1984. 1 Abgeordneter der Arbeitspartei vom Maarach zur Bürgerrechtsbewegung (BR) im September 1984.

(a) AH mit Mapam
(b) Mit den Arbeiterparteien schon vor dem Maarach verbunden
(c) Name der Liste: Vereinigte Arabische Liste (erstmals gab es nur eine einzige
(d) Inkl. Misrahi und Hapoel Hamisrahi
(e) Vereinigte Religiöse Front
(f) Inkl. Gahal, Staatsliste, Großisrael Bewegung
(g) Bis zur vierten Knesset „Allgemeine Zionisten"
(h) inkl. „Progressive Partei"
(i) Bis zur vierten Knesset „Progressive Partei"
(j) Schelli, inkl. Moket und Haolam Haze
(k) Bis zur achten Knesset „Rakah" (Neue Kommunistische Liste, NKL; bei den Wahlen zur 9. Knesset; Inkl. Demokrat. Front für Frieden u. Gleichheit (NKL). „Schwarze Panther' (= orientalische, sephardische Juden) sowie „unabhängige" Juden und Araber.

Abbildung 11: Wahlen zur Knesset nach Lagern

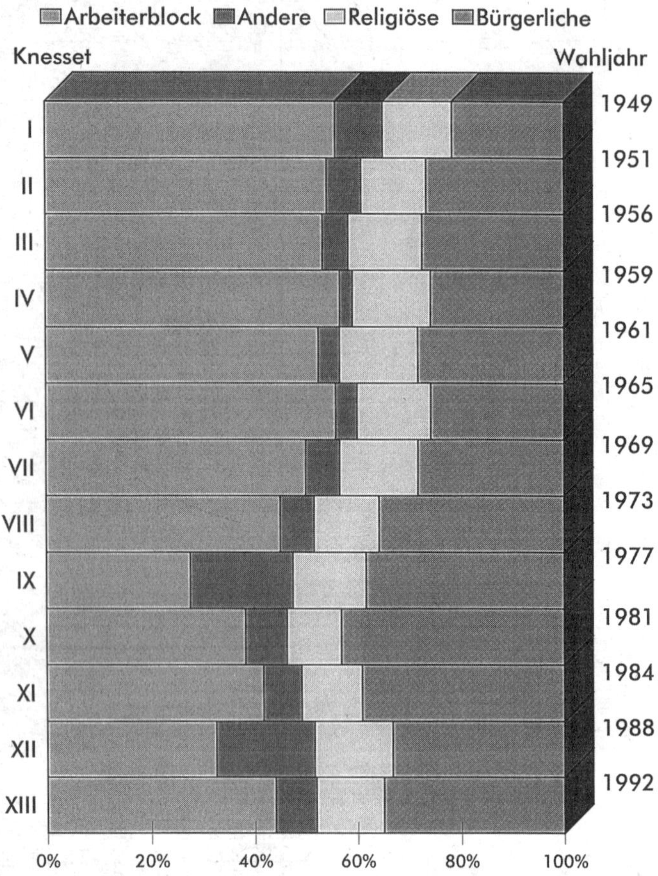

Tabelle 7a Wahlen zur Knesset 1992

Knesset	**13**
Termin	23.6.1992
Wahlberechtigt	3.409.015
Wähler	2.637.943
Wahlbeteiligung %	77,4%
IAP (Arbeitspartei)	34,6%
Meretz*	9,6%
NRP	5,0%
Schass	4,9%
Thora-Front**	3,3%
Likud	24,9%
Zomet	6,4%
Moledet	2,4%
Techija	1,2%
NKL/KP	2,4%
Arab. Demokratische . Partei	1,6%
Progressive Friedensliste	0,9%
Andere	2,9%

Tabelle 7b: Knesset-Mandate 1992

Knesset	**13**
IAP (Arbeitspartei)	44
Meretz*	12
NRP	6
Schass	6
Thora-Front**	4
Likud	32
Zomet	8
Moledet	3
Techija	-
NKL/KP	3
Arabisch Demokratische Partei	2
Progressive Friedensliste	-
Andere	-

* Bürgerrechtsbewegung, Schinui, Mapam
** AI, Thora-Banner, Poale Agudat Israel

Literaturhinweise

Diskin, 1989
Peretz / Smooha, 1989
Arian, Elections (diverse Bände zu den Wahlen seit 1969)

e) Wählerwanderung

Stimmbezirksanalysen haben gezeigt, daß die Wählerwanderung sich bis 1969 nicht nur innerhalb der großen Wahlblöcke (Arbeiterblock, Bürgerblock, Religiöse), sondern auch zwischen ihnen vollzog (Diskin, 1980: Kap. 5). Die Netto-Fluktuation zwischen den Blöcken war dagegen bis einschließlich 1969 fast gleichbleibend, so daß die Größe der Wahlblöcke kaum schwankte. Dies zeigen Tabelle 5 und 6 sowie Abbildung 11.

Aufgeschlüsselte soziologische Daten zur Wählerfluktuation seit 1965 können ergänzend anderswo nachgelesen werden (Arian, Elections; Diskin 1982; Caspi, 1972; Wolffsohn, 1983: 452ff.). Hier nur so viel: Die im Lande Geborenen (Zabarim) erwiesen sich als besonders wanderfreudig, zeigten sich jedoch den bürgerlichen Parteien verbundener. Die israelische Jugend identifizierte sich weniger als ihre Väter mit der Epoche der Mapai/IAP. Die Söhne fanden Staat und Partei „fertig“ vor, all das war nicht „ihr Werk“, so daß sie ohne politische Gewissensbisse zur Opposition überlaufen konnten.

Auf die Wähler euro-amerikanischer Herkunft konnte sich die IAP traditionell mehr als auf die orientalischen Juden verlassen. 1977 fand der mengenmäßig bedeutsamste Wähleraustausch zwischen dem Arbeiterblock und Likud sowie Arbeiterblock und DBV statt; beides ging zu Lasten des Arbeiterblocks, doch auch der Likud mußte Stimmen an die DBV abgeben.

Likud und Maarach gelang es 1981 vor allem, frühere Wähler zurückzugewinnen. Die zusätzlichen Stimmen holte sich der Arbeiterblock bei ehemaligen DBV-Wählern, der Likud bei einstigen religiösen, wahrscheinlich nationalreligiösen Wählern. Diese beantworteten die Verweltlichung der NRP (Hinwendungen zu allgemein-, wirtschafts- und siedlungspolitischen Fragen) sowie das gleichzeitige Entgegenkommen des Likud den Religiösen gegenüber auf ihre Weise: Sie liefen zum Likud über, der religiöse Werte ebenso wie siedlungspolitischen Aktivismus versprach. Likud und Maarach profitierten von Überläufern, verloren selbst aber nur wenige ihrer Wähler von 1977. Auch bei den Arabern gewann der Maarach zahlreiche Stimmen hinzu.

Dennoch trügt das Bild: Von denjenigen, die sich 1977 für den Likud entschieden hatten, wollten im Januar 1981 nur noch 22,5% wieder für ihn stimmen, 31,2% hätten Maarach gewählt (Diskin, 1982, 58). Dem Likud gelang es demnach erst während des Wahlkampfes, seine einstigen Anhänger zurückzugewinnen. Entscheidend war die Bombardierung des Atomreaktors bei Bagdad. (Diskin, 1982: 58; Peretz/Smooha, 1981: 508). Ganz anders dagegen das Verhalten der Maarach-Wähler von 1977: 83% hätten schon im Januar 1981 wieder für ihn gestimmt (ebd.). Von den DBV-Wählern wollten im Januar 1981 nur 2,3% den Likud bevorzugen, tatsächlich wählten ihn aber 14%.

Weder Likud noch Maarach verfügen über politische Erbhöfe. Das Meinungsbild kann sich außerordentlich schnell verändern. 1984 konnten die folgenden Wählerströme festgestellt werden: Der Likud verlor wie die meisten seiner abgewanderten Wähler an die „reinere" Techija. Ihnen war der Likud inzwischen zu „schwammig" und kompromißbereit in seinen Aussagen geworden. Doch auch an Rabbiner Kahana und den Arbeiterblock gab der Likud Stimmen ab – unfreiwillig. Der Arbeiterblock seinerseits verlor an die „reineren" Tauben von der Bürgerrechtsbewegung, Schinui und Eliav, der allerdings nicht ins Parlament gelangte. Auch Weizmanns Partei und die Progressive Liste für den Frieden konnten ehemalige Wähler des Arbeiterblocks an sich ziehen.

Die Nationalreligiöse Partei (NRP) verlor die meisten ihrer Wähler aus dem Jahre 1981 an die Partei von Rabbiner Druckman (Moroscha), der sich von der NRP wegen der, seiner Meinung nach, zu nachgiebigen Grundlinie getrennt hatte. Auch an die Techija sowie an die orthodox-orientalische Schass verlor die Nationalreligiöse Partei. Schass wiederum wurde von 46% der Agudat-Israel-Wähler des Jahres 1981 unterstützt. Auch Abuchatziras Tami-Partei mußte an Schass, weniger an den Likud, Weizman und den Arbeiterblock abgeben.

Auf Jung- und Neuwähler wirkten folgende Parteien 1984 besonders anziehend: Techija, Bürgerrechtsbewegung, Schinui und Kahana, auch Agudat-Israel, Morascha und Horowitz. Diese Tatsache läßt sich anhand der Ergebnisse in den Streitkräften ablesen, wo die Techija 9,7% auf sich vereinigte (landesweit 3,7% im nicht-militärischen Bereich); Schinui mit 4,2% (gegenüber 2,6% im nicht-militärischen Bereich); Bürgerrechtsbewegung 3,3% (gegenüber 2,3%), Agudat-Israel 4,5% (gegenüber 1,6%), Morascha 2% (gegenüber 1,6%), Horowitz 3,4% (gegenüber 1%) – und Kahana 3% (gegenüber 1,1%).

Zahlreiche Wechselwähler waren orientalischer Herkunft. Sie wanderten vornehmlich zur Techija, dem Likud und zu Kahana, doch vom Arbeiterblock weg. Israelis euro-amerikanischer Herkunft wechselten zu den Bündnispartnern des Arbeiterblocks (Schinui, Bürgerrechtsbewegung, Weizman) doch auch zur Techija; auf jeden Fall wanderten sie vom Likud ab. In dieser Gruppe der Wechselwähler euro-amerikanischer Herkunft fand man viele derjenigen wieder, die 1977 für die demokratische Bewegung für Veränderung gestimmt hatten. Einige von ihnen hatten ihre politische Wanderung 1965 begonnen, als sie von der Mapai zu Ben-Gurions Rafi, 1969 zur Staatsliste und 1973 zur Bürgerrechtsbewegung wechselten.

Grundlegend bleibt für 1984 die Tatsache, daß der Wählerwechsel ungefähr vier Wochen vor der Wahl stattfand, ja sogar am Wahltag selbst.

Die arabischen Wechselwähler kamen vor allem der neu gegründeten Progressiven Friedensliste zugute. Sie wanderten von der Neuen Kommunistischen Liste/DFF ab. Es wechselten zur Progressiven Friedensliste auch Araber, die 1981 den Arbeiterblock oder Minderheitenlisten gewählt hatten. Die Verluste des Arbeiterblocks unter den Arabern nutzten auch Shinui und Weizmans Partei.

1988 konnten Likud und IAP den größten Teil ihrer früheren Wähler halten. Die rund 180000 Jung- und Neuwähler entschieden sich allerdings im Verhältnis von 2,5 zu 1 für den Likud sowie die ihm nahestehenden religiösen Parteien und nicht zugunsten der IAP.

Wieder zeigen die Ergebnisse im Militär die Anziehungskraft der rechten und religiösen Parteien auf die jüngeren Wähler: Der Likud stieg von 32% im Jahre 1984 auf 35%. Das landesweit erzielte Ergebnis: 31%. Die rechtsnationale Techija fiel zwar von 9,7% auf 8,9%, doch die Zomet-Partei von Ex-Generalstabschef Eytan, der Araber einmal als „Küchenschaben" bezeichnet hatte, kam auf 4,8% (landesweit 2,0%). Moledet, die Liste von Ex-General Seewi, der einen „Transfer" der Palästinenser aus den besetzten Gebieten forderte, kam auf 2,2% (landesweit 1,9%).

Sofern orientalische Juden ihre vorherige Wahlentscheidung änderten, wechselten sie vom Likud eher zu den religiösen Parteien, die sich deshalb in den Entwicklungsstädten von 13% auf 21% verbesserten. Der rechte Likud blieb hier weitgehend stabil, verlor aber auch an die extrem rechten Parteien. IAP und die ihr nahestehenden Parteien verloren hier vornehmlich an die religiösen, etwas an die rechten Parteien.

Die rechte Zomet zog diejenigen Ex-IAP-Wähler in landwirtschaftlichen Genossenschaften des Nordens an, die weder Likud noch religiös stimmen wollten. Das ist nicht erstaunlich, denn Zomet-Chef Eytan ist selbst Mitglied eines Moschaw im Norden des Landes (Tel Adaschim). Im Süden, wo mehr orientalische Juden leben, war er weniger erfolgreich. In den Grenzstädten und -siedlungen des Nordens (zum Beispiel in Kirjat Schmonah) zog Eytan frühere Likud- und Techija-Wähler auf seine Seite. Überraschend? Nein, denn er war im Libanonkrieg 1982 Generalstabschef und wollte an jener Grenze „aufräumen". Jetzt konnte er behaupten, er sei hieran politisch gehindert worden.

In den Städten lebende, eher rechts stehende Mittelständler euroamerikanischer Herkunft, die nicht mehr Likud oder Techija wählten, wechselten eher zu Moledet als zu Zomet, die eben ein teilweise agrarisch-militärisches Image präsentierte.

Die IAP gab an die linksliberale Bürgerrechtsbewegung sowie an die Mapam ab.

Arabische Wechselwähler gingen von den Kommunisten und der IAP vor allem zur arabischen Liste Daruschas.

Bei den Wahlen des Jahres 1992 waren Neuwähler wichtiger als Wanderwähler. Mitentscheidend waren die Stimmen der Neueinwanderer aus der Ex-Sowjetunion. Allen früheren Voraussagen zum Trotz wählten sie mehrheitlich nicht rechts, sondern „links". Nicht aus ideologischer Überzeugung, denn aus Unzufriedenheit über ihr wirtschaftliches Los unter der Likudregierung. Ungefähr die Hälfte dieser Neubürger wählte die Arbeitspartei (IAP)

Innerhalb und zwischen den „Lagern" wanderten 1992 die Wähler. Der Likud verlor bei fast allen Gruppen an die IAP, doch auch an die Zomet von Ex-General Eytan. Junge, nichtreligiöse Neuwähler unter den Zabarim euro-amerikanischer (aschkenasischer) Herkunft favorisierten überproportional entweder die linke Meretz oder die rechte Zomet. Die extrem nationalistische Techija verlor überwiegend an die Nationalreligiösen, doch auch an Zomet und Moledet (die Transfer-Partei von Ex-General Seewi). Die Wählerwanderung innerhalb des rechten, nationalistischen Lagers kamen also besonders Zomet zugute.

Die arabischen Israelis wanderten meistens von der Neuen Kommunistischen und der Progressiven Friedensliste zur Arabischen Demokratischen Partei Mearis oder auch zur zionistisch-jüdischen Arbeitspartei und sogar zur orthodox-jüdisch-marokkanischen Schass. Weshalb ausgerechnet Schass? Weil der Innenminister ein Schasspolitiker war. Der Innenminister ist derjenige, der den Geldhahn für Kommunen auf- oder zudrehen kann.

Literaturhinweise

Diskin, 1989
Arian, die diversen Bände über die Wahlen von 1969 bis 1984
Für die Wahlen ab 1988 befrage man am einfachsten die Zeitschriften Middle East Journal und Electoral Studies in den Ausgaben, die den Wahlen unmittelbar folgen. Das Nahost-Jahrbuch von Leske + Budrich ist noch einfacher zugänglich und empfehlenswert.

f) Die Merkmale der Abgeordneten (Abgeordnetensoziologie)

Herkunft, Einwanderungswelle, Alter

Abbildung 12 beweist die Jahrzehnte währende Führungsstellung der zweiten *Einwanderungswelle* (Alija) in der politischen Elite des Jischuw (1918-1948) sowie des unabhängigen Staates.

Für die Zeit seit 1948 beziehen sich die Zahlen ausschließlich auf die Knessetabgeordneten der größten Fraktion. Dies war bis 1977 (Legislaturperiode I bis einschließlich VIII) die Fraktion der Mapai/des Maarach, seitdem die parlamentarische Gruppe des Likud, denn 1984 ging zwar der Arbeiterblock als stärkste Gruppierung aus den Wahlen hervor, aber nach Bildung der großen Koalition löste sich die Mapam vom Maarach, so daß der Likud wieder die größte Einzelfraktion bildete. 1992 stellte die Arbeitspartei wieder die größte Fraktion. (Zu den Einwanderungswellen siehe in diesem Buch B/VI/1/d).

Die Vorrangstellung der zweiten Einwanderungswelle (Alija) war ebenso wie in der Periode des Jischuw in den ersten Jahren der Unabhängigkeit besonders bei den Arbeiterparteien auffallend (zur Periode des Jischuw: Horowitz/Lissak, 1977: 159; dieselben, 1978: 114; Lissak, 1981: Kap. 4; Wolffsohn, 1983: 222ff., Tabelle 32 bes.). Der Rückgang der quantitativen Bedeutung der zweiten Alija in der Mapai ist biologisch, nicht politisch bedingt. Noch 1974 waren vergleichsweise wenig Zabarim, nämlich 33%, in der Maarach-Fraktion, während es beim Likud immerhin schon über 50% waren. Erst 1977 gab es beim Maarach 50% Zabarim, allerdings 71% in den Reihen des Likud. Auch 1981 übertrumpfte hier der Likud den Maarach, doch weniger deutlich als 1977.

Abbildung 12: Parlamentarier der größten Fraktion nach Alija, 1949-1992

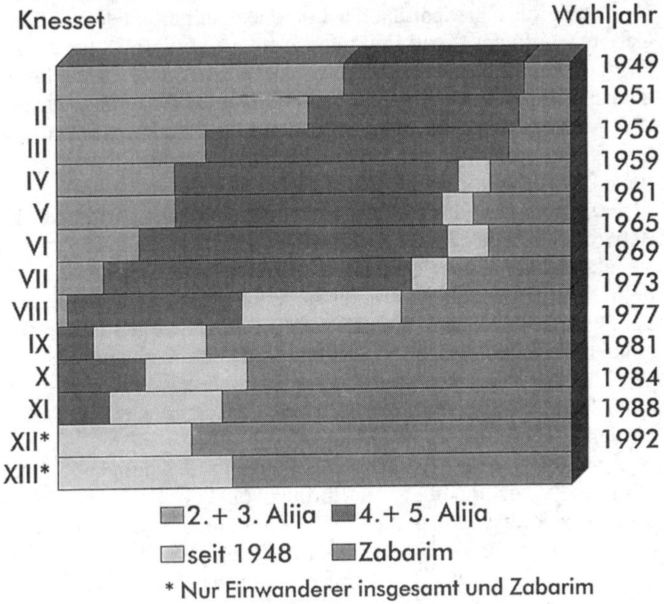

In der Mapam konnten sich die Gründungsväter der Partei, die mit der dritten Alija ins Land kamen, lange Zeit auch quantitativ stark behaupten. Die Daten der AH spiegeln einerseits die dauerhafte Bedeutung der vierten Einwanderungwelle für diese Partei wider, andererseits die gerade im Vergleich zur Mapam beachtliche Zahl von Zabarim.

Linkssozialisten und Kommunisten profitierten von der dritten und fünften Alija besonders, wobei von der siebenten Legislaturperiode an hinzugefügt werden muß, daß die nichtjüdischen Parlamentarier in den Reihen der Kommunisten als Araber natürlich im Lande geboren wurden.

Wie sehr Rafi/Staatsliste eine Partei der Jungen mit dem „Alten" (Ben-Gurion) war, bezeugte der vergleichsweise große Anteil von Zabarim in dieser Partei. Wie stark AI und PAI von der vierten und fünften Alija profitierten, Tami von orientalischen Einwanderern nach 1948, belegen u.a. die Zahlen von Tabelle 5 und 6 sowie die Bedeutung der vierten und fünften Einwanderungswelle für die bürgerlichen Parteien.

Die eigentliche Partei der Zabarim dürfte die DBV gewesen sein. Ihr politischer Auftritt glich jedoch nur einem Zwischenspiel. Von den großen erwies sich der Likud als die Partei der im Lande Geborenen. In der Likud-Fraktion saßen 1984 und 1988 rund zwei Drittel (68%) Zabarim, 1981 63%, 1977 sogar 71%, während es noch 1973 nur ein Drittel (33%) waren. Die Zabarisierung spiegelt den Aufstieg des Likud wider. In der Likud Fraktion sitzen mit 68% auch seit 1988 mehr Zabarim als im Durchschnitt aller Fraktionen, wo es knapp 63% sind.

Fazit: Die Gründungsväter sind abgetreten oder gestorben, die Zabarim haben das Steuer des Staatsschiffes übernommen.

Erst seit der achten Legislaturperiode zeichnete sich eine Wende in dem bei fast allen Parteien zu beobachtenden *Altern* ab. Das Durchschnittsalter sank von 55 auf 53 Jahre. Es blieb in den folgenden Perioden bei ca. 52 Jahren. Nach den Wahlen vom Juni 1992 betrug das Durchschnittsalter 50 Jahre, das niedrigste seit 1949. Israels Parteien haben sich seit dem Schock von 1973/77 tatsächlich verjüngt – und verändert.

Zweifellos wehte in den ersten Jahren des jungen Staates „Ostwind“. Niedrig blieb der Einfluß von Politikern aus Mittel- und Westeuropa. Auch die Zahl von Politikern afroasiatischer *Herkunft* blieb außerordentlich gering, stieg jedoch im Laufe der Zeit an. Obwohl 1981 der Likud von weit mehr Israelis orientalischer Herkunft gewählt wurde als der Maarach, entsandte dieser mehr „Orientalen“ ins Parlament.

Tabelle 8: Herkunft der Parlamentarier (der zwei größten Fraktionen in %)

Wahlperiode	I-VII	IX	X	XI	XII	XIII
Israel	14	61	58	62	63	66
Osteuropa	68	21	19	14	14	6
Mittel- und Westeuropa	3	-	-	-	1	-
Balkan	4	4	4	4	1	6
Afrika/Asien	10	13	16	19	21	22
Angelsächs. Staaten	3	2	3	1	-	-

* gesamte Knesset

1988 waren 75 Abgeordnete (63% aller Parlamentarier!) euroamerikanischer bzw. aschkenasischer Herkunft, und nur 39 Delegierte (33%) gehörten zur orientalisch-jüdischen Bevölkerungsgruppe. Sieben waren Araber. Sie und die orientalischen Juden blieben unterrepräsentiert. 1992 nahm ihr Anteil geringfügig zu: 41 „sephardische“ Juden und acht Araber saßen in der Knesset.

Das Wahlverhalten der Israelis hängt offensichtlich nicht von der mehr oder weniger ausgeprägten quantitativen Repräsentativität der Herkunftsgruppen ab. Anders gesehen und gesagt: Auch die israelischen Parlamentarier sind kein soziologisches Spiegelbild ihrer Gesellschaft. In bezug auf Parteien der religiösen Subkulturen gilt die allgemeine Feststellung weniger als in bezug auf die großen Volksparteien Likud und IAP.

Aus biologischen Gründen hat inzwischen eine Zabarisierung der Parlamentarier stattgefunden, d.h. daß die meisten im Lande geboren wurden. Aber von den acht Ministerpräsidenten Israels stammten sechs aus Osteuropa, und nur einer, nämlich Rabin (1974-77 und wieder ab 1992) gehörte zu den Zabarim. Peres kam im Alter von elf Jahren nach Palästina.

Berufe

Berufspolitiker waren in den Fraktionen der Mapai zwischen 1949 und 1965 zu 54% vertreten (Brichta, 1972: 287). In der 9. Knesset (1977) stieg dieser Anteil in der IAP auf 65%. Unter den Abgeordneten der Herut gab es zwischen 1949 und 1965 45% Berufspolitiker. 1977 waren es im Likud nur noch 13%. In der NRP ist ihr Anteil von 65% während der ersten Legislaturperiode auf 25% 1977 zurückgefallen. Bei der AI war der Anteil der Gruppe in der 9. Knesset überwältigend (100%), während er sich zwischen 1949 und 1965 nur auf 29% belief.

Die langjährige Dominanz der Berufspolitiker führte schließlich dazu, daß nur wenige, die nicht die „Ochsentour" in den Parteien hinter sich gebracht hatten, in die Knesset gelangten.

Der Großteil der entscheidenden Wähler ist in den „proletarischen" Schichten zu finden, doch die Parteieliten haben sich weitgehend verbürgerlicht. Diese Verbürgerlichung erkennt man, wenn man die freiberuflich Tätigen, Selbständigen und im Erziehungswesen Arbeitenden (= früher Tätigen) Parlamentarier betrachtet. Die geringsten Veränderungen sind bei den Parteien des Maarach festzustellen. Während der ersten sechs Legislaturperioden (1949-1965) gehörten 21% seiner Fraktionsmitglieder diesen Berufsgruppen an, 1977 stieg die Zahl geringfügig auf 29%. Von der ersten bis zur 6. Knesset waren 48% der Herut-Parlamentarier Mitglieder der genannten Berufsgruppen, bei den AZ/Liberalen waren es 60%, 1977 stieg der Anteil auf 75%. Sehr groß ist der Anstieg ebenfalls bei der NRP: Er erhöhte sich von 35% (Knesset I bis VI) auf 58%. Die geringere Verbürgerlichung der Abgeordneten in der Maarach-Fraktion dokumentiert auch eine Entfremdung von der Wählerschaft.

Auch in der elften Knesset war die Fraktion des Likud der gesellschaftlichen Vielfalt näher als die Arbeitspartei, in der man mehr Berufspolitiker, weniger Landwirte und „proletarische" Berufe und auch weniger „bürgerlich"-mittelständische Berufe wie zum Beispiel Rechtsanwälte fand.

Die Vorherrschaft der Berufspolitiker setzte sich 1988 ungebrochen fort, besonders bei der IAP. Dort betrug ihr Anteil 46%! Nur noch fünf Landwirte saßen 1988 in der Knesset: Zwei von der IAP, je einer vom Likud, der Bürgerrechtsbewegung und der Mapam. Der Likud war außer etwas weniger Berufspolitikern als die IAP die Fraktion der Juristen und Ökonomen. Die Religiösen wahrten wenigstens teilweise ihr Image und die Sorge um das „Volk des Buches". Immerhin zählte man in ihrer Fraktion 11% Lehrer, doch mit 22% ebenfalls gar nicht wenige Berufspolitiker.

Der Anteil der (sich zu erkennen gebenden) Berufspolitiker stieg 1992 auf 25%. Tatsächlich war ihr Anteil fast unverändert (höher!). Immer noch stellt man sich nicht gerne als Politprofi dar. Die meisten (8 von 30) fand man bei der IAP, zu deren Fraktion nur noch drei Landwirte (beim Likud zwei) zählten. Als „Arbeiter" bezeichnete sich 1992 kein Parlamentarier.

Verbürgerlichung allenthalben, Vertrauen geringer: Knapp 50% der jüdischen Israelis hielten 1987 und 1989 die Knesset für eine „glaubwürdige" Institution (Yuchtman-Ya'ar, 1989: 9).

In der öffentlichen Wertschätzung rückten „bürgerliche" Berufe in der Werteskala der Öffentlichkeit ständig nach oben (Eisenstadt, 1973: 180; Krauss, 1976: 87; Wolffsohn, 1983: 334ff.) Krauss (1976) zufolge standen an der Spitze der öffentlichen Wertschätzung Biologen, Zahnärzte, Rechtsanwälte und Richter. Bürgermeister fungierten an fünfter, Knesset-Mitglieder an neunter Stelle. Auf den Rängen 10, 11 und 12 findet man Ärzte, Ökonomen und Universitätsdozenten, Minister an 29. und erst an 70. Stelle Kibbutz-Funktionäre (Finanzsekretär! Die Generalsekretäre von Kibbutzim waren auf Platz 80).

Die folgende Aufstellung führt die zwölf in der israelischen Öffentlichkeit am meisten geachteten Berufe auf. Wenn man unter einer Volksvertretung das Abbild der gesellschaftlichen Wirklichkeit verstehen will (und das ist freilich sehr problematisch), so entspricht ihr die berufliche Zusammensetzung der Knesset ebenso wenig wie dem gesellschaftlichen Vorbild, als das man die bestgeschätzten Berufe bezeichnen könnte. Aber: Der Likud näherte sich dem Vorbild eher als der Maarach/IAP.

Tabelle 9a: Die von der Öffentlichkeit am meisten geachtten Berufe (Anfang der 1970er Jahre

1)	Biologe	7)	Historiker
2)	Zahnarzt	8)	Krankenhausverwalter
3)	Rechtsanwalt	9)	Knessetabgeordneter
4)	Richter	10)	Arzt
5)	Bürgermeister	11)	Ökonom
6)	Physiker	12)	Universitätsdozent

Quelle: Krauss, 1976)

Im Jahre 1988 ergab sich folgende Rangordnung:

Tabelle 9b: Die von der Öffentlichkeit am meisten geschätzten Berufe (1988)

1)	Arzt	6)	Knessetabgeordneter
2)	Rechtsanwalt	7)	Informatiker
3)	Universitätsdozent	8)	Bankier
4)	Ingenieur	9)	Journalist
5)	Industrieller		

Shilov-Institut im Auftrag des Industriellenverbandes. In: Tamir Cohen, 1988

Eine Veränderung hat in der Berufsstruktur der Parlamentarier stattgefunden. 1977 war der Anteil von Juristen und Ökonomen besonders bei den Wahlgewinnern (Likud, DBV) auffällig hoch. Während zuvor Pioniere und Ideologieschöpfer bzw. -vermittler gefragt waren, scheint in der israelischen Gesellschaft und Politik seit den 70er Jahren der klassisch bürgerliche Beruf, auch der Technokrat, eher gefragt zu sein, sogar der Berufspolitiker. Ein neues Israel ist entstanden. Auch in der Politik ist die Zeit des landwirtschaftlichen Pioniers (Chalutz) abgelaufen. Man mag dies bedauern oder begrüßen, feststellen muß man es.

Auf eine militärische Karriere (Oberst und höher) blickten 1977 elf Parlamentarier zurück (9%). In den vorangegangenen acht Legislaturperioden waren es 90 von 374 Parlamentariern (24%) (Gutmann/Landau, 1975: 178, 181).

In der zehnten Knesset (1981) zählten sieben Parlamentarier (6%) zu den Ex-Generälen, in der elften Legislaturperiode (seit 1984) etwas mehr nämlich elf Abgeordnete beziehungsweise 9%. In beiden Legislaturperioden war dabei die Arbeitspartei mehr als der Likud die „Partei der Generäle", denn mit Rabin, Bar-Lev und Gur saßen drei ehemalige Generalstabschefs in der Fraktion der

IAP. Ein weiterer ehemaliger Generalstabschef, Raphael Eytan, gehörte zur parlamentarischen Gruppe der Techija.

1988 gehörten fünf Ex-Generäle zur 39köpfigen IAP-Fraktion: Bar-Lev, Ben-Eliezer, Gur, Rabin, Weizman. Zwei Parlamentarier von 40 aus den Reihen des Likud waren einst Generäle: Scharon und Sagy. Beide Zomet-Abgeordneten gehörten auch in diesen Kreis: Eytan und Zidon. Einer der beiden Moledet-Vertreter, Rechawam Seewi, war ebenfalls General. Zehn von 120 Delegierten waren Ex-Generäle.

Sechs Ex-Generäle wurden 1992 Volksvertreter; drei bei der IAP (Rabin, Gur, Ben-Eliezer), je einer bei Moledet (Seewi), Zomet (Eytan), Likud (Scharon). Weitere vier hohe Offiziere (3 IAP, einer Likud) wären in diesre Gruppe zu ergänzen.

Die Berufsangaben der Abgeordneten machen deutlich, daß Likud und DBV die Parteien der freiberuflich Tätigen waren bzw. sind, während die NRP als Partei der Lehrer (zumindest der ehemaligen), der Maarach als Partei des öffentlichen Dienstes und der Berufspolitiker zu bezeichnen wäre.

In der Mapai-Fraktion hatten zwischen der ersten und sechsten Legislaturperiode 58% eine Universität besucht, in der 9. Knesset waren es noch 53%. In der Herut waren es während der ersten sechs Legislaturperioden 69%, 1977 55%. Hier war der Rückgang der Universitätsabsolventen vergleichsweise erheblich, und in gewisser Weise könnte er als Anpassung an die Proletarisierung der Likud-Wähler interpretiert werden. Unerheblich ist der Anteil der Universitätsabsolventen in den drei religiösen Parteien zurückgegangen, in den Legislaturperioden 1 bis 6: 67%, 1977: 65%.

Seit der zehnten (1981) und elften Knesset (1984) kann man eine regelrechte Explosion von Universitätsabsolventen sowie Graduierten von Talmud- und Torah-Hochschulen feststellen. Allein in der IAP waren es 1981 74% und 1984 sogar 86% der Knessetabgeordneten, beim Likud 73% (1981) und 78% (1984).

Von den 1988 gewählten Abgeordneten hatten 90 (75%) einen akademischen oder rabbinischen Grad erreicht. 33 waren Sozial- oder Geisteswissenschaftler, 24 Juristen und 13 Rabbiner. Nur sieben Techniker und Naturwissenschaftler waren dabei, zwölf hatten einen militärischen Ausbildungsabschluß, und nur einer war diplomierter Landwirt.

Acht Profesoren saßen 1988 in der Knesset: Je einer im Likud, bei Schinui, den Nationalreligiösen, in der Moledet und Techija sowie drei in der IAP. Beim 1992er Koalitionskern IAP (7) und

Meretz (3) fand man die meisten der insgesamt 17 Promovierten oder Professoren. Der Likud präsentierte vier. Vier Rabbiner und einen Professor zählten zu den religiösen Parteien. Insgesamt war der Anteil der Akademiker auch 1992 leicht gestiegen.

Fazit: Nicht Akademiker haben es immer schwerer, ins Parlament zu gelangen. Aber Vorsicht bei vorschnellen Verallgemeinerungen: Peres hat nur das Abitur und ein „Ergänzungsstudium“ in Harvard (nach einem akademischen Abschluß sucht man in seiner Biographie vergeblich). Auch Schamir, Rabin und David Levy können lediglich das Abitur vorweisen.

Frauen

Wie in vielen anderen Staaten, so blieben auch in Israel die Frauen in politischen Spitzenpositionen „unterrepräsentiert“, obwohl die politische Kultur Israels, vor allem in der Periode des Jischuw die Gleichstellung der Frau ideologisch geradezu überhöhte. Mit der zunehmenden Verbürgerlichung, die in Israels Gesellschaft und Politik beobachtet werden konnte (vgl. Ausführungen über das Prestige der Berufe) wurde hier das Rad der Geschichte zurückgedreht. Die zunehmende „Orientalisierung“ der israelischen Gesellschaft, d.h. die vermehrte Einwanderung von Juden afro-asiatischer Herkunft mit ihrer traditionellen, patriarchalischen Familienstruktur war dabei sicherlich ein gewichtiger Faktor.

Daß für die orthodoxen AI und PAI die Frauen an „Heim und Herd“ gehören, dokumentiert die Zahl der weiblichen Abgeordneten: Es gab keine. Unwesentlich mehr fand man in den Reihen der NRP. Gering blieb der Frauenanteil in allen bürgerlichen Parteien, doch auch in der linkssozialistischen Mapam und AH. Noch schlechter sah es für die Frauen bei den Kommunisten aus, während in der Mapai und IAP mehr zum Zuge kamen (Wolffsohn, 1983: 341).

Seit der Staatsgründung von 1948 wurden in zwölf Legislaturperioden 1440 Parlamentarier gewählt. Bei dieser Zahl bleiben Nachrücker ebenso wie mehrfach wieder entsandte nicht berücksichtigt. Unter den 1440 findet man nur 110 Frauen, also knapp 8%. Die Entwicklung war bis 1992 rückläufig.

Tabelle 10: Frauen in der Knesset

Knesset	I	II	III	IV	V	VI	VII	VII	IX	X	XI	XII	XIII
Frauen	11	10	12	10	10	9	7	8	8	8	10	7	11

Von den 1988 gewählten Frauen saßen vier in der IAP-Fraktion und je eine im Likud, der Techija und bei den Bürgerrechtlern. Vier der elf Frauen, die 1992 gewählt wurden, gehörten zur IAP, zwei zum Likud, drei Meretz (obwohl die „Bürgerrechtsbewegung" sich in den 70er Jahren auch als „Frauenpartei" darstellte), eine Zomet (der Partei des „Macho" Ex-Generals Eytan), und eine gehörte der NKL (Kommunisten) an.

Die Zahl der weiblichen Parlamentarier scheint die Wahlentscheidung der israelischen Frauen nur bedingt zu beeinflussen. Gewiß, 1981 betrug der Frauenanteil der linksliberalen Bürgerrechtsbewegung (BR) 71%. Das überrascht nicht, denn die BR verfocht und verficht Frauenprobleme. Sie wurde von Frau Schulamit Aloni gegründet und geleitet. Ebenfalls von einer Frau gegründet und mitgeführt wurde die rechtsnationalistische Techija. Deren Wähler waren jedoch 1981 zu 66% Männer und nur zu 34% Frauen. Die Nationalreligiöse Partei, die sich in der Frauenpolitik nie sonderlich hervorgetan hatte, wies 1973 und 1978 immerhin einen Wählerinnenanteil von jeweils 58% und 1981 von 56% auf. Der Maarach hatte 1973, als noch Frau Golda Meir Partei und Regierung führte, einen Wählerinnenanteil von 56%. Als Männer wie Rabin 1977 und Peres 1981 die IAP führten, waren es nur jeweils 53% und 52%. (Daten aus: Levy/Guttman, 1979a: 33 und Levy/Guttman, 1981: Tab 4). Hing der Wähler- und Wählerinnenschwund der IAP mit der Position und Zahl der Frauen in der Partei zusammen? Wohl kaum. Sonst hätte es andere Wahlergebnisse gegeben.

Wenn Repräsentativität am Bevölkerungsanteil gemessen wird, also an der Proportionalität, dann sind Israels Frauen in politischen Schlüsselpositionen deutlich unterrepräsentiert. Die zionistischen Gründerpioniere hatten die Gleichberechtigung der Frau auf ihr Panier geschrieben. Zu Beginn des Jahrhunderts nahmen sie dieses Ideal ernst, besonders in den antibürgerlich-sozialrevolutionär ausgerichteten Kibbutzim. Doch die Bürgerwelt obsiegte seit den 20er Jahren. Auch in diesem Bereich ist Israel „wie alle anderen Völker".

Sind Israels Frauen deshalb unzufrieden? Fühlen sie sich als Frauen in und von der männlichen Gesellschaft benachteiligt? Im Mai 1989 verneinten 88% der befragten jüdischen Israelinnen diese Frage (Peres/Ya'ar, 1989: 29). Daß aber Frauen niedrigere Einkommen erzielten, weil sie in der Wirtschaft diskriminiert würden, meinten gleichzeitig 74% der befragten Frauen (a.a.O.: 27). In der Politik gäbe es auch Benachteiligung von Frauen, meinten 59%

derselben (a.a.O.: 28). Einerseits fühlen sich die israelischen Frauen nicht benachteiligt, andererseits stellen sie sowohl in Wirtschaft als auch Politik Diskriminierung fest. Der Widerspruch ist offensichtlich.

Die Behauptung, daß mehr Frauen in der Politik zugleich mehr politische Sanftheit, etwa in der Palästinenserpolitik, brächten, dürfte problematisch sein. Das Beispiel von Golda Meir dokumentiert ebenso wie jenes von Geula Cohen eher das Gegenteil. Frau Cohen von der Techija gründete und führte eine Partei, die in der Regel von wesentlich mehr Männern als Frauen gewählt wird, und sie zählt zu den Super-Falken des Landes. 1981 betrug der Frauenanteil an den für die Techija abgegebenen Stimmen nur 34%. Umgekehrt gehört die Bürgerrechtsbewegung (BR) von Frau Aloni zu den Super-Tauben. Der Frauenanteil bei der BR im Jahre 1981: 71%. Die Falken der NRP wurden in der Regel aber von mehr Frauen als Männern gewählt (Levy/Guttman, 1981).

Die Umfrage von Peres und Ya'ar (1989a: 24) ergab außerdem, daß immerhin 71% der jüdischen Frauen Israels in bezug auf die Bekämpfung der Intifada „eine Politik der härteren Hand" befürworteten. Bei den Männern sprachen sich etwas mehr für diese Linie aus: 76%.

Zwei Jahre älter ist die Umfrage von Minah Zemach (Dahaf-Institut). Sie fand heraus, daß israelische Frauen häufiger als Männer bei der Lösung von Konflikten politische und weniger militärische Schritte bevorzugten. Das gelte für Frauen im allgemeinen, doch für gut ausgebildete Frauen mit Kindern im besonderen, nicht übrigens für religiöse Frauen – seien sie gut ausgebildet oder auch Mütter (J. Avidan, Haaretz, 3.7.1989).

Der „Continuing Survey" des Israel Institute of Applied Social Research (IIASR) dokumentiert für die Jahre 1968 bis 1981 einen höheren Anteil territorialpolitisch unnachgiebiger Frauen: Im Durchschnitt lehnten 66% der jüdischen Frauen und „nur" 60% der Männer eine Rück- oder Aufgabe der besetzten Gebiete ab. Daß israelische Frauen in der Regel eher den Falken als den Tauben zuneigen, stellte auch die israelische Wissenschaftlerin Yael Yishai fest (Yishai, 1985 und 1987: 179ff.).

Auch bei späteren Befragungen waren Frauen selten sanfter als Männer. 40% der (jüdischen) israelischen Frauen bezeichneten sich bei einer Umfrage des „Strategie-Instituts" im Februar 1994 als „feministisch". Ebenfalls 40% der Frauen zogen es vor, einen männlichen Chef zu haben, 27% wollten lieber eine Frau als Vorgesetzte (Haaretz-Magazin, 4.3.1994). Israels Frauen als gesellschaftlich-politische Machos? Der sexuelle Alltag der Israelis wird jedenfalls vom Machobild geprägt. Die Umfrage des „Sexologen“ Ami Schaked lieferte im Frühjahr 1994 hierzu aufschlußreiche Daten (vgl. Allgemeine Jüdische Wochenzeitung, 16.6.1994, S. 16).

80% der in israelischen Parteien oder anderen politischen Organisationen aktiven Frauen findet man in eher linken Gruppierungen, ermittelte Galia Golan von der Hebräischen Universität in den 80er Jahren. In der Mitgliedschaft der Bürgerrechtsbewegung wurden 30% Frauen gezählt, bei der IAP 17%, beim Likud jedoch nur 10% (ebd.).

In außerparlamentarischen Protestgruppen findet man auffallend viele Frauen. 56% aller israelischen Frauen, die sich in irgendeiner Weise politisch betätigen, findet man in derartigen Dissidentengruppen (Wolfsfeld, 1988: 67). Gerade diese Tatsache wiederum deutet darauf hin, daß israelische Frauen mit den Gegebenheiten keineswegs so zufrieden sind, wie es der erste Teil der erwähnten Umfrage von Ya'ar und Peres nahezulegen schien.

Literaturhinweise

Fuchs, 1987
Bernstein, 1987
Wolffsohn, 1983, Kap. 8-17, 28, 34, 35

4. Der Staatskontrolleur

Das Amt des Staatskontrolleurs entspricht weitgehend dem bundesdeutschen Rechnungshof und ist darüber hinaus Anlaufstelle für Beschwerden aus der Öffentlichkeit, denen es nachzugehen hat.

Am 18.5.1949 verabschiedete die Knesset das Gesetz betreffend den Staatskontrolleur. Es wurde inzwischen vierzehnmal ergänzt. Art. 9 sieht vor, daß folgende Bereiche des Staats- und Regierungsapparates kontrolliert werden sollen: Alle Ministerien, die Bank of Israel, das nationale Versicherungsinstitut (vergleichbar der Bundesversicherungsanstalt), der staatliche Rundfunk, das staatliche Fernsehen, kommunale Gremien, staatliche Unternehmungen oder Unternehmen, an denen der Staat beteiligt ist, die religiösen Räte auf kommunaler Ebene, auch die Universitätsverwaltungen.

Der Staatskontrolleur ist allein der Knesset verantwortlich und wird vom Staatspräsidenten aufgrund einer Empfehlung des Knes-

Abbildung 13: Beschwerden beim Ombudsman 1960-1993

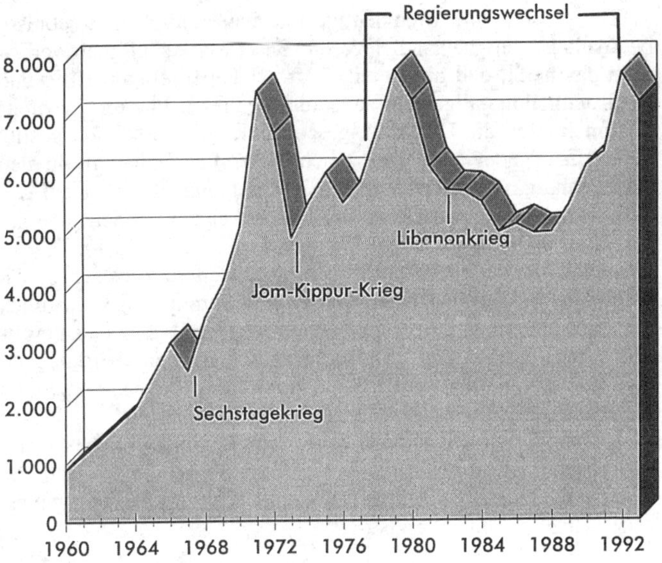

Daten: Statistical Abstract of Israel

set-Ausschusses für fünf Jahre ernannt. Er darf nicht Knesset-Mitglied sein und keinem lokalpolitischen Gremium angehören.

Das 1988 angenommene Grundgesetz: „Staatskontolleur" stärkt die Stellung des israelischen Rechnungshofes. Jetzt wird er von der Gesamtheit des Parlamentes, nicht mehr nur vom Knesset-Ausschuß bestimmt.

Im März 1971 wurde die Aufgabe des Staatskontrolleurs erweitert, und er fungiert seitdem auch als Beauftragter für Beschwerden aus der Öffentlichkeit (= Ombudsman; Staatskontrolleur: 1983: 683ff., Art. 31ff. des Gesetzes). Dies war u.a. die Folge ständig zunehmender schriftlicher Beschwerden aus der Bevölkerung, die beim Staatskontrolleur eingingen.

Das Muster scheint eindeutig, und man muß zwei Ergebnisse betonen: Erstens haben Kriege die Beschwerdehäufigkeit verringert, das heißt, daß die Bereitschaft zur gegenseitigen Hilfe und Rücksichtnahme allgemein zunahm – in diesen Phasen. Zweitens dokumentieren die Zahlen insgesamt eine ganz erheblich gestiegene Unzufriedenheit. Wenngleich wesentlich höher als in den ersten Jahren, ist die Tendenz in den 80er Jahren eher rückläufig.

Dieser scheinbare Ballast von Zahlen weist auf bedeutende gesellschaftliche und politische Veränderungen im Lande hin. Unzufriedenheit ist der erste Schritt, dem noch weitere folgen, bis dann einige, ja sogar immer mehr, den großen Sprung wagen, nämlich die Auswanderung. Die Zahlen der auswandernden Israelis beweisen es (vgl. B/IV/1/f). Gegen diese These sprechen allerdings andere Zahlen: Die Auswanderung nahm in den 80er Jahren zu, und die Beschwerden wurden seltener. Resignation?

Während sich die Israelis nach dem Regierungswechsel von 1977 (zum Likud) häufiger beschwerten, war wurde nach der Rückwende zur Arbeitspartei 1993 ein Rückgang der hier gemessenen Unzufriedenheit registriert.

Literaturhinweise

Daten in diversen „Jahresberichten des Beauftragten für Beschwerden aus der Öffentlichkeit"
Caiden, 1980
Kerbe, 1975

5. Die Regierung

a) Rechtliche Rahmenbedingungen

Der Jischuw hatte eine doppelte Exekutivstruktur, zum einen den Nationalrat, zum anderen die Palästinensische Exekutive der Jewish Agency. Am Vorabend der Staatsgründung im März/April 1948, wurde die Regierungsgewalt vereinheitlicht, das Volksdirektorium gegründet. Nach der Unabhängigkeit entstand hieraus die Provisorische Regierung, die bis zum Antritt der ersten, von der Knesset bestätigten Regierung (8.3.1949) amtierte. Ihre Rechtsgrundlage war die am 19.5.1948 vom Provisorischen

Staatsrat verabschiedete LAO, die festsetzte, die Provisorische Regierung sei dem Provisorischen Staatsrat verantwortlich. Das „Übergangsgesetz“ vom 16.2.1949 bestimmte in Art. 4, daß die Provisorische Regierung bis zur Wahl einer neuen, von der Verfassunggebenden Versammlung gewählten, im Amt bleiben sollte. Bis zur Verabschiedung des GG-„Regierung“ (13.8.1968) waren LAO und Übergangsgesetz die „verfassungsrechtlichen“ Grundlagen für die Regierung.

Gemäß Art. 6 GG-„Regierung“ beauftragt der Staatspräsident ein Knesset-Mitglied mit der Regierungsbildung, wofür diesem 21 Tage sowie eine weitere Verlängerung von 21 Tagen zugestanden werden (Art. 7; mehr in: Wolffsohn, 1983: 691f.). Die übrigen Artikel schränken jedoch den Manövrierraum des Präsidenten erheblich ein und verlagern das Schwergewicht bei der Regierungsbildung zugunsten des Parlaments.

Art. 5 GG-„Regierung“ schreibt vor, daß der Ministerpräsident Knesset-Mitglied sein müsse, während Minister auch Nichtparlamentarier werden können (z.B. Verteidigungsminister Arens in der Regierung Schamirs) Minister können sofern das Kabinett zustimmt, einen oder zwei Stellvertretende Minister ernennen, die dem Parlament angehören müssen.

Außenpolitische Verträge werden von der Regierung unterzeichnet und bestätigt. Auch die Anerkennung fremder Staaten oder Regierungen, die Verleihung diplomatischer Sonderrechte an fremde Regierungen oder Kriegserklärungen gehören zu den Vorrechten der Exekutive. Die Zustimmung der Knesset ist rechtlich nicht notwendig, in strittigen Fragen jedoch aus politischen Gründen eingeholt worden (Rechtfertigungsfunktion des Parlaments; z.B. bei den Verhandlungen über die Wiedergutmachung durch die Bundesrepublik Deutschland, Abkommen von Camp David 1978, Autonomieabkommen mit der PLO 1994).

Lange war der Ministerpräsident formaljuristisch nur Erster unter Gleichen. Eine Gesetzesergänzung aus dem Jahre 1981 räumt ihm nun die Vollmacht ein, Minister zu entlassen. Bis 1962 mußte er hierfür selbst zurücktreten, da sein Rücktritt dem der gesamten Regierung gleichkam. Danach wurde das Prinzip der „gemeinsamen Verantwortlichkeit“ verabschiedet. Es erlaubte dem Kabinett (nicht dem Ministerpräsidenten allein), Minister zu entlassen, die entweder selbst oder deren Fraktion, auch in Einzelfragen, gegen die Koalition gestimmt hatten.

Im März 1992 verabschiedete die Knesset das Gesetz über die *Direktwahl des Ministerpräsidenten.* Sie soll zur gleichen Zeit wie die Wahlen zur Knesset stattfinden. Sie ist erstmals mit der Wahl zur vierzehnten Knesset vorgesehen (spätestens also 1996). Im Sommer 1994 formierten sich besonders in der IAP Kräfte, die eine Verschiebung auf das Jahr 2000 anpeilen. Gewählt wäre der Kandidat, der mindestens 50% der Stimmen erhält. Erreicht dies keiner, findet nach zwei Wochen eine Stichwahl statt. Die Amtszeit des Premiers darf ununterbrochen nur sieben Jahre dauern. Durch Mißtrauensantrag der Knesset (mindestens 61 Stimmen, verändert auf 70) kann der Ministerpräsident gestürzt werden. Automatisch löst sich die Knesset damit auf; Neuwahlen werden notwendig. Mit 80 Stimmen kann der Premier gestürtzt werden, ohne daß Neuwahlen zur Knesset nötig wären.

Die Zahl der Kabinettsmitlgieder wird durch das gleiche Gesetz auf höchstens 18 Minister und sechs Vizeminister begrenzt. Im Dezember 1992 wurde das Grundgesetz „Regierung" ergänzt: Minister werden fortan vom Ministerpräsidenten ernannt. Zustimmung der Knesset ist nicht nötig.

Literaturhinweise

Dahet, 1989
Wolffsohn, 1983, Kapitel 53
Rubinstein, 1980, 1974

b) Koalitionen und Regierungskrisen

Tabelle 11 vermittelt eine Übersicht über die parteipolitische Zusammensetzung der israelischen Koalitionen, in denen bis zum Mai 1977 die Mapai/IAP, seitdem der Likud den Ton angab. Die Tabelle enthält nicht die Provisorische Regierung, die vom 14.5.1948 bis zum 9.3.1949 amtierte und der Mapai, Mapam, AZ, NE, Misrachi, HPM und AI angehörten .

Bedeutsam ist die Tatsache, daß es in der Epoche der Mapai/IAP selten zur Bildung von Koalitionen mit knappen Parlamentsmehrheiten kam.

Nach dem Machtwechsel von 1977 bestand ebenfalls die Neigung, die parlamentarische Basis der Regierung zu erweitern, doch die zunehmende allgemeinpolitische Polarisierung führte zu schärferen Konfrontationen, abnehmender Kompromißfähigkeit und knapperen Mehrheiten in der Knesset.

Die im September 1984 geschlossene Koalition entsprach ebenso wie die im Dezember 1988 gebildete Regierung mehr einer Ver-

Tabelle 11: Israels Regierungen

Knesset	I 1949-1951		II 1951-1955				
Regierung	1	2	3A	3B	4	5	6
Amtsdauer[1]	8. 3. 1949 15. 10. 1950	1. 11. 1950 14. 2. 1951	8. 10. 1951 23. 9. 1952	23. 9. 1952 19. 12. 1952	23. 12. 1952 6. 12. 1953	26. 1. 1954 29. 6. 1955	29. 6. 1955
Premierminister	Ben-Gurion	Ben-Gurion	Ben-Gurion	Ben-Gurion	Ben-Gurion	Scharett	Scharett
Koalitionsparteien	Mapai, RF, Sepharadim, Progr.	Dto.	Mapai/Mis./ HPM, AI, PAI	Mapai, HPM	Mapai, AZ, Progr., HPM, Mis.	Dto.	Mapai, Progr., HPM, Mis.
Stimmen	73[2]	73[2]	67[2]	60[2]	87[2]	87[2]	66[2]

1 Vertrauensabstimmung in der Knesset. Ende nur bei Rücktritt genannt, da jede Regierung bis zur Übernahme durch die nächste die Amtsgeschäfte weiterführt.

2 Incl. mit Mapai verbundene Minderheitenlisten.

Knesset		III 1955 - 1959		IV 1959 - 1961	
Regierung	7	8 A	8 B	9 A	9 B
Amtsdauer[1]	3. 11. 1955 31. 12. 1957	7. 1. 1958 1. 7. 1958	1. 7. 1958 5. 7. 1959	17. 12. 1959	bis 31. 1. 1961
Premierminister	Ben-Gurion	Ben-Gurion	Ben-Gurion	Ben-Gurion	Ben-Gurion
Koalitionsparteien	Mapai, Mapam, AH, Progr. HPM, Mis. (= NRP)	Dto.	Dto. jedoch ohne NRP	Mapai, Mapam, AH, Progr., NRP	Dto. + PAI ab 18. 7. 1960
Stimmen	80[2]	80[2]	69[2]	86[2]	89[2]

1 Vertrauensabstimmung in der Knesset. Ende nur bei Rücktritt genannt, da jede Regierung bis zur Übernahme durch die nächste die Amtsgeschäfte weiterführt.

2 Incl. mit Mapai verbundene Minderheitenlisten.

Knesset	V 1961 - 1965			VI 1965 - 1969		
Regierung	10	11	12	13 A	13 B	14
Amtsdauer[1]	2. 11. 1961 16. 6. 1963	26. 6. 1963 15. 12. 1964	23. 12. 1964	12. 1. 1966	5. 6. 1967 26. 2. 1969	17. 3. 1969
Premierminister	Ben-Gurion	Eschkol	Eschkol	Eschkol	Eschkol	Golda Meir
Koalitionsparteien	Mapai, AH, NRP, (PAI)	Dto.	Dto.	Mapai, Mapam, AH, UL, NRP (PAI)	Mapai, Mapam, AH, Rafi, Gahal, NRP (PAI)	Dto.
Stimmen	68[2]	68[2]	68[2 3]	75[2]	111[2]	111[2]

1 Vertrauensabstimmung in der Knesset. Ende nur bei Rücktritt genannt, da jede Regierung bis zur Übernahme durch die nächste die Amtsgeschäfte weiterführt.

2 Incl. mit Mapai verbundene Minderheitenlisten.

3 7 Mapai-Mitglieder zur Rafi (ohne Minister).

Knesset Regierung	VII 1969 - 1973		VIII 1973 - 1977			IX 1977 - 1981		
Regierung	15 A	15 B	16	17 A	17 B	18 A	18 B	18 C
Amtsdauer[1]	15. 12. 1969 6. 8. 1970	1. 9. 1970	10. 3. 1974 11. 4. 1974	3. 6. 1974	30. 10. 1974 22. 12. 1976	20. 6. 1977 23. 9.1977	24.10.1977	6. 9. 1978 10.2.1981
Premierminister	Golda Meir	Golda Meir	Golda Meir	Rabin	Rabin	Begin	Begin	Begin
Koalitionsparteien	Maarah, Gahal, UL, NRP	Dto., ohne Gahal	Maraah, UL NRP	Maarah, UL, Bürgerrechts-bewegung	Maarah, UL, NRP	Likud, NRP (PAI), (AI), Dajan, (Flatto-Scharon)	Dto. + DBV	Likud, NRP ./. DBV- Abspaltung Koalitionspart-ner nur noch bei Rest DB
Stimmen	102[2]	76[2]	68[2]	61[2]	68[2]	64	79	71[2]

1 Vertrauensabstimmung in der Knesset. Ende nur bei Rücktritt genannt, da jede Regierung bis zur Übernahme durch die nächste die Amtsgeschäfte weiterführt.

2 Incl. mit IAP verbundene Minderheitenlisten.

Knesset	X 1981 - 1984			XI 1984 - 1988		XII 1988-1992		XIII 1992-		
Regierung	19 A	19 B	20	21	21 A	22	23	24A	24B	24C
Amtsdauer[1]	5.8.1981	28.7.1982 15. 9.1983	10.10.1983 22. 3.1984	13. 9.1984 20.10.1986	20.10.1986 22.12.1988	22.12.1988 22.12.1988	11. 6.1990 15. 3.1990	14. 7.92	9. 9.93	Okt. 94
Premier-minister	Begin	Begin	Schamir	Peres; 1986 Wechsel zu Schamir	Schamir	Schamir	Schamir	Rabin	Rabin	Rabin
Koalitionsparteien	Likud,NRP ./. DBV-Abspaltung Koalitionspartner nur noch bei Rest-DB (AI), Tami	Dto., Telem, Techija	Dto.	Maarach, Likud, NRP, Schass, AI, Schinui, Jahad, Morascha, PAI, Ometz	Dto., ohne Schinui* und PAI	Likud, IAP, Schass, AI, NRP, (Torah-Banner)	Likud, Schass, NRP, (Torah-Banner), Techija, Moledet***, Zomet + 3 einzelne** Abgeordnete	IAP, Meretz, Schass	IAP, Meretz	IAP Meretz Schass Jeud
Stimmen	61	64[3]	64	97	93	95	96	62 (3 NKL, 2 Araber)	56	65

1 Vertrauensabstimmung in der Knesset. Ende nur bei Rücktritt genannt, da jede Regierung bis zur Übernahme durch die nächste die Amtsgeschäfte weiterführt.

2 1978/80: Mosche Schamir und Frau Geula Cohen verließen den Likud, Josef Tamir von der Liberalen Partei zu Schai.

3 Telem löste sich 1982 auf, ihre MK bleiben in Koalition, 2 Likudüberläufer zum Maarach

* ab Mai 1987; ** November 1990 kamen 5 Abgeordnete der AI hinzu; *** Febr. 1991

nunftehe als einer Liebesheirat. Konsequenterweise haben die ideologisch reineren Parteien der Rechten und der Linken sich an diesen Regierungen nicht beteiligt.

Daß diese großen Koalitionen gebildet wurden, ist auf das Wahlergebnis zurückzuführen. Die Basis hatte eine Blockade verursacht, die die politischen Führungen, zumindest zeitweilig, zu überwinden suchten.

1990 zog sich die Arbeitspartei aus der großen Koalition zurück. Die Koalition von 1992 basierte auf einer hauchdünnen Mehrheit; erste recht nach dem Rückzug der orthodoxen Schass. Erweiterungen nach rechts (Zomet) waren durch die Friedenspolitik rechnerisch leichter als politisch.

Tabelle 12: Koalitionskern

Bis 1977	Mapai/IAP + Nationalreligiöse + Unabhängige Liberale
1977-1984	Likud + Nationalreligiöse + orthodoxe Agudat Israel
1990-1992	Likud und Religiöse
1992	IAP + Meretz

Bis zum Mai 1977 wurde keine Regierung ohne die Mapai/IAP gebildet, weil dies rechnerisch nur möglich gewesen wäre, wenn sich von den Kommunisten bis zu den Orthodoxen eine Allianz formiert hätte, eine unwahrscheinliche Situation, zu der es nur einmal, 1959, bei der Wahl des Knesset-Präsidenten kam, als der Kandidat der Mapai unterlag.

Daß 1977 die Regierung aus einem Likud/NRP-Kern gebildet wurde, ist angesichts der lokalpolitischen Bündnisse seit 1965 wenig verwunderlich. Außerdem ergaben Stimmbezirksanalysen von Diskin (1976, 1980 und 1980 a) eine seit den fünfziger Jahren kontinuierliche Annäherung der nationalreligiösen Wähler zur nationalen Rechten, so daß der koalitionspolitische Wandel auf der gesamtstaatlichen Ebene letztlich die Veränderungen, die sich in der Gesellschaft ergeben hatten, nur nachvollzog. Diskin hatte festgestellt, daß schon seit den 50er Jahren die religiösen Wähler an zweiter Stelle eher Herut/Gachal/Likud als die Arbeiterparteien vorzogen. Dies hängt nicht zuletzt mit den falkenhaften Positionen der religiösen Wähler seit 1977 zusammen (vgl. den Abschnitt über Falken und Tauben mit Umfragedaten).

Abgesehen vom Amt des Ministerpräsidenten behielt sich die Mapai/IAP in ihrer Epoche die wichtigsten Ministerien vor: Das Außen-, Verteidigungs- und Finanzministerium, Landwirtschaft, Erziehung und Kultur. Seit Mitte der 60er Jahre wurden Risse in den Minister-Bastionen der Mapai sichtbar. Von 1977 bis 1981 war der Likud wesentlich zurückhaltender, doch seitdem war eine vermehrte „Likudisierung“ der wichtigen Ministerien zu beobachten. Nach dem Regierungswechsel von 1992 wurden die parteipolitischen Vorzeichen des Protektionismus wieder umgekehrt.

Am häufigsten sorgte die Religionspolitik für Koalitionskrisen (Rücktritte oder Regierungsumbildungen). 35 von 109 Streitpunkten in den Jahren 1949 bis 1983 gingen von diesem Politikbereich aus. Vierzehnmal löste die Außenpolitik Krisen aus, zwölfmal parteiinterne Streitigkeiten, neunmal die Territorialpolitik.

c) Zufriedenheit mit der Regierung

Fortwährend und systematisch werden in Israel seit 1967 Umfragen vom IIASR durchgeführt. Abbildung 14 vermittelt einen optischen Eindruck von der Zufriedenheit der israelischen Öffentlichkeit mit ihrer Regierung. Auch Daten anderer Institute wurden berücksichtigt. Daher sind die Ergebnisse nicht unbedingt vergleichbar. Sie geben eher einen Trend als Feinabstimmungen an.

Abbildung 14: Zufriedenheit mit der Arbeit der Regierung 1967-1992

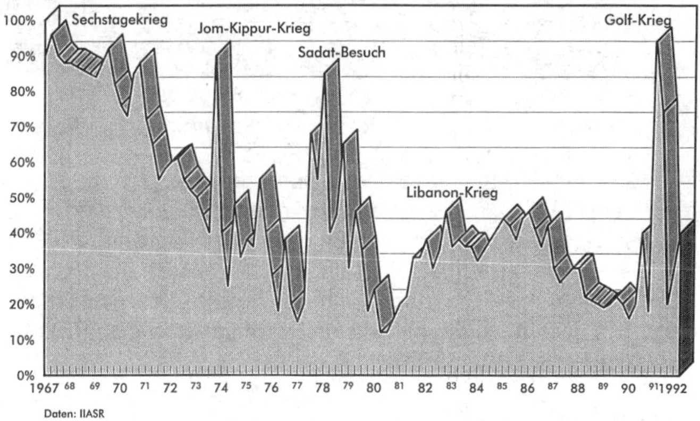

Grundsätzlich bleibt festzustellen, daß Kriege (1973, 1982, 1991) oder andere dramatische Ereignisse (Sadat-Initiative, November 1977, Friedensvertrag mit Ägypten, März 1979, Abkommen mit der PLO) zu kurzfristigen Schwankungen der öffentlichen Meinung führten. Bezogen auf die Politikbereiche bekundeten die befragten jüdischen Israelis im allgemeinen eine höhere Zufriedenheit mit der Sicherheitspolitik als mit der Wirtschaftspolitik (vgl. Abbildung in C/XII/6/a).

Abbildung 15: Zufriedenheit mit der Arbeit des Ministerpräsidenten

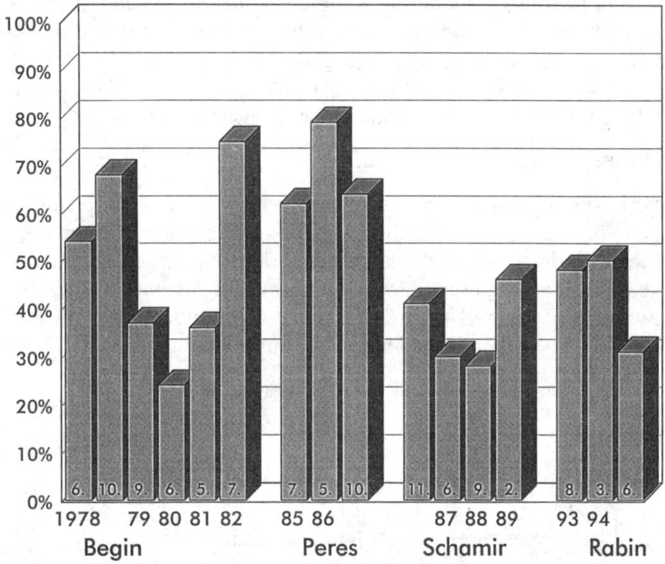

Die Höhen und Tiefen der Beliebtheit einzelner Regierungen spiegeln zum Teil auch die Bewertungen ihrer führenden Minister wieder. Beachtlich die Popularität von Ministerpräsident Peres, der als Außenminister ab 1986 sein Ansehen wieder einbüßte. Geradezu sensationell die Anerkennung, die seit 1984 den Finanzministern gezollt wurde, obwohl sie Sparminister waren. Stets beliebt: der Verteidigungsminister.

d) Entscheidungsfindung

Bei der Entscheidungsfindung ließen sich die Entscheidungsträger sowohl in der Epoche der Mapai/IAP als auch seit 1977 außerordentlich selten von Fachleuten beraten. Improvisation war Trumpf. Diese Tatsache ist insofern erstaunlich, als gerade von einer Regierung, die oft über Krieg oder Frieden sowie über außerordentlich knappe Geldmittel entscheiden mußte, erwartet werden könnte, daß sie sich intensiv mit Fachleuten auseinandersetzte.

Diese wurden aber selten zur Entscheidungsfindung hinzugezogen, und der jeweilige Fachminister, erst recht starke Persönlichkeiten, wußten sich in der Kabinettsrunde, sogar bei starken Ministerpräsidenten durchzusetzen – ohne Expertenmeinungen zuvor befragt zu haben.

Scit den 80er Jahren werden Experten häufiger befragt. Das liegt wohl auch an der größeren Zahl von Akademikern in Parlament und Regierung. Besonders Peres pflegt das Bild des intellektuellen Politkers, der sich mit zahlreichen anderen Intellektuellen in seiner Umgebung schmückt. Ein grundlegender Wandel der einst eher hemdsärmeligen, absichtlich „unverbildeten" (und damit gegen die bildungsbesessene Diasporatradition gerichtete) politische Kultur des nicht mehr so jungen Staates.

Die Autorität des Regierungschefs blieb bedeutsam in bezug auf die Zahl derjenigen, die mitbeteiligt wurden. In ihren besten Zeiten konnten Ben-Gurion, Golda Meir und Begin häufiger einsame Entscheidungen treffen. Scharett, Eschkol und Rabin (in seiner ersten Amtszeit) verfügten niemals über eine ähnlich beherrschende Position in der Ministerrunde.

Peres wurde strukturell gebremst – durch das Koalitionsabkommen. Ein gutes Beispiel hierfür war die von ihm gewollte, doch nicht durchsetzbare Entlassung von Handels- und Industrieminister Scharon im November 1985. Ungefähr zur gleichen Zeit waren aber rund 67% der Israelis mit Peres' Amtsführung zufrieden. Selbst Begin hatte in seiner Bestzeit die Marke von 65% nie überschritten.

Schamir war seit 1986, auch ab Dezember 1988, in der Großen Koalition eher Koordinator als Motor. Außerdem sägten Parteifreunde an seinem Stuhl. Im Golfkrieg führte er unumstritten. Rasch verfiel danach seine Leitungsstärke.

Rabin präsentierte sich seit 1992 fast wie ein für alles zuständiger US-Präsident. Darüber beschwerte sich zumindest Präsident Weizmann.

e) Die Bürokratie

Nach der Unabhängigkeit konnte und wollte man nur wenige der 4.800 Juden in die staatliche Verwaltung übernehmen, die zuvor bei den britischen Mandatsbehörden beschäftigt waren. Man hatte ihnen gegenüber ein zwiespältiges Verhältnis (vgl. Reuveny, 1974: 16f.; Wolffsohn, 1983: 523ff.). Andererseits konnte man auf erfahrene Bürokraten nicht ganz verzichten. Von den 5.041 im

März 1949 tätigen Staatsangestellten hatten 1.724 zuvor für die Mandatsregierung gearbeitet (Reuveny, 1974: 24).

Ebenso wie in Spitzenpositionen anderer Politikbereiche fand man auch im Staatsdienst mehr Israelis euro-amerikanischer Herkunft sowie Zabarim als Israelis aus orientalischen Staaten. Je höher die Stellung, desto weniger orientalische Israelis; auch in der Regierungsbürokratie gilt diese Aussage. 1978 haben Haberfeld und Nadler ermittelt, daß die Zabarim, natürlich weitgehend aus biologischen Gründen, die Ost- und Westeuropäer verdrängt hatten.

Zwar ist seit den 50er Jahren in der Regierungsbürokratie ein Trend zur Entpolitisierung feststellbar, gewichtigere Kriterien als das Parteibuch wurden Ausbildung, Fähigkeiten und Spezialkenntnisse, doch blieb die dominante Partei, die Mapai/IAP, in der Regierungsbürokratie bis in die späten 70er Jahre noch dominanter (Belege bei Wolffsohn, 1983: 525ff.) Nach dem Regierungswechsel von 1977 vollzog sich ein allmählicher, seit 1981 ein verstärkter Wandel, den Likud zu seinen Gunsten nutzten. In einem Jahrzehnt habe der Likud eine Verfilzung von Partei, Regierung und staatlichen Wirtschaftsunternehmungen geschaffen, für die der Arbeiterblock dreißig Jahre benötigt hätte, vermerkten Kritiker dieser Partei.

Informationen darüber, wie Politiker der verschiedenen Parteien Regierungsämter und führende Positionen in Staatsunternehmen an politische Freunde verteilen, enthalten die jährlichen Berichte des Staatskontrolleurs. Die zunehmende Professionalisierung hat die Parteibuchwirtschaft keineswegs vollständig beseitigt.

Kennzeichnend für die Verwaltungskultur Israels ist „Protekzia“ (= Beziehungsnetzwerke). Dent (1972) zeigte u.a., daß sich die alteingesessenen Israelis mehr als die neueren Einwanderer an Protekzia gewöhnt hatten, diese sich aber vergleichsweise schnell anpaßten. Bei Einwanderern aus den USA wurden dagegen Anpassungsschwierigkeiten beobachtet (Avruch, 1981).

6. Der Staatspräsident

a) Rechtliche Rahmenbedingungen

Art. 3 des GG: „Staatspräsident“ (1964) besagt, das Staatsoberhaupt werde von der Knesset für fünf Jahre gewählt (Einzelheiten in: Wolffsohn, 1983: 720ff.). Seine Vollmachten: 1) Unterzeichnung der Gesetze, die nicht seine eigenen Befugnisse betreffen, sowie „Abkommen mit fremden Staaten, die von der Knesset bestätigt wurden". 2) Er wird bei der Regierungsbildung tätig, nimmt den Rücktritt von Kabinetten oder deren Mitgliedern entgegen und wird über die Sitzungen der Ministerrunde unterrichtet. 3) Er ernennt die diplomatischen Vertreter des Staates, nimmt die Beglaubigungsschreiben auswärtiger Botschafter entgegen und bestätigt die Ernennung konsularischer Vertreter des Auslands. 4) Er ernennt die Richter des Obersten Gerichtshofes und anderer Gerichte, auch den Staatskontrolleur und den Präsidenten der Zentralbank. 5) Er kann das Gnadenrecht ausüben, Strafen verringern oder verändern. Politisches Gewicht hat der Präsident nicht.

b) Die Amtsinhaber und ihre Wahl

Mit Ausnahme von Chaim Weizmann (Allgemeine Zionisten) waren alle Staatspräsidenten Israels, auch in den Zeiten der Likud-geführten Regierungen, Mitglieder der Mapai/Arbeitspartei. Nur ein Präsident, Navon, übernahm nach dem Ende seines Mandats wieder ein politisches, das heißt eher parteipolitisch bedingtes als repräsentierend-überparteiliches Amt. Er wurde im Kabinett Peres Erziehungs- und Kulturminister. Dort verblaßte sein Stern, der während der Präsidentschaft aufgegangen war.

Obwohl die Koalition sich im Parlamentsalltag auf 64 Abgeordnete stützen konnte, wurde am 22.3.1983 Chaim Herzog von der IAP mit 61 Stimmen im ersten Wahlgang Staatspräsident. Sein Gegenkandidat Menachem Elon, Richter am Obersten Gerichtshof, erhielt nur 57 Stimmen. Am 23. Februar 1988 wurde Chaim Herzog wiedergewählt. Ein Gegenkandidat wurde nicht aufgestellt. Herzog stand inzwischen „über den Parteien", und es wählten ihn 82 von den 102 abstimmenden Knessetabgeordneten.

Am 24. März 1993 wurde Ezer Weizman (Arbeitspartei, früher Likud; der Neffe von Chaim Weizman) zum siebenten Staatspräsidenten Israels gewählt. Er erhielt 66 Stimmen, sein Gegenkandidat Dov Schilansky (Likud) 53.

Die vorhandene oder fehlende Übereinstimmung zwischen der politischen Herkunft des Staatspräsidenten und der größten Regierungspartei geht aus Abbildung 16 hervor.

Abbildung 16: Israels Staatspräsidenten und die führende Regierungspartei

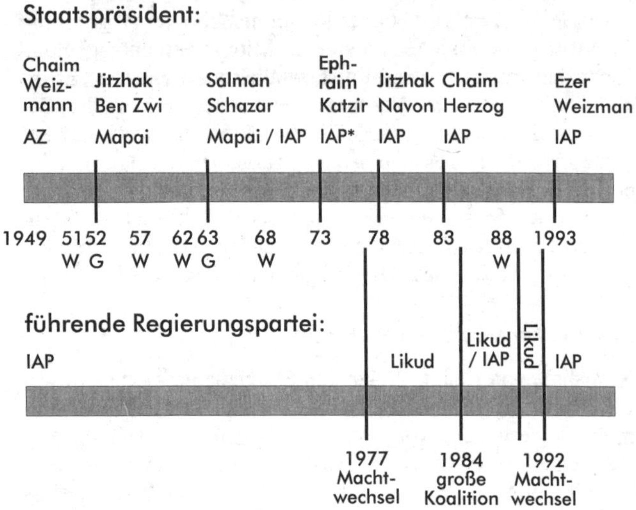

W = Wiederwahl
G = Vorgänger während der Amtszeit gestorben

*Als Parteiloser von der IAP nominiert und gewählt

7. Kommunalpolitik

Anders als in den Institutionen des Jischuw verfügten die Bürgerlichen in der Kommunalpolitik über regelrechte Hochburgen, besonders in Tel-Aviv.

Dies wurde u.a. durch das auf dieser Ebene während der Mandatszeit bestehende Zensuswahlrecht möglich. Die Wahlberechtigten in Tel-Aviv mußten z.B. 1928 fünfzig Piaster Steuern pro Jahr bezahlen. Das war zwar nicht viel, schränkte aber den Kreis der Wahlberechtigten ein. Einer der Gründe, die die britische Mandatsmacht zu diesen Wahlbeschränkungen veranlaßten, war die Hoffnung, auf diese Weise den politischen Einfluß der aktivsten Zionisten (der Sozialisten) einzudämmen, ihnen Hindernisse in den Weg zu legen, die politische Basis des institutionellen Überbaus des Jischuw zu schwächen.

Weitreichende Befugnisse hatten die Kommunalverwaltungen weder in der Mandatszeit noch im unabhängigen Staat. Über weitreichende Vollmachten verfügte z.Z. der Briten der Hochkommissar, danach der Innenminister.

Der Innenminister kann Städte und Gemeinden dazu ermächtigen, Steuern zu erheben, aber deren Anteil sowie die übrigen Einnahmen, besonders aus Gebühren für Dienstleistungen der kommunalen Einrichtungen, reichen keineswegs aus, um den Haushalt der Lokalverwaltungen zu decken. Seit 1979 stehen zahlreiche Gemeindeverwaltungen, u.a. auch die Stadtverwaltung Tel-Avivs, praktisch vor dem Bankrott. Ohne staatliche Subventionen konnten in den letzten Jahren nicht einmal mehr die Löhne der Angestellten der Kommunalverwaltung bezahlt werden.

Abbildung 17: Staatsanteil an Einnahmen der Kommunen 1979-1991

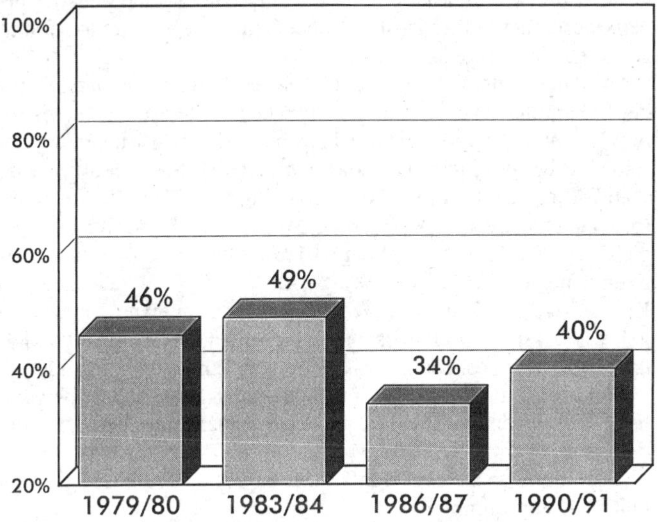

Daten: Statistical Abstract of Israel

Trotz ihrer begrenzten Vollmacht und finanziellen Schwierigkeiten scheint die Kommunalpolitik, nimmt man Proteste als Indikatoren, zunehmend populärer geworden zu sein, besonders im Vergleich zu den Unmutskundgebungen über die Zentralregierung: In den 50er Jahren waren noch 51% aller Protestdemonstrationen gegen lokalpolitische Behörden gerichtet, 40% gegen die Zentralregierung, 9% gegen andere Institutionen. In den 60er Jahren waren es nur noch 31% gegen die lokalpolitischen Behörden, 53% gegen die Zentralregierung, 16% gegen andere. In den 70er Jahren: 31% gegen die Kommunen, 59% gegen die Zentralregierung, 10% gegen andere (Lehmann-Wilzig, 1982: 104).

Dies mag u.a. damit zusammenhängen, daß das größte Protestpotential, die Israelis orientalischer Herkunft, auf der lokalpolitischen Ebene seit jeher besser repräsentiert sind und die Bürgermeister seit 1978 von der Bevölkerung direkt gewählt werden, parallel zum Wahlgang für die Stadt- oder Gemeinderäte.

Noch 1955 waren nur 24% der Mitglieder kommunaler Gremien afro-asiatischer Herkunft, doch schon 1965 44%. (Smooha, 1978: 315; weitere Zahlen in: Wolffsohn, 1983: 413f.). Hinzu kommt, daß ihr Anteil in den neueren Städten, die nach 1948 gegründet und wo viele orientalische Einwanderer angesiedelt wurden, wesentlich höher ist. Die zunehmende Repräsentation führte zu steigender Zufriedenheit.

Dennoch kann nicht übersehen werden, daß sich die Israelis für die Lokalpolitik weniger als für die landesweite Politik interessieren. Ein brauchbarer Indikator hierfür dürfte die Wahlbeteiligung sein. Sie betrug unter den jüdischen Israelis 1950: 79,6%, 1955: 78,6% (bei gleichzeitigen Knesset-Wahlen 82,7%); 1959: 80,2% (bei gleichzeitigen Knesset-Wahlen 81,4%); 1965: 82,7% (bei gleichzeitigen Knesset-Wahlen 83,1%); 1969: 79% (bei gleichzeitigen Knesset-Wahlen 81,5%); 1973: 73,2% (bei gleichzeitigen Knesset-Wahlen 78,6%), 1978: 57,3%, 1983 im ersten, in der Regel wichtigeren, weil meistens entscheidenden Wahlgang: 58% und 1989 waren es, ebenfalls in der ersten Runde lediglich 48%.

Beim ersten Wahlgang der Kommunalwahlen vom 2. November 1993 gingen nur 36% der jüdischen Israelis zur Wahlurne. Bei den Arabern waren es 70%!

Getrennt von Knessetwahlen wurde 1950, 1978, 1983, 1989 und 1993 abgestimmt.

a) Kommunalwahlen

Die Ergebnisse der Knesset- und Lokalwahlen lassen sich bis einschließlich 1973 leicht vergleichen, da sich die Gesetzesbestimmungen außerordentlich ähnelten. Die Kommunalwahlen sind allgemein, direkt, proportional und gleich, wobei man sich auch hier für Parteilisten entscheiden muß. Das aktive Wahlrecht besitzt man mit 18, das passive mit 20 Jahren. Auch Einwohner, die nicht Staatsbürger sind, jedoch zumindest ein halbes Jahr vor dem Wahlgang im Land gelebt haben, sind abstimmungsberechtigt.

Anders als die Stadt- und Gemeinderäte setzen sich die Kreisräte aus Delegierten der in ihnen zusammengefaßten Siedlungen zusammen. Allgemeine Kommunalwahlen finden also in den ländlichen Siedlungen, z.B. in Kibbutzim und Moschawim, nicht statt.

Bis 1973 einschließlich wählte jeder Stadt- oder Gemeinderat eines seiner Mitglieder zum Bürgermeister, auch dessen Stellvertreter sowie den übrigen Magistrat. Durch das Gesetz vom 7.8.1975 ist derjenige zum Bürgermeister gewählt, der im ersten Wahlgang mindestens 40% der abgegebenen gültigen Stimmen auf sich vereinigt (Gesetzeszusatz vom 9.4.1976: zuvor waren es 50%, vgl. Baker, 1977: 126 und Baker, 1976: 79). Hat kein Kandidat auf Anhieb 40%, so findet ein zweiter Wahlgang 14 Tage später statt, wobei nur die beiden Erstplazierten der vorigen Runde gegeneinander antreten.

Durch eine im Januar 1989 verabschiedete Gesetzesänderung können Bürgermeister und Gemeindevorsteher auch Abgeordnete der Knesset sein.

Ein Vergleich der Ergebnisse von Kommunal- und Knessetwahlen verdeutlicht, daß sich auf der lokalpolitischen Ebene, auch in Großstädten (Tel-Aviv), die Mapai/IAP schon vor 1977 die Macht mit dem Likud oder dessen Vorläufern (Herut und Gachal) teilen oder sie gar abgeben mußte (Daten in Wolffsohn, 1983: Tabelle 108).

Die seit 1965 gebildeten lokalpolitischen Koalitionen ließen eine Vorahnung kommender Dinge aufkommen. Anders als auf der nationalen Ebene schlossen NRP, Rafi und Gachal Koalitionen gegen den Arbeiterblock. Erst bei den Kommunalwahlen des Jahres 1989 überflügelte der Likud die IAP. Noch von 1983 bis 1989 regierte die IAP mit ihren Koalitionspartnern in 52 Kommunen, der Likud nur in 26. 1989 gewann der Likud in 58, die IAP in 38. In je einer führten die Religiösen der Schass, Agudat Israel oder der NRP.

Ausgewählte Vergleichsdaten zwischen Knesset- und Kommunalwahlen kann der Leser der Abbildung 18 entnehmen. Sie verdeutlichen, daß von den Ergebnissen der Kommunalwahlen nur sehr bedingt Aussagen über nationale Wahlen zur Knesset möglich sind. Die Kommunalpolitik steht tatsächlich inzwischen weitgehend unter lokalen, das heißt örtlichen Bedingungen. Mehr Vielfalt ist auf dieser politischen Ebene möglich geworden. Dennoch darf nicht übersehen werden, daß es auch vor Teddy Kollek, dem Jerusalemer Bürgermeister, ausstrahlungskräftige Stadt„fürsten“ gab. Namen wie Aba Huschi (Haifa) und Abraham Krinitzi (Ramat-Gan) ragten hervor.

Abbildung 18: Ergebnisse der Knesset- und Kommunalwahlen im Vergleich

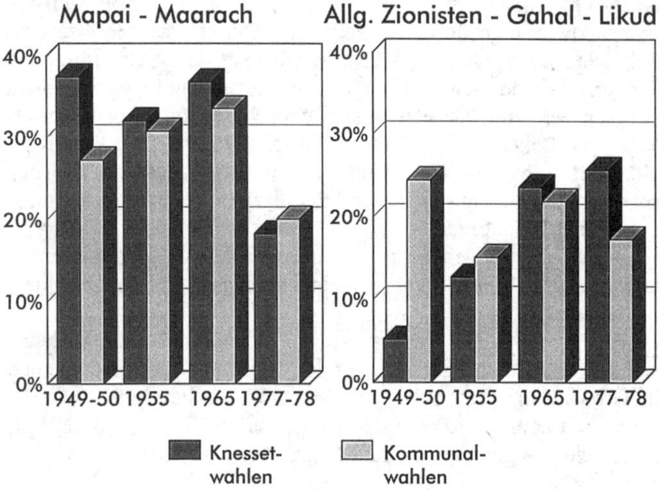

Abweichende Zahlen zum allgemeinen Wahlergebnis 1955 und 1965, da nicht in allen Gemeinden Kommunalwahlen stattfinden

Teddy Kollek wurde 1989 zwar als Stadtoberhaupt wiedergewählt, verlor jedoch die Mehrheit im Stadtrat. Der Tel-Aviver Stadtfürst Schlomo Lahat errang ebenfalls im ersten Wahlgang die absolute Mehrheit.

1993 trat Tel-Avivs Stadtfürst Lahat ab, Teddy Kollek wurde vom Likudpolitiker Ehud Olmert hoch geschlagen: 60 gegen 35%. Stichwort: Die „Veralltäglichung“ des Charismas (Max Weber). Auch in Tel-Aviv siegte der Kandidat des Likud (Roni Milo) mit 47% gegen Kahalani von der IAP (42%).

Insgesamt gewann der Likud im November 1993 in 52 Kommunen, die Arbeitspartei in 39. Der Sieg des Likud war kein „Protest“ gegen die am 13. September 1993 mit der PLO unterzeichnete Prinzipienvereinbarung. Lokalpolitische Motive waren für die Wähler entscheidend (vgl. Wolffsohn, 1994: 151ff.).

In den ersten Jahrzehnten nach der Staatsgründung waren Vollblutpolitiker wie Kollek und Lahat vergleichsweise selten zu finden. Heute gehören die israelischen Kommunalpolitiker keineswegs zur zweiten oder dritten Garnitur. Ihr Selbstbewußtsein und ihre Stärke schöpfen sie aus der Tatsache, daß sie von der Bevölkerung direkt gewählt werden. Gewählt wurden sie, weil sie Ausstrahlungskraft ausüben. Ausstrahlungskraft üben sie aus, weil sie keine Parteibonzen sind, und außerdem verfügen viele von ihnen über eine gute Ausbildung, was ihr Selbstwertgefühl ebenfalls hebt.

b) Arabische Kommunalverwaltungen

Diese Kommunen haben sich zunehmend zu Staaten im Staat entwickelt, jedoch ist es nicht zu übersehen, daß die Kommunisten, die seit 1965 in diesem Sektor immer stärker wurden, 1978 aber einen Rückschlag hinnehmen mußten, eine Brücke zwischen Juden und Arabern schlagen, da sie zwar keine Zionisten sind, doch Israels Existenz in den Grenzen vom 4.6.1967 ausdrücklich anerkennen.

1978 erzielten die Söhne des Dorfes und die Progressive Nationale Bewegung, die, anders als die NKL, die Existenzberechtigung Israels grundsätzlich bezweifeln, beachtliche Erfolge.

1989 siegten islamische Fundamentalisten in einigen Kommunen, zum Beispiel in der zweitgrößten arabisch-israelischen Gemeinde Umm el-Fahem oder auch in Kfar Kassem. Sie sind inzwischen die bedeutendsten Rivalen der NKL im arabischen Sektor.

1993 konnte die Arabisch-Demokratische Partei ihre Position festigen, die NKL freilich auch. Die islamischen Fundamentalisten stagnierten, die Progressive Friedensliste fiel weiter zurück.

Die stärkere Identifizierung der arabischen Bevölkerung mit und auf dieser politischen Ebene spiegelt die Wahlbeteiligung wider. In der Regel erreichte sie mehr als 90%. 1978, als die jüdische Wahlbeteiligung besonders niedrig war, stimmten 88,6% der wahlberechtigten Araber ab, 1983 beteiligten sich 74% der Araber, doch nur 51% der Juden an den Kommunalwahlen. 1989 beteiligten sich rund 85% der israelischen Araber an den Kommunalwahlen. In der Bastion der islamischen Fundamentalisten, in Umm el-Fahem, waren es mehr als 90%. Dies dürfte u.a. damit zusammenhängen, daß sowohl die Kommunisten als auch die radikaleren Gruppierungen echte Alternativen zu den zionistischen Parteien darstellten.

1993 beteiligten sich 70% der Araber an den Kommunalwahlen, während es bei den Juden nur 36% waren.

Die israelischen Araber zeigen ein viel ausgeprägteres Interesse am jüdischen Gemeinwesen als ihre palästinensischen Brüder im 1967 eroberten und annektierten Ost-Jerusalem. Das ist nicht erstaunlich und wird oft behauptet, kann aber selten anhand von Zahlen bewiesen werden. Dies sei hier versucht: Die in Ost-Jerusalem lebenden Palästinenser wollen am jüdischen Gemeinwesen offenkundig nicht oder wieder weniger als zuvor teilnehmen. Sie sind zwar bei den Kommunalwahlen für ganz Jerusalem wahlberechtigt, aber kaum wahlwillig. 1973 beteiligten sich beispielsweise nur 9% der Palästinenser Ost-Jerusalems, 1978 sogar 18%, aber 1989, im zweiten Jahr der Intifada, kamen lediglich 3%. Die Führung des palästinensischen Untergrundes hatte zum Wahlboykott aufgerufen.

Im November 1993 wählten nur 6.000 der 90.000 wahlberechtigten Palästinenser Ostjerusalems. Stimmen, die Kollek fehlten. Die PLO hätte seine Wiederwahl begrüßt.

Literaturhinweise

Elazar/Kalchheim, 1988
Wolffsohn, 1983: Kapitel 49, 50

II. Die Parteien

1. Geschichte

a) Das Grundmuster

So verwirrend wie die Vielzahl der israelischen Parteien, so einfach ist das Grundraster der traditionellen Parteien„landschaft“: Es gibt drei größere politische Lager: die Arbeiter- bzw. Linksparteien, die bürgerlichen bzw. rechten sowie die religiösen Parteien. In jedem Lager finden wir gemäßigte und ideologisch härtere Gruppierungen.

Im *Arbeiterlager* dominiert seit den frühen 1920er Jahren die gemäßigte Sozialdemokratie (Mapai, einschließlich Vorläufer, dann Arbeitspartei). Sie fand später in der Achdut Haawoda sowie in der Mapam linkere Konkurrenten. Die Kommunisten blieben unbedeutend.

Im *bürgerlichen Lager* fällt die Rivalität zwischen Rechts- und Linksliberalen auf. Diese bevorzugten die Zusammenarbeit mit der Sozialdemokratie, jene lehnten sie ab, peilten selbst die Führungsrolle an und vertraten in der Araber- sowie Territorialpolitik eine härtere Linie. Die Revisionisten, später die Herut, sowie die Allgemeinen Zionisten (B-Gruppe) stellten den rechtsliberalen, die Allgemeinen Zionisten (A-Gruppe), später die Progressive Partei, die Unabhängigen Liberalen, Bürgerrechtsbewegung und Schinui den linksliberalen Teil dieses Lagers.

Im *religiösen Lager* blieb bei rückläufiger Tendenz die nationalreligiöse Richtung lange dominierend: Misrachi, Hapoel Hamisrachi. Beide schlossen sich 1956 zur Nationalreligiösen Partei zusammen. Den Zionismus von innen zu bekämpfen, um ihn „jüdischer“ zu machen, ist das Ziel der extrem orthodoxen Agudat Israel. Sowohl im nationalreligiösen als auch extrem orthodoxen Flügel bestimmten der Wettbewerb zwischen Links- und Rechtsreligiösen das Bild: Den linken Teil der Nationalreligiösen bildet seit jeher der Hapoel Hamisrachi, den linken Teil der extremen Orthodoxie die Poale Agudat Israel. (Das Wort „Hapoel“ bedeutet „der Arbeiter“, im Plural: „Poalim“, in Verbindung mit anderen Hauptwörtern: „Poale“.) Seit den frühen 1980er Jahren hat bei Nationalreligiösen und Agudatisten die Spannung zwischen Juden euro-amerikanischer Herkunft einerseits und Juden afro-asiatischer Herkunft andererseits zu Spannungen, schließlich zu Spaltungen geführt: Nationalreligiöse „Orientalen" gründeten 1981 die Tami-Partei, orthodoxe „Orientalen" 1983/84 die Schass-Partei.

Gegenwärtig ist sie die gewichtigste religiöse Partei. Ihr Aufstieg spiegelt zugleich die gestiegene quantitative wie qualitative Bedeutung der orientalischen Juden in Israel wieder.

Zwei grundlegende Veränderungen sind noch zu erwähnen. Hier die erste: Seit 1965 gibt es Konzentrationstendenzen im bürgerlichen und Arbeiterlager: Sie zeigten sich in der Entstehung von „Blöcken". Ein „Block" besteht aus mehreren Parteien, die ihre organisatorische Eigenständigkeit behalten, die aber bei Wahlen mit einer gemeinsamen Liste antreten und im Parlament eine Fraktionsgemeinschaft bilden.

Im Arbeiterlager wurde 1965 der Kleine, 1969 der Große Maarach gebildet: die Sozialdemokraten und sozialdemokratisierten Sozialisten kamen hier zusammen. Letztere machten sich 1984 wieder unabhängig.

Im bürgerlichen Lager organisierten sich die bis dahin größten rechts- und linksliberalen Parteien in einem Block: 1965 Gachal, 1973 Likud.

Die heutige Arbeitspartei (IAP) ist mit dem Kleinen Maarach weitgehend identisch. Sie wurde um Überläufer aus verschiedenen anderen Parteien aller Lager verstärkt, während sie bei Wahlen eher schrumpfte. Die im Likud-Block verbliebenen Parteien schlossen sich zur Likud-Partei zusammen. Im Grunde genommen handelte es sich um eine Fusion von Herut und (Rechts-)Liberalen.

Die zweite große Veränderung wurde durch Meinungsverschiedenheiten über die Zukunft der im Krieg von 1967 eroberten Gebiete ausgelöst. „Tauben" und „Falken" beziehungsweise „Super-Tauben" und „Super-Falken" trennten sich in allen Lagern von ihren Mutterparteien. Nicht zuletzt deswegen ist es seit Mitte der 1960er Jahre zu diversen Spaltungen und Neugründungen gekommen. Die Abbildung „Genealogie der Parteien" verdeutlicht dies auch optisch. Besonders hervorzuheben bliebe noch, daß seitdem die herkömmlichen Grenzen zwischen den drei Lagern mehr denn je gesprengt wurden.

Wie ein Keil schieben sich neue, zunächst sehr kleine, Gruppierungen zwischen die traditionellen Lager. Dabei sind die Grenzen zwischen dem Arbeiterlager und dem bürgerlichen offener geworden als vom oder zum religiösen Lager. Freilich ist auch das Religiöse längst nicht mehr so abgeschottet wie es einst war, zumal die

Abbildung 19: Die Genealogie der israelischen Parteien

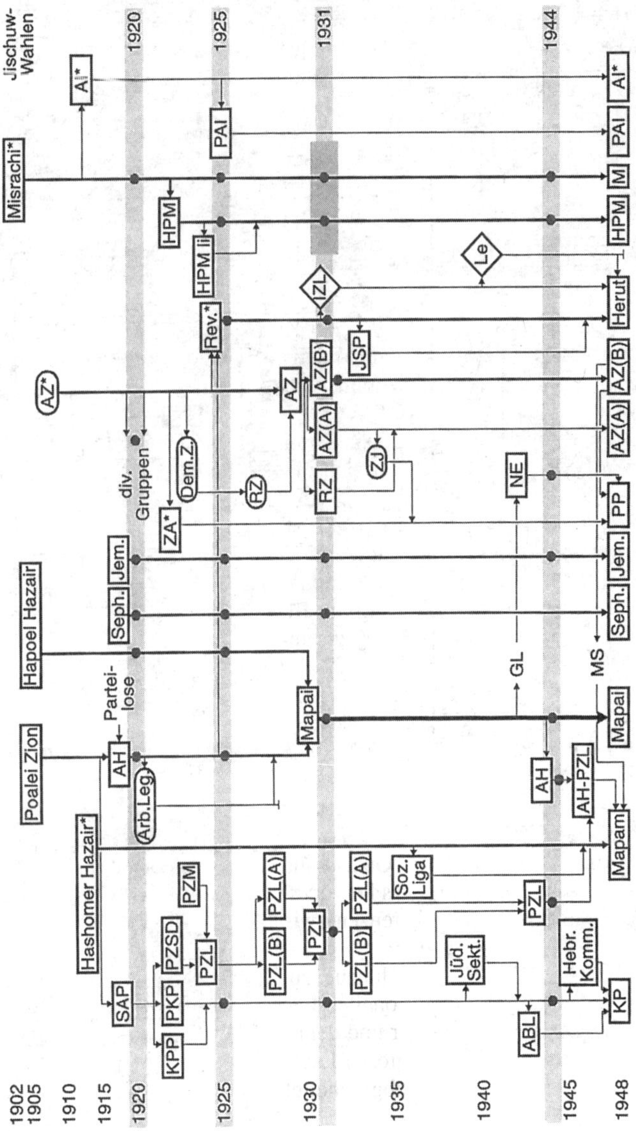

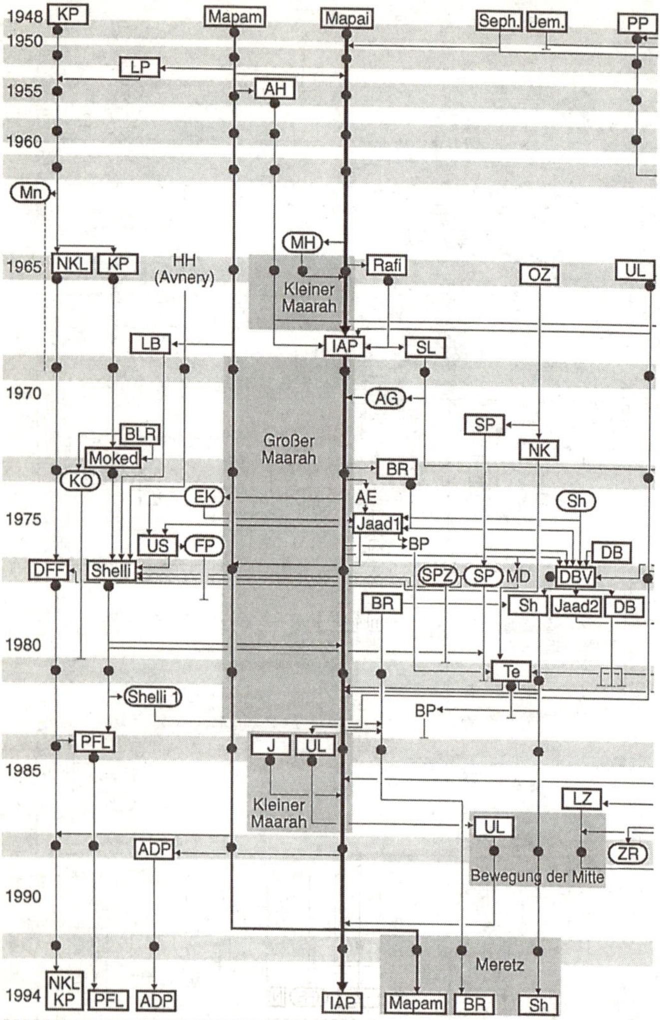

© 1994 Kartendienst Andreas Toscano del Banner PAI = Partei (GE) = Organisation ░ = Block

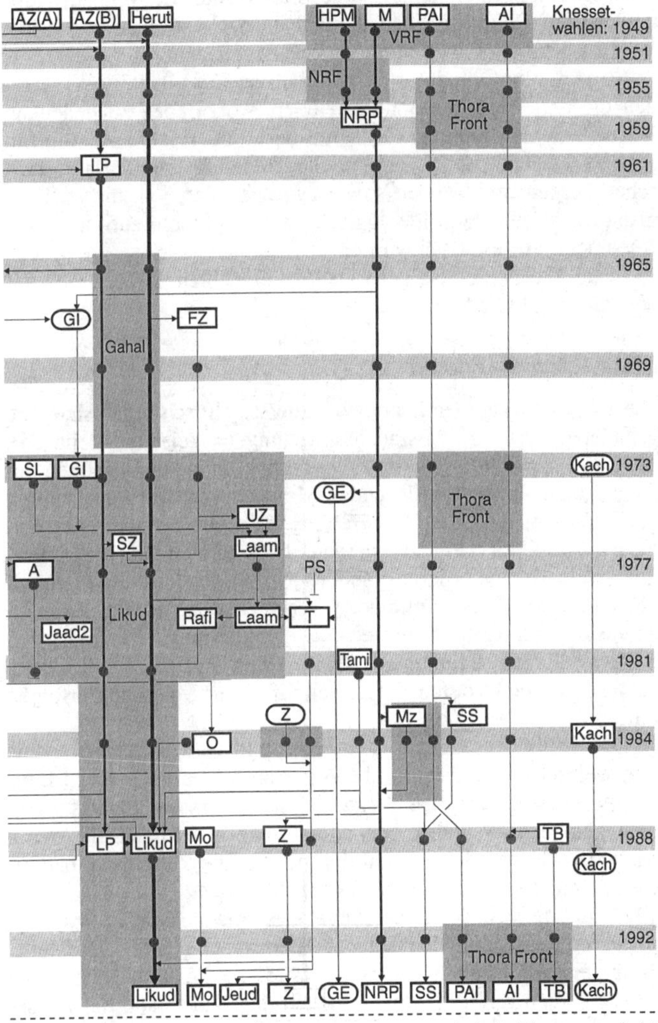

● = in der Knesset vertreten ◇ = Militärorganisation * = in der Diaspora gegründet

nationalistische Rechte häufig recht religiös und die Religiösen recht oft extrem nationalistisch geworden sind. Die weniger nationalistischen Religiösen haben nicht zuletzt deswegen sogar den Weg zum Arbeiterlager gefunden, zur Arbeitspartei.

So viel zum Grundmuster. Nun zu den Einzelheiten. Wir werden die drei Lager getrennt vorstellen, wobei eben zu bedenken ist, daß diese Trennung seit Mitte der 1960er Jahre zunehmend problematisch wird: Die eigentliche Trennungslinie verläuft zwischen Falken und Tauben sowie zwischen Parteien, die soziologisch (nicht unbedingt ideologisch) mehr und mehr euro-amerikanisch oder afro-asiatisch wurden.

Leser, die es nicht so genau nehmen möchten, können sich mit dem Grundmuster begnügen.

b) Die religiösen Parteien

Die religiösen Parteien haben sich zuerst politisch organisiert. Sie gründeten 1902 die Misrachi-Bewegung (= geistiges Zentrum). 1911/1912 spalteten sich die Religiösen, es kam zur Gründung der AI (Agudat Israel). Auslösendes Moment war die Entscheidung der Zionistischen Weltorganisation, auch auf dem Kultur- und Erziehungssektor tätig zu werden. Dies empfanden die Orthodoxen als Herausforderung seitens der nichtreligiösen Mehrheit der Zionisten. Viele Orthodoxe vertraten ohnehin die Ansicht, Zionismus sei Gotteslästerung, da die „Rettung" des jüdischen Volkes, d.h. die Beendigung seines Exils, nur ein Werk Gottes sein könne, nicht durch die „Nachhilfe" des Menschen erfolgen dürfe.

Das völlig entgegengesetzte Welt- und Geschichtsverständnis von weltlichen Zionisten und Religiösen mag ein Zitat von Ben-Gurion verdeutlichen. Der „Vater" des zionistischen Staates sagte: „Ich glaube an Wunder; besonders wenn man ihnen ein wenig nachhilft." Genau diese Nachhilfe, meinen die Religiösen, benötige Gott nicht; ja sie sei letztlich gotteslästerlich.
1922 trennte sich der linke Flügel des Misrahi von der Mutterpartei und gründete den Hapoel Hamisrachi (HPM). Die linke Gruppierung in der AI gründete 1925 die Poale Agudat Israel (PAI). Diejenigen Orthodoxen, denen der Widerstand der AI gegen die zionistischen Parteien nicht energisch genug war, schlossen sich 1935 zur Vorläuferorganisation der Neture Kartha (= Wächter der Stadt) zusammen. Sie lehnten und lehnen jeden Kontakt mit den Zionisten ab. Heute leben sie vor allem im Jerusalemer Stadtteil Meah Schearim. Als extreme Gegner des „gottes-

lästerlichen Zionismus“ boten sie in den 30er Jahren den radikalen Palästinensern und seit den 60er Jahren der PLO ihre Zusammenarbeit an. Im Juli 1989 schickten sie eine Delegation nach Teheran. Sie besuchte am Ende des Trauermonats nach Chomeinis Tod dessen Grabstätte. Ihr „Außenminister“, Rabbiner Mosche Hirsch, verlangte im Sommer 1989 einmal mehr, „Palästina den Palästinensern“ zu überlassen und den „zionistischen Staat zu liquidieren“ (Haaretz, 23.8.1989; Gideon Allon, Haaretz, 24.8.1989). Rabbiner Hirsch war im Juli 1994 bereit, Mitglied von Arafats „Autonomiebehörde“ zu werden (vgl. Wolffsohn, 1992: 27ff.)

Mehr als 200 Anhänger bietet diese Gruppe heute nicht mehr auf.

Unter dem Eindruck des Holocaust fand sich die AI bereit, mit den zionistischen Parteien zusammenzuarbeiten, ohne jedoch den Zionismus grundsätzlich zu billigen.

Vor den Wahlen zur ersten Knesset schlossen sich die religiösen Parteien zu einem „Block“ zusammen, d.h. sie stellten eine gemeinsame Wahlliste und Parlamentsfraktion. 1956 schlossen sich HPM und Misrachi zur Nationalreligiösen Partei (NRP) zusammen. Die siedlungspolitischen Aktivisten des Gusch Emunim trennten sich von der Partei nach dem 1973er Krieg. Viele schlossen sich der 1979 von Herut-Dissidenten aus Protest gegen den israelisch-ägyptischen Friedensvertrag gegründeten Techija (= Wiederauferstehung) an, andere gründeten 1983 gemeinsam mit Rabbiner Druckmann die Mazad-Partei (= zionistisch-religiöses Lager). Bei den Knessetwahlen von 1984 präsentierten sich Mazad und Poale Agudat Israel als „Block“, das heißt mit einer gemeinsamen Liste, die sich Morascha nannte. Sie errang zwei Mandate.

Im Juli 1986 kehrte der ehemals nationalreligiöse Flügel von Mazad mit Rabbiner Druckmann zur Nationalreligiösen Partei zurück. Die Poale Agudat Israel ging wieder ihre eigenen Wege.

Damit war ihre Wanderung nicht beendet: 1988 bildete sie mit der Agudat Israel eine gemeinsame Wahlliste und seitdem eine Knessetfraktion.

1981 bildeten vornehmlich aus Marokko stammende NRP-Mitglieder unter Führung des Religionsministers Abuchatzira gemeinsam mit Überläufern aus der IAP die Tami (= Bewegung für die Tradition Israels). Diese Gruppierung fühlte sich in der NRP benachteiligt. Ihr Image war marokkanisch-nationalreligiös, Sozialpolitik für die orientalischen Unterschichten ihr Ziel. Tami entpuppte sich als Ein-Mann-Unternehmen. Dieser Mann, Abuchatzira, wurde Religionsminister, wenig später der Korruption überführt und rechtskräftig verurteilt. Die Partei löste sich auf, der Rest schloß sich 1987 dem Likud an.

Die Rolle von Tami übernahm eine neue Partei, die sich 1983/84 von der Agudat Israel abspaltete. Diese Gruppe marokkanischer Juden wurde vom ehemaligen sephardischen (sprich: orientalischen) Oberrabbiner Ovadia Josef geleitet.

Auf Anhieb erzielte die neue Partei, die sich Schass nannte, bei den Jerusalemer Kommunalwahlen einen beachtlichen Erfolg. Er ermutigte sie, 1984 bei den Knessetwahlen zu kandidieren. Mit rund 63.000 Stimmen errang Schass vier Knessetmandate und wurde zweitstärkste Partei des religiösen Lagers. Ähnlich wie seinerzeit Tami setzt sich Schass für gezielte Sozialpolitik zugunsten der orientalischen Unterschichten ein. Sie ist eher den Falken zuzurechnen. Bislang arbeitete sie mit dem Likud enger als mit der Arbeitspartei zusammen.

Bei den Wahlen des Jahres 1988 wurde Schass stärkste religiöse Partei. Den Weggang einiger jemenitisch-orthodoxer Politiker verkraftete Schass mühelos. Die jemenitisch-orthodoxe Gruppierung (Jachad Schivtei Israel) errang kein einziges Mandat.

Im Oktober 1989 empfahl Schass-Oberhaupt Rabbiner Ovadia Josef den Anhängern dieser Partei, bei den Histadrutwahlen vom November 1989 für die Arbeitspartei zu stimmen. Einerseits hatte er sich der kompromißbereiten Palästinenserpolitik der IAP genähert, andererseits dürfte er reichere Belohnung erwartet haben. Selbst bei IAP-Verlusten war mit der Fortsetzung der IAP-Vormacht in der Gewerkschaft zu rechnen.

1990/91 schlingerte Schass wegen Geldaffären. Die Wähler schienen 1992 davon weitgehend unbeeindruckt. Mit 4,9% fiel Schass auf den zweiten Platz unter den religiösen Parteien (hinter der NRP mit 5%) und erhielt 6 Knessetmandate.

Die Nationalreligiösen (NRP) sowie die Agudat Israel(AI) mußten ebenfalls Spaltungen verkraften: Im Frühjahr 1988 trennte sich eine Gruppe nationalreligiöser Tauben von der NRP. Kurz zuvor hatten die Super-Falken die Falken in der Führung der Nationalreligiösen abgelöst. Die Tauben, die an das alte Bündniss mit der Arbeitspartei anknüpfen wollten, nannten sich Israelisch-Zentristisch-Religiöses Lager (ZR). Sie verfehlten ein Knessetmandat nur knapp. Doch ihr Scheitern war symptomatisch. Es dokumentierte die Nähe der religiösen und rechtsnationalistischen Wähler.

1992 hatte sich die NRP auf niedrigerem Niveau stabilisiert, koalitionspolitisch aber mit dem Likud liiert und damit aus der Regierung hinauskatapultiert.

In der Agudat Israel (AI) rissen die Fronten zwischen Personen und parteiinternen Fraktionen 1987/88 auf. Genau besehen lieferten sich Anhänger zweier Gruppen Kämpfe, die sich bereits seit dem 18. Jahrhundert in Osteuropa befehdet hatten: die eher populistisch-religiösen, ebenso mystisch-irrationalen wie lebensfrohen Chassidim einerseits sowie die rationalreligiösen Mitnagdim (wörtlich: „Gegner" – nämlich der Chassidim) andererseits. Hochburg und Zentrum der Mitnagdim war einst Wilna. Die Agudat Israel wurde 1987/88 die Partei der Chassidim. Die rationalreligiösen Mitnagdim gründeten unter Rabbiner Schach, dem einstigen geistig-geistlichen Oberhaupt der AI, die Partei Thora-Banner (TB): Degel Hathora. Die neue AI hielt sich bei den Wahlen gut, und auch Thora-Banner schaffte den Einzug ins Parlament. Der alt-neue Kampf zwischen Chassidim und Mitnagdim ging weiter: Im Februar 1989 behauptete Rabbiner Schach vom Tora-Banner (Mitnagdim), die Chassidim (der Chabad-Sekte, also der wichtigsten Gruppe der AI) wären eigentlich „gar keine Juden" (H. Shapiro, Jerusalem Post, 28.2.1989). Bemühungen um eine Wiedervereinigung der beiden Parteien wurden im Sommer 1989 eingeleitet.

Seit 1992 ist der Riß mühsam gekittet. Man bildete den „Block" der Vereinigten Thora-Front, der sich auch die Poale Agudat Israel (PAI) hinzugesellte. Gegen Schass werden alle Geschütze aufgefahren: So behauptete Rabbiner Schach mehrfach, daß der geistige Mentor von Schass, der Ex-Oberrabbiner Ovadia Josef, sich „der Gemeinschaft Israels" entzogen habe und zudem über kein wirkliches jüdisches Wissen verfüge. Schach ging am 13. Juni 1992 weiter: „Die Sepharadim (=Juden orientalischer Herkunft) haben noch nicht das Niveau erreicht, das es ihnen erlaubt, Politik und Religion im Staat zu lenken. Sie brauchen Zeit, um zu lernen." Alles Abwandlungen der jahrhundertealten Argumente der „Mitnagdim" gegen die Chassidim – nun auf Juden orientalischer Herkunft übertragen. Prediger Salomonis hätte dazu wohl gesagt: „Nichts Neues unter der Sonne." Ungeschickt allemal, denn dadurch wird der Gegensatz zwischen „Aschkenasim" und „Sepharadim" nicht gerade entschärft. Seiner Liste ist das bei den Wahlen 1992 nicht sonderlich gut bekommen. Die vermeintlich unreifen Orientalen haben sich revanchiert – mit dem Stimmzettel. Die Vereinigte Thora-Front erhielt 3,3% der Stimmen und somit 4 Sitze.

Seine militant-nationalistische Jüdische Verteidigungsliga hatte Rabbiner Kahana 1968 in New York gegründet. Anfang der 70er Jahre wanderte er nach Israel ein, wo er mit seiner Kach 1973 ebenso erfolglos bei Knessetwahlen kandidierte wie 1977 und 1981. Doch 1984 gelang ihm der Sprung in die Knesset, die er als Tribüne für seine Forderung benützte, den jüdischen Staat araber„rein" zu machen. Nein, vertreiben wollte er die Araber nicht, sagte er. Er „forderte sie auf", das Land zu verlassen.

Seine extreme Araberpolitik stieß auch beim Likud auf Ablehnung, so daß nach Kahanas Einzug ins Parlament ein „Antirassismus-Gesetz" verabschiedet werden konnte. Nicht zuletzt auf dessen Grundlage war es dem Obersten Gerichtshof möglich, die Teilnahme von Kach an den Knessetwahlen zu verbieten. 52% der Israelis stimmten dem Gerichtsurteil zu. Im November 1990 wurde Kahana von einem Palästinenser in New York ermordet.

Fazit der bisherigen Entwicklung im religiösen Lager: Es ist heute zersplitterter denn je, wobei die Unterschiede vor allem in zwei bedeutsamen Problembereichen erkennbar sind: Sie betreffen zum einen den Gegensatz von territorialpolitisch Kompromißbereiteren (z.B. ZR und Thora-Banner, Agudat-Israel, Tami) und Nicht-Kompromißbereiten (Schass, NRP, Kahana) sowie zum anderen den Gegensatz zwischen Juden euro-amerikanischer und orientalischer Herkunft.

Literaturhinweise

Sprinzak, 1989 und 1986
Greilsammer, 1988
Lustick, 1988
Don-Yehiya, 1987
Mergui/Simonet, 1987
Kotler, 1986
Medding, 1986
Arian, Elections, diverse Bände (alle Parteien)
Wolffsohn, 1983 (alle Parteien)
Russ, 1981
Schiff, 1977

c) Die Parteien des Arbeiterlagers

Die Arbeiterparteien waren bis 1977 politisch und organisatorisch am gewichtigsten. Hier bildeten sich schon frühzeitig zwei Gruppen: Eine kleine, radikale Minderheit war und blieb antizionistisch. Die Mehrheit versuchte, Zionismus und Sozialismus miteinander zu verbinden. Die Führung der antizionistischen Linken übernahm die Kommunistische Partei, deren Vorläufer, die Sozialistische Arbeiterpartei (SAP), sich 1919 von den 1905 gegründeten linkssozialistischen Poale Zion (PZ) trennte, als diese sich mit zuvor parteilosen Sozialisten zur Achdut Haawoda (AH) vereinigten. Für die Kommunisten war der „Klassen"gegensatz gegenüber dem „nationalen" (Juden-Araber) dominant, und deshalb schufen sie die erste und einzige wirklich jüdisch-arabische Partei. Doch genau diese Absicht stellte sie vor zahlreiche innerparteiliche Zerreißproben, die zu häufigen Spaltungen führten, zuletzt 1965, als die binationale Gruppe die Neue Kommunistische Liste (NKL) gründete, die wesentlich stärker als die zunehmend linkszionistische KP wurde. Diese schloß sich in den 70er Jahren anderen linkszionistischen Gruppierungen (Moked, Schelli) an, die sich für territorialpolitische Mäßigung und Verständigung mit den Palästinensern, auch der PLO, einsetzten.

Die NKL erhielt 1977, wenn auch nur geringen, Zulauf von unabhängigen Kandidaten und Juden orientalischer Herkunft, mit denen sie unter Wahrung ihrer organisatorischen Eigenständigkeit, ein Wahl- und Parlamentsbündnis (gemeinsame Fraktion) gebildet hat, die Demokratische Liste für Frieden und Fortschritt (DFF). Im Oktober 1989 verließ der jüdisch-orientalische Knessetabgeordnete Charly Biton die NKL. Sein Einfluß war vorher seit Jahren ständig zurückgegangen. Er knüpfte an vergangene Tage an und bildete eine Ein-Mann-Fraktion in der Knesset: die Schwarzen Panther.

Da sich die „Kommunistische Partei" Israels inzwischen aufgelöst hat, nennt sich die NKL/DFF seit Ende der 70er Jahre wieder Kommunistische Partei Israels. Das Etikett „NKL" blieb bislang trotzdem an ihr haften. Kaum einer nennt sie „KP Israels".

Jegliche Zusammenarbeit mit den Kommunisten lehnte die Mapai/IAP bis in die frühen 80er Jahre kategorisch ab. Seitdem sie jedoch keine kleine Koalition unter ihrer Führung herbeiführen kann, ist das traditionelle „Nein" nicht mehr so kategorisch. Im Herbst 1988 meinte Ezer Weizman, er könne sich durchaus eine Koalition aus IAP, Linksliberalen, den kleineren arabischen Parteien sowie der NKL vorstellen (Haaretz, 18.10.1988).

1992 bewahrheitete sich diese Vorstellung zum Teil. Die Regierung Rabin konnte die Tolerierung durch die drei NKL-Abgeordneten in der Knesset gut gebrauchen. Obwohl als Mehrheitsbeschaffer nicht benötigt, wurde die NKL im Juli 1994 an der Wende-Koalition der Histadrut-Gewerkschaft beteiligt.

Da die NKL einerseits Israels Existenzrecht uneingeschränkt anerkennt, andererseits die eigentliche Partei der israelischen Araber ist, erfüllt sie inzwischen eine wichtige Brückenfunktion zwischen der zionistisch-jüdischen und arabischen Bevölkerung des Landes. Diese Einsicht hat sich durchgesetzt. Früher wäre kein israelischer Präsident auf den Gedanken gekommen, als offizieller Gastredner auch auf dem Parteitag der Kommunisten eine Grußbotschaft zu verlesen. Als Präsident Herzog es erstmals wagte, vernahm man kaum einen Protest.

In der NKL hielten sich alte, zumeist jüdische Stalinisten wie Meir Wilner lange Zeit in Führungspositionen. Mit Gorbatschows „Glasnost" und „Perestroijka" hatte die NKL zunächst Schwierigkeiten. Erst Ende 1989 wurde die Alte Garde verdrängt: Wilner, Toubi und Sijat mußten 1990 ihre Knessetmandate aufgeben. Ganz neu waren die Neuen auch nicht: Wenige Tage nach dem Putschversuch der kommunistischen Betonköpfe gegen Gorbatschow beschimpften NKL-Spitzen Boris Jelzin heftigst (Ilan Schori, Haaretz, 29.8.1991). Sie bedauerten das Scheitern der Putschisten.

Obwohl die NKL fast nur von Arabern gewählt wird, war noch im November 1991 ein Viertel der Delegierten auf dem Parteitag Juden.

Auch die Neue Kommunistische Partei blieb vom Spaltpilz nicht verschont. 1983 trennte sich eine Gruppe nicht-kommunistischer, gemäßigter, eher mittelständischer arabischer Akademiker, die sich Progressive Bewegung Nazareth nannte. Mit jüdischen „Tauben" wie zum Beispiel Matitjahu Peled und Uri Avnery schlossen sie sich 1984 zur Progressiven Friedensliste zusammen, die bei den Knessetwahlen zwei Sitze erhielt – durch arabische Stimmen. Diese Partei befürwortet einen palästinensischen Staat *neben* (nicht an Stelle von!) Israel. Dieser solle im Westjordanland und im Gasa-Streifen entstehen. Peled und Avnery stießen zu dieser Partei, nachdem *die* Partei *der* jüdischen Tauben, Schelli, sich wegen des Libanonkrieges von 1982 gespalten hatte.

Der 1905 gegründete Hapoel Hazair (HPZ = Der junge Arbeiter) schloß sich der Achdut Haawoda (AH) im Jahre 1919 noch nicht an. Diese war dem HPZ damals zu marxistisch. Doch Ende der 1920er Jahre hatte sich die Achdut Haawoda weitgehend entradikalisiert, es kam zur Vereinigung von AH und HPZ zur Mapai (= Partei der Arbeiter des Landes Israel). Prominentester Politiker der Mapai wurde sehr schnell David Ben-Gurion.

Die radikaleren zionistischen Sozialisten, die sich 1919 der Gründung der AH widersetzt hatten, fanden sich 1920 in der Poale Zion Links (PZL) zusammen. 1946 schloß sich diese Partei nach diversen Spaltungen und Wiedervereinigungen mit dem 1944 von der Mapai abgespaltenen linken Flügel, der sich wieder AH nannte, zur AH-PZL zusammen. Diese gründeten 1948 mit dem HHZ (Haschomer Hazair = Der junge Wächter) die Mapam (= Vereinigte Arbeiterpartei). Der 1915 gegründete HHZ war ursprünglich eine am landwirtschaftlichen Pionierideal orientierte Jugendbewegung, die in den 20er Jahren begann, Kibbutzim zu gründen. Am Vorabend der Wahlen zur Dritten Knesset kam es in der Mapam zur Spaltung. Die weniger prosowjetische und militärpolitisch aktivistischere AH trennte sich von der Mapam, und die Mehrheit der einstigen PZL schloß sich wieder der AH an.

1965 verließen Ben-Gurion und seine Anhänger aufgrund der jahrelangen Auseinandersetzungen um die Lavon-Affäre (bei der es um die politische Verantwortung eines nachrichtendienstlichen Debakels aus dem Jahre 1954! ging) die Mapai und gründeten die Rafi (= Liste der Arbeiter Israels). Ein weiterer Grund für den Parteiaustritt: Die Gruppe um Ben-Gurion, zu der auch Peres und Dajan sowie die späteren Staatspräsidenten Navon und Herzog gehörten, widersetzte sich der Bildung eines Blocks (= gemeinsame Kandidatenliste und Fraktionsgemeinschaft) mit der AH zum Kleinen Maarach.

1968, nach der Einheitsbegeisterung des Sechs-Tage-Krieges, schlossen sich Mapai, AH und Rafi zur IAP (= Israelische Arbeitspartei) zusammen. Rund 40% der Rafi-Mitglieder, unter ihnen Ben-Gurion, weigerten sich, diesen Schritt nachzuvollziehen und gründeten die Staatsliste (SL). Seit 1969 arbeiteten IAP und Mapam im Block des Großen Maarach zusammen. 1981 stießen die Unabhängigen Liberalen, die nicht mehr im Parlament vertreten waren, und die Bürgerrechtsbewegung hinzu.

Diese linksliberale Partei wurde 1973 von Schulamit Aloni, einer ehemaligen Knessetabgeordneten der Arbeitspartei, gegründet. Sie setzte sich besonders für Frauenprobleme und gegen die, wie sie es sieht, „Vergewaltigung“ durch die religiösen Parteien ein. Die Bürgerrechtsbewegung bekam 1983/84 doppelte Verstärkung: einerseits von Dissidenten der Arbeitspartei, die gegen die Bildung der großen Koalition waren, und andererseits von dem Teil der Friedenspartei Schelli, der nicht bereit war, eine jüdisch-arabische Gruppierung zu gründen und der im Libanonkrieg den Kampfauftrag der israelischen Streitkräfte zunächst billigte und mittrug. Zunehmend wandte sie sich der Araber- und Palästinenserpolitik zu, wo sie zu den entschiedensten „Tauben“ zählt. Inhaltlich und personell bestehen enge Verbindungen zur Frieden-Jetzt-Bewegung.

Die Mapam kündigte 1984 den Maarach-Block mit der Arbeitspartei weil auch sie nicht die große Koalition mit dem Likud unterstützen wollte. Doch statt dessen bekam die IAP einen neuen Maarach-Partner: die Partei von Ezer Weizman (Jachad), die bei den Wahlen von 1984 drei Knessetsitze errungen hatte. Somit war ein völlig neuer Maarach entstanden. Er bestand aus der Arbeitspartei, den Unabhängigen Liberalen und der Gruppierung von Weizman, denn auch die Bürgerrechtsbewegung hatte schon vor den Knessetwahlen von 1984 das Maarach-Bündnis verlassen. Im Jahre 1986 ging Weizmans Partei in der Arbeitspartei auf. Das ist Weizman gut bekommen. 1993 wurde er als IAP-Kandidat Staatspräsident.

Die mit der IAP verbundenen Listen wurden erfolglos, arabische Mitglieder verließen die Partei. Im März 1988 gründete zum Beispiel der ehemalige Knessetabgeordnete der Arbeitspartei, Daruscha, eine rein arabische Partei, die Arabische Demokratische Partei (ADP). Bei den Wahlen vom November 1988 errang sie ein Mandat, 1992 waren es zwei.

1987 verließen die Unabhängigen Liberalen (UL) den Maarach, der inzwischen kein „Block" mehr, sondern eine um diverse Zugänge aus allen politischen Lagern erweiterte IAP ist.

Zur Wahl 1992 bildete die Bürgerrechtsbewegung mit der einst linkssozialistischen Mapam sowie mit der linksliberalen Schinui von Professor Amnon Rubinstein einen „Block". Er nannte sich Meretz und schnitt sensationell gut bei den Wahlen ab, wurde mit der IAP Koalitions- und Friedenskern.

Fazit der neueren Entwicklungen der Arbeiterparteien: Als klassische Arbeiterpartei kann keine Partei dieses Lagers mehr gelten. Die IAP ist sicher keine revolutionär-sozialistische und kaum noch eine reine Arbeitnehmerpartei. Sie ist eher die Partei der euro-amerikanischen, jüdischen Mittel- und Oberschicht. Die Mapam ist die Partei der wohlhabenden Kibbutzim. Die Unabhängigen Liberalen sind wie zwei der drei Meretz-Parteien (BR, Schinui) eindeutig „bürgerlich". Die Progressive Friedensliste ist eine Partei jüdisch-arabischer Mittelschichten, und die Neue Kommunistische Liste ist eine Partei von arabischen Wählern und einigen jüdischen Funktionären.

Eine Gemeinsamkeit verbindet diese Parteien: Sie sind zu territorialpolitischen Verzichten bereit; ja, einige, so zum Beispiel die Progressive Friedensliste und die Neue Kommunistische Liste, mit

Vorbehalten auch die Bürgerrechtsbewegung, würden alle besetzten Gebiete räumen und die Gründung eines Palästinenserstaates befürworten. Es ist also das Lager der „Tauben“, aber kein „linkes“ Lager von Arbeiterparteien.

Literaturhinweise

Zur Mapai/Arbeitspartei:
Wolffsohn, 1983

Zu den Kommunisten:
Rubenstein, 1980
Greilsammer, 1978

d) Bürgerliche und „Keil“-Parteien

Die bürgerlichen Parteien bildeten seit 1907 zunächst nur sehr lockere Vereinigungen, und bis in die 30er Jahre blieb ihr Organisationsgrad gering. Zudem erwies sich ihre Zersplitterung als nachteilig. Bei den vier Wahlen zur Delegiertenversammlung des Jischuw kandidierten insgesamt 33 bürgerliche Gruppierungen, „nur“ 12 religiöse und 11 linke Listen. Die bürgerlichen Gruppierungen bezeichneten sich zunächst einfach als „Zionisten“ oder als „Allgemeine Zionisten“ (AZ).

An der Spitze der nationalistischen Rechten stand Zeew Jabotinsky, der 1925 die Partei der Revisionistischen Zionisten gegründet hatte. In bezug auf die künftigen Grenzen des Judenstaates waren die Revisionisten Maximalisten, und den Mandatsbehörden gegenüber traten sie für eine fast schon militante Linie ein. Ihr Vorwurf: Die Briten würden die Balfour-Deklaration von 1917 nicht verwirklichen und zugunsten einer proarabischen Politik aufgeben. Da die Revisionisten der Meinung waren, die anderen jüdischen Parteien nähmen die Politik der Mandatsmacht hin und da sie einen Kurswechsel der ZWO nicht erwarteten, gründeten sie 1935 ihre eigene Zionistische Weltorganisation, die Neue Zionistische Organisation, NZO.

Die 1937 aufgebaute, seit 1931 ansatzweise tätige, Nationale Verteidigungsorganisation (Ezel) war zunächst die Parteiarmee der Revisionisten, verselbständigte sich jedoch im Laufe der Jahre, besonders nach Jabotinskys Tod (1940). 1943 übernahm Menachem Begin das Kommando des Ezel, und seitdem verloren die Revisionisten hier endgültig das Sagen.

Nach Ausbruch des Zweiten Weltkrieges war die Mehrheit im Ezel bereit, mit den Briten gegen Hitler-Deutschland zu kämpfen.

Dies lehnte die Minderheit der Organisation ab. Sie gründete die Lechi (= Kämpfer für die Freiheit Israels). An ihrer Spitze stand Abraham Stern. Zur Lechi gehörten u.a. der spätere Ministerpräsident und Außenminister Schamir. Während sich Lechi nach der Unabhängigkeit auflöste, formierte sich der Ezel 1948 ohne die Revisionisten in der Herut-Bewegung als Partei. 1951 schlossen sich die Revisionisten ebenso wie einige Lechi-Veteranen wie zum Beispiel Jitzhak Schamir oder Frau Geula Cohen der Herut an.

Die AZ waren in einen rechten und linken Flügel gespalten. Der linke Flügel, die AZ (A), befürwortete eine Zusammenarbeit mit den gemäßigten Linksparteien, die rechte Gruppierung der AZ (B) bevorzugte Partnerschaften mit den Revisionisten. Der bekannteste Politiker der AZ (A) war der spätere Staatspräsident Weizmann. Beide Parteien schlossen sich 1945 zusammen, doch 1948 trennten sich ihre Wege. Die Linksliberalen fanden sich in der Progressiven Partei (PP) zusammen. Ihnen schlossen sich der Zionistische Arbeiter sowie die Gruppe Neue Einwanderung, aus Deutschland stammend, an. 1961 verbanden sich PP und AZ zur Liberalen Partei. Doch schon 1965 brach diese Alt-Neugründung wieder auseinander. Die AZ, die sich weiter als „Liberale Partei" bezeichneten, gründeten zusammen mit der Herut den Gachal-Block. Dies war ein entscheidender Wendepunkt für die Herut, die bis dahin von allen zionistischen Parteien als „terroristisch" geächtet worden war. Der Legitimierungsschub der Herut war vollauf im Gange.

Die Mehrheit der ehemaligen PP war 1965 nicht bereit, mit der Herut einen Block zu bilden und zog eine Wiedergründung der alten Partei vor (Unabhängige Liberale).

Die Konzentrationstendenz im bürgerlichen Lager erreichte im Sommer 1973 ihren Höhepunkt. Gachal, das Freie Zentrum, das sich 1966/67 von der Herut abgespalten hatte, und die nach dem 1967er Krieg gegründete Groß-Israel-Arbeiter-Bewegung, die überwiegend von ehemaligen Mapai-Mitgliedern Zulauf bekommen hatte, schlossen sich zum Likud zusammen. Auch die Staatsliste kam hinzu.

Das nachfolgende, scheinbare Chaos seit Mitte der 60er Jahre verdeutlicht die Auflösung der traditionellen Grenzen zwischen den Lagern.

1976 bildeten die kleineren Gruppierungen im Likud (Staatsliste, Groß-Israel-Bewegung, Unabhängiges Zentrum) die Laam-Partei. Hier führten persönliche Rivalitäten zwischen ehemaligen

Staatslistlern um Hurvitz und einstigen Mitgliedern des Unabhängigen Zentrums zum Bruch. Das UZ bestand aus Herutlern, die seit 1965 gegen die Zusammenarbeit mit und in der Histadrut protestierten und der Nationalen Arbeiterorganisation, der „revisionistischen" Gewerkschaft, nahestanden. Während das UZ als Laam im Likud blieb und sich 1982 wieder der Herut anschloß, gründete Hurvitz die alt-neue Rafi, die im April 1981 zur neuformierten Telem-Partei Dajans stieß – in der Hoffnung, an die Rafi des Jahres 1965 anknüpfen zu können. Das Wahldebakel dieser Partei (nur zwei Mandate) und der Tod Dajans im Oktober 1981 stürzten Telem endgültig in die Krise. 1982 kehrte Hurvitz mit einem Teil der Rafi zum Likud zurück, die übrigen Rafiisten bevorzugten die IAP. Doch lange blieb Hurvitz nicht beim Likud. 1984 kandidierte er mit seiner „Partei", die nun Ometz hieß (was auf Deutsch „Mut" heißt; gemeint war: Mut zu einer rigorosen Sparpolitik des Staates) und einen Knessetsitz erhielt. 1985 wollte Ometz in der IAP aufgehen, um 1986 zum Likud zu stoßen.

Als Protest gegen den Friedensvertrag mit Ägypten ist die Etablierung der Techija-Partei (= Wiederauferstehung) zu verstehen. Der Name erinnert bewußt an das politische Programm Abraham Sterns. Falken aus der Herut, Laam, Groß-Israel-Bewegung und dem Gusch-Emunim organisierten sich hier. Bei den Wahlen von 1992 scheiterte Techija kläglich an der 1,5%-Sperrklausel und löste sich auf. Frau Cohen, ihre eigentliche Gründerin kehrte reumütig zum Likud zurück. Der Rest von Techija ging am 4. Juni 1994 in der Moledet-Partei von Ex-General Seewi auf.

Mit der Zomet-Gruppe, die Raphael Eytan, von 1978 bis 1983 Generalstabschef, gegründet hatte, präsentierte die Techija 1984 eine gemeinsame Liste bei den Knessetwahlen. Sie errang fünf Mandate und wurde drittstärkste Fraktion. 1985 wurde der Zusammenschluß beider Parteien vollzogen. Im November 1987 trennte sich Raphael Eytan mit seinen Anhängern wieder von der Techija und gründete Zomet neu. Weniger ideologische als politische Rivalitäten führten zu diesem Schritt. Mit zwei Abgeordneten fand sich die Partei 1988 in der Knesset. Bei den Wahlen 1992 war Zomet als rechte Saubermann-Partei die eigentliche Überraschung. Sie errang acht Sitze. Seit dem 2. Februar 1994 grassierte auch hier der Spaltpilz. Personell und machtpolitisch war er begründet.

Jeud hieß die kleine Spaltungsgruppe. Wie Zomet wollte auch sie in die Regierung Rabin, aber zugleich die jüdischen Siedler im Westjordanland stärken, also die Quadratur des Kreises. Fast hätte es sogar geklappt. Im Juli 1994 stieß Jeud zur Rabin-Koalition. Eine der Abgeordneten zog nicht mit, sie zog aus. Am 25.7.1994 untersagte der Oberste Gerichtshof die Regierungsbeteiligung von Jeud. Der Grund: Jeud war eine nach den Wahlen von 1992 erfolgte Abspaltung von Zomet, keine selbständig ins Parlament gewählte Partei.

Zwei Mandate erhielt die im Frühsommer 1988 von Ex-General Rechawam Seewi organisierte Moledet-Partei (Moledet = Vaterland). Für sie ist Groß-Israel lediglich das Vaterland der Juden. Die ansässigen Palästinenser sollten umgesiedelt werden: „Transfer" wurde das Schlagwort dieser Partei. 1992 kam sie auf drei Mandate.

Die Vielzahl der Gruppierungen des Likud hatte sich bis 1986 auf die ursprünglichen Gachal-Parteien, also Herut und Liberale, verringert. Auch diese beiden Parteien wurden vom Spaltpilz befallen. Wir sahen es bei der Herut, die auf ihrem rechten Flügel die Techija gehen lassen mußte (1979). Wir sahen es im Januar 1986 bei der Liberalen Partei, die ihren linken Flügel ziehen lassen mußte. Dieser bildete die Liberale Zentrumspartei, die wirtschafts-, territorial- und religionspolitisch gemäßigtere Ziele verfolgte als die Mutterpartei. Sie verlangte die Rückkehr zu „liberalen Grundsätzen", welche von der Liberalen Partei aufgegeben worden seien.

Der Liberalen Zentrumspartei (LZ) schlossen sich 1987 einige Mitglieder der Herut an. Diese hatten, wie Mosche Amirav, eine pragmatischere Palästinenserpolitik angesteuert und Kontakte mit der PLO geknüpft, was in der Herut auf heftige Ablehnung stieß. 1987 bildete die LZ mit Schinui (siehe unten) und den Unabhängigen Liberalen die Bewegung der Mitte, also eine gemeinsame Wahlliste beziehungsweise einen neuen Block. Er zerbröselte schnell. Einige wanderten zur Bürgerrechtsbewegung ab (Mordechai Wirschuwsky, der Knessetabgeordnete, im Juli 1987). Andere, wie Tel-Avivs Bürgermeister Lahat, kehrten zur Liberalen Partei des Likud zurück. Der „Block" schrumpfte 1989 vollends und wurde weitgehend wieder mit der Schinui-Partei identisch, die 1992 als eine der drei Meretz-Partei politische Wiederauferstehung feierte.

Die Unabhängigen Liberalen kündigten im Juni 1989 den „Block". Sie wollten bei den Histadrutwahlen im November 1989 wieder mit der IAP eine Liste bilden.

Herut und Liberale Partei beendeten am 25. August 1988 ihr Dasein als „Block" und vereinigten sich zur Likud-Partei. Ihr offizieller Name: „Likud – Nationalliberale Bewegung". Zum Likud gehört seit 1987 auch die Tami-Partei Abuchatziras, des einstigen NRP- dann Tami-Politikers.

Fazit der bisherigen Entwicklungen im „bürgerlichen“ Lager ist die Tatsache, daß die linksliberalen Parteien sich inzwischen eng mit der Arbeitspartei, die rechtsliberalen (Liberale im Likud) bis zur Selbstaufgabe mit der Herut verbunden haben. Die heute stärksten Gruppierungen der Rechten sind einerseits sozialpolitisch aktiver als die Arbeitspartei, andererseits extrem nationalistisch, besonders in der Territorialpolitik. Die israelische Rechte ist also alles andere als „konservativ“.

Man mag zur israelischen Rechten, besonders dem Likud, stehen wie man will. Er hat zwei historische Aufgaben bewältigt: Erstens war zu ihm und von ihm 1977 und 1992 ein demokratischer Regierungswechsel möglich. Zweitens gab vor allem der Likud den orientalischen Israelis ein Wir-Gefühl, das sich in politischen (Wohl)taten niederschlug.

Wie ein Keil schoben sich seit 1965 mehrere Parteien zwischen die traditionellen Lager. Begonnen hatte es mit Uri Avnerys Haolam Haze (= Diese Welt; zugleich der Name seiner Wochenzeitschrift). Die folgenreichste Gründung erfolgte 1977 durch die Demokratische Bewegung für Veränderung (DBV), die aus allen traditionellen Lagern Zulauf erhielt, bei den Wahlen des gleichen Jahres auf Anhieb 15 Mandate errang, sich im Oktober 1977 der Koalition anschloß und seitdem nicht mehr in der Lage war, die innerparteilichen Gegensätze zu überbrücken. Die DBV löste sich in diverse Bestandteile auf und kandidierte 1981 nicht mehr. Ihr Gründer, Jigael Jadin, früher Generalstabschef und Archäologe, resignierte.

Eine Gruppierung der zerbröselnden DBV überlebte bislang: Schinui, eine eher linksliberale Partei, die von dem Tel-Aviver Verfassungsrechtler Professor Amnon Rubinstein angeführt wird. Auch diese Partei ist zu den territorial-politischen Tauben zu zählen, während sie ebenso energisch wie die Bürgerrechtsbewegung gegen die „religiöse Bevormundung“ kämpft. Folgerichtig bildet sie seit 1992 mit der BR einen „Block“ (Meretz), dem auch die einst linkssozialistische Mapam angehört.

Literaturhinweis

Revisionisten/Herut/Likud:
Orland, 1994 und 1983

2. Organisation und Entscheidungsfindung

Das Organisationsmuster der Parteien orientiert sich i.a. an der Mapai/IAP (Yanai, 1981: Kap. 3, 4, 5; Wolffsohn, 1983: 661ff.). Unterste Einheit der Partei ist der Ortsverband. Es folgt der Bezirk, dessen Gremien ebenso wie im Ortsverband Rat, Sekretariat und Büro sind. Die Moschawim und Kibbutzim sowie Ortsverbände mit mehr als 15.000 Mitgliedern bilden einen Bezirk (z.B. Tel Aviv, Jerusalem und Haifa). Auf der nationalen Ebene gibt es folgende Gremien: Parteitag, ZK (Zentralkomitee), Sekretariat, Parteibüro und Sekretariat des Parteibüros. Formal oberstes Entscheidungsorgan ist der Parteitag, zwischen Parteitagen das ZK. Die eigentlichen Entscheidungen fallen entweder im Parteibüro bzw. den Vorständen der Parteien oder weit häufiger in informellen Gruppen.

Versuche, die Binnenstruktur in den Parteien nach „demokratischen Grundsätzen" im Sinne des Parteiengesetzes der Bundesrepublik Deutschland zu regeln, sind in Israel bislang gescheitert. Jede Partei kann eigene Regeln zur Entscheidungsfindung setzen. Es gibt kein Parteiengesetz.

Der Jom-Kippur-Krieg (1973) hat das Vertrauen der Bevölkerung sowie der Parteimitglieder in die politische Führung nachhaltig erschüttert. Eines der Ergebnisse war eine zunehmende Demokratisierung der Entscheidungsvorgänge in den meisten, zumindest in den beiden großen Parteien, IAP und Likud. Vorreiter war 1977 die Demokratische Bewegung für Veränderung (DBV).

Bei IAP und Likud gehören inzwischen „Primaries" zum Alltag. Rabin wurde auf diese Weise 1992 zum Spitzenkandidaten gekürt, Netanjahu 1993 im Likud. Für die Wahl zur Histadrutgewerkschaft führte die IAP im Frühjahr 1994 ebenfalls eine Mitgliederbefragung durch, ohne damit das Wahldebakel verhindern zu können.

Rabin bekam am 19. Februar 1992 40% der 95.646 abgegebenen Stimmen von IAP-Mitgliedern, Peres 34%, Gewerkschaftsboß Keissar 20%, Frau Ora Namir 5%. Am 1. April 1992 wurde der Großteil der Knessetkandidaten ebenfalls durch direkte Wahlen der Mitglieder bestimmt. Es gab zahlreiche Überraschungen – für manche Veteranen und Falken unerfreuliche. Netanjahu setzte sich am 25. März 1993 bei der Wahl des Likud-Vorsitzenden mit 52% gegen David Levy (26%) und Benjamin Begin (den Sohn des Likud-Ex-Premiers, 15%). Gewählt hatten 145.000 der 216.000 Mitglieder. Sogar in der marokkanisch-orthodoxen Schass wurden im

August 1993 in einigen Parteibezirken interne Mitgliedsbefragungen bei der Aufstellung von Kandidaten zur Kommunalwahl durchgeführt.

3. Finanzierung

Bis 1968 waren die meisten Parteien auf Mitgliedsbeiträge, Zuwendungen der JA, Spenden und Erträge aus den parteieigenen Wirtschaftsunternehmen angewiesen. Für die in der Histadrut-Gewerkschaft tätigen Parteien sowie Parteien, die über eigene Gewerkschaftsorganisationen verfügen (HPM, PAI) beschloß die Knesset, das Einverständnis der Gewerkschaftsangehörigen vorausgesetzt, die Mitgliedsbeiträge zentral und direkt vom Lohn einzubehalten, um sie an die Parteien weiterzuleiten. Eine dauerhafte gesetzliche Grundlage wurde durch das Gesetz vom 24.1. 1973 geschaffen. Es regelt die Finanzierung der Wahlkampfausgaben sowie der laufenden monatlichen Aufwendungen der Parteien. Es handelt sich hier um eine staatliche Parteienfinanzierung (Einzelheiten in: Wolffsohn, 1983: 469ff.; auch 240ff.; 526ff. mit weiterführenden Hinweisen).

Abbildung 20: Die Finanzierung der Parteien

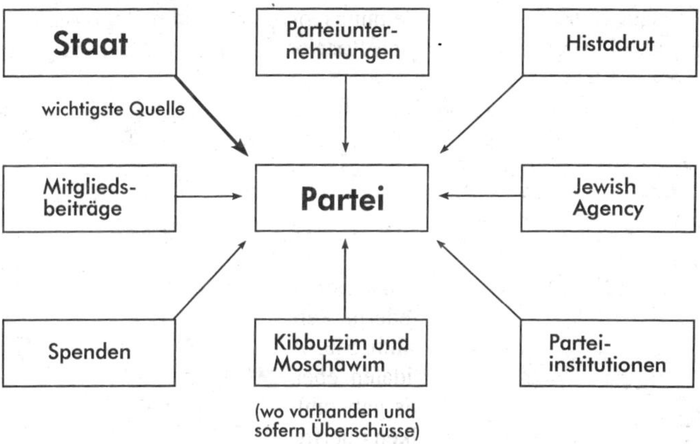

Gemessen an den Gesamtausgaben der Regierung blieben die Zuwendungen an die politischen Parteien außerordentlich bescheiden: unter 1%.

Die Angaben über diese staatlichen Zuwendungen enthalten allerdings nicht die Summen, die parteinahen Ausbildungsstätten der Religiösen oder anderen Institutionen der Bildung, Ausbildung und politischen Formung im weitesten Sinne zufließen. Hier greifen die Parteien kräftig in den Staatssäckel, um ihre Klientel zu versorgen. Trotzdem wurden die Bindungen der Bürger zu den Parteien schwächer. Der Anteil der Wechselwähler, zumindest die Bereitschaft, Parteiloyalitäten zu ändern, hat nämlich eher zu- als abgenommen.

Im Jahresbericht des Staatskontrolleurs wurden 1989 erstmals Spender und Summen genannt: Die IAP hatte rund 7,2 Millionen DM, der Likud knapp 2,6 Millionen DM an Spenden erhalten. Die Namensliste liest sich wie ein „Wer ist Wer?" der israelischen und diasporajüdischen Unternehmer. Der eher großbürgerliche oder bürgerliche Charakter der Arbeitspartei wird einmal mehr erkennbar. Viele prominente Unternehmer Israels setzten 1988 und 1992 ganz offen auf die IAP, indem sie in den großen Tageszeitungen ganzseitige Wahlaufrufe zugunsten dieser Partei finanzierten und unterzeichneten.

Ebenso wie viele andere israelischen Unternehmungen gerieten Mitte der 1980er Jahre auch die Besitzungen der Parteien in erhebliche Turbulenzen. Das gilt auch für den Histadrut-Sektor, die Kibbutzim und Moschawim. 1989 war die Finanznot der Arbeitspartei so beklemmend, daß eine Sammelaktion unter ihren Mitgliedern eingeleitet wurde. Amtsträger sollten besonders zur Kasse gebeten werden.

Das unternehmerische Fiasko der Parteien ist besiegelt.

Literaturhinweise

Arian, Elections, div. Bände
Boim, 1971
Klinghoffer,1970

4. Inhaltliche und strukturelle Merkmale

a) Tauben und Falken: Palästinenserpolitik, besetzte Gebiete

Die Polarisierung zwischen „Tauben" und „Falken", also zwischen mehr oder weniger Kompromißbereiten in der Palästinenser-, Gebiets- und Siedlungspolitik, ist fast so alt wie der politische Zionismus selbst. Lediglich in der Zeit nach dem Unabhängigkeitskrieg bis zum Sechs-Tage-Krieg, ebbte die Diskussion ab, da sich alle Parteien, mehr oder weniger, den neuen Gegebenheiten fügten.

Dicse Problematik hängt eng mit der normativen politischen Geographie zusammen. Für die gegenwärtige Diskussion nicht unaktuell ist der erste Teilungsplan der ZWO, der im Februar 1919 der Pariser Friedenskonferenz vorgelegt wurde. Er umfaßte sowohl das Gebiet Israels in den Grenzen vom 4.6.1967 als auch Teile des Südlibanon (bis zum Litani), die Golan-Höhen, das Westjordanland ebenso wie das Ostufer des Flusses bis zur Hedjaz-Eisenbahn, wobei letzteres derzeit von niemandem mehr beansprucht wird.

Wichtig ist, daß die Trennungslinie zwischen Tauben und Falken eigentlich stets nicht zwischen den Parteien, sondern in ihnen verlief. Dennoch kann man, seit Mitte der 70er Jahre zunehmend, die Politiker und Anhänger des Arbeiterblocks sowie der mit ihm zusammenarbeitenden Parteien zu den Tauben, die Führung und Wähler des Likud und der mit diesem handelnden Parteien zu den Falken zählen.

Vereinfacht gelten folgende Formeln: Die Tauben sagen „Frieden statt Gebiete", die Falken „Frieden mit Gebieten". Doch selbst die meisten Tauben sind nicht bereit, alle im Sechs-Tage-Krieg eroberten Gebiete zu räumen. (Vgl. den Abschnitt über die Siedlungspolitik im Kapitel über die politische Geographie. Vgl. auch Schreiber/Wolffsohn, 1989: Kapitel XXII und XXIV; Wolffsohn, 1994). Der Teufel steckt auch hier im Detail. Das wurde im Zusammenhang mit dem Autonomieabkommen, das Rabin und Peres 1993/94 mit PLO schlossen, einmal mehr sehr deutlich erkennbar. Selbst im Likud gab es keineswegs kleine Grüppchen, die sich pragmatisch zugunsten dieser Politik äußerten. Bei den extrem religiös-orthodoxen Parteien fand man diverse Schattierungen. In der IAP wurde der Widerstand gegen die mögliche Rückgabe der Golan-Höhen an Syrien und der Jordansenke an das Autonomiegebiet der Palästinenser (als Teil eines Friedens„pakets") immer heftiger.

Seit den 80er Jahren gilt die Faustregel: rund 50% der IAP-Wähler können aufgrund der verschiedensten Indikatoren als Tauben eingestuft werden. Bei Wählern des Likud sind es circa 10% (IIASR-Daten, Continuing Survey).

Die Selbsteinschätzung der jüdischen Israelis weicht von diesen Zahlen ab: Im Dezember 1987 bezeichneten sich vor der Intifada jeweils 33% als „Falken“ oder „Tauben“, in der „Mitte“ postierten sich 34%. Anders im Dezember 1988: „Falken“ nannten sich inzwischen 41%, „Tauben“ 31% und in die „Mitte“ stellten sich 27% (Umfrage Professor Arian, zitiert in: Jerusalem Post, internationale Ausgabe, 2.9.1989). Umfrageergebnisse zum Problem des Transfers der Palästinenser aus den besetzten Gebieten wurden im Zusammenhang mit der politischen Geographie der Siedlerfrage vorgelegt. Sie zeigten im Sommer 1989 rund 50% Super-Falken. Und der Anteil wuchs mit der Intifada und Iraks Kuwait-Invasion weiter: Alle Indikatoren bilanzierend sprach im Sommer 1990 das IIASR von 70% Falken, 30% Tauben (mit Daten Jerusalem Post, 25.8.1990). Bis Dezember 1990 nahm der Falkenanteil, wenn auch geringfügig, weiter zu (IIASR).

Hier waren wohl doch eher zyklische Ausschläge für das Bild entscheidend. Die konkreten Indikatoren (Rückgabebereitschaft von Gebieten, Ablehnung der Siedlungspolitik) sprachen eine andere Sprache. Hier war der Anstieg der Tauben strukturell – und kontinuierlich. Er führte schließlich zur Wendewahl von 1992.

Wesentlich homogener als die Volksparteien IAP und Likud sind die ihnen nahestehenden, mit ihnen zusammenarbeitenden, die sogenannten Satelliten-Parteien. Viel reinere Falken als der Likud stellen zum Beispiel die Techija, Schass, die Nationalreligiöse Partei, Kahana, Moledet und Zomet.

Zomet ist aber eine Partei eher pragmatischer Super-Falken. In der orientalisch-orthodoxen Schass findet man eine falkenhafte Basis und eine Führung aus Falken und Tauben: Rabbiner Jitzchak Peretz sprach 1988 von „dreckigen Arabern“, Innenminister Deri galt wie sein Patron, Rabbiner Ovadia Josef, eher als Taube. Doch Ovadia Josef, einst orientalischer Oberrabbiner Israels, hatte sich auch von einem territorialpolitischen Saulus in einen Paulus verwandelt – wenn dieser Vergleich erlaubt ist. Bis in die Mitte der 80er Jahre war Rabbiner Josef ein Super-Falke. 1989 erklärte er: Die Rettung des Lebens jüdischer Menschen sei wichtiger als die Besetzung jüdischer Gebiete, also des Westjordanlandes. Nicht überraschend daher die Empfehlung des Rabbiners, die Schass-Anhänger mögen bei den Histadrutwahlen vom November 1989 die Arbeitspartei wählen, nicht Likud.

Alles sehr kompliziert und verwirrend, aber leider unvermeidlich bei der Skizzierung eines realistischen Bildes. Daher sei die Wiedergabe der Zwischentöne fortgesetzt:

Moledet und Kahana muß man als extremistische Super-Falken bezeichnen. Kahana verlangte sogar einen „Transfer“ der Araber im israelischen Kernland (in den Grenzen vor dem Sechs-Tage-Krieg). Ausgeprägtere Tauben findet man bei der Bürgerrechtsbewegung und der Mapam.

Weshalb konnten Likud und IAP trotzdem seit 1984 eine große Koalition bilden? Weil sie in zwei grundlegenden Punkten übereinstimmten. Zum einen lehnten beide Verhandlungen mit der PLO ab, zum anderen schlossen sie eine Rückkehr zu den Grenzen aus, die vor dem Sechs-Tage-Krieg bestanden hatten.

Die IAP einigte sich 1988 auf folgende Formel, die bereits seit 1977 vom Mapam-Politiker Schem-Tov vorgelegt worden war: Mit der PLO könne verhandelt werden, wenn sie erstens auf Terror verzichte und zweitens Israels Existenzrecht anerkenne. Weit über die Mapam hinaus, ja, sogar bis in die Regierung Begin fanden sich hierfür Anhänger.

Das war dann die Grundlage für den Durchbruch von Oslo, der die Prinzipienvereinbarung vom 13.9.1993 sowie das Autonomieabkommen mit der PLO (Kairo, 4.5.1994) ermöglichte. Nicht die IAP, sondern die PLO Arafats hatte sich gewandelt.

Seitdem Arafat und die PLO im Dezember 1988 offiziell auf die Anwendung von Terror verzichtet und Israels Existenzrecht anerkannt hatten, mehrten sich in der IAP und erst recht in der Mapam, der Bürgerrechts- und Friedensbewegung die Stimmen, die Verhandlungen mit der PLO befürworteten. Gerüchte wurden verbreitet und dann sogar bestätigt: daß sogar Likud-Ministerpräsident Schamir geheime Kontakte zur PLO knüpfen ließ (vgl. Süddeutsche Zeitung, 14.7.1989, FAZ, 25.7.1989). Strategische und nicht mehr taktische Fragen stellten die große Koalition vor eine Zerreißprobe.

Die jüdisch-israelische Öffentlichkeit war von 1967 bis in die Mitte der 80er Jahre weitgehend einig: Mit der PLO dürfe nicht verhandelt werden. Bei Umfragen stimmten dieser Meinung zwischen 60 und 70% zu. Der Konsens zerbröselte bis zur Kuwait-Invasion (2.8.1990): In bezug auf die Bereitschaft der jüdischen Israelis, mit der PLO zu verhandeln, sofern diese Israel anerkennt und auf Terror verzichtet, hat sich zwischen 1983 und dem Beginn der Intifada im Dezember 1987 zunächst eine eher härtere Einstellung ergeben. Im Juni 1983 lehnten 43% Verhandlungen unter diesen Umständen ab, und 1985/86 waren es stets rund 50% (Jerusalem Post, 11.10.1986, Smith Research Institute). Bis zum Herbst 1987 war der Anteil der Ablehnenden wieder auf 61% gestiegen (Jediot Acharonot, zitiert aus Allgemeine Wochenzeitung der Juden in Deutschland, 2.10.1987). Anfang 1987 forderten 61% den

Entzug des Wahlrechtes für Juden, die die „PLO unterstützen", und in bezug auf Araber verlangten dies gar 68% (Umfrage Modi-in Esrachi, O. Gonder, Haaretz, 9.3.1987).

Im Februar 1989 jedoch sprachen sich 66% für Verhandlungen mit der PLO aus, allerdings unter gewissen Bedingungen: 56% machten dies von einer Beendigung des Terrors abhängig, 10% von der Anerkennung Israels (Telseker-Umfrage, Haaretz, 31.3. 1989). Eine fast gleichzeitig durchgeführte Befragung für die New York Times ermittelte 58% (ohne Nennung des Instituts, Allgemeine, 7.4.1989). Ähnlich die Daten des von Mina Zemach geleiteten Dahaf-Instituts: Sie ermittelte im Dezember 1988 rund 54%, die Verhandlungen mit der PLO zustimmten, sofern diese auf Terror verzichte und Israel anerkenne (Schem-Tov-Formel; vgl. Jerusalem Post, 25.12.1988; R. Schapira, Haaretz, 13.2.1989 ähnlich die Decima-Daten für den Herbst 1988, D. Petreanu Jerusalem Post, 9.9.1989). Deutlich niedriger, wenngleich trotzdem steigend der vom IIASR ermittelte Anteil: Im Januar 1989 seien 30% der Israelis für Verhandlungen mit der PLO gewesen, im Jahre 1978 jedoch nur 13% (A. Eldar, Haaretz, 8.2.1989 E. Katz, Jerusalem Post, 10.2.1989). Im April 1990 waren es allerdings 37% (IIASR-Daten, Jediot Acharonot, 1.6.1990). Nach der Kuwait-Invasion, im August 1990, sank die Zahl auf 22%, im Dezember waren es 24%.

Wie viel Bewegung in die Palästinenserpolitik Israels schon vor der Intifada gekommen war, wie sehr sich das Meinungsbild, allen Verhärtungserscheinungen zum Trotz, den Palästinensern gegenüber verbessert hat, beweisen die Daten des PORI-Umfrageinstituts: Im Jahre 1975 lehnten 74% der jüdischen Israelis die Teilnahme einer Palästinenserdelegation an Nahost-Friedensverhandlungen ab (es war nicht von der PLO die Rede!), im Jahre 1985 nur noch 48% ein bedeutsamer Wandel (Index to International Public Opinion, 1984/85: 228).

Die Bereitschaft, auch unter gewissen Vorbedingungen mit der PLO zu verhandeln, variiert in bezug auf Parteien und Parteianhänger: So stimmten beispielsweise im Januar 1989 rund 54% der IAP-, Mapam- und BR-Wähler Verhandlungen mit der PLO zu. Bei Wählern von Schinui und anderen Linksliberalen waren es 49%, doch bei Wählern der Religiösen nur 16% und bei Sympathisanten des Likud, der Techija und anderer rechter Parteien gar nur 13% (IIASR-Umfrage, E. Katz, Jerusalem Post, 10.2.1989).

Arafats Erklärung, er erkenne Israel an und verzichte für die PLO auf Terror, glaubten die wenigsten Israelis: Der höchste Wert von 14% wurde bei Anhängern der IAP, Mapam und BR festgestellt, der niedrigste bei den Religiösen mit 10%. Likud und Rechte 10%, Schinui und Linksliberale 12% (ebd.).

Die Gründung eines Palästinenserstaates stieß traditionell auf noch größere Ablehnung als Verhandlungen mit der PLO. Im Jahre 1975 lehnten die Gründung eines Palästinenserstaates 71% der jüdischen Israelis als Teil einer Friedensregelung ab, im Jahre 1985 waren es 73% (PORI-Umfrage, Index of International Public Opinion 1985/86: 220). Der Anteil der Befürworter nahm geringfügig zu. Er stieg von 14% auf 15%. Selbst im Falle einer „Anerkennung Israels und einer Beendigung feindlicher Handlungen" lehnten im Juni 1985 immer noch 61% der Israelis die Gründung eines Palästinenserstaates ab. Die Zahl der Befürworter nahm bei dieser Frageformulierung zu: 30% (ebd.).

Einen Palästinenserstaat befürworteten im Sommer 1989 nur 14% (IIASR, Jerusalem Post international, 2.9.1989). Ein solcher Staat sei für sie lebensgefährlich, meinten im Juni 1989 78% der jüdischen Israelis (IIASR, E. Katz u.a., Jediot Acharonot, 25.8. 1989). Im April 1990 lehnten einen solchen Staat 75% der jüdischen Israelis ab (IIASR, Jediot Acharonot, 1.6.1990).

Ein Palästinenserstaat würde „Israels Sicherheit bedrohen", meinten im November 1978 rund 87%, im Mai 1987 81%, im Juni 1988 80% und im Januar 1989 noch 79% (IIASR-Umfragen, E. Katz, Jerusalem Post, 10.2.1989). Die Bedrohungsangst ist kaum schwächer geworden. Aber: Im November 1978 sagten 13%, ein Palästinenserstaat würde die Sicherheit Israels nicht bedrohen. Im Januar 1989 meinten es schon 21% (ebd.). Mehrheitlich findet man Falken, bei steigendem Anteil der Tauben.

Diese Schlußfolgerung legt eine andere IIASR-Umfrage ebenfalls nahe: Im Juni 1989 stimmten 61% der Israelis dem Schamir-Rabin-Plan zu, der freie Wahlen für die Palästinenser der besetzten Gebiete vorsah. Etwa 80% der IAP-, Mapam- und BR-Wähler befürworteten diesen Plan und immerhin rund 50% der rechten und religiösen Wähler (E. Katz, Jerusalem Post, 23.6.1989). Man weiß, daß der Plan in Europa auf Vorbehalte und Kritik stieß, für Israelis bedeutete er erhebliche Zugeständnisse. Sie gingen den Super-Falken im Likud (Scharon, Levi, Modai) zu weit. Im Zentralkommittee seiner Partei mußte Ministerpräsident Schamir eine Verwässerung der Kompromisse hinnehmen.

Bis zu den Wahlen vom Juni 1992 war auch einem immer größeren Teil der Falken klar geworden: Das Festhalten an den Gebieten führt Israel in eine politische, wirtschaftliche und gesellschaftliche Sackgasse. Sie zogen die Konsequenzen und wechselten ins Lager der Tauben. In den Umfragen vor und nach 1992 spiegelte sich das wieder. Rund zwei Drittel der Israelis befürworteten im Herbst 1993 den Kompromißfrieden mit der PLO. Bis zum Frühjahr 1994 ging die Zahl auf knapp 50% zurück, stieg aber bis zum Juli 1994 wieder auf rund 60%. Siedlungsaktivitäten im Westjordanland wurden im Frühjahr 1994 energischer abgelehnt als noch im Herbst 1993. (Wolffsohn, 1994: 86ff. und 143ff. und Umfragen diverser Institute in Israel).

Fazit: Strukturell ist ein *Neues Israel* entstanden, es ist eher den Tauben zuzuordnen. Es ist allmählich entstanden, wurde aber von vielen übersehen (vgl. die nebenstehenden Abbildungen). Schon in den früheren Auflagen dieses Buches haben wir darauf aufmerksam gemacht. Auf wenig Glauben stießen wir, wenngleich bei Umfragedaten weniger Glauben zählen sollte als die Zahlen. Mit anderen Worten: Ganz neu ist das Neue Israel nicht.

Was denken Parteien und Öffentlichkeit über die Zukunft der besetzten Gebiete? In bezug auf die Parteien gilt die bereits erwähnte Einordnung von Tauben und Falken. Und was meint die Öffentlichkeit? Die Abbildungen über den Anteil der Rückgabe-Unwilligen vermitteln einen Eindruck.

Hervorgehoben seien einige Tatsachen: Der Anteil der Falken, also der Rückgabe-Unwilligen, ist insgesamt deutlich zurückgegangen. Man kann ihn immer noch als sehr hoch (rund 40%) bezeichnen, doch die Tendenz ist unverkennbar.

In bezug auf die verschiedenen Gebiete müssen unterschiedliche Aussagen getroffen werden. Durch die Unterschiede der Einstellungen wird auch die unterschiedliche Politik vielleicht verständlicher: Daß die Regierung Begin 1979 bereit war, die Sinai-Halbinsel im Jahre 1982 aufzugeben, hängt zwar auch damit zusammen, daß ihr ideologischer Stellenwert für die Herut und Begin deutlicher niedriger lag als das Westjordanland. Doch das seit dem Jom-Kippur-Krieg dramatisch verringerte Interesse der Israelis am Sinai erleichterte den Verzicht politisch. Wesentlich waghalsiger war dagegen die Aufgabe von Scharm el-Scheich. Mehr als 80% wollten die strategisch so wichtige Südspitze der Sinai-Halbinsel behalten.

Aber: Auch Scharm el-Scheich wurde geräumt. Alle Wahlen nach dem Verzicht von 1979/82 überstand der Likud weitgehend ungeschoren. Entscheidend: Die israelische Öffentlichkeit folgt in der Territorialpolitik in der Regel ihrer Regierung. Sie wird geführt, sie führt nicht selbst.

Abbildung 21: Anteil der Rückgabeunwilligen, bezogen auf besetzte Gebiete insgesamt 1986-1994

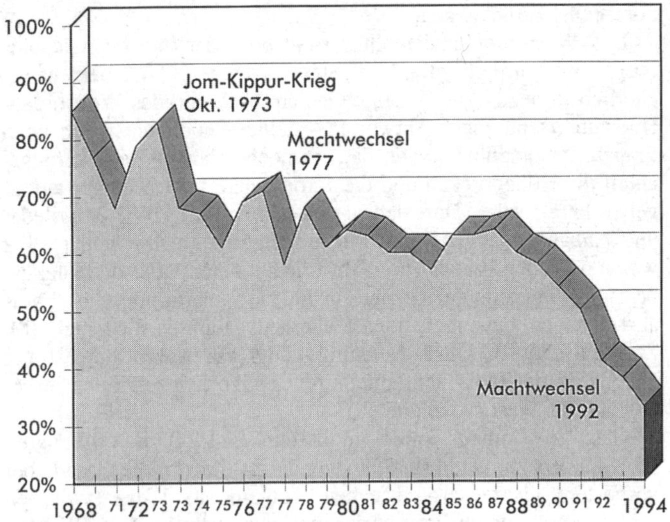

Daten: IIASR, Dahaf

Abbildung 22: Durchschnitt der Rückgabeunwilligen – Vergleich nach Gebieten 1968-1982

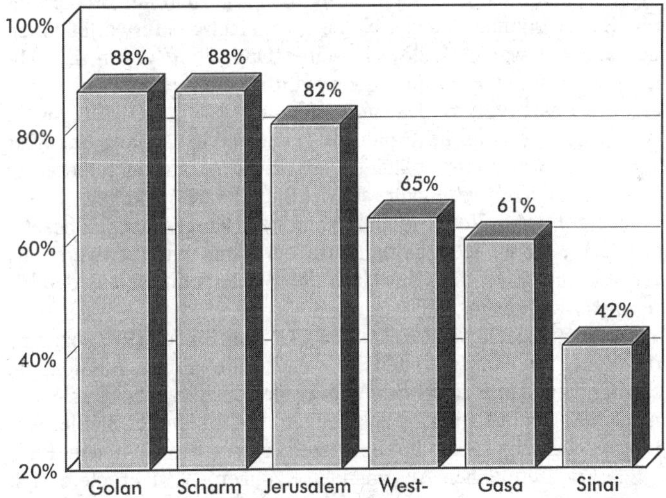

Werte für Jerusalem: 1975-1988
Daten: IIASR

Unverzichtbar waren der überwältigenden Mehrheit bis 1994 Jerusalem und die Golan-Höhen. Zwischen 80% und 90% wollen dort nichts zurückgeben.

Das Westjordanland wollten rund 60% der jüdischen Israelis (nur diese wurden befragt) nicht zurückgeben. Man bekäme sicherlich in bezug auf einzelne Gebietsabschnitte des Westjordanlands unterschiedliche Antworten – stellte man die entsprechenden Fragen. Anzunehmen wäre, daß ein noch größerer Bevölkerungsanteil die Höhenrücken und die Jordansenke noch weniger aufzugeben bereit wäre. Dort haben sich nämlich seit 1967 Mitglieder und Anhänger der IAP und Mapam angesiedelt. Im Januar 1992 waren 61% der Israelis zu einem Frieden bereit, „der die Rückgabe eines Großteils der Gebiete in Judäa, Samaria und Gasa" voraussetzt – bei entsprechenden Sicherheitsgarantien für Israel" (M. Zemach-Institut). Ohne Nennung von Gasa waren im Februar 1993 55% der jüdischen Israelis für „einige Konzessionen in bezug auf das Westjordanland".

Gasa zu räumen, waren im Dezember 1990 rd. 60% bereit (IIASR). Bis zum Herbst 1993 stieg die Zahl derer, die Gasa lieber vorgestern als gestern aufgeben wollten, auf Werte zwischen achtzig und neunzig Prozent der jüdischen Israelis. Kein Wunder, denn Gasa ist die seit den 80er Jahren die Hochburg der islamischen Fundamentalisten. Rabins und Peres' Formel „Gasa zuerst" stieß deshalb bei den Israelis strukturell natürlich auf offene Ohren. Selbst Likud-Anhänger hatten sie eindeutig befürwortet. Auch deshalb war war der Likud in seiner Opposition gegen das Abkommen mit der PLO nicht glaubwürdig, nicht einmal bei seiner eigenen Basis (vgl. mit Daten Wolffsohn, 1994: a.a.O.) Vergessen wir nicht, daß Mosche Dajan als erster bereits Anfang der 80er Jahre für „Gasa zuerst" plädierte, und zwar notfalls auch einseitig. Er hatte das Krebsgeschwür (aus der Sicht Israels) erkannt.

Die politische Verwirklichung eines Rückzuges aus den besetzten Gebieten ist jedoch im Laufe der Jahre eher schwerer als leichter geworden. Das beweisen die Wahlergebnisse aus den jüdischen Siedlungen.

Seit dem Machtwechsel von der IAP zum Likud (1977) hat sich die Zahl der rechtsnationalistisch-nationalreligiösen Siedlungen, Siedler und damit auch der Wähler drastisch erhöht. Der Stimmenanteil der IAP ging zurück. Gegen den Willen der Siedler wäre ein Rückzug kaum durchzusetzen, es sei denn um den Preis bürgerkriegsähnlicher Auseinandersetzungen. Man erinnere sich an die kritische Situation im April 1982, als Jamit, eine Siedlung auf dem Sinai geräumt wurde. Wie viel schwerer wäre eine Wiederholung bei rund 120 Siedlungen mit rückzugsfeindlichen und politisch ebenso aktiven wie motivierten Siedlern. Ihre Motivation dokumentiert auch die hohe Wahlbeteiligung: Sie betrug 1988 im Landesdurchschnitt knapp 79%, bei den Siedlern aber 90% (Elections, 1988: 26). Das hatten wir bereits in den vorherigen Auflagen dieses Buches erwähnt. Seit 1993/94 wissen wir, daß diese Vorhersage leider zutraf.

Die Wahlergebnisse in den jüdischen Siedlungen spiegeln auch die unterschiedliche Siedlungspolitik vor und nach 1977 wider: Vor 1977 entsprach sie den Zielen der Arbeitspartei. Sie unterstützte Vorhaben in der Jordansenke, im Gusch-Etzion-Block bei Jerusalem, auf dem Golan und den Höhen des Westjordanlandes.

Noch mehr Falken als im Westjordanland gab es 1988 bei den jüdischen Siedlern des Gasa-Streifens: Hier stimmten 40% für die Nationalreligiösen, 22% für Techija und 10% für Moledet.

Abweichend das Muster auf den Golan-Höhen: 1988 entschieden sich 41% für die Arbeitspartei und nur 10% für die Nationalreligiösen.

So stimmten die jüdischen Siedler bei den Wahlen vom 23. Juni 1992: IAP 15% (20% unter dem Landesdurchschnitt), Meretz 4% (knapp 6% weniger), NRP 18% (also 13% darüber), Likud 28% (4% mehr), Zomet 10% (plus 4%), Moledet 9% (7% mehr), Techija 6% (5% mehr). Schass bekam 5% (ziemlich genau Landesdurchschnitt), Thorafront 2% (minus 1%).

Es überrascht nicht, daß zwischen den Siedlern der verschiedenen besetzten Gebiete keineswegs in allen Fragen Einigkeit besteht, besonders nicht in finanziellen, bei denen es um die Verteilung der knappen Mittel geht. So forderte zum Beispiel der Rat der jüdischen Siedler auf den Golan-Höhen die Regierung mehrfach auf, keine weiteren Siedlungen im Westjordanland zu errichten. Statt dessen solle sie die Anstrengungen auf den Golan-Höhen steigern. Ähnliches erreichte das hochgelegene Jerusalem aus der Jordansenke.

Daß die Bereitschaft der allgemeinen jüdischen Bevölkerung, Gebiete aufzugeben, eng mit den parteipolitischen Neigungen zusammenhängt, versteht sich aufgrund der vorgelegten Daten fast von selbst.

Die israelische Friedensbewegung wußte zwar nicht die Mehrheit der Bevölkerung hinter sich, war aber keineswegs schwach; sie schwächte sich selbst durch ihre Zersplitterung. Anfang 1988 gab es 46 Friedensgruppen!

Wie ausgeprägt blieb die Befürwortung neuer Siedlungen im Westjordanland? Die Abbildung zeigt deutliche Schwankungen. Sie hängen in den 80er Jahren nicht zuletzt mit den Wellen der wirtschaftlichen Probleme zusammen (1985 und 1989). Allerdings sind die Daten seit 1982 (PORI) nur bedingt mit den vorherigen (IIASR) vergleichbar.

Abbildung 23: Befürwortung von Siedlungen in den besetzten Gebieten, 1972-1991

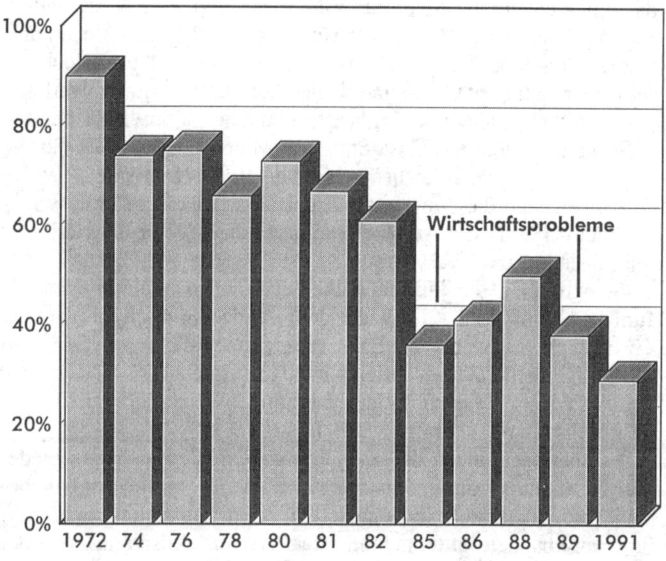

Daten: IIASR bis 1982, danach PORI

Wie bei den Daten zur Bereitschaft auf Gebietsverzichte ist auch hier im Laufe der Jahre ein drastischer Rückgang zu erkennen. Der Anteil der Befürworter der Siedlungspolitik ist niedriger als die Zahl derer, die das Westjordanland nicht räumen wollen. Das überrascht nicht, denn gestritten wird in Israel vor allem um jüdische Siedlungen in Ballungsgebieten der palästinensisch-arabischen Bevölkerung Westjordaniens.

Einmal mehr: Das Abkommen mit der PLO ist nicht vom Himmel gefallen. Es war strukturell in der öffentlichen Meinung Israels abgesichert worden.

Wieder muß in bezug auf die Gebiete unterschieden werden: Rund 80% stimmten Siedlungen in der Jordansenke, auf den Golan-Höhen und sogar im Sinai zu. Die Besiedlung jener palästinensischen Ballungsgebiete im Westjordanland polarisierte die Israelis stets stärker. Ihr stimmten in den Jahren 1972 bis 1982 nur 60% zu. Seitdem spaltete diese Siedlungspolitik die jüdisch-israelische Gesellschaft und Politik in zwei fast gleich große Lager.

Der Anteil von Befürwortern dieser umstrittenen Siedlungspolitik deckt sich weitgehend mit der Zahl der Wähler rechtsnationalistischer und religiös-nationalistischer Parteien. Der kontroversen Siedlungspolitik stimmten 1988 rund 50% der jüdischen Israelis zu, und bei den Parlamentswahlen vom November 1988 erhielt das rechtsnationalistisch/religiös-nationalistische Lager 51% der Stimmen.

Die jeweiligen siedlungs- und parteipolitischen Lager blockieren einander. Keines kann allein stabile Mehrheiten mobilisieren oder gar stabilisieren.

Terror gegen Araber im Westjordanland wurde im Juni 1984 von 60%, also von rund zwei Drittel, der jüdischen Israelis abgelehnt (Index to International Public Opinion, 1984/85: 566). Doch eine Amnestie für „Mitglieder des jüdischen Untergrunds", die wegen terroristischer Aktionen gegen Palästinenser im Westjordanland rechtskräftig verurteilt waren, befürworteten im Juni 1985 57%. Nur 36% lehnten eine Begnadigung ab (a.a.O.: 1985/86: 220).

Die Anwendung des Faustrechtes durch jüdische Siedler gegen Steine werfende Palästinenser im Westjordanland war im Juni 1989 umstritten: Jeweils 44% der Befragten stimmten zu oder lehnten ab, der Rest hatte keine ausgeprägte Meinung (PORI-Umfrage, Haaretz, 27.6.1989).

Das von Baruch Goldstein am 25.2.1994 in Hebron verübte Massaker an betenden Palästinensern verurteilten 79% der Israelis, knapp 4% sympathisierten mit dem Mörder (Süddeutsche Zeitung, 2.3.1994).

Die Frage nach dem Faustrecht betraf zugleich die Vorgehensweise der Israelis gegen die Intifada. Von ihrem Beginn am 9. Dezember 1987 bis Anfang Dezember 1989 kostete sie 616 Palästinensern (darunter 132 Kindern unter 16 Jahren) das Leben, 37.500 wurden verletzt, sagte das ins Taubenlager zu zählende „Zentrum für Menschenrechte in den Besetzten Gebieten" (J. Bäer, Haaretz, 6.12.1989). Allerdings: 153 Palästinenser wurden von ihren eigenen Landsleuten als vermeintliche „Kollaborateure" ermordet: Im ersten Jahr waren es 22, im zweiten schon 131. Neunzehn Israelis verloren in den Intifadajahren 1987 bis 1989 ihr Leben (ebd.).

Die Intifada stärkte zyklisch, zeitweise die innerjüdischen Falken (vgl. IIASR-Daten, E. Katz, Jerusalem Post, 25.8.1990; 19.8. 1988; siehe auch die Daten zum „Transfer"). Noch im Dezember 1987 meinten 57% der Westjerusalemer Juden, daß man „mit harter Hand" gegen die aufständischen Palästinenser vorgehen müsse. Im April 1988 waren es 61% (H. und R. Smith, 1988: 2). PORI ermittelte landesweit bei einer geringfügig anderen Formulierung („mit Gewalt") im April 1989 53% (Haaretz, 28.4. 1989). Peres und Ya'ar (1989a: 24) ermittelten im Mai 1989 einen Anteil von 74%, die eine „harte Hand" forderten.

Daß dieses extreme Denken auch extremes Handeln bewirken kann, bewies die Brutalität von vielen israelischen Soldaten gegenüber demonstrierenden Palästinensern. Einige wurden von Militärgerichten zu harten Strafen verurteilt. Eine militärinterne Umfrage ergab Anfang 1988, daß 78% der Soldaten meinten, „hartes Vorgehen" würde wieder „Ruhe und Ordnung" in den Gebieten herstellen (Haaretz, 23.2.1988). 60% hatten selbst „Übergriffe" dieser Art beobachtet, und 70% fühlten sich dadurch in ihrer „Kampfmoral beeinträchtigt" (Umfrage der psychologischen Abteilung der israelischen Streitkräfte, zitiert nach: Summary of World Broadcasts der BBC, Middle East usw., 23.2.1988). Mit anderen Worten: Die vielen und zum Teil verwirrenden Daten zeigen eine gewisse Rat- und Kopflosigkeit der jüdischen Bevölkerung, der Parteien und der Regierung, die sich im Frühjahr 1988 auf einen Übergang zu Autonomie durch freie Wahlen für die Palästinenser in den Gebieten geeinigt hatte, was dann jedoch durch den Likud verwässert wurde, dann wieder galt und wiederum doch nicht. Zick und Zack.

Anfang der 90er Jahre hatte die Mehrheit der Israelis verstanden: Mit Gewalt ließ sich das Problem der Palästinenser nicht lösen (vgl. Wolffsohn, 1994: besonders 21-50).

Und was meinten die *Palästinenser* in den besetzten Gebieten?

Daß die PLO die „einzige legitime" oder „eine legitime" Vertretung des palästinensischen Volkes sei, erklärten in Umfragen während der 80er Jahre stets ungefähr 80% (A'si, 1986: 25ff.; Shadid, 1987: 197ff.). Im Sommer 1986 meinten es 94% (Shadid, 1987: 200. Die Methode dieser Umfrage war unter Experten nicht unumstritten, wenngleich die fachliche Kritik von politischen Untertönen nicht frei war).

Ebenfalls rund 80% und mehr wollen die Gründung eines Palästinenserstaates und erwarten von diesem die „Lösung des Nahostkonfliktes“ (ebd.).

Abbildung 24: Bevorzugte Führer der Palästinenser 1986

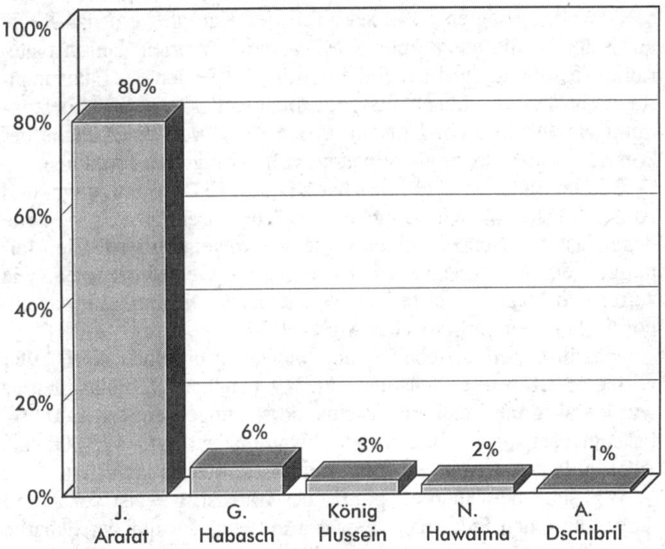

Daten: Shadid, 1987: 200 ff.

König Hussein begegnet die große Mehrheit mit Ablehnung. Rund zwei Drittel hielten ihn im Mai 1983 den Palästinensern gegenüber für „unaufrichtig“. Er „verschwöre sich“ gegen sie (A'si, 1986: 27f.). Als „Führer“ wollten ihn nur 3%! Diese Zahl beweist, wie unbeliebt und daher unrealistisch die „jordanische Option“ der Arbeitspartei von Anfang an bei den Palästinensern sein mußte (vgl. auch Schreiber/Wolffsohn, 1989: Kap. XXVI).

Jassir Arafat ist mit circa 70% bis 80% der „bevorzugte Führer“ (Shadid, 1987: 200, 203). Weit abgeschlagen die extremen Palästinenser Habasch, Hawatma und Jibril, die glauben, mit Terror Politik durchsetzen zu können.

Rund 80% bis 90% billigten im Sommer 1986 bei der Durchsetzung der palästinensischen Ziele die Anwendung von Gewalt, ja, sogar von Terrorakten (Shadid, 1987: 202).

Aufschlußreich war dabei die Tatsache, daß diese Gewalt nur von 8% als eine Reaktion auf „schlechte Lebensbedingungen und harte Maßnahmen" vonseiten der Israelis bezeichnet wurden. Diese Gewalt, so sagten 83%, sei „Teil des Kampfes um das Recht auf Selbstbestimmung" (ebd.). Mit anderen Worten: Durch materielle Versüßung wird Israel die politischen Seelen der Palästinenser nicht kaufen können. Es geht um Ideelles, um Selbstbestimmung, nicht um mehr Konsum – den sie ja von den Israelis bekommen hatten, mehr als seinerzeit vom Königreich Jordanien.

Bereits Ende der 70er Jahre hatte Israels Ex-Verteidigungs- und Außenminister Mosche Dajan erklärt, Terror sei nur die eine Seite des palästinensischen Problems, die andere sei politisch. Die Meinungen der Palästinenser in den besetzten Gebieten zeigen, wie zutreffend Dajans Feststellung war und ist. Die Intifada war ein politischer, kein militärischer Aufstand.

Hier ihre „militärische" Bilanz, die Israel bis Ende April 1994 vorlegte: 2.156 tote Palästinenser, 219 Israelis. 922 Palästinenser wurden aufgrund interner Auseinandersetzungen ermordet. 18967 Palästinenser und 7.872 Israelis wurden verletzt. 120.000 bis 140.000 Palästinenser wurden zumindest zeitweise inhaftiert.

Wie stark der Islam als politische Kraft ist, beweist der Anteil derer, die einen Palästinenserstaat anstreben, der auf der Scharia, das heißt den Gesetzen des Islam, beruht: Im Sommer 1986 waren es 27%. Weitere 30% wollten, daß er „auf arabischem Nationalismus und dem Islam" basiere (Shadid, 1987: 201). Knapp 60% wollten also einen islamischen Staat. Eine Forschungsgruppe der Bir-Zeit Universität bei Ramallah ermittelte 1988 bei den Palästinensern des Westjordanlandes einen Anteil von 59%, die eine „Islamische Republik" oder eine „Panarabisch-Islamische Republik" erhofften (Dan Petreanu, Jerusalem Post, 27.4.1988; ähnlich die Ergebnisse einer soziologischen Studie an der Universität A'Nadjach bei Nablus Ende 1987: vgl. Uri Nir, Haaretz, 30.6.1989).

Die islamischen Fundamentalisten verfügen über eine eigene Organisation: Hamass. Anders als die heutige PLO-Mehrheit um Arafats el-Fatach bestreitet Hamass die Existenzberechtigung Israels. „Die Juden sollen vertrieben werden", lautet die Devise von Hamass. Sie führt einen Zweifrontenkrieg. Der Hauptgegner ist dabei Israel, der andere die kompromißbereite Mehrheit der PLO.

Hamass wurde inzwischen so mächtig, daß der orthodox-jüdische Schass-Politiker Peretz, selbst eher ein Falke, 1988 sagte: „Wir werden uns noch nach der PLO sehnen." Ende 1989 meinten Experten des israelischen Militärs, daß Hamass bei freien Wahlen den beachtlichen Anteil von rund 30% der Wählerstimmen in den besetzten Gebieten erhielte, el-Fatach hingegen 60% (Dan Sagir, Haaretz, 27.11.1989).

Dem Fundamentalismus der religiös-nationalistischen jüdischen Siedler steht demnach der islamisch-nationalistische Fundamentalismus entgegen. Fundamentalismus gegen Fundamentalismus.

Trotzdem: Im Herbst 1993 befürworteten rund zwei Drittel der Palästinenser in den besetzten Gebieten die Kompromißformel „Autonomie". Im Gasastreifen traf man auf etwas weniger Zustimmung als im Westjordanland (Wolffsohn, 1994: 146ff.). Die in Israel lebenden Palästinenser zählten in überwältigender Weise zu den Befürwortern. Nach dem Massaker von Hebron, 25.2.1994 ging dieser Anteil zurück, stieg wieder, als Arafat erstmals nach Gasa (1.7.1994) und Jericho kam, auf circa 60%.

Im Juni 1994 hätten 44% für die Fatach von Arafat gestimmt, 12% für Hamass, 5% für andere Islamisten, 11% für Unabhängige, knapp 7% für die „Demokratische Volksfront für die Befreiung Palästinas". Die übrigen Gruppierungen hätten zwischen einem und 3% erhalten (Einzelheiten in: J. Torfstein, Haaretz, 16.6. 1994).

Die Diaspora der Palästinenser ist wesentlich extremistischer: Noch im April 1994 wollten dort drei von vier Palästinensern „sofort" einen Krieg gegen Israel (Einzelheiten in: A. Eldar, Haaretz, 12.4.1994).

Am 17. Juli 1994 kam es im Gasastreifen zu Schießereien zwischen Palästinensern und Israelis, der erste schwerwiegende Zwischenfall seit Beginn der Autonomie im Gasastreifen und nach der Rückkehr Arafats in die Stadt. Trotzdem befürworteten wenige Tage danach 58% der Palästinenser das Autonomieabkommen, 38% lehnten es ab. Arafats Anwesenheit gab 55% mehr Sicherheit, 14% sahen das anders, 31% sahen keine Veränderung. Bei Wahlen hätte Arafats Fatach 41% erhalten, Hamass 11%, Volksfront für die Befreiung Palästinas (Georges Habasch) 7%, Kommunisten 4%, Islamischer Heiliger Krieg 3%, Demokratische Volksfront für die Befreiung Palästinas (Hawatmah) 2% (Umfrage des Medien- und Kommunikationszentrums Ost-Jerusalem, Haaretz, 20.7.1994). Im Vergleich zum Januar 1994 hatten die Islamisten rund 5% verloren.

Abbildung 25: Bevorzugte Gruppen der Palästinenser - 1994

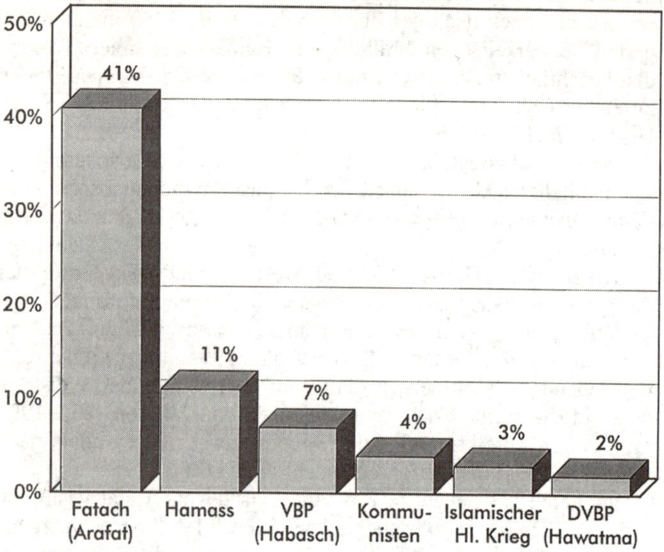

Daten: Umfrage des Medien- u. Kommunikationszentrums Ost-Jerusalem
Haaretz, 20.7.1994

Die Gretchenfrage des israelisch-palästinensischen Konflikts betrifft das Problem des Nationalstaates. Jede Seite sucht die Gleichheit von Nation und Staat im jeweiligen Nationalstaat, genauer: die Gleichheit ihrer eigenen Nation mit dem Staat.

Israelis und Palästinenser haben hier zahlreiche europäische Vorbilder, und man hüte sich daher vor allzu schnellen Verurteilungen.

Aufschlußreich ist jedoch ein Umfrageergebnis in der jüdischen Bevölkerung Israels: Das Smith Research Center hat Ende 1986 ermittelt, daß für rund 20% der jüdischen Israelis eine Konföderation im gesamten Eretz Israel die beste Lösung des Konfliktes wäre. Anhänger des Arbeiterblocks befürworteten zu 26% diese Möglichkeit, Sympathisanten des Likud zu 15% (Uri Nir, Haaretz, 23.1.1987). Nicht ersichtlich war, ob auch Jordanien zu „Eretz Israel" gezählt wurde. Eigentlich gehörte es dazu, wie ein Blick auf den Abschnitt über das Staatsgebiet in diesem Buch beweist.

Knapp zwei Jahre früher konnten sich nur rund 10% der jüdischen Israelis mit dem Gedanken an einen binationalen Staat anfreunden. Bei den israelischen Arabern dagegen waren es 60%, bei den Palästinensern des Westjordanlandes sogar fast 65% (Inbar/Yuchtman-Yaar, 1989: Tabelle 2).

Literaturhinweise

Vgl. auch die Abschnitte über Frauen, Religion, politische Generationen und Das Zweite Israel in diesem Buch

Wolffsohn, 1994
Benvenisti, diverse Bücher (siehe Liste)
Wolffsohn, 1983: Kapitel 20

b) Religionspolitik

Seit Anfang der 60er Jahre haben Umfragen immer wieder bestätigt, daß sich 25% bis 40% der jüdischen Israelis als „religiös" oder „traditionalistisch" bezeichnen, dies weitaus häufiger bei den „orientalischen" als bei den „westlichen" Juden. Auf diesen Indikator kommt es gerade bei der Frage nach der Religiosität an.

Im Sommer 1982 ermittelte das PORI-Institut knapp 57% (Haaretz, 3.8.1982). Aber diese „Messung" ist undifferenziert und grob, daher problematisch. Ein Beispiel möge dies verdeutlichen: Ende 1985 sprachen sich 58% der jüdischen Israelis dafür aus, Eheschließungen und -scheidungen standesamtlich-„weltlich", d.h. nicht von rabbinischen Institutionen, durchführen zu lassen. Diesem „Meßinstrument" zufolge wären rund 60% der jüdischen Israelis „weltlich"-nichtreligiös und 40% religiös, wenngleich wir über die Weder-noch-Gruppe nichts wissen (Umfrage Dahaf-Institut, Haaretz, 21.1.1986). Im April 1986 zählten circa 30% der Befragten nicht zu den Befürwortern von öffentlichen Kinovorführungen am Freitagabend, also am Sabbat (PORI-Umfrage, Haaretz, 4.5.1986). Damit gaben sie sich, der üblichen Einschätzung gemäß, als „religiös" zu erkennen.

„An Gott zu glauben" hielten 1983 immerhin 36% der jüdischen Israelis für „sehr wichtig" (Levy, 1984: 27). Grundlegende Gebote der jüdischen Religion halten auch viele Nichtreligiöse ein (IIAR-Daten, H. Shapiro, Jerusalem Post, 16.9.1988): So fanden im Sommer 1988 drei Viertel, also 75% der jüdischen Israelis, das Fasten am Versöhnungstag (Jom Kippur) „wichtig" oder „sehr wichtig", 82% wollten die Bar-Mitzwah-Feier (= Konfirmation) in der Synagoge abhalten und 80% von einem Rabbiner getraut werden. Für 61% war das Anzünden der Sabbatkerzen wichtig, für 63% der Synagogenbesuch an Feiertagen und für 56% die Einhaltung der Speisevorschriften (koschere Mahlzeiten).

Im Februar/März 1993 ermittelte das IIASR 14%, die „strikt" und 24%, die „weitgehend" die religiösen Gebote einhielten. Insgesamt also 38%. Unter diesen dominierten mit 70% die orientalischen Juden.

Die stets beliebten religiösen Feste blieben beliebt: 78% begingen „immer" den Sederabend (den ersten Abend des Pessachfestes), 72% zünden „immer" die Hanukka-Kerzen an. Das ist der deutschen „Religiosität" in bezug auf Weihnachten vergleichbar.

Am wichtigsten: Der Anteil der Religiösen ist (dem IIASR) zufolge gestiegen. „Strikt" oder „weitgehend" hielten nämlich zwischen 1969 und 1988 rund 30% der jüdischen Israelis die Gebote ein. In den Jahren 1991 bis 1993 waren es die erwähnten 38%. Traditonell betrug das Verhältnis zwischen Religiösen und Nichtreligiösen 70 zu 30, inzwischen rund 60 zu 40. Eine bedeutende Veränderung. Sie hängt gewiß mit der Identitätskrise des verweltlichten Judentums (auch in Israel, erst recht in der Diaspora, besonders in Deutschland) zusammen.

Wer diese Zahlen kennt, versteht, daß die religiösen Parteien politisch nicht einfach umgangen werden können, ohne den inneren Frieden Israels zu gefährden. Auch die nichtreligiösen Parteien müssen also in religionspolitischen Fragen vorsichtig auftreten, wenn sie Wähler gewinnen oder halten möchten.

In religionspolitischen, also nicht in rein religiösen Fragen, pendeln sich die Werte wieder bei 70% auf der eher nichtreligiösen und 30% auf der eher religiösen Seite ein: Knapp 30% sprachen sich im Januar 1985 dafür aus, ein bestimmtes Landesgesetz, das den Übertritt zum Judentum regelt, im Sinne der Religiösen zu verändern (Index to International Public Opinion, 1984/85: 522). Ähnlich hoch war der Anteil derjenigen, die die aus Äthiopien stammenden Falaschas, der Linie des Oberrabinats entsprechend, nicht unbedingt als Juden bezeichnen wollten (a.a.O.: 220).

Im Sommer 1988 verlangten 68%, man dürfe den Forderungen der Orthodoxen nicht weiter nachgeben (Smith-Umfrage, Haaretz, 29.9.1988). Im Herbst 1991 wollten 55% das „orthodoxe Monopol" im Zivilrecht brechen (Smith-Umfrage). 1988 waren es (bei einem anderen Indikator) mehr. Kein Zweifel: Die Religiösen sind im Vormarsch.

Angesichts dieser Daten kann man sagen, daß die religiösen Parteien mit rund 15% der Wählerstimmen nicht einmal die Hälfte des religiösen Potentials politisch nutzen konnten. 1988 wurden viele von der vermeintlich neuen Stärke der religiösen Parteien überrascht. Diese Beobachter hatten übersehen, daß die Religiösen zuvor (1984 und 1981) ungewöhnlich schlecht abgeschnitten und sich nun wieder erholt hatten. Bei den insgesamt dreizehn Wahlen zur Knesset von 1949 bis 1992 errangen alle religiösen Parteien die folgenden Mandatszahlen: 1949 waren es 16, dann 15, 17, 18, 18, 17, 18, 15, 17, 13, 13, 18, 18.

Innerhalb der 40% der Religiösen dürfte die Zahl der Aktivisten, um nicht zu sagen: der Fanatiker, gestiegen sein. Vorsichtiger formuliert: Die Aktivisten sind noch aktiver geworden.

Zwischen zunehmender Religiosität und araberfeindlichen Positionen ist bei Umfragen ein starker Zusammenhang festgestellt worden. Daß zwischen Religions- und Siedlungspolitik ein immer engerer Bezug entstanden ist, beweisen auch die Wahlergebnisse bei den jüdischen Siedlungen in den besetzten Gebieten.

Auch die Umfrageergebisse des IIASR haben diese Tatsache immer wieder dokumentiert. Es gilt die Gleichung „Je religiöser, desto eher falkenhaft“. In einer im April 1990 durchgeführten IIASR-Umfrage zeigen sich die Wähler der religiösen Parteien sogar deutlich „falkenhafter“ als die Anhänger des Likud und der rechten Parteien: Für einen „Transfer“ der Palästinenser aus den besetzten Gebieten sprachen sich 81% der Wähler religiöser Parteien, 73% der Likud Wähler und 75% der Wähler anderer rechter Parteien aus (IIASR-Daten).

Der Anteil derer, die in Jerusalem für eine „Politik der harten Hand“ gegen die Palästinenser waren, erwies sich 1988 bei den Religiösen als deutlich höher (Smith, 1988 und Smith-Daten, Haaretz, 15.12.1988).

Der Schamir-Rabin-Plan, der 1989 mehr Autonomie und freie Wahlen für die Palästinenser in den besetzten Gebieten vorsah, stieß bei Anhängern der religiösen Parteien auf viel mehr Vorbehalte als bei IAP- und Likud-Wählern sowie den Anhängern der Volkspartei-Satelliten (IIASR-Daten, E. Katz, Jerusalem Post, 23.6.1989).

Ende 1991 bezeichneten sich 70% der Ultraorthodoxen und 68% der „Religiösen“ als „rechts“, doch nur jeweils 6% als „links“. Kein Wunder, in jeder Hinsicht (Umfrage Prof. J. Peres, Tel-Aviv). Das Nicht-Wunder erklärt die politische Wirklichkeit: die größere Bereitschaft der religiösen Basis, mit dem Likud zu koalieren. Das muß die Führung der religiösen Parteien bei ihrem Taktieren registrieren. Bei Schass ist das besonders deutlich. Bei einer der ganz seltenen Befragungen von Orthodoxen sagten im März 1992 35%, daß sie eine Koalition mit dem Likud bevorzugten. Nur 5% votierten für die eine Koalition mit der Arbeitspartei (S. Ilan, Haaretz, 22.3.1992).

Daß Mapam, Bürgerrechtsbewegung und Schinui, in gewisser Hinsicht auch die Arbeitspartei eher zu den Tauben und den Weltlichen zählen, ist kein Zufall. Umgekehrt umwirbt gerade der siedlungsaktive Likud religiöse Wähler. Sie und die religiösen Führer des Landes, wie die Oberrabbiner, haben es ihnen vergolten. Ein Beispiel: Als US-Außenminister Baker im Sommer 1989 die Siedlungs- und Palästinenserpolitik der israelischen Regierung kritisierte, verkündete der aschkenasische Oberrabbiner Abraham Schapira: „Ein christlicher Außenminister hat sich nicht in die Glaubensfragen von Juden einzumischen" (N. Schragai, Haaretz, 6.7.1989).

Massiv war seit September 1993 der Widerstand des religiösen Establishments gegen das Abkommen mit der PLO. Ex-Oberrabbiner Goren rief im Dezember 1993 die israelischen Soldaten sogar zur Befehlsverweigerung für den Fall auf, daß sie jüdische Siedlungen im Westjordanland räumen sollten. Andere prominente Rabbiner schlossen sich seinem religiösen „Urteil" an, zum Beispiel Ex-Oberrabbiner Abraham Schapira. Die amtierenden Oberrabbiner weigerten sich, das „Urteil" zu bestätigen. Ex-Oberrabbiner Ovadia Josef (Mentor der Schass-Partei) agierte ähnlich, zumal er ja mit seiner Partei wieder in die Regierung wollte. Goren hatte noch eine Steigerung zu bieten: Im Juni 1994 fällte er über PLO-Chef Arafat ein „Todesurteil". Nein, es handelte sich nicht um einen iranischen Geistlichen und nicht um Rushdie. Auf die „Drohungen" der Rabin-Regierung „pfiff" Goren (A. Golan, Haaretz, 1.4.1994).

Parteipolitik wird in der unterschiedlichen Haltung der Rabbiner ebenfalls deutlich: Goren und Schapira sind sozusagen Rabbiner der Nationalreligiösen Partei (NRP), die 1994 amtierenden nicht. Der sephardische gewiß nicht. Er war Schass zuzuordnen. Nie zuvor hatte die NRP einen solchen Verlust einzustecken. Das Oberrabbinat (zur Hälfte von rein Weltlichen gewählt!) war eine Hochburg der NRP. Das war einmal...

Grundsätzlicheres als Ideologie und Parteipolitik oder -taktik verbirgt sich hinter den geschilderten Spannungen: An welchem Geschichtsbild orientiert man sich? Lenkt Gott die Weltgeschichte oder steuert auch der Mensch mit? Wenn Gott alles lenkt, benötigt man auch in der Gebietspolitik keine menschliche „Nachhilfe", zum Beispiel durch jüdische Siedlungen. Kein leicht zu nehmendes Problem für einen religiösen Menschen. Umgekehrt wird argumentiert: Das den Juden durch Gott gelobte Land darf man nicht aufgeben. Und dagegen argumentierte Rabbiner Ovadia Josef: „Doch, wenn dadurch jüdisches Menschenleben gerettet wird."

Ein weites Feld.

Häufig wirkte die jüdische Religion im jüdischen Staat politisch mehr polarisierend als harmonisierend, doch insgesamt ist Israel weit davon entfernt, am Vorabend eines „Kulturkampfes" zu stehen. Erkennen muß man freilich eine zunehmende Militanz der Orthodoxen, besonders seit 1977, wobei sich diese nicht zuletzt auf die AI und Schass als Koalitionsparteien stützen können.

Den religionspolitischen Burgfrieden zwischen den Parteien stiftete die Vereinbarung über den „status quo" in diesem Bereich. Es handelt sich hier um einen Brief, den Ben-Gurion namens der Mapai, Jitzhak Gruenbaum (Allgemeine Zionisten) und Rabbiner Fischman-Maimon (Misrachi) an die Führung der AI am 19.6. 1947 richteten und wesentliche religionspolitische Zugeständnisse im künftigen Staat ankündigten. Seitdem willigte die AI ein, in den Institutionen Israels mitzuarbeiten, ja sogar in den ersten drei Regierungen und wieder seit 1977 (Wolffsohn, 1983: 390f., 626ff.). Dieser status quo erwies sich im Laufe der Jahre als außerordentlich dynamisch, zunächst sowohl zugunsten der Religiösen als auch der Nicht-Religiösen, seit 1977 zunehmend zugunsten der Religiösen, deren Aktionen sich gerade seitdem verstärkten. Doch Kulturkampf?

Die Religionspolitik hat als Streitpunkt von 1949 bis 1979 für 35 Regierungskrisen gesorgt, die Außenpolitik für 12, parteiinterne Streitigkeiten, die auf die Koalition überschwappten für 11.

Welche Themen sind zwischen religiösen und nichtreligiösen Parteien sowie ihrer jeweiligen Anhängerschaft besonders umstritten?

1) Die Frage „Wer ist Jude?" Die Antwort ist scheinbar einfach: Jeder, der als Kind einer jüdischen Mutter geboren wurde oder zum Judentum übergetreten ist (Konversion). Die orthodoxen Strömungen erkennen aber Konversionen, die von konservativen und Reformrabbinern vollzogen wurden, nicht an. Das betrifft vor allem das amerikanische Judentum, wo diese beiden liberaleren Richtungen je ein Drittel der Gläubigen hinter sich wissen. Jährlich treten in den USA ungefähr zehntausend Menschen zum Judentum über. Das sind die Angaben der informierten Schätzer.

Will ein Jude, dessen Mutter bei einem Reformrabbiner konvertierte, nach Israel einwandern und die Staatsbürgerschaft beantragen, die er als Jude aufgrund des „Rückkehrgesetzes“ automatisch erhalten müßte, kann es ihm passieren, daß er nicht als Jude anerkannt wird. Unentwirrbar ist die Herkunft vieler aus der Sowjetunion eingewanderter oder einwanderungswilliger Juden. Die Antwort auf die Frage „Wer ist Jude?“ betrifft daher sowohl die Juden in Israel als auch der Diaspora.

Nach den Wahlen vom November 1988 mobilisierte die amerikanisch-jüdische Gemeinschaft ihre ganze politische Kraft, um die vorgesehene gesetzliche Verschärfung im Sinne der Orthodoxie zu verhindern. Nur durch die Bildung einer großen Koalition konnte der Sieg der Orthodoxie verhindert werden. Erst diese Regierung war nicht von den religiösen Parteien abhängig.

Das Oberste Gericht hat der Verwaltung bislang eine eher liberale Auslegung der gesetzlichen Bestimmungen vorgeschrieben; zuletzt im Juli 1989: jeder Konvertit müsse als solcher anerkannt werden, hieß es in der Entscheidung vom 24. Juli 1989 (E. Lahav, Die Welt, 25. 7. 1989).

Seit Mitte der 80er Jahre, noch mehr seit 1991 gibt es einen zusätzlichen Streit: Sind die Juden Äthiopiens (die Falaschas) wirkliche Juden? Wie entscheidet man in bezug auf die zwangsweise christianisierten Falaschas, die „Falaschmuras“? Nach Israel kamen sie, weil sie in ihrer Heimat als „Juden“ benachteiligt (früher auch verfolgt) wurden.

2) Mit diesem Problem hängt die Anerkennung der konservativen und Reformströmung überhaupt zusammen. Sie wird ihnen verweigert. Das heißt: Reform- und konservative Rabbiner gelten amtlich nicht als Rabbiner. Sie dürfen daher zum Beispiel weder Trauungen vollziehen, noch Scheidungen oder Bestattungen durchführen. In den „religiösen Räten“ auf kommunaler Ebene sind sie auch nicht vertreten.

Im Juni 1994 fällt der Oberste Gerichtshof ein bedeutsames Urteil: Die Diskriminierung des Konservativen und des Reformjudentums durch das Religionsministerium sei nicht rechtens. Aber: Eine Smith-Umfrage vom Oktober 1991 zeigte: Nur 33% der jüdischen Israelis wollten auch konservative oder reformierte Trauungen zulassen. Das IIASR ermittelte für Anfang 1993 54%, die für eine zivile Eheschließung waren. Mehr als bei Smith 1991, aber nur etwas mehr als die Hälfte der jüdischen Israelis. Im Vergleich zu Smith-Umfragen aus den späten 80er Jahren hatten die Reformer verloren.

3) Die Freistellung von religiösen Frauen vom Militär. Seit 1977 (Koalition Likud und Religiöse) wurde eine für die Orthodo-

xen günstigere Vorgehensweise beschlossen. Sie können den Wehrdienst leichter als früher umgehen. Rund 30% der Frauen machen von dieser Möglichkeit derzeit Gebrauch.

4) Männer, die eine Talmud- und Thora-Schule (Jeschiwa) besuchen, erhielten schon seit 1948 einen Aufschub des Wehrdienstes. Tatsächlich wurde es, besonders seit 1977, eine Befreiung vom Dienst mit der Waffe. Nach der Staatsgründung rechnete man mit der Freistellung von ungefähr 400 Jeschiwa-Studenten pro Jahr. 1968 waren es bereits 4.700 und 1988 gar 18.350. Das entspricht circa 5% der Wehrfähigen eines Jahrganges (Daten des Staatskontrolleurs, Dan Sagir, Haaretz, 16.5.1989, auch Verteidigungsminister Rabin vor der Knesset, Dan Margalit, Haaretz, 28.6.1989). Die extrem Orthodoxen, die den Staat Israel nicht anerkennen, gehen ohnehin nicht zum Militär. Kein Politiker wagt Veränderungen.

Anders als orthodoxe Laien müssen sogar Rabbiner der konservativen und Reformrichtung im Militär dienen. In Deutschland besonders bekannt ist der Fall des Sohnes von Schalom Ben-Chorin, Rabbiner Tovia Ben-Chorin.

5) Die Höhe der finanziellen Zuweisungen an die Institutionen im religiösen Erziehungswesen.

6) Die inhaltliche Gestaltung der religiösen Erziehung im nichtreligiös-staatlichen Schulwesen.

7) Abtreibungsgesetze. Auch hier kam die jeweilige Koalition den Religiösen entgegen.

8) In der Anatomie und Pathologie konnten Religiöse ihre Vorstellungen durchsetzen.

9) Öffentliche Verkehrsmittel verkehren im allgemeinen nicht am Sabbat. Das war und ist umstritten; ebenso wie die Frage, ob am Sabbat Kino- und Theateraufführungen gestattet sein sollten.

Die beiden großen Volksparteien IAP und Likud können sich weder eine anti- noch eine ausschließlich proreligiöse Politik leisten. Allerdings kommt der Likud den Forderungen der religiösen Parteien mehr entgegen – weil er umgekehrt auf die auch religiöse Rechtfertigung seiner Politik im Westjordanland eher angewiesen ist. In der IAP gibt es die parteiinterne Fraktion (Faktion) des „Religiösen Arbeiters".

Für eine strikte Trennung von Staat und Religion treten die Bürgerrechtsbewegung, Mapam und Schinui (also der Meretz-Block) ein.

Literaturhinweise

Vgl. in diesem Buch: Geschichte der religiösen Parteien, Religion, Siedlungspolitik, Tauben und Falken, orientalische Juden (Das Zweite Israel)
Landau, 1993
Bensimon, 1992
Wolffsohn, 1992 und Wolffsohn, 1983: Kapitel 21, 49
Liebman, 1991
Liebman / Don-Yehiya, 1984
Lehman-Wilzig / Goldberg, 1983

c) Linke und rechte Parteien

Betrachtet man die Entwicklung der Parteien von der Periode des Jischuw bis in die Gegenwart, so ist ein allgemeiner Rechtstrend sowohl im gesamten Parteiensystem als auch in den jeweiligen Lagern festzustellen, wo die jeweils rechteste Partei zunehmend stärker wurde.

Im Lager der Arbeiterparteien festigte die Mapai/IAP ihre Stellung, im bürgerlichen Herut, inzwischen auch Zomet. Im religiösen wurde die NRP rechter, und auch die orthodoxe Schass ist eher rechts.

Den Rechtsruck in der öffentlichen Meinung zwischen 1962 und 1985 dokumentiert Abbildung 26. Diese Abbildung wurde aus Umfragedaten erstellt, die uns erhellen, wie sehr die Verlagerung der parteipolitischen Gewichte, innerhalb und zwischen den Parteien, dem ideologischen Wandel der Gesellschaft entspricht. Zwar wurden die Daten von verschiedenen Instituten gesammelt (1962: IIASR und 1985 PORI), doch trotz der methodischen Mängel des Vergleichs bleibt die Tendenz eindrucksvoll – und richtig.

Daß die Wähler der religiösen Parten schon seit den 50er Jahren eher Herut/Gachal/Likud vorzogen als den Arbeiterblock, konnte Diskin (1980) in allen Einzelheiten nachweisen.

Neuere Umfragen konnten nicht ermittelt werden. Trotz der Wahlrückwende von 1992 hat sich das Schwergewicht nicht nach „links“ verlagert. Die Arbeitspartei profitierte nämlich von früheren (eher „rechten“) Likudwählern sowie russischen Neueinwanderen, deren Weltbild alles andere als links war. Nicht zu vergessen: Die Mehrheit der Likudwähler sind sozialpolitisch eher „links“ – da sie wirtschaftilch der „Unterschicht“ zuzuordnen sind.

Abbildung 26: Linke und rechte Einstellungen 1962-1985

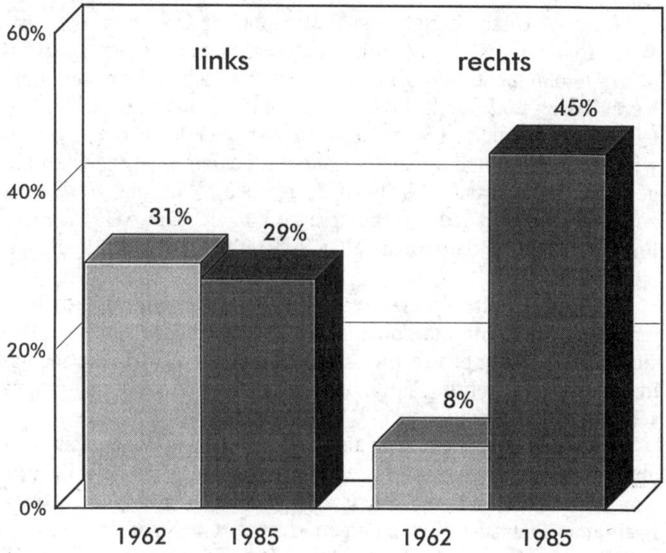

Daten: Arian/Schamir, 1982:26; PORI-Daten, Haaretz, 14.5.1985

d) Außenpolitische Orientierung

In der Jischuw-Periode betraf die wichtigste außenpolitische Frage das Verhältnis zur britischen Mandatsmacht. Ihr gegenüber ausgesprochen wohlwollend eingestellt waren die AZ (A) mit Weizmann sowie die Neue Einwanderung. Wesentlich gebrochener blieb das Verhältnis der Revisionisten, auch der AZ (B). Militant antibritisch waren Lechi, später Ezel. Die Mapai glaubte trotz aller Kritik keine Alternative zur Zusammenarbeit mit Großbritannien zu haben, doch seit Mai 1939 (Weißbuch: eine drastische Eindämmung jüdischer Einwanderer und Landkäufe ankündigend) verlagerten sich die außenpolitischen Sympathien und Aktivitäten dieser Partei auf die USA, um mit deren Hilfe Druck auf die Mandatsmacht auszuüben. Die religiösen Parteien ließen außenpolitische Schwerpunkte nicht erkennen. Das Verhältnis zur atheistischen Sowjetunion konnte freilich nicht ungebrochen bleiben. Für die Kommunisten war und blieb Moskau Orientierungspunkt. Die Linkssozialisten, allen voran die PZL, schwankten zwischen internationalistischer Solidarität mit der Sowjetunion und zionistischen

Interessen, die nicht selten mit denen der Sowjets zusammenprallten.

Nach der Unabhängigkeit schieden sich die Geister an den Ost-West-Spannungen. Ben-Gurion und die Mapai bevorzugten zunächst einen neutralen Kurs, entschieden sich jedoch seit dem Korea-Krieg und durch die Nachhilfe der US-Juden für die USA. Die Mapam steuerte bis in die Mitte der 50er Jahre einen prosowjetischen Kurs und versuchte seitdem, beiden Supermächten gegenüber gleichermaßen kritisch zu bleiben, ohne das Verhältnis zur Sowjetunion wieder verbessern zu können. Die AH war mehr linksnational und daher trotz aller Sympathien zur UdSSR distanzierter.

Die linksliberale Progressive Partei plädierte zunächst im Kalten Krieg für Neutralität, doch schon Mitte der 50er Jahre gab sie sich unzweideutig prowestlich und blieb es ebenso wie die rechtsliberalen AZ/Liberale Partei, abgesehen von kurzen neutralistischen Zwischenpositionen.

Herut/Likud versteht sich als „Teil der Freien Welt“, läßt sich aber vom „nationalen Interesse“ leiten, so wie er es definiert. Er war und ist dafür bereit, auch eine Verschlechterung der israelisch-amerikanischen Beziehungen in Kauf zu nehmen.

Die grundsätzliche „Westbindung“ Israels ist inzwischen völlig unumstritten. Jeder andere Weg wäre für Israel Selbstmord.

Literaturhinweis

Bialer, 1990

e) Wähler

In der soziologischen Zusammensetzung ihrer Wähler waren die NRP und Mapai/IAP bis 1977 am vielfältigsten, am einheitlichsten die AI, deren Wähler überwiegend wohlhabende Orthodoxe ost- und mitteleuropäischer Herkunft waren, deren untere Einkommens- und Bildungsschichten nur schwach vertreten blieben. Mitte der 70er Jahre vollzog sich eine gewisse Wende, denn der AI gelang es auch bei orthodoxen Industriearbeitern (orientalischer Herkunft) Fuß zu fassen.

Einen vornehmlich euro-amerikanischen Wählerkreis hat die IAP. Wähler mit höherem Einkommen und Bildungsniveau neigten häufig zu den Unabhängigen Liberalen, der Bürgerrechtsbewegung und 1977 zur DBV, die 1977 mittelständische Wähler von der IAP abziehen konnte. 1981 gelang es der IAP, diese Wählerschichten zurückzugewinnen.

Unter den Wählern der IAP waren bis 1977 Frauen, ältere Jahrgänge sowie, bis 1977 und seit 1981, Angehörige des Mittelstandes besonders stark vertreten. Außerdem wählten die „parteieigenen" Kibbutzim und Moschawim traditionell Mapai/IAP, wobei in den genossenschaftlichen Moschawim die Abwanderung schon in den 60er Jahren einsetzte.

Der Anteil unterer Einkommens- und Bildungsschichten ist bei der Mapam besonders niedrig. Sie hat ihre Hochburgen in den Kibbutzim, die inzwischen zur „Pflanzeraristokratie" gerechnet werden. Auch die AH stützte sich weitgehend auf ihr Wählerreservoir in den Kibbutzim.

Von den PAI wurden orthodoxe Kibbutzim und Moschawim sowie strenggläubige Industriearbeiter vertreten, die jedoch in den letzten Jahren AI und Schass bevorzugten.

Der Anteil proletarischer und damit zugleich orientalischer Wähler ist bei Herut/Gachal/Likud und der orthodox-marokkanischen Schass besonders hoch. Beim Likud ist auch die soziologische Polarisierung zwischen euro-amerikanischer Führung und Wählern am größten, wobei zu beachten ist, daß inzwischen vor allem im ZK eher mehr als die Hälfte der Mitglieder orientalischer Herkunft ist. Die Zabarim, die im Lande Geborenen, wählen eher Likud, die Israelis orientalischer Herkunft, die im Lande geboren sind, noch mehr.

Für 1973 und 1977 sah der typische Wähler der wichtigeren Parteien wie folgt aus: Der Maarach-Wähler konnte in fast allen Ausbildungsstufen gefunden werden, verfügte über ein mittleres oder gutes Einkommen, gehörte zu den älteren Bürgern, war als Angestellter tätig, euro-amerikanischer Herkunft und gemäßigt religiös.

Likud-Wähler wiesen eine durchschnittlich bis gute Ausbildung auf, ihr Einkommen war durchschnittlich, das Alter gestreut, die Herkunft gemischt, die Religiosität ausgeprägter, doch gemäßigt, und auch sie waren meistens Angestellte.

Die religiösen Parteien hatten selbstverständlich fromme und zudem gut ausgebildete Wähler, besonders die AI/PAI. Man traf sie in fast allen Altersgruppen gleichmäßig an (nur die Nationalreligiösen waren etwas älter), ihr Einkommen war durchschnittlich, ihre Herkunft überwiegend euro-amerikanisch. Die euro-amerikanischsten, am besten ausgebildeten und verdienenden sowie die am wenigsten religiösen Wähler traf man bei der Bürgerrechtsbewegung, Moked, Schelli und der DBV an.

Bei jungen Israelis (bis 29 Jahre) fanden 1981 besonders Schelli, BR, Schinui und Techija Anklang. Rund die Häfte ihrer Wähler kam aus dieser Altersgruppe. Gestreuter war hier die insgesamt eher junge Anhängerschaft des Likud, die Ältesten fand man beim Maarach, die größte Streuung bei der NRP. Hohe Einkommensgruppen bevorzugten 1981 Schinui, Techija, BR, Schelli und Maarach.

Die Partei der Falken, Techija, wurde besonders von Zabarim euro-amerikanischer Herkunft unterstützt; ähnlich Schelli, BR und Schinui. Tami schnitt 1981 wie Schass 1984 und 1988 in Entwicklungsstädten sowie in vornehmlich von „orientalischen" Juden bewohnten Stadtteilen überdurchschnittlich gut ab. Die meisten Nicht-Religiösen findet man bei Schelli, BR und Schinui.

1984 und 1988 wählte die euro-amerikanische Bevölkerung Israels in erster Linie den Arbeiterblock sowie die gemäßigten, eher linksliberalen Parteien wie Schinui und Bürgerrechtsbewegung. Es waren in der Regel auch die älteren und besser ausgebildeten Israelis, zugleich die weniger religiösen, teilweise Anti-Religiösen. In bezug auf das Alter gilt diese Aussage jedoch nicht für die linksliberale Schinui und die Bürgerrechtsbewegung, die auch bei Jungwählern Anklang fanden.

Likud-Wähler gehörten 1984 und 1988 erneut eher zu den orientalischen, wirtschaftlich schlechter gestellten, weniger gut ausgebildeten und mehr religiösen Juden. Inzwischen sind dem Likud durchaus Einbrüche in mittelständische Schichten gelungen. Er ist trotzdem noch immer eher eine Partei afroasiatischer Unterschichten. Bezogen auf die Altersgruppen der Likud-Wähler war die Streuung breit.

Extrem nationalistische Techija-Wähler waren etwas häufiger orientalischer Herkunft und sehr jung. Religiöse und Nicht-Religiöse geben dieser Partei ungefähr gleich oft ihre Stimme.

Bei den Wählern der religiösen Parteien überwogen die Juden orientalischer Herkunft. Nur bei den Nationalreligiösen hielten sich Euro-Amerikaner und Afro-Asiaten die Waage. Ältere Religiöse bevorzugten bis 1984 die Nationalreligiösen und die marokkanisch-orthodoxe Schass, jüngere die Agudat Israel (obwohl die Führung der AI älter als die von Schass war), Morascha (Rabbiner Druckmann, den „Falken") und Rabbiner Kahana (den „Super-Falken").

Schass ist es inzwischen gelungen, eine Partei breiter Schichten der eher orthodoxen Israelis orientalischer, besonders marokkanischer Herkunft zu werden, eine Volkspartei dieser Bevölkerungsgruppe. Auch Agudat Israel und die NRP schnitten bei weniger gut situierten Juden afro-asiatischer Herkunft besonders gut ab. Die quasi-Volkspartei der extrem orthodoxen Israelis euro-amerikanischer Herkunft war 1988 eher Thora-Banner (Degel Hathora). Insgesamt werden die religiösen Parteien eher von den Unterschichten orientalischer Herkunft bevorzugt.

Die kleineren rechtsnationalistischen Parteien sprachen 1988 unterschiedliche Wählergruppen an: Die Techija eher etablierte, vor allem städtische Mittelständler, die häufiger euro-amerikanischer Herkunft und Falken waren. Moledet (General Seewi: „Transfer") zog die nichtreligiösen, eher orientalischen städtischen Falken an, Zomet (General Eytan, selbst aus einem Moschaw) fand besonders bei Falken in den Kibbutzim und Moschawim Zustimmung.

Zwischen Wählern und Funktionären der beiden großen Parteien wurde inzwischen, anders als früher, durchaus eine soziologische sowie ideologische Annäherung erreicht. Hanna Herzog und Michael Schamir (1989) stellten bei Umfragen im Zentralkomitee der Herut und Arbeitspartei fest, daß ZK-Mitglieder der Herut im allgemeinen religiöser, jünger und schlechter ausgebildet waren als ihre rivalisierenden Kollegen von der IAP. Im ZK der Herut waren 52% orientalischer Herkunft, in der IAP lediglich 32% (Dan Izenberg, Jerusalem Post, internationale Ausgabe, 2.9.1989; Lili Galili, Haaretz, 21.8.1989). Diese soziologische und ideologische Annäherung zwischen Basis und Führung hat gewiß zu den Wahlerfolgen des Likud, zu den Mißerfolgen der IAP geführt.

Bei den Arabern wurde die Streuung ebenfalls größer als zuvor. Sie kam 1984 und 1988 der Progressiven Friedensliste zugute.

1992 gaben die Neueinwanderer aus der Ex-Sowjetunion den Ausschlag zugunsten der Arbeitspartei. Hier handelte es sich um ideologisch eher rechts stehende, aber sozial- und wirtschaftspolitisch vom Likud nach der Einwanderung enttäuschte Wähler. Alte Likudwähler blieben häufiger als andere der Wahl fern oder wechselten zu Zomet. Zomet wurde, ebenso wie Meretz vor allem von nichtreligiösen, euro-amerikanischen Israelis der Mittel- und Oberschicht gewählt.

Die Nationalreligiösen profitierten vom Zerbröseln der extrem nationalistischen Techija. Thora-Banner wurde von orientalisch orthodoxen Juden dafür bestraft, daß Rabbiner Schach die orientalischen Juden als „unreif" und „unwissend" bezeichnet hatte. Arabische Wähler verließen die Alt-Neu-Kommunisten und die halb arabisch/halb jüdische Progressive Friedensliste zugunsten der Arabisch Demokratischen Partei, der Arbeitspartei und (jawohl!) Schass – weil dies die Partei des Innen- bzw. Pfründeministers war. Araber und jüdisch ländliche Siedlungen wählten weit „linker“ als die jüdischen Städte.

Literaturhinweise

Arian, Elections, div. Bände
Levy/Guttman, 1981 und 1979

f) Die Größe der Parteien

Bis 1981 nahm die Konzentration auf die großen Parteien eher zu. Das änderte sich seit 1984. Dies dürfte darauf zurückzuführen sein, daß die ideologisch-politische Spaltung der Bevölkerung zugenommen hatte, die beiden Volksparteien aber eher unverbindlich-allgemeine Positionen einnahmen. Die reinen Tauben oder Falken verlangten eindeutige Aussagen und wandten sich daher den jeweiligen Randparteien mehr als vorher zu, d.h. Techija, Zomet (Falken) oder Schinui, Bürgerrechtsbewegung und Mapam bzw. Meretz (Tauben).

Abbildung 27: Die Größe der Parteien

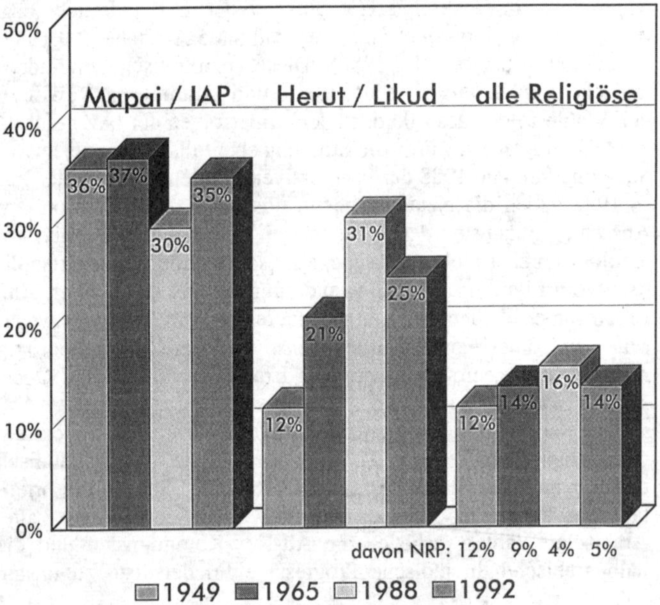

Betrachtet man die Größe der Mapai/IAP, von Herut/Gachal/Likud und den Religiösen seit 1949, so stellt man fest, daß – bei enorm steigender Wählerzahl – der Anteil der IAP zurückging; die Religiösen blieben weitgehend gleich stark, während Herut/Gachal/-Likud enorme Gewinne erzielte. Auffallend ist die Schwächung der Nationalreligiösen Partei (NRP) bei gleichzeitiger Beständigkeit des religiösen Lagers.

Die Vielzahl der Parteien betrachten die Israelis mit wenig Wohlgefallen. Im September 1984 hätten 86% lieber ein Zwei- oder Drei-Parteien-System für ihren Staat bevorzugt (Index to International Public Opinion, 1984/85: 497).

So viel zu den Einstellungen. Durch ihr Wahlverhalten haben die Israelis die kleineren Parteien eher vermehrt. Die Erhöhung der Sperrklausel von 1% auf 1,5% im Jahr 1992 hat nicht viel verändert.

g) Parteienfeindlichkeit?

Die Legitimität, d.h. die „innere" Zustimmung der Bürger den Parteien gegenüber, läßt sich schwer „messen". Versteht man die zunehmende Zahl von Protestgruppen und Bürgerinitiativen als Indikator für Legitimitätsprobleme der traditionellen Parteien, so zeichnen sich besonders seit dem Sechs-Tage-Krieg Schwierigkeiten ab. Dies hängt damit zusammen, daß seitdem der Charakter des jüdischen Staates grundsätzlich überdacht werden mußte. Schwerwiegendere Legitimitätsprobleme zeichneten sich seit dem Jom-Kippur-Krieg (1973) ab. Außerparlamentarische Aktionen häuften sich. Die derzeit wichtigsten außerparlamentarischen Gruppierungen, allerdings mit personellen und organisatorischen Querverbindungen zu Parlamentsparteien, sind die Siedlungsaktivisten des Gusch Emunim und ihrer Gegner von Frieden Jetzt.

Die eher linke Friedensbewegung ist außerordentlich zersplittert. 1988 zählte man 46 derartiger Gruppen (Hedda Boschess, Haaretz, 4.10.1988; vgl. Funke/Sterzing, 1989; Hall-Cathala, 1991). Außerparlamentarische Aktivitäten sind als Ergebnis einer zunehmenden Polarisierung unverkennbar. Man denke im Herbst 1982 an 1982 an 400.000 Demonstranten gegen das Massaker von Sabra und Schattila an den Palästinensern; auch an die 150.000 Bürger, die im Herbst 1993 für das Abkommen mit der PLO Flagge zeigten – auch an deren rund 60.000 Gegner – oder an die „Jüdische Intifada" seit Anfang 1994 als Protest gegen die PLO-Politik von Rabin und Peres.

Die Stärkung der Randparteien, die seit 1984 erfolgte, signalisiert Unzufriedenheit mit den unverbindlichen Aussagen der zwei großen Volksparteien, kein Legitimitätsdefizit des Zionismus. Weder die Falken der Techija oder Zomet noch die Tauben der Bürgerrechtsbewegung oder Schinui und Mapam sind gegen die grundsätzliche Ordnung Israels gerichtete Gruppierungen.

Rückhaltlose Staatsverbundenheit hängt mit der parteipolitischen Ausrichtung der Bürger deutlich zusammen. So meinten im Oktober 1983 rund 80% der Likud-Anhänger, man müsse „in jedem Falle Israel unterstützen, egal ob man von der Richtigkeit der jeweiligen Aktion des Staates überzeugt ist oder nicht." Dem wollten nur 60% der Anhänger des Arbeiterblockes und ebenso viele parteipolitisch Unentschlossene zustimmen (IIASR).

Es klingt paradox, leuchtet aber ein: IIASR-Zeitraumdaten zeigen, daß in Krisenzeiten die „Zufriedenheit mit der Situation Israels" eher zunimmt, zum Beispiel während des Golfkrieges Anfang 1991. Ende 1991, als die Madrider Friedenskonferenz begann, waren die Werte deutlich niedriger (Levy, 1992: 43 bes.).

Auch in Israel hat das Image der politischen Parteien gelitten. Anfang 1987 hielten sie nur 13% der Bevölkerung für „absolut" oder „teilweise vertrauenswürdig" (Peres, 1987: 16; ähnlich Yuchtman-Ya'ar, 1987: 32; vgl. Goldberg, 1988). Im Sommer 1989 gaben ihnen die Israelis 35 von 100 möglichen Punkten in bezug auf die Glaubwürdigkeit (Yuchtman-Ya'ar, 1989:9). Das war der niedrigste Wert, den eine Institution erreichte. Im April 1990 mißtrauten 80% der jüdischen Israelis der IAP- und Likudführung (IIASR-Daten, Jediot Acharonot 1.6.1990).

Die Parteiloyalitäten sind schwächer geworden: Zwischen 25% und 30% der Israelis wußten ungefähr einen Monat vor den Wahlen 1988 noch immer nicht, welche Partei sie wählen würden (PORI-, Dahaf- und IIASR-Daten).

Die Substanz, nicht die Existenz des „Systems", das heißt des Zionismus, stellen nur die Neue Kommunistische Liste, die Arabisch-Demokratische Liste und die Progressive Friedensliste in Frage.

Eine Herausforderung an die Legitimität der traditionellen Parteien waren die 1984 rechtswirksam verurteilten jüdischen Terroristen, die das Problem der Araber in den besetzten Gebieten mit Bomben „lösen" wollten. Auch Rabbiner Kahana war eine Herausforderung an die bisherige demokratisch-zionistische Ordnung (zum antipalästinensischen Terror von jüdischen Gruppen vgl. Yishai, 1986). Ein neues Phänomen sind jüdische Gruppen von

Falken, die politische Tauben und Palästinenser durch Terror einzuschüchtern versuchen.

Literaturhinweise

Siehe in diesem Buch auch Geschichte der Parteien
Wolfsfeld, 1988
Lehman-Wilzig, 1991, 1987
Aronoff, 1984 und 1984a
Weissbrod, 1984
Wiener, 1984

III. Das Militär

Im militärischen Bereich des Jischuw bestand von Anfang an das Primat der Parteipolitik. 1909 gründeten die PZ den Haschomer (= Der Wächter; aufgelöst am 20.7.1920). Als Nachfolgeorganisation, allerdings unter Einschluß aller Arbeiterparteien sowie unter der Federführung der Histradrut-Gewerkschaft, wurde die Hagana (= Verteidigung) am 15.6.1921, nach den blutigen Zusammenstößen zwischen Juden und Arabern im April 1920 und Mai 1921, gegründet. 1931, zwei Jahre nach den Massakern an den jüdischen Einwohnern Hebrons, trennten sich die sicherheitspolitischen Aktivisten erstmals von der Hagana, um im April 1937 den Bruch vollends herbeizuführen. Anlaß waren Meinungsverschiedenheiten über die Vorgehensweise gegen die Arabische Revolte, die 1936 ausgebrochen war. Die AZ und der Misrachi begannen in dieser Zeit mit der Hagana zusammenzuarbeiten, weswegen die Führung dieser Truppe um Nicht-Sozialisten erweitert wurde.

Die Hagana lehnte Vergeltung als Antwort auf palästinensischen Terror ab und forderte „Zurückhaltung". Diejenigen, die für Zurückschlagen waren, schlossen sich 1937 im Ezel zusammen. Auch ihm blieb eine Spaltung nicht erspart: Bei Ausbruch des Zweiten Weltkrieges erklärte sich Ezel bereit, den Kampf gegen den britischen Gegner vorübergehend einzustellen, um gemeinsam den Todfeind, Hitler-Deutschland, zu bekämpfen. Der Ezel war die Untergrundarmee der Revisionistischen Partei, verselbständigte sich jedoch zunehmend, besonders unter dem Kommando von Menachem Begin. Dieser führte den Ezel seit Ende 1943.

Eine Minderheit im Ezel meinte, daß der Feind Deutschland sehr weit und Großbritannien als Verhinderer des jüdischen Staates nah sei. Es gelte zuerst und vor allem, die Briten aus Palästina zu vertreiben. Diese Gruppe gründete Lechi. Ihre Gegner nannten sie nach ihrem Führer, Abraham Stern, die „Stern-Bande".

Ezel entwickelte sich zur Partei. Ein Teil von Lechi schloß sich nach der Unabhängigkeit der Herut-Partei an (so zum Beispiel Jitzchak Schamir, einer der Kommandanten), der andere löste sich auf.

Am 31.5.1948 wurde die Hagana zur offiziellen Armee Israels, zur Israelischen Verteidigungsarmee (= Zahal) erklärt. Um sie zu einer Armee der gesamten Nation umzuwandeln, mußten noch zwei größere Parteiarmeen aufgelöst werden: Der linke Palmach der Mapam und der rechte Ezel. Im Herbst 1947 verfügte die Hagana über rund 42.000 Mitglieder, der Palmach hatte ca. 3.000, der Ezel 2.000 und Lechi 400 (Brecher, 1972: 74). Auf Anordnung Ben-Gurions wurde am 7.11.1948 der Palmach aufgelöst. Der Ezel hatte sich im Juni, unter militärischem Druck Ben-Gurions und des Palmach in Zahal eingliedern lassen. Ein mit Munition und Waffen für den Ezel beladenes Schiff, die „Altalena", wurde vor Tel-Aviv beschossen, und es gab Tote sowie Verwundete. Um weiteres Blutvergießen zu vermeiden, gab der Ezel, d.h. dessen Kommandeur Begin, nach und auf.

Trotz dieser Integration dominierten bis weit in die 60er Jahre bei den höheren Offiziersrängen ehemalige Hagana-Mitglieder, während es einstige Angehörige des Palmach und erst recht Ezel außerordentlich schwer hatten (Daten in: Peri, 1973: 56, Peri, 1983: bes. Kap. 3 und 4; Wolffsohn, 1983: 509f). Obwohl der Palmach seinerzeit die Eliteeinheit der Hagana und später in Zahal war, blieb seinen ehemaligen Mitgliedern, den Palmachnikim, der Weg in militärische Spitzenpositionen lange versperrt. Rabin war 1964 bis 1967 erster Generalstabschef aus den Reihen dieser Truppe, Bar -Lev 1968-1972 der zweite, Elasar 1972/73 der dritte, Eytan 1978-1983 der vierte.

Lange verhielten sich die Generalstabschefs politisch zurückhaltend, doch Mordechai Gur (später IAP) sprach sich, noch während seiner Amtszeit, wiederholt dagegen aus, dem ägyptischen Präsidenten Sadat zu trauen und gehörte zu den heftigsten Kritikern des Abkommens von Camp David. Sein Nachfolger Raphael Eytan hielt sich in seinen politischen Äußerungen noch weniger zurück und befürwortete immer wieder offen harte Maßnahmen gegen die Palästinenser, die nur die Sprache der Gewalt verstünden. Unter seinem Kommando wurde Zahal zum „Verbündeten von Gusch Emunim", den siedlungspolitischen Aktivisten (Peri, 1983: 268ff.). Daß es soweit kommen konnte, ist ebenfalls ein Zeichen für den dramatischen Wandel innerhalb der höheren Offiziersränge, waren doch noch Anfang der 70er Jahre ihre politisch-territorialen Einstellungen gemäßigt (Umfragen Peri, 1973: 93; Peri, 1974: 145, zit. in Wolffsohn, 1983: 511f).

Umfragen unter hohen Offizieren ergaben in den frühen 90er Jahren aber erneut eine klare Mehrheit für die Gemäßigten, erst recht bei Reserveoffizieren. Mitte 1992 zeigte eine Befragung, daß 70% von ihnen bereit waren, für einen Frieden auf den größten Teil der besetzen Gebiete zu verzichten (E. Rabin, Haaretz, 21.6. 1992). Die Seriosität der Umfrage wurde von Mina Zemach bezweifelt (L. Galili, Haaretz, 22. 6. 1992). Frau Zemach steht dem Likud nahe – dem dieses Ergebnis nicht behagte. Der Geist der Armee ist weder extrem nationalistisch noch religiös. Bei den „Betriebswahlen" der Streitkräfte erhielt die Arbeitspartei im April 1992 insgesamt 75% (12% mehr als 1986), der Likud 23%, Techija 2% (J. Winkler, Haaretz, 10.4.1992).

1983 trat Generalstabschef Eytan zurück. Ihm folgten Mosche Levy (bis April 1987) und Dan Schomron, der 1976 das Kommandounternehmen gegen die Terroristen in Entebbe (Uganda) geleitet hatte. Sowohl Levy als auch Schomron galten nicht als Männer des Likud, obwohl diese Partei an den Schalthebeln der Macht saß. Mit anderen Worten: Anders als der Mapai/IAP ist es dem Likud nicht gelungen, ihm Nahe- und Nächststehende in die hohe Generalität zu hieven. Schomron diente von 1987 bis 1991. Sein Nachfolger Barak galt eher als Mann der Arbeitspartei. Bis 1995 amtiert er.

Seit der Ernennung von Mosche Dajan zum Verteidigungsminister (1967) sind „Offiziere in grauen Anzügen", also in Ministerämtern, immer häufiger zu beobachten. Peri (1983: 283ff.) schloß die Gefahr einer „Militärdemokratie" nicht aus, doch ist hierbei zu berücksichtigen, daß Zahal besonders für die Zabarim lange Zeit der einzige alternative politische Aufstiegspfad außerhalb der Parteien blieb, denn dort dominierte der Apparat (hierzu Wolffsohn, 1983: Kap. 13 mit Daten).

Nicht zuletzt in der Kommunalpolitik ragen Ex-Offiziere hervor: Zum Beispiel Tel-Avivs einstiger Stadtfürst Lahat und Amiram Mitznah, der im November 1993 Haifas Bürgermeister wurde. Bei den Kommunalwahlen vom November 1993 kandidierten 24 Spitzenoffiziere für Bürgermeisterämter.

Bei aller Kritik gilt es zu beachten, daß sich der politische Aufstieg der Offiziere seit 1967 *innerhalb* der demokratisch gewählten Institutionen, nicht gegen sie oder an ihnen vorbei, vollzog.

Und daß diese demokratisch gewählten, zivilen Institutionen ihre Vorrangstellung und Kontrolle über das Militär hartnäckig verteidigen, wurde wieder 1982/83 offenkundig, als nämlich die „Kahan-Kommission" die Rolle von Militär und Politikern beim Massaker von Beirut untersuchte – und in aller Öffentlichkeit zur Rechenschaft zog. Nicht nur Verteidigungsminister Scharon mußte sein Amt aufgeben, sondern auch hochrangige Offiziere, und Generalstabschef Eytan wurden gerügt.

Einzelheiten über die finanziellen Aufwendungen Israels für sein Militär sind im Abschnitt C/XV/3 nachzulesen.

Nichtmilitärische Aufgaben des Militärs

Zu den wichtigsten nichtmilitärischen Aufgaben von Zahal gehört die gesellschaftliche und erzieherische Eingliederung (Integration) der benachteiligten Bevölkerungsgruppen, besonders der Israelis orientalischer Herkunft, doch auch von Neueinwanderern. So erhalten Angehörige dieser Gruppen z.B. während ihrer Dienstzeit nachträglich eine Grundschul- oder Berufsausbildung.

Wehrpflicht

Wehrpflichtig sind Männer im Alter zwischen 18 und 29 Jahren, unverheiratete Frauen zwischen 18 und 26.

Die Veränderungen der Dauer der Wehrpflicht zeigen die folgenden Zahlenangaben (in Monaten):

Tabelle 13: Dauer der Wehrpflicht

Jahr	Männer	Frauen
1949	24	12
1950	24	24
1952	30	24
1963	26	20
1966	30	20
1968	36	20
1975	36	24

Seit dem größten militärischen Sieg Israels (1967) wurde die Dauer der Wehrpflicht länger. Religiöse, genauer Jeschiwot-Schüler, sind von der Wehrpflicht *befreit*.

Frauen werden im allgemeinen in nicht-kämpfenden Einheiten eingesetzt und arbeiten oft in den Schreibstuben. Religiöse Frauen müssen nicht dienen.

Die Wehrbereitschaft der Israelis ist außerordentlich hoch. Eine in 32 Staaten durchgeführte Umfrage des Gallup-Instituts zeigte im Sommer 1989, daß Israel diesbezüglich den Weltrekord hielt: 92% der Befragten waren hier bereit, „das Vaterland zu verteidigen". Es folgten die Bürger der USA (84%), der Sowjetunion (83%) und die Finnen (77%). Mit den „Lehren der Geschichte" kann man diese Zahlen interpretieren. Das gilt für die internationale Tabellenspitze ebenso wie für das Tabellenende, wo man folgende Staaten fand: Japan (53%), Bundesrepublik Deutschland (51%), Österreich (48%) sowie – eher überraschend – Belgien 47% (unveröffentlichtes Manuskript, dankenswerterweise von Gallup

International zur Verfügung gestellt; vgl. E. Sahavi, Haaretz, 29.8. 1989).

Obwohl der Wehrdienst im Laufe der Jahre immer länger wurde, meinten im Januar 1986 nur 20% der Befragten, er sei zu lang. 78% hielten die Dauer für „angemessen" (Arian/Talmud/Hermann, 1988: 102). Die Intifada scheint hieran nichts geändert zu haben, im Gegenteil. Gerade die Jugendlichen, also die am meisten betroffenen Israelis, gaben sich entschlossen: 98% der im Frühjahr 1988 befragten jüdischen Gymnasiasten hielten die Wehrpflicht von „drei Jahren und möglicherweise länger" für angemessen. Die Schülerinnen sprachen sich zu 80% für eine „zweijährige oder möglicherweise längere" Wehrpflicht für Frauen aus (Mayseless, 1989: 208ff. Vgl. auch J. Tal, Haaretz, 8.2. 1989; vgl. auch A. Ponger, Süddeutsche Zeitung, 2.9.1989 eine andere Umfrage zitierend, die ähnliche Ergebnisse zeitigte).

Eine gewisse Wehrmüdigkeit wurde dennoch erkennbar: Wäre der Wehrdienst freiwillig, hätten sich 1974 66% der Gymnasiasten für die normale Dauer des Wehrdienstes entschieden. 1988 waren es nur noch 43% (Mayseless, 1989: 209). Auch die Bereitschaft, Berufssoldat zu werden, nahm ab: von 9,3% sank sie auf 6,5% (ebd.).

Neuere Probleme mit der Wehrmotivation der Jugend deutete ein im Sommer 1989 ergangener Erlaß des Erziehungsministeriums an: Ab 1.9.1989 werden im letzten Schuljahr (zwölfte Klasse) Vorbereitungskurse über das Leben im Militär durchgeführt (Haaretz, 25.8.1989).

Viele israelisch-jüdische Jugendliche empfinden die Wehrpflicht als eine Möglichkeit, ihre Identität zu finden. Im Januar 1986 gaben sich 73% der Befragten als „sehr glücklich" oder „glücklich" über den Verlauf ihres Wehrdienstes (Arian u.a., 1988: 115). 94% der Schüler und 84% der Schülerinnen wollten „unbedingt" als Wehrpflichtige dienen (Umfrage Ofra Mayseless, Institut für Militärforschung, Sichron Jaakow, zitiert in: J. Tal, Haaretz, 8.2.1989).

90% der Jugendlichen waren im Sommer 1993 „sehr daran interessiert", in der Armee zu dienen, berichtete das gleiche Institut nach einer weiteren Umfrage (Dawar, 20.7.1993). Fast ebenso viele seien für den Reservedienst motiviert. Dasselbe Institut mußte allerdings Anfang 1992 feststellen, daß 15% derer, die ihren Wehrdienst beendet hatten, „mit einem Gefühl des Versagens" das Militär verließen (R. Saar, Haaretz, 14. 4. 1992). Die so lange Wehrpflicht prägt zwar das israelische Wir-Gefühl, aber sie ist ein sehr tiefer Lebenseinschnitt – der im Reservedienst alljährlich (und auch lange) fortgesetzt wird. Trotzdem: Die Bereitschaft, sogar in kämpfenden Einheiten zu dienen war 1992 im Vergleich zu den Vorjahren von 60% auf 74% gestiegen (E. Rabin, Haaretz, 16.9.1992 mit Daten desselben Institus).

Bei weitem nicht so ausgeprägt ist der israelische Patriotismus der aus GUS-Staaten eingewanderten Jugendlichen: Die Erziehungswissenschaftliche Fakultät der Hebräischen Universität Jerusalem ermittelte in dieser Gruppe im Frühjahr 1994 einen Anteil von 30%, die überhaupt nicht zum Militär wollten. Bei allen anderen Jugendlichen wurden 10% festgestellt (Ur Kaschti, Haaretz, 10.7.1994). Stabil im Vergleich zu 1993.

Alarmiert wurde die Öffentlichkeit 1989 von der hochschnellenden Zahl der Selbstmorde in den Streitkräften: 1989 waren es 45. In den vorangegangenen sieben Jahren waren es durchschnittlich 26 im Jahr gewesen. Zuerst wurde die Demoralisierung durch die Intifada als einer der entscheidenden Gründe genannt (Newsweek, 4.12.1989; Dan Sagir, Haaretz, 26.11.1989). Danach suchte man auch andere Erklärungen: Zum Beispiel das manchmal brutale Auftreten von militärischen Ausbildern (Z. Schiff, Haaretz, 30.1.1990). Wieder zerbarst ein Ideal an der Realität: Auch diese „Schule der Nation" hat Lehrer, die keine Pädagogen sind.

Allein 1991 stieg die Zahl der Beschwerden von Soldaten beim „Wehrbeauftragten" um 14% (E. Rabin, Haaretz, 6.3.1992).

Die Reservisten

Der Großteil der israelischen Streitkräfte besteht aus Reservisten. 1994 verfügte Zahal über 176.000 Soldaten, davon 139.500 Wehrpflichtige. Innerhalb von 24 Stunden kann aufgrund der Mobilisierung aller Reservisten die Gesamtstärke auf 795.000 erhöht werden (Military Balance, 1993/94).

Bis zum Alter von 45 bzw. 54 Jahren bleiben Männer Reservisten, unverheiratete Frauen gehören hierzu bis sie 24 Jahre alt sind.

Die Reservisten werden jährlich für rund dreißig Tage einberufen, nicht selten werden es mehr, eine enorme Belastung für den einzelnen ebenso wie für die Volkswirtschaft.

Während der Intifada waren sechzig Tage Reservedienst eher die Regel als die Ausnahme. Gemurrt wurde über die Wehrübungen schon vor der Intifada: 48% meinten im Januar 1986, daß die Einberufenen nicht effizient genug eingesetzt würden (Arian u.a. 1988: 102).

Die Zahlen hierüber sind geheim, doch wegen des hohen Prestiges des Militärs, das tatsächlich als „Volksarmee“ angesehen wird, dürften die wenigen bekanntgewordenen Fälle fast der Gesamtheit entsprechen. Zeev Schiff und Eitan Haber, zwei der zuverlässigsten Militärberichterstatter Israels, schrieben im Wörterbuch der Israelischen Armee (Tel-Aviv, 1976: 511), daß es einige „Zehnergruppen“ seien.

Allerdings hat sich in den letzten Jahren die Zahl derer dramatisch erhöht, die sich weigern, in den besetzten Gebieten oder im Libanon zu dienen.

Vom Beginn des Libanon-Krieges (6.6.1982) bis April 1985 wurden insgesamt 160 Dienstverweigerer (in der Regel Reservisten) zu Gefängnisstrafen bis zu 35 Tagen verurteilt. Sehr viel mehr dachten in der Öffentlichkeit darüber laut nach. Noch mehr demonstrierten gegen den Krieg: Nach dem Massaker an den Palästinensern (September 1982) waren es schätzungsweise 400.000. Die politische Polarisierung der Gesellschaft schwappte aufs Militär über; auch dies ist ein Beweis dafür, daß Zahal eine Volksarmee ist, eingewurzelt in der Gesamtheit der Bürger (Lihn, 1986).

Ähnlich die Polarisierung durch die Intifada: 69 Reservisten hatten sich vom Dezember 1987 bis zum Dezember 1989 geweigert, im Westjordanland oder Gasa-Streifen zu dienen (L. Galili, 6.12.1989).

Wehrdienstverweigerung ist dennoch außerordentlich unpopulär. Im Oktober 1983 hielten 72% der erwachsenen jüdischen Israelis eine derartige Entscheidung „aus ideologischen Gründen“ für „einen schweren Verstoß“ gegen die israelische Gesellschaft (Levy, 1984: 132). Allerdings bewerteten lediglich 62% der Jugendlichen im Alter von 20 bis 24 diesen Sachverhalt ähnlich (a.a.O.: 137); eine aufschlußreiche Verschiebung der Meinungen der Generationen. Die parteipolitische Orientierung ist auch in dieser Frage bedeutsam, denn bei den Anhängern des Likud verurteilten eine ideologische Wehrdienstverweigerung 79%, bei den Anhängern des Arbeiterblocks nur 68%, bei den parteipolitisch Unentschlossenen 72% (a.a.O.: 143).

Von 1980 bis 1988 stieß die Weigerung, in den besetzten Gebieten zu dienen, auf starke Ablehnung unter Gymnasiasten. Nur jeweils 17% billigten eine derartige Entscheidung (Mayseless, 1989: 205).

Spätestens die offen ausgetragenen Meinungsverschiedenheiten der Generäle während des Jom-Kippur-Krieges vom Oktober 1973 haben sichtbar gemacht, daß Kriege keineswegs innenpolitische Bindemittel sind, weder in der Gesellschaft noch im Militär, zwischen oder in den politischen Parteien. Ähnlich, nein noch schärfer, erwiesen sich die Auseinandersetzungen während des und nach dem Libanon-Krieg gegen die PLO. Nur kurz währte die Unterstützung und positive Bewertung der Kampfhandlungen durch die israelische Öffentlichkeit, die nach dem Abschluß des „heißen Krieges" vor allem die Besetzung des Libanon zunehmend mißbilligte. Im Juni 1984 zeigten sich nur noch 25% der Israelis mit der Libanon-Politik einverstanden. Erst nach dem Rückzug aus dem nördlichen Nachbarland stieg die Zustimmung bis zum August 1985 auf 52% (Umfrage Smith Research Center, Jerusalem Post, 13.9.1985). Im Dezember 1985 hielten drei Viertel der Israelis den Libanonkrieg für einen „Fehlschlag" (Umfrage Arian, Jerusalem Post, 21.12.1985).

Die politische, besonders die territorialpolitische Spaltung der hohen Offiziere wurde 1988 institutionalisiert: Die militärischen Tauben gründeten den „Rat für Frieden und Sicherheit", die Falken den „Rat für Sicherheit und Frieden". Nur Offizieren der Reserve ist eine derartige politische Betätigung erlaubt.

Beide Gruppierungen bedienten sich der Medien, weil sie wußten, daß die Ansichten von Generälen, auch Generälen der Reserve, die israelische Öffentlichkeit beeinflussen: Bei der Entscheidung über die Zukunft der besetzten Gebiete, so 50% der jüdischen Israelis im Januar 1986, sei vor allem der Rat der Zahal-Generäle einzuholen. Nur 9% wollten lieber Professoren der Politikwissenschaft oder IAP-Politiker in erster Linie befragt wissen, 8% entschieden sich dabei für Likud-Politiker und 2% für Rabbiner. Eine vorherige Befragung der öffentlichen Meinung bevorzugten 22% (Arian u.a., 1988: 92). Im Frühjahr 1986 hielten 62% der Israelis die Meinung von hohen Offizieren der Reserve für „wichtig und lebenswichtig." 55% stimmten ihrer politischen Betätigung in einer der Gruppen zu. Sie waren in ihren Loyalitäten jedoch, ebenso wie die Militärs, gespalten (IIASR-Daten, L. Galili, Haaretz, 7.6.1989). Insofern neutralisieren sich die Beeinflussungsversuche gegenseitig. Sie politisieren das Militär. Wie bekömmlich diese Mischung für Politik, Militär und Gesellschaft ist, bleibt abzuwarten.

Generalstabschef Schomron erklärte Anfang 1989 öffentlich, die Intifada könne nicht militärisch, sondern allein politisch bekämpft werden. Schomrons Vorvorgänger, Eytan, rügte ihn – ebenfalls öffentlich (Süddeutsche Zeitung, 12.1.1989).

Innerhalb und außerhalb des Militärs schieden sich die Geister in bezug auf die Bekämpfung des Palästinenseraufstands. Diejenigen, die den Streitkräften vorwarfen, zu kraftlos zu handeln, wollten sich auf ihre eigenen Kräfte verlassen. Vor allem einige Siedler im Westjordanland meinten, dem Generalstabschef vorführen zu müssen, wie militärische Vergeltung auszusehen habe: Rache durch Mord. Außerdem wollten die Siedler eine eigene Miliz, eine letztlich illegale Truppe, gründen. Die Falken unterhöhlten auf diese Weise das Instrument, ohne das ihre Ziele nicht durchzusetzen wären, eben das Militär.

Eine paradoxe Situation ist durch die Intifada entstanden: Gerade militärische Tauben wie Generalstabschef Dan Schomron und Barak, sowie der damalige Kommandant des Wehrbereichs Mitte, General Amram Mitznah, versuchten, die Palästinenser niederzuhalten, ohne sie niederzumachen, was aber jüdische Falken wollten, wobei Schomron, Barak und Mitznah zwischen alle Stühle gerieten. Diese verantwortlichen Generäle mußten gegen einen großen Teil der jüdischen Bevölkerung, und damit der Soldaten, eine eher zurückhaltende Linie durchzusetzen versuchen, denn ein härteres Durchgreifen forderte, je nach Formulierung der gestellten Umfrage, die Hälfte bis drei Viertel aller jüdischen Israelis (vgl. auch die Daten im Abschnitt über Tauben und Falken in diesem Buch). Den Tauben zuneigende Generäle wurden so zum Sündenbock der Falkenmehrheit.

Seit Mitte der 80er Jahre mehrten sich Anzeichen einer zunehmenden Brutalisierung von Militärs gegenüber Palästinensern. Die Reaktionen auf den im Dezember 1987 ausgebrochenen „Aufstand der Palästinenser" in den besetzten Gebieten dokumentierte – trotz der sofortigen Ahndungen durch die Vorgesetzten – eine recht weit verbreitete Neigung vieler Soldaten, lieber einmal mehr als weniger draufzuschlagen und sogar zu schießen. Sie traten nicht nur die Palästinenser, sondern auch die Ideale der Gründungsväter Israels mit Füßen. Die zionistischen Pioniere hatten stets auf die „Reinheit der Waffe" zu achten versucht. Ob das jemals gelingen kann, ist eine Frage, doch ohne Gegensteuerung besteht die Gefahr der Verrohung. Die Militärführung versuchte, gegenzusteuern: Knapp 600 Soldaten hatten sich disziplinarrechtlich zu verantworten, 86 wurden wegen leichtfertiger oder vorsätzlicher Tötung angeklagt (J. Bär, Haaretz, 24.11.1989).

Die Intifada bedeutete zugleich eine für Zahal völlig ungewohnte Aufgabe: Nicht mehr Panzerarmeen oder Luftwaffen von anderen Staaten, sondern Menschen in einem vom eigenen Staat besetzten Gebiet wurden geschlagen. Es entbrannte eine nationale und internationale Debatte über die Frage, ob Zahal dadurch nicht psychologisch und auch rein militärisch, im Sinne der herkömmlichen Kriegsführung, entscheidend geschwächt würde. (Vgl. Dan Sagir, Haaretz, 22.6.1989; Zeew Schiff, Haaretz, 16.6.1989; Avi Katzmann, Haaretz-Magazin, 19.5.1989; Newsweek, 1.5.1989, S. 18f.) So neu wie es einigen schien, war diese Diskussion aber nicht. Bereits vor Ausbruch der Intifada hatte Emanuel Wald eindrucksvoll den „Niedergang der israelischen Militärmacht" in den Jahren 1967 bis 1982 dokumentiert (Wald, 1987): Der Sechs-Tage-Krieg sei ein „taktischer Sieg, jedoch eine strategische Niederlage" gewesen. Der Jom-Kippur-Krieg habe den „Mythos von der Sicherheit" zerstört, die Lehren seien nicht gezogen, die Bürokratisierung stärker, die Ineffizienz größer geworden, eine politisch-militärische Strategie habe man nicht entwickelt (Wald, 1987). Ein Beispiel: 70% der zwischen 1973 und 1982 geschaffenen Offiziersstellen wurden nichtkämpfenden Einheiten zugeteilt.

Die ständige Kriegs- und Gewaltbereitschaft sowie Brutalisierung schlichen sich leider auch in den Alltag der israelischen Gesellschaft. Von 1990 bis 1991 stieg die registrierte Gewaltanwendung in Ehen um 85% (Newsweek, 19.8.1991, S. 15).

Allen Unkenrufen und Kontroversen zum Trotz war das Militär im Januar 1987 Israels Institution, der bei weitem das größte Maß an Glaubwürdigkeit entgegengebracht wurde: Als „absolut vertrauenswürdig" bezeichneten 76% der erwachsenen jüdischen Israelis das Militär; auf Platz zwei stuften sie mit 56% die Gerichte ein (Peres, 1987: 16; ähnliche, wenngleich für das Militär etwas ungünstigere Daten im Juli 1987 in: Yuchtman-Ya'ar, 1987: 32). Auch im Sommer 1989 schätzten die Israelis die Glaubwürdigkeit der Streitkräfte sehr hoch ein: Sie gaben ihnen 91 von 100 möglichen Punkten (Yuchtman-Ya'ar, 1989: 9). Nach dem Einmarsch des Iraks in Kuwait meinten im August 1990 92% der jüdischen Israelis, sich im Kriegsfall auf ihre Streitkräfte verlassen zu können (IIASR- und Dahaf-Umfragen in: E. Rabin, Haaretz, 19.9.1990). Die Angriffe der irakischen Scud-Raketen zeigten allerdings, daß Zahal auf diesen Krieg nicht bestens vorbereitet war: Das „Patriot"-Raketenabwehrsystem wurde erst nach den Einschlägen in Tel-Aviv aus den USA nach Israel eingeflogen.

Auch 1992 erhielen Armee und Offiziere trotz objektiver und subjektiver Kratzer Traumnoten bei Umfragen (vgl. Levy, 1992: 36ff.; E. Rabin, Haaretz, 16.9.1992). Im Sommer 1992 vertrauten

89% der Israelis der Wehrfähigkeit Zahals. „Höchstes Ansehen" genossen Berufsoffiziere bei 62%.

Sicherheitspolitik blieb jahrelang das entscheidende, das die Menschen am heftigsten beschäftigende Thema (vgl. Arian, 1971: 202ff. für die Zeit bis 1969). Das überrascht nicht. Es änderte sich auch kaum. Wie in vielen früheren Wahlkämpfen beschäftigte es die Bürger am meisten (vgl. IIASR-Daten, Elihu Katz, Jerusalem Post, 16.9.1988). Die nationalistisch-religiösen Wähler nannten es eher „Sicherheitspolitik", die Anhänger der Arbeitspartei und Linksliberalen lieber „Friedenspolitik" oder „Territorialpolitik", aber allen Begriff hingen selbstverständlich mit Fragen der Sicherheit zusammen. Um „sozio-ökonomische Probleme" sorgte man sich deutlich weniger. (Zur Zufriedenheit der Bürger mit der Sicherheitspolitik und den Verteidigungsministern vgl. in diesem Buch das Kapitel über die Regierung.)

Auch im Wahlkampf 1992 interessierte Sicherheitspolitik die Wähler weit mehr als jedes andere Thema: 37%. Friedensgespräche (Madrid), sagten 22% und Arbeitsplätze meinten 8%. Alle anderen Themen fand man „unter ferner liefen" (Gallup-Umfrage, David Makovsky, Jerusalem Post International, 6.6.1992).

Daß der militärische und vor allem militärpolitische Entscheidungsvorgang sehr viel chaotischer ist, als es Israels militärische Erfolge ahnen lassen, haben Fallstudien dokumentiert. (Vgl. besonders Ben-Meir 1987; Shlaim/Tanter, 1978 für den Abnutzungskrieg 1970; Brecher, 1974 für den Krieg von 1956 und 1967; Brecher, 1980 für die Kriege von 1967 und 1973; Schiff/Yaari, 1984 und Naor, 1986 für den Krieg 1982.)

Die Zahl der bei Kampfhandlungen Gefallenen betrug für die Zeit vom Mai 1948 bis zum Mai 1989: 16.740. Die Zahl der Kriegsinvaliden: 51.964 (Dan Sagir, Haaretz, 9.5.1989). Zyniker weisen darauf hin, daß im israelischen Straßenverkehr mehr Opfer zu beklagen sind: Allein 1988 wurden 500 Tote und 22.570 Verletzte registriert (Newsweek, 12.6.1989: 22).

Bis April 1994 stieg die Zahl der israelischen Kriegstoten auf 17.955 und der Kriegsinvaliden auf 64.793 (Haaretz, 12.4.1994).

Zu den festen politisch-psychologischen Grundannahmen im Bereich der Sicherheitspolitik gehört die Überzeugung der jüdischen Israelis, daß es zu den jeweils geführten Kriegen „keine Alternative" gegeben hätte, Israel zur Kriegsführung gezwungen gewesen und geblieben sei (vgl. Inbar, 1989).

Über die Strategie ist in den letzten Jahren heftig diskutiert worden: Daß Israel über Atomwaffen verfügt, ist spätestens seit den Enthüllungen des Atomtechnikers Mordechai Vanunu ein offenes Geheimnis (vgl. Thompson, 1988). Gestritten wird, ob die nukleare Option offen erklärt oder, wie bisher, nur angedeutet werden, also sichtbar unsichtbar bleiben solle. (Aronson, 1992). Nach dem Golfkrieg waren 88% der Israelis bereit, notfalls Atomwaffen einzusetzen. Freilich war diese eine zyklische, ereignisbezogene Reaktion. Im Frühjahr 1993 waren es nur noch 53%. Dieser Anteil wurde auch 1987 registriert, 1986 allerdings nur 36% (Daten des Jaffee Center, Tel-Aviv University).

Sorge bereitet in Israel der nukleare Ehrgeiz des Iran und Irak. Algerien ist ebenfalls ein diesbezügliches Schwellenland. Die dortige Innenpolitik läßt weder außen- noch atompolitischen Optimismus aufkommen.

Anders als in der „Gründerzeit" sehen heute eher die orientalischen Juden, weniger die euro-amerikanischen, das Militär als gesellschaftlichen Aufstiegskanal. Das zweite, orientalische, Israel ist allerdings bei den physisch, psychisch oder geistig Wehruntauglichen überrepräsentiert, so daß auch dieser Aufstiegskanal nur bedingt benützt werden kann.

Wie werden hohe Offiziere, vom Obersten aufwärts, nach ihrer Pensionierung weiter verwendet? Erwähnenswert ist dabei die Tatsache, daß 38% der Berufsoffiziere 1988 einen akademischen Grad vorweisen konnten. Eine Untersuchung der hierfür zuständigen Militärbehörde ergab, daß in den 80er Jahren knapp 12% führende Manager in großen Wirtschaftsunternehmen wurden, weitere 40% in niedrigeren Etagen des Dienstleistungsbereiches arbeiteten. Der Dienstleistungssektor nahm auch die meisten Offiziere mit niedrigeren Rängen in der Zweitkarriere auf (A. Keren, Haaretz, 5.5.1987).

Inzwischen öffnet eine militärische Karriere aber keineswegs mehr alle Türen. Es gibt einfach zu viele Ex-Offiziere, die in vergleichsweise jungen Jahren einen zweiten Beruf ergreifen möchten, und es gibt aufgrund der wirtschaftlichen Probleme nicht genügend Angebote (vgl. Judit Winkler, Haaretz, 1.2.1989). Ende August 1989 waren 128 ausgeschiedene hohe Offiziere als gewöhnliche Arbeitslose gemeldet, darunter 13 Generäle und 54 Obristen (B. Heimrich, FAZ, 5.9.1989). Daß einige arbeitslose Ex-Militärs auf den widerrechtlichen Gedanken kamen, ihr Wissen ohne Genehmigung der Behörden zum Beispiel an die lateinamerikanische Drogenmafia zu verkaufen, überrascht daher nicht. Außer der moralischen Verwerflichkeit der Akteure beweist diese

Tatsache die ungünstige Situation, die ausgemusterte Offiziere heute auf dem israelischen Arbeitsmarkt vorfinden.

Ein weiterer Grund für diese sozio-ökonomische Entwicklung sei erwähnt. Er verdeutlicht einmal mehr den grundlegenden politischen sowie gesellschaftlichen Wandel Israels: Weniger Idealismus als Karrierismus motiviert junge Männer, die Laufbahn eines Offiziers anzupeilen. Sie ist ein ganz normaler Job geworden.

Ebenfalls ganz normal sind die inzwischen jahresüblichen Auseinandersetzungen über den Militärhaushalt. Bis Ende der 70er Jahre war dieser eine „Heilige Kuh".

Unheil und Zwist bahnten sich nach dem Abkommen mit der PLO an: Ex-Oberrabbiner (und zuvor auch Oberrabbiner des Militärs) Schlomo Goren rief 1993/94 die Soldaten auf, den Befehl zu verweigern, wenn jüdische Siedlungen im Westjordanland zu räumen wären. Ähnlich die Verlautbarungen von anderen Geistlichen, die (wie Goren) den Nationalreligiösen (NRP) nahestanden. Rabbiner Naria: „Es ist ein Heiliger Krieg, den Boden des Landes Israel zu verteidigen" (Haaretz, 1.4.1994).

Ministerpräsident (und Verteidigungsminister) Rabin sowie Generalstabschef Barak ließen keinen Zweifel an der Härte ihrer Reaktion aufkommen. Befehlsverweigerung, so Rabin, wäre „der Anfang vom Ende der Streitkräfte" (Haaretz, 31.3.1994). Eine Dahaf-Umfrage bei Reservisten ergab im November 1993, daß 6% den Befehl verweigern wollten. 80% würden ihn „ohne zu zögern befolgen", 13% „um Befreiung bitten, dann aber doch den Befehl befolgen" (Jediot Acharonot, 24.11.1993).

Noch delikater ist das Problem durch quasi nationalreligiöse Sondereinheiten der „Hessder"-Jeschiwot. Anders als andere Studenten von Jeschiwot (Talmud- und Thoraschulen) dienen diese jungen Männer, oft sogar in sehr gefährlichen, kämpfenden Einheiten. Um die Einheit der Armee zu bewahren wurden Anfang 1994 Gedanken an eine Auflösung dieser Einheiten öffentlich diskutiert (A. Golan, Haaretz, 4.4.1994).

Literaturhinweise

Black/Morris, 1991
Arian u. a., 1988
B. Kimmerling, 1985
M. Lissak, 1984
Peri, 1983
Wallach, 1983
Luttwak/Horowitz, 1975

IV. Die Medien

Das „Volk des Buches“ war in der Jischuw-Periode durchaus auch ein Volk der Zeitung, und zwar nicht zuletzt der Parteizeitung. Nach der Staatsgründung wurde das parteipolitische Zeitungswesen Opfer der abnehmenden Ideologisierung der israelischen Gesellschaft (ausführlich: Wolffsohn, 1983: Kap. 48; Galnoor, 1982: 226ff.).

Das Statistische Zentralamt ermittelte 1987, daß 82% der jüdischen Bevölkerung (14 Jahre und älter) mindestens an einem Wochentag eine Tageszeitung lasen. 71% der Israelis lesen mindestens eine Zeitung an Werktagen; dies ist das Ergebnis einer Telseker-Umfrage vom Frühjahr 1989 (Avi Ganor, Haaretz, 17.5. 1989). Im Jahr zuvor seien es nur 66% gewesen (ebd.). Ende 1992 hatte die Zahl der Zeitungsleser weiter zugenommen: Werktags lasen 70% der Israelis eine Zeitung, am Freitag waren es 85% (Umfrage des Werbeunternehmerverbands, A. Ganor, Haaretz, 25.1. 1993). Dem Statistischen Zentralamt zufolge waren die jugendlichen Israelis (bis zu 18 Jahren) 1993 noch intensivere Zeitungsleser: 90% lasen eine Tageszeitung. Das sei „Weltrekord“ (R. Saar, Haaretz, 10.12.1993). Im Statistischen Jahrbuch 1993 (S. 744f.) findet man für 1991 freilich andere Zahlen: 63% der jüdischen und 58% der arabischen Schüler in den Klassen neun bis zwölf lasen an mindestens einem Tag die Zeitung. 87% der jüdischen und 86% der arabischen Schüler sahen aber genau so oft fern (ebd.).

Mindestens einmal täglich hörten im Frühjahr 1989 rund 34% der Israelis den stets besonders aktuellen und professionell aufgezogenen Armeesender, 28% das zweite Programm des öffentlich-rechtlichen Radio Israel (mit Pop und aktueller Berichterstattung) und 6% die privatwirtschaftliche Stimme des Friedens, die viel leichte Musik bietet (ebd.). Eine IIASR-Umfrage vom Mai 1990 zeigte, daß Radio Israel bei zwei von drei politischen Magazinsendungen den Armeesender in der Hörergunst knapp übertraf. Insgesamt aber erreicht der Soldatensender höhere Einschaltquoten (Irit Rosenblum, Haaretz, 27.8.1990).

Die Zahl der Radiohörer sank zwischen 1991 und 1992 geringfügig von 77% auf 74% (A. Ganor, Haaretz, 25.1.1993). Mit 30% lag aber nun das zweite Programm an der Spitze. Hauptverlierer war der Armeesender, der allein von 1991 bis 1992 rund 13% seiner Hörer verlor (A. Ganor, Haaretz, 24.2.1992). Als Zahal im Juli/August 1993 gegen die Hisbollah im Libanon kämpfte, schalteten die meisten Israelis wieder den Armeesender ein (I. Rosenblum, Haaretz, 29.8.1993). Sie wollten eben die militärischen Informationen aus erster Hand. Die Stimme des Friedens hörten nur 1992 noch 2%. Nach dem Washingtoner Abkommen mit der PLO (September 1993) stellte ihr Chef, Abi Nathan, den Betrieb ein. Im Winter 1993/94 hörten pro Tag nur noch 63% Radio (S. Blumenkranz, Haaretz, 25.4.1994). Ein beachtlicher Rückgang im Vergleich zu den frühen 90er Jahren, obwohl es inzwischen eine Vielzahl lokaler Radiostationen gibt.

So sehr Israelis politische Informationen schätzen, so wenig achten sie die Informanden. Das Ansehen der Journalisten ist außerordentlich gering (vgl. den Abschnitt über die Berufe der Knesetabgeordneten). Deshalb ist wohl auch die Vertrauenswürdigkeit der Zeitungen in den Augen der Israelis nicht sonderlich hoch. Anfang 1987 hielten nur 20% die Zeitungen für wirklich glaubwürdig. Von Gerichten glaubten dies 83%, von Universitäten 52% und von politischen Parteien 12% (Umfrage Modiin Esrachi, O. Gonder, Haaretz, 9.3.1987). Im Sommer 1989 gaben die Israelis der Presse 35 von 100 möglichen Glaubwürdigkeitspunkten (Yuchtmann-Ya'ar, 1989: 9).

Nicht unerwähnt bleiben sollte die Tatsache, daß aber rund 60% der arabischen Israelis bei einer Umfrage im Jahre 1980 die jüdische Presse des Landes als „außerordentlich glaubwürdig" bezeichneten. Von den arabischen Politikern Israels erhielten die Medien dieses Prädikat von 71% der „Etablierten", 26% der kommunistisch orientierten und nur 10% der Anhänger der PLO-„Ablehnungsfront" (Smooha, 1987: 8).

Seit Beginn der Intifada sank hier die Glaubwürdigkeit der Medien im allgemeinen und des Fernsehens im besonderen weiter: Dem IIASR zufolge vertrauten 61% den Fernsehnachrichten „weniger als vorher", nur 39% „mehr" (E. Katz, Jerusalem Post, 19.8.1988). Wollten die Israelis nicht glauben, was sie sahen? Und sehen ließ man sie. Der Schriftsteller A. B. Jehoschua, ein bekannter Kritiker der Regierung, meinte im November 1988, die meisten wollten wegsehen, weil das Hinsehen für die meisten unerfreulich und unerwünscht, vor allem aber bequemer sei. Daß die israelische Presse „zuviel Ausdrucksfreiheit" genieße, meinten im November 1989 46% der Israelis. Für 34% waren die Medien „links". 61% behaupteten gar, die Meinungsfreiheit in den Medien gefährde die Sicherheit des Staates (E. Ya'ar, 1989: 19). Medienbesessenheit und Medienverdrossenheit scheint man in Israel gleichermaßen anzutreffen. Man will Nachrichten, doch keine schlechten, und der Überbringer der schlechten Nachrichten wird bestraft. 63% der jüdischen Israelis meinten im Februar 1990, daß Berichte, die Israels Ansehen schadeten, nicht ausgestrahlt werden sollten (D. Barly in: Israeli Democracy, Spring 1990: 34).

Die offiziellen Angaben über die Auflagenhöhe der Tageszeitungen sind nicht sonderlich zuverlässig. Eine Telseker-Umfrage ergab im Frühjahr 1989 folgende Daten über die wichtigsten Tageszeitungen: 51% der Zeitungsleser entschieden sich für Jediot Acharonot, 18% für Maariv und 10% für Chadaschot. An Wochenenden schnitt Jediot Acharonot noch besser ab: 65% griffen zu dieser Zeitung, 30% zum Maariv und 10% zu Chadaschot (Mehrfachnennungen waren hierbei möglich; Avi Ganor, Haaretz, 17.5.1989).

1992 lasen Jediot Acharonot am Freitag 73% der Israelis (werktags 52%), Maariv 8% (werktags 9%), Haaretz 5% (werktags 6%) (Daten des Werbeunternehmerverbandes, Jediot Acharonot, 28.2.1992). Im folgenden Jahr blieb Jediot fast stabil (53% werktags; 70% am Wochenende), Maariv hatte gewaltig aufgeholt: 20% werktags, 26% am Wochende. Haaretz steigerte sich von 5,5% auf 5,8% an Werktagen und knapp 8% am Freitag (A. Ganor, Haaretz, 25.1.1993; G. Eschet, Jediot Acharonot, 3.3. 1993). Zwar steckt hinter dem Haaretz meistens ein kluger Kopf, aber es sind (so gesehen) nicht sehr viele im Lande. 1993 waren es wohl noch weniger, denn an Freitagen wurde Haaretz nur noch von 6% gelesen. Jediot Acharonot kam auf 54% an Werktagen (ca. 1.363.000 Leser) und auf 69% an Freitagen. Maariv erzielte 21% und an Wochenenden 27%.

Die Zeitung Chadaschot (wie der Haaretz vom Schocken-Verlag veröffentlicht) wurde 1994 eingestellt.

Tabelle 14: Die wichtigsten Tageszeitungen Israels, 1994 (Leser in %)

Zeitung	Werktags	Freitag	Orientierung
JEDIOT ACHARONOT	54%*	69%	Mitte-rechts
MAARIV	21%	27%	Mitte-rechts
HAARETZ	5,7%	6,3%	Mitte-links

* 1.363.000 Leser (ungefähr so viele wie FAZ oder Süddeutsche Zeitung)

Weniger Zeitungen (als Thora und Talmud) lesen streng orthodoxe Juden (ca. 330.000 bis 450.000 Menschen). 30% von ihnen lesen überhaupt keine Zeitung, und 50% lesen nur orthodoxe Blätter (Umfrage Prof. J. Lieberman, Bar-Ilan Universität, Haaretz, 11.12.1992). Das religiöse Lager bleibt unter sich: in Medien, Parteien, Schulen, Jugendbewegungen, Jeschiwot und so weiter.

Seit den 80er Jahren erfreuen sich Stadtzeitungen steigender Beliebtheit (vgl. Caspi, 1986).

In den letzten Jahren gerieten einige Zeitungen in wirtschaftliche Nöte. Es kam zu Veränderungen der Eigentumsverhältnisse: Die Jerusalem Post, die in englischer Sprache erscheint, gehörte bis zum Juni 1989 mehrheitlich der Histadrut-Gewerkschaft. Dann wurde sie vom kanadisch-jüdischen Pressemagnaten David Radler gekauft. Radlers Hollinger Inc. besitzt in den USA und Kanada rund 160 Zeitungen. In Großbritannien gehört ihm der Daily Telegraph. Allgemein wurde erwartet, daß die Jerusalem Post ihren kritischen und unabhängigen Kurs nicht fortsetzen könne. Zur Jahreswende 1989/90 wurden die Pessimisten bestätigt. Einige leitende Redakteure wurden gekündigt, andere vollzogen selbst die Trennung. Werktags fand die Jerusalem Post 1993 knapp 40.000 Leser (S. Blumenkranz, Haaretz, 21.2.1994). Mehr als ca. 50.000 Leser hat sie auch am Wochenende nicht.

Maariv wurde 1988/89 vom britisch-jüdischen Pressezaren Robert Maxwell übernommen. Nach seinem Tod brach nicht nur sein britisches Zeitungsimperium zusammen. 87% von Maariv wurden im Frühjahr 1992 von der Familie Nimrodi übernommen. Den Rest teilen sich Schocken (vom Haaretz) und andere (E. Gordon, Jerusalem Post, 14.3.1992). Der Wechsel der Eigentümer ist dem Blatt auf dem Markt gut bekommen; es ist vorangekommen.

Das um Pop, Popo und andere Delikatessen erweiterte israelische Gegenstück zum bundesdeutschen Spiegel, die von Uri Avnery herausgegebene Wochenzeitschrift Haolam Haze geriet ebenfalls Mitte der 80er Jahre in wirtschaftliche Turbulenzen. Die Hälfte der Aktien erwarb 1989 ein politischer Freund von Ex-General und Minister Ariel Scharon. Herausgeber blieb Avnery nur bis Juli 1990.

Dawar, das Blatt der bis 1994 IAP-dominierten Histadrut-Gewerkschaft, dümpelte seit den 70er Jahren. Nach der Wende in der Histadrut (als im Juli 1994 IAP-Dissident Haim Ramon Generalsekretär wurde) erhielt die Redaktion ein deutliches Signal. Ramon sagte ihr: „Meinetwegen könnt ihr die Computer nehmen und nach Hause gehen" (H. Bor, Haaretz, 12.7.1994). Anfang 1994 lasen werktags rund 34.000 Israelis Dawar. Das waren 1,3% aller Zeitungsleser (S. Blumenkranz, Haaretz, 21.2.1994).

Reste einer früher fast nur parteiorientierten Zeitungslandschaft findet man freilich noch immer: Al Hamischmar (Mapam, mit 4.300 Lesern 1993), Hazofeh (Nationalreligiöse Partei), Schearim (Agudat Israel), Hamodia (Poale Agudat Israel und diverse chassidische Gruppen), Jadet Neeman (Schass und Thora-Banner).

Nach dem Bruch zwischen Rabbiner Schach (Thora-Banner) und Rabbiner Ovadia Josef schlug Jadet Neeman Schachs antichassidischen und gegen die orientalischen Juden gerichteten Kurs ein. Schass gründete daraufhin im März 1993 ein eigenes Blatt: Mijom Lejom (= Von Tag zu Tag). Mit fünf- bis zehntausend Abonnenten wurde zunächst gerechnet (Jerusalem Post, 13.3. 1993). Rabbiner Josef gab schon vor Erscheinen seinen Getreuen die Anweisung, die Zeitung zu kaufen (S. Ilan, Haaretz, 13.12. 1992). Die Chefredakteure versicherten, „objektiv" zu sein, aber als sie erstmals am 8.2.1993 erschien, orientierte sie sich nicht unbedingt an dem Motto der New York Times („All the news that's fit to print"). Daß der Schass-Abgeordnete Jair Levy wegen Korruption ins Gefängnis mußte, blieb unerwähnt. Im Leitartikel wurde er lebhaft verteidigt.

Im globalen Vergleich der zeitunglesenden Nationen stand Israel 1993 auf Platz 21 (N. Horowitz, Haaretz, 20.12.1993).

Als Werbeträger waren die Zeitungen unübertroffen: Rund 60% aller in Israel getätigten Werbeausgaben entfielen auf Zeitungen: 48% auf die Tageszeitungen, 13% auf Stadtzeitungen. Das Fernsehen bekam nur 3,5% (Haaretz, 1.2.1990). Das dürfte sich ändern, denn im November 1993 begann das (zu 60%) kommerzialisierte (40% öffentlich-rechtliche) Zweite Fernsehen sein Programm. Prompt sank im Winter 1993/94 die Einschaltquote im Ersten: von 63% im Winter davor auf 41%, bei Jugendlichen von 51 auf 21%. Das Zweite (zuvor seit 1978 als „Versuchsprogramm") verbesserte sich von 22 auf 41%, bei Jugendlichen von 18 auf 42% (S. Blumenkranz, Haaretz, 25.4.1994). Dramatisch schon vor Beginn des kommerziellen Konkurrenten war der Rückgang der Einschaltquoten bei den Hauptnachrichten des Ersten (Mabat Lachadadchot): 1983 schalteten 91% ein, im November 1993 waren es nur noch 27% (David Schalit, Haaretz-Magazin, 24.12.1993, S. 19).

Das „Volk des Buches" ist inzwischen zumindest teilweise auch ein Volk der Mattscheibe: Schon die Kinder zwischen zwei und acht Jahren verbringen täglich im Durchschnitt drei Stunden von dem Fernsehapparat. 83% der Eltern begrüßten im Herbst 1989 den „positiven Einfluß" des Programmes auf ihre Kinder.

Die Segnungen des Schulfernsehens wurden sogar von 94% gutgeheißen (IIASR-Umfrage, zitiert S. Honig, Jerusalem Post international 20.1.1990).

Arabische Zeitungen

Die NKL gibt die am häufigsten gelesene arabische Tageszeitung heraus (Al-Etihad). Auch die Histadrut veröffentlicht eine Tageszeitung in arabischer Sprache (Al-Anwa).

Bis August 1993 mußten aus wirtschaftlichen Gründen alle der PLO nahestehenden Ost-Jerusalemer Zeitungen geschlossen werden. Den Todesstoß versetzte sich Arafats PLO selbst, indem sie im Golfkrieg auf Seiten Saddam Husseins gegen die arabischen Golfstaaten stand. Diese stellten daraufhin ihre Finanzhilfen für das Ost-Jerusalemer Blatt Al Fajr ein. Al Schaab mußte schon vorher aufgeben. Nur noch zwei eher projordanische Zeitungen hatten von 1967 bis 1994 überlebt.

Im Sommer 1994 führte der von Jassir Arafat ausgeübte Druck zur Einstellung der projordanischen Zeitung A-Nahar. Profitiert hat davon die pro-PLO-Konkurrenz: Al Kuds. Von 1967 bis 1985 war Al-Kuds projordanisch.

Niveau der Tageszeitungen

Erstaunlicherweise – für deutsche Verhältnisse – sind die auflagenstärksten Tageszeitungen, Jediot Acharonot und Maariv, ebenso die Jerusalem Post und Dawar, erst recht der Haaretz, alles andere als schreierische Sensationsblätter, sondern sachliche, informative, niveauvolle Blätter, die nach diesen Maßstäben den großen überregionalen Tageszeitungen in der Bundesrepublik Deutschland durchaus vergleichbar wären.

Das Erfolgsrezept von Jediot Acharonot und (seit 1992) Maariv: „Eine Zeitung für Professoren, die auch eine Putzfrau versteht."

Fremdsprachige Zeitungen

Die Jerusalem Post ist sicherlich die bekannteste, weil von Israel-Korrespondenten am häufigsten wiedergegebene fremdsprachige Tageszeitung, doch findet man für fast jede Sprache eine Zeitung in Israel, wenn schon keine Tages-, so zumindest eine Wochenzeitung. Aus biologischen Gründen konnte sich die deutschsprachige Tageszeitung Jediot Chadaschot nicht mehr halten, d.h. ihre Leser starben allmählich aus.

Die Masseneinwanderung von Juden aus GUS-Staaten schuf einen Markt für Zeitungen in russischer Sprache. Bis Ende 1992 lasen 85% dieser Einwanderer eine Zeitung auf Russisch (Haaretz, 11.12.1992). Drei Blätter teilten sich diesen Markt.

Militärberichterstattung und Zensur

Im militärischen Bereich besteht eine Art Selbstzensur, die durch das „Herausgeber-Komitee" institutionalisiert wurde. Hier treffen sich die Chefredakteure der großen Zeitungen sowie andere führende Journalisten mit Militärs und Regierung, um vertrauliche Informationen auszutauschen (vgl. ausführlich dazu: S. Rosenfeld, in: Jerusalem Quarterly, Nr. 25, S. 100ff.). Dies funktionierte so lange recht gut, wie in militärpolitischen Fragen eine gewisse Grundübereinstimmung vorhanden war. Mit dem Libanonkrieg (1982/83) wurde es problematischer.

Weil der Konsens zerbrach, wurden die Spielregeln brüchig. Es häuften sich die Fälle, bei denen die einen glaubten, berichten zu müssen, um Freiheit und Pressefreiheit zu sichern. Die anderen sahen darin eine Gefährdung der Sicherheit des Staates. Im Kern war es ein politischer Konflikt zwischen Tauben und Falken. Auch in diesem Bereich wirkt die Palästinenser- und Territorialpolitik als Spaltpilz. Sie schwächt letztlich die Normen und Traditionen des jüdischen Staates.

Uneinigkeit im Sinne einer zunehmenden Politisierung der Nachrichtenauswahl und Kommentierung herrscht seit 1977 natürlich vor allem im öffentlich-rechtlichen Rundfunk und Fernsehen, weniger in den privatwirtschaftlichen Zeitungen. In diesen regeln die Eigentumsverhältnisse die Richtlinien. Im öffentlich-rechtlichen Bereich herrschte bis 1977 die Mapai/IAP unangefochten, weil sie unangefochten die politisch bestimmende Kraft war. Das änderte sich seit dem Regierungswechsel von 1977. Er führte auch zu personal- und medienpolitischen Konsequenzen in Rundfunk und Fernsehen (vgl. Wolffsohn, 1983: 622ff.). Die Polarisierung nannten viele „Politisierung", wenngleich diese auch vorher bestanden hatte. Sie war nur weniger umstritten, wegen der eindeutigen Mehrheiten. Daß aber die Falken durchaus eine politisch bestimmte Auswahl der Nachrichten bevorzugten, zeigte sich zum Beispiel im November 1988: Sie wollten jegliche Berichterstattung über den Palästinensischen Nationalrat verhindern, der in Algier tagte.

Nach dem Regierungswechsel vom Juli 1992 wurde auch im öffentlich-rechtlichen Rundfunk und Fernsehen eine Rückwende zur IAP eingeleitet. Inzwischen gibt es freilich veränderte Rahmenbedingungen: die privaten Anbieter.

Literaturhinweise

Etzioni-Halevy, 1987
Chafets, 1983
Wolffsohn, 1983: Kap. 48
Galnoor, 1982: 226ff
Goren, 1980

V. Außenpolitik

1. Die Beziehungen zu den Vereinigten Staaten von Amerika

Zweifellos war die Unterstützung der USA im diplomatisch-politischen Kampf um die Unabhängigkeit entscheidend, doch militärisch war sie es nicht, denn die Waffen, die Israel im Unabhängigkeitskrieg der Jahre 1948/49 retteten, kamen über die CSSR aus der Sowjetunion. Als Waffenlieferant traten die USA bis Anfang der 60er Jahre Israel gegenüber so gut wie gar nicht in Erscheinung, erst nach dem Sechs-Tage-Krieg des Jahres 1967, genauer: nach der Verhängung des französischen Waffenembargos durch Präsident de Gaulle, kann von einer intensiven Sicherheitspartnerschaft zwischen den Vereinigten Staaten und Israel gesprochen werden.

Wie hartnäckig sich die USA während der kritischen Gründungsphase Israels weigerten, dem jüdischen Staat Kriegsmaterial zu schicken, und wie heftig sich die Israelis darum bemühten, die Truman-Administration vom Embargo abzubringen, das sie am 5. Dezember 1947 über alle Nahoststaaten verhängt hatte, dokumentieren die für die Zeit bis 1950 vorliegenden Documents on the Foreign Policy of Israel, eine Fundgrube.

Auch die wirtschaftliche Unterstützung setzte in großem Umfang sehr viel später an als gemeinhin angenommen wird. Gewiß, bis 1973 flossen auch amerikanische Regierungsgelder nach Israel, doch der eigentliche Strom der Kapitalimporte setzte erst nach dem Jom-Kippur-Krieg von 1973 ein. Zahlen findet der Leser in Kapitel C/XVII.

Bis in die späten 50er Jahre, in der Epoche des „Kalten Krieges", betrachtete die Regierung Präsident Eisenhowers Israel eher als eine Bürde denn als Gewinn bei der Suche nach Verbündeten im Nahen und Mittleren Osten. Gerade die Existenz Israels erschwerte den Aufbau eines westlichen Paktsystems in dieser Region.

Zu erheblichen Spannungen kam es während und nach dem Sinai-Feldzug vom Oktober/November 1956. Gemeinsam mit britischen und französischen Truppen hatten die israelischen Streitkräfte die ägyptische Armee besiegt. Die Israelis eroberten die Sinai-Halbinsel und standen am Suez-Kanal. Nur durch erheblichen amerikanischen Druck konnte Israel schließlich im März 1957 zum Rückzug aus den besetzten Gebieten veranlaßt werden.

Auch Anfang der 60er Jahre zogen es die USA vor, Israel gegenüber indirekt in Erscheinung zu treten. Ein gutes Beispiel hierfür sind die bundesdeutschen Waffenlieferungen an Jerusalem. Den USA war es lieber, daß die Bundesrepublik Deutschland die Lieferungen heimlich durchführte. Auf diese Weise erhielt Israel Waffen, und die USA vermieden die Peinlichkeit, arabische Staaten vor den Kopf zu stoßen. Erst nachdem dieser Waffenhandel aufgedeckt worden war und die Israelis auf die Fortsetzung der Lieferungen pochten, sprangen die USA ein, um noch größere Peinlichkeiten zu vermeiden (Wolffsohn, 1989a).

Am Vorabend des Sechs-Tages-Krieges zögerten die USA mit ihrer Unterstützung. Obwohl sie 1957 bei der Räumung der Sinai-Halbinsel durch Israel zugesagt hatten, künftig die freie Fahrt durch die Meerenge von Tiran zu garantieren, unternahmen sie zehn Jahre später nichts, als der ägyptische Staatspräsident Nasser eben diese Wasserstraße durch seine Artillerie schließen ließ. Einen totalen militärischen Sieg Israels waren die USA ebensowenig bereit hinzunehmen, wie eine Einverleibung der im Sechs-Tage-Krieg eroberten Gebiete. Für geringere Grenzkorrekturen konnten sich die Amerikaner eher erwärmen.

Eines hatte sich freilich nach 1967/68 verändert: Nun waren die USA der wichtigste Waffenlieferant Israels.

Den militärischen „Sieg“ Israels im Abnutzungskrieg der Jahre 1969/70 am Suez-Kanal verhinderten die USA und die Sowjetunion gemeinsam. Israel mußte stillhalten, als Ägypten Ende 1970 seine Flugabwehrraketen über die im Waffenstillstandsabkommen vorgesehenen Linien hinaus vorschob und damit die Grundlage für die Erfolge gegen Israels Luftwaffe im Jom-Kippur-Krieg des Jahres 1973 schuf.

Während des Jom-Kippur-Krieges vom Oktober 1973 richteten die USA eine Luftbrücke ein, die Israel mit lebenswichtigen Militärgütern versorgte. Auch in diesem Waffengang verhinderte die amerikanische Diplomatie unter Nixon und Kissinger den „totalen Sieg“ Israels über Ägypten und Syrien.

Außenminister Kissinger trat mit seiner Pendeldiplomatie in Erscheinung und erreichte im Januar 1974 das erste Entflechtungsabkommen zwischen Israel und Ägypten auf der Sinai-Halbinsel und im Mai 1974 ein israelisch-syrisches Entflechtungsabkommen auf den Golan-Höhen. Jetzt zeigte sich die eigentliche Stärke der USA in der nahöstlichen Diplomatie: Im Gegensatz zur

Sowjetunion verfügten die Amerikaner über Kommunikationskanäle zur arabischen und israelischen Seite. Sie waren unentbehrlich bei der Suche nach und Durchführung von Regelungen.

Kissingers Pendeldiplomatie erreichte im September 1975 das zweite Entflechtungsabkommen zwischen Israel und Ägypten auf der Sinai-Halbinsel. Gleichzeitig verpflichteten sich die Amerikaner, mit der PLO so lange nicht (offiziell) zu verhandeln, wie die Palästinenserorganisation nicht bereit sei, Israels Existenz anzuerkennen.

Nachdem PLO-Chef Arafat am 15. Dezember 1988 Israels Existenzrecht anerkannt und sich verpflichtet hatte, auf Terroraktionen gegen den jüdischen Staat zu verzichten, begann die Reagan-Administration mit der Palästinenserorganisation offizielle Gespräche.

Der ägyptisch-israelische Friedensdialog (Sadat-Initiative) wurde zwar ohne vorheriges Wissen und Hilfe der USA eingeleitet, doch im Verlauf dieser schwierigen Verhandlungen waren sie unentbehrlich. Erst das aktive Eingreifen der Carter-Regierung legte das Fundament für die Vereinbarungen von Camp-David (17.9. 1978), in denen die territorialen Probleme zwischen Israel und Ägypten gelöst sowie der Rahmen für eine weiterführende (Zwischen-)Lösung für das Westjordanland und den Gasa-Streifen abgesteckt wurde. Auch auf dem Weg zum israelisch-ägyptischen Friedensvertrag vom 26.3.1979 war amerikanische Nachhilfe nötig.

Vehement kritisierte die Carter-Administration die verstärkte Siedlungspolitik der Regierung Begin, doch verhindern konnte sie diese Maßnahmen nicht. Trotz der enormen militärischen und wirtschaftlichen Abhängigkeit Israels zeigte es sich, daß der jüdische Staat von den USA nur sehr bedingt „gesteuert" werden kann. Ähnliche Erfahrungen machte auch Präsident Reagan: Die Bombardierung des irakischen Atomreaktors bei Bagdad durch die israelische Luftwaffe (7.6.1981) konnte er nicht verhindern – sofern er überhaupt hiervon vorher unterrichtet war.

Die Ereignisse im Libanon steuerte 1982 zunächst Israel. Die USA versuchten, wenn überhaupt, Schäden zu reparieren. Den Reagan-Plan vom September 1982, der Jordanien eine zentrale Rolle zuwies und der letztlich auch zeigte, daß der amerikanische Präsident eine Einverleibung des Westjordanlandes und Gasa-Streifens durch Israel ablehnte, torpedierte die israelische Regierung ebenfalls.

Ende Juli 1989 hat Israel, offenbar ohne die Bush-Regierung vorher zu befragen, den libanesisch-schiitischen Hisbollah-Scheich Obeid entführt. Ob US-Oberstleutnant Higgins deshalb ermordet wurde, oder schon vorher von den schiitischen Terroristen ermordet worden war, blieb unklar. Aktenkundig wurde die Verstimmung Washingtons über die israelische Regierung.

Die israelische Bevölkerung billigte diese Eigenständigkeit durchaus. Allein den „Versuch der USA, aufgrund ihrer Wirtschaftshilfe an Israel auch die israelische Politik zu beeinflussen", mißbilligten im März 1989 48% der Israelis. 47% hatten gegen den Versuch (wohlgemerkt: nur den Versuch) nichts einzuwenden (Smith-Institut, Haaretz, 3.4.1989). Das Vertrauen der Israelis in die USA ist allerdings sehr groß (vgl. World Opinion Update, November 1989: 128).

Aufgrund der weltpolitischen Entspannung nimmt der strategische Wert Israels für die USA ab. Der Vormarsch der Fundamentalisten gibt Israel jedoch wieder mehr Gewicht.

Strukturell läßt sich die schwere Steuerung Jerusalems durch die USA unschwer erklären: Israel verfügt traditionell über große Unterstützung im Kongreß, besonders im Repräsentantenhaus, was mit dem hohen Organisierungsgrad und den politischen Aktivitäten des amerikanischen Judentums zusammenhängt. Sowohl im Capitol als auch im Pentagon und bei den amerikanischen Militärs war bis Ende 1989 die Überzeugung weit verbreitet, Israel sei der einzige langfristig kalkulierbare und zuverlässige Partner der USA in der nahöstlichen Region. Diese Meinung wird auch von der amerikanischen Öffentlichkeit geteilt, die in Einzelfragen Israel keineswegs unkritisch gegenübersteht. Grundsätzlich sei, so die gängige Meinung, Israel ein strategischer Eckpfeiler amerikanischer Weltpolitik.

Umfragen haben immer wieder gezeigt, daß die große Mehrheit der Amerikaner dies so einschätzt. In dem jährlich erscheinenden Index to International Public Opinion kann dies leicht nachgeprüft werden. Für die öffentliche Meinung in den USA ist Israel einer der fünf wichtigsten Verbündeten überhaupt. (Vgl. sehr genau und ausführlich Gilboa, 1987 und 1986.) Sogar der Schaden der Intifada hielt sich in Grenzen. (Vgl. Gilboa, 1989; Penn/Schoen, 1988). Trotzdem ist ein Rückgang der Sympathie für Israel meßbar: Umfragen des American Jewish Committee zufolge neigten im Februar 1987 48% der US-Bürger eher Israel zu, im April 1988 waren es 37% und im April 1989 36%. Die Abnahme der Sympathie für Israel führte zu keiner Zunahme der proarabischen oder propalästinensischen Neigungen. Diese stiegen im gleichen Zeitraum nur von 8 auf 13% (zitiert bei J. Karni, Haaretz, 27.6.1989; Ben Zakan, Allgemeine, 14.7.1989; W. Ruby, Jerusalem Post International, 8.7.1989).

Gewiß, insgesamt steht die Mehrheit der US-Bürger hinter Israel. Aber eine Wirthlin-Umfrage vom März 1988 zeigte, daß die besser ausgebildeten Amerikaner mehrheitlich die Palästinenser unterstützten. 50% der Befragten mit einem Magisterabschluß (M.A.) neigten zu den Palästinensern, nur 34% zu Israel.

Im Herbst 1989 wurde aber auch in der übrigen US-Bevölkerung eine deutlich geringere Sympathie zugunsten Israels ermittelt: Noch im Januar 1988 wurde ein Gunstverhältnis zwischen Israel und den Palästinensern von 5:2 zugunsten des jüdischen Staates festgestellt; im September 1989 waren es nur noch 4:3 (E. Salpeter, Haaretz, 25.12.1989). Eine Umfrage der Anti-Defamation Leaque des Bnai Brith im Frühjahr 1990 ergab erstmals eine Mehrheit für die Palästinenser: 55% der befragten US-Bürger gaben an, mit den Palästinensern zu sympathisieren, nur 31% mit Israel (E. Salpeter, Haaretz, 28.6.1990). Saddam Hussein bewirkte proisraelische Stimmungen: 64% waren nach dem Einschlag irakischer Raketen auf Israel für Israel (S. Schamir, Haaretz, 27.1. 1991).

Außerdem haben die amerikanischen Militärs davon profitiert, daß Israel amerikanisches Kriegsgerät im Kampf erprobte, sowjetische Waffen in die Hände bekam und an die USA weiterleitete.

Nach dem Golfkrieg nahmen die Ängste um und damit Begeisterung für Israel ab. Verglichen mit Daten aus Deutschland und Europa blieben es Traumwerte für den jüdischen Staat. Die positiven Werte verdecken aber die Tatsache, daß es auch erhebliche Verärgerungen gegenüber Israel gab. Im Sommer 1991 hielten 37% der US-Bürger Israel wegen Schamirs Palästinenserpolitik für „ein Friedenshindernis in Nahost" (Wall Street Umfrage, in: S. Schamir, Haaretz, 4.8.1991). Kein Wunder, daß sich zu jener Zeit 46% der Amerikaner gegen (allerdings 44% für) weitere Wirtschaftshilfe an Israel aussprachen. Polarisierungen waren für Israel stets schädlich, besonders am Ende der Bush-Administration: Israels Minister Seewi (der den „Transfer" von Westufer-Palästinensern wollte) nannte Bush einen „Antisemiten". Die Atmosphäre war höchst gereizt, in Regierung und Öffentlichkeit.

Abbildung 28 veranschaulicht die grundsätzliche, enorme, doch auch hier und da schwankende Sympathie der US-Bevölkerung Israel gegenüber.

Abbildung 28: Sympathien für Israel und die arabischen Staaten in den USA 1980-1992

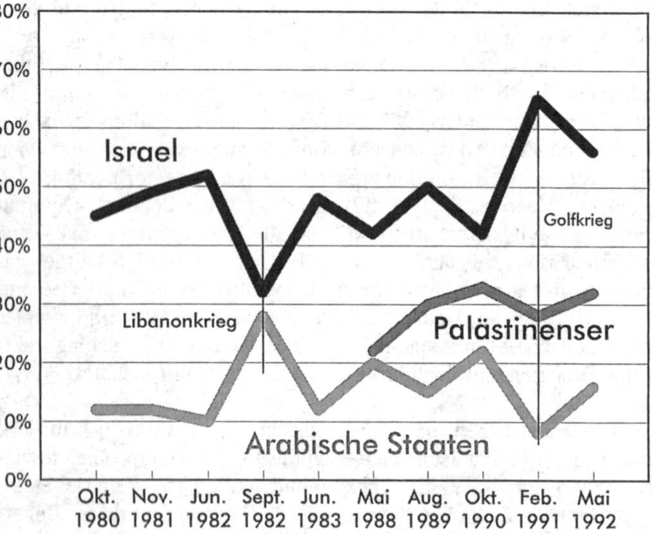

Daten: Gallup Polls, Haaretz

In Israel weiß man sehr wohl, wie die politische und wirtschaftliche Unterstützung sowie die Versorgung mit amerikanischen Militärgütern zu interpretieren ist: Sie dokumentiert einerseits das globale und strategische Interesse der USA am jüdischen Staat. Sie signalisiert andererseits die Tatsache, daß sich Israel im Ernstfall selbst helfen müßte, an ein direktes amerikanisches Eingreifen kaum zu denken wäre.

Umfragen seit Mitte der 70er Jahre ergaben, daß höchstens ein Drittel der US-Bürger eine derartige Aktion billigte – selbst „wenn Israel von den Arabern besiegt würde" (Public Opinion, 1986: 30f.). So gesehen, gehört die massive Hilfe an Israel auch zum Preis, den die USA zahlen müssen, wenn sie im Nahen Osten ihre nationalen Interessen wahrnehmen wollen, ohne einen militärischen Großeinsatz zu wagen. Zudem gibt Israel Informationen über erbeutete und im militärischen Kampf erprobte sowjetische Waffen nicht zum Nulltarif weiter und verwendet rund 85% der amerikanischen Gelder für Aufträge in den USA.

Noch eine Tatsache steigert den Kurs der politisch-militärischen Aktien Israels in den USA: Nicht selten verfügte der israelische Geheimdienst Mossad über bessere nachrichtendienstliche Informationen als die CIA. Zwei Beispiele. Das erste: Spätestens seit dem Sommer 1978 hielt der Mossad das Regime des iranischen Schah für gefährdet. In den USA sah man es anders, zu optimistisch, also falsch. Auch nach dem Sturz des Schah verfügte Israel über intakte Irankontakte. Ob sie weise angewandt wurden, ist eine andere Frage. Sie trifft das Dilemma von „Irangate". Bekanntlich erhielt der Iran über Israel in den 80er Jahren amerikanische Waffen. Damit sollten US-Geiseln, die sich in der Gewalt proiranisch-libanesischer Gruppen befanden, freigekauft werden. Das iranische Geld für die amerikanischen Waffen erhielten die nicaraguanischen „Contras", denen der US-Kongreß keine Finanzhilfe gewähren wollte. Das zweite Beispiel: Die Entführung des Hisbollah-Scheichs Obeid durch ein israelisches Kommando Ende Juli 1989. Wieder kann man über die Klugheit und Moral dieser Aktion zumindest geteilter Meinung sein. Es schien jedoch, als seien die Israelis die einzigen, denen es im libanesischen Dikkicht gelang, präzise nachrichtendienstliche Informationen zu sammeln.

Eine Einschränkung gilt es freilich nachzutragen: Die Unterstützung der amerikanischen Juden bröckelte seit 1977 ab. Die Grunde hierfür sind teils ereignis- und personenbedingt, teils strukturell zu verstehen: Die Sadat-Initiative brachte im amerikanischen Judentum der ägyptischen Seite einen erheblichen Sympathiegewinn, während die Haltung der Begin-Regierung nicht selten als „starrköpfig" eingestuft wurde. Auf heftige Kritik stieß im organisierten amerikanischen Judentum auch die Siedlungspolitik, die Israel seit 1977 betrieb. Die innerisraelischen Meinungsverschiedenheiten über den Libanon-Feldzug gegen die PLO schwappten auf das amerikanische Judentum über, das wegen dieses Krieges ebenso gespalten war wie die israelische Gesellschaft selbst.

Im November 1991 (Beginn der Madrider Friedenskonferenz) standen 53% der führenden US-Juden auf Seiten der oppositionellen Arbeitspartei, 22% waren für den Likud von Premier Schamir. 88% waren für Gebietskompromisse, 61% für Verhandlungen mit der PLO, 78% für ein Einfrieren der jüdischen Siedlungen im Westjordanland, doch zu 99% für Jerusalem als vereinte Hauptstadt Israels (Wilstein-Institut, Prof. Steven M. Cohen und Seymour M. Lipset, in: A. Kaplan, Jerusalem Post, 30.11.1991). Als Israel im Golfkrieg bedroht schien, nahm auch die Sympathie der US-Juden sprunghaft zu. 67% hatten sich in jenen Wochen „mehr Sorgen um Israel gemacht als in den 10 bis 15 Jahren davor“ (S. Schamir, Haaretz, 4.10.1991). Plötzlich war sogar Schamir für sie Israels beliebtester Politiker (ebd.).

Die Vereinbarungen mit der PLO vom 13.9.1993 befürworteten im Herbst 1993 68% der US-Juden (AJC-Umfrage, in: Wolffsohn, 1994: 232ff.). Das Kairoer Autonomieabkommen vom 4. Mai 1994 begrüßten 88% der amerikanischen Juden (Mellman-Lazarus-Lake-Greenberg-Umfrage, in: Near East Report, 30.5.1994, S. 97, 100. J.J. Goldberg, International Herald Tribune, 4.7.1994, S. 4 bezieht sich auf dieselbe Umfrage, nennt aber 78%).

Daß die Besatzungspolitik den demokratischen Charakter Israels schwäche, meinten im Herbst 1991 nur noch 14% der US-Juden. 1989 waren es 26% und 1988 noch 30%. Für Siedlungen im Westjordanland sprachen sich 1989 nur 25% der US-Juden aus. 1991 waren es zwar 30%, aber immerhin bei weitem nicht die Mehrheit (Umfragen des American Jewish Committee, in: J. Karni, Haaretz, 11.10.1991). Jedoch: etwas falkenhafter wurden die amerikanischen Juden dennoch: Gebietsrückgaben für „glaubwürdige“ Friedensgarantien befürworteten noch 1988 rund 42%, doch im Herbst 1991 nur noch 35% (ebd.). Daß die PLO Israel vernichten wolle, meinten 1989 „nur“ 62%, (nach dem Golfkrieg), 1991 aber 83% (ebd.).

Distanz zur Politik des Likud dokumentiert auch die Liste US-jüdischer Spender der israelischen Parteien: Das große Geld unterstützt die israelische „Linke“, also die Arbeitspartei, die inzwischen wirklich alles andere als „links“ ist. Auch Edgar Bronfman (Präsident des Jüdischen Weltkongresses) findet man auf dieser Liste (Haaretz, 12.1.1993).

Der Großteil des bei und von US-Juden gesammelten Geldes geht (anders als oft behauptet) nicht nach Israel. 1993 gingen nach Israel nur 31% (A. Bach und W. Saar, Haaretz, 22.6.1994; auch R. Saar, Haaretz, 29.7.1994). In den 60er Jahren waren es 60 bis 70% (ebd.).

Ereignisse und Personen beschleunigten einen strukturellen Vorgang, der sich allmählich seit den 70er Jahren zu entwickeln begann. Man könnte ihn als die Verselbständigung der jüdischen

Diaspora, d.h. der außerhalb Israels lebenden Juden, bezeichnen. Nach dem Holocaust und der Gründung des Staates Israel war die innerjüdische Führungsrolle des Zionismus weitgehend unumstritten. Das war vor dem Holocaust und vor der Staatsgründung anders, denn traditionell bildete der Zionismus eine Minderheit in der jüdischen Weltgemeinschaft. Die Veralltäglichung der staatlichen Existenz Israels sowie die Kritik an der politischen Linie dieses Staates führte zu der zunehmenden Verselbständigung, die man auch als Re-Emanzipation der Diaspora bezeichnen könnte.

Rabin hat im Sommer 1992, unmittelbar nach seiner Wahl, den führenden US-jüdischen Politikern unmißverständlich erklärt, daß Israel die erste Geige bei der Wahrnehmung israelischer Interessen in den USA spiele – nicht die US-Juden. Seymour Reich, Ex-Präsident der „Präsidenten-Konferenz" der wichtigsten US-jüdischen Organisationen dazu: „Rabin schwächt AIPAC (= die Israel-Lobby) und damit auch die Unterstützung für ihn selbst" (U. Nir, Haaretz, 8.9.1992).

Ein anderer, innerisraelischer Faktor dürfte auch zu den strukturellen Erklärungen zu zählen sein: Die zunehmende „Orientalisierung" der israelischen Gesellschaft muß langfristig zu einer gewissen Entfremdung zwischen dem aschkenasischen, also nichtorientalischen, Judentum in den USA und der israelischen Bevölkerungsmehrheit führen.

Auch dadurch wird die Re-Emanzipation der Diaspora verstärkt. Dies und die weltpolitische Entspannung, sowie die wenig entspannende israelische Palästinenserpolitik haben die israelisch-amerikanischen Karten neu gemischt.

Nicht überraschend, daß 1991 nur 17% der US-Juden und 1989 sogar nur 14% „eine Einwanderung nach Israel" erwogen (AJC-Daten, J. Karni, Haaretz, 11.10.1991). Als Israels Präsident Ezer Weizman alle Juden der Welt aufrief, endlich nach Israel einzuwandern, reagierten US-jüdische Politiker kratzbürstig (vgl. Deutsche Welle, Monitor-Dienst Nahost, 24.6.1994).

Was die Haltung der US-Juden auch erklärt: Der Antisemitismus in den USA hat in den vergangenen Jahrzehnten deutlich abgenommen (Smith, 1994). Daß er verschwunden (oder schwächer als in Deutschland) wäre, kann man kaum sagen. So behaupteten zum Beispiel 24% der US-Bürger, daß „Juden eine Menge ärgerlicher Fehler" hätten. Tröstlich: es waren weniger als 1981 (28%) oder gar 1964 (48%; Smith, 1994: 40).

Das US-Judentum hat sich amerikanisiert (vgl. Hertzberg, 1992). Das heißt: es ist ein vollständig integrierter und aktiver Teil von Politik, Gesellschaft, Wirtschaft und Kultur der USA. Die jüdische Wahlbeteiligung ist immer hoch (ca. 90%), die allgemeine bei ungefähr 50%. Die Folge: das politische Gewicht der jüdischen Wähler ist erheblicher als ihr Anteil an der Bevölkerung.

Nach den Wahlen vom November 1992 saßen zehn Juden im Senat. Weder wegen noch trotz ihres Judentums, sondern als Amerikaner wurden sie gewählt. Der Staat Wisconsin (Anteil der Juden 0,7%) entschied sich gleich für zwei jüdische Kandidaten. Ins Repräsentantenhaus kamen 33 Juden (Near East Report, 16.11.1992: 209).

Abbildung 29: Anteil jüdischer Stimmen bei der Präsidentschaftswahl 1992

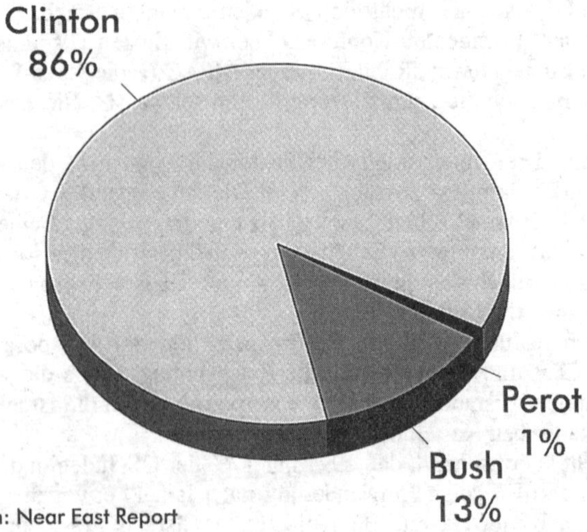

Daten: Near East Report

„Fuck the Jews" hatte George Bushs Außenminister James Baker angeblich Anfang 1992 gesagt – was er dementieren ließ (S. Schamir, Haaretz, 8.3.1994). Wie auch immer: Die Mehrheit der US-Juden „dankte" es den Republikanern: Bei den Präsidentschaftswahlen im November 1992 wählten 86% der Juden Bill Clinton (Near East Report, 9.11.1992: 203; U. Nir, Haaretz, 5.11. 1992).

Fast immer haben die jüdischen Wähler die Präsidentschaftskandidaten der Demokratischen Partei bevorzugt (siehe Tabelle 15). Bei Wahlen zum Kongreß oder in den Kommunen haben sie durchaus auch Republikaner bevorzugt. Im November 1992 wählten sie den Republikaner Alfonse d'Amato in den Senat, und im November 1993 wählten sie Rudolph Giuliani und nicht (mehr)

David Dinkins zum Bürgermeister von New York City (S. Schamir und A. Eldar, Haaretz, 4.4.1993). Es gäbe noch viele andere Beispiele.

Tabelle 15: Jüdisches Wählerverhalten bei den amerikanischen Präsidentschaftswahlen

Wahl -jahr	Kandidat der Demokraten	%	Kandidat der Republikaner	%	„Dritte" Kandidaten	%
1916	WILSON	55	Hughes	45		
1920	Cox	19	HARDING	43	Debs (Socialist)	38
1924	Davis	51	COOLIDGE	27	La Follette (Progressive)	22
1928	Smith	72	HOOVER	28		
1932	ROOSEVELT	82	Hoover	18		
1936	ROOSEVELT	85	Landon	15		
1940	ROOSEVELT	90	Wilkie	10		
1944	ROOSEVELT	90	Dewey	10		
1948	TRUMAN	75	Dewey	10	Wallace (Progressive)	15
1952	Stevenson	64	EISENHOWER	36		
1956	Stevenson	60	EISENHOWER	60		
1960	KENNEDY	82	Nixon	18		
1964	JOHNSON	90	Goldwater	10		
1968	Humphrey	81	NIXON	17	Wallace (unabh.)	2
1972	McGovern	65	NIXON	35		
1976	CARTER	71	Ford	27	McCarthy (unabh.)	2
1980	Carter	45	REAGAN	39	Anderson (unabh.)	14
1984	Mondale	69	REAGAN	31		
1988	Dukakis	73	BUSH	27		
1993	CLINTON	86	Bush	13	Perot (unabh.)	1

Gewinner in Großbuchstaben
Daten: Near East Report

Die US-Juden haben sich von Israel emanzipiert, doch Israel auch von den US-Juden. Rabins obiges Zitat an die Adresse der US-jüdischen Funktionäre ist nur ein Beweis. Ein anderer: „Dankbarkeit" gegenüber den US-Juden empfanden im Januar/Februar 1991 nur 44% der Israelis und „überhaupt nichts" 36% (IIASR; frühere Daten in: Wolffsohn, 1983: 385f.).

Die israelische Öffentlichkeit hat sich zudem (trotz aller Abhängigkeit im finanziellen, militärischen und politischen Bereich) ganz allgemein den USA gegenüber durchaus freigeschwommen – wenn das (bei dem ausgeprägten Selbstbewußtsein der meisten Israelis) je anders gewesen sein sollte. Daß „Israel die außen- und sicherheitspolitischen US-Positionen aufgrund seiner Abhängigkeit akzeptieren" müsse, bejahten im November 1990 53%, im Februar 1991 (Golfkrieg!) nur 48% (IIASR). Daß die Siedlungspolitik der Regierung unbeliebter wurde, erwähnten wir. Aber sie wegen amerikanischen Drucks einzustellen, lehnten 55% ab, 23% waren dafür (IIASR). Das Vertrauen in die *politische* Unterstützung durch die USA ist unter Präsident George Bush erheblich zurückgegangen. In den 80er Jahren betrug es rund 90%, Ende 1991 (nach dem Golfkrieg und dem angeblichen Ausspruch von Außenminister James Baker) nur noch 63% (IIASR, Jerusalem Post, 14.12.1991). „Im *Kriegs*fall" könne man sich auf die USA verlassen, sagten aber im November 1990 nur 42%, doch während des Golfkrieges (als es bewiesen wurde) 61% (IIASR).

Literaturhinweise

Herzberg, 1992
Schoenbaum, 1990
Feldman, 1988
Hacke, 1985
Spiegel, 1985

Vgl. Abschnitt C/XVII/1 in diesem Buch

Jährliche Aktualisierung am besten im Middle East Contemporary Survey
Documents on the Foreign Policy of Israel, herausgegeben von den Israel State Archives
Foreign Relations of the United States (= Dokumente zur Außenpolitik der USA)

2. Die Beziehungen zur Sowjetunion und den GUS-Staaten

Daß die UdSSR im November 1947 dem Plan der Vereinten Nationen zustimmte, der zur Teilung Palästinas führte, also zur Gründung Israels, überraschte nicht nur die internationale Gemeinschaft, sondern auch und besonders die zionistischen Politiker selbst. Bis dahin war nämlich das Verhältnis zwischen Zionismus und Sowjetkommunismus alles andere als problemlos; ja, man kann von einer ausgesprochenen Gegnerschaft sprechen, die nicht nur darauf zurückzuführen ist, daß viele Gegner Stalins in der Kommunistischen Partei Juden waren.

Diese Tatsache hat weniger mit dem Zionismus selbst als vielmehr mit innersowjetischen Grundtatsachen zu tun: Erstens zählten zu den Veteranen der russischen Sozialdemokratie, dann der Kommunistischen Partei, zahlreiche jüdische Russen und Sowjetbürger, die nicht selten zwischen dem kommunistischen Internationalismus und dem jüdischen Nationalismus, sprich Zionismus, schwankten. Anders formuliert: Sie waren alle dem zionistischen Bazillus gegenüber nicht ganz immun. Zumindest gab es Kräfte, die eine Situation anstrebten, in der die Juden der Sowjetunion mehr Autonomie haben sollten. Genau dies wiederum konfrontierte die Sowjetführung, sogar den besten Willen vorausgesetzt, mit einem grundlegenden Problem ihres Vielvölkerstaates. Hätte man nämlich den Juden mehr Autonomie, d.h. Selbstregierung in internen Angelegenheiten, überlassen, so hätte man eine Schneeballwirkung erzielt: Die anderen Nationalitäten und Völker der Sowjetunion würden und müßten das gleiche fordern, die Position der Moskauer Zentralregierung, also auch und besonders der Partei, wäre langfristig und strukturell gefährdet.

Die sowjetische Israel-Politik war daher stets im Zusammenhang mit dem Nationalitätenproblem in der Sowjetunion zu sehen. Dies galt darüber hinaus natürlich auch in bezug auf die Problematik der Auswanderungsgenehmigungen für russische Juden. Hätte man nämlich alle ausreisewilligen sowjetischen Juden aus dem Lande ziehen lassen, wäre mit einer Antragsflut anderer Volksgruppen, z.B. der Rußlanddeutschen, zu rechnen gewesen. Daher war es aus der sowjetischen Sicht vernünftiger, die Aktivisten ziehen zu lassen, um insgesamt einen Beruhigungs- und Befriedigungseffekt zu erreichen. Ähnlich verhielt sich die Sowjetführung bekanntlich in der Frage der Auswanderungsgenehmigungen für deutschstämmige Staatsbürger der UdSSR.

Heute wissen wir, daß all diese taktischen Maßnahmen den Verfall der UdSSR nicht verhindern konnten.

Nur innenpolitisch wird man diese Frage nicht sehen können, denn es fällt auf, daß besonders viele Juden seit Anfang bis in die Mitte der 70er Jahre auswandern durften. Es war genau jene Zeit, in der die Vereinigten Staaten als einen Preis der Entspannungspolitik von der Sowjetunion die Liberalisierung der Ausreisegenehmigungen für die sowjetischen Juden gefordert hatten. Dies wiederum stellte die Sowjetunion vor ein anderes außenpolitisches Problem, nämlich die mögliche (und tatsächliche) Verärgerung der arabischen Staaten. Diese warfen der Sowjetunion vor, diejenigen Staatsbürger ausreisen zu lassen, die später gegen die Araber auf seiten der Israelis kämpfen würden. Die Sowjetunion mußte so durch verschiedene Hindernisse steuern.

Die Ereigniskette in den israelisch-sowjetischen Beziehungen ist nicht von den geschilderten langfristigen Grundgegebenheiten struktureller Art zu unterscheiden. Es mag sein, daß die Sowjetführung im Herbst 1947 der Meinung war, sie könne im Nahen Osten über das Sprungbrett Israel Fuß fassen. Möglicherweise glaubte sie, die traditionellen Herrschaftssysteme dieser Weltgegend durch die, wenngleich nicht sozialistische, so doch sozialdemokratisch geführte Republik Israel in eine „fortschrittliche“ Region umwandeln zu können.

Schon die ersten Monate nach Aufnahme der diplomatischen Beziehungen zwischen beiden Staaten lehrten die Sowjetführung, daß die strukturell-innenpolitischen und blockpolitischen Gefahren größer als die regionalpolitisch-nahöstlichen Vorteile der Beziehungen zu Israel waren. Die sowjetischen Juden bereiteten in Moskau der ersten Botschafterin Israels, Golda Meir, einen triumphalen Empfang. Der Faktor Israel elektrisierte die russischen Juden. Die Konsequenzen für die Nationalitätenpolitik wären unübersehbar gewesen, und schon im Winter 1948/49 ging die sowjetische Regierung zu verstärkten Kontrollen der jüdischen Aktivisten und anderer Nationalitätenführer über. Es kam zu ersten Verstimmungen in den Beziehungen zwischen Israel und der Sowjetunion. Sie verschärften sich noch dadurch, daß Stalin sich anschickte, in den Ostblockstaaten die kommunistischen Veteranen, von denen viele Juden waren, auszuschalten. Sie verfügten über eine eigene, nationalkommunistische, Hausmacht und waren daher nicht allein von Stalin und der Sowjetunion abhängig. Diese alte Garde der kommunistischen Gründungsväter wurde im Ostblock Ende der 40er und Anfang der 50er Jahre verfolgt, entmachtet oder gar liquidiert.

Das Verhältnis zwischen Israel, der Sowjetunion und den übrigen Ostblockstaaten verschlechterte sich zusehends. Am 11. Februar 1953 brach die Sowjetunion die diplomatischen Beziehungen zu Israel ab. Anlaß hierzu war eine Bombenexplosion in der Tel-Aviver Sowjetbotschaft zwei Tage zuvor. Die eigentliche Ursache ist aber in den geschilderten strukturellen Zusammenhängen zu sehen. Am 5. März 1953 starb Stalin. Unter seinen Nachfolgern trat eine Klimaverbesserung ein.

Schon am 21. Juli 1953 wurden die diplomatischen Beziehungen wieder aufgenommen, doch zu der engen Zusammenarbeit, die noch 1947 oder gar im ersten israelisch-arabischen Krieg zu beobachten war, kam es nie wieder.

Als nahöstliches Sprungbrett peilte die Sowjetführung nun Ägypten und Syrien an. Dies wurde im September 1955 offensichtlich, als die Sowjetunion und Ägypten der Welt mitteilten, daß tschechoslowakische, sprich sowjetische, Waffen nach Ägypten geliefert würden.

Am Vorspiel zum Sechs-Tage-Krieg beteiligte sich die Sowjetunion dadurch, daß sie die ägyptische und syrische Regierung von vermeintlichen israelischen Truppenkonzentrationen an den jeweiligen Grenzen unterrichtete. Dies brachte Ägypten und Syrien in Zugzwang, es begann die Spirale von Informationen, Fehlinformationen, Fehlsteuerungen und Ungeschicklichkeiten, die zum Kriegsausbruch führten.

So die herkömmliche Meinung. Die interne Rede Breschnews auf dem Juniplenum (20.6.1967) des ZK der KPdSU „Über die Politik der Sowjetunion im Zusammenhang mit der Aggression Israels im Nahen Osten" zeigt jedoch, daß auch die Sowjetunion eher die von Nasser getriebene als treibende Kraft war. ZK-Akten der SED beweisen das. (Hierzu 1995 mein Buch *„Das Gute Deutschland" und die „Jüdische Weltmacht". Die DDR und die Juden.*)

Um ihre Solidarität mit der arabischen Welt zu dokumentieren, brach die Sowjetunion erneut die diplomatischen Beziehungen zu Israel ab.

Durch den einseitigen und exklusiven Einsatz der arabischen Karte hat sich die Sowjetunion letztlich selbst um die Möglichkeit gebracht, als gewinnender Vermittler aufzutreten. Sie konnte Lösungen verhindern, keine herbeiführen, und hat sich selbst isoliert. Davon wiederum profitieren die USA, die trotz zahlreicher Fehlschläge ihrer Nahostpolitik als Vermittler oder zumindest Nachrichtenträger zwischen beiden Seiten unentbehrlich waren und sind.

Seit Herbst 1985 mehrten sich die Zeichen für ein sowjetisch-israelisches Tauwetter: Über die Wiederaufnahme diplomatischer Beziehungen wurde gemunkelt, doch erste Schritte in diese Richtung ließ Moskau von den Bündnispartnern Polen und Ungarn einleiten. Bis zum August 1989 blieb Rumänien jedoch der einzige Ostblockstaat mit diplomatischen Beziehungen zu Israel.

Im Januar 1990 erklärte der sowjetische Außenminister, man hebe die Beziehungen zu Israel auf Gesandtenebene. Von Vorbedingungen seitens Israels war keine Rede mehr. Früher hatte es stets geheißen: Die Räumung der besetzten Gebiete sei hierfür notwendig. Entscheidend für die Israelis: Die Sowjetunion ließ mehr Juden ausreisen denn je. Das wiederum empfanden radikale arabische Staaten wie Libyen als Provokation (vgl. Radio Tripolis am 13.1.1990, in: Monitordienst der Deutschen Welle, Nahost, 16.1.1990).

Am 18. September 1989 nahmen Ungarn und Israel ihre diplomatischen Beziehungen wieder auf. Im selben Monat hatte Budapest die Ausreise von DDR-Bürgern ermöglicht. Die Demokratisierung des Landes war in vollem Gange. Auf diesen übergeordneten Zusammenhang sollte hingewiesen werden. Ähnliches gilt für die polnisch-israelischen Beziehungen nach dem Amtsantritt von Ministerpräsident Mazowiecki von der Solidarität. Trotz der katholisch-jüdischen Kontroverse um das Karmeliterinnenkloster in Auschwitz bahnte sich eine Normalisierung und Verbesserung der polnisch-israelischen Beziehungen an. Der neue Premier, Lech Walesa und israelische Politiker hatten in dieser Auseinandersetzung versucht, die Erregungen in der polnischen Bevölkerung und dem Diasporajudentum zu dämpfen, zwischen den Parteien zu vermitteln. Das wiederum brachte die Regierungen näher zueinander. Im Frühjahr 1990 wurden die diplomatischen Beziehungen wiederaufgenommen. Ebenso wurden die Beziehungen zu Bulgarien und mit der Tschechoslowakei Anfang 1990 wiederaufgenommen.

Am 18. Oktober 1991 folgte endlich auch die Sowjetunion – deren Ende zwei Monate später vollzogen war. Rund ein Jahr nach ihrer Unabhängigkeit hatten alle GUS-Staaten sowie die drei baltischen Staaten diplomatische Beziehungen zu Israel aufgenommen, auch die islamischen GUS-Staaten.

In den GUS-Staaten lebten 1994 rund eine Millionen Juden. Ihre Zukunft schien ungewiß zwischen russischem Nationalismus und möglichem Islamismus.

Auch im Verhältnis zur DDR hatte noch unter Honecker ein Tauwetter begonnen. Der Kirchen-Staatssekretär hatte 1989 Israel besucht, und Theatergruppen aus der DDR, zum Beispiel das Berliner Ensemble, gastierten im jüdischen Staat. Nach der „Wende“ signalisierten der alt-neue DDR-Außenminister Fischer, der neue Ministerpräsident Modrow sowie der neue SED-Chef Gysi die Möglichkeit diplomatischer Beziehungen. Mit Hilfe Israels hoffte die SED, die Existenz der DDR außenpolitisch abzusichern (Wolffsohn, 1991).

Die erste demokratisch gewählte Regierung der DDR zeigte unverzüglich freundschaftliche Gesten gegenüber dem jüdischen Staat und den Juden in New York. Besonders beachtet wurde die von der freigewählten Volkskammer am 12.4.1990 verabschiedete Erklärung zur deutschen Verantwortung für den Holocaust.

Literaturhinweise

Golan, 1990
Linde, 1989 und 1989a
Ulfkotte, 1988
Brod, 1980
Ro'i, 1985 und 1974
Jährliche Aktualisierung am besten im Middle East Contemporary Survey
Documents on the Foreign Policy of Israel, herausgegeben von den Israel State Archives

3. Das Verhältnis zu Großbritannien

Verständlicherweise waren die Beziehungen zur ehemaligen Mandatsmacht Großbritannien nach der Unabhängigkeit nicht problemlos und spannungsfrei. Ein grundlegender Wandel der israelisch-britischen Beziehungen trat im Jahre 1956 ein, als Ägyptens Staatspräsident Nasser den Suez-Kanal verstaatlichte, d.h. Großbritannien und Frankreich enteignete. Bekanntlich reagierten die Briten und Franzosen darauf militärisch, indem sie sich mit Israel verbündeten und am 29. Oktober 1956 losschlugen. Dennoch blieb das Verhältnis zwischen beiden Staaten eher britisch unterkühlt, was unter anderem daran liegt, daß Großbritannien, ebenso wie die meisten europäischen Staaten, für Israel längst nicht so wichtig ist, wie die USA. Als Faustregel der britisch-israelischen Beziehungen gilt: Unter den Regierungen, welche die Labour-Party führte, war das Verhältnis enger als unter den Konservativen. Eine gewisse Ausnahme stellte die Regierung Thatcher dar, weil die britische Premierministerin ursprünglich zur britisch-israelischen Parlamentariergruppe gehörte und außerdem in einem Londoner Wahlkreis kandidierte, der von zahlreichen Juden bewohnt wird. Dieses Dilemma wäre allerdings leicht zu umgehen gewesen, indem man der prominenten Politikerin einen anderen Stimmbezirk gesucht hätte.

Die Stimmung der britischen Öffentlichkeit hat sich Israel gegenüber seit 1967 deutlich verschlechtert (vgl. die wenigen, doch aufschlußreichen, verfügbaren Umfragen hierzu in: Wolffsohn, 1986: 72f. und V). Im November 1977 meinten 35% der Briten,

Israel tue nicht genug für den Frieden (a.a.O.: 73). Im Juni 1988 und im Januar 1989, also nach Beginn der Intifada, sagten dies 70% und 69% (Gallup-Umfrage, World Opinion Update, April 1989, S. 43). Wenig besser das Bild im August 1991: 66% der Briten meinten, Israel täte nicht genug für den Nahostfrieden. Auf den gleichen Anteil kamen die Palästinenser. „Die Arabischen Staaten" täten diesbezüglich nicht genug, sagten gleichzeitig noch mehr: 70% (Gallup-Daten, in: World Opinion Update, September 1991: 107).

Einziger Trost für Israel: Weder die arabischen Staaten noch die Palästinenser erhielten bessere Zensuren. Die öffentliche Meinung gibt sich den Konfliktparteien gegenüber gleichermaßen distanziert.

Die britischen Juden zeigten im Sommer 1993 Falken-Positionen in bezug auf das „Gasa-Jericho-Zuerst"-Abkommen, das Israel und die PLO geschlossen hatten. Zwei Drittel lehnten die Vereinbarungen ab (N. Horowitz u.a., Haaretz, 31.8.1993. Das Abkommen wurde am 13.9.1993 unterzeichnet, war aber schon im August veröffentlicht worden.).

Literaturhinweise

Cohen, 1988 und 1982
Louis, 1984
Pappé, 1984
Gorny, 1983
Wilson, 1981
Documents on the Foreign Policy of Israel, herausgegeben von den Israel State Archives
Jahrbuch: Middle East Contemporary Survey, ed. by C. Legum, New York/London: Holmes & Meier, seit 1978

4. Das Verhältnis zu Frankreich

Frankreichs Rolle in der Frühphase der israelischen Außenpolitik war in zweierlei Hinsicht bedeutsam. Zum einen erwies sich Paris gerade in den frühen 50er Jahren als günstige Drehscheibe zunächst indirekter, dann direkter Kontakte zwischen Vertretern Israels und der Bundesrepublik Deutschland.

Seit 1954 bahnte sich eine enge militärische Zusammenarbeit zwischen Israel und Frankreich an, die dann auch den nuklearen Bereich umfaßte. Israels Kernreaktoren stammen aus Frankreich. Hier wurde die Grundlage des nuklearen Militärpotentials Israels gelegt. Daß Frankreich Israel seit 1954 geradezu umwarb, hängt nicht zuletzt mit dem Algerien-Krieg zusammen, der fast zwangsläufig die Beziehungen zwischen Paris und der arabischen Welt ebenso verschlechterte wie das Verhältnis zu Israel verbesserte. Außerdem hoffte Frankreich von Israels Kampferfahrungen gegen Araber zu profitieren. Beachtet sei schließlich die Tatsache, daß Israels Gegner, Ägyptens Präsident Nasser, die algerischen Aufständischen unterstützte.

Bis 1967 war Frankreich Israels wichtigster Waffenlieferant. Doch schon in den ersten Jahren der Präsidentschaft de Gaulles zeichnete sich allmählich ein gewisses Abrücken Frankreichs von der engen, einseitigen Zusammenarbeit mit Israel ab. Sie war aus französischer Sicht auch nicht mehr so lohnend wie in den frühen 50er Jahren, denn de Gaulle hatte den Algerien-Krieg beendet, die einstige Kolonie 1962 die Unabhängigkeit erlangt.

Der Sechs-Tage-Krieg war daher eigentlich eher Anlaß als Ursache der französisch-israelischen Verstimmung. De Gaulle beschuldigte die Israelis, den Krieg unnötigerweise begonnen zu haben und warf ihnen außerdem vor, auf seinen Rat nicht gehört zu haben. Er glaubte, das Rezept zur Verhinderung dieses Krieges gekannt und mitgeteilt zu haben. Im November 1967 kritisierte er auf einer Pressekonferenz die israelische Politik außerordentlich heftig und verhängte ein Embargo über Waffenlieferungen an den jüdischen Staat, das in den folgenden Jahren verschärft wurde. Die Intensivierung der französischen Waffenexporte in die arabische Welt, auch an Libyen, die de Gaulles Nachfolger einleiteten, führte zur weiteren Verschlechterung der israelisch-französischen Beziehungen.

Doch Anfang der 80er Jahre erkannte Frankreich, daß es in ein ähnliches, teilweise selbst verschuldetes, Dilemma seiner Nahostpolitik geraten war wie die Sowjetunion. Man hatte einseitig auf die arabische Karte gesetzt und sich damit politischer Einflußmöglichkeiten beraubt. Der 1981 gewählte Präsident Mitterrand konnte den einseitig pro-arabischen Kurs vergleichsweise leicht korrigieren, da er schon immer eher zu den proisraelischen Kräften in Frankreich zählte.

Wie in fast allen westeuropäischen Staaten, wehte Israel auch in Frankreich seit 1967 der Wind der öffentlichen Meinung ins Gesicht. 1967 sympathisierten mit dem jüdischen Staat 56% der Franzosen, im Juni 1982 nur noch 37% (Wolffsohn, 1986: 72f. und V). Neuere Umfragen konnten nicht ermittelt werden.

Literaturhinweise

Weinberg, 1987
Cohen, 1974
Crosbie, 1974
Documents on the Foreign Policy of Israel, herausgegeben von den Israel State Archives

5. Die Beziehungen zur Bundesrepublik Deutschland

Die deutsch-israelischen Beziehungen lassen sich in acht Phasen unterteilen: 1) Wiedergutmachungsfragen (bis 1953). 2) Das Ringen um die Aufnahme diplomatischer Beziehungen (bis 1965). 3) Beginnende Routinisierung (bis Herbst 1969). 4) Zwischen Ost- und Nahostpolitik (die Ära Brandt/Scheel). 5) Palästinenserfrage und Ölprobleme im Mittelpunkt (1973 bis 1977). 6) Der Schatten Begins (bis Herbst 1983). 7) Von der „Dritten Kraft" zum Partner der USA (Herbst 1981 bis 1989) 8) Israel und die deutsche Einheit (seit Herbst 1989).

Gewiß könnte man die inhaltlichen Akzente anders setzen und damit andere Einschnitte wählen. Zu beobachten ist die teilweise Überschneidung verschiedener Phasen, die hier lediglich der Übersichtlichkeit wegen getrennt ausgewiesen werden. Freilich läßt sich auch über die Auswahl der Daten diskutieren, doch soll, wie gesagt, nur ein Gerüst konstruiert werden.

a) Phase der Wiedergutmachungsfragen (1949-1953)

Bereits am 11.11.1949 bekundete Bundeskanzler Adenauer in einem Interview mit dem Herausgeber der Allgemeinen Wochenzeitschrift der Juden in Deutschland die grundsätzliche Bereitschaft zu materieller Wiedergutmachung an den jüdischen Opfern des nationalsozialistischen Regimes. Im Januar 1951 beschloß die israelische Regierung, nicht zuletzt aufgrund ihrer schwierigen wirtschaftlichen Lage, mit der Bundesregierung indirekt zu verhandeln und übergab am 12.3.1951 den vier Siegermächten des Zweiten Weltkrieges eine dementsprechende Note. Verlangt wurden 1 Milliarde Dollar von West-, 500 Millionen Dollar von Ostdeutschland. Die Sowjetunion beantwortete die Note nicht, die Westmächte verlangten direkte deutsch-israelische Verhandlungen.

Der Weg hierzu wurde durch eine von Kanzler Adenauer im Bundestag am 27.9.1951 abgegebene Erklärung geebnet. Anfang

Januar 1952 stimmte die Knesset, mit 60 gegen 51 Stimmen der Aufnahme direkter Verhandlungen zu, nachdem es während der Debatte zu Tumulten gekommen war. Ausgelöst wurden sie durch die teilweise auch außerparlamentarischen, keineswegs gewaltfreien Proteste der Herut-Partei Menachem Begins.

Am 21.3.1952 begannen die Verhandlungen in Wassenaar bei Den Haag (Niederlande). Sie führten zum Luxemburger Abkommen, das am 10.9.1952 in der Hauptstadt des Großherzogtums unterzeichnet wurde. Im Zeitraum von zwölf Jahren sollte der Staat Israel drei Milliarden DM erhalten, die Conference on Jewish Material Claims against Germany (Kürzel: Claims Conference) 450 Millionen DM. Diese Organisation vertrat die jüdischen Opfer außerhalb Israels.

Am 18.3.1953 ratifizierte der Bundestag das Abkommen. Bei der namentlichen Abstimmung votierten dafür: 84 Mitglieder der CDU/CSU Fraktion, 125 SPD (einstimmig), 5 DP, 5 andere; dagegen: CDU/CSU 4, FDP 5, DP 5, KPD 13 (einstimmig), andere (auch DRP) 7. Es enthielten sich der Stimme: 39 Abgeordnete der CDU/CSU (z.B. Finanzminister Fritz Schäffer, der zunächst gegen das Abkommen war, ebenso wie sein Parteifreund Franz Josef Strauß), 19 FDP, 10 DP, 13 Föderalistische Union, 5 andere. Ohne die Opposition wäre die Regierung demnach in arge Schwierigkeiten bei der Abstimmung geraten.

1953 wäre die Bundesregierung durchaus bereit gewesen, formale Beziehungen zu Israel aufzunehmen, doch noch zögerte Jerusalem. Seit 1955, mehr noch seit 1956/57 drängte Israel, aber nun wich Bonn aus, um seine Interessen in der arabischen Welt nicht zu gefährden. Vor allem aber hatte sich die Bundesregierung durch die Hallstein-Doktrin selbst die Hände gebunden und fürchtete, die Araber würden diplomatische Beziehungen zu Jerusalem mit der Anerkennung der DDR beantworten.

b) Das Ringen um die Aufnahme diplomatischer Beziehungen (1955-1965)

Abgesehen von der Frage der Aufnahme diplomatischer Beziehungen bestimmten in dieser Phase drei weitere Themen das deutsch-israelische Verhältnis: Waffenlieferungen, die Verjährung nationalsozialistischer Verbrechen, die Tätigkeit deutscher Raketenexperten in Ägypten.

Im März 1956 hieß es, diplomatische Beziehungen würden zwischen Bonn und Jerusalem aufgenommen werden. Im April wurde dementiert. Ähnlich war es im Juli 1957. Zuvor, im Herbst

1956, hatte Adenauer sich geweigert, dem Beispiel der USA zu folgen und wirtschaftlichen Druck auf Israel auszuüben. Die Eisenhower/Dulles-Administration hatte versucht, auch auf diese Weise Jerusalem zur Aufgabe der Sinai-Halbinsel und des Gasa-Streifens zu bewegen. Diese waren von den Israelis im Sues-Feldzug 1956 erobert worden. Die deutschen Wiedergutmachungszahlungen gingen weiter.

Bonns Standfestigkeit beeindruckte die israelische Regierung, die nun auch Waffenwünsche an die Bundesregierung herantrug (Peres an F.J. Strauß z.B.). Hier weitere Daten zu diesem Themenbereich:

15.12.1957: Das israelische Kabinett stimmt diesem Ansinnen mehrheitlich zu, doch die sozialistischen Parteien Mapam und Achdut Haawoda wollen keine Waffen aus Deutschland.

24.12.1957: Ben-Gurion vor der Knesset: Als langfristig zuverlässiger Waffenlieferant komme nur die Bundesrepublik Deutschland in Frage, und Waffen benötige Israel auf jeden Fall.

27.12.1957: Die Bundesregierung erklärt, es würden grundsätzlich keine Waffen in Spannungsgebiete geliefert werden.

31.12.1957: Ben-Gurion tritt wegen der kabinettsinternen Kontroverse über diesen Streitpunkt zurück.

24.6.1959: Der Spiegel enthüllt, daß israelische Uzi-Maschinenpistolen seit geraumer Zeit von der Bundesrepublik Deutschland gekauft würden; ebenso andere leichte Waffen. Daraufhin kam er zur Regierungskrise in Israel, da für die Achdut Haawoda Waffen *nach* Deutschland noch verwerflicher als Waffen *aus* Deutschland sind.

Bei ihrem Treffen in New York vereinbaren Adenauer und Ben-Gurion am 14.3.1960 auch deutsche Waffenhilfe. Am 8.6. 1962 wird hierüber ein Geheimvertrag geschlossen. Die USA, Italien und Großbritannien helfen bei der Durchführung. Verteidigungsminister Strauß ist für, Außenminister Schröder gegen diese Waffenlieferungen, die am 26.10.1964 von der Frankfurter Rundschau aufgedeckt werden. Am 12.2.1965 verkündet Bundeskanzler Erhard, die Bundesrepublik Deutschland werde keine Waffen mehr in Spannungsgebiete senden. – Verärgerung in Bonn über Ulbrichts Besuch in Ägypten (24.2. bis 2.3.1965).

2.3.1965: Kurt Birrenbach beginnt seine Sondermission nach Israel, an deren Ende diplomatische Beziehungen beschlossen werden. Dem stimmt die Bundesregierung am 5.5.1965 zu. Am 12.5.1965 wurden die Beziehungen offiziell aufgenommen.

Die deutsch-israelische Auseinandersetzung über die Tätigkeit der bundesdeutschen Raketenspezialisten, die seit März 1963 öffentlich, wesentlich früher jedoch schon hinter den politischen Kulissen geführt wurde, löste die Bundesregierung durch attraktive Arbeitsangebote in der Heimat, die den Technikern unterbreitet wurden.

Auch in der umstrittenen Frage der Verjährung nationalsozialistischer Verbrechen, die seit November 1964 dic beiderseitigen Beziehungen sichtbar (zuvor ebenfalls hinter den Kulissen) belastete, hatte man im März 1965 einen Kompromiß gefunden, der in Bonn durchsetzbar und für Jerusalem akzeptabel war: Die Frist wurde um fünf Jahre verlängert. Dieser rationale Ausweg war um so schwieriger als durch den Eichmann-Prozeß seit dem 11.4.1961 vierzehn Wochen lang die Vergangenheit stärker als zuvor wiederbelebt worden war – auch auf der Gefühlsebene. Schon 1959/60 hatten antisemitische Schmierereien das Bild der Israelis vom neuen Deutschland beschädigt. Erst nach dem Wendejahr 1989 wurde bekannt, daß Ostblockagenten für viele dieser Aktionen verantwortlich waren.

c) Die beginnende Routinisierung (1965-1969)

Am 12.5.1966 unterzeichneten die Bundesrepublik Deutschland und Israel ein Wirtschaftsabkommen, das unter anderem zinsgünstige Jahreskredite von 130 Millionen DM an Israel vorsah. Sie wurden später auf 140 Millionen DM erhöht; eine Regelung, die bis heute gilt.

Am 30.6.1966 hielt Botschafter Pauls in Tel-Aviv eine aufsehenerregende Rede, in der er davor warnte, Deutschlands Erneuerung nicht zur Kenntnis nehmen zu wollen.

Während des Sechs-Tage-Krieges schlug Israel aus der bundesdeutschen Bevölkerung eine Welle der Sympathie entgegen. Von kommenden Veränderungen zeugten propalästinensische Bekundungen der entstehenden Neuen Linken an bundesdeutschen Universitäten. Im Krieg selbst blieb die Bundesrepublik neutral, doch wurden 20.000 Gasmasken für die israelische Zivilbevölkerung geliefert.

Verteidigungsminister Schröder hatte dagegen protestiert. Außenminister Willy Brandt erklärte, daß die strikte Neutralität der Bundesregierung keine „moralische Indifferenz oder Trägheit des Herzens“ bedeute. Auf Deutsch: Die Bundesregierung stand auf der Seite Israels.

d) Zwischen Ost- und Nahostpolitik (Die Ära Brandt/Scheel)

Obwohl die israelische Regierungskoalition von der sozialdemokratischen Arbeitspartei geführt wurde, blieb das Echo auf den Bonner Machtwechsel 1969 verhalten. Die Regierung Golda Meir befürchtete, die Bundesregierung würde ihr Sonderverhältnis zu Israel auf dem Altar der Ostpolitik opfern. Besonders mißtraute Jerusalem Außenminister Scheel.

Im Winter 1969/70 kam es bei Vorträgen des israelischen Botschafters Ben-Nathan an bundesdeutschen Universitäten zu Störungen und Krawallen, die von linken Studentengruppen organisiert wurden. Sie bekundeten auf diese Weise ihre Sympathie für die Sache der Palästinenser.

Im Februar 1970 besuchte Abba Eban als erster amtierender israelischer Außenminister die Bundesrepublik Deutschland. Walter Scheel erwiderte diesen Besuch im Juli 1971. In Jerusalem rechtfertigte er das im Mai 1971 von den Außenministern der Europäischen Gemeinschaft (EG) verabschiedete Nahostpapier der EPZ (Europäische Politische Zusammenarbeit), in dem Israel unter anderem aufgefordert wurde, alle 1967 eroberten Gebiete zu räumen.

Während der Olympiade ermordeten im September 1972 Mitglieder der PLO israelische Sportler. Die Attentäter wurden wenige Wochen danach gegen die Geiseln einer von der PLO entführten Lufthansa-Maschine ausgetauscht.

Vom 7. bis 14. Juni 1973 besuchte Brandt als erster amtierender Bundeskanzler den jüdischen Staat. Seine israelischen Gesprächspartner wiederholten mehrfach: Die bilateralen Beziehungen seien nicht „normal".

Am Ende des Jom-Kippur-Krieges, am 23.10.1973, teilte die Bundesregierung den USA mit, sie werde „die Verschiffung amerikanischen Kriegsmaterials von deutschen Häfen nach Israel nicht mehr genehmigen". Zusätzliche Verstimmung verursachte in Israel Bonns Rolle bei der Verabschiedung der aus Jerusalemer Sicht unerfreulichen Erklärung der EG-Außenminister vom 6.11. 1973.

e) Palästinenserfrage und Ölprobleme (1973-1977)

Bonn sprach sich im November 1974 in der Generalversammlung der UNO als erster EG-Staat für das Selbstbestimmungsrecht der Palästinenser aus. Durch den „Ölschock" der Jahreswende 1973/74 verlagerte sich der Schwerpunkt der deutschen Außenpolitik in den Bereich der Wirtschaft. Die zuverlässige und preisgünstige Öleinfuhr sowie die Sicherung von nahöstlichen, d.h. arabischen Exportmärkten wurde eines der wichtigsten außenpolitischen Ziele der Bundesregierung. Im Rahmen dieser „Ökonomisierung" der Bonner Außenpolitik kam es zwangsläufig zu weiteren Meinungsverschiedenheiten mit Israel.

Im Juli 1975 besuchte Rabin als erster amtierender israelischer Ministerpräsident die Bundesrepublik Deutschland. Er lud Kanzler Schmidt zu einem Gegenbesuch ein, der nie stattfand. Der Grund: 1977 wurde die sozialdemokratisch geführte Regierung Israels durch Begins Likud abgelöst, und einem Treffen mit Begin wich Schmidt aus.

f) Im Schatten Begins (1977-1983)

29.6.1977: Der EG-Rat befürwortete das Selbstbestimmungsrecht für die Palästinenser mehr oder weniger offen. Die künftigen Nahostentschließungen der EG wurden zunehmend von der Achse Paris-Bonn (Giscard/Schmidt) vorbereitet. Dies galt auch in bezug auf die Erklärung von Venedig (13.6.1980), die Israel als einseitig propalästinensisch betrachtete. Die Verärgerung Jerusalems war um so größer, als die Unterstützung des israelisch-ägyptischen Friedensprozesses (Camp David, September 1978 und Friedensvertrag, März 1979) als unzureichend angesehen wurde.

5.1.1981: Der Spiegel berichtet über den geplanten Verkauf von Leopard 2-Panzern und anderen bundesdeutschen Spitzenwaffen an Saudi-Arabien, das Kanzler Schmidt Ende April 1981 besucht. Die deutsch-saudische Annäherung in Wirtschaft und Politik sowie ein Interview des Kanzlers (ARD, 30.4.1981) erregen den Unmut der israelischen Regierung. Ministerpräsident Begin holt am 3.5. zu einem politischen Rundumschlag aus: Das deutsche Volk in seiner Gesamtheit sei an den nationalsozialistischen Verbrechen schuldig (Kollektivschuld-These). Auch Kanzler Schmidt trage als Offizier der Wehrmacht im Weltkrieg Mitverantwortung und äußere sich zynisch über das von „den Deutschen" an Juden verursachte Leid.

25.5.1982: Kanzler Schmidt teilt mit, daß Saudi-Arabien keine deutschen Panzer erhalten werde.

g) Von der „Dritten Kraft" zum Partner der USA (1981-1989)

Aus zwei Gründen wurde im Jahre 1981 eine „Wende" in der bundesdeutschen Nahostpolitik eingeleitet: Zum einen machte Begins historische Keule Bonn zwar nicht sprachlos, doch nahostpolitisch einstweilen machtlos. Die Allgegenwart der Vergangenheit zeigte die allgemeinen Grenzen der außenpolitischen Manövrierfähigkeit Bonns. Sie wurden 1984/85 noch viel deutlicher. „Das" Stichwort der nach-sozialliberalen Zeit heißt „Bitburg", heißt „8. Mai: Gedenk- oder Feiertag?"

Zum anderen stellte die Ermordung des ägyptischen Staatspräsidenten Sadat (6.10.1981) die Bundesregierung und die EG vor eine neue Situation: Plötzlich schien ausgerechnet der sichere Friedensprozeß zwischen Israel und Ägypten unsicher geworden zu sein. Selbst dieser aus der europäisch-deutschen Sicht kleine Erfolg war gefährdet. Bonn und die EG hatten vor und nach dem Friedensvertrag stets mehr gewollt, doch weniger zu verwirklichen vermocht. Die Ereignisse drängten zur aktiven Sicherung des Erreichten. Mit anderen Worten: Die Bonner und Brüsseler (EG) Nahostpolitik gerieten, umstandshalber, ins Schlepptau der amerikanischen Politik.

Diese Entwicklung hatte die sozialliberale Koalition eher zu verhindern gesucht als ihre Nachfolgerin. Unmittelbar nach seinem Amtsantritt kündigte Bundeskanzler Helmut Kohl an, er werde bald nach Israel reisen. Der für Ende August 1983 vorgesehene Besuch mußte wegen Begins plötzlichem Rücktritt verschoben werden. Vom 24. bis 29. Januar 1984 kam der Kanzler in den jüdischen Staat. Überschattet wurde die Visite von dem Streit über eventuelle bundesdeutsche Waffenlieferungen an Saudi-Arabien. Das Thema „Leopard 2" schien zwar wieder „vom Tisch" zu sein, nicht aber die Problematik anderer Rüstungsgüter.

Bei der Debatte um Bitburg und den 8. Mai hielt sich die israelische Regierung, auch die Öffentlichkeit, mehr zurück als beispielsweise „das" amerikanische Judentum oder „die" in- und ausländischen Medien.

Als erster amtierender Bundespräsident besuchte Richard von Weizsäcker im Oktober 1985 den jüdischen Staat. Seine Reise wurde überstrahlt von der Ansprache, die er am 8. Mai 1985 im Bundestag gehalten hatte. Leicht verdunkelt und bewölkt wurde der strahlende deutsch-israelische Himmel wenige Wochen später: Fassbinders vermeintlich (so die einen) oder tatsächlich (so die anderen) „antisemitisches" Theaterstück, das in Frankfurt am Main uraufgeführt werden sollte, zeigte einmal mehr, daß die Beseitigung des historischen Mülls der Jahre 1933 bis 1945 noch nicht gelöst worden ist. Die „Entsorgung" bleibt Aufgabe und Verpflichtung.

Im April 1987 besuchte erstmals ein amtierender israelischer Staatspräsident die Bundesrepublik Deutschland: Als Chaim Herzog kam, hingen wieder geschichtspolitische Wolken am Himmel: Seit dem Sommer 1986 tobte der Historikerstreit.

Dic öffentliche Meinung der Bundesrepublik Deutschland zeigte bis 1967, bis zum Sechs-Tage-Kricg, Israel gegenüber verhaltene, eher distanzierte Sympathie. Von 1967 bis zum Mai 1981, also bis zu Begins Angriffen auf „Kanzler und Volk", zog rund die Hälfte der Westdeutschen „die" Israelis „den" Arabern weit vor. Seitdem genießt Israel einen wesentlich geringeren Sympathievorsprung, die Zahl der Bundesbürger, die weder auf der Seite Israels noch „der" Araber stehen, (Vgl. alle bis 1986 verfügbaren Daten in: Wolffsohn, 1986). Mitte der 80er Jahre sank der Ölpreis, Israel machte militärisch weniger von sich reden, und das Ansehen des jüdischen Staates stieg wieder. Dann brach der Aufstand der Palästinenser los. Israels Image verschlechterte sich erneut deutlich: Im letzten Monat vor der Intifada, im November 1987, befürworteten 81% der Bundesbürger „bessere Beziehungen" zu Israel. Bereits im Dezember 1987 waren es nur noch 75% und im Februar 1989 gar nur 63%, im Juli 65%, im August 1989 wieder 69% (EMNID: Aktueller Politischer Dienst, Februar 1989: 28; a.a.O., Juli 1989: 25; a.a.O., August 1989: 257).

Die Bundesbürger beurteilen Israel meistens aufgrund der Tagespolitik. Geschichtliche Motive werden durch die Aktualität verdrängt. Umgekehrt in Israel. Hier wiegt die Last der Geschichte in der Wahrnehmung Deutschlands, obwohl eine zunehmende Veralltäglichung der Entkrampfung an Umfragen erkennbar wurde. Dennoch: Im Juli 1989 gaben 63% der Israelis an, „die Deutschen" seien ihnen „sehr unsympathisch" oder „unsympathisch" („strongly dislike" oder „dislike"; Gallup International, August 1989, S. 20, unveröffentlicht, freundlicherweise von Gallup zugesandt).

Was meinten die Bundesdeutschen zur selben Zeit über die Israelis? Sie waren ihnen genau so (ebenfalls 63%) „unsympathisch" (World Opinion Update, November 1989: 98).

h) Israel und die deutsche Einheit (1989/90)

Erste Reaktionen der israelischen Politiker und Presse auf den deutschen Einigungsprozeß waren skeptisch bis harsch. Angst vor dem „Vierten Reich" schien vorzuherrschen. Zwei PORI-Umfragen vom Frühjahr 1990 ergaben jedoch, daß ein Drittel der Israelis für die Vereinigung war, ein weiteres wohlwollende Gleichgültigkeit und das übrige Drittel Ablehnung bekundete (vgl. Wolffsohn, 1990, 1990a).

Ende 1990 war Israel der im vereinten Deutschland unbeliebteste Staat (Infratest Umfrage, Okt./Nov. 1990, Süddeutsche Zeitung Magazin, 4.1.1991). Die im Januar 1991 erkennbare Bedrohung Israels durch irakische Raketen im Golfkrieg dürfte eine Wende in der öffentlichen Meinung in Deutschland bewirkt haben.

i) Der Golfkrieg (1991)

Seit 1983 war es der Bundesregierung bekannt, seit 1984 auch der deutschen Öffentlichkeit: Mit Hilfe deutscher Firmen baute der Irak Chemiewaffen. Giftgas aus Deutschland bedrohte den jüdischen Staat. Als in der Nacht vom 17. zum 18. Januar irakische Raketen in Israel einschlugen, zerbrach auch ein großes Stück deutsch-israelischer Gemeinsamkeiten. Außenminister Genscher besichtigte persönlich die Schäden, die an Häusern und Umfragen erkennbar waren: Mitte Februar 1991 meinte fast die Hälfte der jüdischen Israelis, daß „die Deutschen" ihre Haltung den Juden gegenüber seit dem Zweiten Weltkrieg nicht geändert hätten. Trotzdem wollten sie „bessere Beziehungen" zu Deutschland (Dahaf-Umfrage, Süddeutsche Zeitung, 15.2.1991).

Und das Bild in Deutschland? Die irakischen Raketen ließen Israel beliebter werden als lange zuvor. Während der Anteil der befragten Bundesbürger, die „bessere Beziehungen" zu Israel wünschten, im Februar und wieder im Mai 1990 auf 62% gesunken war, wollten im August 1990 wieder 72% und im Januar 1991 sogar 78% „bessere Beziehungen" (EMNID-Daten, Februar 1991). In der einstigen DDR alt-neue Distanz zu Israel (Süddeutsche Zeitung Magazin, 4.1.1991: Infratest; SZ, 15.2.1991). Die von der Bundesregierung nach den irakischen Raketeneinschlägen in Tel-Aviv und Haifa beschlossene Lieferung von Abwehrraketen und anderen Waffen an Israel billigten im Januar 1991 rd. 56% der (West-)Deutschen; 40% waren dagegen (Forschungsgruppe Wahlen, Politbarometer, Süddeutsche Zeitung, 19.2.1991).

j) Das vereinigte Deutschland seit 1991

Fremdenfeindliche und antisemitische Verbrechen prägten seit September 1991 (Hoyerswerda) das Bild vom deutsch-israelisch-jüdischen Alltag. Das war die eine Ebene, die gesellschaftliche.

Auf der Regierungsebene bemühte man sich redlich um „business as usual". Mehr noch: Die seit Juli 1992 amtierende

Regierung Rabin-Peres versuchte demonstrativ, an das traditionell gute Verhältnis zwischen einer CDU- und einer Arbeitspartei-geführten Regierung anzuknüpfen. Ignatz Bubis, seit September 1992 Chef des Zentralrates der Juden in Deutschland, ist eher ein Sympathisant der Arbeitspartei. Ihr spendete er im Wahlkampf 1992 rund 70.000 DM (Haaretz, 12.1.1993).

Rabins erster Auslandsbesuch führte in die USA, der zweite im September 1992 nach Deutschland – nach den und trotz der Greueltaten von Rostock. Rabin hielt im ehemaligen KZ Sachsenhausen eine beachtliche Rede. Zum „Dank" setzten deutsche Rechtsextremisten die „Jüdische Baracke" von Sachsenhausen in Brand. Auch nach den Verbrechen von Mölln (November 1992) und Solingen (Mai 1993) ließ sich die israelische Regierung von Gesten des guten Willens Deutschland gegenüber nicht abbringen: Unmittelbar nach Unterzeichnung der Vereinbarungen mit der PLO flog Außenminister Peres von Washington über Bonn nach Israel. Die deutschen Politiker wurden vor allen anderen informiert. Ungerührt reagierte die deutsche Öffentlichkeit. Israels Beliebtheit blieb niedrig.

Nach dem Golfkrieg ging der Honigmond schnell zu Ende. EMNID dokumentierte die Entwicklung: Im Dezember 1991 wollten nur noch 66% der Deutschen „bessere Beziehungen" zu Israel (und den arabischen Ländern). Im Februar 1993 waren es noch weniger: 60% (und 62% zu den arabischen Ländern).

Tabelle 16: Sympathiewerte der Deutschen gegenüber ausgewählten Ländern

	1993		1991		1990
	West	Ost	West	Ost	West
USA	2,3	1,1	2,1	1,4	2,2
Japan	2,1	2,0	1,5	2,1	1,2
Großbr.	0,9	0,7	1,1	1,0	0,5
Israel	-0,3	-1,4	0,0	-1,0	0,3
Rußland	-0,4	-0,6	1,6	1,6	1,6
Polen	-1,0	-1,1	0,2	0,4	0,1

In den neuen Bundesländern sind zwar (anders als allgemein wahrgenommen) die Antisemitismus-Indikatoren niedriger als in den alten, aber proisraelische Neigungen findet man in der Ex-DDR noch seltener. „Eine besondere Verantwortung" Israel gegenüber empfanden im März 1993 38% der Wessis und 33% der Ossis. „Nein" sagten dazu im Osten 43%, im Westen 15% (Allensbacher Jahrbuch 1984-1992).

In den Jahren 1990, 1991 und im April 1993 sollten die Deutschen in bezug auf einige (vom IPOS-Institut) genannte Länder Sympathiewerte zwischen +5 und –5 verteilen. Beachtlich die negativen Werte in Ostdeutschland.

Abbildung 30: Bundesbürger, die sich bessere Beziehungen zu Israel und den arabischen Staaten wünschen

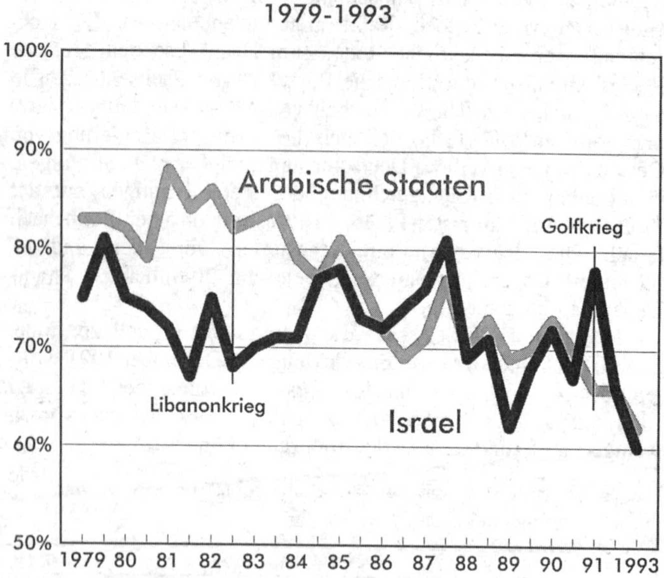

Daten: Aktueller Politischer Dienst (EMNID)

Literaturhinweise

Wolffsohn, 1990: Kap XII;1989/1989a/1988a/1988b/1988c
Feldmann, 1984
Deutschkron, 1983
Neustadt, 1983
Documents on the Foreign Policy of Israel, herausgegeben von den Israel State Archives
Für regelmäßige, monatliche, aktuelle Umfragen EMNID: Aktueller Politischer Dienst

6. Die Beziehungen zur Europäischen Gemeinschaft (EG, EU)

Im Rahmen der Europäischen Politischen Zusammenarbeit (EPZ) widmete sich die Europäische Gemeinschaft dem Nahostproblem vor allen anderen Fragen. Bereits im Mai 1971 verabschiedeten die Außenminister der Europäischen Gemeinschaft ein Papier, das in Israel auf lebhafte Kritik stieß. Besonders verärgert waren die Israelis darüber, daß nicht nur eine Räumung der 1967 besetzten Gebiete, eigentlich aller Gebiete, gefordert, sondern auch die Internationalisierung Jerusalems vorgeschlagen wurde. Erbost war man in Jerusalem auch über die Anregung, den palästinensischen Flüchtlingen eine „freie Wahl" zu überlassen „zwischen einer stufenweisen Rücksiedlung und einer Wiederansiedlung in anderen Staaten, einschließlich einer Entschädigung."

Die nächste, größere Verstimmung löste die Erklärung der EG-Außenminister vom 6. November 1973 aus, die genau einen Monat nach Ausbruch des Jom-Kippur-Krieges verabschiedet wurde. Ihr eigentliches Ziel war weniger die Kritik an Israel, als vielmehr die Notwendigkeit angesichts des von den arabischen Förderstaaten verhängten Lieferstops von Erdöl gegen „pro-israelische" Staaten, die Energieversorgung Westeuropas zu sichern. Stein des Anstoßes war wiederum die Forderung nach Räumung der besetzten Gebiete sowie die „Anerkenntnis, daß bei der Schaffung eines gerechten und dauerhaften Friedens die legitimen Rechte der Palästinenser berücksichtigt werden müssen." Noch größer wurde die Distanz zur Europäischen Gemeinschaft, weil die Neun ihre Überzeugung bekräftigten, „daß der Konflikt im Nahen Osten nur gelöst werden kann, wenn das legitime Recht des palästinensischen Volkes auf effektiven Ausdruck seiner nationalen Identität in die Wirklichkeit umgesetzt wird, wobei der Notwendigkeit eines Heimatlandes für das palästinensische Volk Rechnung getragen wird." Mit anderen Worten, die Vorstufe eines Palästinenserstaates wurde angepeilt; eine Perspektive, die Israel kategorisch verwarf.

Das Camp-David-Abkommen vom 17.2.1978 sowie der Ägyptisch-Israelische Friedensvertrag vom 26.3.1979 wurden zurückhaltend aufgenommen, und vor allem Frankreich drängte die Europäische Gemeinschaft in eine größere Distanz Israel gegenüber. Die israelische Regierung beschuldigte aber auch die Bundesrepublik Deutschland unter der Kanzlerschaft Helmut Schmidts, diesen französischen Kurs nicht nur mitzutragen, sondern auch zu beschleunigen.

Die bislang größte Verärgerung löste in Israel die Erklärung des Europäischen Rates (Staats- und Regierungschefs der EG) aus, die am 13. Juni 1980 in Venedig veröffentlicht wurde. Die von den Europäern geforderte Beteiligung der Palästinensischen Befreiungsorganisation (PLO) an Verhandlungen verprellte die Israelis über die Wiederholung bekannter EG-Positionen hinaus.

Durch die Ermordung von Präsident Sadat und das Drängen der Reagan-Administration gerieten die Europäer mehr als beabsichtigt in das Fahrwasser der amerikanischen Nahostpolitik. Trotz der Verstimmungen auf der israelischen Seite bleibt eine strukturelle Grundgegebenheit von Jerusalem aus zu berücksichtigen: rund 40% des israelischen Außenhandels werden mit der Europäischen Gemeinschaft getätigt, so daß eine bestimmte „Reizschwelle" nicht überschritten werden darf.

Aber auch die Europäische Gemeinschaft kann nicht überziehen, wie die Ereignisse es seit 1982 verdeutlichten. Sobald die EG Israel gegenüber die Schraube fester anzieht, muß sie damit rechnen, die innenpolitischen Kräfte in Amerika gegen sich zu mobilisieren. Mit einer Verschlechterung der europäisch-amerikanischen Beziehungen wäre zu rechnen. Die EG hätte zwischen den europäisch-amerikanischen und europäisch-nahöstlichen Prioritäten zu entscheiden.

Selbst bei rein wirtschaftlichen Erwägungen ist Israel außerdem seit 1985 für die EG interessanter geworden. Durch das Freihandelsabkommen zwischen Jerusalem und Washington können zum Beispiel Produkte, die europäische Firmen in Israel herstellen lassen, zollfrei in die USA eingeführt werden. Der europäisch-amerikanische Handels„krieg" erhält auf diese Weise eine besondere Variante.

Trotz aller Israel-Kritik im einzelnen darf die grundsätzlich wohlwollende Haltung und Wirkung der EG nicht übersehen werden: Spanien nahm 1986, unmittelbar nach Eintritt in die Gemeinschaft, Beziehungen zu Israel auf. Griechenland sträubte sich bis zum Amtsantritt von Ministerpräsident Mitsotakis. Dann wurden am 22.5.1990 die konsularischen zu vollen diplomatischen Beziehungen angehoben.

Am Ende der Likudära waren die Beziehungen zwischen Israel und der EU denkbar schlecht. Sie besserten sich seit dem Amtsantritt Rabins. Neuverhandlungen des Abkommens von 1975 standen zunächst auf der Tagesordnung.

Literaturhinweise

Greilsammer/Weiler, 1988
Wolffsohn, 1986/1985a/1985c/1984a
Allen/Pijpers, 1984
Gutmann, 1984
Neustadt, 1983
Giersch, 1980
Middle East Contemporary Survey

7. Israel und die restliche Welt

a) Asien, Australien, Neuseeland

In Asien hatte Israel schon in den 50er Jahren einen außerordentlich schwierigen Stand. Indonesien und Indien, auch und vor allem Pakistan oder Afghanistan, ja selbst Malaysia oder die Philippinen, konnte aufgrund ihrer mehr oder weniger großen muslimischen Bevölkerung, zumindest offen, keine engen Kontakte mit Israel pflegen.

Indien nahm im Januar 1992 diplomatische Beziehungen zu Israel auf – als noch der Likud regierte. Man „munkelt", daß beide Staaten militärisch eng zusammenarbeiten, um gegebenenfalls gemeinsam der Herausforderung der pakistanisch-islamischen Atombombe begegnen zu können. Die Spitze des Eisberges wurde während des Golfkrieges sichtbar, als viele über die logistische Hilfe staunten, die Indien den USA bei der Nachschubversorgung gewährte. Im Oktober 1993, nach den Vereinbarungen Israels mit der PLO, besuchte Ministerpräsident Rabin Indonesien. Kurz davor und danach meldete die Presse, was Informierte längst wußten: daß Israel und Indonesien schon seit den späten 60er Jahren nicht zuletzt militärisch zusammenarbeiteten (J. Melmann, Haaretz, 13.8.1993 und J. Tal, Haaretz, 17.10.1993). Mit diplomatischen Beziehungen wollte Indonesiens Suharto trotzdem noch warten.

Mit Singapur, in den 50er Jahren Burma, Thailand, und mit dem Iran zur Zeit des Schah entwickelten sich recht gute Beziehungen. Auch das Verhältnis zur Türkei war durch wohlwollende Zurückhaltung gekennzeichnet. Sowohl die Türkei als auch der Iran glaubten, sich diese Politik leisten zu können, weil sie zwar muslimische, doch keine arabischen Staaten sind. Allerdings hat die Islamisierung des Iran, hat die Revolution von 1979, dieser

Politik ein jähes Ende gesetzt, und auch die Türkei mußte den verstärkten Tendenzen zur Islamisierung im eigenen Land und in der unmittelbaren Nachbarschaft ins Auge sehen. Das Verhältnis zu Israel wurde eingefroren.

Im Frühjahr 1990 wurden die Beziehungen von der konsularischen auf die Botschafterebene angehoben. Der Grund: Israelische Hilfe in den USA bei der Verhinderung eines von US-Politikern geplanten Gedenktages an das Armenier-Massaker (1915-1923). Israels Präsident Weizmann hat die Türkei 1993 offiziell besucht.

Recht eng war der wenig sichtbare, doch vorhandene militärische Kontakt zwischen Israel und dem international ebenfalls geächteten Taiwan.

Immer wieder, besonders 1984/85 war zu lesen, daß Israel der Volksrepublik China Waffen liefere und recht intensive Kontakte pflege, allerdings für die Öffentlichkeit weitgehend unsichtbar. Diplomatische Beziehungen wollte Peking bislang nie zu Israel aufnehmen. Im Oktober 1988 willigte die VR China jedoch ein, in Peking ein israelisches Verbindungsbüro für akademische Fragen zu gestatten. Staatseigene Unternehmen beider Länder sollten außerdem (erstmals offiziell) zusammenarbeiten. Ende Oktober 1988 besuchte eine chinesische Delegation erstmals den jüdischen Staat.

Wie die USA hat auch Israel Taiwan (zumindest nach außen) auf dem Altar Pekings geopfert. Im Januar 1992 wurden diplomatische Beziehungen zur Volksrepublik China vereinbart. Im Oktober 1993 besuchte Rabin das „Reich der Mitte". Fast gleichzeitig waren diplomatische Beziehungen mit Kambodscha vereinbart worden. Kurz zuvor, im Juli, mit Vietnam. Sogar Nord-Korea wäre bereit gewesen, auch Israel. Doch die USA protestierten. Wegen des nordkoreanischen Atomprogrammes sollte Pjöngjang nicht aufgewertet werden.

So hatten sich die außenpolitischen Zeiten verändert. Nun galt die Aufnahme diplomatischer Beziehungen mit Israel als Aufwertung. Wenige Jahre zuvor hatte die „Dritte Welt" um den Abbruch der Beziehungen zu Israel gewetteifert. Sicherlich waren die Vereinbarungen mit der PLO im Herbst 1993 auch in diesem Bereich wertvoll. Sogar Pakistan, Bangladesh, Malaysia, und Brunei signalisierten ihre Bereitschaft zum Botschafteraustausch (J. Tal, Haaretz, 21.9.1993) – auch Sri Lanka, das dabei freilich politisches Theater spielte. Jedermann wußte (und konnte in Büchern über Israels Geheimdienst Mossad nachlesen), daß die Israelis sich auf jener Insel keienswegs aus touristischen Gründen aufhielten. Als Berater im Kampf gegen die aufständischen Tamilen waren

Israelis der Regierung Colombos sehr willkommen – was natürlich stets dementiert worden war (vgl. Haaretz, 1.11.1991).

Recht gut und stabil blieben die Beziehungen zu Australien und Neuseeland.

Japan blieb Israel gegenüber freundlich reserviert, da es seine Handelsinteressen in der arabischen Welt nicht gefährden wollte.

Literaturhinweise

Calabrese, 1991
Somaratne, 1989
Journal of Arab Affairs, Band 3, Nr. 1, 1985 mit mehreren Aufsätzen über Japans Nah- und Mittelostpolitik
Yoshitsu, 1984
Hooker, 1983
Behbehani, 1981
Yegar, 1981
Amir, 1974
Schichor, 1976
Brecher, 1974a
Documents on the Foreign Policy of Israel, herausgegeben von den Israel State Archives

b) Afrika

In Afrika war die israelische Entwicklungshilfe besonders in den 60er Jahren außerordentlich beliebt. 1973 setzten die arabischen Staaten die Afrikaner erfolgreich unter Druck, und erreichten, daß die meisten Länder des schwarzen Kontinents die diplomatischen Beziehungen zu Israel abbrachen. Die einzigen Ausnahmen waren Malawi, Lesotho und Swasiland.

Erst seit dieser Zeit, also seit 1973, intensivierten Israel und Südafrika ihre Kontakte. Botschafter wurden zwischen diesen beiden Staaten 1974/75 ausgetauscht.

Israels Verhältnis zu Südafrika in der Zeit der Apartheid wurde durch konkurrierende Interessen gekennzeichnet: Einerseits wollte Jerusalem gute Beziehungen zu Schwarzafrika. Andererseits mochte man den (weißen) Juden Südafrikas das Zusammenleben mit den Buren nicht unnötig erschweren, die traditionelle, christlich-religiöse „Vorbehalte“ gegen Juden hegen. Einerseits lehnte Israel die Apartheid ab, andererseits waren nur wenige Schwarzafrikaner bereit, mit Israel zusammenzuarbeiten. Dennoch: Die israelisch-südafrikanische Kooperation darf man nicht überschätzen (vgl. C/XVI).

Im Juli 1986 vertraten rund 68% der jüdischen Israelis die Auffassung, Israel sollte die diplomatischen Beziehungen zu Südafrika nicht abbrechen (PORI-Umfrage, Haaretz, 31.8.1986). Im September 1987 schloß sich Israel den westlichen Sanktionen gegenüber Südafrika weitgehend an.

Dem Reformkurs de Klerks stand Jerusalem aufgeschlossen gegenüber. Mit Nelson Mandela nahmen Rabin und Peres noch vor seiner Wahl Kontakte auf. Zu seiner Amtseinführung im Frühjahr 1994 kamen sowohl Israels Staatspräsident Weizman als auch PLO-Chef Arafat. Zu einem demonstrativen Dreierbild stellte man sich der Presse.

Eine Kurskorrektur der schwarzafrikanischen Staaten zeichnete sich Anfang der 80er Jahre ab. Zaire und Liberia waren die ersten, die wieder diplomatische Beziehungen zu Israel aufnahmen. Dabei spielten drei Faktoren eine Rolle: Erstens waren weniger Petrodollars nach Afrika geflossen als 1973 erhofft und erwartet. Zweitens hatte sich die israelische Wirtschafts- und Militärhilfe stets großer Beliebtheit erfreut. Die arabischen Staaten hatten dabei nichts Gleichwertiges zu bieten. Drittens waren die USA wieder erheblich attraktiver als die Sowjetunion geworden. Über Israel meinten afrikanische Politiker ihre Kontakte zu Washington aufwerten zu können. In der Tat arbeiten Frankreich und die USA mit Israel in Schwarzafrika eng zusammen.

Bis Ende 1989 hatten außer Zaire und Liberia die folgenden Staaten Schwarzafrikas ihre Beziehungen zu Israel erneuert: Äthiopien, Kamerun, Elfenbeinküste, Kenia, die Zentralafrikanische Republik und Togo. „Interessenvertreter" Israels konnte man 1989 in folgenden schwarzafrikanischen Staaten finden: Ghana, Guinea und Gabun.

Viele afrikanische Staaten konnten es sich auch aus innenpolitisch-gesellschaftspolitisch-religiösen Gründen nicht leisten, engere Kontakte zu Israel zu pflegen, denn in Afrika war und ist der Islam ein außerordentlich gewichtiger Faktor. Von islamischen Fanatikern immer wieder geschürte Unruhen z.B. in Nordnigeria beweisen, wie ernst dieser Faktor zu nehmen ist. Das gleiche gilt auch für den Senegal und Gambia, wo es Anfang der 80er Jahre ebenfalls zu Unruhen in der islamischen Bevölkerung gekommen ist, die unter anderem vom libyschen Staatschef Ghadaffi geschürt wurden.

Trotzdem war der Damm der Isolation gegen Israel gebrochen, erst recht nach den Vereinbarungen mit der PLO, seit Herbst 1993 also. Bis zum Sommer 1994 hatten wieder fast alle schwarzafrikanischen Staaten diplomatischen Beziehungen zu Israel aufgenommen. Es schien nur noch eine Frage der Zeit, bis auch Marokko und Tunesien, sogar Algerien diesen Schritt vollziehen würden.

Das überwiegend christliche Äthiopien war und blieb ein Sonderfall auf dem afrikanischen Kontinent. Traditionelle, auch religiöse Bande existierten zwischen Äthiopien und Juden ohnehin. Bis 1974, d.h. bis zum Sturz von Kaiser Haile Selassie, zählte Äthiopien zu den wichtigsten politisch-wirtschaftlichen „Vorposten" Israels in Afrika.

Aus zwei weiteren Gründen bemühte sich Israel um Äthiopien: Erstens wegen der dort lebenden Falaschas, einer jüdischen Gruppe, die zwar das Alte Testament kennt und beachtet, vom talmudischen Judentum aber nichts weiß. Mit anderen Worten: Diese Form des Judentums ist mindestens 2.000 Jahre alt. Woher die Falaschas kommen, weiß man nicht genau. Auch äußerlich ähneln sie eher ihrer äthiopischen Umwelt als beispielsweise euroamerikanischen oder orientalischen Juden. Nicht einmal ihre religiöse Zugehörigkeit zum Judentum ist bei den führenden Rabbinern Israels unumstritten.

Unumstritten ist dagegen die Tatsache, daß die Falaschas in Äthiopien als Juden galten, sich als Juden verstehen und auch in ihrer wechselvollen Geschichte als Juden verfolgt wurden. Ihre Situation verschlechterte sich nach dem Sturz des Kaisers. Schon 1977/78 versuchte Israel Mittel und Wege zu finden, um die Falaschas nach Israel zu bringen. Dieser Versuch scheiterte, doch 1983 und besonders 1984 sorgte die „Operation Moses" für Schlagzeilen, denn mit Hilfe einer regelrechten Luftbrücke, bei der die USA und der Sudan (!) halfen, wurden rund 10.000 Falaschas nach Israel gebracht. Die äthiopische Zentralregierung protestierte zwar gegen diese Aktion, doch Gerüchte darüber, daß sie als Gegenleistung israelische Militärhilfe im Kampf gegen die (von arabischen Staaten unterstützten) Aufständischen in Eritrea erhielt, verstummten nicht.

Mit der Operation „Salomon" flog Israel nach der Vertreibung des kommunistischen Diktators Mengistu im Mai 1991 fast alle Falaschas in wenigen Tagen nach Israel. Danach wollten die zwangsweise zum Christentum übergetretenen („Falaschmuras") auch nach Israel. Unter diesen wären auch völlig unjüdische Äthiopier, die ihr Land verlassen wollten, hieß es.

Der zweite Grund, weswegen Israel an guten Beziehungen zur äthiopischen Regierung interessiert ist, unabhängig von ihrer ideologischen Ausrichtung, findet man in der geostrategischen

Lage Äthiopiens. Sollte nämlich in Äthiopien ein Israel gegenüber feindliches Regime herrschen, so wären beide Seiten des Ausganges des Roten Meeres von Staaten kontrolliert, die alles daran setzten, dem jüdischen Staat Probleme zu bereiten. Bekanntlich kontrolliert der Jemen (zuvor der kommunistische, extrem israelfeindliche Südjemen) die gegenüberliegende Seite der schmalen Ausfahrt durch den Bab-el-Mandeb, den Ausgang des Roten Meeres in den Golf von Aden. Eine Schließung dieser Wasserstraße für israelische oder nach Israel bestimmte Schiffe würde nicht nur die Hafenstadt Elat, sondern auch den gesamten Süden des Landes wirtschaftlich lähmen. Von den politischen, wirtschaftlichen und militärischen Verwicklungen ganz zu schweigen. Würde auf beiden Seiten des Bab-el-Mandeb ein Israel feindlich gesonnenes Regime herrschen, könnte für den jüdischen Staat eine Situation wie 1956 und 1967 entstehen, als Ägyptens Staatspräsident Nasser die Meerenge von Tiran, bei Scharm-el-Scheich am Südende der Sinai-Halbinsel, schließen ließ. Allerdings würde die sehr viel größere Entfernung zum Bab-el-Mandeb Israel vor erheblich größere militärische, weil geographische, und politische Probleme stellen.

Die herausragende geostrategische Bedeutung, die Äthiopien für Israel besitzt, führte schon zu außerordentlich seltsamen politischen Koalitionen: So erhielt Äthiopien 1978 in seinem Krieg gegen Somalia nicht nur sowjetische, kubanische und libysche, sondern auch israelische Hilfe.

Als Äthiopien im November 1989 diplomatische Beziehungen wieder aufnahm, hoffte Addis Abeba nicht zuletzt auf israelische Militärhilfe im Kampf gegen die vor allem von Saudi-Arabien und Syrien unterstützen Aufständischen in Eritrea und Tigre. Zweihundert israelische Ausbilder, berichtete die Londoner Sunday Times im Dezember 1989, reparierten die Ausrüstung und trainierten Soldaten der äthiopischen Streitkräfte (Jerusalem Post international, 23.12.1989). Außerdem würden 15 israelische Kfir-Flugzeuge verkauft, berichtete der Independent (S. Zedaka, Haaretz, 7.1.1990). Im Tausch wurde die Auswanderung der rund 16.000 bis 22.000 verbliebenen jüdischen Äthiopier (Falaschas) genehmigt (ebd.; Haaretz, 10.12.1989; S. Zedaka, Haaretz, 7.1.1990; R. Podhazur, Haaretz, 14.1.1990; G. Samet, Haaretz, 17.1.1990). Das provozierte die Palästinensergruppe von Achmed Dschibril (Volksfront für die Befreiung Palästinas Generalkommando): Seine Organisation werde wieder den Eritreern (EPLF) verstärkt helfen (Haaretz, 10.11.1989).

Auch ohne ihn wurde das überwiegend islamische Eritrea unabhängig. Die weltpolitische Lage hatte sich so verändert, daß dies für Israel keine Gefahr bedeutete. Beide Staaten pflegen korrekte Beziehungen zueinander.

Äthiopien schien jedoch die Hilfe Israels mehr zu schätzen als die Drohung der PFLP-GC zu fürchten, zumal Addis Abeba offenbar auch in der Bewässerungswirtschaft auf israelische Erfahrungen setzt: Um die Landwirtschaft des Landes zu verbessern und weitere Hungerkatastrophen zu verhindern, zog Äthiopien altneue Pläne aus der Schublade. Was bereits die italienischen Kolonialherren beabsichtigten, 1978/79 mit sowjetischer Hilfe geplant und doch verschoben wurde, sollte verwirklicht werden: die landwirtschaftliche Nutzung des Nilwassers durch Äthiopien. In der Region des Tana-Sees soll der Blaue Nil gestaut werden (Radio Kairo, 9.1.1990 in: Deutsche Welle Monitordienst Nahost, 11.1.1990). Diese Absicht wiederum alarmierte den ersten arabischen Staat, mit dem Israel einen Friedensvertrag unterzeichnet hat: Ägypten. Über Israels Todfeind Libyen warnte Präsident Mubarak Äthiopien – und damit auch Israel – vor Versuchen, die Wasserwirtschaft des Nils zu verändern (S. Zedaka, Haaretz, 7.1.1990). Auch die Regierung des Sudan reagierte nervös. Sie hatte Israel außerdem beschuldigt, die Aufständischen im Süd-Sudan militärisch zu unterstützen und behauptet, Israel habe am Bab el-Mandeb, am strategisch so wichtigen Ausgang des Roten Meeres, von Äthiopien einen Stützpunkt erhalten (Independent, London, zitiert von S. Zedaka, Haaretz, 7.1.1990).

Literaturhinweise

Codo, 1989
Hoffman/Fischer, 1988
Joseph, 1988
Oded, 1987 und 1983
Nadelmann, 1981
Osia, 1981
Sankari, 1979
Amir, 1974
Gitelson, 1974
Jahrbuch: Africa Contemporary Record, ed. by Colin Legum, New York/London: Holmes/Meier seit 1968

c) Lateinamerika

Lateinamerika fand in Jerusalem vergleichsweise wenig Beachtung, war aber bei der Stimmenzählung in der Generalversammlung der Vereinten Nationen erwünscht, da die Staaten dieses Subkontinents sich Israel gegenüber weniger ablehnend verhielten als beispielsweise die afro-asiatischen. Sogar bei der Anti-Zionismus-Entschließung der Vollversammlung der Vereinten Nationen vom November 1975 zeigte sich der lateinamerikanische Block aus israelischer Sicht wohlwollend.

Die meisten lateinamerikanischen Staaten waren traditionell pro-westlich und orientierten sich an der Außenpolitik der USA. Dies war für Israel vorteilhaft. Viele alles andere als demokratische lateinamerikanische Regierungen kämpften bis Ende der 80er Jahre gegen kommunistische Widerstandsgruppen. Diese Guerillas wurden ideologisch und militärisch nicht nur von Kuba (seit 1959), der Sowjetunion und anderen sozialistischen Staaten, sondern auch von der Palästinensischen Befreiungsorganisation (PLO) unterstützt. Deshalb wandten sich die bedrängten lateinamerikanischen Regierungen gerne an die Israelis mit der Bitte um Beratung und Hilfe im Anti-Guerilla-Krieg. Darüber hinaus kauften sie auch israelische Waffen.

Bei tatsächlich oder auch nur vermeintlich „fortschrittlich“ oder auch „nur“ demokratisch eingestellten Menschen innerhalb und außerhalb Lateinamerikas hat die politische und militärische Hilfe Israels für autoritäre und unterdrückerische Regierungen keine große Sympathie erweckt. So forderte zum Beispiel die guatemaltekische Friedensnobelpreisträgerin Rigoberta Menchú im Oktober 1992, Israel solle seine Waffenhilfe an die Regierung ihres Landes einstellen (FAZ, 31.10.1992).

Nach der Wahlniederlage der Sandinisten in Nicaragua verkündete Präsidentin Chamora im Frühjahr 1990, sie werde die diplomatischen Beziehungen zu Israel wiederherstellen. Im Oktober 1992 war es so weit.

1989/90 wurde bekannt, daß israelische Privatpersonen mit Kontakten zum Militär wie zum diplomatischen Korps ihres Landes Beziehungen zur Drogenmafia Kolumbiens und Panamas (General Noriega) unterhielten. Als Handels- und Militärberater moralisch zweifelhafter Auftraggeber handelten sie und komplizierten auf diese Weise das Verhältnis zwischen Israel und den demokratischen Kräften Lateinamerikas sowie zwischen Israel und den USA. Diese stellten bei ihrer Panamainvasion im Dezember 1989 fest, daß der Israeli Mike Harari General Noriega beraten hatte. Harari bestritt (vgl. J. Karni, Haaretz, 23.12.1989; S. Schamir, Haaretz, 29.12.1989; Süddeutsche Zeitung, 5.1.1990). Die israelisch-westeuropäischen Beziehungen werden durch die Drogenverbindungen einiger Israelis ebenfalls belastet. Wenn die Europäer die Rauschgiftkriminalität glaubwürdig bekämpfen wollen, benötigen sie dabei von Jerusalem Hilfe. Bleibt sie aus, entsteht Verärgerung.

Sogar zu den etablierten Politikern und Regierungen Lateinamerikas ist Israels Verhältnis alles andere als unproblematisch oder unkompliziert, denn diese katholischen Staaten und ihre Staatschefs sowie die sie unterstützenden Gruppen haben seit jeher die Haltung des Vatikan in der Jerusalem-Frage übernommen, d.h., daß sie im Grunde genommen für eine Internationalisierung der israelischen Hauptstadt eintraten. Das Verhältnis zwischen dem Vatikan und Israel entspannte sich aber in den 80er Jahren. 1994 nahmen Israel und der Vatikan diplomatische Beziehungen auf. Die Lateinamerikapolitik Israels ist deshalb inzwischen von katholischen Problemen kaum belastet.

Probleme gab es schon bald nach dem Zweiten Weltkrieg besonders mit Argentinien, Brasilien und Paraguay, die ehemaligen Nationalsozialisten Unterschlupf boten. Aus Argentinien wurde 1960 Adolf Eichmann entführt; in Paraguay und Brasilien lebte der KZ-Arzt Mengele. Einerseits war Israel an intakten Kontakten zu diesen Regierungen interessiert, andererseits belastete die Vergangenheit die bilaterale Politik der Gegenwart.

Auch die Entwicklung der Nukleartechnologie Brasiliens beunruhigte die Israelis. Dieses lateinamerikanische Land arbeitete seit den 70er Jahren im Nuklearbereich eng mit dem Irak zusammen, wobei auch noch zu erwähnen wäre, daß die Bundesrepublik Deutschland, genauer: die KWU, Nukleartechnologie an Brasilien lieferte. Diese Tatsache wurde bereits in der zweiten Auflage dieses Buches im Jahre 1987 erwähnt. Ohne geheimdienstliche Informationen hätte es jeder interessierte Zeitungsleser wissen können. Erst im Sommer 1989 wurde aus der altbekannten Tatsache ein politischer Fall. Seit den 70er und noch mehr den frühen 80er Jahren ist Brasilien ein wichtiger Waffenlieferant arabischer Staaten, besonders des Irak, geworden. Seit dem und durch den Golfkrieg war die offene Fortsetzung dieser Politik allerdings nicht mehr angebracht.

Lange zwiespältig blieb, unabhängig von der politisch-ideologischen Ausrichtung des Regimes, das Verhältnis zu Argentinien. Ähnlich wie im Falle Paraguays wollte man trotz des „Nazi-Faktors“ (Eichmann z.B.) korrekte Alltagsbeziehungen, andererseits waren „antisemitische“ Ausschreitungen gegen die große jüdische Gemeinschaft in Argentinien unverkennbar. Nicht wenige jüdische Argentinier zählten während der Militär-Junta, die 1976 den Peronismus beseitigte, zum politischen und bewaffneten Widerstand gegen dieses Regime. Ihre Verfolgung durch die Militärs sowie die Belästigung ihrer Angehörigen und die darüber hinausgehende „Abrechnung" mit größeren jüdischen Gruppen stellte die israelische Regierung vor ein Dilemma: Sie drängte auf ein Ende der Drangsalierung der jüdischen Argentinier, seien sie Widerstandskämpfer oder nicht; sie wollte aber den Waffenexport nach Argentinien nicht gefährden. Es ist nämlich ein offenes Geheimnis, daß Israel Argentinien vor dem, während des und nach dem Falkland-Krieg mit Waffen, auch mit Flugzeugen und Raketen, versorgte. Dies wiederum komplizierte das israelisch-britische Verhältnis seit 1982. Wehrtechnik aus Israel dürfte wiederum über Argentinien an arabische Staaten gelangt sein, denn Buenos Aires exportiert seit Jahren Waffen in diese Länder.

Seit der Demokratisierung Argentiniens hat sich das Verhältnis zu Israel völlig entspannt, auch und besonders unter Präsident Menem.

Literaturhinweise

Fernandes, 1988
Hunter, 1987
Bishara/Butler, 1986
Rubenberg, 1986
Saddy, 1983
Lorch, 1982
Kaufmann u.a., 1976
Amir, 1974
Jahrbuch Latin America and Carribean Contemporary Record, New York: Holmes/Meier, seit 1982
Documents on the Foreign Policy of Israel, herausgegeben von den Israel State Archives

Gesellschaftsstruktur

VI. Die Bevölkerung

1. Bevölkerungsentwicklung und -struktur

a) Die jüdisch-arabische Polarisierung

Die moderne Bevölkerungsgeschichte Palästinas beginnt Ende des 19. Jahrhunderts mit dem Eintreffen der ersten zionistisch motivierten jüdischen Einwanderer. 1845 lebten in Palästina 11.800 Juden. Am Vorabend der ersten Alija, 1882, waren es 24.000 (Encyclopaedia Hebraica, Bd. Eretz Israel: 674; Friedlander/Goldscheider, 1979: 14; dies sind nur von Experten geschätzte, nicht genau erhobene Daten). Am Vorabend des Ersten Weltkrieges, 1914, waren es 85.000, bei der Volkszählung von 1922 84.000, am 15.5.1948 650.000 und im Dezember 1949, nach dem Unabhängigkeitskrieg, 1.014.000 (ebd.).

Die demographischen Marksteine für die arabische Bevölkerung Palästinas sahen folgendermaßen aus: Von der Mitte des 19. Jahrhunderts bis zum Beginn des Ersten Weltkrieges stieg die arabische Bevölkerung von rd. 500.000 auf 600.000 (Friedlander/Goldscheider, 1979: 16; Encyclopaedia Hebraica, Bd. VI: 707).

Am 23.10.1922, zum Zeitpunkt der Volkszählung, lebten in Palästina 668.000 Araber, 1947 rd. 1,2 Mio. und am 15.5.1948 waren es nur 156.000. Allerdings werden gerade die beiden zuletzt genannten Zahlen nicht selten mißverständlich interpretiert, da es sich für 1945 um die Bevölkerung des gesamten Mandatsgebietes handelt, also einschließlich des Westjordanlandes und des Gasa-Streifens, während die Zahl für 1948 sich lediglich auf das Territorium des neu gegründeten israelischen Staates, also ohne das Westjordanland und den Gasa-Streifen, bezieht. Dennoch ist an der grundlegenden Tatsache nichts zu ändern: Aus der arabischen Bevölkerungsmehrheit Restpalästinas (ohne Transjordanien) wurde eine Bevölkerungsminderheit. Die Verhältnisse hatten sich zwischen 1922 und 1948 radikal umgekehrt: Die Zahl der Juden im Jahre 1948 entsprach ungefähr jener der Araber im Jahre 1922, und die im israelischen Staatsgebiet verbliebenen Araber waren etwa doppelt so zahlreich wie die Juden Palästinas im Jahre 1922. Die politischen wie die psychologischen Folgen drängen sich geradezu auf – für beide Seiten. Ende 1981 lebten in Israel ungefähr soviele Araber wie 1948 Juden.

Die schleichende Eingliederung der Gebiete durch die Likudregierungen hätte eines Tages wohl zu einer tatsächlich-rechtlichen geführt. Bevölkerungspolitisch hätte dies den jüdischen Staat noch mehr in einen jüdisch-arabischen umgewandelt. An den Zahlen für 1994 sei dies verdeutlicht:

4,3 Millionen Juden und 850.000 Araber lebten in Israel,. 150.000 Araber in Ost-Jerusalem, im Westjordanland und im Gasa-Streifen knapp zwei Millionen.

Tabelle 17: Juden und Araber* in Palästina/Israel (in 1.000)

Jahr	Juden	Araber~	Summe
1882	24**	426**	450**
1914	85**	600**	685**
1918	56**	600**	656**
1922	84	668	752*
1931	175	859	1.033
1935	355	953	1.308
1940	464	1.081	1.545
1945	554	1.256	1.810
(15.5.)1948	650	156	806
1952	1.450	179	1.629
1956	1.668	204	1.872
1960	1.911	239	2.150
1964	2.239	286	2.525
1968	2.435	406	2.841
1972	2.753	472	3.225
1976	3.020	555	3.575
1980	3.283	639	3.922
1984	3.472	728	4.200
1988	3.659	818	4.477
1990	3.947	875	4.822
1992	4.243	953	5.196
1994**	4.350	1.000	5.350

~ ab 1967 mit Ost-Jerusalem
* In den amtlichen Statistiken i.a. als „Nicht-Juden“ bezeichnet
** Schätzwerte

Daten: Encyclopaedia Hebraica, Bd. VI: 503, 518, 674, 707; Friedlander/Goldscheider, 1979: 30; Gertz, 1947: 46f. Horowitz/Lissak, 1978: Appendix 1; Statistical Abstract of Israel.

Der jährliche Bevölkerungszuwachs von ca. 9% im jüdischen Sektor für die Jahre 1922 bis 1948 resultierte zu 75% aus der Einwanderung; der Rest ist durch die natürliche Vermehrung zu erklären.

Das jährliche Wachstum des arabischen Sektors von 2,75% in jenen Jahren war dagegen fast nur das Ergebnis eines natürlichen Bevölkerungszuwachses und hängt nicht mit Wanderungsbewegungen zusammen (Friedlander/Goldscheider, 1979: 17ff.). Diese Feststellung ist politisch-historisch bedeutsam, da oft behauptet wird, die wirtschaftliche Entwicklung Palästinas hätte in jener Zeit viele Araber anderer Staaten und Gebiete zur Einwanderung motiviert (vgl. Gottheil, 1975).

Abbildung 31: Juden und Araber in Palästina/Israel

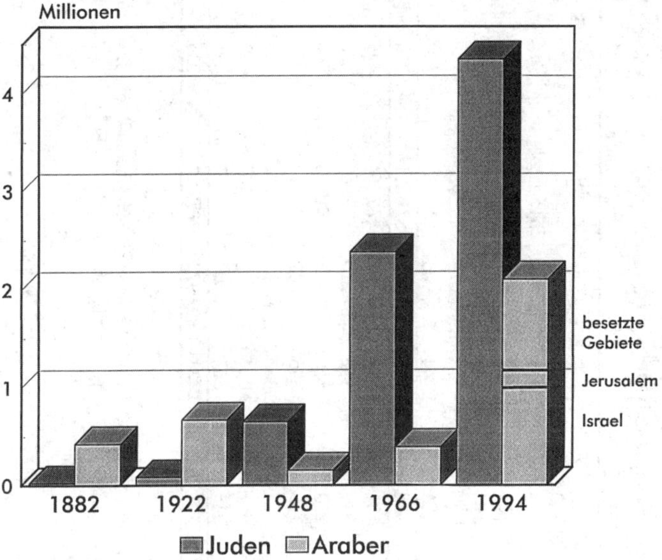

Daten: Encyclopedia Hebraica, Statistical Abstract of Israel

Tabelle 18: Herkunft der jüdischen Einwanderer, 1882–1961

I. Alija	1882-1903	20.-30.000						
II. Alija	1904-1914	35.-40.000						
III. Alija	1919-1923	35.183	1.181	230	27.872	678	5.222	R, P
IV. Alija	1924-1931	81.613	9.182	621	66.917	2.241	2.652	P, SU
V. Alija	1932-1938	19.7235	16.272	1.212	171.173	4.590	3.989	P, D
	1939-1945	81.808	13.116	1.072	62.968	108	4.544	P, D, R, CR, U
	1946-15.5.1948	56.467	1.144	906	48.451	138	5.828	P, R
Summe:	1919-14.5.1948	482.857	40.895	4.041	377.381	7.754	22.235	
(Krieg)	15.5.-31.12.1948	101.819	4.739	8.192	76.554	478	11.856	P, R, B, AL, T, YU, U
Massenalija	1949	239.576	71.652	39.215	121.963	1.422	5.324	P, J, T, B, NA, CR, R, L
Massenalija	1950	170.215	57.565	26.162	81.195	1.954	3.339	R, IK, P, IN, J, L, Ä, TN, M
Massenalija	1951	175.129	103.396	20.382	47.074	1.286	2.991	IK, R, NA, IN, L, P, Ä
Wirtschafts-	1952	24.369	6.867	10.286	6.232	950	34	M, IN, R, TN, L, Ä
probleme	1953	11.326	3.014	5.102	2.147	930	133	M, IN
	1954	18.370	3.357	12.509	1.369	1.091	44	M, TN, ID
Summe:	15.5.1948-1981	1.707.703	349.438	407.977	787.109	1.38.035	25.144	

Daten: Statistical Abstract of Israel

Abkürzungen: AL = Algerien; Ä = Ägypten-Sudan; B = Bulgarien; CR = Tschechoslowakei; D = Deutschland; ID = Indien; IK = Irak; IN = Iran; J = Jemeniten; L = Libyen; M = Marokko; NA = Nordafrika ohne L + Ä; P = Polen; R = Rumänien; SU = Sowjetunion; T = Türkei; TN = Tunesien; U = Ungarn; YU = Jugoslawien;

b) Die innerjüdische Polarisierung

Abbildung 32 dokumentiert die zunehmende Orientalisierung Israels seit 1948, d.h. die Zunahme der Bevölkerungsgruppen afroasiatischer Herkunft. Dieser grundlegende quantitative Wandel mußte langfristig auch zu qualitativen Veränderungen führen, die im Abschnitt B/VI/2 besprochen werden. Während bis 1948 die jüdische Gesellschaft fast ausschließlich euro-amerikanischer Herkunft war, ist sie inzwischen quantitativ-strukturell polarisiert.

Seit 1989 wanderten mehr als eine halbe Millionen Juden aus der UdSSR/GUS nach Israel ein. Dadurch wurde die jüdische Bevölkerung wieder „europäischer". Langfristig und strukturell bleibt die „Orientalisierung" der jüdischen Bevölkerung unumkehrbar. 1993 waren 61% der Juden Israels „Zabarim" (in Israel Geborene). Unter Berücksichtigung der väterlichen Herkunft waren wieder 40% der Juden euro-amerikanischer und 37% orientalischer Herkunft. Bei 23% war schon der Vater in Israel/Palästina geboren.

Abbildung 32: Die jüdische Bevölkerung Israels nach Herkunft des Vaters

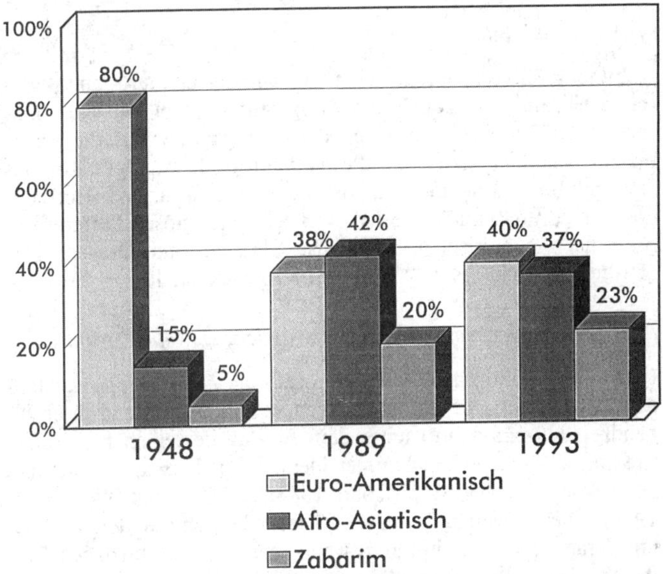

Daten: Statistical Abstract of Israel

Die wichtigsten, weil zahlenmäßig am stärksten vertretenen, Herkunftsländer der einzelnen Einwanderungsschübe können bei Friedlander/Goldscheider (1979; 38) und in Statistiken des Zentralamts nachgelesen werden.

Zu beachten ist freilich die Tatsache, daß 1981 die Mehrheit der Wähler noch euro-amerikanischer Herkunft war. Die Wählerschaft von 1981 setzte sich zu 50% aus Aschkenasim zusammen, 45% waren afro-asiatischer Herkunft, 5% stellten mindestens die zweite Generation von Zabarim dar.

Erstmals hielten sich beide Herkunftsgruppen in bezug auf die Wahlberechtigten im Jahre 1984 die Waage. Mit anderen Worten: Genau die Hälfte der Wahlberechtigten war euro-amerikanischer oder afro-asiatischer Herkunft. 1992 überwogen wieder die Euro-Amerikaner aufgrund der russisch-jüdischen Einwanderung. Nicht mehr lange.

Literaturhinweise

Statistical Abstract of Israel
Eisenstadt, 1987 und 1973
Friedlander/Goldscheider, 1979

c) Das Gesamtbild

Abbildung 32 verdeutlicht, wie und wann aus der euro-amerikanischen Gesellschaft Israels ein dreigeteiltes Israel entstand: Das „erste" traditionelle, überwiegend osteuropäische, das die Phase bis zur Unabhängigkeit und die Aufbauperiode geprägt hatte, das „zweite" bzw. „orientalische" der Juden afro-asiatischer Herkunft und das „dritte", arabische Israel in seiner religiösen Differenzierung nach sunnitischen Moslems, Christen und Drusen. Das „Dritte (arabische) Israel" wird in B/VI/3 dargestellt.

d) Politische Generationen und Einwanderungswellen (Alijot)

Unter einer politischen Generation sei eine Altersgruppe verstanden, deren politische Orientierungen vor allem während ihrer Jugendzeit (17- 25 Jahre) unter dem Einfluß derselben politischen Ereignisse ähnlich, nicht immer identisch, jedoch stets dominant geformt wurden (vgl. Wolffsohn, 1983; Teil II, Diskin/Wolffsohn, 1978). Die Anwendung des Begriffes läßt sich auf den Jischuw und Israel leicht durchführen, wenn man die verschiedenen Einwanderungswellen (Alijot) betrachtet. Die Abfolge der Alijot entspräche den verschiedenen politischen Generationen.

Die erste Alija (1882-1903; 25.000-30.000 Menschen) blieb für das politische System recht wirkungslos. Sie war vom russischen Liberalismus des ausgehenden 19. Jahrhunderts beeinflußt und enttäuscht worden, besonders seit den Pogromen der Jahre 1880 bis 1882. Die meisten waren weniger an der Gründung politischer Organisationen in Palästina interessiert als vielmehr am Aufbau einer eigenen, landwirtschaftlichen Lebensgrundlage. Es gab aber auch, und hier macht sich die Tradition der russischen Agrarrevolutionäre bemerkbar, mehr kollektivistisch orientierte Einwanderer, z.B. die Gruppe der Bilu. Doch in der ersten Alija bildete die Gruppe der „kollektivistisch" orientierten Neueinwanderer die Minderheit. Die meisten betrachteten sich „einfach als Kolonisten", die zwanzig Jahre nach ihrer Einwanderung als „Pflanzeraristokratie" angesehen wurden und lieber billige arabische als teure und zudem Unruhe stiftende jüdische Arbeitskräfte beschäftigten.

Der eigentliche politisch-organisatorische Anstoß ging erst von der zweiten Alija aus, und hier vor allem von den sozialistischen Einwanderern, zu denen u.a. zwei spätere Ministerpräsidenten gehörten, Ben-Gurion und Eschkol, aber auch Israels zweiter und dritter Staatspräsident, Ben-Zwi und Schazar. Diese Einwanderungswelle, mit der zwischen 1904 und 1914 ca. 35.000 bis 40.000 Menschen ins Land kamen, verließ Rußland nach den Pogromen von Kischinew (im April 1903) sowie den Judenverfolgungen nach dem Russisch-Japanischen Krieg der Jahre 1904/05 sowie der gescheiterten Revolution von 1905. Die landwirtschaftlich orientierten, eher sozialreformerischen Einwanderer gründeten den Hapoel Hazair, während die sozial-revolutionären, zu denen damals auch Ben-Gurion zählte, die Poale Zion formierten. Diese Einwanderungsgruppe wurde langfristig tonangebend, verlor aber im Laufe der Jahre viel von ihrem revolutionären Elan, wurde sozialdemokratisch, reformerisch (Daten und Belege zu diesen sowie den folgenden Ausführungen: Wolffsohn, 1983: Teil II).

Ihrer Herkunft nach waren die Mitglieder der zweiten Alija mittelständisch. Ideologisch geprägt wurden sie von den Sozialreformern und Sozialrevolutionären Rußlands. Diese beiden Variationen linker Ideologien importierten sie nach Palästina. Die Autorität dieser PZ- und HPZ-Gründungsväter war, wie die selbstbewußte Golda Meir bezeugte, innerhalb der späteren Einwanderungsgruppen unumstritten. Sie selbst war mit der dritten Alija in Palästina eingetroffen.

Politisch und personell bestimmte die Führungsgruppe der zweiten Alija, besetzte und versperrte für lange Zeit, bis in die Frühphase des unabhängigen Staates politische, wirtschaftliche und kulturelle Spitzenpositionen (vgl. A/I/3f und für die politische Elite im Jischuw: Wolffsohn, 1983: 223; Lissak, 1981). An die überragende Bedeutung der Organisation als Voraussetzung einer erfolgreichen Entwicklung glaubend, gründeten sie parteipolitisch gebundene Wirtschaftsunternehmungen, wodurch sie die entscheidende Basis für den Histadrut- und Regierungssektor der israelischen Wirtschaft schufen. Die seit der zweiten Alija bestehende Verflechtung von Parteipolitik und Wirtschaft erlangte weit über das Arbeiterlager hinaus Bedeutung im gesamten israelischen Parteien- und Wirtschaftssystem, denn die nichtsozialistischen Gruppierungen versuchten, diesem Modell nachzueifern.

Die ersten Kibbutzim wurden auch von Mitgliedern der zweiten Alija organisiert, und diese Männer und Frauen waren, entgegen manchen Vorstellungen, keine marxistischen Sozialisten. Als echte Marxisten hätten sie sich eher auf das Industrieproletariat gestützt als landwirtschaftliche Pioniere zu werden.

Die Einwanderer der dritten Alija (1919-23) gehörten derjenigen politischen Generation an, die von den Ereignissen der Russischen Oktoberrevolution geprägt wurde. Sie war die eigentliche „Generation der Bolschewisten“, genauer der Bolschewisten der revolutionären Frühphase, die zwar nicht die „allgemeine Demokratie“ für alle, doch wenigstens Demokratie für eine „Klasse“, nämlich die Proletarier, also nicht die Parteidiktatur, anstrebte. Die „Arbeiterklasse“ sollte zwar herrschen, doch intern demokratisch sein. Wichtig wurde dieser ideologisch-organisatorische Anstoß bei der Gründung der Histadrut-Gewerkschaft. Die dritte Alija war nicht agrarisch, sondern städtisch-orientiert, insofern strenger marxistisch, weil sie an das revolutionäre Potential des Industrieproletariats glaubte. Nur: Dieses Proletariat bestand eben noch nicht.

Die dritte Einwanderungswelle trug personell und ideologisch zur Gründung der weiter links stehenden Parteien (PZL, SAP, und später der Kommunisten) bei. Auch für das religiöse Lager wurde die Dritte Alija bedeutsam. Die Entstehung der linksreligiösen Parteien (HPM, PAI) hängt eng mit der Ausstrahlungskraft nichtmaterialistischer, doch tendenziell sozialistischer Ideen auf das russische und polnische Judentum zusammen.

Die Einwanderer der vierten Alija hatten in der Sowjetunion die „Neue Ökonomische Politik“, also mehr „Marktwirtschaft“ unter sozialistischen Rahmenbedingungen, erlebt. Dieses Modell wollten die sozialistischen Einwanderer dieser vierten Alija nach Palästina einführen. Dies stärkte die damals kränkelnden Wirtschaftsunternehmungen der AH und Histadrut, langfristig auch die Parteien selbst, zumal man ja in der Sowjetunion den Aufbau eines mächtigen Parteiapparates erlebt hatte. Die Sozialisten aus der vierten Alija mußten sich jedoch langfristig mit Positionen im Parteiapparat sowie auf der lokalen Ebene begnügen.

Insgesamt war die vierte Alija überwiegend bürgerlich, stellte damit erstmals ein größeres Potential für nicht-sozialistische Gruppierungen und wurde zu einer Bedrohung für die Vorherrschaft des Arbeiterlagers. Wie sehr der politische Wind den Linksparteien ins Gesicht blies, belegen die Wahlergebnisse zur Delegiertenversammlung für das Jahr 1925 (im Vergleich zu 1920) und noch mehr das Stimmverhalten der Bürger bei den Wahlen zum Tel-Aviver Stadtrat in den Jahren 1924 bis 1931.

Die Tatsache, daß die orthodoxen Neueinwanderer aus Polen in ihrer Heimat die antisemitische Welle der frühen 20er Jahre erlebt hatten, führte zu einer milderen Haltung der Agudatisten gegenüber dem Zionismus – freilich nur langfristig.

Die Modernisierung der Religiösen hängt nicht zuletzt mit der Einwanderung von deutschen Orthodoxen der fünften Alija zusammen. „Modernisierung" und Mäßigung gegenüber dem Zionismus wiederum lösten eine Spaltung in der orthodoxen Agudat Israel aus. Die extrem Strenggläubigen lehnten jeden Kompromiß mit den Zionisten ab, trennten sich von der AI und gründeten die Neture Kartha (= Wächter der Stadt), die in Jerusalem leben (im Viertel Mea Schearim), bis heute den Staat Israel grundsätzlich bekämpfen – und dabei sogar mit der PLO zusammenarbeiten.

Im Arbeitslager machte sich die Generation der Weltwirtschaftskrise während der fünften Alija bemerkbar. Sie glaubte an das unmittelbar bevorstehende Ende des Kapitalismus und fieberte voll revolutionärer Ungeduld, was besonders im Haschomer Hazair einen deutlichen Linksruck auslöste.

Bei den bürgerlichen Parteien führte die fünfte Alija zur Gründung der Neuen Einwanderung (später der Progressiven Partei/UL), deren politischer Abstieg mit dem biologischen Abgang der deutschen Einwanderer eng zusammenhängt (Wolffsohn, 1983: Kap. 27 mit Daten; Gelber 1989). Am bedeutsamsten wurde im bürgerlichen Lager die Tatsache, daß mit der fünften Einwanderungswelle militante junge Polen, Mitglieder der revisionistischen Jugendorganisation Beitar, ins Land kamen. Ihre Militanz war Reaktion auf den zunehmenden Antisemitismus jener Jahre in Polen. In Palästina verlangten sie eine „aktivistische“ Politik gegen Araber und Mandatsmacht. Ohne sie wäre es nicht zur Gründung des Ezel und seiner Verselbständigung von den Revisionisten gekommen. Aufgewertet wurden durch die vierte und fünfte Einwanderungswelle auch die „bürgerlichen“ Berufe wie Ärzte und Anwälte.

Die im Lande Geborenen (Zabarim) aller politischen Lager und Geburtsjahrgänge konnten zunächst nur noch fortsetzen, nicht von Grund auf neu gestalten. Die Zabarim sind, Umfragen belegten dies immer wieder, pragmatischer als die Gründungsväter, identifizierten sich weniger mit der Mapai/IAP sowie mit der Linken überhaupt. Vereinfachend galt lange Zeit und gilt die Formel: „Je jünger, desto rechter“ (Wolffsohn, 1983: 166ff. mit Umfragedaten).

Im Zusammenhang mit den Wahlergebnissen und der Wählerstruktur der Parteien haben wir auf diese Tatsache hingewiesen. Ein brauchbarer Indikator ist immer wieder die Auswertung der bei Wahlen im Militär abgegebenen Stimmen. Hier sind die jungen Israelis konzentriert, was zum Beispiel 1989 zum überdurchschnittlich erfolgreichen Abschneiden von Likud (35,1%), Techija (8,9%) und Zomet (4,8%) führte.

Je jünger, desto rechter bedeutet gleichzeitig: Um so eher den Falken in bezug auf die Palästinenser- und Territorialpolitik zuzurechnen. Die Umfragen des IIASR haben dies seit 1967 immer wieder dokumentiert. In einer Erhebung für seine „Friedensmeßziffer“ ermittelte der Tel-Aviver Professor Arieh Nadler (Yuchtman-Ya'ar, T. Herman, Steinmetz-Institut der Universität Tel-Aviv, Haaretz, 5.10.94) im September 1994, daß rund 70% der jüngeren Befragten für die Aufrechterhaltung des status quo auf den Golanhöhen war. Nur 45% der älteren Jahrgänge waren dieser Meinung. In einer zwischen Januar und Mai 1994 in Jerusalemer Schulen durchgeführten Umfrage fand Professor Kalman Binyamini heraus, daß sogar 78% der Schüler gegen einen Rückzug vom Golan waren (Jediot Acharonot und Maariv, 5.10.1994).

Abbildung 33: Die jüdische Bevölkerung Israels nach Herkunft des Vaters (1992 in %)

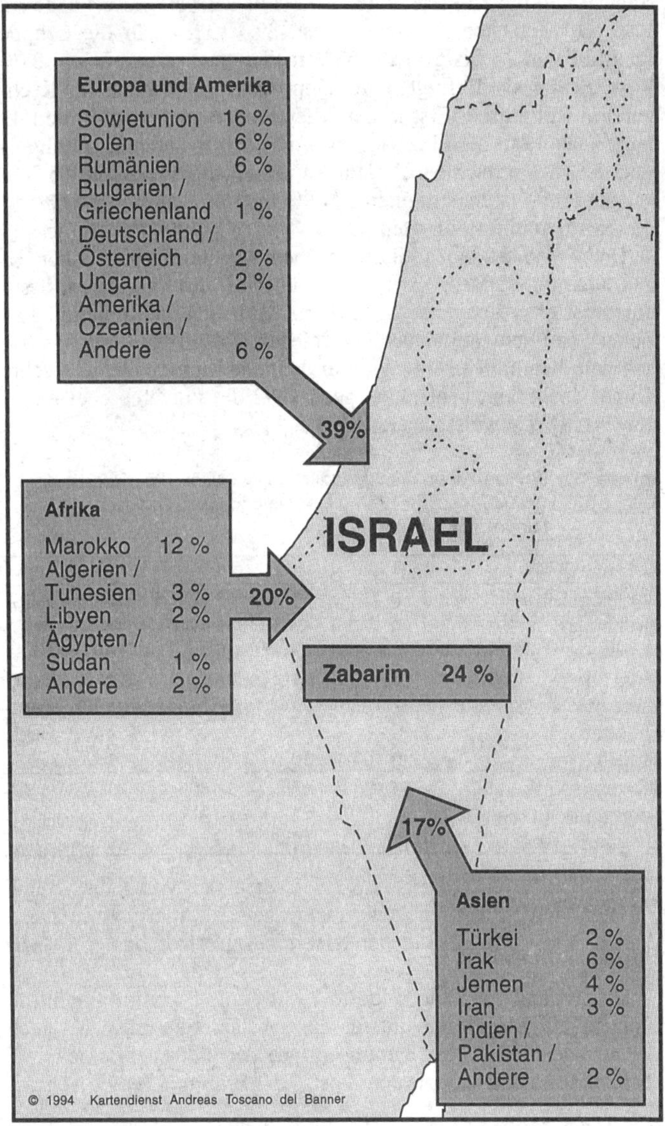

Die Altersgruppe zwischen 20 und 24 Jahren bevorzugte im Sommer 1988 zu 69% rechte sowie religiöse Parteien, nur 31% standen den linken Parteien (einschließlich Arbeitspartei) nahe (E. Katz, IIASR-Daten, Jerusalem Post, 29.7.1988). Für die Gruppe im Alter von 25 bis 29 galt: 63% rechts und religiös sowie 37% links. Je älter die Befragten, desto entfernter standen sie den Rechten und Religiösen. Erst in der Altersgruppe zwischen 45 und 49 Jahren lag 1988 die Linke mit 54% vor den Rechten und Religiösen, die 46% erreichten. Diejenigen jüdischen Israelis, die 65 Jahre oder älter waren, stimmten zu 69% mit der Linken, zu 31% mit den Rechten und Religiösen (ebd.).

Der Trend setzte sich in den frühen 90er Jahren fort. Aber: Es galt auch eine andere Formel: Je jünger die Altersgruppen, desto polarisierter. Auch eher linke Parteien hatten bei Jugendlichen Zulauf. Bei den Juniwahlen entschieden sich 1992 überproportional viele Jugendliche entweder für die linke Meretz oder die rechte Zomet. Insgesamt haben aber auch 1992 die Jüngeren eher rechts gewählt. Das beweist unsere Tabelle.

Tabelle 19: Wahlverhalten der Jugendlichen im Militär, 1981-1992, in % (In Klammern für 1992 die Abweichungen vom Landesdurchschnitt)

	1981	1984	1988	1992	
NKL/Progressive	0	2	0	0	(-0,5)
BR/Meretz	4	4	7	15	(+5)
IAP	21	26	29	30	(-5)
Likud	36	32	35	24	(-1)
Zomet	-	-	5	17	(+12)
Moledet	-	-	2	4	(+2)
Techija	9	10	9	2	(+0,5)
Summe Links	35	36	40	45	(0)
Summe Rechts	46	45	51	47	(+13,5)
Summe Religiöse	8	9	6	6	(-7)

Die Zahlen für NKL/Progressive verstehen sich von selbst: Beide Parteien werden fast nur von Arabern gewählt, die nicht in Zahal dienen. Viele Religiöse dienen auch nicht. Deshalb das große Minus.

Die Formel „Je jünger, desto rechter" und territorialpolitisch unnachgiebiger galt sowohl für die euro-amerikanische als auch die afro-asiatische Bevölkerungsgruppe der jüdischen Israelis (E. Katz, IIASR-Daten, Jerusalem Post, 7.10.1988 und Jediot Acharonot, 26.10.1988).

Der allmähliche politische Rechtstrend hing also auch eng mit den strukturellen Veränderungen, der „Zabarisierung“ zusammen (C/XII/4). Zu bedenken ist dabei außerdem, daß die „orientalischen“ Israelis kinderreicher sind, Zabarisierung also auch Orientalisierung bedeutet.

Einziger politisch-gesellschaftlicher Aufstiegskanal für Zabarim war im Jischuw und im jungen Staat die jeweilige Parteimiliz bzw. später Zahal. In der IAP gelangte die erste Gruppe der Zabarim (Geburtsjahrgänge der 20er Jahre) erst 1974 (Regierung Rabin) an die Schalthebel der Macht. Hier spricht man von der „Generation 5708“, der politischen Generation, die mit ihren Soldaten die Unabhängigkeit des Staates im Jahre 5708 der jüdischen Zeitrechnung (=1948) erkämpfte. Bei den bürgerlichen Parteien rücken sie jetzt nach, bei der NRP hatten sich die noch pragmatischeren Geburtsjahrgänge der 30er Jahre (Erziehungsminister Hammer und seine Anhänger der „Jungen Garde“) seit 1968 zunehmend durchgesetzt. Dies war schon die Generation des Sinai-Feldzuges (1956).

Für die Generation des Sechs-Tage-Krieges (1967) gehörte die Existenz des jüdischen Staates schon zum Alltag. Der vermeintlich bevorstehende Tiefpunkt der israelischen Entwicklung und der unmittelbar folgende Höhepunkt der nationalen Begeisterung sowie die Auseinandersetzung mit dem beginnenden Terror der PLO mögen extremere Einstellungen dieser Altersgruppe erklären. Diese politische Generation ist besonders im Likud schon in politischen Warte- oder Schlüsselstellungen zu finden: Benjamin Begin (der Sohn des Ex-Ministerpräsidenten) oder Benjamin Netanjahu (Stellvertretender Außenminister, zuvor UNO-Botschafter, nach den Wahlen von 1992 Parteiführer). Insgesamt eine eher am Bestehenden orientierte Generation. Sie steht noch vorwiegend in der dritten Reihe. In der ersten ist jetzt die Generation 5708 (Rabin, Peres). In der zweiten die rund zehn Jahre jüngeren: Jakobi, Gur, Schachal (IAP) und Scharon, Levy, Modai (Likud).

Mehr gesellschaftliche Dynamik und Wandel forderte die Generation des Jom-Kippur-Krieges (1973). Sie war zugleich die Generation der Sadat-Initiative (1977) und des Friedensvertrages mit Ägyten (Camp David, September 1978, und Friedensvertrag, März 1979). Sie war durch Krieg und Frieden geprägt worden. Beide Großereignisse polarisierten die israelische Gesellschaft und diese Generation. Sie ist die politische Generation, die „mehr Demokratie“ in den bestehenden Institutionen forderte, die neue Parteien (Demokratische Bewegung für Veränderung), Protestgruppen und Bürgerinitiativen gründete sowie auch außerparlamentarisch tätig wurde: Die eher linken in Frieden Jetzt, die religiösnationalistischen in Gusch Emunim. Diese ideologische Trennungslinie markiert zugleich den Unterschied zwischen den beiden Teilgruppen dieser politischen Generation. Sie ist zugleich diejenige politische Generation, die sich erstmals in größerem Maße weigerte, militärischen Anordnungen zu folgen, z.B. in den besetzten Gebieten oder im Libanon zu dienen.

Das Erlebnis der Polarisierung und der mit ihr verbundenen gesellschaftlichen Mobilisierung hinterließ auch bei der Generation des Libanonkrieges 1982 erkennbare Spuren. Trotz der Polarisierung ist hier insgesamt eher eine antipalästinensische Verhärtung festzustellen.

Diese politische Generation der Zabarim ist eine politisch ausgesprochen harte Altergruppe. Von den 15- bis 18jährigen des Jahres 1986 und 1987 billigte rund ein Drittel jüdische Terrorgruppen. 10% waren sogar bereit, sich ihnen anzuschließen (Zemach, 1987: 63). Den Arabern wollten in den Jahren 1984 sogar 61% und 1987 noch 53% die gleichen Rechte verweigern (Zemach, 1987a: 29). Daß Araber bereits zu viele Rechte besäßen, meinten im März 1984 49% und im Mai 1987 waren es 58% dieser Befragten, von denen – je nach Zeitpunkt der Erhebung – zwischen 11% und 16% der extrem nationalistischen Techija-Partei und zwischen 6% und 11% dem rassistischen Rabbiner Kahana zuneigten (a.a.O.: 30 und 55). Diese Werte lagen deutlich über dem allgemeinen Landesdurchschnitt. Dieselben Jugendlichen waren auch davon überzeugt, daß die Juden mehr Rechte als die Araber sowohl auf das israelische Kernland als auch „Judäa, Samaria und den Gasa-Streifen“ hätten. 79% behaupteten dies in bezug auf das Kernland und 63% in bezug auf die erwähnten Gebiete (a.a.O.: 46).

Diese Daten sollte man zur Auswanderungsbereitschaft der Jüngeren in Beziehung setzen. Dann stellt man nämlich fest, daß die jüngeren jüdischen Israelis einerseits politisch „härter“ dachten, andererseits ihrem Staat gegenüber „weicher“ eingestellt, das heißt eher auswanderungsbereit waren. Ende der 80er Jahre waren 60% der ausgewanderten Israelis höchstens 34 Jahre alt (Nissan Harpas, Haaretz, 20.12.1988).

Die Verhärtung gilt auch und erst recht in bezug auf die Generation der Intifada 1987/89. (Vgl. die IIASR-Daten aus dem Jahre 1988/89, die im Zusammenhang mit den eher rechten jungen Israelis erwähnt wurden.) Wie gesagt: im Sommer 1988 neigten knapp 70% der 20- bis 24jährigen jüdischen Israelis den rechten und religiösen Parteien zu (E. Katz, IIASR, Jerusalem Post, 29.7.1988). Die im Frühjahr 1988 erhobene Umfrage des Israelischen Instituts für Militärstudien zeigte ebenfalls die Verhärtung dieser Altersgruppe: Während 1974 „nur“ 61% der Gymnasiasten „Araber haßten“ („alle“, „die meisten“ oder „einen Teil“) waren es 1988 71% (u.a., 1989: 206).

Die Polarisierung wurde ebenfalls an den Wahlergebnissen der Soldaten deutlich: Zwar überwog hier insgesamt der überdurchschnittliche Erfolg der rechtsnationalistischen Parteien, doch auch die eher linksliberale, Tauben-orientierte Bürgerrechtsbewegung bekam mit 6,5% mehr Stimmen als im Landesdurchschnitt (Jerusalem Post, 9.11.1988).

Der Rechtstrend, d.h. die Abkehr von den landwirtschaftlichen Pionieridealen sowie Entideologisierung, wurden durch die afroasiatischen Einwanderer der Gründerjahre verstärkt und durch die traditionellen Parteien begünstigt. Diese versuchten nämlich politische Seelen zu „kaufen“, indem sie Neueinwanderer in allen Lebensbereichen versorgen und damit ihre politische Unterstützung (bei Wahlen) vorprogrammieren wollten. Da jedoch die orientalischen, besonders marokkanischen Einwanderer benachteiligt blieben, wandten sie sich allmählich von der Partei der Gründungsväter (Mapai/IAP) ab, und Herut/Gachal/Likud zu. Allerdings handelte es sich hierbei um ein deutliches Protestverhalten, so daß der Likud auf Dauer kaum mit deren Stimmen rechnen konnte.

Abbildung 34: Einwanderung seit 1948

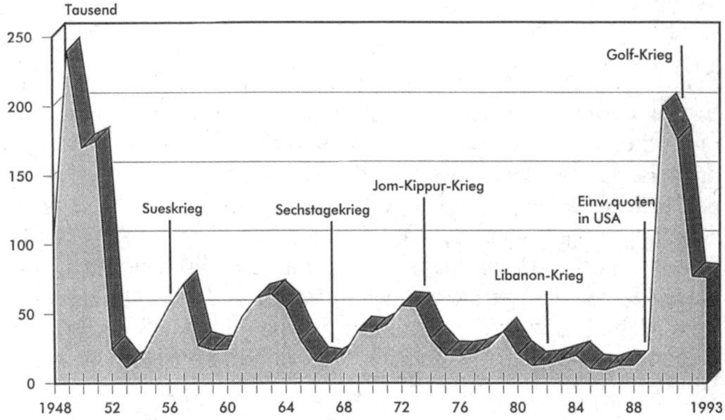

Daten: Statistical Abstract of Israel

Grundsätzlich stieß eine harte Araber-, Territorial- und Außenpolitik der Regierung auf prinzipielle Aufnahmebereitschaft und Unterstützung dieser Bevölkerungsgruppe. (Zu diesen beiden Problemen siehe VI/2/e).

Die amerikanischen Einwanderer der Jahre seit 1967, stehen ihr in nichts nach. (Zum Profil der Einwanderer aus den USA vgl. Antonovsky/Katz, 1979 und Gitelman, 1982). Im Gegenteil, sie sind ideologischer, während die orientalischen Juden dieses Problem auch unter den Vorzeichen von Brot-und-Butter-Problemen anpacken.

Abbildung 35: Einwanderer nach Herkunft

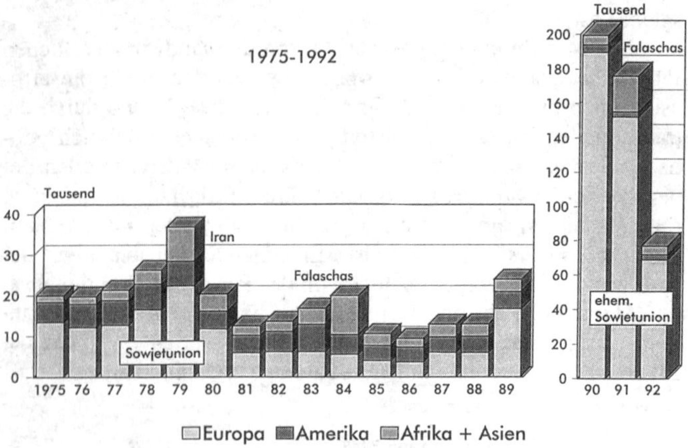

Daten: Statistical Abstract of Israel

Seit Anfang der 70er Jahre bis 1989 tröpfelte die russisch jüdische Einwanderung nach Israel. Rund 300.000 durften in jenem Zeitraum die UdSSR verlassen. Nur rund 170.000 (also 57%) kamen nach Israel. Tendenz abnehmend: 1989 kamen nur 19% der aus der UdSSR auswandernden Judennach Israel. Ab 1989 öffneten sich die sowjetischen und GUS-Schleusen. Die USA (und die Bundesrepublik Deutschland) ließen (auf israelischen Druck) nur einen kleinen Teil in ihren Staat einwandern. So begann die jüdische Masseneinwanderung aus der Sowjetunion/GUS nach Israel. Ungefähr eine halbe Million russischer Juden trafen zwischen 1989 und 1993 ein Israel ein.

Schon 1989 waren 16% aller israelischen Ingenieure und 20% der Ärzte russischer Herkunft. Die Verbürgerlichung sowie das weiter gestiegene Ansehen der bürgerlichen Berufe, auf die wir im Zusammenhang mit den Berufen der Parlamentarier aufmerksam machten, wird dadurch noch verständlicher. (Vgl. zur Anpassung der russischen Juden Gitelman, 1982).

Vom Kommunismus, Sozialismus oder auch nur Sozialdemokratie wollen die Juden aus der UdSSR nichts hören. 83% der befragten Sowjetjuden gaben im August 1990 in Israel an, daß sie rechte Parteien wählen würden. Für die extrem nationalistische „Kach" des Rabbiners Kahane wollten 9% stimmen (S. Slotzke, Chadaschot, 6.9.1990). Auch territorialpolitisch zählen die russischen Juden zu den Falken: Im Juli 1990 befürworteten nur 30% der russisch-jüdischen Einwanderer die Formel „Land gegen Frieden" (Tazpit-Institut, zitiert in: G. Allon, Haaretz, 7.9.1990). Ähnlich für November 1990 (vgl. Dawar, 18.12.1990, Smith-Institut). Eine im Januar 1991 veröffentlichte Umfrage des Jerusalemer Tazpit-Instituts ergab 70% der sowjetischen Einwanderer gegen einen Verzicht auf die besetzten Gebiete (Tazpit-Institut, Haaretz, 11.1.1991).

Die mehrfach erwähnte Orientalisierung, die Judaisierung und nun auch die „Russifizierung" der jüdisch-israelischen Gesellschaft stärkt die israelische Rechte, und damit die Falken – strukturell und langfristig.

Das mußte man aufgrund der soziologischen und ideologischen Daten meinen. Es kam anders – weil die Einwanderer zu hohe wirtschaftliche Erwartungen hatten, die von der Likudregierung nicht erfüllt wurden, in der kurzen Zeit nicht erfüllt werden konnten. Erinnert das nicht an die innere Vereinigung Deutschlands?

Die Wahlen vom Juni 1992 wurden nicht zuletzt von den russischen Einwanderern entschieden. Ungefähr die Hälfte dieser Neubürger protestierte gegen den Likud, indem sie IAP wählte. Weitere 10% stimmten für die eher linksliberale Meretz. Arbeitslose wählen nicht die Regierenden. Knapp die Hälfte der Neueinwanderer waren arbeitslos oder in Berufen tätig, die wahrlich nicht ihren Hoffnungen entsprachen. Der Golfkrieg zeigte den russischen Juden außerdem, daß sie in Israel auch nicht gerade sicher leben würden. Ruhe wollten sie vor allem. Nicht zuletzt waren sie vor den Gefahren des russischen Nationalismus und des islamischen Fundamentalismus in der GUS geflohen.

Anfang 1992 bedauerten 80% der russischen Einwanderer, daß sie nach Israel gekommen waren (Umfrage des Jerusalem-Instituts für Israelforschungen, L. Galili, Haaretz, 6.2.1992). Sehr viel zufriedener zeigten sich die russischen Einwanderer bis zum Sommer 1994 auch nicht. Den Umfragen von Mina Zemach zufolge, empfahl nur ein Drittel der russisch-jüdischen Einwanderer Freunden in der alten Heimat, nach Israel zu gehen. Das war im Vergleich zu früheren Umfragen eine deutlich negative Entwicklung (R. Saar, Haaretz, 21.7.1994; vgl. ähnlich Daten in einer Umfrage der Jewish Agency, L. Galili, Haaretz, 20.2.1994). 24% der jugendlichen Neueinwanderer fühlten sich „abgeschnitten" von der israelischen Umwelt (Umfrage des Einwanderungsministeriums, L. Galili, Haaretz, 8.11.1993). Traurig, wahr und gar nicht anders zu erwarten: Früheren Einwanderern ging es ähnlich. Das ewige Los der Exilanten und Wanderer.

Im Frühjahr 1991 hielten 45% der Neueinwanderer die israelische Bürokratie für so „korrupt" wie die sowjetische. Für 15% war sie „noch korrupter" (Mina Zemach, Jediot Acharonot, 7.5.1991).

Wundert es, daß Anfang 1993 40% der Jugendlichen aus der UdSSR/GUS nicht ins israelische Militär wollten (Umfrage des Militärs, E. Rabin, 27.1.1993)? Im Sommer 1994 waren es „nur" 30% (Umfrage der Erziehungswissenschaftliche Fakultät der Hebräischen Universität, O. Kaschti, Haaretz, 10.7.1994). Kein Wunder, daß im Herbst 1993 zwei Drittel der befragten GUS-Juden in der Heimat beiben wollten (Umfrage der Zentrums für Jüdische Wissenschaften der Russischen Akademie der Wissenschaften, Z. Ben-Zakan, (Jüdische) Allgemeine, 28.10.1993. Ähnliche Daten im April 1992 in einer Umfrage der Russisch-Jüdischen Föderation, vgl. A. Lewin, Haaretz, 25.12.1992). Erstaunliche Daten angesichts der Tatsache, daß Umfragen des American Jewish Committee in den Jahren 1990 und 1992 ergaben, daß in einigen GUS-Staaten fast jeder Zweite stramm antisemitische Einstellungen bekundete (Gudkov/Levinson, 1994).

Religiös sind die russischen Juden ohnehin kaum: Nur 3% sagten im Sommer 1991, sie seien es (Tazpit-Institut, H. Keinon, Jerusalem Post, 3.8.1991).

Juden in Not oder, im wörtlichen Sinne, ausweglosen Situationen, gehen nach Israel. Die aus Äthiopien stammenden Juden, die Falaschas, beweisen es einmal mehr (Friedmann/Santamaria, 1989; Ashkenazi/Weingrod, 1987; Abbink, 1986; Parfitt, 1985). 1984/85 und seit 1990 flohen die restlichen 20.000 Falaschas vor Bürgerkrieg und Diskriminierung.

Im Mai 1991 brachte in einem Tag die israelische Luftwaffe mit Genehmigung der ersten Nach-Bürgerkriegs-Regierung Äthiopiens die letzten Juden nach Israel. Trotz vieler Schwierigkeiten (und ihrer schwarzen Hautfarbe) haben sie sich gut eingelebt und wurden auch gut aufgenommen. Ein guter (weil harter) Indikator: Ebenso viele äthiopische Neueinwanderer waren Anfang 1993 bereit, in Kampfeinheiten der israelischen Streitkräfte zu dienen wie Zabarim (die im Lande Geborenen; Insitut für Verhaltenswissenschaften der Streitkräfte, E. Chen, Dawar, 11.2. 1993. Ähnliche Daten schon für die erste „Welle" der Falaschas, Haaretz, 5.8. 1991. Vgl. allgemein Kaplan/Rosen, 1993).

Die wenigen Juden, die noch im Jemen geblieben waren, durften 1993 ausreisen – ohne Medien„rummel" (Jerusalem Post, 15.7.1993).

Bei der arabisch-palästinensischen Bevölkerung könnte man besonders die folgenden politischen sowie politisch wirksamen Generationen nennen: Die Generation des Urtraumas von 1948. Die 1956er Generation: Sie erlebte den Suezfeldzug und die israelischen Aktionen gegen palästinensische Freischärler aus dem Gasa-Streifen und dem damals noch jordanischen Westjordanland. Im Herbst 1956 wurden im arabischen Dorf Kfar Kassem Einwohner von den israelischen Sicherheitskräften erschossen, ein großer Schock. Diese Generation erlebte noch die Militärverwaltung bis zum Dezember 1966. Ein heftiges Erwachen, eine deutliche Palästinensierung prägte die Generation des Sechs-Tage-Krieges. Die Öffnung zum Westjordanland und damit zur arabischen Welt wurde für sie entscheidend. Für die Generation des Jom-Kippur-Krieges war es das psychologische Siegesgefühl der arabischen Welt. Die Generation der Siedlungspolitik seit 1977 ebnete der Intifada-Generation den Weg.

Literaturhinweise

Allgemein zu politischen Generationen: Abramson, 1989; Wolffsohn, 1983: Teil 2

Zu parteipolitischen Auswirkungen: Berlin, 1983

Zu den deutschen Einwanderern: Jutte, 1991; Erel, 1983; Elcott, 1981; Luft, 1977

Zu den amerikanischen Einwanderern: Gitelman, 1982; Avruch, 1981; Antonovsky/Katz, 1979

Zu den Einwanderern aus der Sowjetunion seit 1967: Gitelman, 1982

e) Bevölkerungspolitik

Schon seit 1922, vor allem seit 1939 ließen die Briten nur eine begrenzte Zahl von Juden nach Palästina. Die zionistischen Parteien hatten vergeblich eine Politik der offenen Tür verlangt und mußten Einwanderungsquoten hinnehmen, die sie intern selbst alles andere als unpolitisch verteilten. Die zunächst nur im Jischuw, dann in der ZWO dominierenden zionistischen Parteien vergaben vor allem an ihre Anhänger Einwanderungserlaubnisse (Zahlen in: Horowitz/Lissak, 1977: 257, zit. in: Wolffsohn, 1983: 520ff.; Friedlander/Goldscheider, 1979: 71ff.). Allerdings waren damals die sozialistischen Zionisten für das Aufbauwerk am meisten motiviert. Nach der Unabhängigkeit öffnete man sofort die Tore Israels für alle Einwanderer und verabschiedete 1950 das „Rückkehr-Gesetz". Art. 1 besagt, daß „jeder Jude berechtigt ist, nach Israel einzuwandern" – und damit israelischer Staatsbürger zu werden.

Abbildung 36: Die Einwanderung aus Europa 1948-1971

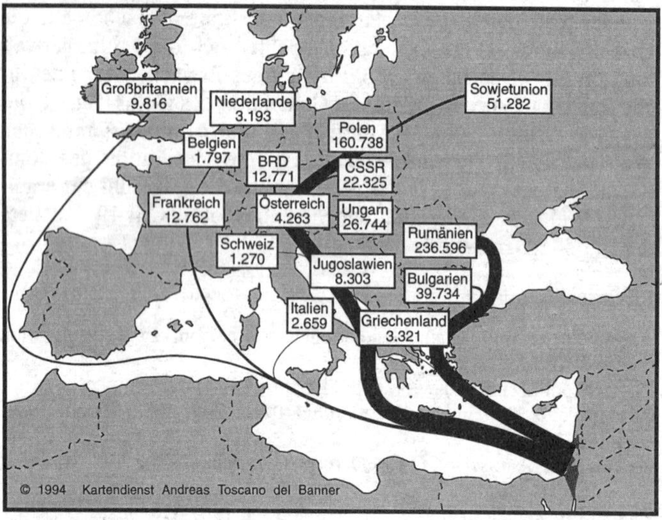

Daten: Statistical Abstract of Israel

Abbildung 37: Die Einwanderung aus arabischen Ländern 1948-1971

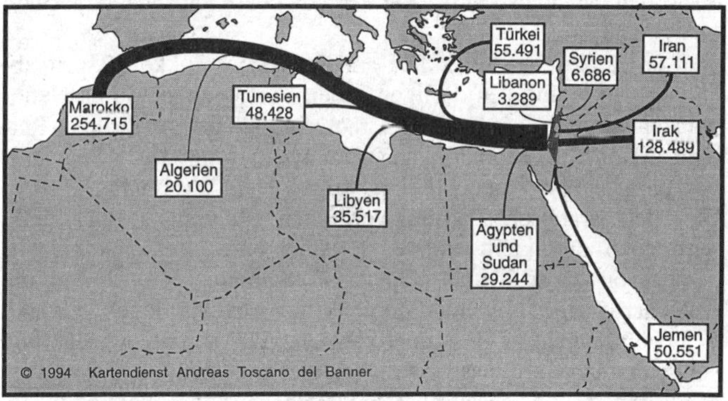

Daten: Statistical Abstract of Israel

Die Masseneinwanderung der Jahre 1948-1951 stellte den jungen Staat vor enorme wirtschaftliche ebenso wie gesellschaftliche Probleme, da die orientalischen Einwanderer häufig, wenn überhaupt, nur über eine schlechte Berufsausbildung für moderne Industriearbeiten verfügten. Im November 1951 wurden Auswahlkriterien durch die Jewish Agency festgesetzt (Friedlander/Goldscheider, 1979: 98ff.). Faktisch bevorzugten sie potentielle Einwanderer aus euro-amerikanischen Staaten, die aber immer weniger einwanderungswillig waren. Auch die Oberschicht der nordafrikanischen Juden zog es seit 1955/56 vor, nach Frankreich auszuwandern (a.a.O.: 102). Deshalb änderten die neuen Bestimmungen letztlich an der Zusammensetzung der Einwanderung wenig.

„Die orientalischen Juden waren nicht Israels erste Wahl, aber es gab keine Alternative, und man mußte sie akzeptieren." (Smooha, 1978: 86). Nahum Goldmann soll 1952 sogar vorgeschlagen haben, 100.000 Juden aus Marokko und dem Irak in ihre Heimat zurückzuschicken, doch Ben-Gurion widersetzte sich diesem Vorhaben (Sitzungsprotokoll einer Besprechung zwischen der israelischen Regierung und der ZWO, Haaretz, 2.8.1983.).

Deutsche Wiedergutmachungsgelder verbesserten die wirtschaftliche Situation Israels seit 1954, eine Phase beachtlichen wirtschaftlichen Wachstums begann (C/XIII), doch die Quotenpolitik gegenüber nordafrikanischen Juden wurde fortgesetzt, die Lücke zwischen ideologischem Anspruch und einwanderungspolitischer Wirklichkeit offensichtlich. Sie führte zu innenpolitischen Auseinandersetzungen, wobei sich die Herut am schärfsten gegen diese Einwanderungskontrollen aussprach und Vergleiche zur britischen Mandatspolitik zog (Friedlander/Goldscheider, 1979: 104ff., 108).

Das ist die eine Seite. Die andere: Als Marokko 1956 unabhängig wurde und den dortigen Juden Verfolgungen durch Nationalisten drohten, organisierte Israel eine höchst gefährliche Rettungsaktion für die marokkanischen Juden – mit Hilfe Spaniens, das damals von Franco regiert wurde (vgl. Wolffsohn, 1991a). Wer den israelischen Verantwortlichen „Rassismus" unterstellt, wird auch durch ein anderes Beispiel eines Besseren belehrt: „Operation Moses" und „Operation Salomon", mit denen die (schwarzhäutigen) Juden Äthiopiens nach Israel geflogen wurden.

Die überwiegend euro-amerikanische Einwanderung nach 1967 sowie der Strom russischer Einwanderer entsprach mehr den wirtschaftlichen und gesellschaftspolitischen Wunschvorstellungen, und über die zaghafte Einwanderungsbereitschaft der iranisch-jüdischen Oberschicht nach der Islamischen Revolution zeigte man sich enttäuscht.

Ähnlich verhielten sich die Juden Südafrikas, die nach dem Ende der weißen Herrschaft ihr Land verließen. Es wurde damit gerechnet, daß von den 100.000 dortigen Juden 3.500 auswandern würden. Höchstens 1.500 gaben an, nach Israel gehen zu wollen (L. Galili, Haaretz, 5.4.1994).

f) Auswanderung

Sogar von den höchst motivierten Mitgliedern der seit 1904 einsetzenden zweiten Alija blieben bis 1918 nur rund 6.000 der insgesamt 37.000 Einwanderer (Gorni, 1970: 205f). 1927/28 gab es mehr jüdische Aus- als Einwanderer.

Auch nach der Staatsgründung war die Zahl derer, die dem Land den Rücken kehrten, beachtlich.

Zwischen 1948 und 1992 seien, so das Statistische Jahrbuch, rund 580.900 Israelis aus dem Ausland „noch nicht zurückgekehrt". Natürlich ist dabei die Ziffer für die jeweils kürzer zurückliegenden Jahre besonders hoch. Wenn man aber auch den zeitlichen Abstand zwischen dem jeweiligen Erscheinungsjahr des Statistical Abstract und dem „Abreisejahr" der Bürger berücksichtigt, fällt auf, daß erst seit 1973 (Jom-Kippur-Krieg!) fast jährlich mehr als 10.000 Israelis „noch nicht zurückgekehrt" sind. Bis 1973 waren es stets deutlich weniger als 10.000.

Allein in den USA leben dauerhaft circa fünf- bis sechshunderttausend Israelis.

Mit anderen Worten: die Selbstzweifel vieler Israelis haben seit 1973 auch zu Verhaltensänderungen ihrem Lande gegenüber geführt – sie wanderten mehr denn je aus, vorsichtiger formuliert: zählten zu den „Noch-nicht-Zurückgekehrten".

Das Problem wird auch an der Ortswahl der auswanderungsberechtigten Sowjetjuden erkennbar: Von 1970 bis 1989 durften rund 300.000 Juden die UdSSR verlassen. Von ihnen kamen 170.000 nach Israel. Das entsprach 57%. Aber: Seit Anfang der 80er Jahre entschieden sich immer mehr Sowjetjuden gegen Israel. In den frühen 80er Jahren pendelte sich der Anteil derer, die nicht in den jüdischen Staat wollten, bei 70% ein, und 1988 waren es gar 93% (Haaretz, 9.1.1989).

Auswanderung, „Jerida" (wörtlich übersetzt „Abstieg"), galt und gilt in Israel als Schimpfwort. Doch im Februar 1985 brachten, einer PORI-Umfrage zufolge, immerhin 17% der jüdischen Israelis hierfür Verständnis auf, und nur ein halbes Jahr später waren es gar 20% – unmittelbar nach Ankündigung der drastischen Sparpolitik der großen Koalition (IPO, 1985/86: 218).

Jerida ist wahrlich kein Tabu mehr in Israel, auch nicht für Zabarim. Ende 1986 meinten 19% der jungen Israelis im Alter von 18-29 Jahren, es sei durchaus möglich, daß sie auswanderten. Bei den Älteren hörte man diese Antwort seltener. Die Situation am Arbeitsmarkt, glaubten 34%, würde am häufigsten zu Auswanderungsabsichten führen. Den niedrigeren Lebensstandard machten 16% verantwortlich, die (Un)sicherheitslage 14% und mangelndes jüdisch-zionistisches Bewußtsein hielten 11% für den entscheidenden Grund (PORI-Umfrage, Haaretz, 16.12.1986). Während in der Gesamtbevölkerung im Jahre 1984 sich nur 5% als „mögliche Auswanderer" bezeichneten, waren es 1986 immerhin 9% (PORI, Haaretz, 6.1.1987). Im Herbst 1986 meinten nur 55% der jüdischen Israelis, daß ihre auswandernden Landsleute „falsch" handelten (Zemach, 1987: 26).

Im Laufe der Jahre nahm die Verurteilung der Auswanderung vor allem bei Jugendlichen deutlich ab: Noch 1975 hielten 53% Jerida für ablehnenswert, während es 1983 nur noch 40% so bewerteten (Levy, 1984: 137).

Besonders junge und gut ausgebildete jüdische Israelis betrachten sich als „mögliche Auswanderer". 1988 waren es, einer Umfrage der „Vereinigung zur Verhinderung der Auswanderung" zufolge, 27% der Gymnasiasten. Rund ein Drittel zeigte Auswanderern gegenüber Verständnis (vgl. A. Jütte, Allgemeine Jüdische Wochenzeitung, 17.6.1988). Knapp 10% der Auswanderer sind

Akademiker (Israelischer Rundfunk, 15.6.1987 aus: Deutsche Welle Monitor-Dienst Nahost, 16.6.1987).

Im Frühjahr 1991 planten 11% der Israelis innerhalb der nächsten zwei Jahre auszuwandern. Zur selben Zeit hatten das nur 10% der Russen, 6% der Polen und 4% der Ungarn vor; allerdings 17% der Bürger der (damals noch bestehenden) Tschechoslowakei (Gallup-Institut mit anderen, Haaretz-Magazin, 23.6.1991, S. 23).

Allein 1993 wanderten rund 20.000 Israelis aus. Aber Ende 1993, nach den Washingtoner Vereinbarungen mit der PLO, strotzten die Israelis vor Optimismus. Ihre persönlichen Aussichten für das kommende Jahr seien „besser", meinten 67% der Israelis, 69% der Chinesen, 64% der US-Bürger und 54% der Südafrikaner. Weit abgeschlagen die Deutschen: 27% im Westen, 46% im Osten (EMNID mit anderen Instituten, EMNID/n-tv, 2.1.1994). Eine Zeitraumdarstellung der Bleibeabsichten vermittelt die nebenstehende Abbildung. Dramatisch sind die zyklischen Schwankungen nicht.

Abbildung 38: Anteil der jüdischen Israelis, die „sicher in Israel bleiben" wollen, 1978-1990

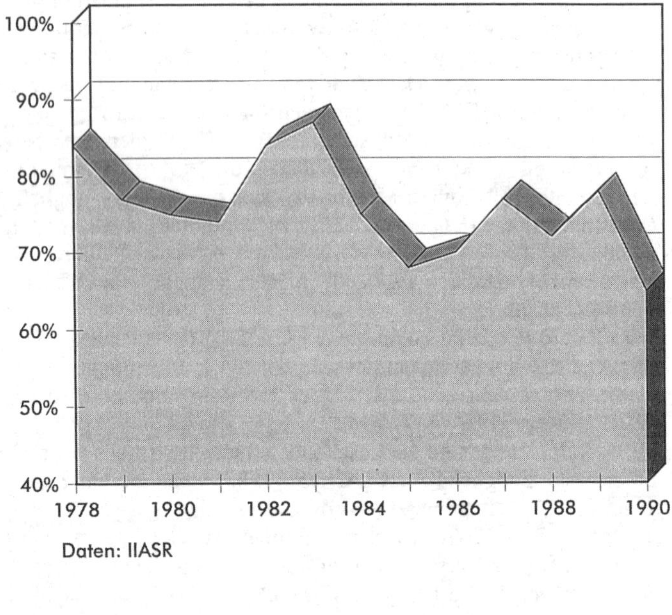

Daten: IIASR

Alija, das heißt die Einwanderung nach Israel, wird immer wieder von den Juden der Diaspora gefordert, und 82% der Israelis betrachten 1987 die Einwanderung als „für den Staat lebenswichtig". Doch materielle Vergünstigungen, die den weniger Begüterten das Einleben erleichtern sollen, räumte ihnen ein Teil der israelischen Öffentlichkeit nicht so gerne ein: 44% der Israelis meinten im Mai 1987, daß diese Einwanderungshilfen lediglich die Wohnungsprobleme der alteingesessenen Bevölkerung verschärften. Für die Fortsetzung dieser Zahlungen sprachen sich hingegen 64% aus (PORI-Umfrage, G. Allon, Haaretz, 15.6.1987).

Die Bindungen der Israelis ihrem Staate gegenüber sind schwächer geworden, die Krisensymptome offenkundiger. Es wanderten in den 80er Jahren mehr Juden aus als ein. Ist das wirklich eine so neue Tatsache? Sie ist alt-neu, denn stets ging nur die Minderheit der diversen jüdischen Auswanderungswellen nach Palästina. Diejenigen, die am meisten motiviert waren, kamen – und blieben. Diese starke Motivation hat politische Auswirkungen: Der harte Kern bleibt, und die araberpolitische Verhärtung steigt. Man sieht es an vielen Siedlern im Westjordanland, die in den letzten Jahrzehnten aus den USA nach Israel einwanderten.

Und die russischen Juden kamen massenweise erst seit 1989 – nachdem die Tore der USA und Deutschlands nicht ganz, aber doch weitgehend (mit israelischem Druck) geschlossen wurden.

Literaturhinweise

Friedberg/Kfir, 1988
Migration, 1986
Sobel, 1986
Fein, 1984

g) Altersgliederung

Abbildung 40 zeigt, daß Israels Bevölkerung außerordentlich jung ist. Das Durchschnittsalter der jüdischen Bevölkerung nahm jedoch ständig zu, das der nicht-jüdischen, arabischen, nahm von 1955 bis 1970 ab und blieb lange konstant. Bis 1986 sank es auf 16,8 (Bevölkerungs„explosion" = Verjüngung). Inzwischen ist das (Median-)Alter der Araber wieder gestiegen. Verbesserte Gesundheitsfürsorge und vermehrte Geburtenplanung machen sich bemerkbar. Stichwort: „Modernisierung", Bruch mit Traditionen des Kinderreichtums.

Abbildung 39: Altersstruktur der Bevölkerung, Juden und Nichtjuden

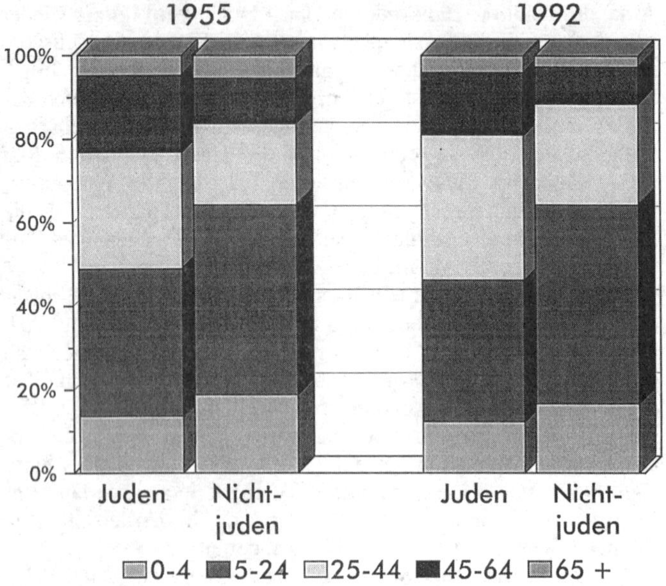

Daten: Statistical Abstract of Israel

Abbildung 40: Durchschnittsalter von Juden und Nichtjuden in Israel

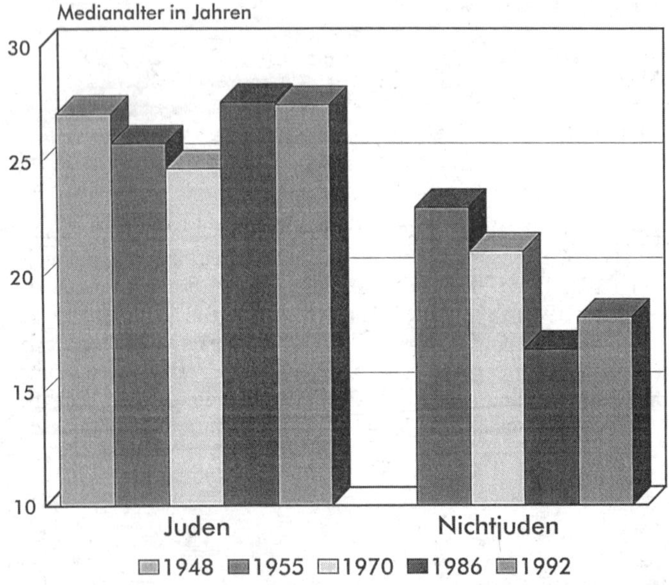

Daten: Statistical Abstract of Israel

Die Verjüngung der jüdischen Bevölkerung bedeutet zugleich eine Orientalisierung und „Judaisierung“, denn religiöse Juden haben in der Regel weit mehr Kinder als nichtreligiöse.

Das niedrigste Durchschnittsalter in der nichtjüdischen Bevölkerung weisen die Moslems auf, gefolgt von Drusen und Christen. Dies hängt mit der „moderneren“ Lebensweise der christlichen Araber zusammen (vgl. VI/3).

h) Andere demographische Daten

Hier, wie in anderen Bereichen, weisen die scheinbar „trockenen“ Zahlen auf bedeutsame politische und gesellschaftliche Entwicklungen in größeren Zeiträumen hin. Alle Daten wurden diversen Jahrgängen des Statistical Abstract entnommen. Wenn nicht anders angegeben, beziehen sich die Zahlen auf 1.000 des durchschnittlichen Bevölkerungsstandes.

Beginnen wir mit der Scheidungsrate. Sie ist ein Hinweis auf – keineswegs immer positiv zu bewertende – „Modernität“. Sie deutet unter anderem auf die Auflösung der traditionellen Familie und die zunehmende Gleichstellung der Frau.

Tabelle 20: Scheidungsrate (in 1.000) 1992

Juden	1,3
Moslems	0,7
Christliche Araber	0,0
Drusen	0,7

Was erkennen wir hier? Die Tatsache, daß die jüdische Bevölkerung im Familienleben am „modernsten“ ist, zwischen Moslems und Drusen geringere Unterschiede bestehen, die christlich arabischen Familien offenbar noch intakt sind. Ein gewisser Widerspruch zur „Modernitäts-These“ muß eingeräumt werden, denn in der Regel sind die christlichen Araber am „modernsten“. Taugt der Indikator vielleicht doch nicht?

In den Großstädten ist die Scheidungsrate am höchsten.

Die Sterblichkeitsrate von Säuglingen dokumentiert die gesundheitliche Versorgung der Bevölkerung zum einen sowie ihr medizinisches Bewußtsein. Beides kann von der politischen und gesellschaftlichen Entwicklung nicht losgelöst gesehen werden.

Abbildung 41: Sterblichkeit von Säuglingen (Durchschnitt für 1950-54 und 1992)

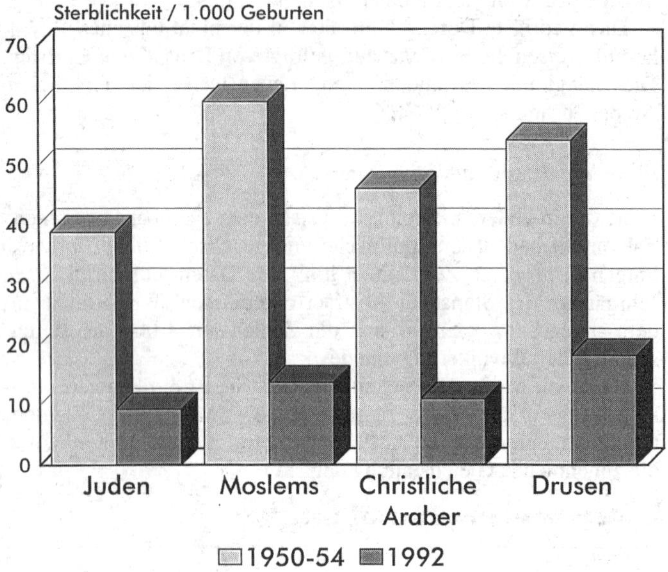

Daten: Statistical Abstract of Israel

Bei den Juden blieb die Säuglingssterblichkeit am niedrigsten. Das jüdisch-arabische/drusische Gefälle hat sich jedoch drastisch abgeflacht. Innerhalb der nicht-jüdischen Bevölkerung scheinen die arabischen Moslems und Christen ein ausgeprägtes Gesundheitsverhalten und -bewußtsein entwickelt zu haben. Außerdem dürfte sich die verbesserte medizinische Versorgung durch die Institutionen des Landes auswirken. Zweifellos wurde viel für die arabische Bevölkerung getan.

Unterschiedliche „Modernitäts“grade signalisiert die natürliche Bruttoreproduktionsrate der Bevölkerungsgruppen. Zugleich sehen wir, daß der jüdische Staat immer mehr ein jüdisch-arabischer werden muß, strukturell betrachtet, das heißt, wenn wir die Vermehrung der arabischen Einwohner mit jener der jüdischen vergleichen. Aber: im Laufe der Jahre wurde die Zunahme der Nicht-Juden auch geringer, obgleich sie höher als die der Juden blieb.

Und wieder eine wichtige Einschränkung: Die eher religiösen Juden haben deutlich mehr Nachwuchs als die nichtreligiösen.

Tabelle 21: Bruttoreproduktionsrate (Geburtenrate)

	1926-1927	1955-1959	1992
Juden	1,87	1,73	1,27
Moslems		3,98	2,26
Christliche Araber		2,24	1,01
Drusen		3,47	1,86

Diese Zahlen zeigen uns, daß das Thema „Geburtenkontrolle" und „Familienplanung" auch bei der nicht-jüdischen Bevölkerung inzwischen nicht mehr mit einem Tabu belegt ist. Sie wurde „moderner". Besonders bei den christlichen Arabern fällt diese Entwicklung auf. Der „Modernitäts"vorsprung der Christen gegenüber anderen Nicht-Juden in Israel ist feststellbar. Vielleicht ist die Scheidungsrate wegen institutioneller Probleme in der Kirche so niedrig und muß von der gesellschaftlichen Entwicklung isoliert werden?

Die durchschnittliche Lebenserwartung ist nicht nur individuell, sondern auch gesundheitspolitisch bedingt. Sie hängt nicht zuletzt von der medizinischen Versorgung der Bevölkerung ab.

Tabelle 22: Durchschnittliche Lebenserwartung

	1930-1932	1971	1991
Jüdische Frauen	62,7	73,8	79,0
Arabische Frauen	-	72,8	75,7
Jüdische Männer	59,9	70,6	75,4
Arabische Männer	-	68,7	74,2

Zu allen Zeitpunkten war die Lebenserwartung der Juden höher, doch die der Araber nahm ebenfalls zu. Natürlich müßte man Kriegsverluste bei der jüdischen Bevölkerung oder auch Arbeitsplatzgefährdung, Verkehrsunfälle und andere mögliche Einflußgrößen berücksichtigen, aber als groben Hinweis dürfen wir die angegebenen Daten durchaus verwenden. Er besagt: Bei wahrnehmbarer Bevorzugung der jüdischen Bevölkerung wird viel für die arabische geleistet, zumindest im materiell-politischen Bereich.

i) Regionale Verteilung

Aufschlußreich ist ein Vergleich der regionalen Verteilung der Bevölkerung zwischen der Vergangenheit von 1948 (Staatsgründung) und der Gegenwart.

Abbildung 42: Verteilung der jüdischen Bevölkerung nach Distrikt 1948 und 1992

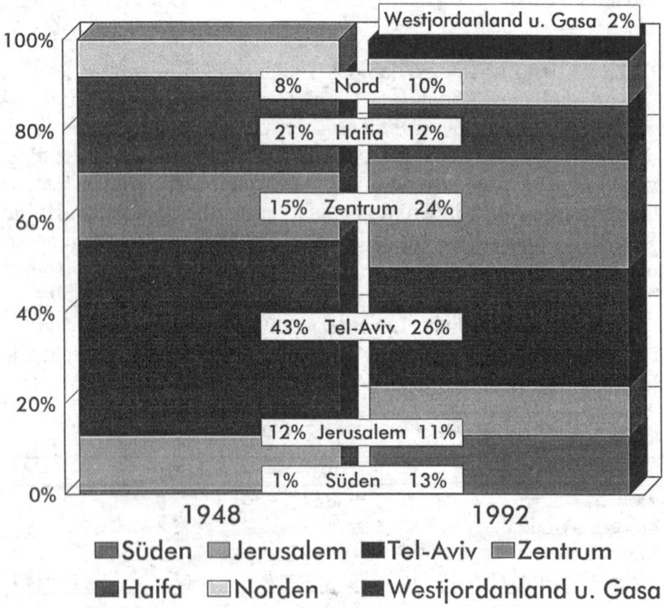

Daten: Statistical Abstract of Israel

Die Zahlen verdeutlichen die Südverlagerung und eine gewisse, doch nur unvollständige Entzerrung des Bereiches Tel-Aviv und der Mitte. Die Besiedlung des Südens hängt mit der Ansiedlung orientalischer Einwanderer und der „Herausforderung" des Negev zusammen.

Als Mittel der räumlichen Entzerrung der Bevölkerung bediente man sich der Gründung von neuen „Entwicklungsstädten", in denen nach 1948 zahlreiche Neubürger orientalischer Herkunft angesiedelt wurden. Zu den bekannteren dieser Entwicklungsstädte zählen, von Süden nach Norden genannt: Mitzpe Rimon, Jeruham, Dimona, Beersheba, Arad, Ofakim, Netivot, Aschkalon, Aschdod,

Javneh, Kirjat Gad, Beit-Schemesch, Afula, Obernazareth, Tiberias (zuvor eine arabische Stadt), Kirjat Schimonah.

Als Interpretationshilfe für Wahlgeographen sei vermerkt, daß seit 1977 diese Entwicklungsstädte deutliche Mehrheiten für den Likud lieferten.

1990 „siechte der Negev" und „brannte der Galil" aus jüdisch-demographischer Sicht. So formulierte es der Knessetabgeordnete Jitzchak Levy von der Nationalreligiösen Partei (A. Ben-Wered, Haaretz, 17.1.1990). Das bedeutete: Aus dem Negev wanderten die Menschen ab. Auch dieser Traum Ben-Gurions zerschellte an der Wirklichkeit. Im Norden wurde der Galil immer arabischer, und im Zentrum staute sich alles. Es gelang nicht einmal, die sowjetischen Neueinwanderer bevölkerungsgeographisch besser zu verteilen. Von den 12.700 sowjetischen Juden, die 1989 nach Israel kamen, ließen sich „mehr als die Hälfte" im Großraum Tel-Aviv nieder, 32% in „Haifa und anderen Teilen Nordisraels, 32% in Jerusalem (Süddeutsche Zeitung, 20.1.1990).

Die jüdische Bevölkerung war und ist weitgehend städtisch. (1992: 90%). Die arabische wurde zunehmend städtisch. So waren es in der Mandatszeit 30% bis 35%, 1972 55% und 1987 91%. Das Tempo der Verstädterung der israelischen Araber war atemberaubend.

j) Kriminalität und Gesellschaft

Hier soll nicht behauptet werden, alle Straftaten wären „sozioökonomisch bedingt". Trotzdem besteht zweifellos eine Zusammenhang zwischen Kriminalität, Nationalität (Juden-Palästinenser) und gesellschaftlich-wirtschaftlichen Gegensätzen. Die im Statistical Abstract jährlich veröffentlichte Kriminalstatistik zeigt, daß Araber und orientalische Juden überrepräsentiert sind. Daß nicht nur sozio-ökonomische, sondern auch politische Faktoren zu berücksichtigen sind, dokumentiert die drastische Zunahme der von Arabern begangenen Straftaten nach Beginn der Intifada.

Literaturhinweise

Zureik, 1988
Berman u.a., 1986

2. Das „Zweite Israel“: Juden orientalischer Herkunft

Israelis aus afro-asiatischen Staaten, die „orientalischen“ Israelis, besonders die marokkanischen, weniger die irakischen, sind i.a. „proletarischer“, religiöser (Levy, 1993; Goldscheider/Friedlander, 1982) und nationalistischer als die Israelis euro-amerikanischer Herkunft. Zwischen beiden ist eine deutliche sozio-ökonomische Lücke feststellbar.

a) Sozio-ökonomische Daten

Die innerjüdische Lücke

Die folgenden Daten zeigen zwar einen unverkennbaren Anstieg der Lebensqualität orientalischer Israelis, doch trotz allem hinkt die Entwicklung dem Bevölkerungsteil euro-amerikanischer Herkunft hinterher.

Erziehung

Der Anteil der orientalischen Israelis in der Sekundarstufe ist erheblich gewachsen. Noch 1966 waren aschkenasische Israelis 2,42 mal häufiger als orientalische im Sekundabereich zu finden. Besonders groß war der quantitative und damit auch qualitative Sprung von den Mitt70er in die späten 80er Jahre.

Wir spannen den Bogen vom Erziehungswesen in die Politik: 1977 übernahm der Likud die Regierungsverantwortung. Nicht das Erziehungsministerium, aber die Leitung der Regierung. Vielleicht erklären die deutlich verbesserten Ausbildungs- und die damit verbundenen Aufstiegschancen die politische Anhänglichkeit der orientalischen Israelis gegenüber dem Likud und den ihm nahestehenden Parteien?

Am Ende seiner Ära, 1992, konnte der Likud mithilfe des meistens nationalreligiösen Erziehungsministers eine stolze Bilanz vorweisen: 38% der orientalischen und 33% der euro-amerikanischen Bevölkerung hatten mindestens 12 Jahre die Schule besucht. Bei den Zabarim der dritten Generation waren es 41%. Das Geheimnis des Erfolgs war keineswegs geheim. Es hieß: kostenlose Ausbildung im Gymnasium. Es war also nicht nur Gerede, wenn der Likud (lange) sagen konnte: Siedlungs- *und* Sozialpolitik.

Auch bei den Akademikern konnte die Lücke etwas verkleinert werden, allerdings klafft sie noch immer. Wenig ermutigend die Tatsache, daß auch in der Folgegeneration der Herkunftsgruppen die Zahl der Akademiker mit einem Vater afro-asiatischen Ursprungs so niedrig blieb.

Die Studiengebühren sind also erkennbar ein Stück nichtvorhandener Sozialpolitik. Allerdings: Israel ist ein armer Staat. Die armen (orientalischen) Israelis bleiben arm, so lange sie keine (im allgemeinen besser bezahlten) Akademiker sind. Oder doch nicht? Von den gewiß nicht reichen Falaschas lernten bereits im Herbst 1993 rund 30% im tertiären Bildungssektor (L. Galili, Haaretz, 25.10.1993).

Abbildung 43: Jüdische Akademiker nach Herkunft

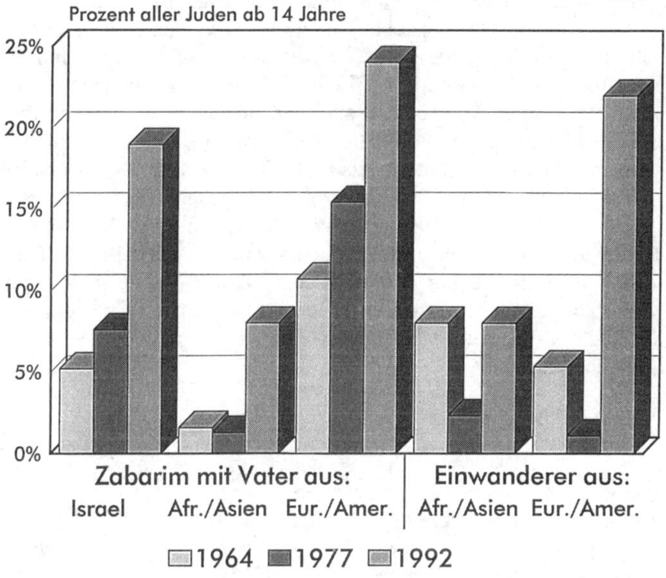

Daten: Statistical Abstract of Israel

Wieder muß differenziert werden: Bei den Nachkommen orientalischer Einwanderer stieg der Akademikeranteil von 1977 bis 1986 fast um das Fünffache, bei den Aschkenasim nur um das Doppelte. Freilich blieben diese vorherrschend. Jedoch: Der Likud und die ihm nahestehenden Parteien bedienten und hielten eben die orientalischen Wählerschichten. Auch aus diesem Blickwinkel verstehen wir ihre Wahlentscheidung besser, wenngleich es andere Faktoren gibt, die ebenso bedeutsam sind.

Berufsstruktur

Die wirtschaftliche und intellektuelle Oberschicht bzw. „Elite" der orientalischen und vor allem der marokkanischen, weniger der irakischen Einwanderer kam nicht nach Israel. Sie zog besonders Frankreich vor. Mehr als die Hälfte derjenigen, die Israelis wurden, gehörte in ihrer Heimat zum „alten Mittelstand", also Handwerk und Einzelhandel (Friedlander/Goldscheider, 1979: 42f.) In Israel arbeiteten sie größtenteils in proletarischen Berufen.

Untersuchen wir die Lebenssituation der verschiedenen Generationen (einwandernde Väter, im Lande geborene Kinder), indem wir zunächst den Anteil von Industriearbeitern vergleichen. Die Angaben nennen Männer und sind verschiedenen Jahrgängen des Statistical Abstract entnommen. Die Daten beziehen sich auf die genannte Grundgesamtheit. Also: Rund die Hälfte der orientalischen Juden arbeitet in der Industrie, ist „proletarisch".

Das galt bis 1978. 1992 galt: Weniger als ein Drittel der orientalischen Einwanderer und ein noch kleinerer Anteil ihrer Söhne waren Industriearbeiter. Aufstieg also. Man übersehe nicht, daß viele „proletarische" Arbeiten bis zur weitgehenden Sperrung im Frühjahr 1993 von Palästinensern der besetzten Gebiete übernommen wurden.

Tabelle 23: Industriearbeiter in %

	1978	1986	1992
Orientalische Einwanderer	50,5	45,1	31,5
Orientalische Zabarim (Söhne)	57,4	46,5	29,0
Euro-amerikan. Einwanderer (Väter)	34,4	29,0	26,0
Euro-amerikan. Zabarim (Söhne)	28,2	20,5	11,9

In der zweiten und dritten Generation der orientalischen Israelis nahm der Anteil der proletarischen Berufe seit 1978 ab. Vorwärts und aufwärts ging die Entwicklung für diese Gruppe in der Regierungszeit des Likud. An Wahltagen machte es sich lange für diese Partei bezahlt. Man mag dies unterschiedlich gewerten, erkennen und erwähnen muß man es. Trotzdem besteht die orientalisch-aschkenasische Lücke auch in diesem Bereich noch immer.

Bei den „Aschkenasim", den euro-amerikanischen Juden, arbeiteten die Söhne weit seltener als die Väter in der Industrie – und dürften daher auch ein höheres Einkommen, bessere Aufstiegsmöglichkeiten aufweisen. Die euro-amerikanischen Juden sind häufiger in Führungspositionen anzutreffen als orientalische, und – wichtiger noch – die Kinder der Aschkenasim stiegen anteilmäßig weiter auf, während die orientalischen noch seltener als ihre Väter in den Chefetagen, doch häufiger im Vorzimmer landeten.

Als Regierungspartei konnte der Likud gemeinsam mit den religiösen Parteien die Lage der orientalischen Israelis zwar nicht grundlegend verändern, aber doch offensichtlich verbessern.

Die Zusammensetzung der orientalischen Bevölkerung

Die Unterschiedlichkeit der orientalischen Bevölkerung Israels vor und nach der Unabhängigkeit darf ebenso wenig übersehen werden wie die Tatsache, daß sie bis 1948 eine überdeutliche Minderheit war. In der dritten Alija gab es nur 4,7% aus Asien und Afrika; in der vierten waren es 11,8%; in der fünften 9,0%; zwischen 1939 und 1945 18,3%; und 1946 bis 1948 4,0%, wobei die Einwanderer aus asiatischen Staaten wesentlich zahlreicher als die aus Nordafrika waren.

Die heutige jüdisch-orientalische Bevölkerung Israels stammt zur einen Hälfte aus den arabischen Staaten Nordafrikas, wobei Marokkaner dominieren, und zur anderen Hälfte aus den arabischen Staaten Westasiens. Hier findet man am häufigsten Iraker und Jemeniten (vgl. Abbildung 37 und 39). Weil die Israelis irakischer Herkunft in Politik, Gesellschaft und Wirtschaft erfolgreicher als andere orientalische Herkunftgruppen wurden, nahm man bislang an, sie fühlten sich weniger diskriminiert. Die Studie von Leslau/Krausz/Nussbaum (1987) widerlegte anhand empirischer Daten diese Vermutung.

Einkommensverhältnisse

Abbildung 44 weist auf einen großen ökonomischen Sprung der Orientalen in den Jahren 1970 bis 1975 hin, während 1977 (Machtwechsel) ein leichter Rückgang zu verzeichnen war, der sich fortsetzte. Bis zum Ende der Likudära wurde die Einkommenslücke unzweideutig verkleinert.

Bei der regionalen Einkommensverteilung fällt auf, daß die „neuen" Städte, also die Ortschaften, in denen die überwiegend orientalischen Einwanderer seit 1948 angesiedelt wurden, deutlich unter dem Einkommensdurchschnitt liegen.

Aufschlußreich und politisch bedeutsam scheint der Rückgang im Einkommen der orientalischen Juden während der Zeit von 1981 bis 1984 zu sein. Um rund 3% ging in dieser Periode ihr Einkommensanteil zurück. Nicht zuletzt deswegen dürften sie bei den Wahlen vom 23.7.1984 dem Likud ihre Stimme mehr als vorher verweigert haben. Diese Lektion hat der Likud gelernt, gemeinsam mit der marokkanisch-orthodoxen Schass-Partei und den Nationalreligiösen.

Was passiert, wenn Arbeitslosigkeit und Einkommensverluste bei den orientalischen Juden überproportional bleiben und dramatisch zunehmen? Die Wirtschaftskrise 1989 und die mit ihr verbundene hohe Arbeitslosigkeit verschärften diese Frage, denn die Entwicklungsstädte wiesen die höchsten Quoten an Arbeitslosen auf.

Abbildung 44: Einkommen pro Haushalt: Das Einkommen orientalischer Haushalte gemessen am Einkommen der euroamerikanischen

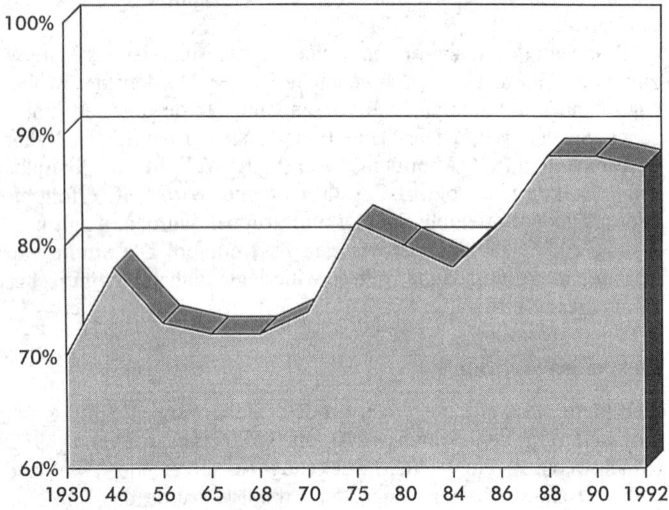

Daten: Statistical Abstract of Israel

Wahltag war 1992 Zahltag. Die „Orientalen“ wechselten nicht massenhaft zur Arbeitspartei, aber sie gaben dem Likud durchaus einen Denkzettel (vgl. B/VI/2/d).

b) Gesellschaftliche Einstellungs- und Verhaltensdistanz

Die Einschätzung der Beziehungen zwischen den Herkunftsgruppen, den „ethnischen“ Bezugsgrößen, blieb vergleichsweise konstant. Sprunghafte Änderungen wurden in Spannungssituationen registriert. Jedesmal wenn die jüdische Gemeinschaft bedroht schien, schloß sich die Einstellungslücke zwischen aschkenasischen und orientalischen Juden. Die Daten für 1967, 1973, 1978 (Kriege) belegen es ebenso wie die Zahl für 1988 (Intifada).

Die Umfragen des IIASR zeigen: In der Likudära hat sich das Verhältnis zwischen dem Ersten und Zweiten Israel durchaus entspannt. Spannungsfrei wurde es freilich nicht. Doch welche Gesellschaft wäre spannungsfrei?

Abbildung 45: Einschätzung der ethnischen Beziehungen, 1967-1991

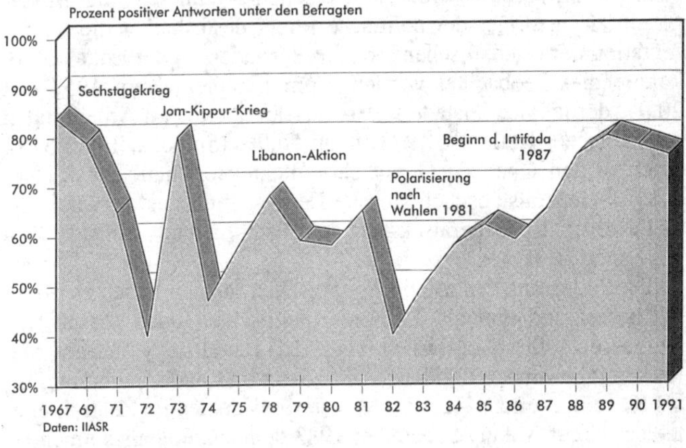

Auch die Bereitschaft zu „Mischehen“ ist bei den orientalischen Juden (für Zabarim ermittelt) größer als umgekeht. Doch die Umfragen zeigen auch bei den Aschkenasim eine steigende Toleranz in dieser Frage.

Einstellungen mögen aufschlußreich sein, verbindlicher ist das Verhalten der Menschen. Noch 1955 wurden rund 80% der Ehen „gruppenintern“ geschlossen, das heißt die beiden jüdischen Bevölkerungsgruppen blieben bei der Heirat weitgehend unter sich.

Gegenwärtig ist, den Angaben des Statistischen Zentralamtes zufolge, ungefähr jede zweite in Israel geschlossene jüdische Ehe, eine „Mischehe". Allen „ethnischen" Spannungen und selbstbewußtem Betonen eigenständiger Folklore zum Trotz bewegen sich die innerjüdischen Bevölkerungsgruppen offenbar eher aufeinander zu als voneinander weg. Eine beachtliche Leistung; aus dem Staat Israel der unzähligen Gemeinschaften von Herkunftsgruppen wird zunehmend eine große Kommunikationsgemeinschaft, also eine Nation im Sinne von Karl W. Deutsch. Ein beachtenswerter Nachtrag zum Problem der israelischen Identität.

c) Unterrepräsentierung

Eine eindrucksvolle quantitative Aufstellung über die spiegelbildliche, d.h. anteilsmäßige Unterrepräsentation der Israelis aus den islamischen Staaten hat Smooha (1978) für die ersten drei Jahrzehnte des jüdischen Staates zusammengetragen, und der Autor dieses Buches hat sie zum Teil ergänzt (Wolffsohn, 1983). Trotz der auch gegenwärtig unbestreitbaren Unterrepräsentierung ist auch hier eine Verbesserung unübersehbar, wenngleich die Aussage gilt: Je niedriger der politische Rang, desto besser die Repräsentation der orientalischen Israelis. Besonders in der Lokalpolitik konnte dies beobachtet werden. Zum Beispiel waren 1957 erst 20,9% der lokalen Histadrut-Generalsekretäre in den Arbeiterräten orientalischer Herkunft, 1973 schon 56,9% (Smooha, 1978: 318). Auch in den Obersten Gerichtshof rückten orientalische Richter auf. Ex-Generalstabschef Mosche Levy stammt aus dem Irak. Israel Kessar, Ex-Generalsekretär der Histadrut und Minister, kam aus Sanaa im Jemen.

Die Juden aus den asiatisch-arabischen Staaten haben es offenbar besser und eher als die nordafrikanischen Juden „geschafft". Vergessen sollte man freilich nicht, daß David Levy, der aus Marokko eingewandert und kein Zabar, kein im Lande Geborener, ist, als Kandidat für das Amt des Ministerpräsidenten im Zentralkomitee der Herut Anfang September 1983 dem aus Polen stammenden Jitzhak Schamir vergleichsweise knapp unterlag. Er blieb in der Gruppe der Spitzenpolitiker. Sein Bruder Maxim Levy ist seit Jahren Bürgermeister der Stadt Lod und zählt ebenfalls zu den Sternen der Likud-Politiker. Im Zentralkomitee der Herut (2.092 Mitglieder) waren schon 1988 rund 65% orientalischer Herkunft (Yudelman, Jerusalem Post, 8.8.1988).

Daten zur Unterrepräsentierung der orientalischen Juden in der Knesset können der Abgeordnetensoziologie entnommen werden.

Auf die wenigen hohen Militärs afro-asiatischer Herkunft, d.h. Generalmajore und Truppenkommandanten, sei abschließend hingewiesen: Zwischen 1948 und Ende Dezember 1978 waren 105 euro-amerikanischer Herkunft; 82 waren Zabarim. Von diesen waren die meisten aschkenasisch; sieben stammten aus orientalischen Staaten (errechnet aus Daten des Militärsprechers). Der Ex-Generalstabschef und der Histadrut-Generalsekretär waren demnach die Ausnahmen, die zugleich verdeutlichen, daß die Herkunft Startschwierigkeiten für die Gesamtgruppe, nicht jedoch für den tüchtigen einzelnen bedeutet. Bei Leistungsgleichheit nimmt die Benachteiligung ab. Sie selbst ist sozio-ökonomisch bedingt. Die Unterrepräsentierung ist milder geworden.

Einen großen Sprung nach vorn schafften die orientalischen Juden seit 1984 in den religiösen Parteien: Sieben von dreizehn ihrer Knessetabgeordneten waren 1984 afro-asiatischer Herkunft: alle vier Parlamentarier der orthodoxen Schass, zwei von vier NRP-Abgeordneten sowie Abuhatzira von Tami. Nur die AI blieb 1984 in ihrer Spitzengruppe euro-amerikanisch – und das kostete sie beim Wähler die Hälfte ihrer Parlamentssitze. Sie machte seitdem aus der Not eine Tugend und mobilisierte größere Teile der aschkenasischen Orthodoxie. Schass dominierte auch 1988 unangefochten bei den orientalischen Wählern. Spiegelbildlich ist dies an den Daten ihrer Parlamentarier erkennbar.

1988 waren von 120 Knessetmitgliedern nur 39 orientalischer Herkunft. Im Likud nur 12, in der Arbeitspartei 14, doch bei Schass eben alle sechs.

1992 stieg die Zahl der Parlamentarier orientalischer Herkunft auf 41. In der IAP fand man 17, im Likud 11, bei Zomet 2, Meretz einen. Alle sechs Abgeordneten von Schass waren orientalischer Herkunft, bei der NRP drei von sechs und bei der Thorafront einer von vier.

Das „ethnische" Argument ist zugleich Instrument in der israelischen Politik. Fast jedes Mal, wenn David Levy und seine Freunde im Likud unterlagen, war es die „Rache der Aschkenasim." Der Korruption überführte orientalische Politiker wie Abuchatzira (NRP, dann Tami, dann Likud) oder Jair Levy und Arije Deri (beide Schass) sahen gar ein „aschkenasisches Komplott gegen die Sepharden" (Jediot Acharonot, 23.6.1993). Propaganda und Selbstmitleid? Nicht nur. Zwei politische Kulturen prallen hier aufeinander. In der orientalischen ist ein „bißchen" Korruption nicht ganz illegitim – obwohl illegal. Im euro-amerikanischen Verständnis decken sich hier Legalität und Legitimität eher.

Literaturhinweise

Ben-Rafael, 1991 und 1982
Yischai, 1984
Smooha, 1978

d) Politische Einstellung und Verhaltensweisen

Das politische Bewußtsein der Israelis orientalischer Herkunft ist in der zweiten Generation deutlich ausgeprägter (Schokeid, S. 329; Schoked/Deschen, 1977: Kap. 12; dies. 1982: 155ff.; Levy/ Guttman, 1976: Kap. 7; Lehman-Wilzig, 1981: 188). Zugleich ergaben Umfragen, daß die Zabarim orientalischer Herkunft weiter „rechts" standen als ihre Eltern (Etzioni-Halevy/Schapira, 1977: 57; auch in: Wolffsohn, 1983: 189). In der ersten Generation der orientalischen Juden waren noch immerhin 25% der Befragten im Sommer 1988 bereit, „auf Gebiete zu verzichten". In der zweiten Generation fand man nur 16%. Daß man die „Araber in den Gebieten bewegen soll, das Land zu verlassen", meinten ebenfalls im Sommer 1988 47% der Orientalen der ersten Generation und 56% der zweiten (E. Katz, IIASR, Jediot Acharonot, 26.10.1988).

Es überrascht nicht, daß die zweite Generation der orientalischen Israelis noch häufiger als die erste Likud wählte. Die steigende Zahl der Zabarim afro-asiatischer Herkunft ließ langfristig das Pendel bei Wahlen zugunsten von Gachal/Likud und NRP ausschlagen, was die Ergebnisse in den „neuen Städten" seit 1965 dokumentieren (Wolffsohn, 1983: 188f., 326ff). Die Stimmabgabe für die NRP, seit 1984 vor allem aber für die marokkanisch-orthodoxe Schass-Partei ist zugleich ein Indikator für die Religiosität der orientalischen Israelis. Sie übertrifft die Glaubensintensität der meisten Israelis euro-amerikanischer Herkunft.

Und was sagen die Umfragen? „Religiös zu sein" ist den orientalischen Juden Israels wichtiger als den euro-amerikanischen. Rund 70% derer, die sich als „religiös" bezeichnen, sind orientalischer Herkunft (Levy, 1993: 1f. und passim).

Von 1977 bis einschließlich 1988 haben die orientalischen Israelis die Wahlen entschieden, wurde der Likud die Gruppierung der orientalischen Juden und der Maarach der Block der Aschkenasim. Die neuen Entwicklungsstädte wählten mit überwältigender Mehrheit den Likud. Allerdings: Diskin (1982) hat schon bewiesen, daß die orientalischen Israelis mit dem Likud eher durch dick als durch dünn gehen, die Bereitschaft ihn zu wählen, von konkreten wirtschaftlichen Versprechungen oder Zusagen abhängig machen. Erst die Wahlgeschenke führten 1981 und 1984 ihren Stimmungsumschwung zugunsten des Likud herbei. Auch danach entschieden bei den Orientalen Brot-und-Butter-Überlegungen. Die Umfragen des IIASR haben es für 1988 zum Beispiel bewiesen.

Abbildung 46: Wahlverhalten orientalischer Juden, 1969-1992

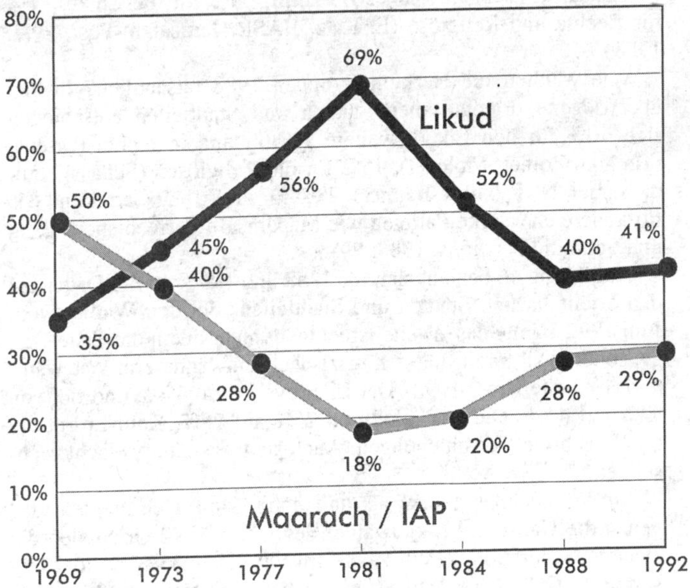

Schass war die bislang vergleichsweise erfolgreichste rein orientalische Gruppierung, was u.a. darauf zurückzuführen ist, daß die orientalischen Israelis grundsätzlich innerhalb der traditionellen Parteien eine Verbesserung ihrer Situation anstrebten.

Die Einbußen, die der Likud bei den orientalischen Juden 1984 und 1988 hinnehmen mußte, kamen den religiösen Parteien, vornehmlich Schass zugute, koalitionspolitisch also dem Likud, denn diese beiden Parteien hatten sich darauf geeinigt, zusammenzuarbeiten. Die Entscheidung zugunsten von Schass war zugleich für den Likud ein Signal: Daß die orientalischen Israelis ihn mehr als zuvor zum Establishment zählten, von der Regierung noch mehr als bisher erwarteten.

Vor der 1988er Wahl, im Juli, erklärten 73% der orientalisch-jüdischen Israelis, sie würden rechte oder religiöse Parteien wählen. Nur 27% wollten die linken Parteien (einschließlich Arbeitspartei) bevorzugen. Bei den Israelis euro-amerikanischer Herkunft ein fast spiegelbildlich umgekehrtes Ergebnis: 66% für die Linke, 34% für Rechte und Religiöse. Fast identisch das Bild bei den Zabarim aschkenasischer Herkunft: 69% für die Linke, 31% für Rechte und Religiöse (E. Katz, IIASR, Jerusalem Post, 29.7. 1988).

Wie wählten die Herkunftsgruppen 1988 tatsächlich? In den überwiegend orientalischen Städten und Stadtteilen entschieden sich 40% für den Likud, weitere 9% für andere rechte Parteien (Techija, Zomet, Moledet), 15% für die Religiösen (Schass, Agudat Israel, NRP, Thora-Banner), 28% für die Arbeitspartei und 6% für andere eher linke Parteien wie Mapam, Bürgerrechtsbewegung und Schinui (Elections, 1988: 29).

Abbildung 46 bezieht sich für 1988 und 1992 auf die Daten aus den orientalischen Städten und Stadtteilen. Bei den Wahlen vom Juni 1992 spielte das Zweite Israel nicht mehr allein die Erste Geige, sondern zu zweit: mit den russischen Einwanderern. Wie wählte das Zweite Israel 1992? Der Likud verlor rund 3% und fiel von 44% auf 41%. Die IAP stieg von 25% auf 29%. Kein Erdrutsch, doch wichtige Verschiebungen. Auch sie trugen zum Machtwechsel bei.

Strukturell alles andere als unwichtig: Umfragen zeigten, daß genau die Hälfte der Likudwähler des Jahres 1992 Orientalen der zweiten Generation waren. 1988 zum Vergleich: 33%. Bei der IAP waren 1992 21% Orientalen der zweiten Generation, 1988 14%. Der Anstieg beim Likud war also größer. Das bedeutet strukturell und langfristig: Im Prinzip neigten die Orientalen immer noch viel stärker zum Likud als zur IAP.

e) Araber- und Territorialpolitik

Umfragen haben immer wieder ergeben, daß Israelis euro-amerikanischer Herkunft aller Ausbildungsgruppen eher bereit sind, sich mit Arabern anzufreunden als Juden orientalischer Herkunft der jeweils vergleichbaren soziologischen Gruppe (Peled, 1972: 62; Peres, 1976: 91ff.; Levy/Guttman, 1976: 277; zu finden in: Wolffsohn, 1983: 183ff.). Nicht nur diese Umfragen aus den Jahren 1965, 1967 und 1975, sondern auch die Daten von Zemach (1980) und Peled (1983) bestätigen diese Ergebnisse.

Trotz dieser nachdenklich bis betrüblich stimmenden Daten sollte man erwähnen, daß eine Langzeitstudie der öffentlichen Meinung den Arabern gegenüber, auch bei den orientalischen Juden, seit 1967 zunehmend wohlwollendere Einstellungen und Verhaltensweisen erkennen ließ (Peled, 1983).

Und schon wieder wäre ein „Aber" nachzuschieben: Umfragen bei Jugendlichen lassen eine harte Zurückweisung „der" Araber erkennen (Zemach/Zin, 1984 und 1987a: 64; Hoffman/Nager, 1985). Im Zusammenhang mit der Schilderung politischer Einstellungen der Zabarim wiesen wir auf diese Tatsache hin (vgl. den Abschnitt über politische Generationen.).

Während 50% der Einwanderer aus Europa und Amerika am sozialen Kontakt mit Arabern interessiert waren, fanden sich bei den Immigranten aus Afrika und Asien nur 41% hierzu bereit. In der zweiten Generation betrug das Verhältnis 51% zu 39%, also ein noch größerer Abstand (Zemach, 1980: 45f. und Zemach, 1987a: 64 mit Daten für 1984). Da die jüngeren Israelis orientalischer Herkunft, im Gegensatz zur Generation ihrer Eltern, keine negativen Erfahrungen unmittelbar in den arabischen Staaten gesammelt haben – sie wuchsen ja in Israel auf –, muß diese Einstellung das Ergebnis ihrer politischen Erziehung im Lande sein. (Zur Geschichte der Juden in den islamischen Staaten siehe besonders Lewis, 1987; im Irak: Rejwan, 1986.) Zum einen könnten sie die Auffassungen des Elternhauses übernommen haben, zum anderen wäre es denkbar, daß sie als benachteiligte Israelis eine Gruppe suchten, auf die sie nun ihrerseits hinabblicken konnten. Verstärkt haben dürfte sich diese grundsätzlich vorhandene Einstellung durch die außenpolitische Konfrontation mit den arabischen Staaten und der PLO.

Zwar befürworteten Anfang 1986 immerhin 45% der orientalischen Juden zweiter Generation Verhandlungen mit einer „gemäßigteren PLO", aber bei den entsprechenden Gruppen der Aschkenasim waren es 53% (J. Brilliant, Jerusalem Post, 12.4.1986).

„Haß auf Araber" empfanden bei allen Umfragen des IIASR seit 1967 weit mehr orientalische Israelis als aschkenasische (Levy/Guttman, 1976: 277; Peled, 1979: 8; Peled, 1980).

Im September 1979 glaubten 70% der jüdischen Israelis, ihre arabischen Landsleute würden sie „nicht hassen" (Peled, 1980: 15f.). Peled nennt keine Zahlen in bezug auf die „ethnische" Differenzierung, doch wäre diese Mehrheitsmeinung ohne die orientalischen Israelis nicht möglich gewesen. Man beachte freilich, daß den Umfragen von Zemach (1980: 37) zufolge im Januar 1980

51,6% der jüdischen Israelis glaubten, die einheimischen Araber würden sie „hassen“. Beachtenswert und Vorsicht bei der Interpretation gebietend ist die Tatsache, daß ältere Israelis in Tel-Aviv und anderen „alten“ Städten diese Vermutung wesentlich häufiger äußerten (Werte zwischen 57% und 63%) als Einwohner der Entwicklungsstädte (21%), wo bekanntlich überwiegend orientalische Israelis leben. Andererseits glaubten 52% der „Orientalen“, daß Israels Araber sich nicht mit der Existenz des jüdischen Staates abgefunden hätten und 60% meinten, ihre arabischen Landsleute würden sich „freuen“, wenn Israel Rückschläge erleide (a.a.O.: 89f.). Auch Umfragedaten aus den Jahren 1987 und 1988 bestätigten die harte Einstellung der orientalischen Juden gegenüber den Arabern (vgl. Ya'ar/Peres, 1988). So meinten 1988 56% der Orientalen, Israel sei „zu demokratisch“ (bezogen besonders auf Araber), während dies nur (nur?) 37% der Aschkenasim meinten (Ya'ar in: Israeli Democracy, Summer/Fall 1988: 4). Die Einstellungen hängen eng mit dem Grad der Ausbildung zusammen. Je besser ausgebildet, desto eher demokratisch (auch gegenüber Arabern). Freilich hängt der Ausbildungsstand ebenfalls mit der Herkunft zusammen.

In bezug auf die Territorialpolitik haben Umfragen des IIASR wiederholt aufgedeckt, daß die orientalischen Israelis weniger kompromißbereit sind (z.B. Levy/Guttman, 1976: 278; Peled, 1980: 19f; Yischai, 1987: 187). So wollten z.B. 1975 als „Preis für einen Frieden mit den arabischen Staaten“ 40% der Zabarim nordafrikanischer Herkunft „nichts“ an Gebieten aufgeben: Bei den anderen Mittelöstlern waren es 34%. Von den Zabarim westeuropäischer Herkunft wollten 28%, aus osteuropäischen Ländern 27%, aus Israel 26% und aus Englisch sprechenden Staaten 25% „nichts“ aufgeben (Levy/Gutmann, ebd.).

In den Jahren 1968 bis 1982 betrug der Anteil derer, die nur wenige oder keine Gebiete aufgeben wollten, bei den Aschkenasim 56%, bei den Orientalen 71% (Yischai, 1987: 187).

Orientalische Juden aller Generationen befürworteten 1988 deutlich häufiger als aschkenasische einen von Israelis geförderten Auszug („Transfer“) der in den besetzten Gebieten lebenden Palästinenser. Bei den Orientalen war es ungefähr die Hälfte der Befragten, bei den Aschkenasim ein Drittel (E. Katz, IIASR, Jediot Acharonot, 26.10.1988; vgl. auch E. Katz, Jerusalem Post, 5.8. 1988).

Während 70% der Euro-Amerikaner 1988 den Plan der Regierung Schamir begrüßten, in den besetzten Gebieten freie Wahlen für die Palästinenser zu gestatten, stimmten nur 50% der Afro-Asiaten zu (E. Katz, IIASR, Jerusalem Post, 23.6.1989).

Die (überwiegend orientalischen) Industriearbeiter waren „mehr" (keine genauere Angabe vermerkt) als andere Bevölkerungsschichten dafür, „Araber, die Unruhe im Westjordanland und im Gasa-Streifen schüren", des Landes zu verweisen (allgemeine Bevölkerung: 45,9% dafür, 39,7% dagegen; PORI-Umfrage, Haaretz, 3.7.1981). 55,5% der Israelis lehnten eine Mitverantwortung am Palästinenser-Massaker von Beirut (September 1982) ab, und der Anteil der orientalischen Israelis war hier wesentlich höher (PORI-Umfrage, Haaretz, 3.11.1982).

Die immensen Kosten der Siedlungspolitik führten dazu, daß in den Parteien, sogar im Likud, Ende 1982 kontrovers darüber diskutiert wurde, ob Siedlungs- und Sozialpolitik, auf die mehr als andere die orientalischen Israelis angewiesen sind, einander ausschlössen (s. Haaretz, 24.11.1982, 23.12.1982 z.B.). Die Bürgerinitiative Frieden Jetzt konnte erstmals mit Israelis orientalischer Herkunft gemeinsame Demonstrationen veranstalten (NZZ, 18.1.1983; Haaretz, L. Galili, 26.9.1982). Doch abgesehen von diesen punktuellen Übereinstimmungen zeigten Umfragen, daß Israelis orientalischer Herkunft weit mehr als die allgemeine Bevölkerung die (nicht beschriebene) „Taktik" von Frieden Jetzt ablehnte. In der allgemeinen Bevölkerung waren es im Juli 1983 53,8% (M. Segal, Jerusalem Post, 16.8.1983).

Umfragen zwischen 1988 und 1994 haben das Muster nicht verändert. Zum Beispiel stellte Professor Arieh Nadler in einer für seine „Friedensmeßziffer" im September 1994 durchgeführten Umfrage fest, daß deutlich mehr orientalische Juden als Aschkenasim für die Beibehaltung des status quo auf dem Golan votierten (Yuchtman-Ya'ar, T. Herman, Steinmetz-Institut der Univ. Tel-Aviv, Haaretz, 5.10.94).

Eine grobe und unzutreffende Vereinfachung wäre die Behauptung, die Israelis orientalischer Herkunft würden den Likud wegen seiner „falken"haften Positionen bevorzugen. Ein Blick auf den Zusammenhang zwischen der Zufriedenheit mit der Wirtschaftspolitik der jeweiligen Regierung und ihrer Popularität genügt, um hier einen, vielleicht sogar „den" entscheidenden Faktor zu kennzeichnen (Wolffsohn, 1983: 700f. mit Literatur und Daten bis 1978; Stone, 1982: 228ff. bis zum Herbst 1979; Peretz/Smooha, 1981: 508, für Juni 1977 bis Juni 1981; diese Daten beziehen sich auf die Gesamtbevölkerung).

Diskin (1982: 58) hat anhand verschiedener Umfragen eindeutig belegt, daß die Likud-Wähler von 1977 sich dieser Gruppierung wieder zu nähern begannen, nachdem der neue Finanzminister Aridor seine Politik der Wahlgeschenke eingeleitet hatte. Den Meinungsumschwung vom Februar 1981 führte die Wirtschaftspolitik herbei, nicht die Raketenkrise im Libanon, die erst im April die Gemüter erregte, und nicht die Zerstörung des Atomreaktors bei Baghdad, die am 7. Juni erfolgte.

Ähnlich war es 1984, als die Wahlgeschenke des Likud in der Spätphase des Wahlkampfes wirkten.

Die Super-Falken, d.h. die Wähler der Techija-Partei, waren viel „westlicher" sprich aschkenasischer als die des Likud (Levy/Guttmann, 1981: 9ff., bes. Tabelle 4; Elections, 1981: Tabelle 4, 5 und 18 bes.).

Freilich fand Techija bei der zweiten Generation der orientalischen Israelis, den orientalischen Zabarim, mehr Unterstützung als bei der orientalischen Einwanderergeneration. Stets blieb die orientalische Bevölkerungsgruppe hinter der aschkenasischen zurück. Techija ist eine Partei von Zabarim überwiegend euro-amerikanischer Herkunft.

Aber: Der radikale Araberfeind Kahana bekam 1984 mehr Stimmen afro-asiatischer als euro-amerikanischer Juden (Peled/Schafin, 1985).

Wie sehr auch gut ausgebildete euro-amerikanischen Juden zu „Falkeneinstellungen" neigten, belegt die Tatsache, daß von den aus den USA eingewanderten jüdischen Siedlern im Westjordanland Anfang der 80er Jahre rund 80% mindestens den akademischen Grad eines „Bachelor of Arts" erworben hatten (Newman, 1985: 203). Der Großteil der Siedler im Westjordanland ist eindeutig euro-amerikanisch. Im Jahre 1985 waren 61% der Siedler euro-amerikanischer und nur 31% orientalischer Herkunft (Benvenisti, 1986b: 60).

Ein weiterer Beleg für die Neutralisierung des sicherheits- und territorialpolitischen Faktors durch den wirtschaftspolitischen wäre der folgende Sachverhalt: Während unter den 40,9% der jüdischen Israelis, die den Libanon-Krieg rechtfertigten, wiederum die orientalischen Israelis überwogen (PORI-Umfrage, Haaretz, 30.3.1983), gelang es, demselben Institut zufolge, dem Arbeiterblock erstmals im April 1983, den Likud bei Umfragen zu überflügeln. Hauptursache der Unzufriedenheit: Die Wirtschaftspolitik und die ungeklärte Lage im Libanon (Haaretz, 6.5.1983). Ebenfalls im April gaben 50,7% der Israelis an, mit ihrem monatlichen

Gehalt die laufenden Lebenshaltungskosten nicht decken zu können (Haaretz, 9.5.1983). Auch in dieser die wirtschaftliche Not besonders spürenden Gruppe dürften die orientalischen Israelis aufgrund der sozio-ökonomischen Daten überrepräsentiert gewesen sein. Zur gleichen Zeit beurteilten 53% der jüdischen Israelis die Wirtschaftspolitik der Regierung negativ. Im Dezember 1982 waren es nur 39% (Jerusalem Post, zit. aus: FAZ, 9.5.1983).

Das Abdriften der „Orientalen" dokumentierte 1992 Unzufriedenheit mit der Wirtschafts- und Sozialpolitik, nicht mit den Falkenpositionen der Likudregierung.

Mit anderen Worten: „Brot und Butter"-Motive scheinen für die orientalischen Juden wichtiger als Araber- und Territorialpolitik zu sein. Vor die Alternative: „Sozial- oder Siedlungspolitik" gestellt, entschieden sie sich für die Sozialpolitik.

Literaturhinweise

Schmelz u.a., 1990
Ya'ar/Peres, 1988
Smooha, 1987a und 1978
Ayalon u.a., 1986
Wolffsohn, 1983: Kapitel 14, 34
Shokeid/Deshen, 1982
Ginor, 1979

3. Das „Dritte Israel": Die Araber

a) Zur Sprachregelung

Diese Bevölkerungsgruppe wird auch anders bezeichnet als in der hier gewählten Überschrift. Da Sprache oft wissentlich oder unwissentlich Politik enthält, gilt es auf die unterschiedlichen Begriffe aufmerksam zu machen, ihre verschiedenen Schwerpunkte und Bewertungen zu erläutern.

Der Schwerpunkt dieses Buches ist Israel, dessen Existenz vorausgesetzt und als legitim betrachtet wird; folglich sei von „israelischen Arabern" gesprochen. Weil die Gesellschaft des jüdischen Staates, nicht seine politische Struktur, binational ist und sich die israelischen Araber zunehmend als „Palästinenser" bezeichnen, sei hier auch von „Palästinensern in Israel" gesprochen. „Israel" bezieht sich auf die Grenzen des Kernlandes, also auf die Markierungen vor Ausbruch des Sechs-Tage-Krieges.

Die Bezeichnung „Palästinenser in Israel“ verlagert den Schwerpunkt auf die Palästinenser, ohne jedoch die Legitimität Israels zu bezweifeln. Die Legitimität Israels bezweifelt die Formulierung „unter israelischer Besatzung lebende Palästinenser“. Die Legitimität Israels bestreitet die Charakterisierung „unter zionistischer Besatzung lebende Araber“.

Abbildung 47: Juden und Nichtjuden in Palästina/Israel, 1882-1994

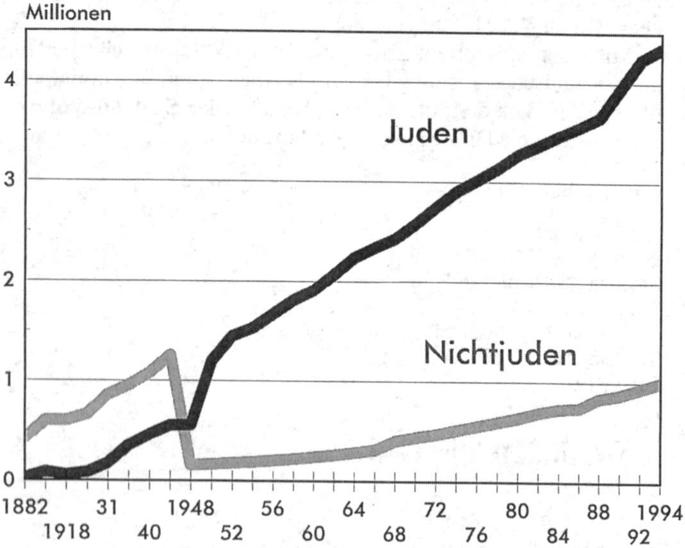

Nichtjuden = Christen, Drusen und Moslems, inkl. Ostjerusalem
Daten: Encyclopedia Hebraica, Statistical Abstract of Israel

b) Sozio-ökonomische Daten

Die Moslems bleiben deutlich die Mehrheit der palästinensischen/israelischen Araber.

In zwei kleinen Dörfern Galiläas, in Reihanija und Kfar Kama, leben rund 2.500 Tscherkessen. Das sind aus Kaukasien stammende sunnitische Moslems, die zwischen 1861 und 1864 in den Nahen sowie Mittleren Osten flohen, um vor den russischen Invasoren Schutz zu suchen.

Die Beduinen leben vornehmlich im südlichen Landesteil Israels, im Negev.

Abbildung 48: Verteilung der arabischen Bevölkerung nach Distrikt, 1992

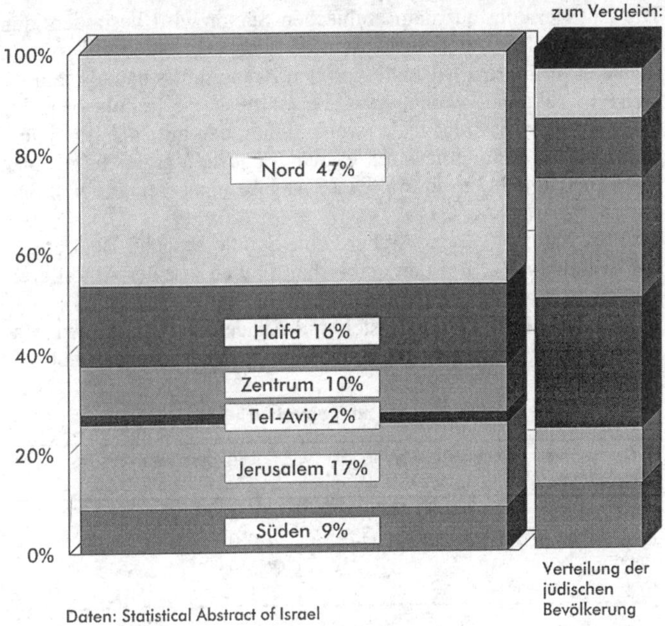

Daten: Statistical Abstract of Israel

Abbildung 49: Die nichtjüdische Bevölkerung Israels

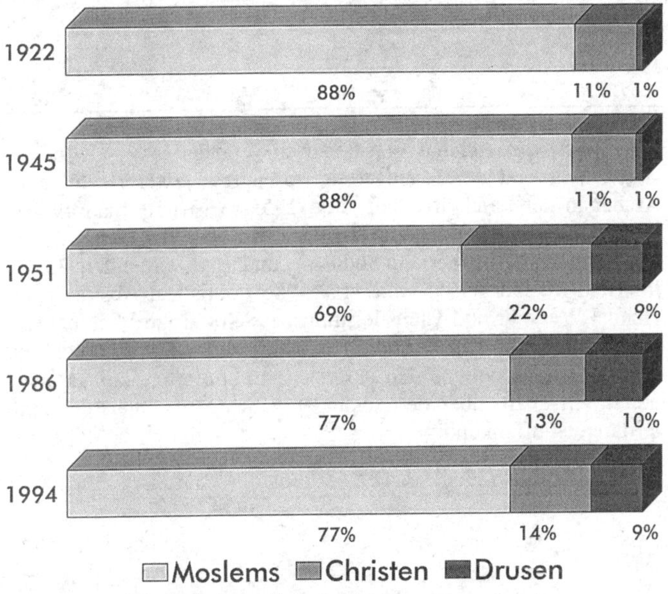

Daten: Statistical Abstract of Israel

Die Entwicklung auf dem arabischen Sektor wird besonders auf dem Gebiet des Erziehungswesens deutlich.

Noch im Jahre 1961 hatte von den Arabern, die damals mindestens 14 Jahre alt waren, rund die Hälfte keine Schule besucht. 1987 wurden 16% registriert, wobei die Frauen mit 24% dominierten. Bei den Männern waren es nur 8%. Die Vergleichszahl der Juden betrug 1987 rund 5%. Diese Angaben basieren auf dem Statistical Abstract.

1992 hatten 12% der Araber keine Schule besucht. Bei den Juden waren es 4%. Bei den arabischen Frauen war der Anteil dreimal so groß wie bei den arabischen Männern.

Der Anteil der Gymnasiasten und Akademiker ist bei den Arabern ebefalls gestiegen, blieb aber hinter den Juden deutlich zurück.

Tabelle 24: Das Erziehungswesen im arabischen Sektor

a) Gymnasiasten (absolute Zahlen, ab 1968 nur Sekundarstufe, ohne Orientierungsstufe)	
1949	14
1970	8.050
1982	26.814
1992	41.137

b) Akademiker (% der Bevölkerung ab 15 Jahre)

	Araber	Juden
1961	1,4	6,4
1972	1,8	9,1
1980	4,4	12,1
1992	6,4	19,0

Die Erwerbsstruktur hat sich drastisch verändert bzw. „modernisiert". Während der Mandatszeit waren rund zwei Drittel aller Araber in der Landwirtschaft tätig, 1955 registrierte man 49,8%, 1986 nur 8% (Encyclopaedia Hebraica, Bd. VI: 709; Harari, 1976: 15; Statistical Abstract). In Industrie und Bau verdienten 26,3% ihr Geld im Jahre 1955 und 41% 1986 (Statistical Abstract). Im Handel, Verkehr und Dienstleistungsbereich (tertiärer Sektor) waren es 1955 nur 15,8% und 51% 1986 (ebd.). Die Entwicklung von der traditionellen, also agrarisch strukturierten, zur „modernen" Wirtschaft, über den sekundären Sektor (= Industrie) zum tertiären ist offenkundig.

Abbildung 50: Erwerbsstruktur der arabischen Bevölkerung

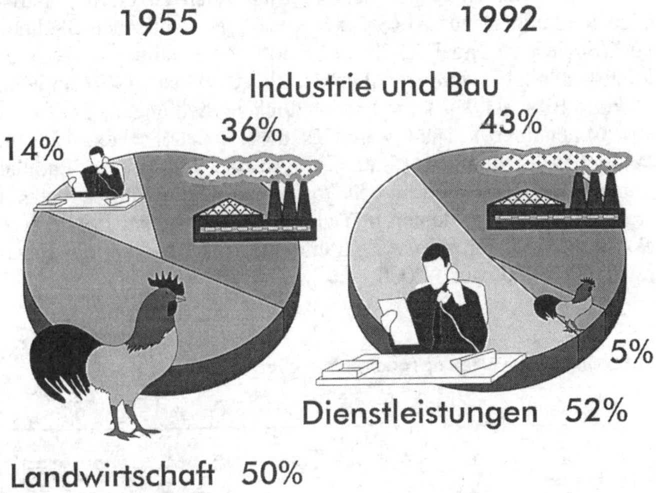

Daten: Statistical Abstract of Israel

Abbildung 51: Verstädterung der arabischen Bevölkerung

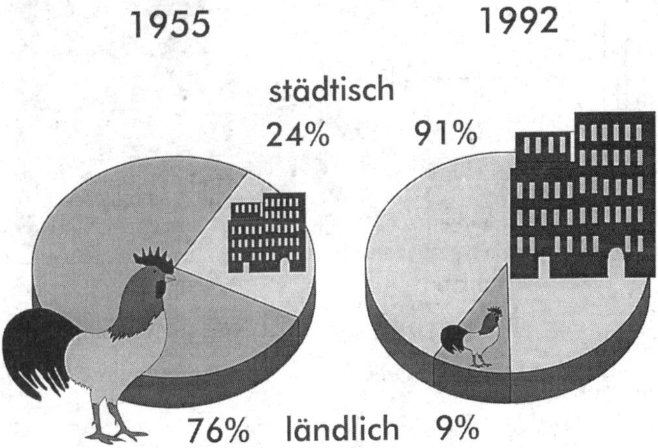

Daten: Statistical Abstract of Israel

Auch die Verstädterung gilt als Kennzeichen von „Modernisierung". 1948 lebten 76,4% der nicht-jüdischen Israelis in ländlichen Siedlungen, nur 23,6% in Städten oder städtischen Siedlungen (Society in Israel, 1976: 5; „Städtische Siedlungen" = Siedlungen, deren Einwohnerzahl größer als 10.000 ist). 1974 ein ganz anderes Bild: 41,7% lebten in ländlichen Siedlungen, 58,3% in städtischen (ebd.). 1987 waren es 88% in städtischen, 12% in ländlichen Siedlungen (Statistical Abstract of Israel). Parallel konnte eine Verstädterung der Dörfer und Kleinstädte beobachtet werden: Noch 1950 lebten in Taibe 5.100 Menschen. 1992 waren es über 22.000. Im selben Zeitraum stieg die Bevölkerung Nazareths von 20.000 auf 51.000.

Abbildung 52: Bevölkerungswachstum arabischer Orte

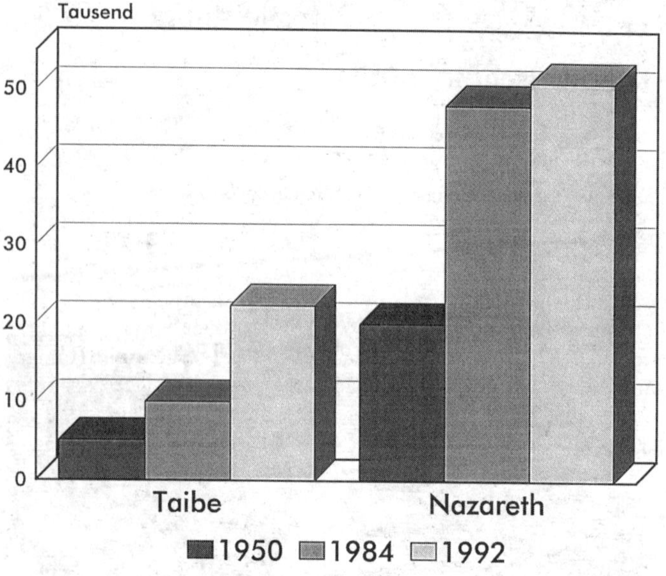

Daten: Statistical Abstract of Israel

Als die „modernsten" Araber, im Sinne der obigen Indikatoren, galten traditionell die Christen, doch die Moslems, weniger die

Beduinen, und auch die Drusen sind deutlich „moderner" geworden.

Nach dem Tod ihres geistlich-weltlichen Oberhauptes mehrten sich im Oktober 1993 bei den Drusen Stimmen, die verlangten, der Nachfolger möge demokratische gewählt und nicht mehr von den Honoratioren bestimmt werden (G. Sohar, Haaretz, 12.10. 1993). Vorreiter war natürlich die drusische Jugend. Einer der ihren war 1991 der erste Nichtjude, der Vorsitzender der Studentenvertretung an der Universität Tel-Aviv wurde (J. Algasi, Haaretz, 28.8.1991).

c) Die jüdisch-arabische Lücke

Im Vergleich zur jüdischen Bevölkerung Israels nehmen sich die unbestreitbaren Errungenschaften der arabischen Israelis wesentlich bescheidener aus. Die jüdische Bevölkerung ist besser ausgebildet, in weniger „proletarischen" Berufen tätig, also mehr im Dienstleistungsbereich, lebt in weniger beengten Wohnraumverhältnissen und verdient mehr Geld. Das durchschnittliche Brutto-Monatseinkommen der Araber ist von 1970 bis 1981, gemessen am Einkommen der aschkenasischen Israelis, von 61,1% auf 59,1% gesunken, während das der orientalischen Juden kontinuierlich stieg.

Von 1981 bis 1984 ergaben sich wiederum beachtenswerte Verschiebungen: Das Einkommen der orientalischen Juden sank; das Einkommen der Araber stieg, wenngleich die Juden afro-asiatischer Herkunft auch noch 1984 mit 77,5% deutlich vor den Arabern mit 60,4% lagen. 1985 erfolgte ein großer Sprung aufwärts bei den orientalischen Juden: 81%. Bei den Arabern ein Hupfer: Ihr Einkommen betrug 62% des aschkenasischen Durchschnitts. 1992 hatten die orientalischen Juden schon 87% erreicht, die israelischen Araber dagegen nur 66% – eine riesige Lücke.

Die Arbeitslosenquote der arabischen Bevölkerung blieb hingegen von 1970 bis einschließlich 1981 fast stets unter der jüdischen, übertraf diese aber seit 1982.

d) Gesellschaftliche Einstellungs- und Verhaltensdistanz

Eine „natürliche" bzw. geographische Distanz ist durch die räumliche Verteilung der jüdischen und arabischen Bevölkerung gegeben (vgl. auch B/VI/1/i). Schon seit Beginn der zionistischen Alijot, auch nach der Unabhängigkeit, gründeten Juden eigene, d.h. von den Arabern getrennte Siedlungen. Jedermann am deutlich-

Abbildung 53: Araber in Nord-Israel

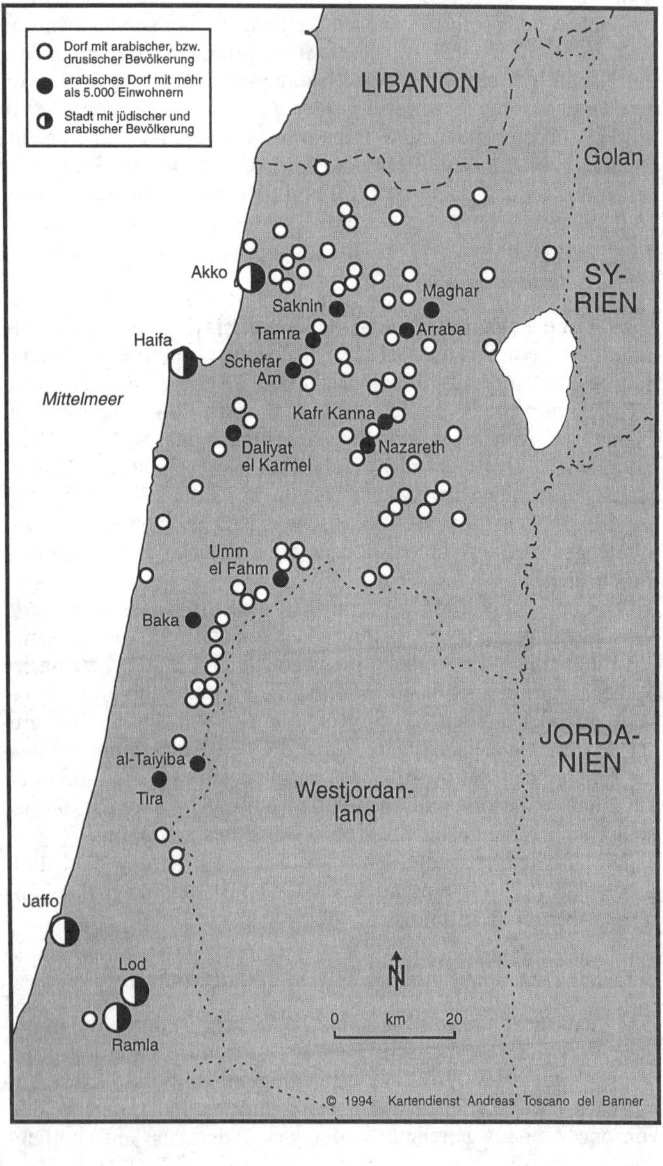

sten wird die gewollte und durchgeführte räumliche Trennung anhand der Gründung Tel-Avivs im Jahre 1909. Man bevorzugte eine jüdische Stadt neben Jaffo, nicht mehr Gemeinsamkeit in Jaffo. Mit Rassismus oder Haß auf Araber hatte das nichts zu tun; die zionistischen Pioniere waren damit beschäftigt, ihr Volk von Grund auf zu verändern. Dieser Gedanke beseelte sie, ließ sie ihre nichtjüdische Umwelt vergessen und vernachlässigen. Eine so intensive Beschäftigung mit sich selbst war, wenn man schon werten will, ihre Schuld. War sie aber aufgrund der jüdischen Geschichte nicht auch verständlich? Gewiß, aber warum sollten und mußten die Araber die Folgen nichtjüdisch-europäischer Handlungen tragen?

Die meisten Araber leben in Zentral- und Westgaliläa, im „Großen Dreieck", vor allem in Nazareth. Im Norddistrikt des Landes lebten 1948 62,9% Nicht-Juden, 1987 51%. Deshalb meinen nicht nur Kritiker der Besatzungspolitik, daß die Regierung eher jüdische Siedlungen in Galiläa als im Westjordanland fördern solle. Im Subdistrikt des Jisrael-Tales sind Araber eine knappe Mehrheit und im Subdistrikt Akko eine deutliche. Eine andere arabische Bevölkerungskonzentration befindet sich im Nordosten von Tel-Aviv, im „Kleinen Dreieck". In den gemischten Städten (Akko, Tel-Aviv, Jaffo, Haifa, Lod, Ramlah, Jerusalem als Sonderfall) bilden sie die deutliche Minderheit. Östlich von Beersheba und in der Gegend von Haifa gibt es kleinere Konzentrationen von Arabern. In der Regel ist die räumlich-geographische Trennung gegeben.

„In Galiläa gibt es endlich eine jüdische Mehrheit", jubelte im Dezember 1992 der Vorsitzende der Jewish Agency (G. Sohar, Haaretz, 31.12.1992). Der Grund: 29% der russichen Einwanderer wurden in Nord-Israel und Haifa angesiedelt. 12% waren es in Jerusalem, 10% im Negev (also im Süden), 49% im Küstenstreifen (ebd.). Seit Anfang der 70er Jahre bis 1992 war Galiläa immer arabischer geworden.

Ein Miteinander von Juden und Arabern gab es auch in den gemischten Städten eher selten. Auch das Nebeneinander war nie unproblematisch. Aggressiv wurde die Atmosphäre Ende der 80er Jahre in Akko. Dort lebten 1989 etwa 40.000 Juden und 13.000 Araber. 1988/89 kam es in Akko zu jüdisch-arabischen Gewalttätigkeiten. Angebahnt hatten sie sich seit 1968. In jenem Jahr zogen die ersten Araber aus der Altstadt in eine bis dahin vornehmlich jüdische Wohngegend, die neuer und komfortabler war. Die geographisch-wohnungspolitische Folge: Juden zogen aus (vgl.

Ran Kislev, Haaretz, 19.5.1989). Die parteipolitischen Folgen: Die extremeren Juden wählen Likud, die gemäßigteren die Arbeitspartei, die kommunalpolitische Mehrheiten ohne die Araber nicht erhalten kann. Nicht unähnlich die Situation in Ramla.

Die jüdisch-arabische Polarisierung verschärft zudem die innerjüdische, und dabei wird letztlich über die politischen Fundamente des Staates gestritten: Sollen sie weitgehend jüdisch-national bleiben oder jüdisch-arabisch, also binational werden?

Die Tatsache, daß Juden und Araber räumliche Trennung bevorzugen, ist freilich keine Besonderheit. Anthropologische Studien haben überall und immer gezeigt, daß sogenannte Ethnien territorial verankert sind oder sein wollen (vgl. Eibl-Eibesfeldt, 1986: Besonders 417ff.).

Im Juni 1967 waren 31% der jüdischen Israelis „uneingeschränkt bereit, sich mit arabischen anzufreunden", im Dezember 1979 waren es 66% (Peled, 1980: 20; weitere Daten und Literatur in: Wolffsohn, 1983: 420ff.).

Auch das Image der Araber hat sich in den Augen der Juden deutlich verbessert (Peled, 1979 und 1983, Benyamini, 1981). Diese Entwicklung ist nicht zuletzt deswegen erstaunlich, weil ungefähr zwei von drei israelischen Kinderbüchern „den" häßlichen Araber zeichnen. Die Studie von Cohen (1985) hat dies bewiesen.

Der Haß auf den vermeintlich Häßlichen war Ende der 80er Jahre besonders bei der jüdischen Jugend des Landes beängstigend: 40% der jüdischen Gymnasiasten erklärten 1989, sie würden „Araber hassen" (Umfrage des Instituts für Militärforschung in Zichron Jakob, Z. Blumenkranz, Haaretz, 8.8.1989)

Haß ist im allgemeinen gewiß kein Zeichen von Interessenlosigkeit. Im Gegenteil. Merkwürdigerweise ist jedoch das Interesse der jüdischen Jugend Israels an Arabern und Arabischem sehr gering: Nur wenige Schüler wollen die arabische Sprache lernen, noch weniger, nämlich 5% der Oberschüler, belegen dieses Schulfach bis zum Abitur. Die meisten Schüler „hassen diese Sprache", so das Ergebnis einer Studie von Erziehungswissenschaftlern an der Universität Tel-Aviv (N. Mandler, Haaertz, 13. und 14.3.1989, A. Ben-Wered, Haaretz, 22.3.1989). Umgekehrt beherrschen die meisten israelischen Araber – auch viele Palästinenser in den besetzten Gebieten – Hebräisch. Die mangelnden Sprachkenntnisse spiegeln die Sprach-, Verständnis- und Interessenlosigkeit zahlreicher Israelis ebenso wie die Kommunikations- und Herrschaftsverhältnisse wider. Wenig ermutigend.

Ebenso informative wie zum Teil erschreckende Einzelheiten in bezug auf Klischeevorstellungen der Araber über Juden und umgekehrt hat Smooha (1987) bei Umfragen zu Beginn der 80er Jahre ermittelt und erklärt. Auffallend war dabei, daß die jeweilige politische Führung, bei Arabern und Israelis, weit aufgeschlossener und weniger von Vorurteilen geprägt war als die allgemeine jüdisch-arabische Öffentlichkeit. Dabei gaben sich die jüdischen Falken deutlich weniger haßerfüllt als palästinensische-arabische Anhänger der „Ablehnungsfront", die Totalopposition gegen Israel betreibt.

Die Bereitschaft, die Nähe der anderen Bevölkerungsgruppe zu suchen, haben die Umfragen von Meari (1978) und Smooha (1980) bezeugt, wobei letzterer feststellte, daß die Neigung zu gegenseitigen Kontakten bei den arabischen Befragten wesentlich höher als bei den jüdischen war.

Die gesellschaftliche Distanz hat in der Zeit der Intifada zugenommen: Im Juli 1987 waren 46% der jüdischen Israelis bereit, einen „Araber zuhause zu bewirten". Im Januar 1988 bekundeten dies nur noch 42%. Eine Nachbarschaft mit Arabern fanden im Juli 1987 35% „ärgerlich", im Januar 1988 waren es 39% (Yuchtman, 1988: 43).

Die tatsächlichen Begegnungen, abgesehen von den geschäftsmäßig unverbindlichen, blieben gering (ebd.), nahmen aber von 1967 bis 1978, wenn auch nur gering, zu (Peled, 1979:9). Im Juni 1967 hatten 73% der jüdischen Israelis bei sich zu Hause noch nie einen Araber bewirtet, im November 1978 vermerkte man 56%. Der Anteil derjenigen, die noch niemals einen Araber besucht hatten, sank von 58% auf 46% (ebd.).

Jedoch: Der Wille, die Distanz zu überwinden, nimmt bei den jüdischen Israelis ab, sofern sich die Araber als „Palästinenser" identifizieren und umgekehrt bei den Arabern, je weniger sie bereit sind, sich mit der grundsätzlichen Situation ihrer Bevölkerungsgruppe im jüdischen Staat abzufinden.

Die Diskussionen über die Zukunft der besetzten Gebiete, das heißt vor allem über den jüdischen Charakter des jüdischen Staates, hat auf beiden Seiten in den 1980er Jahren Extremisten erkennbarer, akzeptierter und militanter werden lassen. 1984 wurde Kahana in die Knesset gewählt. Seit 1985 häuften sich politisch motivierte Morde an Juden im Kernland sowie in den besetzten Gebieten. Handlungen, Äußerungen und Einstellungen wurden radikaler. In den Umfragen von Professor Smooha aus Haifa schlägt sich dies nieder: Während sich im Jahre 1976 nur 46% der israelischen Araber als „Palästinenser“ bezeichneten, waren es 1985 68% (Haaretz, 23.12.1985). 58% der jüdischen Israelis mißtrauten 1985 „den Arabern“, und 22% betrachteten deren „Entfernung oder Vertreibung“ als „Lösung“ des jüdisch-arabischen Problems, 24% wollten, daß man den Arabern das Wahlrecht entziehe (Haaretz, 14.1.1986) (Vgl. Daten zum „Transfer“).

Und umgekehrt? 62% der israelischen Araber verneinten die Legitimität der staatlichen Existenz Israels in den Grenzen vom 4. Juni 1967, die also vor dem Sechs-Tage-Krieg bestanden. Ebenfalls knapp zwei Drittel, nämlich 65%, hielten „den Zionismus“ für eine „rassistische Bewegung“ (ebd.).

Wie bei den jüdischen so auch bei den arabischen Israelis: Die Intifada hat die nationalistische Stimmung stärker denn je entfacht, besonders bei Jugendlichen. Eine Umfrage des IIASR ergab, daß von April bis November 1988 die Zahl derjenigen arabischen Gymnasiasten deutlich zunahm, die für ihre Ziele auch Waffen einsetzen würden: Zunächst waren es nur 2%, dann schon 11% (N. Mandler, Haaretz, 27.12.1988). Der Polizeikommandant des Nordbezirkes, in dem die meisten Araber lebten, gab sich im Herbst 1989 keinen Illusionen hin. 99% der in seinem Amtsbereich lebenden Araber würden sich mit der Intifada identifizieren, also letztlich mit dem Ziel, einen eigenen Palästinenserstaat zu gründen (R. Schapira, Haaretz 21.9.1989). Der Trend war gewiß richtig erkannt, wenngleich die Zahlen eher unprofessionell waren. Repräsentativere Daten, die den Wunsch nach staatlicher Trennung bestätigen, findet man zum Beispiel bei Inbar und Yuchtman-Ya'ar (1989) sowie in den neueren Umfragen des IIASR. Zum Beispiel sprachen sich im April 1990 98% der in Israel lebenden Palästinenser für einen Rückzug Israels aus den Gebieten sowie für die Gründung eines palästinensischen Staates aus (IIASR, Jediot Acharonot, 1.6.1990).

Die Tatsache, daß im Januar 1990 bei den Wahlen der arabischen Studenten an der Hebräischen Universität die radikalen Anhänger der Söhne des Dorfes die NKL-Liste deutlich distanzierten, bestätigte die Verschärfung der Gegensätze. (Mit anderen Fragen gelangte Smooha, 1989: XVIf. bei seiner Erhebung im März/April 1988 zu optimistischeren Schlußfolgerungen.) Wechselseitige, vor allem national symmetrische Toleranz ist in den Umfragen der 80er Jahre schwer zu finden (vgl. Smooha, 1989; Reiter, 1989: 34). „Jeder haßt irgendwann einmal jemand“. So das resignierende und deprimierendere Fazit von Shamir und Sullivan im Jahre 1980 – vor der Explosion der späteren Jahre.

Zur Asymmetrie noch dies: 69% der Araber fühlten sich im Juni 1989 in Israel diskriminiert. Nur 35% der jüdischen Israelis erkannten diese Tatsache an (IIASR-Daten, E. Katz u.a., Jediot Acharonot, 25.8.1989; auch bei Reiter, 1989: 34). 83% der israelischen Araber hielten ein friedliches Nebeneinander von Juden und Arabern in Israel für möglich. Bei den Juden waren es nur 53% (ebd.). 78% der Juden, doch nur 25% der Araber sahen in einem Palästinenserstaat eine Gefahr für Israels Bestehen (ebd.). 71% der Araber würden trotz der Gründung eines solchen Staates in Israel bleiben. 65% der Juden hatten vermutet, sie würden Israel verlassen (E. Katz u.a., IIASR-Daten, Jerusalem Post international, 1.9.1989; vgl. auch a.a.O., 4.8.1989).

Nach der Vereinbarung von Oslo bzw. Washington zwischen Israel und der PLO sagten 78% der Araber, sie würden auch nach der Gründung eines Staates Palästina weiter in Israel leben wollen. Nur 4% gaben an, nach „Palästina" umsiedeln zu wollen (repräsentative Umfrage der Wochenzeitung Arabia, in: Jediot Acharonot, S. Peri, 20.12.1993). Ein Staat „Palästina" würde freilich ihre Situation in Israel verbessern, meinten 61% im Mai 1994 (Umfrage Professor Mischal, J. Torfstein, Haaretz, 2.6.1994).

Für das Autonomieabkommen zwischen Israel und der PLO waren im Dezember 1993 81% der israelischen Araber und nur 48% der jüdischen Israelis (Dachaf-Umfrage, Jediot Acharonot, 13.12.1993).

Bei jungen jüdischen Israelis war auch vor der Intifada eine zunehmende Radikalisierung in Umfragen zu beobachten: In der Altersgruppe der 15- bis 18jährigen lehnte fast jeder Zweite die rechtliche Gleichstellung der Araber ab, ja ungefähr ein Drittel wäre bereit gewesen, „die Demokratie einzuschränken", um „Arabern gleiche Rechte zu verweigern" (Dahaf, 1986: 11). Aber: Während diese Einstellung im August 1985 von 33% der befragten Schüler befürwortet wurde, hatte man im Mai 1984 noch mehr, nämlich 42% ermittelt. Auf die unnachgiebigen Daten bei jeweils jüngeren Juden Israels wurde auch im Abschnitt über politische Generationen hingewiesen.

Wenig Gutes verhießen Ende 1992 einige Umfragen bei jüdischen Israelis. 40% meinten, daß Gewalt die beste Reaktion auf arabische Aktionen sei. 28% befürworteten „Druck" auf die israelischen Araber. Auf diese Weise sollten sie „ermuntert" werden, Israel zu verlassen (Telseker-Umfrage, G. Allon, Haaretz, 11.12. 1992).

„Ich bin dagegen, die Araber zu ermutigen, das Land zu verlassen". Dieser Aussage stimmten 1987 rund 36% der jüdischen Israelis zu. 1989 waren es nur 29% und 1990 sogar nur 27% (Umfrage der Professoren Yuchtman-Ya'ar und Y. Peres, in: Israeli Democracy, Frühjahr 1991, S. 23).

Die Einstellungen sind grundsätzlich zweifellos hart. Doch lassen sich Schwankungen und daher Lenkbarkeit auch in diesem Bereich langfristig nicht ausschließen.

Jüdisch-israelische Härte kann nicht bestritten werden; ebenso wenig eine andere Tatsache: Selbst skeptische, Israel ablehnende Libanesen verließen im Sommer 1989 das umkämpfte Beirut und flohen scharenweise in den von Israel besetzten Süd-Libanon. Das beweist einmal mehr, wie genau Araber innerhalb und außerhalb des jüdischen Staates wissen, daß sie Israel zwar hart anpackt, aber nicht annäherungsweise so drangsalieren oder gar massakrieren würde wie einige innerarabische Konfliktparteien. Dies entschuldigt nichts, relativiert aber fast alles, was das schwere Los der Palästinenser in Israel betrifft.

Literaturhinweise

In diesem Buch: Siedlungspolitik, Tauben und Falken, Bevölkerung: Die jüdisch-arabische Polarisierung, Das Zweite Israel (Araberpolitik), Ausgewählte volkswirtschaftliche Daten.

Ashkehari, 1992

Shafir, 1989

Shalev, 1989

Smooha, 1989, 1988, 1987, 1980

Shamir/Sullivan, 1985

Peled, 1983 (Langzeitstudie seit 1967; zum Teil zitiert in: Wolffsohn, 1987: Kapitel VI/3)

Wolffsohn, 1983: Kapitel 15 und 35

e) Spannungsbereiche

Abgesehen von den zwischenstaatlichen Einflüssen im Nahen Osten sind es vor allem vier innenpolitische Problembereiche, die immer wieder zu Spannungen zwischen jüdischen und arabischen Israelis geführt haben: 1) Das Problem der Staatsbürgerschaft und des jüdischen Charakters Israels (s. A/I/2). 2) Die Militärverwaltung. 3) Die Frage des Bodenrechts (Lustick, 1980; Diner, 1979). 4) Die im Vergleich zur jüdischen billigere arabische Arbeitskraft.

Die Militärverwaltung wurde im Dezember 1966 aufgehoben. Bis dahin hatte sie die Freizügigkeit der Araber erheblich eingeschränkt.

Zu Auseinandersetzungen über Bodenkäufe und -rechte kam es schon unmittelbar nach dem Beginn der zionistischen Besiedlung Palästinas (Stein, 1984). Nach der Staatsgründung ging es um die Problematik der „Judaisierung" der von Arabern bewohnten Gebiete (Galiläa). Hierüber kam es am 30.3.1976, am „Tag des Bodens", zu blutigen Auseinandersetzungen, in deren Verlauf die israelische Polizei sieben Araber erschoß. Die israelische Regierung, an ihrer Spitze Ministerpräsident Rabin, gab kurz darauf den Vertretern der Araber unzweideutig zu verstehen, daß Israel jüdisch sei und bleibe (FAZ, 21.6.1976).

Der 30. März ist für die Araber Israels inzwischen ein jährlicher Gedenk- und Demonstrationstag. Er gilt zudem als Indikator ihrer Mobilisierbarkeit. Sie war bis Anfang der 90er Jahre beachtlich.

Den weitgehend exklusiven jüdischen Anspruch auf das Land Israel haben vor allem die jungen Israelis verinnerlicht. Das Dahaf-Institut stellte Anfang 1986 bei einer Repräsentativumfrage von jüdischen Jugendlichen im Alter zwischen fünfzehn und achtzehn aufschlußreiche Einstellungen fest (Dahaf, 19869ff.): Daß die Juden einen „vollständigen oder fast vollständigen Anspruch auf das Land Israel" hätten, meinten 92%. Die Araber, so sagten 48%, hätten „gar keinen" oder „geringe Ansprüche" auf dieses Land. „Gewisse Ansprüche" gestanden den Arabern 31% zu. Nur 7% gewährten den Arabern „einen vollständigen" Anspruch, weitere 12% einen „fast vollständigen". Diese Umfrage, bei der mehrere Antworten möglich waren, wurde teilweise von der Jerusalem Post am 2. April 1986 veröffentlicht.

Spätere Befragungen bestätigten die grundsätzlichen Einstellungen. (Vgl. auch die Abschnitte über die Siedlungspolitik sowie Tauben und Falken, politische Generationen.)

Bei der Diskussion um die billigeren arabischen Arbeiter darf nicht übersehen werden, daß es in der Periode des Jischuw wegen dieses Problems nicht nur zu jüdisch-arabischen, sondern auch zu innerjüdischen, sogar gewaltsamen, Auseinandersetzungen kam (Giladi, 1973: 164ff.; bahnbrechend Shapira, 1977).

Nach der Staatsgründung waren die jüdischen Israelis, besonders die aschkenasischen, immer weniger geneigt, schwere Arbeiten selbst zu verrichten und zogen es vor, ideologische Bedenken beiseite schiebend, arabische Arbeitskräfte einzustellen. Dabei ist der Anteil der noch billigeren und willigeren Araber aus den besetzten Gebieten immer größer geworden: 1970 waren es 20.600 bzw. 13% aller Erwerbstätigen in den besetzten Gebieten, 1984

90.300 bzw. 60% und im letzten Jahr vor Beginn der Intifada, also 1987, 108..900 bzw. 65%.

Die meisten waren sowohl 1970 als auch später in der Bauindustrie tätig. Auf das Lohngefälle zwischen Juden, Arabern und Arabern aus den besetzten Gebieten wurde im Abschnitt b) dieses Kapitels hingewiesen.

Seit Beginn ihres Aufstandes kamen deutlich weniger zur Arbeit in Israel. Das hat zu einer gewissen „Rejudaisierung" der eher proletarischen Tätigkeiten in Israels Wirtschaft geführt. Dies wiederum wird den jüdischen und arabischen Wirtschaftssektor möglicherweise wieder stärker voneinander trennen, jüdisch-orientalischen Arbeitslosen Wiederbeschäftigung bringen.

Das war und ist die eine Seite. Die andere: 1992 erfolgte ein wirtschaftlicher Aufschwung. Palästinenser aus den Gebieten ließ die Regierung nach den Messerstichmorden von 1992/93 weit seltener ins Land als vorher (im Juli 1994 waren es 30.000). Dafür wurden billige Arbeitskräfte aus Osteuropa (Rumänien besonders) und Asien (Philippinen) „importiert".

Ein grundsätzlicher Spannungsbereich ist die Frage nach dem nationalen Charakter Israels. Das Problem wurde mehrfach erwähnt (Siedlungspolitik; Tauben und Falken): Kann der jüdische Staat, dessen Gesellschaft jüdisch und arabisch ist, in seinem politischen Grundmuster weitgehend jüdisch bleiben? Können sich die einheimischen Araber, die sich als „Palästinenser" verstehen, in einem jüdischen Staat heimisch fühlen und loyal bleiben?

Die Aufarbeitung der Geschichte, vor allem die Entstehung der palästinensischen Flüchtlingsfrage, gehört ebenfalls zu den Spannungsbereichen jüdisch-arabischer Politik. Das amtliche Israel sprach von Flucht, die offizielle arabische und palästinensische Darstellung von Vertreibung. Die zeithistorische Forschung zeigt immer deutlicher, daß sowohl von Flucht als auch Vertreibung gesprochen werden muß. Ausgesprochen wird diese Tatsache nicht nur von Historikern im universitären Elfenbeinturm. „Ich habe mehr Araber vertrieben als du!" antwortete Verteidigungsminister Rabin ohne beschönigende Schnörkel, sogar mit unverhohlenem Stolz, im August 1989 einem Zwischenrufer, der ihn und die Regierung aufforderte, „die Araber zu vertreiben" (L. Galili, Haaretz, 14.8.1989). In diesen Zusammenhang gehört auch die Klärung des im April 1948 vornehmlich von Lechi- und Ezelangehörigen verübten Massakers von Dir Jassin.

Die Aufarbeitung der Vergangenheit ist Gradmesser für die Bereitschaft, Probleme der Gegenwart zu lösen. Deshalb überrascht es nicht, daß im israelisch-jüdischen „Historikerstreit" über die Frage „Flucht oder Vertreibung" politische Falken und Tauben einander gegenüberstehen. Der Streit über Geschichte ist zugleich ein politischer Streit. Er bewegt die Gemüter und die Rotationsmaschinen der Tageszeitungen, nicht nur der wissenschaftlichen Verlage. (Vgl. zu Flucht und Vertreibung die deutsche Zusammenfassung von A. Jütte, Allgemeine, 12.5.1989. Die revisionistische Taube der „Neuen Geschichtsschreibung", so der gängige Begriff in Israel, ist Benny Morris im Haaretz, 9.5. und 7.6.1989; unterstützt von Ilan Pappe, Haaretz, 18.5.1989. Die herkömmliche Darstellung vertritt der Ben-Gurion-Biograph Shabtai Teveth (1989) sowie im Haaretz vom 7., 14. und 21.4.1989. Zu Dir Jassin vgl. den israelischen Militärhistoriker Uri Milstein, Haaretz, 10.3.1989 sowie A. Ben-Wered, Haaretz, 19.4.1989; Joseph Croitoru, FAZ, 13.10.1993, S. N 5).).

Einig sind sich Tauben und Falken freilich darin, daß die Araberfrage nicht, wie beliebte Legenden besagen, eine „übersehene Frage" gewesen sei. So viele Araber konnte keiner übersehen, hat keiner übersehen.

Literaturhinweise

Shafir, 1989
zu Flucht oder Vertreibung
Schreiber/Wolffsohn, 1989: Kapitel XIII
Shlaim, 1988
Journal of Palestine Studies, Sonderheft „Palestine 1948" ,Vol. 18, No. 1, Herbst 1988
Morris, 1988, 1988a, 1986 und 1985
Flapan, 1987
Gorny, 1987
Nevo, 1987
Palumbo, 1987
Pappé, 1986
Teveth, 1985 als wichtigster Nicht-Revisionist
Für die Zeit bis 1914: Schafir, 1989

f) Parteien und Araber

Daß es nach der Staatsgründung Israels nicht zur Gründung einer „arabischen" Partei kam, kann u.a. dadurch erklärt werden, daß zunächst der Schock der Bildung eines jüdischen Staates, der die arabische Mehrheit Palästinas in eine Minderheit verwandelte, politische Aktivitäten lähmte. Außerdem bestand wenig Neigung, politisch tätig zu werden, hatten doch die traditionellen politischen

Führer nicht nur völlig versagt, sondern ihre Bevölkerung auch weitgehend im Stich gelassen (vgl. Kamen, 1988 und 1987; Landau, 1971).

Die Kommunistische Partei wurde von den Arabern zunehmend deswegen gewählt, weil sie arabischen Interessen nachging, sie in Politik und Parlament vertrat. Obgleich die KP sich nicht antizionistisch gebärdete, so war sie doch nicht-zionistisch. Die Entscheidung für die KP war daher keine Entscheidung für den Kommunismus, sondern als Protest zu verstehen – im Rahmen der staatlichen Existenz Israels, die weder von der alten Kommunistischen Partei noch von der NKL bestritten wurde.

Langfristig würden sich all diejenigen Araber, die sich mit der Existenz Israels nicht abfinden können oder wollen, in einer eigenen Organisation zusammenschließen müssen. Doch dies würde wahrscheinlich die „wehrhafte Demokratie" Israels, im Sinne ihrer zionistischen Grundlagen, wie schon in den Jahren 1958-1965 im Zusammenhang mit der nationalistisch-arabischen Al-Ard-Bewegung, nicht hinnehmen. Im November 1964 hatte nämlich Israels Oberster Gerichtshof befunden, daß zwar Parteien zugelassen werden könnten, die den status quo nicht anerkennen, nicht jedoch den Staat selbst bekämpfen (Landau, 1971; ähnlich auch das Urteil vom Oktober 1965 in: Rubinstein, 1974).

1984 hob jedoch der Oberste Gerichtshof eine Entscheidung der Zentralen Wahlkommission auf, welche die jüdisch-arabische Gruppierung der Progressiven Friedensliste von den Knessetwahlen ausschließen wollte; und dies geschah, obwohl diese Partei die zionistische Substanz des jüdischen Staates, freilich nicht dessen Existenz bekämpfte. Die Dinge sind in Fluß geraten, und selbst wenn die Gesetze nicht verändert wurden, so hat sich doch die Rechtsprechung geändert.

Der Jom-Kippur-Krieg schärfte das politische Bewußtsein vor allem der jungen Araber, von denen sich einige bereits seit 1972/73, zunächst auf der lokalpolitisch-dörflichen Ebene, in den „Söhnen des Dorfes" zusammengeschlossen hatten. Bei Kommunalwahlen schnitten sie seit 1973 recht gut ab.

Ebenso wie die Söhne des Dorfes stand die Ende der 70er Jahre von arabischen Akademikern gegründete Nationale Progressive Bewegung den radikaleren Gruppierungen der PLO, weniger der gemäßigteren Fatah, nahe. Bei den Kommunalwahlen vom November 1978 errang sie (unter verschiedenen Bezeichnungen) besonders im „Kleinen Dreieck" (nordöstlich von Tel-Aviv) beachtliche Erfolge, nachdem sie seit 1977/78 im Rat der Arabischen

Studenten der Hebräischen Universität aufsehenerregenden Zulauf erhalten hatte (mit Daten s. Wolffsohn, 1983: 216ff.). Die radikalislamische Moslem-Jugend wurde Ende der 70er Jahre aktiv, besonders seit der Islamischen Revolution im Iran.

Angebahnt hatte sich die Reislamisierung von Teilen der israelischen Araber bereits 1967, unmittelbar nach dem Sechs-Tage-Krieg. Die Kommunikation mit der gesamtarabischen Welt war über das Westjordanland und die „Politik der Offenen Brücken" nach Jordanien leichter als zuvor. Die verheerende Niederlage im vorangegangenen Krieg begründeten einige Moslems mit dem vermeintlichen Abweichen vom rechten, das heißt religiös-islamischen Weg. Die schiitische Iranische Revolution beflügelte die Islamisierung der sunnitischen israelischen Araber sowie der Palästinenser im Westjordanland und Gasa-Streifen zusätzlich, löste sie jedoch nicht aus.

Bei den Kommunalwahlen Anfang 1989 errang die Islamische Bewegung beachtliche Erfolge: Sie wurde stärkste Partei in sechs arabischen Ortschaften (Um el-Fachem, Rahat, Julie, Kfar Kassem, Kfar Kana und Kfar Bara). In Nazareth wurde sie die größte Oppositionsgruppe im Stadtparlament.

Weshalb der Erfolg? Wohl deshalb, weil weder die Kommunisten noch die laizistische Progressive Friedensliste den nationalen und den religiösen Vorstellungen zahlreicher Araber entsprechen. In dieses Vakuum stieß die Islamische Bewegung.

Die leitenden Männer dieser neuen Gruppierung waren sehr jung: Späte Twens, einige knapp älter als dreißig, ihr politischer Kopf, Scheich Droisch aus Kfar Kassem, ist 1948 geboren. Je jünger, desto eher radikal. Diese Entwicklung in der arabischen Bevölkerung Israels zeichnete sich schon in den 1970er Jahren ab (vgl. für Belege Wolffsohn, 1983: Kapitel 15).

Bei den Kommunalwahlen vom November 1993 blieb der Anteil der Islamisten stabil. Es war eher eine Zeit des Ausgleichs, denn zuvor (13.9.1993) hatten Israel und die PLO die Vereinbarung von Washington unterzeichnet. Lokale Fragen dominierten den Wahlkampf, keine nationalen (Jerusalem Post, 5.11.1993; G. Bechor, Haaretz, 29.11.1993).

Die Zeit arbeitet keineswegs für das rein jüdische Israel, denn je jünger und besser ausgeblidet, also „moderner", desto mehr fühlen sich die israelischen Araber als Palästinenser und Araber denn als Israelis (Daten dazu bei Mi'ari, 1987).

Die Bereitschaft der israelischen Araber, mit und in zionistischen Parteien zu arbeiten, hat abgenommen. Die mit der IAP verbundenen Listen wurden erfolglos, arabische Mitglieder verließen die Partei. Im März 1988 gründete zum Beispiel der ehemalige Knessetabgeordnete der Arbeitspartei, Daruscha, eine rein arabische Partei, die Arabische Demokratische Partei (ADP). Bei den Wahlen vom November 1988 errang sie ein Mandat, 1992 zwei Sitze. Die Existenz Israels bekämpft sie nicht. Das ermöglicht ihr eine längerfristige Betätigung.

Im August 1989 beschlossen ADP, Kommunisten und Progressive Friedensliste bei den Histadrutwahlen im November 1989 auf einer gemeinsamen Liste zu kandidieren, um die arabischen Stimmen zu bündeln. Der Erfolg blieb bescheiden: Sie erhielten insgesamt 4,5%. Besser war es 1994: NKL und Progressive kamen auf 25%. Die Arabisch Demokratische Partei kandidierte bei Ramon (s. den Abschnitt über die Histadrut B/VIII/1). Allerdings betrug die Wahlbeteiligung 1988 nur 65% und 1994 gar 50%.

Die einzige Partei, die sich tatsächlich darum bemühte, sowohl jüdisch als auch arabisch zu sein, waren die Kommunisten. Aber die nationale Existenz zweier Volksgruppen in einer Partei blieb ein „Mythos“ (Rekhess, 1988; Greilsammer, 1978: 346ff.).

Die Progressive Friedensliste, die 1984 zwei Knessetmandate, 1988 eines und 1992 keines errang, war die erste und bislang einzige wirklich jüdisch-arabische, nicht-kommunistische Partei. Sie will einen nicht-zionistischen, binationalen Staat. Mit anderen Worten, dies sei der Wichtigkeit wegen wiederholt: eine Veränderung der Substanz des jüdischen Staates, nicht die Bekämpfung seiner Existenz. Mit dem PLO-Flügel Arafats pflegt diese Gruppierung enge Kontakte.

Aufgrund ihrer PLO-Kontakte sowie ihres erklärten Zieles, den jüdischen Staat in einen jüdisch-arabischen umzuwandeln, versuchten ihre Gegner sowohl 1984 als auch 1988 eine Teilnahme der Progressiven Friedensliste an den Knessetwahlen zu verhindern. Sie scheiterten am Obersten Gerichtshof.

Noch 1958/59 und 1964/65 hatte das Gericht die arabisch-nationalistische Al-Ard-Gruppe zunächst ausgeschlossen und dann verboten. 1989 entschied es mit drei gegen zwei Stimmen, eine ähnliche Partei gewähren zu lassen (Haaretz, 28.9.1989). Eine nicht unwichtige Veränderung.

Die Mapam öffnete 1954 ihre Reihen für arabische Staatsbürger, doch bleiben sie eine deutliche Minderheit. Trotz ihrer intensiven Bemühungen um die Araber blieb auch die Schelli-Partei, die 1977 gegründet wurde und 1981 nicht mehr ins Parlament kam, erfolglos. Die Matzpen-Gruppe, die grundsätzlich den zionistischen bzw. exklusiv jüdischen Charakter des israelischen Staates angriff (Bober, 1972), brachte es auf eine arabische Mitgliedschaft von ungefähr 10% (Youval, S. 332; Youval-Davies, 1977: 48).

Mapai/IAP pflegte politisch institutionelle Kontakte mit der arabischen Bevölkerung in erster Linie über die mit ihr verbundenen Minderheitenlisten, an deren Spitze die Oberhäupter der arabischen Großfamilien standen. Zunächst wurde die IAP 1969 für Drusen, 1973 für die anderen Araber geöffnet.

In der Herut gab es schon in den 60er Jahren drusische Mitglieder, da diese Partei, obwohl zionistisch-nationalistisch, von Anfang an die Meinung vertreten hatte, alle israelischen Staatsbürger sollten gleiche Rechte genießen können (ausführlich und mit weiterführender Literatur: Wolffsohn 1983: 427ff.).

g) Araber im Militär

Schon 1948 kämpften die Tscherkessen mit den Israelis. Nach der Unabhängigkeit dienten drusische Jugendliche zunächst freiwillig in der Armee. Am 3.5.1956 wurde die erste drusische Einheit, bestehend aus Wehrpflichtigen, errichtet. Die Initiative hierzu war von den Oberhäuptern der Drusen in Israel ausgegangen.

Die „Arabisierung" der Drusen, das heißt ihre zunehmende Anpassung an das allgemeine arabisch-israelische Muster, sowie der Libanon-Krieg haben die Loyalität dieser Bevölkerungsgruppe in den letzten Jahren dem jüdischen Staat gegenüber geschwächt. Daß sie als israelische Soldaten den christlichen Libanesen helfen sollten, welche die libanesischen Drusen bekämpften, konnten und wollten sie nicht billigen. Einige liefen zu ihren libanesischen Glaubensbrüdern sogar über. Auch die „Syrifizierung" der Drusen auf den Golan-Höhen, das heißt ihre engere Anlehnung an Syrien, schwappte vom Golan ins israelische Kernland zu den dortigen Drusen.

Beduinen unterstehen nicht der Wehrpflicht, können aber freiwillig in der Armee dienen. Vereinzelt findet man sie in Zahal.

Im Frühjahr 1992 bekundeten 18% der arabischen Israelis ihr Interesse, bei Zahal zu dienen (Jaffo-Institut, G. Bechor, Haaretz, 5.5.1992).

h) Unterrepräsentierung

Eine umfangreiche Liste der politischen Unterrepräsentierung von Arabern im Vergleich zu ihrem Anteil an der Gesamtbevölkerung Israels hat Smooha (1978: 351f.) vorgelegt.

Über die Zahl der arabischen Knesset-Abgeordneten informiert Tabelle 25, bei der in Klammern jeweils die über die Minderheitenlisten ins Parlament gelangten Politiker aufgeführt werden.

Von den fünf 1988 in die Knesset gewählten Araber waren zwei Kommunisten (von vier Abgeordneten der Partei). Jeweils einer gehörte der Arbeitspartei sowie der Mapam an. Daruscha vertrat die Einmann-Fraktion der ADP.

Tabelle 25: Arabische Knesset-Miglieder

1949	1951	1955	1959	1961	1965	1969
3 (2)	8 (5)	7 (5)	7 (5)	6 (4)	7 (4)	7 (4)

1969	1973	1977	1981	1984	1988	1992
7 (4)	6 (3)	7 (1)	5	7	5	8

In Klammern stehen die Zahlen der Abgeordneten der Minderheitenlisten, u.a. mit Mapai/IAP verbunden. Die anderen Abgeordneten i.a. KP oder NKL.

1992 gab es je zwei Araber in den Knesset-Fraktionen der IAP, NKL und der Arabisch Demokratischen Partei, je einer in Meretz und ein Druse im Likud.

Aber: 1994 erhielt erstmals ein Araber (von der ADP) einen Sitz im „Kabinett“ der Histadrut-Gewerkschaft. Im Januar 1994 wurde ein Araber zum israelischen Botschafter in Finnland ernannt.

Auch als Mehrheitsbeschaffer oder parlamentarische Dulder der IAP geführten Rabinregierung waren ab 1992 Araber höchst willkommen. In der kommunalpolitischen Spitzenorganisation gewann der IAP-Mann mithilfe von Arabern. Vergessen wir nicht, daß 1993 in Akko der Likudkandidat (vergeblich) um arabische Stimmen bei der Wahl für das Amt des Bürgermeisters buhlte.

i) Politische Einstellungen und Verhaltensweisen

Mit dem zunehmenden politischen Bewußtsein, nicht zuletzt bedingt und gefördert durch die verbesserte Ausbildung, steigerten sich Protestbewußtsein und -verhalten in Form der Stimmabgabe für die einzig nicht-zionistische Partei des Landes, die Kommunisten. Auch der Erfolg, den die Progressive Friedensliste 1984 errang, paßt in dieses Muster. Das gilt erst recht in bezug auf die Islamische Bewegung. Die Formel „Je religiöser, desto geringer das politische Bewußtsein“ trifft auf sie keinesfalls zu. Hier ist der Rückgriff auf die religiöse Tradition höchst modern.

Abbildung 54: Arabisches Wählerverhalten 1949-1992

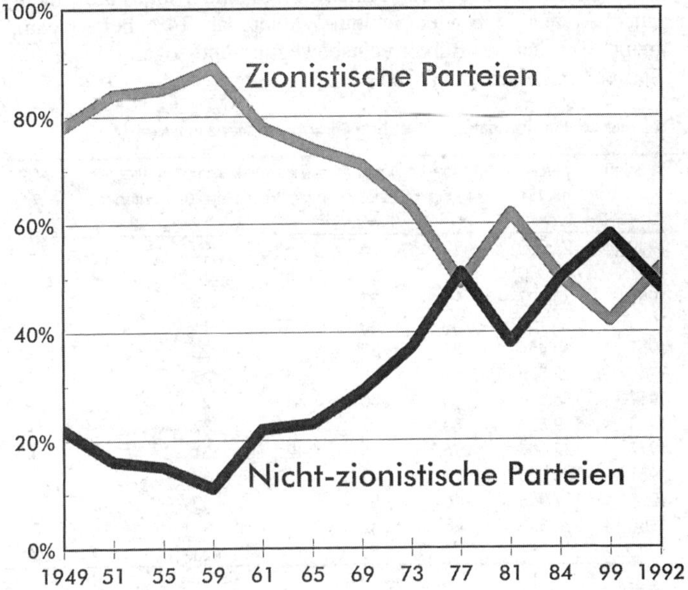

Der Rückschlag der Kommunisten im Jahre 1959 hängt mit der erwähnten Rivalität zur Al-Ard-Gruppe zusammen. Die Verluste im Jahre 1981 deuten weniger auf eine Rückbesinnung zur Zusammenarbeit mit den zionistischen Parteien als vielmehr auf eine Resignation. Die Beteiligung war nämlich wesentlich niedriger als bei den Kommunalwahlen vom November 1978, bei denen auch die radikalen Söhne des Dorfes und die Nationale Progressive Bewegung kandidieren konnten. Während noch 1973 80% abgestimmt hatten, waren es 1977 76% und 1981 nur 70% (Elections, 1981: XXIV, 2). In den muslimischen Siedlungen lag sie niedriger als in den drusischen (ebd.), ein weiterer Hinweis auf die Protesthaltung, da die Drusen dem Staate gegenüber traditionell wohlwollender eingestellt sind (Wehrpflicht). Obwohl die Wahlbeteiligung seit 1984 wieder stieg, erreichte sie nicht das Niveau von 1973.

Enorm stark war 1984 die Abkehr der Araber von den zionistischen Parteien. Von den zionistischen Parteien erhielt 1988 die IAP 16,8%, der Likud immerhin 6,8%, die Bürgerrechtsbewegung

4,4%, die Mapam 3,7%, die NRP erstaunliche 3,1% und Schinui 2,7% (Elections, 1988: 36). Anteilmäßig stellten somit die israelischen Araber 15% aller Schinui-Wähler dar, 14% bei Mapam, knapp 10% bei der Bürgerrechtsbewegung und sogar 7% bei den Nationalreligiösen (a.a.O.: 31)!

Tabelle 26: Grundmuster arabischen Stimmverhaltens in Israel

Wahlen	Arabische Wähler	Wahlbeteiligung %	Zionist. Parteilisten %	Minderheiten %	Kommunisten %	Progress Friedensliste %	ADP %
1949	24.000*	79	26	52	22	-	-
1951	69.000*	86	29	55	16	-	-
1955	70.827	90	27	58	15	-	-
1959	75.155	89	30	59	11	-	-
1961	80.454	86	32	46	22	-	-
1965	92.505	87	33	41	23	-	-
1969	105.948	85	30	41	29	-	-
1973	119.627	80	27	36	37	-	-
1977	132.684	76	28	21	51	-	-
1981	168.000	70	49	13	38	-	-
1984	199.968	76	50	-	32	18	-
1988	260.300	75	42	-	33	14	11
1992	262.181	70	52	-	23	9	16

* Schätzwerte Harari (1978: 12): ähnlich Landau (1971: 167, 172).
Alle Zahlen jeweils auf- oder abgerundet.

Die Radikalisierung, verstanden als Stimmabgabe für die Kommunisten/NKL, konnte zuerst bei christlichen Arabern, später bei Moslems, Drusen und Beduinen beobachtet werden.

Bezogen auf Israels Araber gilt die Aussage: Je jünger, städtischer, besser ausgebildet, je eher christlich, auch muslimisch (sunnitisch), weniger drusisch oder beduinisch und je mehr durch Radio und Fernsehen den Einflüssen arabischer Nachbarstaaten ausgesetzt, desto wahrscheinlicher „radikal", desto eher bereit, kommunistisch oder überhaupt nicht-zionistisch zu wählen oder bewußt nicht zu wählen.

Obwohl diese verallgemeinernde sowie vereinfachende Feststellung auch nach den Wahlen von 1984 und 1988 gilt, hat sich in den 80er Jahren das Wahlverhalten der christlichen Araber, der Drusen und Beduinen dem der sunnitischen Palästinenser in Israel angenähert, doch nicht angeglichen. 1988 bekamen die Kommunisten in großen arabischen Ortschaften 44% der Stimmen (1984: 46%), in großen Dörfern 35% (1984: 36%), in kleinen nur noch

20% (1984: 18%), bei den Drusen 17% (1984: 13%) und den Beduinen gar nur 4% (1984 auch 4%; Diskin, 1989: 81). Wo die Kommunisten schwächer waren, erwiesen sich Arbeitspartei und andere zionistischen Gruppierungen als stärker. (Zum Wahlverhalten der Araber vgl. auch die diversen, von Arian herausgegebenen Bände über Wahlen in Israel.)

Abbildung 55: Wahrscheinlichkeit für radikales Denken und Handeln bei israelischen Arabern

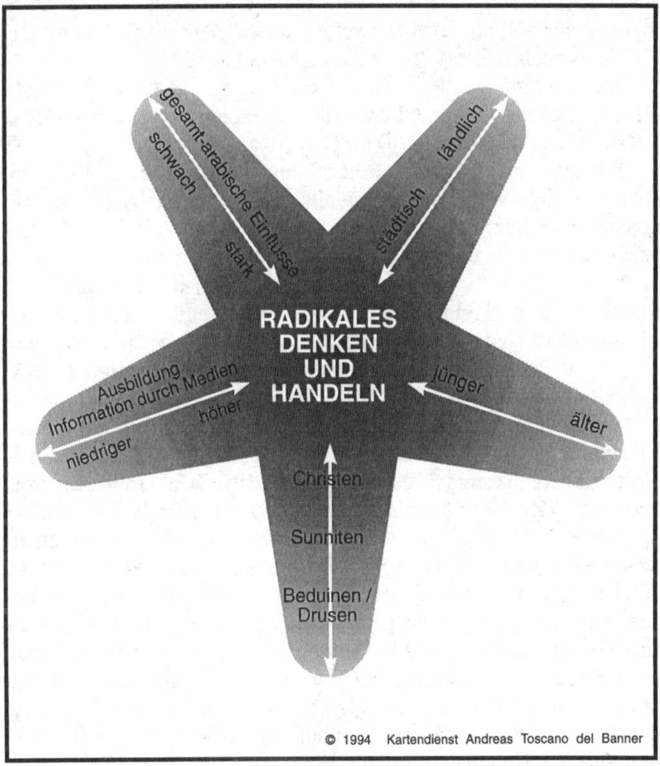

1992 verhalfen arabische Stimmen (neben russischen Neueinwanderen und Abtrünnigen des Likud) der IAP und Rabin zur Rückkehr an die Macht: 21% wählten die IAP, 10% Meretz, 23% NKL, 16% die Arabisch Demokratische Partei, 9% die Progressiven, je

5% die (jüdisch) Nationalreligiösen und die marokkanisch-jüdisch-orthodoxe Schass (Partei des Innenministers, der Gelder verteilt), Likud 8%, 1% Zomet.

Auffallend war 1992 die neuerliche „Zionisierung" des arabischen Abstimmungsverhaltens.

Das gleiche Wahlrecht für die Araber ist unter den Juden keineswegs unumstritten. Anfang 1987 wollte rund ein Drittel der jüdischen Einwohner das Wahlrecht eher verweigern (Peres, 1987: 17). Im Falle einer arabischen Mehrheit in Israel wollten nur 20% der jüdischen Bürger den Arabern gleiche Rechte gewähren. 48% meinten, sie sollten „Bürger zweiter Klasse" sein (Gallup-Umfrage für Newsweek, 25.1.1988; vgl. auch Smooha, 1987).

Die zunehmende „Palästinensierung" des Bewußtseins der arabischen Israelis dokumentieren die Umfragen von Peres (1976), Tessler (1977), Meari (1978) und Smooha (1980).

In bezug auf ihre Identität bezeichneten sich Anfang 1987 bei einer Umfrage von Sammy Smooha 65% als „israelische Palästinenser" (Haaretz, 5.6.1987; vgl. Smooha, 1989, 1988, 1987; Inbar/Yuchtman-Yaar, 1989; Mi'ari, 1987).

95% der israelischen Araber sprachen sich im Sommer 1989 für die Gründung eines Palästinenserstaates aus. Nur ein Drittel stimmte dem Gedanken zu, dieser neue Staat solle entmilitarisiert sein. Eine Föderation mit Jordanien befürworteten lediglich 20% (IIASR-Umfrage, Jerusalem Post international, 2.9.1989).

Gespalten waren die einheimischen Araber in bezug auf Israels Existenzrecht, das 1974/75 von 40% zugestanden wurde, von 35% „mit Einschränkung" (Tessler, 1977: 318). Den Umfragen von Smooha (1980: 42) zufolge, bejahten dies 1976 49,8%, 28,7% „mit Einschränkung" und 21,5% bestritten dies. 1985 bestritten es rund zwei Drittel (S. B/VI/3/d). Bei Tessler waren es 1973 25%. Aber 64% aller Befragten des Jahres 1976 hielten den Zionismus für eine „rassistische Bewegung" (Smooha, 1980: 42). 1985 waren es 65% (Haaretz, 14.1.1980, Smooha-Umfrage). Die Existenzberechtigung Israels wurde 1987 von 51% der israelischen Araber ohne Wenn und Aber gebilligt, und 68% lehnten den Abschnitt der PLO-Charta ab, der die Vernichtung Israels verlangt (Umfragen Sammy Smooha, zitiert aus Haaretz, 5.6.1987). 1989, so eine Umfrage von Smooha, bestritten nur noch 13% der einheimischen Araber die Legitimität des israelischen Staates. Aber 92% meinten zugleich, daß Israel nicht nur die Heimat der Juden sei (Ergebnisse zitiert von Lili Galili, Haaretz, 21.12.1989).

Terror gegen Juden innerhalb der „Grünen Linie“, das heißt der israelischen Grenzen vom 4. Juni 1967, befürworteten 1987 nur 8% der israelischen Araber. Palästinensischen Terror gegen jüdische Siedler im Westjordanland und im Gasa-Streifen stimmten dagegen knapp 35% zu, gegen israelische Soldaten und Militärstützpunkte im israelischen Kernland immerhin 29% (Smooha-Umfrage, Haaretz. 5.6.1987).

Im August 1990 begrüßten 62% der israelischen Araber den Einmarsch Iraks in Kuwait. Für 69% war Iraks Diktator Saddam Hussein ein „Nationalheld“ (Umfrage der arabisch-israelischen Wochenzeitung Al-Nadve, 10.8.1990).

Während 63,1% der Drusen 1976 Israels Legitimität anerkannten, waren es 57,1% der Beduinen, 44,3% der Christen und 47,9% der Moslems (Smooha, 1980: 44).

Aber: Erinnern wir an die Daten vom Dezember 1993. Die Araber Israels begrüßten das Autonomieabkommen mit 81%. 78% sagten, sie würden in Israel auch dann bleiben, wenn es einen Staat „Palästina“ gäbe.

Einen Vergleich der jüdischen und arabischen Einstellungen zu Einzelfragen des israelisch-palästinensischen Konfliktes ermöglichen die 1980 gesammelten Umfrageergebnisse von Smooha und Peretz (1982), Schamir und Sullivan (1985), Inbar/Yuchtman-Yaar, 1989 und Smooha, (1989, 1988, 1987). Die Fragebögen verdeutlichten, daß Israels Araber sich dem zionistischen Konsens in bezug auf folgende Punkte entziehen: Den nationalen Charakter der Palästinenser, die Grenzen von 1967, die Nichtanerkennung der PLO als Vertreterin der Palästinenser, die Gründung eines Palästinenser-Staates im Westjordanland und Gasa-Streifen, die Annexion Ostjerusalems und das Rückkehrrecht der palästinensischen Flüchtlinge. Andererseits verwerfen sie die Ideologie der Ablehnungsfront, die Israel durch einen „demokratischen und weltlichen Staat in ganz Palästina“ ersetzen möchte.

Wieder ziehen wir das Fazit, daß die israelischen Araber die jüdische Substanz des jüdischen Staates, nicht aber dessen Existenz ablehnen.

Literaturhinweise

In diesem Buch: Siedlungspolitik, Tauben und Falken, Bevölkerung: Die jüdisch-arabische Polarisierung, Das Zweite Israel: Araber- und Territorialpolitik.
Landau, 1993 und 1971
Grossman, 1992
Paz, 1990
Layish, 1989 (Hebräisch)
Wolffsohn, 1983: Kapitel 15 und 35
Lustick, 1980
Über die Drusen:
Abu-Izzeddin, 1984
Ben-Dor, 1981

VII. Religion

1. Die verschiedenen Glaubensrichtungen

Israel ist als jüdischer Staat gegründet worden, der den Gläubigen anderer Konfessionen in seiner Unabhängigkeitserklärung volle Religionsfreiheit zusicherte. Eine Zusage, die besonders dadurch eingehalten wurde, daß das zuständige Religionsministerium den verschiedenen Glaubensrichtungen intern weitgehende Autonomie (Selbständigkeit) zugestand (vgl. die Problematik Staatsbürgerschaft – Religion in A/I/2/c). Die Nicht-Juden gehören überwiegend zur arabischen Bevölkerung. Bei den Arabern findet man am meisten Moslems der sunnitischen Richtung, Christen und Drusen (Daten in B/VI/3b).

Die gegenwärtig im Iran verfolgte Bahai-Sekte hat ihr Weltzentrum in Haifa.

Rund 13.000 Karaäer leben im Gebiet von Ramlah (in der Nähe des Flughafens Lod). Sie erkennen nur die Bibel als verbindlich an, lehnen die rabbinische Interpretation ab.

Etwa 400 Samaritaner leben in Holon bei Tel-Aviv, weitere 400 in Nablus im Westjordanland, wo ihr heiliger Berg Gerisim steht.

Zweifellos genießen Nichtjuden in Israel Religionsfreiheit, aber Israel ist seinem Selbstverständnis gemäß ein jüdischer Staat. Zweifel, ob er es bleiben kann und wird, plagen selbstkritische Israelis zunehmend.

2. Die politische Funktion der jüdischen Religion

Ohne die jüdische Religion wäre zwar der Zionismus, wäre also Israel nie denkbar gewesen, doch muß zugleich deutlich hervorgehoben werden, daß für die Orthodoxie Zionismus der Gotteslästerung nahe- bzw. gleichkam und gleichkommt. Der Grund: Die Geschichte, demnach auch der Kampf um einen jüdischen Staat, sei vom Willen Gottes abhängig, bedürfe daher nicht der Nachhilfe durch den Menschen. Gott werde, so er wolle, für die Rückkehr der Kinder Israels aus der Zerstreuung (Diaspora) sorgen.

Abbildung 56: Religiösität unter Israels Juden

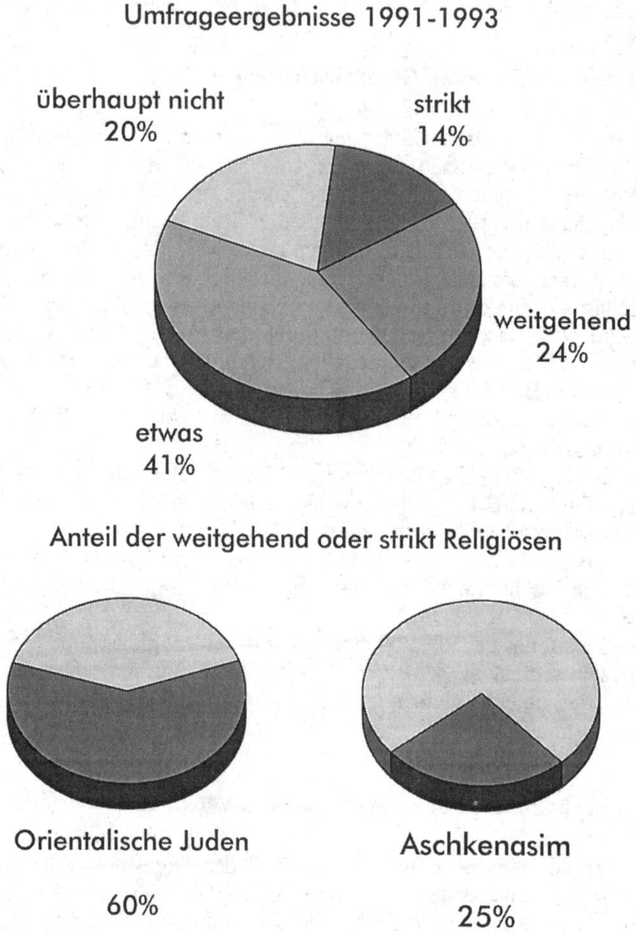

Daten: IIASR

Die noch heute bestehende grundsätzliche Distanz zum jüdischen Staat beweist auch die vergleichsweise niedrige Wahlbeteiligung in orthodox-jüdischen Bezirken Israels. Sie betrug 1988 im Landesdurchschnitt knapp 79%, in orthodoxen Vierteln Jerusalems allerdings nur 64% (Elections, 1988: 26). Verglichen mit früheren Ziffern war dies ein hoher Wert.

Der Anteil derer, die ihr Judentum tatsächlich praktizieren, ist in den letzten Jahren gestiegen. Bis Ende der 80er Jahre gaben rund 30% der Israelis an, die religiösen Gesetze „strikt" oder „weitgehend" einzuhalten (vgl. Wolffsohn, 1983b; Goldscheider/Friedlander, 1982: 10ff.; auch die Abschnitte über Probleme der Identität und Religionspolitik in diesem Buch). Nicht nach religiösen Einstellungen, sondern nach gelebter Religion wurde also gefragt. Bei seinen Umfragen im Herbst 1991 und Anfang 1993 ermittelte das IIASR 14% religiös „strikt" und 24% „weitgehend" praktizierende Juden in Israel (Levy, 1993). Grob gerechnet, galt früher zwischen Nichtreligiösen und Religiösen ein Verhältnis von 70 zu 30, jetzt 60 zu 40. Man mag zur Religion stehen, wie man will: Wenn Israel ein jüdischer Staat bleiben will, muß seine Bevölkerung auch das Judentum als Religion ernst nehmen. So gesehen, gibt es zur Religiösität der einen oder anderen Art für Israel gar keine Alternative. Auch (nicht nur) das erklärt die Zunahme der Religiösen, die zudem in orientierungsloser Zeit Orientierung bieten – und eine Legitimationsbasis für Israel als jüdischen Staat. Oder auch gerade nicht, wenn man die die extrem Orthodoxen denkt. Einer von ihnen, Rabbiner Hirsch, ließ sich ja auch im Frühjahr 1994 ins „Kabinett" von PLO-Chef Arafat als Ressortchef für „Jüdische Fragen" berufen. So schwierig ist das also. Was nicht leicht ist, kann nicht leicht präsentiert werden.

Orientalische Juden sind viel religiöser als westliche. 1991/93 gaben 60% der „reinen" Orientalen (= Vater und Mutter orientalisch) an, „strikt" oder „weitgehend" praktizierende Juden zu sein. Bei den „reinen" Aschkenasen waren es nur 25%. „Überhaupt nicht" praktizierend waren 7% der „reinen" Orientalen und 32% der „reinen" Aschkenasen (Levy, 1993:16).

Für einige Siedlungsfanatiker ist Religion zugleich politisches Argument und die Bibel politischer Atlas. Ein wahrhaft orthodoxer Jude betritt freilich den Tempelberg nicht. Er könnte möglicherweise die heiligste Stelle des einstigen Tempels betreten, die den Hohepriestern vorbehalten blieb und deren Lokalisierung zweifelhaft ist.

Daß die Religion bei den Juden falkenhafte Einstellungen der PLO gegenüber begünstigt, wurde mehrfach erwähnt.

60% der aus den USA stammenden jüdischen Siedler im Westjordanland wuchsen in einem Elternhaus auf, das eher orthodox war. Weitere 10% kamen aus einer „aktiv konservativ-religiösen" Familie (Newman, 1985: 204).

Über die Altersgrenzen hinweg läßt sich der Zusammenhang von religiösen Einstellungen einerseits sowie politisch rechten Positionen andererseits nachweisen. Es gilt die Formel: Je religiöser, desto eher rechts, sowie weniger kompromißbereit gegenüber den Palästinensern und in bezug auf die Rückgabe der besetzten Gebiete.

In einer für seine „Friedensmeßziffer" im September 1994 durchgeführten Umfrage stellte der Tel-Aviver Professor Arieh Nadler fest, daß 88% der jüdischen Israelis, die sich als „religiös" bezeichneten (und gar 80% der Orthodoxen), gegen – und nur 6% für – einen israelischen Rückzug vom Golan waren. Jeweils genau 47% der „weltlichen" Juden waren für oder gegen einen Rückzug vom Golan (Yuchtman-Ya'ar, T. Herman, Steinmetz-Institut der Univ. Tel-Aviv, Haaretz, 5.10.94).

Neben den politischen Meinungen wären die Wahlentscheidungen der Religiösen zu nennen. In den besetzten Gebieten schnitten die religiösen Parteien weit besser als im Landesdurchschnitt ab (vgl. A/II/4/a: Tauben und Falken).

Wer an die politisch integrierende Kraft der Religion zwischen oder in den Bekenntnisgruppen Israels glaubt, der irrt. In den ersten dreißig Jahren des staatlichen Bestehens Israels gab es kein Thema, das häufiger Regierungskrisen auslöste, als die Religionspolitik. 35 mal zerstritten sich die Koalitionspartner hierüber. Erst an zweiter Stelle folgten 12 Auseinandersetzungen über die Außenpolitik (vgl. Religionspolitik und Parteien). Die gesellschaftliche Distanz zwischen Religiösen, Nicht-Religiösen und Wenig-Religiösen haben Umfragen mehrfach belegt (vgl. Strauch/Schwarz, 1989).

1991/93 sagten dem IIASR nur 28% der Juden, daß die Beziehungen zwischen Religiösen und Nichtreligiösen „gut" seien (Levy, 1993: 77ff.). Ein weiteres Zeichen der Spannung: 61% der jüdischen Israelis sprachen sich gegen das Ende September 1994 bekanntgewordene Koalitionsabkommen zwischen Premierminister Rabin und der marokkanisch-orthodoxen Schass-Partei aus, gegen ein Abkommen, das viele neue Rechte für die religiösen Gruppen vorsah. Andererseits ist das Ergebnis (39% nicht dagegen) auch ein weiteres Indiz dafür, daß gut ein Drittel aller jüdischen Israelis zu den Religiösen zu zählen sind (Umfrage im Auftrag von Naamat, Dawar, 4.10.1994).

3. Die religiösen Institutionen

Die Trennung der religiösen Institutionen in Israel, d.h. der Gerichtsbarkeit in Personenstandsfragen für Juden, Moslems, Drusen und Christen, geht auf osmanisches Recht zurück (Millet-System) und hängt, bezogen auf die Juden im Staate Israel, mit der politisch starken Situation der religiösen Parteien zusammen.

Die religiösen Gerichtshöfe beschäftigen sich vornehmlich mit Fragen der Eheschließung und Scheidung, Unterhaltszahlungen und Testamentsvollstreckungen. Die Richter der religiösen Gerichtshöfe sind Staatsbeamte. Faktisch sind die religiösen Institutionen autonom. Da sich Israel, wie in der Unabhängigkeitserklärung zu lesen, als jüdischer Staat versteht, zugleich jedoch seinen Staatsbürgern Gewissens- und Religionsfreiheit zugesteht, ist institutionelle Autonomie der verschiedenen Religionen die einzige Möglichkeit, die vorprogrammierten Konflikte zu entschärfen (vgl. Rubinstein, 1974: 105; Falk, 1973: 423; Wolffsohn, 1983: 626f.).

Die innerjüdische Vereinbarung über den „status quo“, das Dokument über weitgehende Zugeständnisse an die orthodoxe AI seitens der Arbeiterparteien, des Misrachi und der AZ erwies sich als außerordentlich dynamisch. Diese Zusicherung vom 19.6.1947 betraf Sabbat- und Speise-Gesetze, sowie Fragen der Eheschließung und -scheidung.

Das Oberrabbinat, das seit der Mandatszeit besteht, entwickelte sich zunehmend zu einem religiösen Dienstleistungsbetrieb, wozu u.a. die Zusammensetzung eines Wahlgremiums beitrug. Es besteht nämlich nicht nur aus Rabbinern, sondern auch aus weltlichen Parteipolitikern. Die gewählten Oberrabbiner, die zugleich die obersten religiösen Richter des Landes sind, genießen daher weniger metaphysisch-religiöse Autorität als vielmehr die Unterstützung ihrer jeweiligen diesseitig-politischen Hausmacht und werden daher von den streng Orthodoxen weder anerkannt noch tatsächlich ernst genommen. Für die nicht-religiöse Bevölkerung sind sie hingegen nicht selten ein Ärgernis. Alles hängt, auch hier, vom Standpunkt des Betrachters ab.

Die marokkanisch-orthodoxe Schass-Partei hat inzwischen die enge Verbindung von finanziellen und religiös-institutionellen

Wohltaten des Oberrabbinats erkannt. Längst hat sie der NRP auch hier das Monopol entrissen.

Dieses Oberrabbinat hielten im Januar 1987 nur 32% der erwachsenen jüdischen Israelis für „absolut" oder „teilweise vertrauenswürdig", und nur knapp 28% hätten im Konfliktfall zwischen parlamentarischer und religiöser, sprich rabbinischer Gesetzgebung lieber der rabbinischen entsprechend gehandelt (Peres, 1987: 16 und 18; ähnlich Yuchtman-Ya'ar, 1987: 32). Knapp 50% erhielt das Rabbinat im Sommer 1989 und 1990 (Yuchtman-Ya'ar, 1989: 9 und Umfrage Yuchtman-Ya'ar Ende 1990, in: Israeli Democracy, Frühjahr 1991:24).

Die geringe Wertschätzung des nationalreligiösen Rabbinats hängt mit der traditionellen, weltlichen Politisierung dieser Institution zusammen. In den vergangenen zehn Jahren schaltete es sich immer offener in die ohnehin umstrittene Territorialpolitik ein. Dabei mischen inzwischen nicht nur Nationalreligiöse, sondern auch Schass und Degel Thora kräftig mit. Deren geistig-geistliche Oberhäupter haben sich in der Territorialpolitik kompromißbereit geäußert. In innerreligiösen Fragen suchte man diese Toleranz vergeblich. Sie verhängten fast gleichzeitig einen Bannstrahl über die Bücher des aufgeklärt-orthodoxen und daher sehr beliebten Rabbiners Adin Steinsaltz.

Die Politisierung machte sich für die religiösen Institutionen durchaus bezahlt, im wörtlichen, das heißt im finanziellen Sinne: Ihre Schulen, höheren Lehranstalten und sozialen Institutionen erhielten stattliche staatliche Zuschüsse.

Oberste religiöse Instanz der AI ist der Rat der Thora-Weisen (Friedman, 1977: Passim, Wolffsohn, 1983: 629ff.; Abramov, 1976: Bes. 167ff.; Schiff, 1977: 154ff.).

Der ehemalige „sephardische" (lies: orientalische) Oberrabbiner Ovadia Josef wurde Anfang der 80er Jahre aus seiner Funktion politisch hinauskatapultiert. Er rächte sich auf seine Weise und gründete die orientalisch/marokkanisch-orthodoxe Schass-Partei, die ihre eigene höchstrabbinische – und damit politische – Instanz schuf: den Rat der Thora-Gelehrten.

Rabbiner Josef war in seiner Amtszeit ein territorialpolitischer Super-Falke. Nach seiner Absetzung verwandelte er sich in eine Taube. 1989 entbrannte zwischen ihm und dem Oberrabbinat ein heftiger Streit darüber, ob das jüdische Religionsgesetz die Rückgabe der Gebiete gestatte. Josef sagte ja, das Oberrabbinat nein, und letztlich verkümmerte die Religion dabei zum Instrument der Politik. Die Vermengung von Religion und Territorialpolitik spitzte sich nach dem Abkommen mit der PLO 1993/94 weiter zu (siehe Tauben-Falken).

Auf lokalpolitischer Ebene sind die religiösen Räte Dienstleistungsbetriebe ohne einen Hauch religiöser Autorität. Hier arbeiten „Religionstechnokraten", die ebenfalls nach diesseitig-politischen Mechanismen bestimmt werden.

4. Religiöse Strömungen im Judentum

Es gibt in Israel, ebenso wie in der Diaspora, drei große Richtungen bzw. Strömungen innerhalb des Judentums: Die Orthodoxie, das konservative sowie das Reformjudentum.

Die religiösen Parteien, NRP, AI, PAI, Schass und Thora-Banner, haben es bislang immer wieder aufgrund ihres politischen Einflusses vermocht, daß die konservative und die Reformrichtung nicht anerkannt wurden. Dies bedeutet: Von Rabbinern dieser Strömungen vollzogene religiöse Handlungen, zu denen auch Trauungen gehören, gelten nicht vor dem Gesetz des Staates.

Zu politischen Auseinandersetzungen kommt es immer wieder wegen der Frage der von konservativen oder Reformrabbinern durchgeführten Glaubensübertritte zum Judentum. „Wer ist Jude?" lautet die Streitfrage, über die die Orthodoxen alleine entscheiden möchten, auch und vor allem im Falle von Glaubenswechseln. Einwanderer aus den USA betrifft diese Problematik am meisten, da dort die „modernen" Strömungen (Konservative und Reform) je ein Drittel der dortigen Juden ausmachen.

Es bleibt abzuwarten, welchen Einfluß das Urteil des Obersten Gerichtshofes vom Juni 1994 haben wird. Es verbot die Diskriminierung der Reformer und Konservativen.

Rund 50% der jüdischen Israelis würden es begrüßen, wenn Reform- oder konservative Rabbiner die gleichen Rechte wie ihre orthodoxen Kollegen erhielten, 40% wären dagegen (Umfrage Smith-Institut, Jerusalem, Jerusalem Post international, 20.5.1989 und Haaretz, 18.12.1989). Aus koalitionspolitischen Gründen kam es bislang dazu nicht. Außerdem verloren die Reformer in der Öffentlichkeit an Boden (vgl. Religionspolitik).

Einer der Begründer des israelischen Reformjudentums ist der in Deutschland wohlbekannte Theologe Schalom Ben-Chorin. Sein Sohn Tovia Ben-Chorin ist seit den 60er Jahren Reformrabbiner in Israel. (Zum Reform- und Konservativen Judentum vgl. Tefutsot Israel, 1983.)

Welcher der drei Strömungen rechnen sich die jüdischen Israelis selbst zu? Anfang 1989 gaben 9% an, sie seien „Reformjuden“, 3% zählten sich zum Konservativen Judentum und 12% zur Orthodoxie (IIASR-Umfrage, Haaretz, 18.5.1989).

Literaturhinweise

Levy, 1993
Dieckhoff, 1989
Friedmann, 1989
Gordon, 1989
Liebman/Don Yehija, 1984
Wolffsohn, 1983
Rabinowicz, 1982
Schiff, 1977
Marmorstein, 1969

VIII. Interessengruppen

1. Gewerkschaften

Die größte Gewerkschaft des Landes, die Histadrut, wurde im Dezember 1920 als Arbeitnehmerorganisation der linkssozialistischen Parteien gegründet. Sie blieb von Anfang an nicht nur Gewerkschaft, sondern organisatorischer und ideologischer Vorreiter des staatlichen Aufbauwerkes. Da zudem alle den Arbeiterparteien zugehörigen Kollektivsiedlungen (Kibbutzim) und Kooperativen (Moschawim) der Histadrut angehörten und diese auch unternehmerisch tätig wurde (vgl. C/XII/2), entwickelte sie sich bis 1948 zum eigentlichen Zentrum politischer Macht im Jischuw. Politisch bestimmte hier zunächst die AH, dann die Mapai/IAP, doch die Wahlergebnisse seit 1920 zeigen auch in dieser Hochburg der Arbeiterparteien ein fortwährendes Untergraben der sozialistisch-sozialdemokratischen Vormachtstellung. Abbildung 57 zeigt einerseits die vorherrschende Stellung des Maarach und seiner Vor-

Abbildung 57: Histadrut-Wahlen 1920-1994

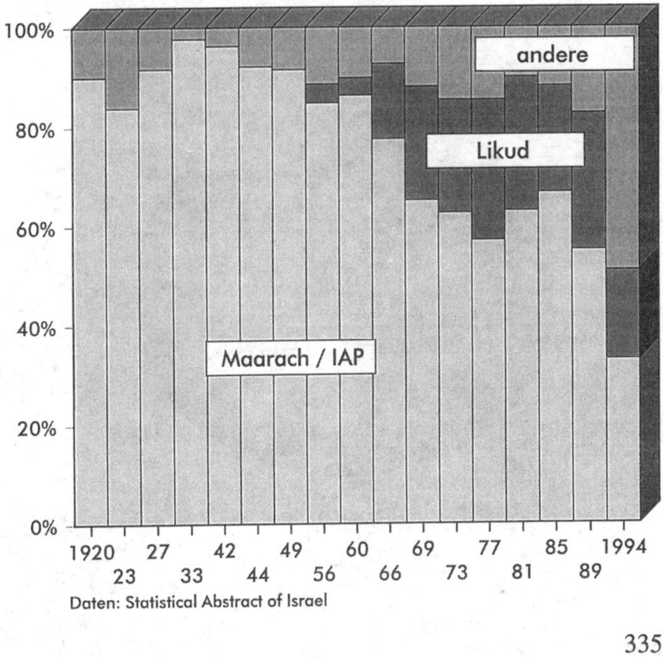

Daten: Statistical Abstract of Israel

läufer in der Histadrut, andererseits aber auch den erheblichen Abbau dieser dominierenden Position.

Der Absturz der Arbeitspartei erfolgte am 10. Mai 1994. IAP-Abtrünnige unter Ex-Gesundheitsminister Haim Ramon sowie die linke Mapam, die orthodoxe Schass und die extrem antireligiöse Meretz präsentierten eine gemeinsame Liste („Ramon"). Sie verfehlte mit 47% nur knapp die absolute Mehrheit.

Durch eine Wahlrechtsmanipulation versuchte die IAP 1989 ihre Vormachtstellung in der Histadrut zu sichern: Erstmals durften die Mitglieder der Kibbutzim die Generalversammlung der Histadrut mitwählen. Bislang hatten sie eine eigenständige Vertretung, war die IAP auch ohne sie ihrer Stärke sicher. Arbeitspartei und Mapam verloren weniger als 2%. Die IAP errang mit 55% erneut die absolute Mehrheit. Der Likud verbesserte sich auf 27,5%, erreichte jedoch sein Ziel nicht: den Machtwechsel in der Histadrut. Die Mapam erhielt knapp 9%, die Bürgerrechtsbewegung fast 4%, die Arabisch-Jüdische Liste (NKL, Progressive Friedensliste, Arabisch-Demokratische Liste) beinahe 4%.

Fünf Jahre danach halfen alle Tricks nicht mehr. Die IAP erlebte ein Desaster. Sie erhielt nur 33%. Auch der Likud fiel: auf 18%.

Abbildung 58: Histadrut-Wahlen 1994

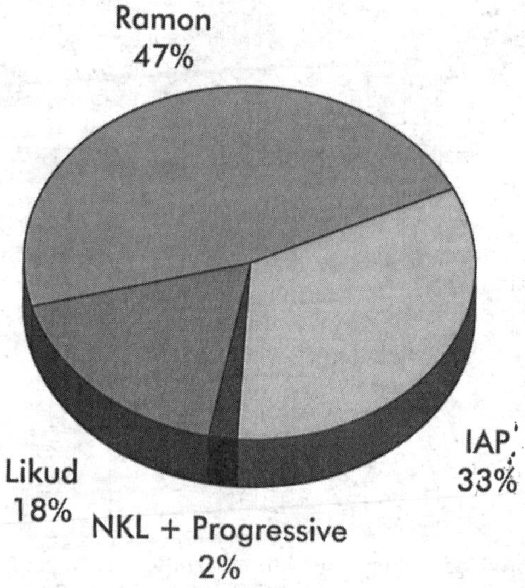

Daten: Haaretz

NKL und Progessive kamen auf 2%. Die Dominanz der IAP ist nun auch in diesem Bereich beendet.

Das Wahlrecht zur Generalversammlung der Histadrut entspricht den Rechtsvorschriften bei Knessetwahlen. Man entscheidet sich für Parteilisten. Es gilt, das Verhältniswahlrecht und die „Sperrklausel" von 1%. Im Laufe der Jahre öffnete sich dic Histadrut auch nichtsozialistischen Parteien. Im zentralen Gremium der Histadrut, das im Juli 1990 gebildet wurde, waren außer 44 IAP-Mitgliedern 6 Mapam-Vertreter und 3 der Bürgerrechtsbewegung sowie je ein Vertreter der Unabhängigen Liberalen, der Liberalen Arbeiter (Likud) und Schass. Je zwei beratende Mitglieder kamen vom Hapoel Hamisrachi (NRP) und Poale Agudat Israel.

1994 bildeten die „Ramon"-Parteien (Abtrünnige der IAP, Mapam, Meretz, Schass) mit der IAP eine Koalition. Die Altfunktionäre der IAP unter Haim Haberfeld hatten zuvor gehofft, durch eine Koalition der Verlierer mit dem Likud den tatsächlichen Machtwechsel verhindern zu können. „Selbst mit dem Teufel" wollte er paktieren, um Ramon von den Histadruthebeln fernzuhalten (H. Bior, Haaretz, 13.5.1994). Da auch der Likud an wirklichen Reformen der Histadrut nicht interessiert war, schien das Unternehmen nicht ganz aussichtslos. Rabin funkte jedoch dazwischen, so daß die IAP dann doch mit ihrem Abtrünnigen koalierte. Ramon wurde neuer Generalsekretär. Alle munkelten, daß dies Ramons Sprungbrett ins Amt des Ministerpräsidenten werden könnte.

Die Doppelfunktion der Histadrut als Arbeitgeber und Arbeitnehmer hatte ihre Funktionäre von der Basis entfremdet. Hinzu kam, bis 1977, die enge personelle Verflechtung zwischen Mapai/IAP und Histadrut, die einen Konfrontationskurs zur Wirtschaftspolitik der Regierung erschwerte.

Das Ansehen der Histadrut war schon vor der Wendewahl vom Mai 1994 außerordentlich niedrig. Nur 29% der Israelis hielten die Histadrut im Januar 1987 für „absolut" oder „teilweise glaubwürdig" (Peres, 1987: 16). Mit 38 von 100 möglichen Punkten bewerteten die Israelis im Sommer 1989 diese Organisation. Zum Vergleich: Sie wurde 1989 ungefähr wie die Medien und Großunternehmen eingestuft. Das Militär hatte 91, das Rechtswesen 80 Punkte erhalten, die Parteien nur 30 (Yuchtman-Ya'ar, 1989: 9). „Glaubwürdig" war die Histadrut 1990 immerhin wieder für 40% der Israelis – aber eben für 60% nicht (Yuchtman-Ya'ar, Israeli Democracy, Frühjahr 1991: 24).

Kein Wunder, daß sich die IAP nicht nur um Zusammenarbeit mit, sondern zugleich auch um Distanz zur Histadrut bemühte. Der Bankrott zahlreicher Histadrutunternehmen machte weder die Gewerkschaft noch deren Patron, die Arbeitspartei, sonderlich beliebt.

Seit ihrer Gründung glich die Histadrut aufgrund ihrer zahlreichen Betätigungen in Politik, Gesellschaft, Wirtschaft und Kultur des Landes einer organisatorischen Krake. Indem und seitdem die Histadrutaktivitäten zu enormen finanziellen Verlusten führten, wurden sie eingestellt. Das wirtschaftliche Debakel zeigte sich Ende der 1980er Jahre besonders anhand der Histadrutfirmen sowie ihrer Krankenkasse. Die Histadrut schrumpfte auf eine normale Gewerkschaft, auf eine Interessenvertretung der Arbeitnehmer, zusammen.

Die Altfunktionäre hielten aber am Wunschtraum der Multiaktivitäten fest. Anders als seine IAP-Rivalen Ramon und Peretz wollte Haberfeld eben nicht nur eine Art Dachverband der verschiedenen Einzelgewerkschaften. Auch die Verflechtung mit der IAP sollte bewahrt werden. Dabei hatte das Zentralkomitee der IAP im Juli 1991 beschlossen, daß Parteimitglieder künftig nicht mehr zugleich der Histadrut-Gewerkschaft angehören müßten. Realitätsverlust dokumentierte die alte Histadrut-Garde im August 1991: Aus Dankbarkeit dafür, daß der Gorbatschow-Putschist Janejew mit Israel Kessar erstmals seit Jahrzehnten einen israelischen Gewerkschaftler empfangen hatte, schickte Kessar dem Anti-Gorbisten ein Telegramm. Darin bekundete er Janajew seine Hochachtung. Reformer wie Ramon, Peretz oder auch Beilin protestierten. Daß noch die „Internationale" gesungen und der 1. Mai begangen wurde, fand Beilin ebenfalls unzeitgemäß (J. Winkler, Haaretz, 27.8.1991).

Die Nationale Arbeiterorganisation (NAO) wurde 1934 als Konkurrenz zur Histadrut von den Revisionisten gegründet. Die Herut-Partei beschloß 1965, wirkungsvoller in der Histadrut als gegen sie arbeiten zu können, was zur Spaltung der NAO führte.

Der 1922 gegründete Hapoel Misrachi (HPM) war von Anfang an zugleich Partei, Gewerkschaft und Siedlungsorganisation, ebenso Unternehmer. Das gleiche gilt für die Arbeitnehmerorganisation der Orthodoxen, die PAI. 1950 trat der HPM der gewerkschaftlichen Abteilung der Histadrut, d.h. als Partner im tarifpolitischen Bereich, bei, 1953 folgte die PAI.

Ihre organisatorische Eigenständigkeit bewahren diese Arbeitnehmerorganisationen bzw. Parteien. Ihre Mitglieder können, ebenso wie die Arbeitnehmer der AI, die Dienstleistungen der Histadrut-eigenen Krankenkasse (Kupat Cholim) in Anspruch nehmen. Es ist die größte Krankenkasse des Landes, in der 70% der

Gesamtbevölkerung versichert sind. 60% der Beiträge der Histadrut fließen in die Kasse der Krankenversicherung, 55% der Beiträge von HPM-Mitgliedern, 60% von PAI-Mitgliedern.

Die privaten Krankenkassen wurden leistungsstärker, und Ende der 80er Jahre mußte die Kupat Cholim Abwandererströme hinnehmen. Hier die Zahlen der anderen Krankenversicherungen im Januar 1994: Makabi 853.480, Vereinigte Krankenversicherung 400.661 und die Krankenkasse der NAO 430.281 (E. Aridor, Haaretz, 4.1.1994).

Die Reformer um Ramon und Peretz wollten ein staatliches Gesundheitsgesetz. Ziel: Entflechtung zwischen der Mitgliedschaft in Histadrut und Kupat-Cholim-Krankenkasse. Auch Rabin war dafür, biß sich aber an den etablierten Parteiinteressen fest. Der Gesetzentwurf scheiterte im Januar 1994 in der Knesset. Einen letzten Versuch in und mit der IAP unternahmen die Reformer: Peretz kandidierte gegen Haberfeld als Kandidat für das Amt des Generalsekretärs. Die IAP-Mitglieder der Histadrut wählten mit 70% Haberfeld. Peretz bekam 30%. Ramon und Peretz präsentierten daraufhin für die Histadrutwahlen mit Meretz, Mapam und Schass eine eigene Liste. Am 24. April 1994 wurden sie aus der IAP ausgeschlossen (was nach der IAP-Wahlniederlage vom 10. Mai 1994 sehr bedauert wurde). Und siehe da: Am 15. Juni 1994 verabschiedete die Knesset ein neues Gesundheitsgesetz. Es trug die Handschrift Ramons. Die Entflechtung von Krankenkasse und Histadrut war eingeleitet. Anfang 1994 votierten knapp zwei Drittel der Israelis für eine solchen Schritt (Dachaf-Umfrage, Jediot Acharonot, 4.2.1994).

Ben-Meir (1982) spricht von „vier Säulen“ der traditionellen Histadrut: Der Gewerkschaft, den gemeinwirtschaftlichen Unternehmen, Organen der gegenseitigen Hilfe (z.B. Krankenkasse) sowie Erziehungswesen (s. B/IX/1) und Kultur (vgl. A/IV). Die organisatorische Verflechtung zwischen Histadrut und anderen Bereichen in Politik, Wirtschaft, Gesellschaft und Kultur ist demnach außerordentlich vielfältig.

Bis Ende der 80er hatte die Histadrut einen Großteil ihrer Unternehmungen veräußert. Der Grund: erhebliche Verluste. Das Wirtschaftsimperium war nicht mehr wirtschaftlich, und von „Imperium“ konnte keine Rede mehr sein. Ramon beschleunigte 1994 die weitere Entflechtung: Der Geldverkehr der Histadrut mußte nicht mehr durch die einstige Histadrut Bank (Bank Hapoalim) abgewickelt werden (Haaretz, 11.7.1994). Die Maßnahme war eher spektakulär als dramatisch, denn der Histadrut gehörten zu jener

Zeit nur noch 3,5% der Bank-Hapoalim-Aktien (H. Bior, Haaretz, 12.7.1994). Das Krankenkassendefizit der Histadrut wurde unterschiedlich beziffert: zwischen einem und drei drei Milliarden Schekel (ca. zwei Milliarden DM). Der Immobilienbesitz der Histadrut wurde Mitte 1994 auf rund drei Milliarden Schekel geschätzt (H. Bior, Haaretz, 1.6.1994).

Die Mitgliederzahl der Histadrut betrug 1920 4.433 bzw. 5% der jüdischen Bevölkerung Palästinas. 1933 betrug dieser Anteil bereits 23% und 1939 gar 27% (Horowitz, 1973: 36).

Bei der Angabe der Mitgliedszahlen muß freilich berücksichtigt werden, daß i.a. auch Frauen und Kinder mitgenannt werden. Demnach hätte die Histadrut 1977 61,7% aller Israelis über 18 Jahre, auch der arabischen, zu ihren Mitgliedern gerechnet. Vier Jahre später waren es ebenso wie 1989 rund 60%. Im Sommer 1989 gab die Histadrut eine Mitgliederzahl von 1,626 Millionen an (J. Winkler, Haaretz, 11.9.1989).

Der HPM kam bei seiner letzten Mitgliederzählung 1966 auf rund 100.000, die NAO gab für 1980 ohne Familienangehörige die Summe von 100.000 für 1985 rund 300.000 an, die PAI sprach Anfang der 70er Jahre von 47.000 Mitgliedern. Neuere, nachprüfbare Zahlen legen die Organisationen nur ungerne vor.

Tarifverhandlungen

Bei Tarifverhandlungen treten Histadrut, HPM, PAI und AI gemeinsam als Vertreter der Arbeitnehmer auf, da sie im „rein gewerkschaftlichen" Bereich schon seit Jahren zusammenarbeiten. Gegen diese gewerkschaftliche Macht, die vor allem mit der traditionellen Rolle der Histadrut als Vorreiter des staatlichen Aufbauwerkes zusammenhängt, auch mit ihrer politisch-personellen Verflechtung mit der von den 20er Jahren bis zum Machtwechsel von 1977 regierenden AH/Mapai/IAP, ist wirtschaftspolitisch nur schwer etwas durchzusetzen. Hinzu kommt auch, daß ein Einwandererland oder ein Land, das sich als solches betrachtet, eine Entfremdung der Arbeitnehmerschaft (noch weniger als andere) leisten kann und will.

Den „Leitabschlüssen" dieser Gewerkschaftsorganisationen entzog sich die NAO kaum. Bis 1977 war außerdem die Koordination mit dem öffentlichen Sektor, sofern er als Arbeitgeber auftrat, ebenfalls leichter als seit 1977, da Regierungs- und Histadrutsektor derselben politischen Richtung angehörten. Zwar gab es auch in jener Epoche interne Auseinandersetzungen, doch die Grundübereinstimmung war vorhanden. Das Prinzip der Tarifautonomie ist freilich durch die Existenz des so großen öffentlichen Sektors begrenzt.

Literaturhinweise

Wolffsohn, 1983, 1983a
Ben Meir, 1982

2. Arbeitgeberorganisationen

Die 1923 gegründete Vereinigung der Industriellen war zuerst allgemein-zionistisch eingestellt, blieb aber weitgehend autonom. Politischen Umarmungsversuchen seitens der Revisionisten entzog sie sich und bewahrte ihren überparteilichen Charakter, der weitgehend unumstritten ist. Nach der Staatsgründung blieb der Verband parteipolitisch neutral, obwohl es vereinzelt Kandidaturen seiner Mitglieder bei den Liberalen oder der Progressiven Partei, auch Herut, Rafi oder DBV gab.

In der Epoche der Mapai/IAP hatte sich diese Organisation an staatliche Subventionen so sehr gewöhnt, daß sie die Liberalisierung der Wirtschaftspolitik, welche die Likud-Regierung 1977 anzupacken schien, zunächst ablehnte, später vehement bekämpfte (Wolffsohn, 1979). Besonders die Finanzpolitik Aridors seit 1981 geriet unter heftigsten Beschuß dieses Verbandes, dem inzwischen auch die Vereinigung der Kibbutz-Industrie, also ein eher der IAP nahestehender Verband, angehört.

Das Abkommen mit der PLO begrüßte der Verband ausdrücklich – politisch.

Tarifverhandlungen

Die kleineren Arbeitgeberorganisationen der verschiedenen Wirtschaftszweige stimmen ihre Tarifpolitik im „Koordinationsausschuß" ab. Am gewichtigsten ist hier freilich die Vereinigung der Industriellen.

Zugang zu den politischen Schalthebeln

Zu den Schalthebeln der Macht hatten die Arbeitgeber nur sehr begrenzten Zugang, und außerdem waren sie letztlich unpolitisch. Abgesehen davon wäre ein Konfrontationskurs zu einer sozialdemokratischen Partei, die so lange politisch den Ton angab, für die Unternehmer selbstmörderisch gewesen, zumal sie auf staatliche Interventionen in der Form von Subventionen hätten verzichten müssen. An diesen Subventionen war wiederum die sozialdemokratische Regierung aus volkswirtschaftlichen Gründen interessiert, konnte sie doch dadurch z.B. den Export fördern und den Importüberschuß wenigstens teilweise abbauen.

Bis heute hängt diese Arbeitgeberorganisation an staatlichen Subventionen und Interventionen. Sie bekämpfte während der späten 80er Jahre die Liberalisierungspolitik von Likud-Finanzminister Nissim ebenso wie die seines Nachfolgers Peres von der IAP. Dieser Kurs wurde auch bis in die 90er Jahre fortgesetzt, da die verschiedenen Regierungen ungebrochen die Öffnung des israelischen Marktes, also Liberalisierung zu betreiben versuchten.

Der Likud (früher Herut) findet seine Wähler gerade in den wirtschaftlichen Unterschichten. Er wird daher ihre politische „Kundschaft" durch einen arbeitgeberfreundlichen Kurs nicht willentlich und wissentlich verprellen. Betrachtet man die Liste der großen Parteispender im Wahljahr 1988 oder 1992, so fällt ein deutliches Übergewicht der Industriellen zugunsten der sozialdemokratischen IAP auf (vgl. Parteienfinanzierung). Ein weiterer Hinweis darauf, daß die IAP eher die Partei der Oberschichten ist.

3. Handwerk und Einzelhandel

Die Vereinigung der Handwerker (Handwerkskammer) stand in der Periode des Jischuw den AZ nahe, nach der Staatsgründung rückte sie mehr zur Mapai. Ähnliches gilt in bezug auf die Vereinigung der Einzelhändler (Handelskammer), die ebenso wie jene Organisation, bei den Wahlen zur Delegiertenversammlung des Jischuw kandidiert hatte.

Nach internen Auseinandersetzungen lehnte sich die Vereinigung der Einzelhändler wieder stärker an die AZ/Liberale Partei an, hatte aber ihre Probleme mit der Liberalen Partei im Likud, allen voran mit Schlomo Lahat, dem Bürgermeister von Tel-Aviv.

Macht

Insgesamt verfügen die Vertretungen von Handwerk und Einzelhandel über keinerlei gesellschaftlich-politische „Macht" im Sinne von Droh- oder Einflußpotential. Sie können keine große Mitgliedschaft wie die Histadrut mobilisieren, durch Streiks schaden sie sich selbst am meisten, und der Zugang zu politischen Spitzenpositionen blieb ihnen bislang verwehrt, sowohl in der Epoche der

Mapai/IAP als auch seit 1977. Wie gesagt, sogar in „ihrer" Partei, dem Likud, können sie sich nur bedingt Gehör verschaffen.

Der seit 1985 amtierende Vorsitzende der Einzelhändler, Dani Gillermann, verschaffte seiner Organisation mehr Beachtung. Ihre politischen Divisonen sind freilich begrenzt: In Tel-Aviv, ihrer Hochburg, zählt sie 1.800 weitgehend im Importgeschäft tätige Mitglieder (J. Scharoni, Haaretz, 13.7.1989). Während die Industriellen sich gerne hinter der Zollmauer verschanzen wollen, tritt die Handelskammer für den Abriß der Mauer ein. Ab 1990 nahm die Polemik zwischen Handelskammer und Industriellen zu (vgl. J. Maltz, Jerusalem Post international, 6.1.1990).

Der sich abzeichnende offene Markt zwischen dem palästinensischen Autonomiegebiet und Israel bereite dem Einzelhandel weniger Sorgen als dem Verband der Industriellen (FAZ, 22.10. 1993). Das entsprach eher den wirtschafts- als palästinenserpolitischen Orientierungen beider Verbände.

Literaturhinweise

Yishai, 1992
Wolffsohn, 1983, Kap. 3, 6, 47
Medding, 1972

4. Kibbutzim

Kibbutzim sind Kollektivsiedlungen, die seit 1909 in Palästina gegründet wurden. Der erste Kibbutz war Degania am Südufer des Sees Genezareth. Gemeinschaft war das Schlüsselwort zur Beschreibung und zum Selbstverständnis der Kibbutzim. Das andere Schlüsselwort war Gleichheit: Alle sollten gleich viel besitzen (das war am Anfang gleich wenig), keiner sollte durch Arbeit oder Stellung herausragen. Noch weniger sollten Eltern ihre „Startvorteile" den Kindern weitergeben können. Nicht zuletzt deshalb oblag die Erziehung besonders der Gemeinschaft. Die Kinder schliefen nicht bei den Eltern, sondern in den Kinderhäusern.

Jeder, so plante und verwirklichte man es zunächst, übernahm abwechselnd jede Arbeit. Beschlüsse faßte nur die Vollversammlung der Mitglieder, die immer seltener besucht wurde.

Der Kibbutz sollte Vorreiter für die neue jüdische Gesellschaft werden. Der landwirtschaftliche Pionier, der Chalutz, war das Ideal, und so sollte die ganze Gesellschaft werden; anders als in der Diaspora, wo die Juden ein Volk der Händler und des Dienstleistungsbereiches waren. Kurzum, der „neue jüdische Mensch" sollte hier entstehen.

Die Kibbutzim (Kollektivsiedlungen) sind ebenso wie die Moschawim (Genossenschaftssiedlungen) nicht leicht als „Interessengruppe" einzuordnen, da sie eine Zwitterstellung zwischen Partei, Parteikern, parteiinterner Fraktion bzw. Faktion und Verband einnehmen.

Die Anfänge der Kibbutz-Bewegung waren eher anarchistisch und alles andere als dogmatisch-parteipolitisch (Meier-Cronemeyer, 1969; Darin Drabkin, 1967; Ben-Avram, 1976; Ophir, 1973; Margalit, 1971; Wolffsohn, 1983: 587ff.). Es gab bzw. gibt folgende Kibbutzorganisationen:

Chewer Hakwutzot. Er wurde 1925 gegründet, zog den Kleinkibbutz vor und war die Kibbutzorganisation der Hapoel Hazair. Er war vergleichsweise pragmatisch und versuchte auch die Konfrontation mit den Revisionisten im Jischuw abzubauen.

Der Kibbutz Hameuchad wurde 1927 gegründet und bevorzugte den Großkibbutz als Vorreiter einer Großkommune auf nationaler Ebene. Er entwickelte sich zunehmend zum Kern der neuen, 1944 organisierten AH, war in sozialpolitischen Fragen eher links, in sicherheitspolitischen aktivistisch, also rechts. Enge personelle Verflechtungen gab es mit dem Palmach, der Pioniertruppe der Hagana.

1951 trennten sich die Mapai-Mitglieder dieser Organisation von diesem Verband und gründeten den Ichud Hakibbutzim, dem sich der Chewer Hakwutzot im Oktober 1951 anschloß. Damit war der Kibbutz Hameuchad mit der AH identisch, ebenso wie der Ichud mit Teilen der Mapai.

1979 schlossen sich Ichud und Kibbutz Hameuchad zur Vereinigten Kibbutz-Bewegung zusammen.

Der Kibbutz Haartzi, 1928 formiert, war und blieb mit der Mapam bzw. ihrem Vorläufer, dem Haschomer Hazair, aufs engste verbunden.

1938 gründete der HPM den ersten (national)-religiösen Kibbutz, es folgten 1944 die orthodoxen PAI, bald darauf auch die linksliberale Progressive Partei. (Zum religiösen Kibbutz vgl. Fishman, 1986.)

Während in den ersten Jahren nach der Unabhängigkeit die Kibbutz-Mitglieder bei Knesset-Wahlen fast geschlossen für die Partei ihrer Organisation stimmten, lockerten sich die Bindungen bis 1977. (Für die Jahre 1949 bis 1977 vgl. Wolffsohn, 1983: 595-597.)

Der Schock des Machtverlustes bewirkte ab 1981 eine gewisse Umkehr, doch die Ergebnisse der wunderbaren Jahre nach 1948 erzielen die Mutterparteien nicht mehr. Das gilt auch in bezug auf die seit 1988 wieder selbständig kandidierende Mapam und ihren Kibbutz Haartzi.

Parteipolitischer Pluralismus war kein politisches Fremdwort mehr in den Kibbutzim. Aber die „Lager"mentalität ist nicht verschwunden. 1992 wählten zwar nur 53% der Kibbutznikim die Arbeitspartei, aber Meretz erhielt 36%. Und Meretz war eine Liste, zu der neben den Linksliberalen (Schinui und Bürgerrechtsbewegung) auch die sozialistische Mapam gehörte. Man mußte also rechnen: 53% plus 36% = 89%. Im Kibbutz Haartzi stimmten 75% für Meretz und nur 15% für die IAP. In der Vereinigten Kibbutz-Bewegung 73% für die IAP, 20% für Meretz (G. Sohar, Haaretz, 26.6.1992).

Tabelle 27: Für die Mutterpartei in den Kibbutzorganisationen abgegebene Stimmen, in %

	K. Haartzi (Mapam)	Ichud Meuchad (Mapai)	Vereinigte K.Bewegung (AH)
1949	99,6	96,7*	98,0
1951	99,4	97,7*	96,0
1955	99,6	98,2	98,3
1959	99,7	98,1	98,6
1961	98,3	96,8	95,4
1965	97,8	97,4	96,9
1969	93,9	89,5	96,6
1973	87,0	86,6	92,0
1977	83,7	68,1 (!)	82,3
1981	94,7	91,1	93,7
1984	85,0	-	82,0
1988	76,0	-	82,8
1992	75,0	-	73,0

* 1949 und 1951 Chewer Hakwutzot

Daß die politische Abwanderung überhaupt einsetzte, hängt auch mit dem Wechsel der Generationen in den Kibbutzim zusammen. Die zweite Generation, diejenigen also, die bereits im Kibbutz geboren wurden, entwickelten keine so starken Bindungen an Kibbutz und Partei(en) wie die erste Pionier-Generation. Dies war jedenfalls eines der wichtigsten Ergebnisse der 1969 von Rosner u.a. durchgeführten Umfrage in zahlreichen Kibbutzim (Umfragen, Erklärung und Literaturhinweise hierzu in: Wolffsohn, 1983: 353ff.).

Diese Umfrage bestätigte eigentlich nur noch das schon zuvor feststellbare tatsächliche (Wahl-)Verhalten in den nach 1948 gegründeten Kollektivsiedlungen. Hier setzte die Abwanderung von den Arbeiterparteien viel früher ein als in den alten, vor 1948 aufgebauten Kibbutzim.

Bei ihrer Folgestudie kamen Rosner und Ovnath (1979) im Jahre 1976 zu dem Ergebnis, daß die Bindung zur „allgemeinen Kibbutz-Ideologie" und zu den „Grundwerten" dieses Kollektivs im Vergleich zu 1969 weiter nachgelassen, jedoch die Bereitschaft zu „Aktivitäten innerhalb und außerhalb des Kibbutz" zugenommen hatte.

Ichilov (1981) hat durch Umfragen bei 17- und 18jährigen Jugendlichen in Kibbutzim und Städten mehr Bürgersinn bei den Kibbutz-Jugendlichen festgestellt. 68% der Kibbutz-Jugendlichen hielten „Loyalität zum Staat" für „sehr wichtig". In der Stadt-Jugend waren es 7,4%. Für das, „was im Land passiert", interessierten sich 8,4% in der Stadt, 60,2% in den Kibbutzim (a.a.O.: 311).

Dies ist die eine Seite. Auf der anderen Seite sind Anzeichen einer Krise unübersehbar. Hier einige Beispiele: Eine Studie des Verhaltenswissenschaftlichen Instituts der Armee hat ergeben, daß Jugendliche aus Kibbutzim, anders als früher, wesentlich weniger motiviert sind, freiwillige Mehrbelastungen im Militär auf sich zu nehmen oder Offizierskurse anzustreben, als städtische Jugendliche. Verglichen wurden die Wehrjahrgänge 1966 einerseits und 1980/81 andererseits (Haaretz, 13.5.1983). Vier bzw. fünf Jahre zuvor hatten die Kibbutz-Jugendlichen eine weit höhere Motivation bekundet als ihre Altersgenossen aus den Städten. Bis 1989 hat sich die Situation wieder verändert: 85% aller aus Kibbutzim stammenden Wehrpflichtigen dienten in Kampf- und Pioniereinheiten. Auch der Anteil der Offiziere und Offiziersanwärter aus Kibbutzim war überproportional hoch (D. Sagir, Haaretz, 31.1. 1989). 30% der 1988 ausgebildeten Kampfflieger waren Kibbutznikim (Haaretz, 1.12.1988. Ähnlich die Daten bei Mayseless, 1989: VI, 54ff.). 1992 stammten 39% der Absolventen des Pilotenkurses von Zahal aus Kibbutzim (o. Levy, Dawar, 18.6.1992). Die Motivation ist demnach wieder ausgeprägter. Sie ist jedoch offenbar zyklischen Schwankungen unterworfen.

Die Neigung der jungen Kibbutznikim, neue Kollektivsiedlungen mitzubegründen und das bequemere Leben in den alten aufzugeben, ist gering und bereitet den Organisationen Sorgen (H.

Handwerker, Haaretz, 31.5.1983). Mehr noch: Im Kibbutz Haartzi waren 41% und im Ichud 45% grundsätzlich bereit, das Kibbutzleben überhaupt aufzugeben und eine andere Lebensweise zu wählen (Orchan/Samuel, 1981: 403). 1983 klagte die Vereinigte Kibbutz-Bewegung darüber, daß „mehr als 40%" ihrer zweiten Generation den Kibbutz verlassen möchte (J. Canaa, Jüdische Rundschau, 30.6.1983; vgl. ähnlich früher schon Haaretz, 13.12. 1979). Bemerkenswert ist dabei eine Einschränkung der allgemeinen Aussage: In den religiösen Kibbutzim scheinen die Abwanderungsgelüste weniger ausgeprägt zu sein.

Wie die „Aristokratie" des jüdischen Staates ist auch die Pflanzeraristokratie der Kibbutim fast rein euro-amerikanisch. In den 1980er Jahren betrug der Anteil orientalischer Kibbutzmitglieder rund 8% (Avrahami, 1988: 32). Welten trennen die Orientalen und die weitgehend aschkenasischen Kibbutzim .

Tabelle 28: Der Anteil der jüdischen Bevölkerung Israels in Kibbutzim und Moschawim in %

Jahr	Kibbutz-Einwohner		Moschaw-Einwohner		Schitufi-Einwohner	
	Zahl	in% der jüd. Bev.	Zahl	in% der jüd. Bev.	Zahl	in% der jüd. Bev.
1914	180	0,2				
1922	735	0,9				
1927	3.909	2,6				
1931	4.391	2,5	3.400	1,9		
1936	16.444	4,4	10.000	2,5		
1941	72.738	5,8				
1947	47.408	7,5				
1949	53.700	7,8	22.900	3,3	1.500	0,2
1960	78.000	4,1	115.100	6,1	3.600	0,2
1970	84.900	3,3	122.300	4,8	5.500	0,2
1977	101.600	3,3	134.500	4,4	7.100	0,2
1983	115.500	3,4	140.800	3,5	9.100	0,2
1988	127.000	3,4	145.600	4,0	10.900	0,3
1992	128.000	2,5	157.600	3,0	13.200	0,3

Obwohl das Bild vom ländlichen Pionier (Chaluziut) als der Gründungsväter Ideal schlechthin gelten kann, war und blieb der Anteil der Kibbutzim-Mitglieder, auch der Bewohner von Moschawim, eine Minderheit, gemessen an der gesamten jüdischen Bevölkerung Palästinas/Israels.

Das hohe Sozialprestige der Kibbutzim war und ist trotzdem alles andere als unbegründet. Gerade in den Krisenjahren des Jischuw, während der Arabischen Revolte z.B., leisteten die Kibbutznikim Pionierarbeit, indem sie viele neue Siedlungen als Wehrdörfer aufbauten. Die Daten der Gründungen zwischen 1936 und 1941 sprechen eine klare Sprache. Auf die Kibbutzim konnte sich die Zionistische Bewegung stets verlassen, sie waren bereit, ihren Worten Taten und, wenn notwendig auch Opfer folgen zu lassen.

Ab 1977 mußten die Kibbutzim ebenso wie die Moschawim in jeder Hinsicht abspecken: Statt wie vorher 32 stammten nur noch 12 Knessetmitglieder aus einer der beiden landwirtschaftlichen Siedlungsformen (Elections, 1988: 17). 1988 waren es 13. 1992 waren es nur zwei: der eine in der Zomet-, der andere in der Meretz-Fraktion.

Ende 1992 war die Vereinigte Kibbutz-Bewegung mit 161 Siedlungen die größte Organisation ihrer Art, gefolgt vom Kibbutz Haartzi (84), dem nationalreligiösen HPM (17), dem Zionistischen Arbeiter (5; Partei der Unabhängigen Liberalen) und den orthodoxen PAI mit 2.

Die wirtschaftliche Krise der Landwirtschaft, der wir uns ausführlicher in Teil C dieses Buches widmen werden, ging auch an den Kibbutzim nicht spurlos vorüber. Seit Mitte der 80er Jahre sind die Kibbutzim (wie die Moschawim) hoffnungslos verschuldet.

Innerhalb der Kibbutzbewegung entstand ein Wohlstandsgefälle, das Spannungen auslöste: Die wohlhabenden Siedlungen zeigten sich unwillig, die finanzschwachen weiter zu unterstützen.

Not macht erfinderisch. Sie kann auch zur Auflösung von Prinzipien führen. Das geschah: Auswärtige Lohnarbeit von Kibbutznikim war traditionell ebenso verpönt wie die Beschäftigung von Arbeitern, die nicht dem Kollektiv angehörten. Diese Prinzipien wurden durch die Wirklichkeit zunehmend untergraben. Schlimmer noch: Im August 1989 beschloß ein Kibbutz auch Mieter aufzunehmen (I. Amrani, Haaretz, 11.8.1989). Im Oktober 1989 öffneten die Schulen der Vereinigten Kibbutz-Bewegung ihre Tore auch Kindern aus den umliegenden Moschawim und Städten (N. Mandler, Haaretz, 22.10.1989).

Die Verbürgerlichung der einst kristallklar sozialistischen Kibbutzim ist nicht nur im Gange. Sie ist fast vollendet. Sogar an ausländische Unternehmer wurden Anteile von Kibbutzfirmen verkauft.

Schöne literarische Verarbeitungen des Kibbutzlebens bietet der Schriftstelle Amos Oz. Zum Beispiel in seinem Buch „Der perfekte Frieden".

Auch Kriminalität gehört inzwischen zum Leben im Kibbutz, wenngleich weniger als sonst im Lande (vgl. G. Sohar, Haaretz, 19.8.1993).

Das größte Problem der Kibbutzim: Ihre Mitglieder scheinen kaum noch an die Zukunft des Kibbutz zu glauben. Optimismus bekundeten Ende 1993 in der Vereinigten Kibbutz-Bewegung 50%, im Kibbutz Haartzi nur 43% (Umfrage des Instituts für Kibbutzforschungen, Universität Haifa, G. Sohar, Haaretz, 21.11. 1993). Pessimismus also? Eher Realismus; erst recht wenn man an den dramatischen Rückgang der Zahl von Knessetabgeordneten aus den Kibbutzim denkt. Der Kibbutz hat seine politische Zukunft hinter sich. Vorbei die Tage, als viele Israel und Kibbutzim gleichsetzten. Auch weltgeschichtlich ist die Entwicklung des Kibbutz bedeutsam. Bewiesen wurde, daß Sozialismus und Freiheit auch in der Praxis einander nicht ausschließen. Aber auch, daß in der Freiheit der Sozialismus langfristig seine Anziehungskraft verliert. Oder ist auch das nur eine neuerliche Übergangsphase? Vielleicht Teil eines Kreislaufs?

Literaturhinweise

Near, 1991
Busch-Lüty, 1989
Melzer/Neubauer, 1988
Krausz, 1983
Heinsohn, 1982
Rayman, 1981

5. Moschawim

Diejenigen, die landwirtschaftliche Pioniere, Chalutzim, bleiben wollten, doch Gemeinschaft und Gleichheit nicht so extrem anstrebten, vor allem aber Privateigentum nicht ablehnten, zogen 1921 aus Kibbutzim weg, um den ersten Moschaw, Nahalal, in Galiläa zu gründen. Einer der ersten war Mosche Dajans Vater, Schmuel Dajan.

Alle Mitglieder bekommen ein gleich großes Stück Land verpachtet, bearbeiten es nach eigenem Gutdünken, Vertrieb und Einkauf sind weitgehend gemeinschaftlich. Moschawim sind demnach Kooperativen.

Im Vergleich zu den Kibbutzim waren die Moschawim von Anfang an eine Art Stiefkind der linkssozialistischen Parteien, mit Ausnahme des Hapoel Hazair, und gerade das war die Strukturschwäche dieser Siedlungsbewegung. Man rechnete sie nicht ganz dazu. Recht unwillig und nur, um mitzuhalten, zog die AH bei der Gründung von Moschawim Anfang der 20er Jahre nach.

Seit der Unabhängigkeit entwickelten sich die Moschawim quantitativ viel stärker als die Kollektivsiedlungen, die auf die Einwanderer aus orientalischen Ländern keinerlei Anziehungskraft ausübten. Die Zahl der nach 1948 gegründeten Moschawim (Moschawim Owdim) belegt diese Aussage (Daten in Wolffsohn, 1983: Tabelle 65).

Besonders bemühten sich um die Integration der orientalischen Einwanderer die Moschawim des HPM und der Mapai.

Zu erwähnen wäre als dritte Siedlungsform der Moschaw Schitufi, ein Zwitter zwischen Kibbutz und Moschaw. Produktion und Vertrieb werden kollektiv, der Konsum individuell bestimmt. Der Boden wird nicht an einzelne verteilt, sondern von allen bearbeitet. Die vierte Siedlungsform, die Moschawa ist eine herkömmliche landwirtschaftliche Siedlung. Ende 1987 gab es 43 Moschawim Schitufiim.

Charakteristikum der vier Siedlungstypen: Der Boden wird fast ausschließlich verpachtet, und jedes Mitglied besitzt ein eigenes Haus (Viteles, Bd. 4: 3).

Die „Stiefkinder" der Siedlungsbewegung revanchierten sich auf ihre Weise: Früher als die Kibbutzim wandten sie sich von ihrer jeweiligen Mutterpartei ab. Dies gilt für die Moschawim der Arbeiterbewegung ebenso wie für die „bürgerlichen" und religiösen.

Es fällt auf, wie stark auch hier die Diskrepanz im politischen Verhalten und daher Denken zwischen den politischen Generationen ist: Die jüngeren Mitglieder (= neue Moschawim, nach 1948 gegründet) waren früher bereit, dem Maarach einen politischen Korb zu geben. Außerdem leben hier überwiegend Israelis orientalischer Herkunft. Nicht nur das städtische „Proletariat" orientalischer Herkunft, sondern auch das ländliche, wählte weniger die Arbeiterparteien und erstaunlich häufig den Likud.

Aufschlußreich am Ergebnis von 1981: Die Rückkehr der Gründergeneration (alte Moschawim) zum Maarach, dagegen der nur zaghafte Anstieg in den neuen Moschawim. Die Anziehungskraft des Likud auf die orientalischen Moschaw-Siedler (neue Moschawim) stieg an. „Die" orientalische Partei, Tami, erzielte in den

Abbildung 59: Wahlen in Moschawim 1949-1992

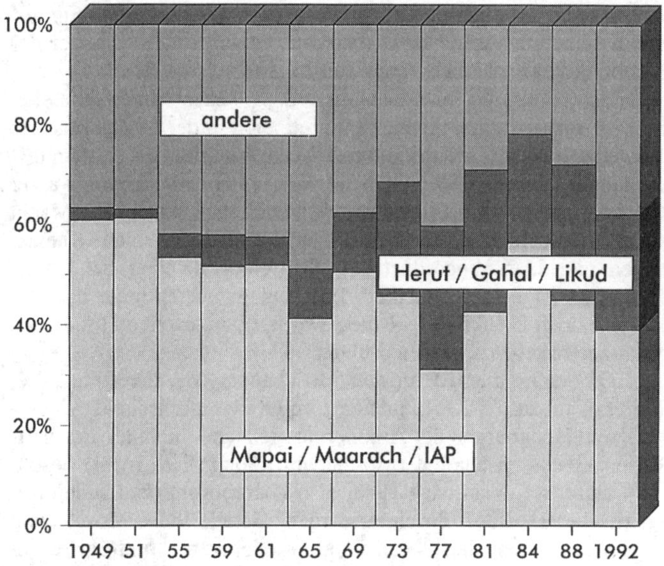

neuen (mehrheitlich orientalischen) Moschawim überdurchschnittliche Ergebnissse.

1984 errang der Arbeiterblock mit rund 56% etwas mehr Stimmen als vier Jahre zuvor, der Likud mit 22% geringfügig weniger. Das Muster des Stimmverhaltens hat sich nicht geändert. 1988 mußte die IAP erneut erhebliche Verluste hinnehmen. Der Likud gewann 5%, und auch die übrigen Parteien verbesserten sich. Zomet, die Partei von Ex-Generalstabschef Raphael Eytan, selbst ein Moschawnik, profitierte besonders. Die rechten Parteien kamen insgesamt auf 10% in den Moschawim. Verärgert waren Mitglieder der IAP-nahen Moschawim nämlich darüber, daß bei der Nominierung der IAP-Knessetkandidaten nur einer der ihren einen aussichtsreichen Listenplatz erhalten hatte. Vorher waren es meistens zwei. Führende Vertreter der IAP-nahen Moschawim-Bewegung erwogen deshalb im Sommer 1988, der Zomet-Partei beizutreten (I. Schechori, Haaretz, 19.6.1988). Dieser Sachverhalt sowie die Existenzkrise der Moschawim hat der oppositionellen, landwirtschaftlich orientierten und falkenhaften Zomet Vertrauen verschafft. Daß IAP-Finanzminister Peres das Schuldenproblem der Moschawim weniger entgegenkommend regelte als in bezug auf die Kibbutzim dürfte die Distanz zur einstigen Mutterpartei der Kooperativen zusätzlich vergrößert haben.

Nicht zuletzt die Orientalisierung der („neuen“ und zahlreicheren) Moschawim gab ihnen strukturell auch in der IAP politisches Gewicht. Nissim Zwili, ein orientalischer Moschawnik (und Peres-Anhänger), wurde 1992 Generalsekretär der IAP. Zuvor war er Chef der Moschawim-Bewegung (wo auch die „Neuen“ die Macht übernommen hatten). Mehr noch: In der 1992 gewählten Knesset saßen vier IAP-Abgeordnete aus Moschawim, einer bei Zomet (Eytan selbst), einer im Likud. Die einstigen Stiefkinder der IAP wurden doch Ziehkinder, als und weil sie „ungezogen“ (und politisch gefährlich) zu werden drohten.

1992 verlor die IAP in den Moschawim 6%, der Likud 4%. Meretz kam auf 15% (5% mehr als im Landesdurchschnitt).

Fazit: Hochburgen der Arbeiterparteien sind die landwirtschaftlichen Genossenschaften (Moschawim) auch nicht mehr; besonders nicht, wenn sie nach 1948, also überwiegend von Juden orientalischer Herkunft errichtet wurden. Gerade diese Moschawim sind von der seit den 80er Jahren erkennbaren Strukturkrise der Landwirtschaft besonders betroffen. Ebenso wie die Kibbutzim und die private Landwirtschaft hatten auch die Moschawim einen Schuldenberg aufgetürmt. Die Krise entstand keineswegs allein aufgrund des immer üppigeren Lebensstils der landwirtschaftlichen Siedlungen. Der Anstieg der Kreditzinsen seit 1985 brach ihnen das Genick.

Strukturell entscheidend: Israel ist inzwischen ein Industriestaat. Wer Israels Wirtschaft immer noch mit Orangen und Pampelmusen gleichsetzt, sieht Bilder der Vergangenheit. Die Gegenwart der israelischen Landwirtschaft ist nicht weniger krisengeschüttelt als die deutsche. Eine der Folgen dieser Krise: Immer weniger Menschen, die in Moschawim (und Kibbutzim) wohnen, arbeiten in der Landwirtschaft. Immer mehr Landarbeiter sind entweder Araber (aus Israel und den Gebieten) oder Ausländer.

Den Moschawim kamen das von der Arbeitspartei geführte Finanzministerium sowie die Banken beim Entschuldungsabkommen des Jahres 1989 weniger entgegen als den Kibbutzim. Auch das vertiefte den Graben zwischen IAP und Moschawim: Während den Kibbutzim 21,4% der Schulden faktisch gestrichen wurden, gestand man den Moschawim lediglich 13,5% zu (Scharoni, Haaretz, 7.12.1989).

Folglich wurde weiter ver- und gehandelt. Ergebnis: Im März 1992 wurden fast alle Schulden der Landwirte „eingefroren“, also gestrichen (Z. Zecharja, 5.3.1992).

Literaturhinweise

Krausz, 1985
Wolffsohn, 1983: 601ff.
Klayman, 1970
Weintraub u.a., 1969
Viteles, 1966

6. Die Vereinigung der Landwirte

Die Hitachdut Haikarim, die Interessenvertretung der privatwirtschaftlich organisierten Moschawot, hatte in der Jischuw-Periode das Prinzip der „jüdischen Arbeit“ durchbrochen und stellte durchaus auch billigere, arabische Arbeitskräfte ein, was zu gewalttätigen Auseinandersetzungen zwischen Juden im Jahre 1927 führte.

Bei den Wahlen zur Delegiertenversammlung kandidierten sie auch als „Farmer“. Diese 1923 gegründete Organisation stand später den AZ/Liberalen nahe. Der ehemalige Landwirtschaftsminister Grufer ist Mitglied dieser Partei und Funktionär des Verbandes.

Die Landwirtschaftliche Vereinigung (Ichud Hachaklai) stand ursprünglich der Progressiven Partei näher, öffnete sich jedoch nach der Unabhängigkeit auch der Mapai. Ihr politisches Gewicht ist noch unerheblicher als früher. Man beachte: Selbst die Kibbutzim kümmern politisch dahin.

Literaturhinweise

Wolffsohn, 1983: 605f.; Kap. 3, 6
Medding, 1972

IX. Erziehungswesen, Freizeit und Literatur

1. Schulen

Während der Mandatszeit und in den ersten Jahren der Unabhängigkeit gab es vier Schulrichtungen. 1) Die Allgemeine Strömung, die den AZ nahestand; 2) die Arbeiter-Strömung der Histadrut und 3) die (National-)Religiöse Richtung. Das Erziehungswesen der orthodoxen Agudat Israel, die vierte Richtung, war nicht der Weisungsbefugnis der Selbstverwaltungsinstitutionen des Jischuw unterstellt.

Während noch am Vorabend der Unabhängigkeit die Allgemeine Strömung mit 50,1% aller Schüler deutlich vor dem nationalreligiösen Misrachi mit 25% und der Histadrut mit 24,8% lag, besuchten 1952/53 insgesamt 43,4% aller Schüler die Histadrut-Richtung, 27,1% Allgemeine, 19,1% Misrachi und 8,3% AI-Schulen (Schiff, 1977: 179).

Seit 1953 gibt es nur noch die „staatliche" (und nicht-religiöse) sowie die „staatlich-religiöse" Richtung. Die Schulen der linksorthodoxen Poale Agudat Israel (PAI) schlossen sich dem staatlich-religiösen Erziehungssektor an.

Ein orthodoxerer Zug der staatlich-religiösen Richtung wurde 1988 beschlossen, eine Reaktion auf die zunehmende Anziehungskraft orthodoxer Schulen auf religiöse Eltern.

Weitgehende Eigenständigkeit bewahrten sich die Schulen der Kibbutzim. (Vgl. Melzer/Neubauer, 1988; Kerem, in: Ackermann, 1982, Band 2: 9ff.). Ihre finanzielle Krise zwang die Vereinigte Kibbutz-Bewegung im Oktober 1989 zur Öffnung ihrer Lehranstalten für die Allgemeinheit. Kibbutzim, die keine eigenen Schulen mehr aufrechterhalten konnten, sollten fortan ihre Kinder in staatliche Schulen schicken.

Das Erziehungswesen der orthodoxen Agudat Israel (AI), die „Unabhängige Richtung", blieb ebenfalls weitgehend autonom. Es erhielt aber, wie die Kibbutzim, staatliche Zuwendungen.

Die orthodox-marokkanische Schass-Partei begann 1986 mit dem Aufbau eines eigenen Schulzweiges: Min Hamajan (= aus der Quelle). Von 49 im Dezember 1987 bestehenden Grundschulen waren nur 14 vom Erziehungsministerium anerkannt, bekamen also Geld. Je gewichtiger Schass politisch wurde, desto gesicherter ihre Schulen. Außerdem erklärten orientalisch-jüdische Eltern mehrfach, ihre Kinder würden in den Schulen der euro-amerikanischen Agudat Israel „diskriminiert“. Die AI wiederum wollte den Anteil von 60% aschkenasischen und 40% orientalischen Schülern unverändert lasen (N. Mandler, Haaertz, 12.9.1989). Der allgemein gesellschaftliche Gegensatz zwischen diesen beiden Bevölkerungsgruppen sowie die Rivalität der bciden orthodoxen Parteien schwappte also ins Schulwesen über.

Auch die staatlich-religiösen, also nationalreligiösen, Schulen fühlten sich Ende 1989 vom Erfolg der Schass-Erziehungsanstalten herausgefordert. Von der Gründung eines orthodoxen Sonderzweiges im staatlich-religiösen Schulwesen erhofften sich die Nationalreligiösen eine neuerliche Stabilisierung ihrer Schülerzahlen. Die Ursachen des Schass-Erfolges: Intensive, ganztägige Betreuung, Schulspeisung und Schulbusse, also eine Verbindung von Erziehungs- und Sozialpolitik.

Die seit 1977 immer enger gewordene Anlehnung der religiösen Parteien an die Regierung kam den religiösen Schulen – und nachschulischen Ausbildungsstätten – sehr zugute: Während sie im Jahre 1960 von den „öffentlichen Händen“ 14% ihrer Einnahmen erhielten, waren es 1980 schon 52% (Kessler, 1984: 40). Folgerichtig planten ab 1988 die Schass, AI sowie Thora-Banner, das orthodoxe Erziehungswesen administrativ stärker ins Erziehungsministerium zu integrieren. Sie erhofften sich mehr Geld. Eine Bevormundung mußten sie nicht befürchten, denn beide großen Parteien, Likud und IAP, hofierten sie. Intern rangen und rangelten sie um die entscheidenden Positionen im Ministerium, denn interne orthodoxe Kontroversen wirkten sich im Schulwesen aus. Der Konflikt zwischen Chassidim und orthodoxen Rationalisten hatte bekanntlich 1988 zum Bruch in der Agudat Israel und zur Gründung des Thora-Banners geführt (vgl. Parteiengeschichte). Im Sommer 1989 wurde in einigen Schulen der „Unabhängigen Richtung“ eine Gips-Trennwand zwischen agudatistischen und Thora-Banner Klassen errichtet (N. Mandler, Haaretz, 7.9.1989).

Das Verhältnis zwischen nichtreligiösen und religiösen Schulen hat sich bei etwa 75 zu 25% eingependelt. Das entspricht ungefähr dem Verhältnis von nichtreligiösen und religiösen Juden in Israel, mit einem Plus von circa 15% zugunsten der Nichtreligiösen. Letztlich ist der Schulbereich auch parteipolitisch polarisiert: Die Unabhängige Richtung ist nicht weniger orthodox bestimmt als früher. Die Staatlich-Religiöse Richtung steht der Nationalreligiösen Partei mehr als nur nahe. Die Vereinbarungen mit der PLO wurden gerade in diesen Schulen 1993/94 offen kritisiert und attackiert.

Aufzuschlüsseln sind die Angaben in bezug auf die religiösen Schulen: Rund 7% zählen zu Unabhängigen (AI)- und Schass, etwa 19% zur Staatlich-Religiösen Richtung.

Wieder lohnt die Zeitraum- mehr als die Zeitpunktbetrachtung: 1970 gehörten knapp 4% der Sekundarschüler zur Unabhängigen (AI) Richtung, 1993 knapp 7%. Bei den staatlich-religiösen Sekundarschülern ging der Anteil von 22% auf knapp 19% im gleichen Zeitraum zurück. Auch in diesem Bereich spiegelt sich der Vormarsch der Orthodoxen auf Kosten der Nationalreligiösen wider. Wir erwähnten dies in bezug auf Partei- und Religionspolitik.

Das jüdische und das arabische Schulwesen sind weitgehend voneinander getrennt; die Lerninhalte sind nur z.T. identisch (in Geschichte mehr Arabisches, im Religionsunterricht islamische, christliche, drusische Akzente). Stein des Anstoßes war der Unterricht im Alten Testament.

Das Bild des Arabers in den Schulbüchern entsprach lange negativen Stereotypen. Buchanalysen (von Professor Adir Cohen, Haifa u.a.) haben dies bewiesen. 1994 ließ schließlich das Erziehungsministerium diesbezügliche Inhalte prüfen. Danach dürfte man in Mathematikbüchern nicht mehr folgende Aufgabe finden: „Wie kann Mohammed seine 17 Frauen aufteilen, ohne sie abzuschlachten?“ (Bericht H. Tov, Chadaschot, 19.10.1993).

Politisch geprägt sind (wie überall) die Lehrinhalte in den Geistes- und Gesellschaftsfächern. Deshalb wehrten sich 1992/93 die Orthodoxen gegen Frau Aloni als Erziehungsministerin. Ihre antireligiöse Militanz war jederman bekannt. Seit 1982 ist Holocaust ein Kernbereich des Unterrichts.

Über Niveauverfall und Desinteresse der Schüler in den mathematisch-naturwissenschaftlichen Fächern wurde seit den 80er Jahren zunehmend geklagt. Sollte er zutreffen, wäre Israels wirtschaftliche und militärische Kraft langfristig gefährdet. Auch Bibel- und „Staatsbürgerkunde“ sowie „Hebräische Sprache“ lassen Israels Gymnasiasten eher kalt. Dementsprechend die Ergebnisse: Rund ein Drittel scheiterte 1993 in diesen Fächern beim Abitur (N. Mandler, Haaretz, 26.8.1993. Man kann die Einzelfächer wiederholen.). Auch hier: die jüdisch-israelische Substanz des jüdischen Staates steht nicht unbedingt auf festem (inhaltlichem!) Fundament. Eine große innere Gefahr für Israel. Man denke dazu an die militärisch äußere, und erkennt die elementare Herausforderung der Erziehungspolitik in Israel.

Gegenwärtiger Aufbau des Bildungswesens

Das Bildungswesen Israels besteht aus vier Stufen:

1) Aus der vorschulischen Erziehung für Kinder im Alter von 3 bis 6. Für Fünfjährige besteht Pflicht zur Vorschulerziehung.
2) Die Grund- bzw. Volksschule bzw. Primarstufe umfaßte bis 1968 die Klassen 1 bis 8 einschließlich. Die Reform von 1968 verkürzte diesen Abschnitt auf 6 Jahre.
3) Bis 1968 ging man vier Jahre aufs Gymnasium (Sekundarstufe), seitdem 3 Jahre. Die Schüler der Klassen 7, 8 und 9 besuchen die „Mittelschulen", d.h. die Sekundarstufe I. Die Klassen 10 bis 12 führen zum Abitur.
4) Hochschulen

Das Ausbildungsschema bis 1968: 8+4 Jahre
Das Ausbildungsschema seit 1968: 6+3+3 Jahre

Die Mittelschule sollte die Chance vor allem orientalischer Israelis steigern, ins Gymnasium zu kommen. Um dies zu erreichen und diese Kinder mit aschkenasischen zusammenzubringen, transportiert man nicht selten mit Bussen die Schüler aus verschiedenen Stadtteilen und Regionen, die zugleich dem gesellschaftlich-wirtschaftlichen Gefälle entsprechen, in integrierte Schulen. Dieser Teil der Reform ist bis heute außerordentlich umstritten.

Viele Aschkenasim sagen, durch die „Integration" würde das Niveau gesenkt. Der Segen der „Integration" wird inzwischen von einigen Orientalen als Fluch empfunden. Die Integration „unterdrücke" die Substanz des Orientalischen. Das neuhochdeutsche Stichwort dazu heißt: „Roots", Wurzeln also. Verzicht auf Identität als Preis von mehr Gleichheit? Ein schwieriges Problem (vgl. B/VI/2/a).

Aufbau der Sekundarstufe

1) Die herkömmliche Sekundarstufe II betont eher die Allgemeinbildung.
2) Berufsschulen vermitteln praxisbezogene Kenntnisse oder bereiten auf ein Technikstudium vor.

3) Landwirtschaftsschulen verlagern, wie der Name ausdrückt, das Schwergewicht der Ausbildung, führen jedoch auch zum Abitur.
4) Die Schulen in den Kibbutzim haben gewisse Eigenständigkeiten bewahrt.
5) Jeschiwot sind Talmud- (= Aufzeichnung der mündlich überlieferten und kommentierten Religionsvorschriften) und Thora- (= Pentateuch) Schulen für religiös Interessierte und Motivierte. Sie verbinden z. T. die religiöse Ausbildung mit einer weltlichen und führen auf diese Weise zur Hochschulreife.

Die Anziehungskraft der Jeschiwot ist im Laufe der Jahre beachtlich gestiegen. Noch 1949/50 besuchten sie nur 4.862 Schüler, während es 1978/79 rund 30.000 waren (M. Bar-Lev, in: Ackermann, 1982, Bd. 1: 507; dort weitere Einzelheiten). Allein zur Unabhängigen Richtung gehörten Ende 1992 rund 16.300 Schüler.

Schulpflicht

Bis 1968 mußten Israels Jugendliche acht Jahre die Schule besuchen; seitdem sind es zehn.

Finanzierung

Rund 70% der Kosten werden von der Zentralregierung gedeckt, 10% tragen die Stadtverwaltungen, die jedoch wegen ihrer allgemeinen Finanzschwierigkeiten Lasten aus dem Bildungsbereich auf den Staat abwälzen mußten (vgl. A/I/7). Der Rest kommt aus Spenden.

Schulgeld

Die Ausbildung von der Vorschule bis zum Abschluß der Sekundarstufe II ist heute weitgehend kostenlos. Bis 1978 mußte für diese Stufe ein Schulgeld bezahlt werden.

Ab 1987 schwankt das Schulgeld je nach Familieneinkommen zwischen 100 und 400 DM. Eltern mit mehr als drei Kindern müssen nur das Schulgeld für drei Kinder bezahlen. Auch die Einwohner der vornehmlich von orientalischen Juden bewohnten Entwicklungsstädte sowie Familien mit einem Einkommen von weniger als rund tausend DM erhalten diese Vergünstigungen. Ab 1990 wurde das Schulgeld erhöht.

Jeschiwot werden von ihren Trägern und seit 1977 zunehmend vom Religionsministerium finanziert. Eigenen Angaben der Unabhängigen Richtung zufolge beteiligte sich der Staat zu 30% an diesen Einrichtungen.

Je größer das koalitionspolitische Gewicht der jeweiligen religiösen Mutterpartei der religiösen Schulrichtung, desto größer der staatliche Anteil an der Finanzierung.

Schulaufsicht

Die Schulaufsicht obliegt vornehmlich dem Erziehungs- und Kulturministerium, wobei von Fall zu Fall und von Bereich zu Bereich auch andere Ministerien beteiligt werden (Arbeits- und Sozialministerium und Verteidigungsministerium z.B. wegen der Grundschulausbildung der Wehrpflichtigen).

Die Kommunen sind Träger zahlreicher Sekundarschulen, oft der besten, aber auch von rund der Hälfte der Vorschulen.

Die Jeschiwot und orthodoxen Schulen werden von ihren Trägern selbst beaufsichtigt. Diejenigen, die zum Abitur führen, stimmen den Lehrplan mit den zentralen Schulbehörden ab.

Literaturhinweise

Wolffsohn, 1983; Kapitel 45
Ackermann, 1982
Becker/Liegle, 1980

2. Universitäten

Israel hat sieben Hochschulen: Das israelische Institut für Technologie (Technion), das 1912 gegründet wurde; die Hebräische Universität (1925 etabliert); die Universität Tel-Aviv (im kleinen Rahmen seit 1935, im großen seit 1956 tätig); 1955 öffnete die national-religiöse Bar-Ilan-Universität in Ramat-Gan bei Tel-Aviv ihre Tore; 1963 hatte Haifa seine Universität, und 1965 erhielt Beersheba ein Institut für Höhere Erziehung, das seit 1973 Ben-Gurion-Universität heißt.

Eine Studentenexplosion vollzog sich in diesen Bildungsanstalten, ähnlich wie in der übrigen westlichen Welt, in den 60er und 70er Jahren.

In der Hebräischen Universität waren 1948/49 957 Studenten eingeschrieben; 1992/93 waren es 19.130. Am Technion gab es 1948/49 678 Studenten, 1992/93 10.470. Die Zahlen für Tel-Aviv:

1959/60: 616, 1992/93: 23.440. Bar-Ilan: 1959/60: 423, 1992/93: 13.320, Haifa: 1969/70 2.839, 1992/93: 9.670, Ben-Gurion-Universität: 1969/70: 1.315, 1992/93: 8.220. Sehr viel exklusiver war und blieb das Weizman-Institut, das 1934 eröffnet wurde, und in dem vor allem Naturwissenschaftler forschen, die auf dem „postgraduate-level" lernen und lehren. 1969/70: 419, 1992/93: 740.

Seit Mitte der 70er Jahre lernen an der Universität Tel-Aviv mehr Studenten als an der Hebräischen Universität Jerusalem.

Abbildung 60: Studenten in Israel

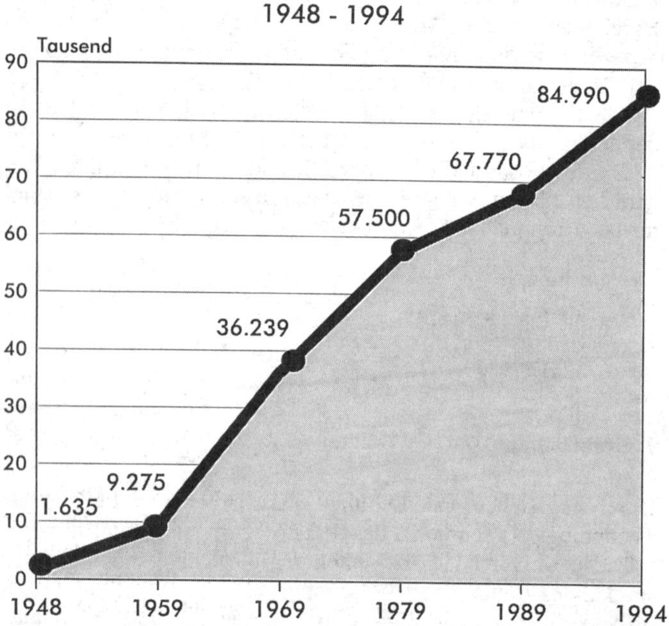

Daten: Statistical Abstract of Israel

Finanziert werden die Universitäten größtenteils durch Regierung und Jewish Agency. Rund 80% der Kosten decken sie seit den 70er Jahren. Die restlichen Anteile werden durch Spenden und „übrige Geldquellen" gedeckt.

Drastisch erhöht wurden die Studiengebühren seit 1984/85. Sie betrugen im Studienjahr 1989/90 $1.700, eine große finanzielle Bürde. Ihretwegen streikten die Studenten in den 80er Jahren mehrfach. Im Sommer 1989 ergab eine Umfrage der Studentenvertretung, daß 48% Proteststreiks dieser Art billigten, 42% lehnten sie ab, 10% gaben sich unentschlossen (A. Ben-Nachum, Haaretz, 26.7. und 3.8.1989).

Das Ansehen der Universitäten ist außerordentlich hoch. Rund 70% der Israelis hatten zwischen 1987 und 1990 Vertrauen in die Hochschulen. Nur das Militär und die Gerichte erzielten noch bessere Werte (Umfrage Yuchtman-Ya'ar/Peres, Israel Democracy, Frühjahr 1991: 24).

In den 60er und 70er Jahren gingen Israels Studenten zwar nicht auf die Barrikaden, doch mit dem Establishment waren auch sie unzufrieden. Angesichts des – im israelischen Spektrum – linken Establishments tendierten sie eher nach rechts (vgl. Shapira/Etzioni-Halevy, 1986; Wolffsohn, 1983: 540ff.) Nach der Übernahme der Regierungsführung durch rechte Parteien erzielten eher linke Gruppen Mehrheiten bei Studentenwahlen. 1987/88 ging das Pendel mehr zu den Rechten und Religiösen. 1989 siegten sie zum Beispiel in Jerusalem und Bar-Ilan (Haaretz, 19.5. und 2.6.1989).

1992 siegten die „Linken" (IAP, Meretz) in Haifa komfortabel, die Rechten in Jerusalem. Sie lösten die linke Studentenvertretung ab. Im Januar 1994 (nach der Washingtoner Vereinbarung mit der PLO) bekamen die Linken in Tel-Aviv 96%. Allerdings blieb die Wahlbeteiligung stets niedrig.

Überproportional viele linke Akademiker gehörten zu den Gründern und Mitgliedern der Bürgerinitiaven und Protestgruppen. Umfragen haben immer wieder seit 1968 bestätigt: Je besser ausgebildet, desto eher zu Gebietsverzichten bereit. Für Religiöse gilt diese Aussage nicht.

Bis Ende der 70er Jahre war wissenschaftliche Politikberatung eher die Ausnahme als die Regel. Das hat sich dramatisch verändert (vgl. A. Ben-Nachum, Haaretz, 14.9.1993). Der Anteil der Akademiker unter den Knessetabgeordneten ist ebenfalls deutlich gestiegen (vgl. A/I/3/f). Zwölf der 1992 gewählten 120 Parlamentarier waren Universitätsangehörige. Viel größer war der Anteil der akademisch ausgebildeten.

Literaturhinweise

Wolffsohn, 1983c
Ackermann, 1982, Band 2, S. 363ff.

3. Jugendorganisationen, Sportvereine

Die in der Regel parteigebundenen Jugendorganisationen waren in der Jischuw-Periode sowie in der Frühphase des Staates wichtige Bestandteile der politischen Bildung und Prägung der jüdischen Jugend (Wolffsohn, 1983: 544ff. mit Erläuterungen, Zahlen und Literatur).

Die Attraktivität der Histadrut-Jugendbewegung stagniert weitgehend, die der deutlich weniger politischen Pfadfinder, mehr noch der national-religiösen und orthodoxen ist deutlich gestiegen. Zwischen den frühen 70er Jahren und 1994 sank die Mitgliederstärke der (Histadrut) „Arbeitenden und Lernenden Jugend" von rund 100.000 auf nur 63.000. Ebenfalls rund 63.000 Pfadfinder waren 1994 organisiert. Anfang der 70er Jahre zählte man nur 18.000 Pfadfinder. In den Jugendorganisationen der verschiedenen Fraktionen der orthodoxen Agudat Israel fand man 1987 43.300, in der Jugendorganisation der orientalisch-orthodoxen Schass-Partei rund 10.000 Mitglieder. Die religiöse Jugendbewegung der Histadrut lag weit hinten mit 8.000 Mitgliedern. Insgesamt waren in religiösen Jugendbewegungen im selben Jahr 93.000 Jugendliche organisiert. Die nationalreligiöse Bne-Akiva-Jugendbewegung hatte 1994 rund 15.000, die orthodox-soziale Ezra circa 8.000 Mitglieder. 1960 waren es nur 2.500, 1982 4.200 gewesen.

Der Mitgliederschwund der Jugendbewegungen in den Jahren 1982 bis 1994 war dramatisch. Noch 1982 waren 37% aller jüdischen Israelis im Alter von 5 bis 19 Jahren in einer Jugendbewegung, 1994 waren es nur noch 10%, in absoluten Zahlen: 209.000. Auch in diesem Bereich ist das Alte Israel der Gründungsväter geschrumpft, ist ein Neues Israel entstanden. „Wie alle Völker" gilt inzwischen weitgehend auch für die israelische Jugend.

Der Gegensatz zwischen Religiösen und Nichtreligiösen Israelis dürfte sich aufgrund dieser Entwicklung zumindest nicht entspannen, denn religiöse Juden wollen nicht „wie alle Völker" sein. Das ist ein prognostizierendes Fazit. Ein anderes: Wir erkennen die Entideologisierung der israelischen Jugend. Früher war die Freizeit Teil der kollektiven ideologisch-politischen Prägung. Heute wird sie individuell gestaltet. Eine weitere Schlußfolgerung: Auch hier erkennen wir die Verbürgerlichung (Individualisierung und Atomisierung) der einst am Kollektivideal orientierten israelischen Gesellschaft. Einmal mehr: Zahlen sagen sehr viel über das Verhalten der Menschen.

Abbildung 61: Mitgliedschaft in Jugendorganisationen

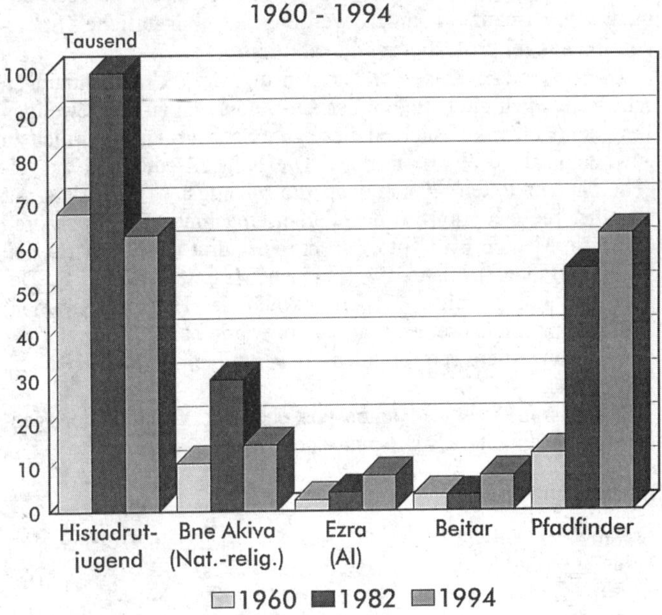

Jugendbewegungen scheinen Außenstehenden ein „Märchen aus uralten Zeiten". Man unterschätze sie dennoch nicht. Die Wirksamkeit der politischen Prägung durch die ideologisch ausgerichteten Jugendbewegungen haben Kedem und Bar-Lev (1989) noch für die 1980er Jahre nachweisen können.

In der vor- und frühstaatlichen Zeit waren die meisten Sportvereine ideologisch-parteipolitisch gebunden: So konnten Sozialdemokraten und Sozialisten nur beim Hapoel kickern, die Bürgerlichen beim Makkabi, die Nationalreligiösen beim Elizur und die Herut-Mitglieder nur bei Beitar. Ideologische Reste gibt es auch heute noch durchaus, besonders, wenn Hapoel gegen Beitar spielt, also Arbeitspartei gegen Likud.

Funktionäre und Finanzen sind ebenfalls nicht überparteilich. Im Dezember 1989 wurden ernsthafte Diskussionen über eine Entpolitisierung der Sportvereine geführt. Der britisch-jüdische Verleger Robert Maxwell wollte im Sommer 1990 den israelischen Fußball und damit die nationale Sportwelt revolutionieren: Beitar Jerusalem (Herut/Likud) und Hapoel Jerusalem (Histadrut/Arbeitspartei) sollten durch einen Zusammenschluß finanziell saniert werden. Der „bürgerliche" Sportverein Makabi protestierte und sabotierte.

Die finanzielle Krise der Parteien und ihrer Unternehmungen schwächte auch die parteipolitischen Bindungen zu den jeweiligen Vereinen. Außerdem suchten diese gute Sportler – um sportlich zu gewinnen, nicht Wählerstimmen. Die Folge: Heute sind die (eigentlich bankrotten) Kommunen die wichtigsten Finanziers der Vereine. Sie steuern 18% der Vereinseinnahmen bei, Sponsoren 13%, die Medien 6%, Toto 2%, die Histadrut (wohl nur für den Verein „Hapoel") knapp 1% (I. Fisch, Haaretz, 26.7.1994). Der neue, im Juli gewählte, Generalsekretär der Histadrut (Ramon) kündigte kurz nach seiner Wahl an, er werde helfen, Vertreter der Parteien aus allen Sportgremien zu vertreiben (J. Sagi, Haaretz, 29.7.1994).

Sport ist in Israel als Breitensport eher eine Variation der Wandervogel-Mentalität als Leistungssport. Noch.

Literaturhinweise

Kedem/Bar-Lev, 1989
Shapira/Peleg, 1984
Sieben, 1982

4. Literatur

Die Wiederbelebung der hebräischen Sprache ist einer der größten Erfolge der Zionistischen Bewegung. Aus einer Kult- und Literatursprache wurde eine Umgangssprache. Die Umgangssprache wirkte auf die erneuerte Literatursprache zurück. (Die wichtigste Darstellung, auf Hebräisch vor allem Shaked, 1977ff., auch Miron, 1979.)

Die Renaissance des Hebräischen begann 1889 mit der Gründung des Rates für die Hebräische Sprache (Hebrew Language Council). Sie war keineswegs unumstritten. Noch 1913 wurde ein Sprachenstreit ausgefochten: Sollte am Haifaer Technion Deutsch oder Hebräisch Unterrichtssprache werden? Der Sieg der Hebraisten war mühsam. Kein Wunder, denn noch 1918 war Hebräisch für nur rund 40% der Juden Palästinas die Umgangssprache (Wiemer, 1988: 629).

Den drei Gesellschaften Israels entspricht die Dreiteilung der israelischen Literatur: Es gibt eine euro-amerikanisch- und eine orientalisch-jüdische sowie eine arabisch-palästinensische Literatur. Innerhalb der drei literarischen Welten ist die inhaltliche und politische Bandbreite erheblich. Obwohl Verallgemeinerungen schwer möglich sind, seien trotzdem einige versucht.

Wer die Abfolge der politischen Generationen Israels kennt, wird die Entwicklung der Literatur des Landes besser verstehen. Angehörige einer politischen Generation haben gewiß sehr unterschiedliche Auffassungen. Ihre Bezugspunkte sind jedoch weitgehend identisch. Sie sind ihr Wahrnehmungsfilter.

Die Gründungsväter der modernen hebräischen Literatur sind Chaim Nachman Bialik (1873-1934) sowie der spätere Nobelpreisträger für Literatur Samuel Joseph Agnon (1888-1970). Beide stammten aus Osteuropa, beide wanderten 1924 nach Palästina ein, und beide personifizierten die „zionistische Verneinung der Diaspora“ (Wiemer, 1988: 630), von der sie sich thematisch und sprachlich allerdings nur sehr bedingt und langsam abzuwenden vermochten. Diasporathemen und auch Elemente des Jiddischen schimmerten durch, ja, verdrängten nicht selten die zionistisch-chalutzische Aufbruchsstimmung. Dieser Gruppe wären noch zuzurechnen: Saul Tschernichovsky (1875-1943), Chaim Chasas (1898-1973) sowie der dritte Staatspräsident Israels, Salman Schazar (1887-1959).

Bialik und Agnon schufen aus Diaspora und dem Land Israel eine literarische Synthese. Eine Antithese zur Diaspora sind die Werke der nächsten jüdischen Literatengeneration. Auch sie ist in Osteuropa geboren, wuchs aber in Palästina auf. Abraham Schlonsky (1900-1973), Nathan Alterman (1910-1970) sowie der rechtszionistische Uri Zwi Grinberg (1896-1981) wären hier zu erwähnen.

In den Büchern der vor und nach der Staatsgründung geborenen Zabarim spiegelt sich die Entwicklung, spiegeln sich auch die politischen Brüche des israelischen Gemeinwesens wieder. Das gilt schon für die 1948er Generation, vor allem für den 1916 geborenen Jishar Smilansky, der als S. Yizhar veröffentlicht. (Zur 1948er Generation erschien 1989 auf Hebräisch die wichtige Anthologie von A. B. Yaffe unter dem Titel „Geschrieben im Jahre 1948“.)

In der Titelgeschichte seines 1949 erschienen Erzählungsbandes „Chirbet Chiseh“ schildert Smilansky die im 1948er Krieg erfolgte Vertreibung von Frauen und Kindern aus einem arabischen Dorf ebenso wie die Seelenpein der beteiligten israelischen Soldaten. Schon damals sah Smilansky die Gefahr, daß Juden Araber in die traditionelle Rolle der Juden drängen könnten: in die Rolle des Opfers. Noch deutlicher wurde er in seinem 1958 erstmals erschienenen und 1989 wieder aufgelegten Monumentalwerk über den 1948er Krieg, „Tage des Zyklag" („Jemei Ziklag"). Dieses Buch ist Weltliteratur. Den zionistischen Puristen holte Ben-Gurion nach dem 1948er Krieg in seine Parlamentsfraktion. Smilansky dazu: „Ich verließ das Militär und fand mich in der Knesset wieder" (Jerusalem Post Magazine, 27.1.1989: 5). Als Ben-Gurion seine Rafi-Partei gründete, war Smilansky bis 1966 dabei, 1967 wurde er Literaturprofessor an der Universität Tel-Aviv.

Politische und politisch aktive Schriftsteller wie die gegenwärtig im Ausland bekannteren Amos Oz (geboren 1939) und Abraham B. Jehoschua (geboren 1936), Joram Kaniuk (geboren 1930) oder David Grossman (Jahrgang 1954) haben also Vorläufer. Sie alle fragen nach dem Preis des zionistischen Erfolges, und sie sind dabei radikal selbstkritisch. Wie in der israelischen Gesellschaft nahm die Selbstkritik seit Mitte der 1960er Jahre, noch mehr seit 1973/74 (Jom-Kippur-Krieg) und 1982 (Libanonkrieg) zu. Der Verkaufserfolg eines eher nostalgischen Buches ohne jegliche Araberprobleme wie „Russischer Roman" von Meir Schalev (erschienen 1988) könnte als Hinweis auf eine gewisse Müdigkeit an zionistischer Selbstkritik gedeutet werden. (Zur politisierenden und politischen Literatur Israels vgl. Ben-Dov, 1988. Im israelisch-deutschen Zusammenhang aufschlußreich: Meckel, 1989 und Naumann-Stiftung, 1985.)

Themen der israelischen Literatur sind bis 1945: Das Land Israel, der Konflikt mit den Arabern, die Konfrontation des agrarisch-chalutzischen Ideals mit der zunehmend städtischen Realität sowie der Gegensatz von Landwirtschaft und Industrie. Seitdem beschäftigten sich die Schriftsteller vor allem mit Problemen der Staatsgründung, dem Holocaust und dessen Gegenwärtigkeit und Gewichtigkeit im jüdisch-israelischen Leben, und den arabisch-israelischen Kriegen (vgl. Silberschlag, 1977: 242). Eine zunehmende Verinnerlichung beziehungsweise Individualisierung der Romanfiguren und -themen ist unverkennbar. Über heldenhafte, dem Kollektiv verpflichtete Pioniere wird weniger geschrieben als über problembefrachtete Individuen (vgl. zum Thema des Helden Schaked, 1986).

Immer israelischer, von der Diaspora distanzierter wurde die israelische Literatur bis in die 1960er Jahre. Am radikalsten betrieben die „Kanaaniter" um Jonathan Ratosch (1909-1981) die Israelisierung der israelisch-jüdischen Literatur. In den 50er Jahren machten sie viel von sich reden. Die Israelis verbinde in Vergangenheit und Gegenwart mehr mit den Menschen des Vorderen Orients als mit der jüdischen Diaspora. Die Juden wären kein Volk. So könnte man die Weltsicht der Kanaaniter kurz skizzieren.

Es war sicherlich der Eichmann-Prozeß (1961), der das Interesse an der Diaspora und dem Holocaust in der israelischen Öffentlichkeit wieder weckte, alte Fragen neu aufwarf. Die Romane von Aharon Appelfeld (vor allem „Badenheim", erschienen 1979, deutsche Ausgabe 1982), Dramen wie „Ghetto" (1984) oder „Adam" (1989) von Joschua Sobol, die israel- und diasporabezogene Lyrik wie zum Beispiel von Yehuda Amichai (geboren 1924 in Würzburg) haben Qualität und Intensität des literarischen Ringens mit der Geschichte der Diasporajuden weiter angehoben.

Die orientalisch-jüdische Literatur ist außerhalb Israels kaum bekannt, wenngleich Schriftsteller wie Sammy Michael und Amnon Schamasch oder Jitzchak Goren die Überschneidung der arabischen, jüdischen und jüdisch-israelischen Welt einfühlsam schildern.

Die arabisch-israelische Literatur befaßt sich vornehmlich mit der Fremdheit der Palästinenser im jüdischen Staat. Sie gibt sich sowohl im nationalen als auch im sozialen Sinne revolutionär. Das hängt damit zusammen, daß viele arabisch-israelische Schriftsteller der Kommunistischen Partei angehören. Emile Habibi und Taufik Zayyad zählen zu den Altfunktionären dieser Partei. Neben der national-palästinensischen und der marxistisch-revolutionären Ideologie erwarten Fachleute demnächst eine zunehmend islamisch-fundamentalistische Strömung (Kanazi, 1989).

Einige der arabisch-israelischen Schriftsteller schreiben auf Arabisch, andere in beiden Sprachen, weniger bedienen sich des Hebräischen. Beider Sprachen mächtig und als Verfasser der schönsten hebräischen Prosa gilt derzeit der israelische Araber Anton Schammas, dessen Roman „Arabesken" 1989 in Deutschland erschien (Schammas, 1989).

Was wissen wir über die Lesegewohnheiten der Israelis? Im Volk des Buches las 1987 die Hälfte der Bevölkerung ab 14 Jahre mindestens ein Buch pro Monat. Die euro-amerikanische Bevölkerung las mehr: Hier waren es 59%, bei den orientalischen Juden immerhin 40%, bei den Zabarim der zweiten und folgenden Generationen 54%.

Bis 1992 ging dieser erfreulich hohe Anteil zurück. Nur noch 41% der jüdischen Israelis las mindestens ein Buch pro Monat. Die außen- und innenpolitischen Folgen ähneln den Problemen, die im Zusammenhang mit dem Schulwesen erörtert wurden.

Bei den Arabern waren es 24%. Deren Frauen lasen häufiger (25% zu 23%) ein Buch im Monat (Statistical Abstract, 1992: 748f.).

Wenn man bedenkt, daß im Jahre 1985/86 rund 1,1 Millionen Benutzer von öffentlichen Bibliotheken, 2,35 Millionen Theater- und fast 3,9 Millionen Museumsbesucher gezählt, doch ein Jahr zuvor nur knapp 600.000 Karten zu Fußballspielen verkauft wurden, dann ist die kulturelle Aufgeschlossenheit der Israelis beachtlich – was nicht nur am miserablen Niveau der Fußballer liegt. (Alle Daten Statistical Abstract, 1989: 688ff.)

Auch 1992 gingen die jüdischen Israelis lieber „mindestens einmal pro Jahr" ins Museum als zu einer Sportveranstaltung (30% zu 19%). Bei den Arabern anders: 19% gingen „mindestens einmal pro Jahr" zum Sport, 4% ins Museum (ebd.).

33% der Juden gingen 1992 „mindestens einmal im Jahr" ins Theater, knapp 5% bei den Arabern (ebd.). „Westlicher" Kulturkonsum (unabhängig von dessen Bewertung) scheint eher eine Sache der Juden als der Palästinenser in Israel zu sein.

Literaturhinweise

Sammlungen
Janke/Timm/Zemke, 1987
Rottenberg-Koralnik, 1981
Alter, 1975 (Englisch)
Mittelmann, 1964

Einführungen
Feinberg, 1993
Litfass. Zeitschrift für Literatur, Jahrgang 10, Heft 37, München: Piper 1986
Silberschlag, 1977

Zur arabisch-israelischen Literatur:
Sabbagh, 1986

Zum Theater:
Ulrich Herrmann, Die Zeit, 15.12.1989, S. 65
Theater Heute, Heft 9, September 1986
Abramson, 1979

X. Israel und das „Weltjudentum“

Institutionell hat das „Weltjudentum“ in der Jewish Agency (JA), wenn auch nur begrenzt, etwas mitzubestimmen. Die JA setzt sich aus Vorstandsmitgliedern der ZWO und einer ebenso starken Vertretung von nicht-zionistisch-jüdischen Organisationen zusammen (Stock, 1988)

In Einwanderungsfragen und -problemen, sowie in der Landwirtschafts- und Siedlungspolitik spricht und finanziert sie mit. Die Richtlinien bestimmt freilich die israelische Regierung (Einzelheiten in Wolffsohn, 1983: 383f.; a.a.O. dort auch eine Darstellung der Diaspora-Aktivitäten zionistischer Parteien). Die JA verfügt auch über eigene Wirtschaftsunternehmen, z.B. die Bank Leumi, die größte Kreditinstitution Israels.

Die finanziellen Zuwendungen der „Weltjudentums“ werden häufig mystifiziert. Die tatsächlichen Zahlen sind unter C/XVII nachzulesen.

Weitgehend unbekannt ist die Tatsache, daß nur rund 40% aller amerikanisch-jüdischen Spenden nach Israel fließen. 1989 und 1993 war es sogar nur ein Drittel aller gesammelten Gelder (G. Alon, Haaretz, 5.10.1989; vgl. Außenpolitik, USA in diesem Buch). In den 60er Jahren erhielt Israel noch 60% (Hertzberg, 1988: 6). Neuerdings binden jüdische Spender, sogar von der wichtigsten Sammelorganisation United Israel Appeal, ihre Überweisungen an Bedingungen: In die besetzten Gebiete dürften die Mittel nicht gehen (Wolf Blitzer, Jerusalem Post, 17.8.1988. Zum United Israel Appeal vgl. Stock, 1987).

Das sind deutliche Indikatoren einer Entisraelisierung beziehungsweise Amerikanisierung der amerikanischen Juden, vielleicht auch der gesamten jüdischen Diaspora.

Umfragen zum Verhältnis Israel-Diaspora haben immer wieder bei Israelis eine starke Bindung zu den Juden in der Welt erkennen lassen, die aber bei Israelis orientalischer Herkunft, besonders bei den Zabarim, schwächer war. Die Tendenzen sind etwas widersprüchlich: Einerseits empfinden sich die Zabarim als Teil des jüdischen Volkes, andererseits glauben sie weniger als ihre Eltern an die Schicksalsgemeinschaft mit den Juden der Welt. Aufgrund der zunehmenden außenpolitischen Isolierung Israels erscheint es wenig wahrscheinlich, daß die Zabarim auf enge Kontakte zur Diaspora, besonders in den USA, verzichten wollen oder werden. (Zahlen, Belege und Literatur in: Levy, 1993: 131ff.; Wolffsohn,

1983: 385f, bes. aus Levy/Guttmann, 1971: 87 dies., 1976: Kap. 5; dies. 1976a: 42; Hermann 1977: 1974)

Trotz allem: 1991/93 stimmten 96% aller Israelis bei dem Satz zu: „Ich fühle mich als Teil des ganzen jüdischen Volkes in der Welt" (Levy, 1993: 131). Ein „Aber" wäre nachzuschieben: Daß israelische Juden „anders" als die der Diaspora seien, meinten gleichzeitig 57%.

Abbildung 62: Siedlungsschwerpunkte des „Weltjudentums" 1992

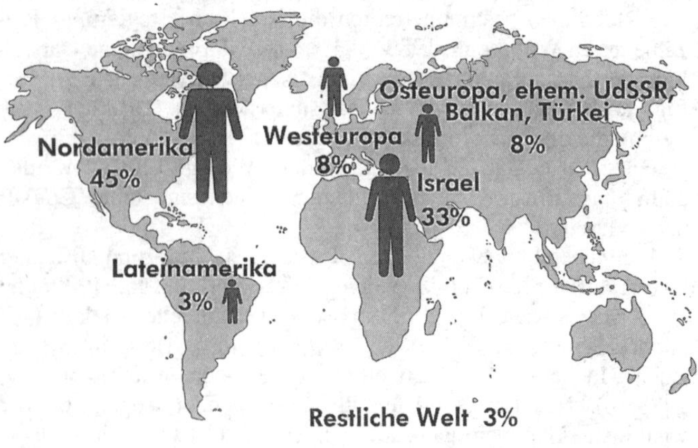

Rund 70% der Israelis erkannten im Herbst 1986 die Bedeutung der amerikanisch-jüdischen Gemeinschaft „für Israel und alle Juden" (Zemach, 1987: 19). Die amerikanisch-jüdische Öffentlichkeit geht nach wie vor durch Dick und Dünn für Israel (zahlreiche Daten bei Gilboa, 1987; Cohen, 1987 und 1988; Smith, 1983). Auch in den Umfragen wurden Distanzierungen weniger Israel grundsätzlich als vielmehr der Siedlungs- und Palästinenserpolitik gegenüber durchaus erkennbar. Sie waren nicht extrem, aber eben doch aus israelischer Sicht beunruhigend. Eine 1988 im Auftrag der Los Angeles Times durchgeführte Umfrage dokumentierte diesen Trend deutlich: Wichtigstes Problem für rund die Hälfte der US-Juden war „soziale Gerechtigkeit". „Unterstützung Israels" oder „Religion"

sagten jeweils 17% (R. Scheer, Los Angeles Times, 12.4.1988; Hertzberg, 1988: 10; vgl. Außenpolitik USA in diesem Buch).

So viel zu den Meinungen. Wie handeln die amerikanischen Juden? Die Einwanderungsbereitschaft ist außerordentlich gering (vgl. Cohen, 1987). Das trifft nicht nur auf amerikanische Juden zu. Mehr als 90% der Juden aus der Sowjetunion entschieden sich bis 1989 (bis zur Anwendung von Einwanderungsquoten in den USA) gegen Israel. 1989 verließen viele Juden das krisengeschüttelte Argentinien. Nach Spanien wollten mehr als nach Israel. Das Trauma der Vertreibung der Juden aus Spanien im Jahre 1492 oder von Franco (Wolffsohn, 1991a) wirkte nicht mehr nach. Als 1994 die Apartherid endete, verließ ein kleiner Teil der Juden Südafrika. Der kleinste des kleinen ging nach Israel.

Schon vor dem „Aufstand der Palästinenser“ in den besetzten Gebieten, seit der Sadat-Initiative (1977), gab es zwischen dem organisierten Judentum der USA, besonders den Funktionären, und der israelischen Regierung zum Teil erhebliche Meinungsverschiedenheiten. Über die Siedlungspolitik sowie die mögliche Beteiligung der PLO am nahöstlichen Friedensprozeß kam es seitdem immer wieder zu israelisch-US-jüdischen Konflikten. Es bestätigte sich, was Umfragen schon vorher ergeben hatten: Die führenden Vertreter der US-Juden sind eher dem Lager der nahostpolitischen Tauben zuzurechnen (vgl. W. Blitzer und M. Shalev, Jerusalem Post International, 18 11.1989). Im Herbst 1989 ermittelte das Israel-Diaspora-Institut der Universität Tel-Aviv gemeinsam mit Steven Cohen (New York), daß 78% der US-jüdischen Führung gegen einen „Transfer“ waren (E. Salpeter, Haaretz, 8.2. 1990). Zur gleichen Zeit plädierte die Hälfte aller jüdischen Israelis dafür! Außerdem befürchteten zwei Drittel der amerikanisch-jüdischen Spitzenvertreter, daß die Fortsetzung der Besatzung den jüdischen und demokratischen Charakter Israels verwässern würde (ebd.).

Ein weiterer Indikator für die Schere zwischen der US-jüdischen Führung und der israelischen Gesellschaft: Die eher taubenhafte Israelische Arbeitspartei erhielt von wohlhabenden Diasporajuden wesentlich höhere Spenden als der falkige Likud (vgl. A. Walfish/D. Getzler, Jerusalem Post International, 7.6.1989 und A. Walfish, Jerusalem Post International, 17.6.1989; Z. Sarchia, Haaretz, 11.7.1989). Allein Edgar Bronfman, der kanadisch-jüdische Spirituosenunternehmer und Präsident des Jüdischen Weltkongresses überwies der IAP für den Wahlkampf 1988 rund 2 Millionen DM (Walfish/Getzler, a.a.O.). Auch für die Wahlen von 1992 fanden die israelischen Sozialdemokraten mehr Geldgeber in der Diaspora als der Likud (vgl. Finanzierung der Parteien).

Die innerisraelischen Polarisierungen spalteten zunehmend auch das amerikanische Judentum. Dadurch wurde es innen- und außenpolitisch geschwächt. Ohnehin neigt die nichtjüdische Welt oft dazu, den politischen Einfluß der amerikanischen Juden zu überschätzen.

Die US-Juden wählten in diesem Jahrhundert fast immer Kandidaten der Demokratischen Partei (vgl. Außenpolitik USA). Das schmälerte natürlich ihre Einflußmöglichkeiten bei Administrationen der Republikaner (7 von 12 Amtsperioden seit 1948) nicht unerheblich.

Nicht nur personelle, auch strukturelle Faktoren werden erkennbar: Die US-Juden sind gespalten. Sie entfernen sich zudem immer mehr vom Judentum, zumindest institutionell und individuell, denn durch Säkularisierung und Mischehen wächst die Distanz zur jüdischen Gemeinschaft. Die Juden sind eine von vielen nichtchristlichen Minderheitsgruppen. Diese haben sich stärker als zuvor organisiert. Das Organisationsmonopol der jüdisch-weißen Minderheit ist gebrochen. Auch für den inneramerikanischen Hebel der israelischen US-Politik ist diese Veränderung von grundlegender Bedeutung. Man kann sie gar nicht überschätzen.

Von grundlegender Bedeutung ist das ursprüngliche Selbstverständnis des Zionismus, der sich als die, im Sinne Rousseaus, Verkörperung des „Allgemeinen Willens" des jüdischen Volkes verstand: „Wir sind der Meinung, daß der zionistische Gedanke den Bedürfnissen des jüdischen Volkes entspricht und betrachten daher die Zionistische Bewegung als eine wahrhaft demokratische, ganz unabhängig davon ob der zionistische Gedanke von der Mehrheit des Volkes getragen wird oder nicht (Moshe Beilinson, ein sozialistisch-zionistischer Gründungsvater, zit. aus: Gorni, 1973: 1977).

Diese Selbstverständnis war vor dem Holocaust zur Selbstrechtfertigung notwendig, da die meisten Juden, die ihre Heimat verließen, nicht nach Palästina einwanderten und viele derer, die tatsächlich kamen, wieder auswanderten (vgl. B/VI/1f.).

Nach dem Holocaust und der Gründung des Staates Israel bestand eher für die Juden, die in der Diaspora blieben, „Rechtfertigungszwang", weniger für „den Zionismus", der durch die Geschichte, so sah und erklärte man es auf beiden Seiten, Recht bekommen hatte in seiner Grundannahme, daß es Judenverfolgung immer und überall gäbe.

Des schlechten Gewissens entledigte man sich nicht zuletzt durch Finanzhilfen für Israel. Seit Beginn der Sadat-Initiative (1977), seit der Intensivierung der auch bei den Juden der Welt, besonders der USA, alles andere als unumstrittenen Siedlungspolitik der Regierung Begin kann eine allmägliche Polarisierung bei den Diasporajuden beobachtet werden: Die einen sind bereit, jedwede Handlung der israelischen Regierungen zu billigen und ihre Identität orientiert sich an Israel. Die anderen gehen auf kritische, wenngleich grundsätzlich wohlwollenden Distanz; auf jeden Fall aber leiten sie ihre diasporajüdische Identität weniger oder nicht mehr von Israel ab. Eine gewisse Verselbständigung der außerhalb Israels lebenden Juden, der Diaspora, gegenüber dem jüdischen Staat scheint sich anzubahnen. Kann man von einer „Re-Emanzipation" der Diaspora sprechen?

Im gleichen Maß wie in Israel selbst die Identität des jüdischen Staates in Frage gestellt wird, mehren sich Zweifel in der Diaspora (Wolffsohn, 1989, Hertzberg, 1988). Die Radikal„kur" der Orthodoxen, die durch israelische Gesetze die konservative und Reformrichtung des Judentums insgesamt ins Abseits drängen möchte, könnte die Kluft zum „Weltjudentum" stark vergrößern, da man ungefähr zwei Drittel der außerhalb Israels lebenden Juden diesen beiden Strömungen zurechnen muß. Wird die „Re-Emanzipation" der Diaspora durch eine selbstverschuldete Isolation Israels beschleunigt?

Der israelische Minister für Tourismus, Avraham Scharir, stellte 1985 fest, daß jedes Jahr mehr deutsche als jüdische Besucher nach Israel kämen und 85% der US-Juden noch nie in Israel gewesen seien (H. Shapiro, Jerusalem Post, 28.9.1985). Daß es 75% seien, hieß es 1994 (R. Saar, Haaretz, 29.7.1994). Wie auch immer: Die Mehrheit der US-Juden bleibt fern. Der Israelismus der US-Juden blieb ohnehin stets eher theoretisch. Von 1948 bis 1994 sind nur rund 90.000 von ihnen nach Israel eingewandert.

Kein Zweifel, die Bindung zwischen Israel und der Diaspora ist im Vergleich zur Periode unmittelbar nach dem Holocaust wesentlich lockerer geworden.

Ein strukturell-gesellschaftlicher Faktor dürfte die skizzierte „Re-Emanzipation" außerdem noch fördern: die „Orientalisierung" der jüdischen Bevölkerung Israels. Während der jüdische Staat mehr und mehr „Orientalen" beherbergt, bleibt die Diaspora überwiegend euro-amerikanisch.

Trotz allem, trotz der niedrigen Einwanderungsquote von Juden aus der Diaspora, trotz der hohen Auswanderungsrate von Israelis in die Diaspora ist der Zionismus, auch im Sinne seiner „Väter“, nicht gescheitert. Vielmehr erleben wir ein alt-neues Muster im jüdischen Volk: Die Minderheit ist zionistisch bzw. lebt in Israel und versteht sich als der „Allgemeine Wille“ aller Juden, während die Mehrheit in der Diaspora verharrt – mit deutlich besserem Gewissen als in den ersten Jahrzehnten nach der Staatsgründung. Die niedrigeren Spenden der Diaspora beweisen es. Nichts Neues unter der Sonne, weder in bezug auf die jüdische noch die nichtjüdische Welt, denn schon Rousseau, der „Erfinder“ der „Allgemeinen Willens“ bemerkte, daß der „Allgemeine Wille“ keineswegs dem „Willen aller“ gleichzusetzen sei.

Literaturhinweise

Sheffer, 1986
Forum (Jerusalem) Heft 54/55, 1985
Sachar, 1985
Lehman-Wilzig/Susser, 1981
Davis, 1977
Liebman, 1977
Vgl. auch die entsprechenden Abschnitte in Eisenstadt, 1987
Jährliche Informationsquelle erster Qualität: American Jewish Year Book, herausgegeben vom American Jewish Committee, New York.

Zu den US-Juden
Hertzberg, 1989
Hofman, 1989
Tivnan, 1987 (über die jüdisch-israelische Lobby)

Wirtschaft

XI. Rahmenbedingungen

Folgende Rahmenbedingungen schränken die Manövrierfähigkeit der Entscheidungsträger in bezug auf jede neue Wirtschaftspolitik in Israel außerordentlich stark ein:

- In der absehbaren Zukunft wird die zweigliedrige Wirtschaftsstruktur Israels, die Existenz eines jüdischen und eines arabischen Sektors (einschließlich der besetzten Gebiete?!) fortbestehen.
- Jahrzehntelang bestand im Jischuw sowie im unabhängigen Staat eine dreigliedrige Wirtschaft bestehend aus
- dem Regierungssektor (einschließlich der Jewish Agency) und den Kommunen,
- der Histadrut sowie dem
- privaten Bereich.

Der Anteil der drei Sektoren am Netto-Inlandsprodukt verteilte sich traditionell wie folgt: Regierungs- und Histadrutsektor trugen gemeinsam rund zwei, der Privatsektor drei Fünftel bei.

Während der 80er Jahre folgte in den Unternehmungen des Staates sowie der Histadrut ein finanzielles Debakel dem anderen. Außerdem gewannen Anhänger einer zunehmenden wirtschaftlichen Liberalisierung sowohl im Likud als auch und gerade in der Arbeitspartei an Boden. Anfang der 1990er Jahre zeichnete sich ein weitgehender Rückzug des Staates und der Histadrut aus der Wirtschaft ab. Daran änderte der Regierungswechsel vom Juli 1992 nichts. Im Gegenteil – zumal die „linke“ IAP ohnehin eher eine Partei der Oberschicht war und blieb.

- Der jüdische Faktor Arbeit dürfte in absehbarer Zeit kaum billiger werden. Das liegt zum einen an der starken politischen Stellung der Histadrut, die es schwer macht, Arbeiter zu entlassen, zum anderen aber auch an der Gültigkeit der zionistischen Ideologie. Diese muß, allein schon aus Gründen der politischen Legitimität, für eine, rein wirtschaftlich betrachtet, geradezu hochstaplerische Lebensqualität sorgen, andernfalls wäre mit einer noch geringeren Einwanderungszahl und mit noch mehr Auswanderern zu rechnen. Oder aber: Sollte der Staat zahlungsunfähig werden, müßte die Regierung eine Wirtschaftspolitik des „engeren Gürtels“ einleiten, was sie seit 1984 nicht erfolglos versucht hat. Die starke Stellung von Histadrut und Staat hat Arbeitsplätze auch in Bereichen gesichert, die international nicht mehr wettbewerbsfähig waren. Das verhinderte eine organische Modernisierung der israelischen Wirtschaft und führte in den späten 80er Jahren in eine große Krise. Verstärkt – nicht ausgelöst oder gar bedingt – wurde sie durch die ökonomischen Folgen der Intifada. Seit Ende der 1980er versuchte man, durch mehr soziale Marktwirtschaft eine Gesundung der Wirtschaft zu erzielen. Sie gelang der IAP ab 1992. Erleichtert wurde der Erfolg durch eine Verlagerung der staatlichen Investitionen ins israelische Kernland – statt in die besetzten Gebiete.

- Der Dienstleistungssektor ist traditionell stark aufgebläht; und dies nicht zuletzt aus politischen Gründen, denn durch die Erweiterung des Verwaltungsapparates ließ sich Arbeitslosigkeit leichter verdecken. Außerdem erhielt man so das Wohlwollen der politischen Kundschaft („Klientelwesen"), denn Angestellte von Partei- oder Gewerkschaftszentralen hatten verständlicherweise ein buchstäblich vitales Interesse am Fortbestand der politisch-wirtschaftlichen Strukturen. Dafür mußte man ihnen eine wirtschaftliche Grundlage verschaffen, u.a. bestehend aus einem attraktiven Lohnniveau im Dienstleistungssektor, was schon im Jischuw beobachtet werden konnte.
- Israel ist arm an Bodenschätzen. Darüber hinaus ist Wasser knapp – und politisch mit den Nachbarn umstritten bis umkämpft. Man denke an die Auseinandersetzungen um das Jordanwasser Anfang der 60er Jahre, an den Streit über die Verwendung des Wassers im Westjordanland, den geplanten Kanal vom Mittelmeer zum Toten Meer und die Gerüchte darüber, daß Israel seit der Libanon-Invasion Wasser aus dem Litani umleitete.
- Der Umfang des Binnenmarktes ist erheblich begrenzt. Der geographisch nächste Markt, die arabischen Staaten, war aus politischen Gründen weitgehend blockiert. Außerdem versuchte die Arabische Liga, durch „schwarze Listen" Israels Außenhandel zu erschweren. Die Abkommen mit der PLO bedeuten eine Revolutionierung, zumal am 29. April 1994 zwischen Israel und der PLO in Paris eine israelisch-palästinensische Freihandelszone besiegelt wurde. Jordanien wollte nicht ausgeschlossen bleiben. Auch deshalb unterzeichneten Rabin und König Hussein am 24. Juli 1994 in Washington eine Erklärung über die Beendigung des Kriegszustandes zwischen bei-

den Staaten. Infolge des am 26.10.1994 unterzeichneten Friedensvertrags soll auch Jordanien der Freihandelszone beitreten. Saudi-Arabien, Kuwait, Qatar, Oman, Marokko und Tunesien signalisierten 1994 ihr Interesse an intensiven Wirtschaftskontakten mit Israel. Die Folge könnte sein: Ein Wirtschaftsfaktor Nahost mit arabischem Öl und israelischer Technologie. Mehr noch: Aufgrund der israelisch-US-amerikanischen Wirtschaftsabkommen eine Fast-Freihandelszone zwischen Nahost und den USA. Für Europa könnte das auf dem US-Markt ungünstige Folgen zeitigen.

- Die Verteidigungsausgaben haben den Haushalt enorm belastet. Auch der israelisch-ägyptische Friedensvertrag hat kurz- und mittelfristig den Geldumlauf beträchtlich erhöht, da neue militärische Anlagen für die im Sinai aufgegebenen gebaut wurden. Außerdem war an eine Abrüstung so lange nicht zu denken, wie Syrien, der Irak, Libyen, die PLO sowie die Intifada Israel vor militärische Probleme stellten.
- Unabhängig von der politischen Färbung der Regierung kanalisierten die öffentlichen Hände Kapitalimporte. Dies betraf vor allem die Einnahmen aus Staatsanleihen und Spenden, besonders die JA, die ZWO, den Nationalfonds (Keren Kajemet Leisrael) oder den Grundlagenfonds (Keren Hajessod, in den USA: UJA). Über die Wirtschafts- und Militärhilfe der USA verfügt die Regierung ohnehin. Solange Israel von diesen auswärtigen Finanzquellen abhängig ist, wird die Rolle der Regierung in der Wirtschaft kaum an Bedeutung verlieren – trotz des Verkaufs staatlicher Firmen. Weil aber seit Ende der 1980er zunehmend privates Kapital aus dem Ausland direkt in israelische Firmen fließt, dürfte das Gewicht der öffentlichen Hand letztlich doch abnehmen.
- Israels Außenhandel ist außerordentlich stark an der EU orientiert. Aufgrund dieser Außenhandelsstruktur werden sich die israelischen Entscheidungsträger, ob willig oder nicht, den politischen Vorstellungen der EU in Fragen der Außen- und Sicherheitspolitik zumindest teilweise anpassen müssen.
- Wirtschaftsplanung ist in Israel außerordentlich schwierig, da z.B. selten genau vorherzusagen ist, wieviele Juden aus der Diaspora, woher und wann nach Israel kommen möchten oder, wie im Fall der sowjetischen Juden, ausreisen dürfen. Die politische Entwicklung im Nahen Osten ist nicht nur für den Laien voller Überraschungen. Kriegerische Ereignisse (Golfkrieg), Volksaufstände (Intifada) oder Umstürze treten nicht selten und

oft überraschend ein. Zum Beispiel bewirkte der Sturz des Schahs von Iran die Notwendigkeit, für den größten Öllieferanten Ersatz zu finden. Auch die Bereitschaft der amerikanischen Juden, Geld für Israel zu spenden oder die Höhe der amerikanischen Wirtschafts- und Militärhilfe lassen sich lang- und mittelfristig nicht genau planen, da z.B. die Wirtschaftsentwicklung in den USA ebenso wie das dortige Meinungsklima eine wichtige, aber keineswegs leicht vorhersehbare Größe ist. Schließlich läßt sich der Umfang privater Direktinvestitionen aus dem Ausland höchst unzureichend prognostizieren, da nicht nur wirtschaftliche, sondern auch politische Entwicklungen im Nahen Osten diese Entscheidungen stark beeinflussen. Selbst der Tourismus, eine andere wichtige Einnahmequelle Israels, hängt von wirtschaftlichen ebenso wie von politischen Entwicklungen des Auslandes (Wirtschaftskrisen in der Welt), doch auch von israelischen Verhaltensweisen ab (Krieg oder Attacken gegen ausländische Politiker, Intifada). Golfkrise und Golfkrieg haben dies erneut bewiesen.

Literaturhinweise

Plessner, 1994
Razin, 1993
Rivlin, 1992
Aharoni, 1991
Fischer, 1988
Sharkansky, 1987
Ben-Porath, 1986 (grundlegend)
Klatzmann, 1985
Kimmerling, 1983 (sehr wichtig)
Bendelac, 1982
Sharkansky, 1979
Daniel, 1976
Lerner/Ben-Shahar, 1975
Michaely, 1975 (gute Übersicht)
Economy, 1973 (vorzügliche Einführung)
Pack, 1971

XII. Wirtschaftspolitik in ihrer gesellschaftlichen und politischen Verflechtung

1. Parteien und Wirtschaft

Wirtschaftspolitische Aktivitäten der Parteien wurden durch die sozialistisch-sozialdemokratische zweite Alija, besonders die historische AH begründet. Die Linksparteien wollten ihre Mitglieder von der Wiege bis zur Bahre versorgen, um, abgeleitet aus der Position der wirtschaftlichen Stärke, auch die politische Führungsrolle übernehmen und halten zu können. Die religiösen Parteien, allen voran der HPM, übernahmen dieses Organisationsmuster. Die Haushaltspolitik der britischen Mandatsregierung, die in den Augen des Jischuw unzureichend war und durch eigene, innerjüdische Wirtschaftsaktivitäten ergänzt werden sollte, war auch eine Ursache der unternehmerischen Aktivitäten der Parteien. Außerdem gab es keine „staatliche" Wahlkampf- oder Parteienfinanzierung, so daß die Parteien eigene Finanzquellen schaffen mußten. Die Parteien konnten nicht nur ihre Mitglieder versorgen, sie mußten auch für sich selbst sorgen.

Die Mapai/IAP verfügte über Grundbesitz und Druckereien sowie Verlagsgesellschaften. Da aber Vermögen nicht mit Geld gleichzusetzen ist, geriet die IAP nach ihrer Wahlniederlage und den damit verringerten staatlichen Zuwendungen in erhebliche Finanzschwierigkeiten.

Die (neue) AH und die Mapam stützten sich weitgehend auf die „Wirtschaftsimperien" ihrer Kibbutzorganisationen, die nicht nur in der Landwirtschaft, sondern auch in der Industrie tätig sind. Sie verfügen außerdem über Grundstücke, z.B. in Tel-Aviv. Auch für HPM/NRP, Progressive Partei/UL und PAI waren die eigenen Siedlungsorganisationen (Kibbutzim und Moschawim) eine Geldquelle. Seit den 80er Jahren waren aber die Kibbutzim und Moschawim dauerhaft in Geldnöten.

Die Progressive Partei/UL betätigte sich u.a. auf dem Bausektor (Versorgung der Parteimitglieder mit Wohnungen, besonders in den 50er Jahren zur Zeit der Masseneinwanderung wichtig). Auch mit landwirtschaftlichen Marketing-Kooperativen war die UL verbunden.

Die Allgemeinen Zionisten/Liberale Partei war im Bausektor und Kreditwesen tätig. Die Herut wurde auf dem Immobilienmarkt aktiv. Übernommen hatte sich die Partei auf unternehmerischen Gebieten besonders in ihren Gründerjahren durch Tischlereien, Garagen, Elektrogroßhandel sowie eine Import-Export-Gesellschaft, eine Versicherungsgesellschaft, eine Kühlschrankfabrik und eine Reisegesellschaft. Auf dem Bausektor wurde sie über die mit ihr verbundene Nationale Arbeiterorganisation tätig.

Die Kommunisten finanzierten ihre Arbeit in erster Linie durch einen eigenen Verlag sowie eine Import-Export-Gesellschaft, die Handelsbeziehungen zu Ostblockstaaten pflegte (Greilsammer, 1978: 339).

Die NRP besitzt Grundstücke, Wohnungen, Fabriken, zahlreiche industrielle Kooperativen und fünf größere Fonds. Prunkstück der Parteiunternehmen war die United Misrachi Bank, die 1978 Anteile der zuvor staatseigenen Bank Tefahot übernahm. Auch die AI hatte, ebenso wie die PAI, ihre eigene Bank und eine Baufirma (Einzelheiten mit Belegen in: Wolffsohn, 1983: 562ff.; dort auch Hinweise auf die Verflechtung israelischer Banken mit Parteien oder öffentlichen Organisationen; a.a.O.: 566).

Fazit: Die unternehmerischen Betätigungen der Parteien fielen besonders auf im Bausektor (Wohnungsvergabe), in der Druckindustrie und im Bankwesen (Vergünstigungen im Kreditbereich).

Auch die Parteiunternehmungen gerieten in den Sog der volkswirtschaftlichen Schwierigkeiten, so daß die staatliche Parteienfinanzierung einen willkommenen Ausweg bot. Abgesehen davon ließ sich die parteipolitische Trennung auf dem Wirtschaftsmarkt nicht aufrecht erhalten. Management und Konsumentenverhalten orientierten sich an wirtschaftlichen, weniger politischen Überlegungen. Die allgemeine Wirtschaftskrise läutete das Ende unternehmerischer Aktivitäten der Parteien ein. Sie selbst blickten nur noch auf rote Zahlen. Durch ihre Firmen wurden sie noch röter.

2. Die Histadrutwirtschaft

Durch die Histadrut verfügten die Arbeiterparteien lange über eine zusätzliche, bedeutsame wirtschaftliche Stütze. Schon 1923 wurde mit dem Aufbau der Chewrat Owdim (= Gesellschaft der Arbeitenden) begonnen (Ben-Meir, 1982: 219ff.; Wolffsohn, 1983: 560ff.). Aus bescheidenen Anfängen entwickelte sich eine industrielle und Dienstleistungen anbietende Holding-Gesellschaft größten Ausmaßes. Im Gegensatz zum kooperativen und landwirtschaftlichen Sektor der Histadrut wird dieser Bereich die „institutionelle Wirtschaft“ der Histadrut genannt (Daniel, 1976).

Jedes Mitglied der Histadrut gehörte automatisch der Chewrat Owdim an. Histadrut-Generalversammlung und -Rat sind die obersten Gremien. Der Histadrut-Rat bestimmt das Sekretariat dieser Gesellschaft, während das Exekutivkomitee der Histadrut deren Leitungskomitee ernennt. Der Generalsekretär der Histadrut ist zugleich Vorsitzender der Chewrat Owdim.

Zur Größenordnung dieser Organisation: 1960 arbeiteten hier 35.580 Menschen, 1966 42.240 und 1973 55.100. Dies waren in den entsprechenden Bezugsjahren 22,8%, 22,7% und 23,0% aller Erwerbstätigen des Landes. 1976 waren es „nur noch" 22,2%, 1980 22,3% (Aharoni, 1976: 185; Histadrut, 1977: 25; Daniel, 1976: ebd. 160; Ben-Meir, 192: 220). Aufgeschlüsselt nach Wirtschaftszweigen und auf die Volkswirtschaft bezogen: Landwirtschaft 79,1%, Industrie (ohne Diamanten) 21%, Bauwesen 27,1%, Verkehr 25,9%, Handel, Banken, Dienstleistungen 18,6% (Ben-Meir, 1982: 220).

Der Anteil der Histadrutwirtschaft am Netto-Inlandsprodukt betrug 1953 20,3%; 1955 18,0%; 1957 20,6%; 1960 20,4%; 1964 23,4%; 1970 19,5%; 1980 23,0% (Horowitz, 1973: 52; Daniel, 1976, Bd. 2: 196; Ben-Meir, 1982: 220). In der Landwirtschaft waren es 1977 69,8%, Industrie 22%, Bauwesen 25%, Verkehr 16,1%, Handel, Banken, Dienstleistungen 15,4% (Ben-Meir, 1980: 143).

Zu den Großunternehmen der Histadrut gehörten die 1944 gegründeten Koor Industries, in denen 1970 14,4% aller im Histadrut-Sektor angestellten Erwerbstätigen arbeiteten (Daniel, 1976, Bd. 2: 44). 1976 waren es 20,3% (Histadrut, 1977: 25). Die größte Baufirma des Landes, Solel Boneh, 1923 gegründet, beschäftigte 1976 22.600 Menschen, das waren 26,2% aller Erwerbstätigen in diesem Wirtschaftszweig (Histadrut, 1977: 25; Statistical Abstract, 1977: 301). Die 1921 gegründete Bank Hapoalim, lange nur zweitgrößte Bank des Landes (nach der Bank Leumi) schickt sich an, diese einzuholen. Die Teus (Industrialisierung von Entwicklungsgebieten) wurde 1958 als Holding-Gesellschaft von 17 einzelnen Unternehmungen gegründet, die Fabriken in den Entwicklungsregionen des Landes unterhalten. Die Wohnungsgesellschaft Schikum Owdim ist in der Hand der Chewrat Owdim, ebenso wie die landesgrößte Versicherungsgesellschaft Hassne (gegründet 1924) und das Reiseunternehmen Histour. Die Liste ließe sich noch beliebig verlängern.

Transaktionen von Histadrut-Unternehmen an die Arbeiterparteien wurden häufiger vermutet als belegt, doch besonders viel

Aufsehen erregte Ascher Yadlin, der von der Regierung Rabin als Präsident der Zentralbank nominiert und bald darauf überführt wurde, als Histadrut-Funktionär der IAP, besonders in Wahlzeiten, erhebliche Summen zugeführt zu haben. Er wurde rechtskräftig verurteilt (vgl. Wolffsohn, 1983: 561f. mit Zahlen und Belegen. Seine Sicht der Dinge in: Yadlin, 1980).

Wie ein Bericht aus längst vergangenen Zeiten wirkt diese Darstellung. Politisch und wirtschaftlich gerieten die Histadrutunternehmungen während der 1980er Jahre zunehmend in unruhige Gewässer. Der Segen der Arbeitsplatzsicherung erwies sich als struktureller Fluch. Er verhinderte die Anpassung an welt- und nationalwirtschaftliche Veränderungen. Die Bilanzen der meisten Histadrutfirmen wiesen rote Zahlen auf. Je röter sie wurden, desto weniger rot gestaltete sich die Wirtschaftsideologie der israelischen Volkswirtschaft, auch nach dem Rückwechsel zur Arbeitspartei im Juni 1992.

Als Arbeitgeber wurde die Arbeitnehmerorganisation von ihren eigenen Beschäftigten immer heftiger kritisiert. Diese beklagten sich über schlechte Arbeitsbedingungen, niedrige Löhne und mangelnde Mitbestimmung. Höhere Löhne waren aber betriebswirtschaftlich nicht vertretbar. An bessere Arbeitsbedingungen und Entlohnung konnte die Histadrut nicht denken. Die Verluste ihrer Firmen stiegen Ende der 80er Jahre ins schier Unermeßliche. Das galt in bezug auf Solel Boneh ebenso wie für Koor, Hassne, die Krankenkasse Kupat Cholim, Koor Industries oder die Histadrutzeitung Dawar.

3. Der staatliche Wirtschaftssektor

Der staatliche Wirtschaftssektor besteht aus der nationalen Regierung, den Kommunen sowie den „Nationalen Institutionen" (= Jewish Agency; ZWO; Nationalfonds = Keren Kajemet Leisrael; Grundlagenfonds = Keren Hajessod). Die Nationalen Institutionen sind vor allem für die ausländische Kapitalzufuhr zuständig, verteilen jedoch auch selbst, in Koordinierung mit der Regierung, Gelder, z.B. Jewish Agency in der Siedlungspolitik, Nationalfonds bei landwirtschaftlichen Projekten.

Der Anteil des öffentlichen Sektors an der Gesamtwirtschaft war traditionell außerordentlich hoch, und der Staatsanteil am Bruttosozialprodukt betrug in der Regel ca. 20-25%. Die staatlichen Unternehmungen allein erwirtschafteten 1979/80 13,2% aller Einnahmen des Staates. 1987 waren es 2,6% und 1989 nur noch

1,9%. Ein dramatischer Rückgang. Direkter staatlicher Kontrolle unterstehen die nationale Fluglinie (El-Al), die Eisenbahn, Post, Telefon, Rundfunk und Fernsehen, die Elektrizitätsgesellschaft u.a. (Eigentumsmuster in: Schimschoni, 1982: 234f.).

Privatisierung wurde seit den 80er Jahren das Zauberwort israelischer Wirtschaftspolitik, vor und nach dem Regierungswechsel von 1992.

1988 wurde die Paz-Ölgesellschaft für 95 Millionen veräußert, an einen „warmherzigen" australisch-jüdischen Unternehmer, der ein „geduldiger Kapitalist" sei. So formulierte es der damalige Finanzminister Nissim vom Likud (J. Maltz, Jerusalem Post, 23.7. 1988). Die Wirtschaftsgesellschaft Jerusalem wurde 1989 privatisiert, obwohl sie schwarze Zahlen aufwies.

Der Wille zur Privatisierung reicht bekanntlich nicht. Käufer müssen gefunden werden. Das wiederum war schwerer als von Likud- und IAP-Verantwortlichen erhofft. Wer kauft schon gerne mehr oder weniger marode Firmen? Selbst beim Verkauf der Bank Hapoalim konnten im November 1993 zunächst nur 53% der Aktien veräußert werden (M. Glad, Haretz, 25.11.1993).

Die Versorgung von Parteifreunden mit verlockenden Posten wird dadurch erschwert. Auf diese Vermengung von Staat, Partei und Wirtschaft hatte die Staatskontrolleurin 1989 erneut aufmerksam gemacht (Jerusalem Post, 18.5.1989). 226 Posten in staatlichen Firmen hätten Likudminister an ihre Klienten vergeben, „nur" 58 seien von IAP-Ministern besetzt worden, behauptete Daviv Libai (IAP) im Mai 1989. Rekorde hätten die Minister Scharir, Mosche Nissim, Ariel Scharon und David Levy gesetzt (Dan Margalit, Haaretz, 24.5.1989). Da die Privatisierung auch nach 1992 nur schleppend vorankam, konnte die IAP ihre Kundschaft noch einige Jahre weiter mit Posten bedienen. Sie tat es so gerne wie zuvor der Likud (und einst sie selbst). Gewaltig erschwert wurden durch die Rabinregierung selbst die Rahmenbedingungen für das Kungeln. Seit 1993 gibt es eine Kommission, die Besetzungen in staatseigenen Unternehmen bestätigen muß. Bis zum Mai 1994 wurden ihr 392 Vorschläge eingereicht. Sie wies 41 Kandidaten (also rund 10%) zurück (Haaretz, 31.5.1994).

4. Wirtschaftsordnung und Ideologie

Den Rückgang linker Einstellungen haben wir erwähnt und belegt (A/II/4/c). Dagegen ging der Anteil derjenigen, die eine „sozialistische" oder „mehr sozialistische" Wirtschaftsordnung bevorzugten, nicht zurück; er blieb lange mit rund 60% konstant.

Als „sozialistisch" wird dabei im volkstümlichen Jargon wohl eher „sozialpolitisch" verstanden. Wie könnte eine Gesellschaft einerseits eher rechts sein und andererseits mehr Sozialismus befürworten? Daß Sozialismus als Sozialpolitik gesehen wird, legt auch die Umfrage von Zemach (1987:43) nahe. 55% sprachen sich hier im Herbst 1986 für sozialpolitische Maßnahmen des Staates aus.

Die eher kapitalistische Orientierung dokumentierte auch die Einstellung jüdisch-israelischer Gymnasiasten zum Geld: „Viel Geld zu verdienen" sei „wichtig" oder „sehr wichtig", meinten 1988 rund 78%. Im Vergleich zu 1974 bedeutete dies eine Zunahme von 11% (Mayseless, 1989: 214).

Moderner Technologie gegenüber zeigten sich die Israelis aufgeschlossener als die Bundesdeutschen. Sie gestalte die Arbeit „interessanter", meinten 72% der Israelis und 61% der Bundesdeutschen im Jahre 1982 (Yuctman-Ya'ar, 1987a:93).

Wirtschaftliches Wachstum bewerteten die Israelis 1983 ebenfalls günstiger: 92% hielten es für „gut". In den USA waren es 73%, in Schweden 69% und in der Bundesrepublik Deutschland 60% (a.a.O.: 82). So gesehen waren die Israelis weniger „postindustriell" als die großen Industrienationen. Sie wollten offenbar auf- und nachholen. Wenn man ihre Umweltsünden betrachtet, machten sie vieles nach. In den späten 1980er Jahren ent- und bestand ein ausgeprägteres Umweltbewußtsein. Auch deswegen wurde 1988/89 ein Umweltministerium eingerichtet.

Wirtschaftspolitiker, die die Rolle des Staates in der Wirtschaft verringern wollten, mußten demnach mit erheblichen Widerständen rechnen. Schon deswegen dürfte „weniger Staat in der Wirtschaft" politisch außerordentlich schwer durchzusetzen sein. Die Daten im Abschnitt C/XII/3 belegten zumindest teilweise schon, daß der Likud dieses Wahlversprechen aus dem Jahre 1977 nicht einlöste.

Der Widerspruch zwischen den ideologischen Positionen und den wirtschaftspolitischen Überzeugungen der (jüdischen) Gesellschaft Israels ist offensichtlich.

5. Wirtschaftspolitische Etappen (Wirtschaftsgeschichte Israels)

1948-1953: Diese Jahre standen im Zeichen des Unabhängigkeitskrieges von 1948/49 und der Masseneinwanderung bis 1951. Die Regierung versuchte, mit drastischen Sparmaßnahmen, Rationierung und Preiskontrollen den Problemen beizukommen, doch Arbeitslosigkeit und Inflation stiegen rasant.

Im Februar 1952 erfolgte der erste bedeutsame Wandel in der Wirtschaftspolitik Israels durch die „Neue Wirtschaftspolitik". Sie bestand aus einer größeren Abwertung des israelischen Pfundes, das gegenüber dem Dollar nur noch die Hälfte wert war, einer restriktiven Geld- sowie Haushaltspolitik und der teilweisen Aufhebung der Preiskontrollen (vgl. Michaely, 1975: Kap. 1 und 2; Halevi/Klinov-Malul, 1968: Kap. 1; Lerner/Ben-Schahar, 1975: 68f.). Michaely (1975: 23) vertritt die Ansicht, daß seitdem die Liberalisierung der israelischen Außenhandelspolitik, man könnte sagen der Wirtschaftspolitik ganz allgemein, „fast ohne Unterbrechung voranschritt" (vgl. auch Horowitz, 1973). Die Likudregierung versuchte vergeblich von 1977 bis 1979 die Liberalisierungzu beschleunigen, rückte aber spätestens 1981 unter Finanzminister Aridor grundsätzlich von ihr ab.

1954-1965: Diese Jahre sind durch anhaltendes Wachstum gekennzeichnet, das nicht zuletzt durch die deutschen Wiedergutmachungszahlungen eingeleitet und verstärkt wurde. Die Entzerrung der Bevölkerungsverteilung wurde eingeleitet: Man versuchte, das Schwergewicht von Tel-Aviv und Umgebung in den Norden und Süden zu verlagern. Neue Entwicklungsstädte entstanden. Die Bauindustrie war Motor der Konjunktur.

Im Februar 1962 wurde die (zweite) „Neue Wirtschaftspolitik" eingeleitet. Wieder wurde Israels Währung abgewertet, wobei der Versuch unternommen wurde, das dreigliedrige Wechselkurssystem zu vereinheitlichen. Wichtiger noch: Alle Exporthilfen wurden gestrichen – aber 1966 wieder eingeführt. Zugleich senkte man 1962 die meisten Importzölle. Allerdings klaffte zwischen Absichtserklärung und Verwirklichung eine erhebliche Lücke, denn von Anfang an wurde beispielsweise die Landwirtschaft von dieser Liberalisierung nicht betroffen (Michaely, 1975: 24).

1966/67: Diese beiden Jahre standen im Zeichen einer Rezession, die u.a. durch die Verringerung der staatlichen Ausgaben seit 1964 verursacht wurde. Kurz vor Ausbruch des Sechs-Tage-Krieges plante man ein Programm zur Belebung der Konjunktur (für Zyklen Fisher, 1988).

1967-1973: Diese Phase zwischen dem Sechs-Tage-, Abnutzungs- und Jom-Kippur-Krieg ist durch hohe Wachstumsraten gekennzeichnet, die aber niedriger als in der Phase von 1954-1965 blieben. Die Arbeitslosigkeit sank, die Verteidigungsausgaben stiegen, die allmähliche wirtschaftliche Verflechtung mit den besetzten Gebieten, dem Westjordanland und dem Gasa-Streifen begann. Die hohen Staatsausgaben bewirkten einen Inflationsschub; auch das Handelsbilanzdefizit stieg.

1973-1977: Der psychologische Schock des Jom-Kippur-Krieges bewirkte eine drastische Erhöhung des Verteidigungshaushalts und damit der Ausgaben des öffentlichen Sektors. Für den Haushalt 1973/74 waren vor dem Krieg 6 Milliarden IL geplant, es wurden 16,6 (Schimschoni, 1982: 239). Das israelische Pfund (IL) wurde von 4,2 auf 6 IL zum Dollar abgewertet. Um den Inflationsschub zu bremsen, wurden die indirekten und Kapitalertragssteuern, auch Importzölle, erhöht, Zwangs- und freiwillige Anleihen aufgelegt, die Zuwendungen für Mittel des Grundbedarfs verringert, die Preise für staatliche Dienstleistungen erhöht.

Dennoch konnte die Inflation kaum gebremst werden. Der ersten Abwertung des Pfundes folgte eine allmähliche, die den Kurs gegenüber dem Dollar bis zum Herbst 1977 auf 1:10,30 IL drückte.

Die Wirtschaftspolitik der Likud-Regierungen seit 1977: Die Herut-Partei Begins war zunächst an wirtschaftspolitischen Fragen, im Gegensatz zum Juniorpartner im Likud, den Liberalen, weitgehend uninteressiert. Das Finanzministerium übernahm Simcha Ehrlich (LP). Im Oktober 1977 führte er die (dritte) „Neue Wirtschaftspolitik“ ein, die von einem Tag auf den anderen die Währungskontrollen aufhob, das israelische Pfund „floaten“ ließ und Exportsubventionen ebenso wie andere Unterstützungszahlungen, z.B. der Grundnahrungsmittel, streichen wollte. Abgesehen von der Liberalisierung des Wechselkurses und dem Verkauf einiger staatlicher Firmen (2 Banken) blieb von der großangekündigten Liberalisierung wenig übrig. Sie war gegenüber den Arbeitnehmern ebenso wie Arbeitgebern damals noch politisch schwer durchzusetzen.

Die Inflation, die man bekämpfen wollte, begann zu galoppieren, und zwar aus folgenden Gründen: Das Zahlungsbilanzdefizit erreichte 1978 ein Viertel des Bruttosozialproduktes. Die weltweite Inflation nahm zu und traf ein so rohstoffabhängiges Land wie

Israel besonders. Die Aufgaben der öffentlichen Hand, besonders im militärischen Bereich, auch in der Schul- und Sozialpolitik, stiegen an und erhöhten das Haushaltsdefizit. Die private Nachfrage, nicht zuletzt für eingeführte Güter, war nicht zu bremsen und verschlechterte damit die Zahlungsbilanz zusätzlich. Da die Verschuldung dem Ausland gegenüber zunahm, mußten zusätzliche Mittel zurückgelegt werden, um die Schulden begleichen zu können. Der Friedensvertrag mit Ägypten erforderte den Neuaufbau einer militärischen Infrastruktur im Süden des Landes, und die Indexierung der Löhne und Einkommen verstärkte die inflationären Tendenzen. Hinzu kamen eine traditionell ungenügende Organisation der Steuereinnahmen.

Der Anstieg der Inflation sowie der Lebenshaltungskosten durch die Verringerung der Subventionen für Grundnahrungsmittel betraf vor allem die wirtschaftlich schlechter gestellten Schichten des Landes, allen voran die Likud-Wähler des Jahres 1977.

Ehrlich war als Finanzminister nicht mehr zu halten, und am 7.11.1979 folgte ihm Jigael Hurvitz. Er versuchte die Staatsausgaben zu drosseln, um die Inflation zu bekämpfen.

Die Gesundung der Staatsfinanzen, bei der alle den Gürtel enger schnallen sollten, verfolgte auch ein außenpolitisches Ziel: Gegenüber amerikanischem Druck weniger abhängig zu sein. Hurvitz galt als außenpolitischer Falke, der die Friedensverhandlungen mit Ägypten mißtrauisch verfolgt und bekämpft hatte. Die wirtschaftliche Abhängigkeit, so der Minister, würde die politische Abhängigkeit von den Vereinigten Staaten erhöhen, Israel könnte keine eigenständige Außenpolitik mehr betreiben.

Weder im Kabinett noch in der Öffentlichkeit war die drastische Sparpolitik durchzusetzen. Schon im Februar 1980, rund sechs Wochen nach Verkündigung des Sparprogramms, waren 42% der Israelis der Meinung, die Regierung würde von ihnen persönlich „zu viele Opfer“ verlangen (Kahamma/Levinson, 1980: 3). Aber: 48% hielten dieses Opfermaß für „richtig“, 10% für „zu wenig“. Dieses Potential politisch zu nutzen, gelang der Regierung nicht. Dies lag u.a. daran, daß innerhalb des Kabinetts erheblicher Widerstand gegen die Kürzung des Verteidigungshaushalts, das Einfrieren des öffentlich finanzierten Bauens, die Verringerung der Zahl der Staatsangestellten und der Subventionszahlungen nicht durchzusetzen waren, erst recht nicht vor einem Wahljahr.

Am 18.1.1981 wurde Finanzminister Hurvitz von Joram Aridor abgelöst. Er war der erste Finanzminister der Herut in der Likud-

Regierung (Hurvitz stand an der Spitze von Laam/Rafi). Die entscheidende Veränderung betraf die finanziellen Stützungsmaßnahmen (Subventionen) für Güter und Waren des täglichen Verbrauchs. Angesichts der nahenden Wahlen sollten die Likud-Wähler des Jahres 1977 zurückgewonnen werden. Eine Rechnung, die aufging, wie nicht zuletzt die Umfragen belegen. Im Januar und Februar 1981 waren nur 9% mit der Wirtschaftspolitik der Regierung zufrieden, Ende Juni waren es 39% (Peretz/Smooha, 1981: 508, Daten des IIASR). Das Realeinkommen stieg um 16,2%, nachdem es im Jahr zuvor um 1,6% zurückgegangen war (Bank of Israel, 1982: 2). Direkte und indirekte Steuern wurden gesenkt. Als Folge stieg der Verbrauch, was die Inflation beschleunigte. Die Abwertung der Landeswährung (seit 1980 Schekel) wurde gebremst, um das verfügbare Einkommen zu erhöhen. Dadurch wurde mehr eingeführte Ware gekauft, die einheimische Industrie geschwächt. (Ausführlich zur Wirtschaftspolitik seit 1976/77 die diversen Jahrgänge des Middle East Contemporary Survey, Stichwort Israel.)

Der private und öffentliche Ausgabenrausch ließ sich 1982/83 nicht mehr ungefährdet fortsetzen, zumal die Volkswirtschaft die Kosten und Folgekosten des Libanon-Krieges seit Anfang Juni 1982 zu tragen hatte. Zusätzliche Steuern und Zwangsanleihen mußten aufgelegt werden. Allein von 1981 bis 1982 stieg die Gesamtsteuerlast um 80% (Bank of Israel, 1982: 91). Außerdem wurden die Stützungszahlungen für Grundprodukte erneut verringert, die schleichende Abwertung des Schekel verlangsamt. Kurzum, zwischen 1981 und 1982 wurden der Volkswirtschaft Wechselbäder verordnet, die ihr schlecht bekamen und die Popularität der Wirtschaftspolitik nicht förderten. Das Wachstum hatte 1982 nur 1,2% betragen, die Reallöhne sanken um 2,9%, doch der private Verbrauch nahm um 7,5% zu, was nur durch inflationstreibende Kreditaufnahmen ermöglicht werden konnte. Der Import lag um 4,7% höher als der Export, die Schulden gegenüber dem Ausland hatten um 15,5% zugenommen (alle Daten aus: Bank of Israel, 1982: 2).

Im Herbst 1983 hatten die Schulden gegenüber dem Ausland die Höhe von 21,5 Milliarden Dollar (= 57 Milliarden DM) erreicht. Man rechnete mit einer Inflationsrate von 160%. 50% der befragten Bürger gaben an, mit ihrem Monatslohn die laufenden Ausgaben nicht mehr bestreiten zu können (FAZ und Süddeutsche Zeitung, 12.10.1983; Haaretz, PORI-Umfrage, 5.10.1983).

Als erste Maßnahme der neuen Regierung Schamir wurde am 11.10.1983, fast auf den Tag genau sechs Jahre nach der Verkündigung der „Neuen Wirtschaftspolitik“ Ehrlichs, ein wirtschaftliches Gesundungsprogramm beschlossen. Es sah u.a. vor: Eine Abwertung des Schekel um 23%, Benzinpreiserhöhungen in derselben Größenordnung und eine Verringerung der Subventionen für Grundnahrungsmittel um 50%. Aridor hatte eine Abwertung von 36% sowie eine Kürzung der Subventionen um 75% geplant, konnte sich damit aber im Kabinett nicht durchsetzen. Er brach sich sein politisches Genick vollends, als er die Landeswährung „dollarisieren“, d.h. den US-Dollar als offizielle Zweitwährung zulassen wollte. Das war, abgesehen von der übrigen Wirtschaftsmisere, mit dem Nationalstolz nicht zu vereinbaren. Der (inzwischen) unpopuläre Aridor mußte am 13.10.1983 zurücktreten. Sein Nachfolger, Jigael Cohen-Orgad, trat sein Amt am 18.10. 1983 an.

Sparminister wollte Cohen-Orgad sein, Ausgabenminister wurde er. Nicht, daß es ihm am guten wirtschaftlichen Willen fehlte, aber seit Anfang 1984, kurz nach seinem Amtsantritt, warf der Wahlkampf seine Schatten voraus, und die Notenpresse wurde betätigt, um Wahlgeschenke zu ermöglichen. Mitte Juli 1984 hatte die Likud-Regierung das gesamte Jahresbudget für sozialpolitische Maßnahmen überschritten. Es machte sich am Wahltag bezahlt, denn das von vielen erwartete Debakel des Likud blieb aus.

Das Kabinett der großen Koalition, die im September 1984 antrat, um vor allem Israels Wirtschaft zu gesunden, verkündete zwar umgehend ein Sparprogramm, doch bei der Durchführung haperte es, da die einzelnen Minister in der Regel Kürzungen in anderen Ressorts als im eigenen durchsetzen wollten. Erst massive Kritik der Reagan-Administration sowie die Drohung, die US-Hilfe zu kürzen, sollte Israel nicht selbst bereit sein, den wirtschaftlichen Gürtel enger zu schnallen, führten zur Verabschiedung eines drastischen Sparprogramms am 1. Juli 1985. Die Landeswährung, der „Schekel“, wurde um 19% abgewertet, scharfe Devisenkontrollen eingeführt, Steuern erhöht, die Ausgaben der öffentlichen Hand um $1,5 Milliarden gekürzt.

Dies betraf auch die Streichung von Subventionen, die traditionell den wirtschaftlich schlecht Gestellten zugutegekommen waren, also die Wählerschaft des Likud. Wenig erstaunlich war daher die Kritik, die von Ministern und Parlamentariern dieser Gruppierung geäußert wurde. Tatsächlich erstaunlich war die Tatsache, daß diese Maßnahmen unter der Regie eines Finanzministers des

Likud eingeleitet wurden, von Jitzchak Modai. Er gehört aber der eher bürgerlichen Liberalen Partei im Likud, nicht der proletarisch-populistischen Herut an. Daß aber ein „Liberaler“ Lohn- und Preisstops mittrug, ist eigentlich erstaunlich. Das neue Sparprogramm sah auch vor, den öffentlichen Dienst um 10.000 Mitarbeiter schrumpfen zu lassen und die Indexierung der Löhne aufzuheben. Im Klartext: Der Reallohn sollte sinken, die Tatsache, daß der Staat bankrott war, während es seinen Bürgern immer besser ging, korrigiert werden.

Im Herbst 1985 führte man eine eher kosmetische Währungsreform durch, indem man für 1.000 alte Schekel einen neuen ausgab.

Die Gesundung der Wirtschaft wurde nun ernsthaft eingeleitet, die Inflation gebändigt. Die bevölkerungs- und gesellschaftspolitischen Folge„kosten“ der finanzpolitischen Erfolge stimmen allerdings bedenklich: Noch 1983 waren ungefähr 4.700 Israelis ausgewandert, 1984 entschieden sich hierzu 11.300 und 1985 sogar 17.500 (A. Aridor, Haaretz, 29.10.1986).

Auch die Binnenwanderung aus den vornehmlich von Juden orientalischer Herkunft bewohnten „Entwicklungsstädten“ im Süden des Landes in den ohnehin übervölkerten Ballungsraum Tel-Aviv nahm in diesen beiden Jahren erheblich zu. Die jungen Menschen sahen in den Entwicklungsstädten keine berufliche Zukunft mehr.

Ein – wieder ganz neuer – Wirtschaftsplan wurde im Dezember 1986 von Finanzminister Mosche Nissim verkündet. Er wollte Haushaltskürzungen vorzunehmen, die zu einem Drittel den Verteidigungsbereich treffen sollten. Darüber hinaus waren Subventionsstreichungen für öffentliche Dienstleistungen, Steuervergünstigungen für Unternehmen sowie eine Senkung des Spitzensteuersatzes auf 45% vorgesehen. Ein Lohnstopp, die Entlassung von Beschäftigten aus dem öffentlichen Dienst (ein ganz neuer Vorsatz), eine Anhebung der Reisesteuer, ein „Floaten“ der Landeswährung und eine Liberalisierung der Deviseneinfuhr gehörtern auch zum Maßnahmenkatalog. Kurzum, abgesehen von steuerpolitischen Neuerungen, eher ein alt-neues Programm.

Wenn man sich an die „Neue Wirtschaftspolitik“ des Jahres 1977 erinnert, war auch das angekündigte Vorhaben, Staatsunternehmen durch Verkäufe zu privatisieren, alles andere als neu. Daß die Liste der Firmen, die verkauft werden sollten, auch Betriebe der Rüstungsindustrie enthielt, war aber tatsächlich neu.

Ein anderer älterer Reformgedanke wurde erneut aufgegriffen: die stärkere Eigenbeteiligung der Patienten an der Krankenversicherung.

Die Reaktionen zeigten einmal mehr, daß sowohl Unternehmer als auch Gewerkschaften die alten Gewohnheiten zu schätzen gelernt hatten und Neuerungen dieser Art ablehnten. Für die Histadrut-Gewerkschaft war klar, daß durch das „neue Wirtschaftsprogramm" die „Reichen immer reicher und die Armen immer ärmer" würden, während die Industrie die beabsichtigte Streichung der Exportsubventionen heftig kritisierte. Das Verteidigungsministerium und die Streitkräfte ließen mit ihrem Protest auch nicht lange warten.

Die Umstrukturierung der Wirtschaft war schwer und für viele schmerzhaft. Viele Unternehmungen blieben auf der Strecke. Erwerbstätige wurden arbeitslos. Es kam noch schlimmer: Im Dezember 1987 brach die Intifada aus. Billige arabische Arbeitskräfte kamen seltener aus den Gebieten, die finanzschwachen Firmen konnten keine teureren jüdischen Arbeiter einstellen, und die Palästinenser kauften aus politischen Gründen weniger israelische Waren. Am Jahresende 1988, zugleich das Ende der Legislaturperiode, war das Ende der wirtschaftlichen Talfahrt nicht abzusehen.

Im Januar 1989 übernahm Schimon Peres (Arbeitspartei) das Finanzministerium. Unverzüglich verkündete er ein neues Programm. Sein Vorgänger nahm die Urheberschaft für sich selbst in Anspruch (Avi Temkin, Jerusalem Post, 3.1.1989). Was war vorgesehen? Haushalts- und damit Subventionskürzungen um 26% und Streichungen im Verteidigungshaushalt von 300 Millionen DM, eine Abwertung des Schekel um knapp 14%, Zollsenkungen, Zollfreiheit auf Waren aus EG-Staaten, bis zu 10.000 Entlassungen im öffentlichen Sektor, die Senkung der Reallöhne um 6%, Preiskontrollen, Steuererhöhungen (vgl. Jerusalem Post, 1.1.1989; Haaretz, 2.1.1989).

Der Fortgang der Intifada, die Siedlungspolitik und der Strom russisch-jüdischer Einwanderer verschärften die alten und schufen zusätzliche Probleme für die israelische Wirtschaft. Mit Steuererhöhungen, Lohnkürzungen, einer Liberalisierung der Einfuhren und weniger Staatsbeteiligung an Unternehmen und am Kapitalmarkt wollte 1990 die kleine Koalition unter Schamir und der altneuen Finanzminister Modai die Quadratur des Kreises lösen. Im Januar 1991 folgte die Abschaffung der staatlichen Lebensmittel-Subventionen. Es half nichts: 1991/92 war die Wirtschaftskrise da. Die IAP überwand sie durch eine Verlagerung der Investitionen ins Kernland sowie durch eine friedenspolitische Absicherung der Wirtschaftspolitik (Abkommen mit der PLO und Jordanien).

6. Zufriedenheit mit der Wirtschaftspolitik

a) Umfragen

Wie populär bzw. unpopulär die Wirtschaftspolitik der jeweiligen Regierung seit 1971 in den Augen der Öffentlichkeit war, verdeutlicht Abbildung 63.

Abbildung 63: Zufriedenheit mit der Sicherheits- und Wirtschaftspolitik

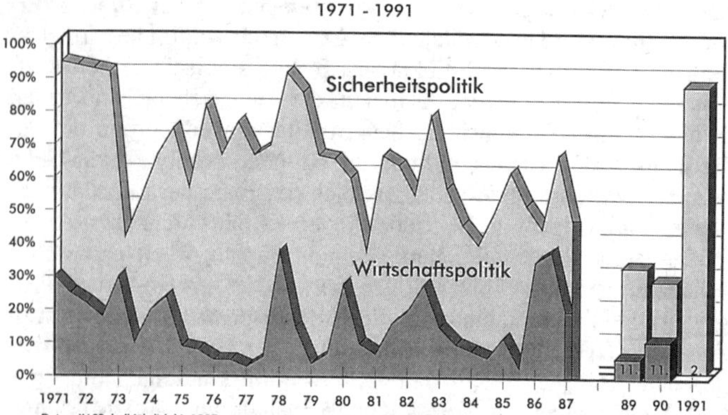

Daten: IIASR, halbjährlich bis 1987

Abgesehen davon, daß die Sicherheitspolitik, trotz erheblicher Schwankungen (1973 während des Jom-Kippur-Krieges und danach) immer wesentlich beliebter als die Wirtschaftspolitik war, kann in diesem Bereich deutlich die sinkende Popularität der Rabin-Regierung bis zu den Wahlen von 1977 verfolgt werden. Der neue wirtschaftspolitische Kurs der Likud-Regierung wurde zunächst außerordentlich gebilligt, doch bald folgte die Ernüchterung. Erst Aridor erreichte im ersten Halbjahr 1981 eine Trendwende, die, gemeinsam mit der Zerstörung des Atomreaktors bei Bagdad, zum Wahlerfolg des Likud beitrug (Diskin, 1982a).

Im Laufe des Jahres 1982 und besonders 1983 nahmen die Popularität der Wirtschaftspolitik und des Finanzministers ständig ab. Noch im März hielten 28,4% der befragten (jüdischen) Israelis Aridor für den geeignetsten Mann im Finanzministerium, im Mai waren es 23,4% und im Juli 1983 20,3% (M. Segal, Jerusalem

Post, 2.8.1983; Modiin Ezrahi Institut; H. und R. Smith, Jerusalem Post, 29.6. und 17.7.1984).

Wie schon 1981, so bewirkten auch 1984 die Wahlgeschenke der Regierung höhere Zufriedenheit mit der Wirtschaftspolitik. Kurz vor dem Wahltag, im Juli 1984, erreichte sie ein Zwischenhoch, das sich günstig für die Regierungspartei Likud auswirkte.

Von der drastischen Sparpolitik, die im Sommer 1985 nicht nur beschlossen, sondern auch durchgesetzt wurde, erwarteten im Oktober 1985 rund 40% der Israelis eine „Lösung der Wirtschaftsprobleme", und im Dezember 1985 glaubten mit 39% nur unwesentlich weniger Bürger an den Erfolg des wirtschaftlichen Sparprogramms (PORI-Umfragen, Haaretz, 11.10.1985 und 3.1.1986).

Ungewöhnlich beliebt blieb dabei Finanzminister Modai, obwohl er keine Geschenke zu vergeben hatte. Vor der Entscheidung über das Sparprogramm, im Juni 1985, zeigten sich lediglich 18% zufrieden mit ihm; danach, im Juli, stieg die Zahl dramatisch auf 43%, im September fiel sie auf 38%, um im November 1985 auf knapp 48% zu steigen

Erstaunlich, ja sensationell zufrieden gaben sich die Israelis mit der nicht nur angekündigten, sondern auch durchgeführten Sparpolitik der Regierung im März 1986. Rund 61% hielten diesen Kurs für „erfolgreich". Dementsprechend gute Noten erhielt Finanzminister Modai. Schon im August 1985 hatte er mit 47% Zufriedenheit der Befragten außerordentlich gut abgeschnitten. Im März 1986 erreichte er 63% (Smith Research Center, Jerusalem Post, 12. und 19.4.1986).

So gestärkt glaubte Modai Ministerpräsident Peres herausfordern zu können. Er überspannte den Bogen und mußte im April 1986 mit Justizminister Nissim das Amt tauschen.

Nissim scheint als neuer wirtschaftspolitischer Besen nicht sonderlich gut gefegt zu haben – zumindest in den Augen der befragten Öffentlichkeit. Zwei Monate nach seinem Amtsantritt gaben sich, laut PORI, nur knapp 17% mit seiner Arbeit zufrieden. Dennoch wurde offensichtlich zwischen seiner Person und der Wirtschaftspolitik unterschieden, denn im Mai 1986 drückten 69% ihre Zufriedenheit mit der Wirtschaftspolitik der großen Koalition aus (Smith Research Center, Jerusalem Post, 28.6.1986). Das Sensationelle an diesem Wert ist die Tatsache, daß die Wirtschaftspolitik ebenso gute Zensuren erhielt wie die Sicherheitspolitik.

Angesichts der Opfer, die man der israelischen Bevölkerung nicht mehr nur, wie sonst auf sicherheitspolitischem, sondern nun auch auf wirtschaftspolitischem Gebiet aufbürdete, sind diese Zahlen erstaunlich. Sie zeigen, daß durchaus ein Gespür für das allgemein Notwendige bestand, das, zumindest zeitweise, das individuell Angenehme verdrängen muß.

Sicherlich wäre diese Finanzpolitik ohne eine große Koalition unmöglich gewesen. Ohne sie hätte die jeweilige Opposition der Regierung vorwerfen können, sie mute der Bevölkerung Unzumutbares zu.

Freilich muß auch festgestellt werden, daß die Geduld der Bevölkerung rund ein Jahr währte. Danach nahm sie dramatisch ab, was jedoch ebenfalls auf den Autoritätsverfall der Regierung überhaupt zurückzuführen wäre. Im September 1986 vollzog sich nämlich die „Rotation" im Amte des Ministerpräsidenten: Ministerpräsident Peres (Arbeitspartei) und Außenminister Schamir tauschten ihre Ämter, und der Dauerzwist begann. Er kreiste um die Wirtschafts-, Territorial- und Außenpolitik.

Gleichzeitig muß freilich auch hervorgehoben werden, daß der Likud-Block das größere politische Risiko eingegangen ist. Der Likud hängt nämlich von den Stimmen der wirtschaftlich ungünstiger Gestellten ab, denen es durch die Sparpolitik wirtschaftlich fühlbar schlechter ging. Das traf besonders die orientalischen Juden in den Entwicklungsstädten, die diese Wohnorte seit 1985 häufiger als je zuvor verließen – aus Hoffnungslosigkeit. In ihren Augen war zwar die Operation gelungen, doch der Patient gestorben. Die deutlich niedrigere Bewertung der Sozialpolitik beweist diese Feststellung.

Nach einem Zwischentief stieg das Ansehen von Finanzminister Nissim erneut: Im November 1986 hatten sich noch 42% mit ihm zufrieden gezeigt; im Januar 1987 waren es nur noch 29% (PORI-Umfrage, Haaretz, 12.2.1987). Im Februar 1987 stieg die Zustimmung geringfügig auf 34% (PORI, Haaretz, 24.3.1987). Bis zum Herbst 1987 stieg sein Ansehen wieder enorm: Im September und Dezember 1987 sowie im Februar 1988 waren 54% mit ihm zufrieden. Nur Verteidigungsminister Rabin erzielte bessere Noten (PORI-Umfragen, Haaretz, 7.10.1987, 28.12.1987 und 28.3.1988). Seinen noch schärferen Sparkurs zur weiteren Eindämmung der Inflation hatte Nissim Anfang 1988 gegen erheblichen Widerstand der Kabinettskollegen durchgesetzt. Die Öffentlichkeit honorierte es. Nissim blieb populär. Hoffte nach der Kabinettsumbildung vom Dezember 1988 die Arbeitspartei auf ähnliche Lorbeeren, indem sie ihren Vorsitzenden Schimon Peres auf den Posten des Finanzministers hievte? Diese Rechnung ging aber nicht auf.

1989/90 ging die Zufriedenheit mit der Wirtschaftspolitik zurück. 1992 galt wieder die (wirtschafts)politische Weisheit: „Wahltag ist Zahltag“. Die Wähler handelten, wie es die Umfragen über die wirtschaftliche Zufriedenheit erwarten ließen: Sie entschieden sich für den Rückwechsel zur Arbeitspartei Rabins.

Bei aller Bedeutung der Wirtschaft: Sicherheitsprobleme beschäftigen die Israelis traditionell weit mehr, besonders die Wähler der religiösen Parteien sowie des Likud und der nationalen Rechten wie der Techija. „Am wichtigsten“ war im Sommer 1988 für 41% der Likud-Wähler die Sicherheit, nur für 17% gesellschaftlich-wirtschaftliche Fragen, für 15% Frieden. Bei Techija-Wählern: 58% Sicherheit, 12% Wirtschaft und Gesellschaft, 4% Frieden. Bei Wählern der Arbeitspartei: 24% Sicherheit, 17% Wirtschaft und Gesellschaft, 30% Frieden. Bürgerrechtsbewegung: 17% Sicherheit, 18% Wirtschaft und Gesellschaft, 17% Frieden (Elihu Katz, IIASR, Jerusalem Post, 16.9.1988).

Ähnlich die Prioritäten der Israelis vor den Wahlen des Jahres 1992. Für 37% war die Sicherheitspoltik am wichtigsten, für 22% die Friedensgespräche (Madrid) und nur für 8% Arbeitsplätze. Alle anderen Themen fand man „unter ferner liefen“ (Gallup-Umfrage, David Makovsky, Jerusalem Post International, 6.6.1992).

Kurz vor Rabins „Halbzeit“, im Frühjahr 1994 erhielt auch er für seine Wirtschafts- und Sozialpolitik schlechtere „Zensuren“ als für seine Außen-, Sicherheits- und Friedenspolitik. Je 50% waren mit der Wirtschaftspolitik zufrieden oder unzufrieden. (Umfrage Zweites Fernsehen, I. Rosenblum, Haaretz, 3.4.1994). So weit die subjektive Einschätzung der Befragten. Die objektiven Wirtschaftsdaten zeigten nach oben.

b) Streiks

Streiks und Aussperrungen können als Hinweis auf die Zufriedenheit, zumindest die Kompromißbereitschaft im Bereich der Wirtschaft gedeutet werden.

Die Zahl der Streiks, vor allem seit Anfang der 60er Jahre, deutet auf die fehlende Grundübereinstimmung in wirtschaftspolitischen Fragen hin. In den Krisenjahren 1965/66 nahm die Konfliktbereitschaft zu, im Kriegsjahr 1967 dramatisch ab (u.a. wohl wegen der Tatsache, daß viele Reservisten eingezogen waren und wahrscheinlich auch wegen der Atmosphäre der „Nationalen Einheit“).

Bis 1972 mehrten sich die Konflikte; im Kriegsjahr 1973 und im nachfolgenden Jahr des kriegsbedingten Schocks war man kampfesmüde. Dramatisch wieder der Anstieg in den Jahren 1975 bis 1977, während 1978 weniger, 1979 und 1982 mehr gestreikt und 1980 das Niveau von 1978 (und zugleich das der Gründerjahre) erreicht wurde.

Seit 1984 stabilisierte sich die Streikhäufigkeit auf hohem Niveau. Das bedeutet: Zwischen den Erwartungen und Hoffnungen der Arbeitnehmer einerseits sowie der Situation der Wirtschaft andererseits bestand kein Gleichgewicht.

In Zeiten hoher Arbeitslosigkeit ist das Risiko der Streikenden groß. Das beweist die Zahl von 1991, dem Jahr der Krise. Man vergesse nicht, daß 1991 der Golfkrieg tobte. Wie 1967 (Sechs-Tage-Krieg) oder 1973 (Jom-Kippur-Krieg) nahm die Zahl der Streiks ab.

Abbildung 64: Streiks und Aussperrungen 1949-1992

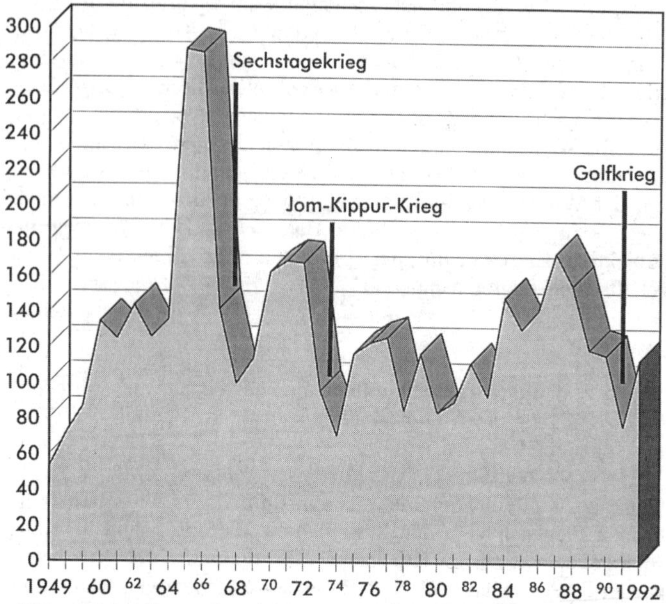

Daten: Statistical Abstract of Israel

XIII. Ausgewählte volkswirtschaftliche Daten

1. Bruttosozialprodukt

Das stoßweise Wachstum des Bruttosozialproduktes begann 1954 und setzte sich bis Mitte der 60er Jahre fort. Erkennbar ist die Wirtschaftskrise der Jahre 1966/67 sowie der enorme Anstieg nach dem Sechs-Tage-Krieg im Jahre 1968. Er reichte bis 1972, bis in die „goldenen frühen 70er Jahre". Nach dem Jom-Kippur-Krieg blieben die Wachstumsraten deutlich hinter früheren zurück, wobei 1976 und 1977 Tiefpunkte erreicht wurden. Den Regierungswechsel von 1977 machen besonders diese zuletzt genannten Daten verständlicher. Das Wachstum seit 1978 blieb freilich, gemessen an vergangenen Jahrzehnten, bescheiden.

1953 war bislang das einzige Jahr, in dem das Bruttosozialprodukt schrumpfte. Ein weiterer Beleg dafür, wie Israel damals die bundesdeutschen Wiedergutmachungszahlungen benötigte.

1987, im letzten Jahr vor der Intifada, wurde mit rund 5% ein beachtliches Wachstum erzielt. Die erwähnte Zufriedenheit mit der Wirtschaftspolitik und dem Finanzminister wird verständlicher. 1988 wirkten sich auch weltwirtschaftliche Probleme aus, doch besonders gewichtig dürfte die Intifada gewesen sein. Weniger als 2% Wachstum wurden erreicht. Wirtschaftspolitiker des Likud (Nissim) und der IAP (Jaacobi) bezifferten den durch die Intifada bedingten Wachstumsverlust auf 1% bis 1,5% (Deutsche Welle, Monitordienst Nahost, 17.3.1989; BBC Monitordienst Middle East, 16.8.1988). Dennoch wies die israelische Wirtschaft schon vor der Intifada Strukturmängel auf, die durch die Zahlen von 1987 eher verdeckt wurden.

Das Krisenempfinden war 1989 bis 1991 offenbar erheblich ausgeprägter als die Lage selbst. Immerhin wurde 1989 ein Wachstum von 1,3% erreicht, aber Löhne und Gehälter sanken in den Jahren 1989 bis 1991. Der bescheidene Anstieg von 1992 konnte die Wähler nicht mehr zugunsten des Likud beeinflussen.

a) Ausgaben für den privaten Verbrauch

Ausgabenfreudig und -fähig erwiesen sich die Israelis seit 1954 und bis zur Wirtschaftskrise der Jahre 1966/67. In den Nachkriegsjahren 1968/69 glichen sie frühere Konsumverzichte aus, mußten aber bis 1977 mit kleineren Zuwachsraten zufrieden sein. Die ersten beiden Jahre der neuen Regierung erlaubten größere

Ausgabensteigerungen, und 1980 führte die Sparpolitik zu einem Konsumverzicht, der im Wahljahr 1981 mehr als ausgeglichen wurde, da die jährliche Zuwachsrate 12% betrug. Also: Nur 1980, 1984 und 1985 gingen die Ausgaben für den privaten Verbrauch im Vergleich zum Vorjahr zurück.

Abbildung 65: Bruttoinlandsprodukt und privater Konsum 1952-1992

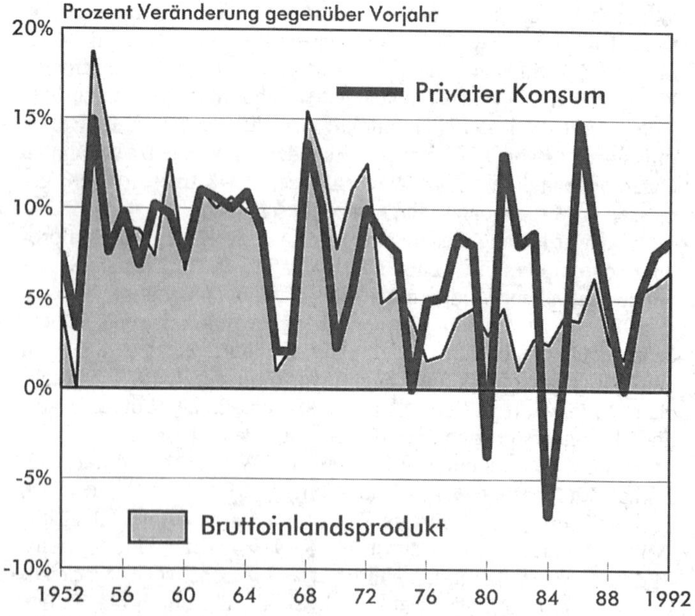

Preiskonstante: 1990
Daten: Statistical Abstract of Israel

Wiederum erkennen wir den Zusammenhang zwischen Wirtschaft und Politik, das heißt zwischen Wirtschaftsentwicklung des Einzelnen und seiner Wahlentscheidung. Diese fiel 1984 für die Regierung, besonders den Likud ungünstiger als zuvor aus. Dies hing mit der Lohnentwicklung ebenfalls zusammen. 1988 regierte eine große Koalition (Likud/IAP/Religiöse) mit einem Likud-Finanzminister. Man hatte mehr, aber nicht viel mehr, zumindest keine wirtschaftspolitische, eher nationalideologische Motivationen. Nur 1989 wurde der Gürtel wieder enger geschnallt, nicht 1990 bis 1992 – trotz der sinkenden Löhne. Wie ist das zu erklären? Eher mit Psychologie als mit Wirtschaft. Israelis haben aufgrund der

Unsicherheitslage immer so etwas wie Torschlußpanik und möchten leben, hier und jetzt und gut.

b) Ausgaben des öffentlichen Bereichs

Die Ausgaben im öffentlichen Bereich verringerten sich, gemessen am Vorjahr, 1952 (Sparpolitik), 1957 (nach der Sinai-Kampagne vom Herbst 1956 und den amerikanischen Druckmanövern, die schließlich zum Rückzug aus den eroberten Gebieten führten), und 1972, als man versuchen mußte, die Inflation zu bremsen, um freilich 1973 wegen der Kriegsausgaben wieder die öffentlichen Ausgaben um ein Vielfaches zu erhöhen. In den Jahren 1976 und 1977, also unmittelbar vor den folgenreichen Wahlen, verringerte die öffentliche Hand ihre Ausgaben. Unter Finanzminister Ehrlich dankte man den Wählern durch vermehrte Ausgaben (8,4%), um sie im Folgejahr um 8,7% zu verringern.

Abbildung 66: Bruttoinlandsprodukt und öffentliche Ausgaben 1952-1992

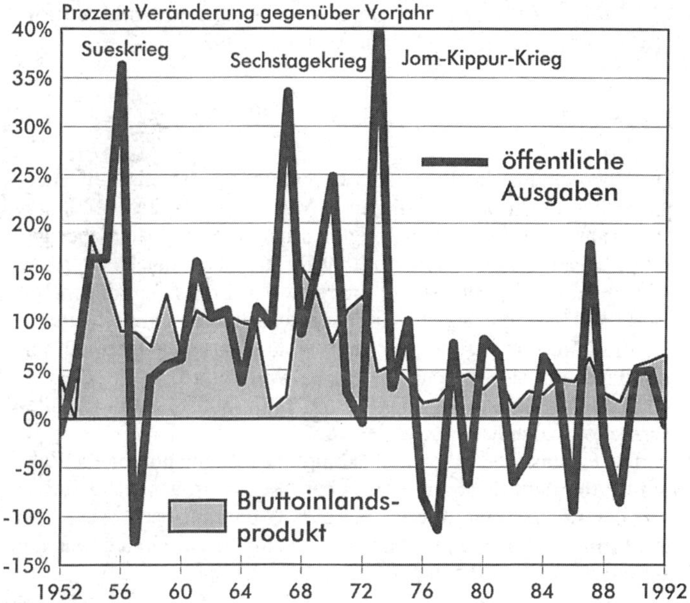

Preiskonstante: 1990
Daten: Statistical Abstract of Israel

Wie wenig erfolgreich Finanzminister Hurvitz in seiner Sparpolitik war, zeigt der Anstieg von 9,1% im Jahre 1980, während sein Nachfolger Aridor die Wahlgeschenke durch eine Ausgabensteigerung des öffentlichen Wirtschaftsbereiches sowie durch Importerleichterungen finanzierte. Freilich stieg im Wahljahr 1981 die Ausgabenfreudigkeit der öffentlichen Hand – ebenso wie 1984. In diesem Jahr aber gaben die privaten Haushalte weniger aus, weil weniger zur eigenen Verfügung übrig blieb (s. Löhne und Gehälter).

Genau umgekehrt verhielten sich Staat und Bürger 1983: Diese konsumierten, jener sparte. Unerwartet war der Ausgabenrückgang 1982 und 1983 – trotz des Libanonkrieges. Daß die große Koalition 1986 energisch die Inflation zu bremsen versuchte, belegt der erhebliche Rückgang der öffentlichen Ausgaben, während der Hahn 1987 aus sozialpolitischen Erwägungen kräftig geöffnet wurde – ohne daß die Preise explodierten. Eine beachtliche Leistung.

Drastisch war der Ausgabenrückgang unter der großen Koalition 1989. Für den seit 1990 ohne die IAP regierenden Likud folgenreich war die Sparsamkeit im Wahljahr 1992.

2. Preisentwicklung

Die Entwicklung des Preisindex beschreibt das israelische Dauerphänomen der Inflation. Allerdings war sie bis in die 60er Jahre, trotz damaliger Klagen, im Vergleich mit späteren Daten eher gering für israelische Verhältnisse. Mehr als zuvor machte sich der Aufschwung der frühen 70er Jahre in den Preissteigerungen bemerkbar. Der Jom-Kippur-Krieg verschärfte diese Entwicklung, die die Likud-Regierung umkehren wollte. Das Gegenteil trat ein, und 1980 erreichte man mit 131% den Weltrekord.

Im Vergleich zu 1984 (374%) und 1985 (305%) nahm sich dieser Rekord geradezu bescheiden aus.

Die erfolgreiche Inflationsbekämpfung dokumentieren die Zahlen für die Jahre 1986 bis 1988. Gemessen an früheren Zunahmen war der Anstieg von 20% im Jahre 1989 undramatisch. Aber: Die Zahl ging erstmals wieder nach oben. Recht erfolgreich war die Inflationsbekämpfung in den frühen 90er Jahren.

Abbildung 67: Inflationsrate 1949-1992

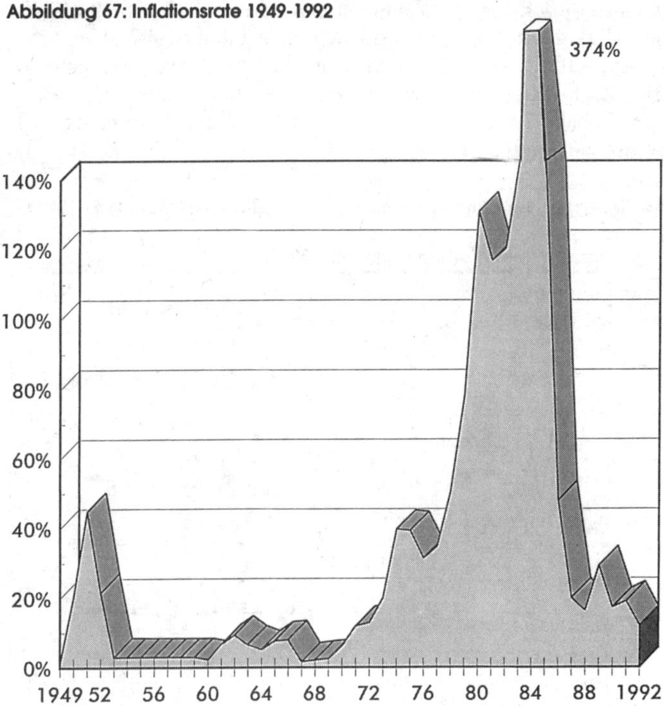

Daten: Statistical Abstract of Israel

3. Löhne und Gehälter

Die Lohn- und Gehaltssteigerungen der Arbeitnehmer waren besonders 1965 und 1966 (Krisenjahr) beachtlich. Zurück gingen sie nur in den Jahren 1967 (Ausläufer der Krise), 1974 (nach dem Krieg), 1975, 1980, 1982 und 1984 (Wahljahr!) und 1985. Im Wahljahr 1977 gab man offenbar den Einkommensforderungen wieder eher nach, und auch 1979 ist die Führungsschwäche der Regierung, die immerhin ein beachtlicher Arbeitgeber ist, erkennbar. Anders dagegen der Einfluß von Finanzminister Hurvitz im Jahre 1980 (-3,2%), was man 1981 wiederum mit + 10,4% mehr als nur ausglich (Wahljahr). Die Macht gekostet hat den Likud wohl der Rückgang der Löhne in den Jahren 1989 bis einschließlich 1991 sowie der geringe Anstieg im Wahljahr 1992.

Am auffallendsten: Der auch in diesem Bereich feststellbare Zick-Zack-Kurs. Von einer stetigen Entwicklung kann keine Rede sein. Tabelle 29 schlüsselt die Gehalts- und Lohnentwicklung nach Wirtschaftszweigen auf.

Abbildung 68: Bruttoinlandsprodukt und der Durchschnittslohn 1956-1992

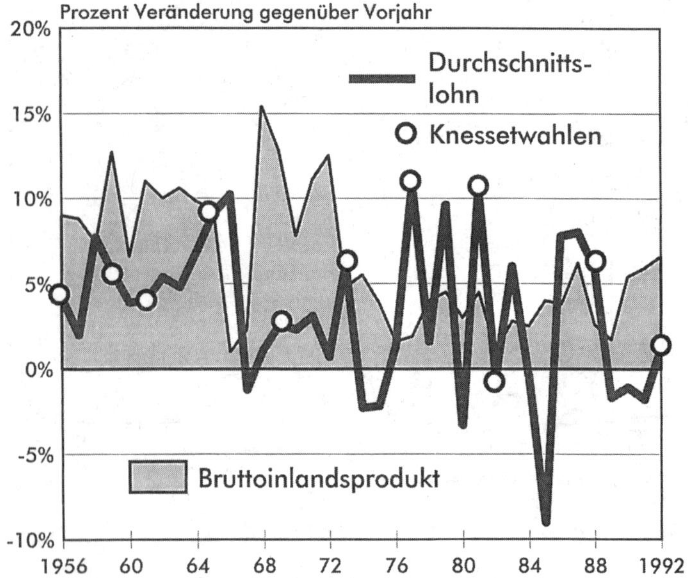

Arbeiter und Angestellte, ohne Arbeiter aus den besetzten Gebieten.
Preiskonstante: 1990
Daten: Statistical Abstract of Israel

Tabelle 29: Reallohnentwicklung in ausgewählten Wirtschaftszweigen, in %

Wirtschaftsbereich	1976	1977	1978	1979	1980	1981	1982	1983	1984	1985	1986	1987	1988	1989	1990	1991	1992
Gesamtwirtschaft	1,4	10,6	1,5	9,5	-3,2	10,4	-0,9	6,0	-2,5	-4,8	9,9	7,9	6,2	-1,3	-1,0	-3,2	1,2
Öffentliche Dienstleistungen	-4,3	16,9	-0,8	15,6	-8,4	10,4	-4,7	9,5	-0,8	-12,3	7,9	7,1	9,8	0,3	0,2	1,6	-0,4
Privatwirtschaft	4,6	6,9	2,9	5,9	-0,3	10,4	2,1	4,1	-3,2	-4,1	10,7	14,4	4,9	-1,7	-1,6	-5,4	1,4
Landwirtschaft	0,9	4,6	3,3	5,8	-1,7	7,6	2,0	3,2	-2,6	-6,3	11,6	9,4	4,7	-0,8	-4,6	-12,4	2,4
Industrie	6,2	6,3	2,9	6,2	-0,4	11,8	2,1	5,4	-0,2	-4,6	9,0	7,1	3,8	0,9	0,0	-3,2	2,0
Bau	7,4	-1,1	0,5	6,7	-0,9	8,9	4,8	-1,1	-6,5	-6,5	16,7	16,3	3,3	-2,2	-4,5	-13,7	9,4
Kreditwesen	3,5	11,6	-0,8	5,6	1,5	9,5	-0,9	7,2	-9,0	-2,2	10,1	5,1	8,3	-4,8	-0,9	-5,5	1,0

Daten: Bank of Israel; Statistical Abstract of Israel

Daß die Lohnentwicklung alles andere als unpolitisch ist, beweisen auch die Veränderungen im öffentlichen Dienstleistungsbereich in den Wahljahren 1977 und 1981, 1988 und 1992. Arbeiterblock und Likud haben einander wenig vorzuwerfen, wobei sogar 1977 der gesamtwirtschaftliche Anstieg bei weitem übertroffen, 1981 „nur“ erreicht wurde. 1976, 1978, 1980, 1982, 1985 und 1986 blieb dieser Sektor hinter der gesamtwirtschaftlichen Entwicklung zurück. 1983 und 1988 lag er vorn, ebenso 1989 bis 1991, in geradezu skandalöser Weise.

Der Privatsektor lag über der allgemeinen Lohnveränderung in den Jahren 1976, 1978, 1980, 1982, 1985, 1986 und 1987.

Der Landwirtschaft ging es nur 1978, 1980, 1982, 1986, 1987 und 1989 besser als dem Gesamtdurchschnitt. Sie lebte also weit über ihre Verhältnisse. Dramatisch war der Einbruch im Jahre 1991.

Die Entwicklung am Bau ist aufschlußreich wegen der vielen arabischen und orientalischen Arbeiter. 1976 lag hier die Lohnentwicklung deutlich über dem Durchschnitt, 1977 noch klarer darunter. 1979, 1980 und 1982 waren die Löhne überdurchschnittlich; von 1983 bis 1985 lagen die Löhne im Bausektor unter dem allgemeinen Lohnniveau, 1986 und 1987 jedoch deutlich darüber. Die Zahlen ab 1988 spiegeln die Krise dieses Gewerbezweiges wieder. Palästinenser aus den Gebieten fehlten; jüdische Arbeitssuchende gab es mehr als Arbeit; Aufträge fehlten. Verallgemeinerungen politischen Inhalts sind hier kaum möglich.

4. Arbeitslosigkeit

Erstmals wurde bei der Arbeitslosenquote die Zehn-Prozent-Marke im Krisenjahr 1967 erreicht. Dann boomte die Wirtschaft. Die Arbeitslosigkeit blieb bis 1987 relativ niedrig. Sie stieg seit 1989 drastisch mit Beginn der russisch-jüdischen Einwanderung. Das Wahljahr 1992 brachte mit 11,2% einen neuen Negativrekord. Schon 1991 waren 10,6% erreicht worden. Man übersähe aber nicht: Für rund eine halbe Million Neubürger brauchte man neue Arbeitsplätze. Man schuf sie, was die Daten ab 1993 signalisierten.

Abbildung 69 : Arbeitslosigkeit 1956-1992

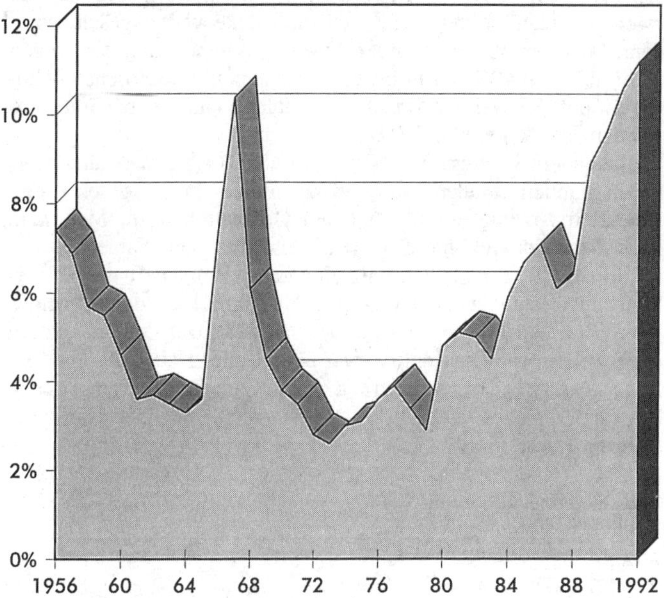

Daten: Statistical Abstract of Israel

5. „Materielle Lebensqualität"

Wie sehr sich die „materielle Lebensqualität" in Israel verbesserte, zeigt die Tatsache, daß schon 1981 99% aller Haushalte über einen Kühlschrank verfügten, während es 1958 nur 34% waren. Auch der Anstieg der PKW-Besitzer von 4% im Jahre 1962 auf 34% im Jahre 1981 und 44% nur zwei Jahre später belegt dies. Hier erfolgte der Konsumschub seit den 1970er Jahren, zum Teil Anfang der 1980er Jahre.

Bei der Bewertung der „materiellen Lebensqualität" ist die Unterscheidung nach der Herkunft aufschlußreich. So besaßen im Jahre 1958 nur 8,2% der Juden afro-asiatischer Herkunft einen Kühlschrank, aber 51,4% der Aschkenasim. 1981 waren jeweils 99,4% der Gruppen Eigentümer eines solchen Gerätes. Bei den Autobesitzern bestehen die Unterschiede kaum noch: 1965 besaßen 1,8% der orientalischen Juden einen eigenen PKW; 9,9% der euro-amerikanischen. 1981 waren es 25% der Juden afro-asiatischer und 35,2% der Juden euro-amerikanischer Herkunft. In den zwei folgenden Jahren hatte sich die Lücke weiter geschlossen, denn 38% der in Afrika oder Asien Geborenen und nur wenig mehr, nämlich 42% der in Europa oder Amerika Geborenen gehören zu den PKW-Besitzern. Die „Asiaten" lagen dabei mit 40% vor den „Afrikanern" mit 36%.

Besonders wichtig: Von den im Lande Geborenen aller Herkunftsgruppen besaßen 1983 63% der Juden einen eigenen PKW. Der „Aufschwung" nimmt mit den Generationen zu. Man muß auch diese Entwicklung beachten, wenn man den Wahlerfolg des Likud seit 1977 verstehen will. Erst seine Wirtschaftspolitik verhalf den orientalischen Juden zum Nachholschub, der allerdings die Staatsfinanzen insgesamt weiter belastete. Der Lebensstandard stieg weiter: 1988 verfügten zwei Drittel aller Haushalte über ein Auto. Der Anteil sank aufgrund der großen Zahl der russischen Einwanderer ab 1989. 1991 verfügten nur 53% aller Haushalte über ein Auto.

Abbildung 70: Haushalte mit PKW

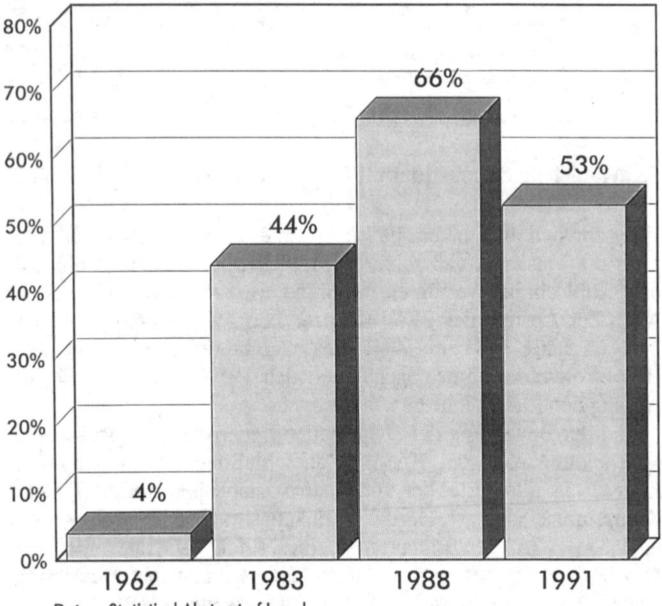

Daten: Statistical Abstract of Israel

Und die arabische Bevölkerung? Hier gab es 1965 nur 8,2%, die einen Kühlschrank besaßen, während es 1981 schon 90,8% waren. Ein Auto besaßen 1970 3,1% der arabischen Bevölkerung, 1981 13,3% und 1983 sogar 26%. Ein aufschlußreiches Detail: 1974 waren es 11,5%. Der große Sprung erfolgte hier Anfang der 70er Jahre und 1982/83.

Ja, auch wenn es nicht ins ideologische Raster (der Leser, des Autors, der Parteien) paßt: Materiell verbesserte sich die Situation der israelischen Araber seit 1981 nicht undramatisch. Offenbar bestimmt die materielle Situation keineswegs automatisch die politische Einstellung der Araber, im Kernland ebenso wie in den besetzten Gebieten.

Die Wohnraumverhältnisse sind sicher ein besserer Hinweis auf materielle Lebensqualität. Hier wird das Gefälle zwischen den Bevölkerungsgruppen besonders klar: 1988 lebten 1,03 jüdische Personen in einem Zimmer. Bei den Arabern: 1,90 Personen. Auch innerhalb der Juden und Araber ist die Differenzierung bedeutsam: Bei den Einwanderern euro-amerikanischer Herkunft: 0,84 Personen. Bei Einwanderern aus Asien 1,15 Personen, bei Einwanderern aus Afrika 1,17 Personen. Bei den Zabarim mit einem orientalischen Vater lag die Ziffer bei 1,22 Personen pro Zimmer, bei den Zabarim mit einem aschkenasischen Vater: 1,01 Personen. Bei den orientalischen Juden stellen wir damit eine generationelle Verschlechterung fest.

Bei den Arabern leben die Christen am komfortabelsten: 1,44 Personen teilten sich 1988 ein Zimmer. Bei den Drusen waren es 1,84 Personen, bei den Moslems 2,02 Personen (Statistical Abstract of Israel).

Freilich müssen diese Daten mit früheren verglichen werden. Da zeigt sich wieder die Verbesserung: Bei den aschkenasischen Israelis lebten noch 1956 pro Zimmer 2,1 Personen, bei den orientalischen gar 3,2. 1968 waren es 1,6 Personen bei den euro-amerikanischen und 2,0 Personen bei den afro-asiatischen Juden (Statistical Abstract). Die Araber lebten demnach 1988 in den materiellen Verhältnissen der orientalischen Juden des Jahres 1968.

Trotzdem: Im Jahre 1988 lebten 487.939 Israelis (= 14% aller Familien) unterhalb der Armutsgrenze. Das ermittelte die Landesversicherungsanstalt. Als „arm" galten dabei Alleinstehende, die monatlich unter 480 DM, oder Zweipersonenhaushalte, die im Monat unter 750 DM netto verdienten (Z. Zerachia, Haaretz, 22.11.1989; A. Ben-Chanan, Haaretz, 1.12.1989; A. Tal, Haaretz, 12.12.1989).

Ende 1993 lag der Anteil der Armen bei 15% (A. Golan, Haaretz, 8.11.1993). Das ist die Mikroebene. Auf der Makroebene zählte die Weltbank 1994 Israel zur Gruppe der „reichen Staaten" (A. Eldar/Z. Secharja, Haaretz, 28.4.1994). Gemessen an der Kaufkraft der Bevölkerung wurde Israel 1991 von der Zeitschrift Fortune auf Platz 21 gesetzt (Haaretz, 22.7.1991). Alles ist eine Frage der Perspektive. Nein, des individuellen Geldbeutels.

XIV. Die Wirtschaftsbereiche

1. Netto-Inlandsprodukt zu Faktorkosten (Wer produziert wie viel?)

Am stärksten zurück ging der Anteil der Landwirtschaft, was ein weiterer Erklärungsfaktor für das schwindende Prestige von „Chalutziut", dem landwirtschaftlichen Pionierideal, sein könnte. Ebenfalls stark rückläufig war der Anteil des Handels und anderer Dienstleistungsbereiche, zu denen vor allem Restaurants und Hotels zählen. Dagegen veränderten sich die Anteile des verarbeitenden Gewerbes, ebenso wie der Bauindustrie, Elektrizität und Wasser, Verkehr und öffentliche Dienstleistungen ohne Erwerbscharakter wenig. Trotzdem: Das Gewicht des öffentlichen Sektors stieg nicht dramatisch, doch es stieg von knapp einem Fünftel auf ein Viertel. Geradezu explosionsartig legte der Wirtschaftsbereich der Kreditinstitute und Versicherungen zu.

Den Rückgang der Landwirtschaft am Netto-Inlandsprodukt spiegelt auch die Veränderung der Ausfuhrstruktur Israels wider (vgl. den Abschnitt über Außenhandel in diesem Buch).

2. Beschäftigung: Wirtschaftliche und nationale Aspekte

Der Anteil der nicht-selbständig Tätigen stieg von 63,2% im Jahre 1955 auf 78,1% im Jahre 1981. Er blieb mit 79,5% bis 1988 weitgehend stabil. Er stieg bis 1992 auf 82%.

Der Arbeitgeberanteil veränderte sich ebenfalls kaum: 1970 betrug er 3,7%. Der Anteil der selbständig Tätigen sank von 22,6% im Jahre 1955 auf 10,4% im Jahre 1981 und 7,4% im Jahre 1992. Diese Zahl ist historisch aufschlußreich. Aus dem Volk der notgedrungen selbständig tätigen Diasporajuden ist eine Nation der Angestellten und Beamten geworden. Das zionistische Aufbauwerk hat die diasporajüdische Beschäftigungsstruktur umgewälzt, also revolutioniert.

Die abnehmende Bedeutung der Landwirtschaft dokumentiert ebenfalls die Veränderung in der Beschäftigungsstruktur (Tab. 31). Noch 1936 waren 44,9% aller Erwerbstätigen Palästinas in der Landwirtschaft tätig. Am Ende des Zweiten Weltkrieges, im Jahre 1945, verblieben in diesem Wirtschaftsbereich nur 32,1%. Zehn Jahre nach der Unabhängigkeit Israels arbeiteten in der Landwirtschaft 17,6% der Erwerbstätigen. 1970 betrug der Anteil

Tabelle 30: Nettoinlandsprodukt zu Faktorkosten nach Wirtschaftsbereichen, in %

	Landw./ Forsten/ Fischerei	Industrie (Verarb. Gewerbe)	Bau Elektr. Wasser	Handel/ Andere Dienstl.	Verkehr	Kreditinst./ Versicherungen	Kosten d. Leistg.d. Kredit-institute**	Immobilien	Öffentl. Dienstl. o. Erwerbs-charakter	Subvent.-anteil b. Regierungs-darlehen**	Private u.a. Dienstl.
1952	11,4	21,7	10,9	22,7	7,4	2,5		5,2	18,2		-
1955	11,3	22,5	10,1	20,6	7,4	2,7		5,4	20,0		-
1960	11,7	23,8	9,5	18,6	8,0	3,8		5,9	18,7		-
1965	8,4	24,2	9,8	17,9	8,5	5,2		7,3	18,7		-
1970	6,5	24,1	12,1	11,0	8,9	8,9		6,1	19,1		3,3
1975	5,7	22,5	12,3	11,9	7,4	11,4	-4,5	8,6	18,3	3,5	3,0
1981	5,6	23,1	11,6	11,1	6,4	13,7	-5,8	8,0	18,3	6,0	2,5
1984	3,8	22,0	7,2	12,3	6,5	15,2	-4,9	8,5	22,4	4,3	2,7
1986	4,7	22,3	7,0	12,7	7,8	14,3	-4,9	6,5	22,2	1,9	3,8
1988	3,6	22,6	8,3	11,3	8,2	16,2	-6,3	6,0	23,2	1,3	4,5
1990	3,2	22,0	8,9	10,6	8,3	16,0	-5,1	7,5	23,7	0,7	4,5
1992	2,6	21,7	10,4	10,4	8,1	16,7	-4,5	8,2	22,5	0,4	4,3

* Aufgrund von „Fehlern und Auslassungen" beträgt die Gesamtsumme nicht immer 100%.

** Erst seit 1975 errechnet. (Daten: Statistical Abstract of Israel)

Tabelle 31: Beschäftigte nach Wirtschaftsbereichen, in %

	Landwirt-schaft	Industrie	Elektrizität + Wasser	Bau	Handel/ Hotels/ Restaurants	Verkehr	Finanzen	Öffentl. Dienste	Private Dienste	Beschäftigte in 1.000
1936	44,9	12,0		5,1	14,8			23,1		432
1944	32,2	14,5		5,3	15,6			32,3		545
1958	17,6	22,4	2,2	9,8		6,2	12,3	21,9	7,6	655
1962	15,5	25,0	2,1	9,7		6,1	12,3	21,7	7,6	777,1
1967	12,6	24,6	2,2	7,6		7,3	13,5	24,1	8,1	835
1970	8,8	24,3	1,2	8,3	13,0	7,5	5,2	24,0	7,7	963,2
1975	6,4	24,8	1,0	8,1	12,3	7,3	6,7	27,3	6,1	112,6
1980	6,4	23,7	1,0	6,4	11,7	6,9	8,2	29,6	6,2	1.254,5
1986	5,2	23,7	0,9	4,5	13,1	6,4	9,8	22,9	6,5	1.367,9
1988	4,6	22,3	1,0	5,1	14,3	6,6	10,2	29,2	6,7	1.453,1
1990	4,2	21,7	1,1	5,1	14,6	6,2	10,0	29,6	7,4	1.491,9
1992	3,5	21,3	0,9	6,6	14,0	6,3	10,5	29,5	7,4	1.650,2

Daten: Statistical Abstract of Israel; Encyclopaedia Hebraica, Bd. 6: 731f

Für 1936 bis 1945 Elektrizität und Wasser bei Industrie. Verkehr, Kreditinstitute, Versicherungen und Handel eine Kategorie. Private Dienstleistungen und öffentliche zusammen. Bis 1970 Handel, Hotels, Restaurants, Kreditinstitute und Versicherungen zusammen.

Abbildung 71: Nettoinlandsprodukt zu Faktorkosten nach Wirtschaftsbereichen 1952 und 1992

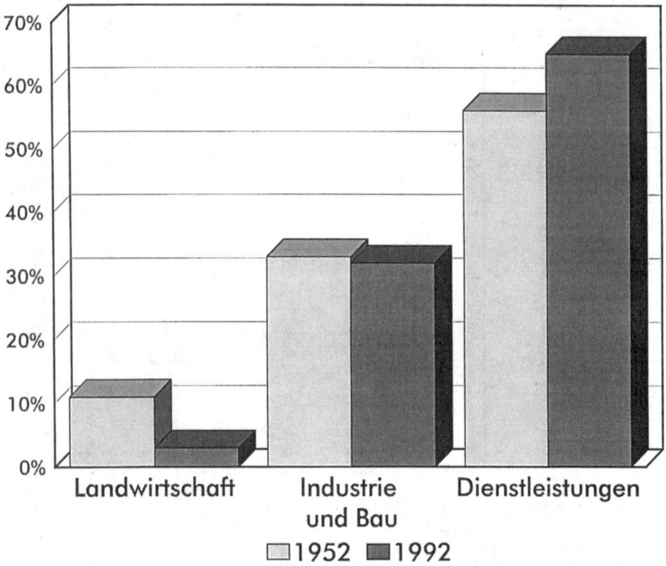

Daten: Statistical Abstract of Israel

mit 8,8% nur noch rund die Hälfte. 1981 war er auf 6,1%, 1988 auf 4,6% und 1992 auf 3,5% zurückgegangen.

Die jüdisch-arabische Spaltung verdeutlichen die folgenden Angaben, die aber zugleich den allgemeinen Trend, die rückläufige Bedeutung der Landwirtschaft, bestätigen. In der arabischen Bevölkerung waren 1936 62% in der Landwirtschaft tätig. 1945 waren es mit 50% schon erheblich weniger. 1984 waren nur noch 10,1% in der Landwirtschaft verblieben, 1988 gar 7% und 1992 waren es nur noch 4,6%.

In der jüdischen Bevölkerung waren 1936 19% aller Erwerbstätigen in der Landwirtschaft tätig; 1945 verblieben noch 10%. Von 1975 bis 1981 waren es 5,4%, 1988 sogar nur 4,6% und 1992 bloß noch 3%.

Industrie (verarbeitendes Gewerbe) und Bergbau entwickelten sich von 1936 bis 1945, also während der Mandatszeit, sogar trotz des Krieges, der die Industrialisierung förderte, vergleichsweise zaghaft. Der Industrialisierungsschub nach der Unabhängigkeit wird im „Sprung“ zwischen 1945 und 1958 von 15,5% der Beschäftigten auf 22,4% deutlich. Seitdem blieb dieser Anteil fast gleich.

Abbildung 72: Beschäftigte nach Wirtschaftsbereichen

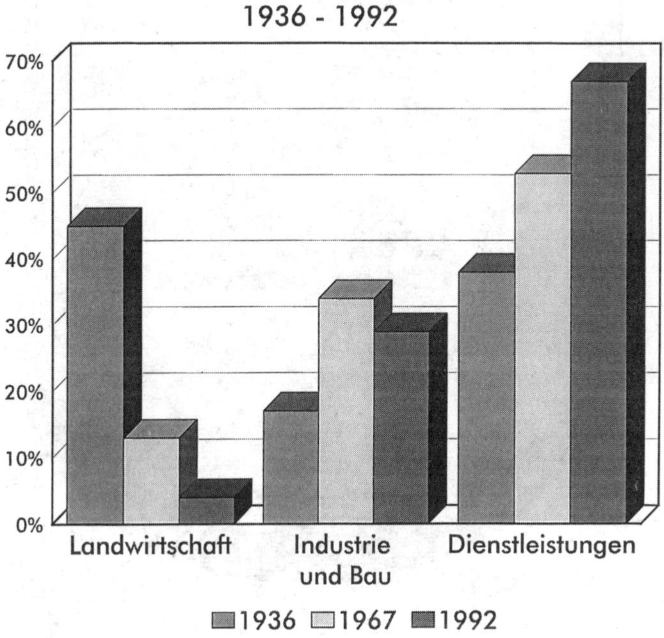

Daten: Statistical Abstract of Israel

Das Baugewerbe konnte seinen Anteil an der Beschäftigung seit den 30er Jahren bis in die 60er auf knapp 10% ausbauen, ging bis 1981 aber auf 6,2% und 1988 auf 5,1% aller Beschäftigten zurück. Infolge der Intifada und der russisch-jüdischen Einwanderung stieg der Anteil wieder bis 1992 auf 6,6%.

Auch in diesem Wirtschaftsbereich wird die jüdisch-arabische Teilung des Arbeitsmarktes erkennbar, denn hier waren 1981 nur 4,4% der jüdischen Erwerbstätigen aktiv, doch 24,6% der arabischen. Bis 1992 war der jüdische Anteil auf 4,7% leicht angewachsen, der arabische dagegen auf 20% weiter gesunken.

In der Industrie und am Bau arbeiteten 1992 insgesamt 43% der arabischen Erwerbstätigen, im Dienstleistungssektor schon 52%. Die Modernisierung der arabischen Bevölkerung Israels wird einmal mehr veranschaulicht.

Abbildung 73: Erwerbsstruktur der in Israel tätigen Arbeiter aus den besetzten Gebieten 1992

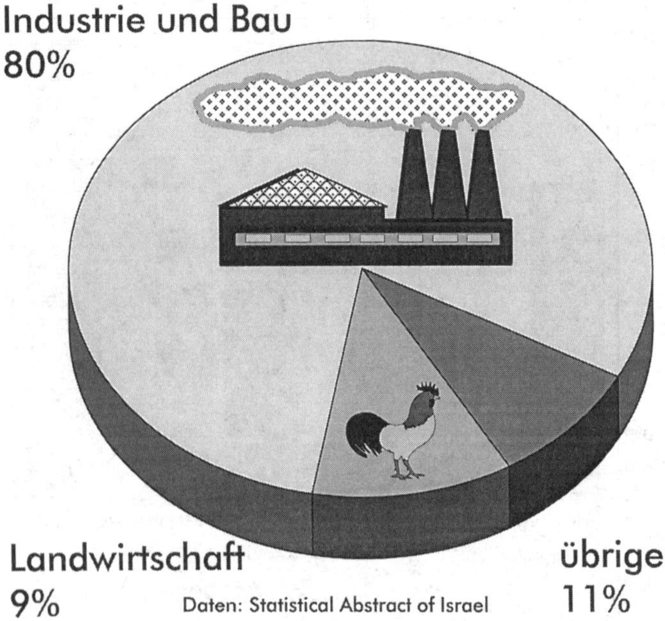

Der Modernisierung der israelischen Araber (verstanden als zunehmende Betätigung im Dienstleistungsbereich) beziehungsweise ihrer Entproletarisierung entsprach die Proletarisierung der Palästinenser aus den besetzten Gebieten: nicht ganz 46% aller 1987 in Israel erwerbstätigen Palästinenser aus dem Westjordanland und Gasa-Streifen waren im Baubereich (rund zwei Drittel im Bau und in den restlichen Industriezweigen), knapp 15% als landwirtschaftliche Lohnarbeiter beschäftigt. Das Ergebnis des Aufstandes der Palästinenser in den besetzten Gebieten (Intifada) seit 1987 aus diesem Sektor: 1992 waren über 74% aller in Israel arbeitenden arabischen Erwerbstätigen aus den besetzten Gebieten in der Baubranche beschäftigt, 9% in der Landwirtschaft und nur 6% in der Industrie. (Über palästinensische Arbeiter in der israelischen Wirtschaft vgl. Semyonov/Lewin-Epstein, 1987. Bezogen auf arabisch-israelische Arbeiter vgl. Khalidi, 1988 und Semyonov, 1988.)

Vor Ausbruch der Intifada waren bei den israelischen Arabern in der Bauindustrie nur noch 18%, bei den jüdischen Israelis nur 3,4% in Lohn und Brot. Der Intifada-bedingte Rückgang der Zahl palästinensischer Arbeiter aus den besetzten Gebieten traf die Bauwirtschaft weit weniger als von den Aufständischen beabsichtigt. Weil Bauunternehmen 1988/89 nur wenig Aufträge erhielten, benötigten sie kaum Arbeiter. Sie konnten auf arbeitslose jüdische Israelis zurückgreifen (wodurch der Antil der jüdischen Beschäftigten am Bau wieder auf 4,7% ansteigen konnte). Sie bauten Überkapazitäten ab, modernisierten ihre Produktion, und ab 1992/93 für den Aufschwung fehlende Arbeiter wurden aus Osteuropa oder Asien angeworben.

Der wirtschaftliche Schaden war für die Palästinenser größer als für die Juden. 1993 begannen die Messermorde von Palästinensern aus den Gebieten im Kernland. Die Folge: Immer weniger Palästinenser durften in Israel arbeiten. Ihr Elend wuchs, sie wurden radikaler, liefen der PLO Arafats weg und den Islamischen Fundamentalisten zu. Auch deshalb brauchte Arafat das Abkommen mit Israel. Vergleichbare Entwicklungen hatte Aufstand der Palästinenser in den Jahren 1936 bis 1939 bewirkt (vgl. Schreiber/Wolffsohn, 1989. Zur Intifada: Schreiber, 1989).

Jüdische Arbeit war schon vor der Staatsgründung eine zentrale Forderung der Histadrut (vgl. Shapira, 1977). Sie war nicht antiarabisch gemeint, sondern bezweckte die „Produktivisierung" des jüdischen Volkes: Im jüdischen Staat sollten Juden alle Arbeiten verrichten. Jüdische Arbeitnehmer waren von Anfang an gewerkschaftlich organisiert und politisch bewußt. Daher war jüdische Arbeitskraft teuer, stets teurer als arabische. Gegen die Mechanismen des Arbeitsmarktes war „Jüdische Arbeit" deshalb nicht durchzusetzen, nur politisch. Hierbei half die palästinensische Nationalbewegung unfreiwillig nach, 1936 bis 1939 und auch seit 1987.

Seit 1989 fand man sogar unter den Besenkehrern in Tel-Aviv Juden. Bürgermeister Lahat vergab städtische Kehraufträge nur noch an Firmen, die Juden beschäftigten (Ch. Handwerker, Haaretz, 19.5.1989. Zur arabischen Arbeit in Tel-Aviv im besonderen und arabisch-palästinensischer Arbeit im allgemeinen siehe Portugali, 1986). Kritik äußerten linksliberale Politiker. Ihre Kollegen von der Arbeitspartei standen vor einem Dilemma: Sollten sie wirtschaftsideologische Erwägungen oder eher Menschenrechte beachten? Der Histadrut waren die unorganisierten und daher so billigen palästinensischen Arbeiter seit jeher ein Dorn im Auge. Sie verbilligten oder verdrängten gar jüdische Arbeit.

Ironie der Geschichte: Die Intifada hat die Entzionisierung der israelischen Wirtschaft gebremst, die Rückkehr zu den zionistischen Wurzeln ermöglicht. Es mag einem gefallen oder nicht.

Während noch 1970 nur 12% der erwerbstätigen Palästinenser aus den Gebieten in Israel arbeiteten, waren es bis in den 80er Jahren bis zum Beginn der Intifada (Dezember 1987) etwas mehr als ein Drittel. Bis 1991 war der Rückgang keineswegs dramatisch, 1992 nahm die Zahl sogar wieder zu. Nach den Messermorden von 1993 wurden die Gebiete gesperrt. Mitte 1994 wurde die Zahl der arabischen Arbeiter aus den besetzten Gebieten auf 30.000 beschränkt. 1992 waren es 115.600 gewesen, d.h. 36% aller Beschäftigten aus den Gebieten.

Abbildung 74: Arabische Arbeiter aus den besetzten Gebieten

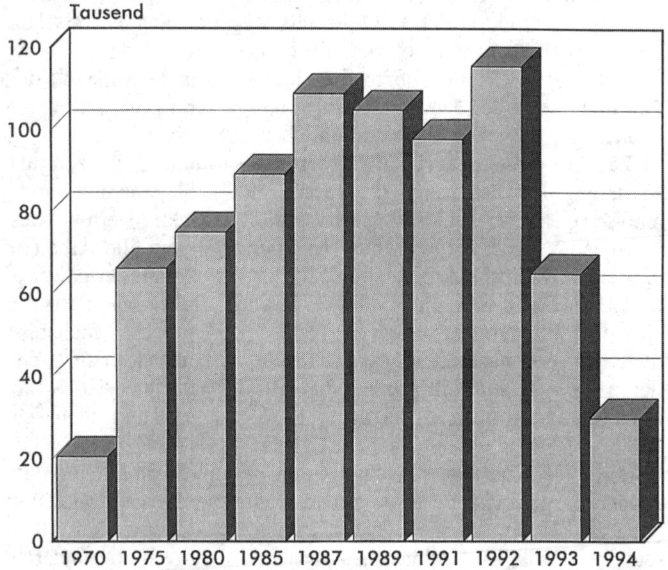

Daten für Westjordanland und Gasa, ohne Jerusalem
Statistical Abstract of Israel bis 1992, Schätzwerte für 1993 und 1994

Die Aufblähung des Dienstleistungsbereiches ist offenkundig. Allein im öffentlichen Dienstleistungsbereich waren 1988 knapp 30% aller israelischen Erwerbstätigen beschäftigt. 1958 waren es „nur“ 21,9%. Der private Dienstleistungsbereich ging dabei sogar von 7,6% im Jahre 1958 auf 6,7% im Jahre 1988 zurück und blieb weitgehend stabil.

Auch im öffentlichen Dienstleistungsbereich erkennt man leicht die jüdisch-arabische Spaltung, da z.B. 1981 15,9% der arabischen Beschäftigten hier tätig waren, während man bei den Juden 31,2% registrierte. Trotzdem: 1992 waren es 20% aller erwerbstätigen Araber und 31% der jüdischen Israelis. Die Lücke schließt sich. Von „Berufsverboten“ für Araber im öffentlichen Dienst keine Rede.

Abbildung 75: Anteil der in Israel arbeitenden Palästinenser an der Gesamtzahl aller Beschäftigten der besetzten Gebiete 1970-1994

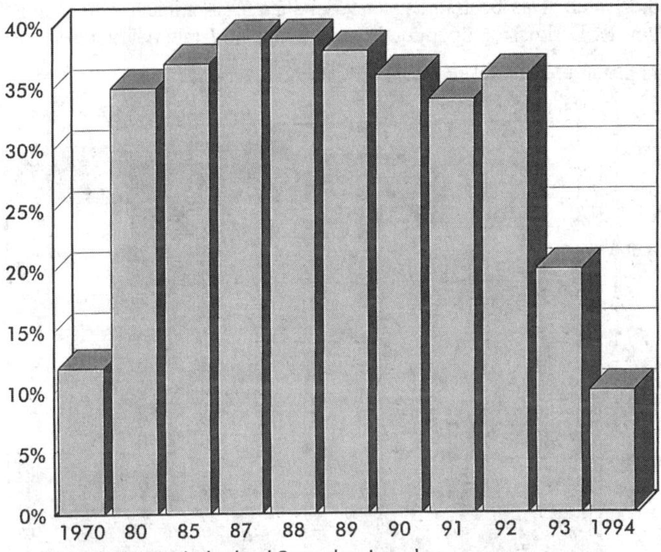

Daten für Westjordanland und Gasa, ohne Jerusalem
Statistical Abstract of Israel, Schätzwerte für 1993 und 1994

3. Landwirtschaft

Natürlich entspricht die allmähliche Verlagerung von der Landwirtschaft zur Industrie und dem Dienstleistungssektor dem allgemeinen wirtschaftlichen „Entwicklungsschema“, doch in der zionistischen Ideologie kam dem landwirtschaftlichen Pionierideal, „Chalutziut“, wie schon mehrfach erwähnt, eine besonders große Bedeutung zu. Diese an Zahlen ablesbare quantitative Gewichtsverlagerung mußte langfristig zu qualitativen Abstrichen an der ursprünglichen Entwicklungsideologie führen. Wegen der abnehmenden volkswirtschaftlichen Bedeutung der Landwirtschaft wiederum war ein Verlust des hohen Sozialprestiges dieses Wirtschaftsbereiches, vornehmlich der Kibbutzim, ebenfalls unumgänglich. Vor diesem Hintergrund müssen die Veränderungen in und im Verhältnis zu den Kibbutzim gesehen werden, auf die in Abschnitt B/VIII/4 hingewiesen wurde. Das Ende des landwirtschaftlichen Pionierideals der zionistischen Gründungsväter belegen die Daten. Das postzionistische Zeitalter hat demnach schon lange vor der Diskussion über den Postzionismus in Israel begonnen.

Abbildung 76: Entwicklung der Landwirtschaft 1948-1992

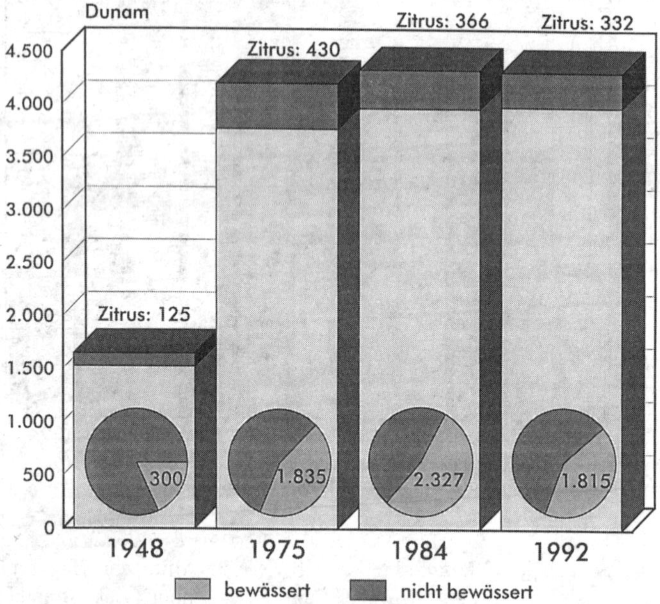

Daten: Statistical Abstract of Israel

Die Entwicklung der Landwirtschaft zeichnet Abbildung 76 in einigen Punkten nach. Die landwirtschaftlich genutzte Fläche stieg gewaltig. Die größte Ausweitung fand in den 50er Jahren statt. Von Anfang bis Mitte der 60er Jahre wurde sogar weniger Land bebaut, und seit Anfang der 70er Jahre nutzte man nur wenig mehr an Boden. Seit Anfang der 1980er Jahre nahm die bebaute Fläche ab. Diese Entwicklung ist einerseits ein Hinweis auf die zunehmende Intensivierung und Produktivisierung der Landwirtschaft, andererseits ein Indikator für das abnehmende Gewicht dieses Sektors.

Deutlich an der Spitze liegen Feldfrüchte. Der Obstanbau vervielfachte sich bis Anfang der 60er Jahre, wurde dann verlangsamt und ging bis Mitte der 70er Jahre zurück, um bis zum Anfang der 80er Jahre enorm ausgeweitet zu werden.

Tabelle 32: Verteilung der Beschäftigten in der Landwirtschaft

	1960	1970	1980	1990	1992
Alle					
Selbständige, Moschawimmitglieder	32,5	28,5	24,8	20,7	16,7
Kibbutzmitglieder	21,0	15,5	20,9	17,5	18,3
Nichtbezahlte Familienmitglieder	21,4	14,5	6,0	5,4	3,1
Nicht-Selbständige	46,2	31,3	33,9	27,3	27,8
Juden					
Selbständige, Moschaw- u. Kibbutzmitglieder, nicht-bez. Familienmitglieder	61,7	46,5	43,5	38,5	34,5
Nicht-Selbständige	36,1	18,0	17,1	12,1	14,2
Nicht-Juden					
Selbst., Mitgl. v. Kooperativen, nichtbez. Familienmitglieder	13,2	12,0	8,2	5,1	3,6
Nicht-Selbständige	10,1	13,3	16,8	15,2	13,6
davon aus Israel	10,1	8,3	4,5	6,0	5,5
aus Gasa u. Westjordanland	-	5,0	12,3	9,2	8,1

Daten: Statistical Abstract of Israel; Jahresdurchschnitt in 1.000

Zu Unrecht wird die israelische Landwirtschaft mit der Zitruswirtschaft gleichgesetzt. Die bebaute Fläche stieg bis in die Mitte der 60er Jahre ständig, stagnierte bis in die Mitte der 70er und ging seitdem zurück. Kowa Tembel, „Idiotenhut", als Sonnenschutz mag als Bild vom israelischen Landwirt zutreffen, „Jaffa“-Orangen oder „Jaffa“-Pampelmusen geben allein ein falsches Bild von der Landwirtschaft.

Die Krise der Landwirtschaft seit 1977 läßt sich auch an anderen Indikatoren erkennen. Der Preisindex für landwirtschaftliche Güter überstieg seitdem nämlich im Input-Bereich stets die Preise für den landwirtschaftlichen Output. Dies war eine unverkennbare Umkehrung der Input-Output-Preisrelation seit 1958/59 bis einschließlich 1976/77. Stets lag in dieser Phase der Output-Preis höher. Im Klartext: Der Preis für die Herstellung landwirtschaftlicher Produkte war eigentlich höher als der Erlös.

Daß nicht nur die Kibbutzim, sondern auch die Moschawim in einer Krise stecken, wird erkennbar, wenn man die Mitgliedszahlen von 1984 mit denen von 1970 vergleicht, von 1960 ganz zu schweigen. Gemessen am ständigen Rückgang der Moschaw-Mitglieder schnitten die Kibbutzim gar nicht schlecht ab. Immerhin konnten sie ihre Mitgliedszahl zwischen 1970 und 1981 steigern.

Nicht nur die Krise der Mitgliederentwicklung, auch die grundlegende ideologische Krise kann aus Tabelle 32 herausgelesen werden. Die Beschäftigung von Lohnarbeitern galt eigentlich von Anfang an als unvereinbar mit dem Ideal des landwirtschaftlichen Pioniers. Zwar wurde hiergegen, ebenfalls von Anfang an oder zumindest sehr früh, im Jischuw verstoßen, zwar ging auch von 1960 bis 1984 die Zahl der nicht-selbständig in der Landwirtschaft Tätigen zurück, doch sie war fast so hoch wie die der Kibbutz- und Moschaw-Mitglieder zusammengenommen. Man kann dies selbstverständlich mit funktionalen Notwendigkeiten erklären, doch die Kluft zwischen ideologischem Anspruch und wirtschaftlicher Wirklichkeit kann man dadurch nicht verleugnen.

Wesentlich bedenklicher aus zionistisch-chalutzischer Sicht ist der Anstieg der nicht-selbständigen Araber, die – das geht aus dieser Tabelle allerdings nicht hervor – größtenteils bei jüdischen Arbeitgebern in Lohn und Brot standen. Ja, nicht nur, daß man einheimische Araber beschäftigte, man ‚importierte‘ sie in verstärktem Maße aus den besetzten Gebieten.

Kurzum: Die Daten in Tabelle 32 kennzeichnen nicht die „Abschaffung des Menschen“ (Tenbruck), sondern die Abkehr von der zionistisch-chalutzischen Ideologie, die sich im ausgehenden 19. Jahrhundert vorgenommen hatte, den „neuen jüdischen Menschen“ u.a. in der Weise zu prägen, daß er selbständig, ohne Lohnarbeiter zu beschäftigen, Landwirtschaft betreibe. Diese Ideologie wurde nicht verwirklicht, eine Alternative nicht entwickelt.

Der Wert der landwirtschaftlichen Produktion zu laufenden Preisen wird seit rund zwanzig Jahren zu 95% vom jüdischen Sektor erwirtschaftet. Diese Zahlen kann man nur richtig einordnen, wenn man die Zahl der jüdischen und arabischen Landarbeiter bzw. die in der Landwirtschaft Tätigen beider Volksgruppen miteinander vergleicht (Tab. 32). Die Produktivität des jüdischen Agrarbereiches ist also wesentlich höher.

Die Exportabhängigkeit der Landwirtschaft lag seit Jahren bei rund 30%. 1992 wurde allerdings die Marke von 62% erreicht. Bei Zitrusfrüchten und Blumen liegt der Exportanteil weit höher – fast bei 100%. Gerechnet wird der Exportanteil der jeweiligen Produktion in Tonnen. Gemessen am Geldwert landwirtschaftlicher Produkte brachte der Export im Jahre 1992 rund 19%, bei Zitrusfrüchten 56%.

4. Industrie

Die Zahl der industriellen Unternehmungen stieg von 1550 im Jahre 1937 auf 2.500 im Jahre 1946. Sie wuchs ständig bis 1966 (6.325), aber zehn Jahre später waren es nur 5.857. Trotz allen wirtschaftlichen Schwierigkeiten stieg die Anzahl der Unternehmen in den frühen 80er Jahren auf mehr als 10.000. Am Ende des Jahrzehnts war die Tendenz leicht rückläufig, aber der Wachstumsspurt der frühen 90er Jahre machte sich deutlich bemerkbar: 1992 gab es in Israel 17.928 Industrieunternehmen. Noch immer steigt die Zahl.

Der Industrialisierungsschub seit der Unabhängigkeit des Staates ist unübersehbar.

Über die relative Größe wichtiger Industriezweige informiert Abbildung 78. Der Anteil der Textil- und Lebensmittelindustrie (einschließlich Tabak) am industriellen Ausstoß ging seit der Staatsgründung dramatisch zurück. Elektro, Metall und Chemie haben an Bedeutung gewonnen.

Abbildung 77: Anzahl der Industrieunternehmen 1937-1992

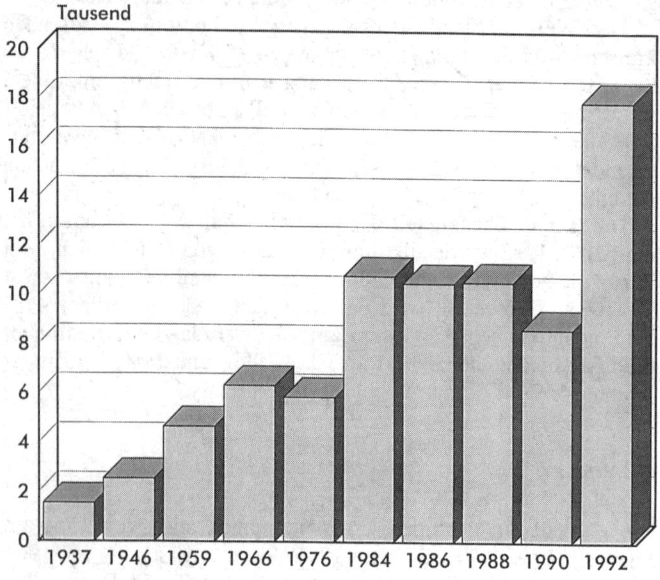

Industrieunternehmen mit 5 oder mehr Beschäftigten
Daten: Statistical Abstract of Israel

In der Rüstungsindustrie arbeiteten vom Sechs-Tage-Krieg (1967) bis zum Libanonkrieg (1982) rund 25% der Erwerbstätigen Israels. Dieser Anteil nimmt seit Ende der 1980er Jahre ab. Die weltweite Entspannungspolitik bedingte eine Flaute israelischer Waffenexporte. Entlassungen wurden notwendig (Klieman, 1987). Auf Friedenspolitik muß umge„rüstet" werden. Das empfahl Finanzminister Peres, einer der Väter der israelischen Militärindustrie, Anfang 1990 (A. Schubert, Haaretz, 5.1.1990).

Seit Anfang der 90er Jahre ist die israelische Rüstungsindustrie existentiell gefährdet. Auf Eigenproduktion (und damit auch Export) wird zunehmend zugunsten von Importen aus den USA verzichtet. Die Produktionskosten im Land waren explosionsartig gestiegen, US-Importe dagegen preisgünstiger geworden. Das ohnehin knappe Geld brauchte die Regierung dringend woanders. Außerdem erschwerte das Ende des Kalten Krieges den Export (wenngleich er 1993 zunahm).

Abbildung: 78: Industrieproduktion nach Sektoren

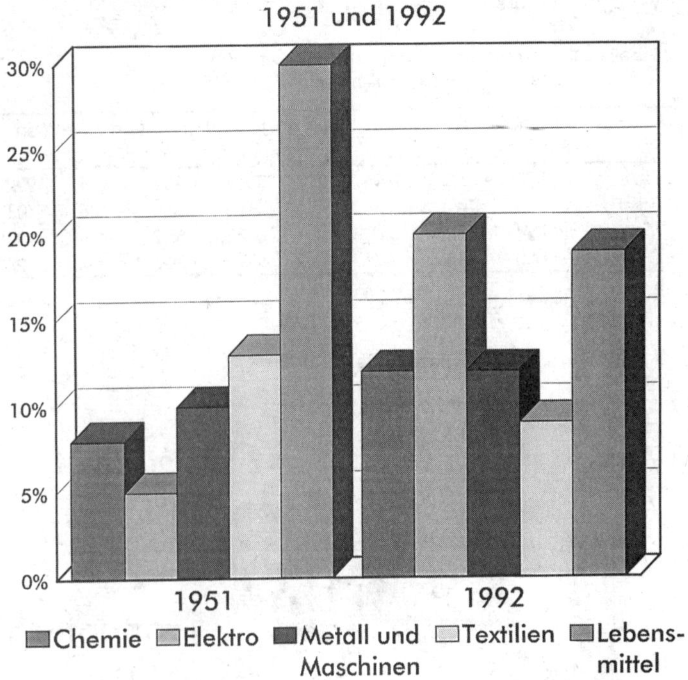

Daten: Statistical Abstract of Israel

a) Größe der Unternehmen

Zur Größe der Unternehmen ist festzustellen, daß die meisten lediglich eine bis neun Personen beschäftigen. 1984 waren es 66%, 1988 immer noch 59% aller Unternehmen, 1992 sogar 70%.

Aber: 41% aller in der Industrie Beschäftigten arbeiteten in den Firmen, die mehr als 300 Personen Lohn und Brot gaben. Das war 1988. 1992 waren es nur 32%. Dabei handelte es sich um lediglich 129, bzw. 0,7% aller Industrieunternehmen.

b) Eigentumsstruktur

Die Eigentumsstruktur der israelischen Industrie, ihr mengenmäßiges Gewicht und ihre arbeitsmarktpolitische Bedeutung wird durch Tabelle 33 erkennbar; allerdings besagen diese Daten nichts über die Marktposition oder Finanzkraft einzelner Firmen des jeweiligen Sektors.

Tabelle 33: Eigentumsstruktur der israelischen Industrie, Beschäftigungsverteilung in den Sektoren

	Beschäftigte in %		Unternehmen in %		Beschäftigte in 1.000		Unternehmen abs. Zahlen	
	1976	1992	1976	1992	1976	1992	1976	1992
Privat	69,6	74,8	95,6	97,1	193,3	256,5	11.238	17.403
Histadrut	16,4	14,3	4,1	2,7	49,3	55,2	494	497
Öffentl.	14,0	11,2	0,3	0,2	38,8	38,6	36	28

Daten: Statistical Abstract of Israel

Abbildung 79: Beschäftigte nach Sektor 1992

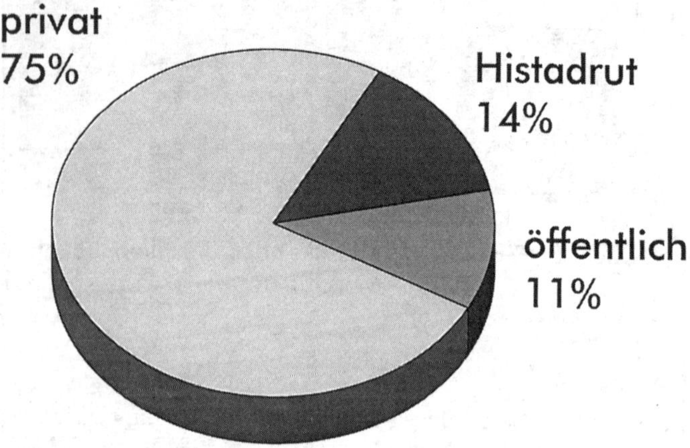

Daten: Statistical Abstract of Israel

Der private Sektor überwiegt eindeutig. Die Zahl der im öffentlichen Bereich Tätigen ist absolut zwar gestiegen, doch anteilmäßig gesunken. Der Zuwachs der Histadrut ist so gering, daß man sagen kann, dieser Sektor stagniere auf dem Niveau von 1976 – dem letzten Jahr sozialdemokratischer (= IAP) Vorherrschaft. Verknüpft man die politische mit der wirtschaftlichen Entwicklung, bleibt der Anstieg des privaten Sektors unerwartet bescheiden.

Abbildung 80: Israels Wirtschaftsgeographie

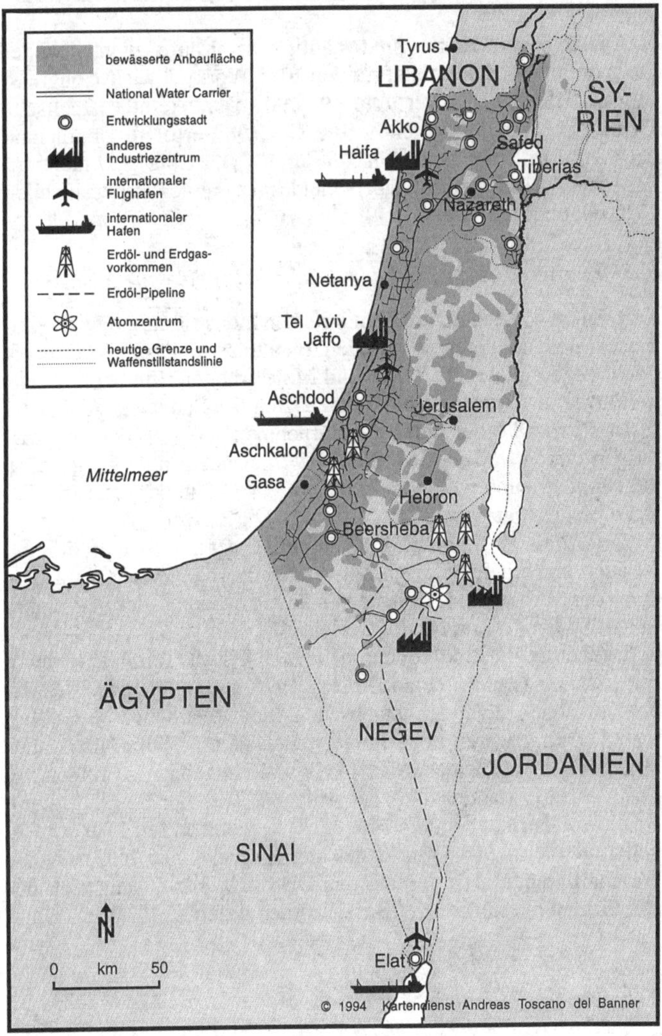

Die Verkäufe von großen Staats- und Histadrutunternehmen dürften in den 1990er Jahren den privaten Bereich mehr als vorher stärken.

Ausländische Käufe sind häufig die Käufe wohlhabender Diasporajuden. Auch der Präsident des World Jewish Congress, Edward Bronfman, investierte 1989/90 in kränkelnde israelische Firmen, die er zu sanieren hoffte. Die 1989 erfolgte Übernahme der Getränkefirma Jachin-Chakal durch Coca Cola dokumentiert, daß der Zufluß ausländischen Geldes an keine konfessionellen Grenzen gebunden ist.

c) Standorte: Wirtschaftliche und sicherheitspolitische Aspekte

Trotz allen Vesuchen, die Standorte der Industrie in Israel geographisch gleichmäßiger zu verteilen, bleibt das traditionelle Übergewicht der Regionen Tel-Aviv und Mitte erhalten. Eine geringfügige Entzerrung war bis 1990 (letzte Daten des Statistical Abstracts) feststellbar: 38% der Industrieunternehmen und 25% der Erwerbstätigen waren in Tel-Aviv. Noch 1975 standen in Tel-Aviv 53% aller Industrieunternehmen, in denen 33% der in der Industrie Tätigen beschäftigt waren.

Eine breitere geographische Streuung der Industrieproduktion ist auch sicherheitspolitisch notwendig. Deshalb wurde zum Beispiel der verbleibende Rüstungsindustrie während der 90er Jahre in den Süden (Wüste Negev) verlegt.

Im Zentral-Distrikt (Scharon, Petach-Tikwa, Ramla, Rehowot mit Rischon Lezion) befanden sich 1990 19% aller Industrieanlagen, in denen 26% der israelischen Industriearbeiter beschäftigt waren. Damit waren noch immer mehr als die Hälfte aller Industriearbeiter des Landes in Tel-Aviv und Umgebung zu finden. Im Distrikt Haifa standen 14% der Anlagen (16% der Beschäftigten), im Nord-Distrikt ebenfalls 14% der Unternehmen mit 17% der Beschäftigten, im Süd-Distrikt 8% der Unternehmen mit 10% der Beschäftigten, und im Jerusalemer Distrikt wurden weniger als 6% der Firmen mit nur 5% der Beschäftigten gezählt.

XV. Haushalt und Steuern

1. Defizite

Stellt man Einnahmen und Ausgaben der jährlichen Haushalte gegenüber, so ermittelt man für 18 von den 40 Budgets zwischen 1949 und 1989 Defizite und für 23 Jahre kumulierte Defizite. Auch das Haushaltsgebaren der Regierung schürte daher die Inflation.

Abbildung 81: Defizite und Überschüsse im Regierungshaushalt 1948-1992

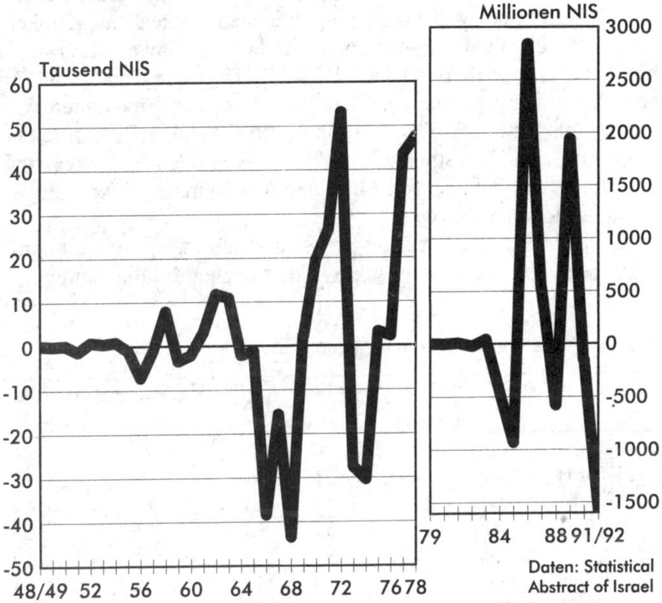

Ohne kumulierte, d.h. angehäufte Defizite, die durch vorangegangene Überschüsse nicht abgebaut wurden, schaffte man es nur 1953 bis 1955, 1962-1966, 1972/73, 1977-1979, 1981/82, 1983/84 sowie 1986/87 und 1987/88, auch 1989/90.

Zweifellos sind diese Zahlen, ebenso wie die übrigen volkswirtschaftlichen Daten, nicht zuletzt die Außenhandelsstatistik, auf die noch einzugehen sein wird, ein Beleg dafür, daß die Regierung nicht in der Lage war oder sein wollte, den Gürtel enger schnallen zu lassen, daß man „über seine Verhältnisse gelebt" hat (vgl. C/XIII/1a). Wieder muß auf die Leistungen der ansonsten oft geschmähten Großen Koalition hingewiesen werden. Sie vermochte seit 1985 eine durchaus unpopuläre Kurskorrektur einzuleiten.

2. Die Einnahmen der Regierung

Die meisten Einnahmen fließen der Staatskasse aus Steuerzahlungen zu – trotz der wiederholt vorgetragenen Klagen und Kritiken über die mangelhafte Fähigkeit der Behörden, Steuern einzutreiben (vgl. Lerner/Ben-Schahar, 1975: 188ff.). Wie Tabelle 34 zu entnehmen ist, erreichte der Steueranteil bei den Einnahmen von Anfang bis Mitte der 60er Jahre mit rund 64% aller Einkünfte der Regierung den Höchstpunkt, sank bis Anfang der 70er Jahre, stieg kurzfristig und hat sich seit Mitte der 70er Jahre auf Werte eingependelt, die um 50% lagen.

Bei der Zusammensetzung der Steuern überwiegt die Einkommensteuer. Ihr Anteil schwankte in den letzten dreißig Jahren um 40%.

Tabelle 34: Die Einnahmen der Regierung in %

	Steuern	Andere inl.Einn. /Erhebg.	Schenkga. d.Ausl Reparat.	Ausl. Darl. u. Hilfen	Darl. Bank of Israel	Inl. Darl.	Summe
1949/50	42,3	0,6	5,9	24,2	19,1	7,8	100
1953/54	61,4	4,4	16,5	14,6	–	3,1	100
1956/57	53,7	10,0	11,8	13,2	7,0	4,2	100
1960/61	63,8	13,2	8,2	8,1	1,5	5,3	100
1964/65	64,4	10,2	3,8	14,9	–	6,7	100
1967/68	49,2	12,6	0,1	16,2	4,8	17,1	100
1970/71	48,8	8,9	–	20,1	5,9	16,3	100
1971/72	57,2	11,3	–	16,7	4,3	10,5	100
1976/77	46,0	16,0	–	24,0 **	3,0 **	11,0	100
1983/84	39,6	5,7	–	16,3	27,9	10,5	100
1987/88	53,0	2,0	–	15,0	10,0	20,0	100
1990/91	50,0	12,5	–	14,1	2,3	21,1	100

** „Vorschuß"

Daten: Horowitz, 1973: 77; Statistical Abstract of Israel

Abbildung 82: Die Einnahmen der Regierung 1949-1994

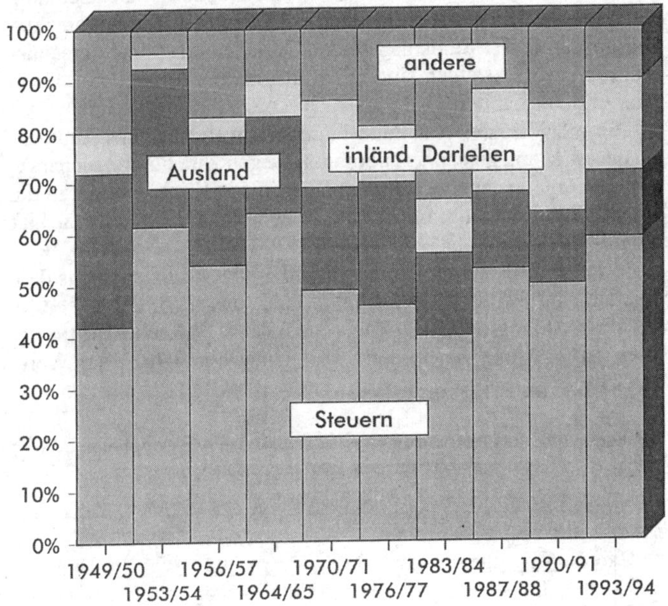

Daten: Statistical Abstract of Israel

In 90er Jahren stieg der Steueranteil an den Staatseinnahmen beträchtlich. Der Grund: Die enormen Summen für die Eingliederung der russischen Einwanderer. Man kann das mit der Belastung der Deutschen während der ersten Jahre nach der Wiedervereinigung vergleichen.

Das Steuergebaren und die Steuermoral der Israelis lassen durchaus zu wünschen übrig. Fast täglich berichteten in den letzten Jahren die Zeitungen über ertappte Steuerhinterzieher, und im Sommer 1985 waren rund 28% der Israelis der Meinung, man solle die Einkommensteuer betrügen (PORI-Umfrage, Haaretz, 8.8.1985). Wenn Schlagworte wie „Staatsverdrossenheit“ und „abnehmende Einsatzbereitschaft“ überhaupt sinnvoll sind, dann hier. Die Identifizierung mit dem Staat kennt auch in Israel ihre Grenzen – beim Geldbeutel des Bürgers.

Hinter den „anderen inländischen Einnahmen“ verbergen sich zum Teil die Einkünfte aus regierungseigenen Unternehmungen.

Die „Schenkungen aus dem Ausland" sind natürlich die Wiedergutmachungszahlungen aus der Bundesrepublik Deutschland, während die Schenkungen aus den USA sowie des Judentums der Diaspora in dieser Statistik von den Darlehen, also den Vorschüssen, die zurückzuzahlen sind, nicht unterschieden werden können (hierzu siehe Kapitel XVII).

Die inländischen Anleihen, häufiger Zwangsanleihen, müßten zu den Steuern gerechnet werden – wegen ihres Zwangscharakters. Ihr Anteil schnellte seit dem Sechs-Tage-Krieg deutlich in die Höhe, ging zwar langsam zurück, blieb jedoch unverkennbar klar über dem Niveau vor 1967.

Mitte der 50er Jahre kamen rund 30% aller Einnahmen aus dem Ausland, bis Mitte der 60er Jahre sank dieser Anteil auf 16%, stieg bis Anfang der 70er erneut auf knapp 17%, stieg Mitte der 70er auf 24% und fiel in den 1980er und 90er Jahren auf Werte um 15%.

Abbildung 83: Anteil der ausländischen Quellen an den Einnahmen der Regierung 1949-1994

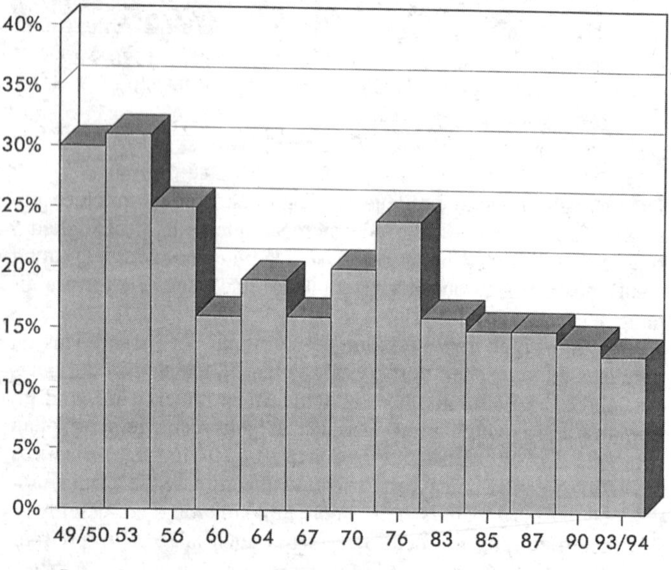

Daten: Statistical Abstract of Israel

3. Die Ausgaben der Regierung

Wie eng die politisch-wirtschaftlichen Rahmenbedingungen, die in Kap. XI erwähnt wurden, den finanzpolitischen Manövrierraum gestalten, zeigt auch Abbildung 84.

Die Ausgaben für den Verteidigungsbereich waren 1966/67, am Vorabend des Sechs-Tage-Krieges, am niedrigsten, 1970/71, während des Abnutzungskrieges am Suez-Kanal (März 1969 bis August 1970) am höchsten, d.h. sie schwankten zwischen mindestens 23,0% und 45,3% aller Ausgaben der Regierung.

Mit Ausnahme des Jahres 1952/53 wurde nach dem Ende des Unabhängigkeitskrieges zunächst eine rückläufige Tendenz der Verteidigungsausgaben deutlich, die durch den Suez-Krieg (Ende Oktober/Anfang November 1956) und dessen Vorbereitung unterbrochen und umgekehrt wurde. Trotz mancher Erhöhung des Etats blieb danach die Entwicklung nach unten vorherrschend.

Nach dem Sechs-Tage-Krieg, der ja auch die Überlegenheit des israelischen Militärs bewiesen hatte, gab man mehr, doch nicht viel mehr als zuvor aus. Die Wende brachte der von der Außenwelt häufig übersehene und unterbewertete Abnutzungskrieg. Selbst der Jom-Kippur-Krieg vom Oktober 1973 leitete keine ähnlich drastische Wende ein wie jener Kanal-Krieg.

Völlig überraschen dürfte die meisten Beobachter die Entwicklung seit dem Machtwechsel von 1977: Der Anteil des Verteidigungshaushaltes ging zurück – trotz der seit dem Frieden mit Ägypten notwendigen Neustrukturierung der militärischen Infrastruktur vom Sinai in den Negev und trotz des Libanonkrieges. In der zweiten Hälfte der 1980er Jahre schlug die Entwicklung um, und zwar schon vor der Intifada. Der Anteil des Verteidigungsbudgets stieg. Zu jener Zeit eine eher unerwartete Entwicklung. Ein Jahr nach Beginn der Intifada wurden die Verteidigungsausgaben wieder eingeschränkt.

Trotz Intifada (1987-1993) und Golfkrieg (1991), an dem Israel indirekt beteiligt war, schrumpfte der Verteidigungshaushalt weiter. Man achte auf die Kürzungen 1991/92 in einem noch vom Likud geplanten Haushalt. Das erste Kabinett Rabin plante erhöhte die Ausgaben für Militär und Polizei, aber nicht dramatisch.

Selbst die zeit- und vergleichsweise stabilen Anteile dürfen nicht die Tatsache verdrängen, daß der Staatshaushalt seit 1973/74 und 1979/80 wesentlich höhere Energiekosten tragen muß als zuvor – trotz des Preisverfalls auf dem Ölmarkt, der sich 1982 bemerkbar machte.

Abbildung 84: Die Ausgaben der Regierung

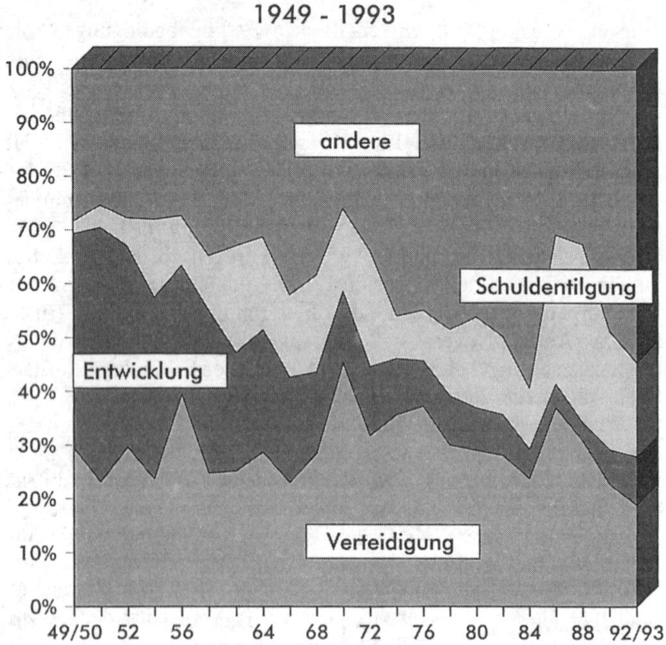

Daten: Statistical Abstract of Israel

Der Haushaltsanteil für das Erziehungs- und Kulturministerium: betrug 1979/80: 6,3%; 1980/81: 6,3%; 1981/82: 5,9%; 1982/83: 6,7%; 1983/84: 5%. Im letzten Haushaltsjahr während der Epoche der Mapai/IAP, 1976/77 lag der Anteil bei 4,8%.

Daß die Ausgaben für Erziehung und Kultur seit dem Machtwechsel anstiegen, hängt nicht zuletzt mit der von Erziehungsminister Hammer (NRP) eingeführten kostenlosen Gymnasialausbildung und der Förderung von religiös-parteipolitischen Jeschiwot zusammen. Im Abschnitt über die orientalischen Juden haben wir erwähnt, daß der Anteil der Gymnasiasten besonders in dieser Bevölkerungsgruppe stieg. Die vermehrten Ausgaben der kostenlosen Gymnasialausbildung zahlten sich für Likud und NRP bei Wahlen auch politisch aus. Mehr als anderen kam den Orientalen der Wegfall des Schulgeldes zugute.

Im vorletzten Likudjahr (1991/92) erhielt dieses Ministerium 7,5%, im letzten (1992) noch 7,1%. Im ersten IAP-Jahr unter Frau

Aloni (Meretz) aber 8,8%. Die IAP geführte Koalition hatte in der Opposition ihre Lektion auch in diesem Bereich gelernt.

Seit Mitte der 1980er Jahre nimmt der Sozialhaushalt den zweiten Platz in der Ausgabenliste ein. 1989/90 waren hier 13% vorgesehen, 1991/92 waren es nur 7,8%, 1992 wieder 9,5%. Doch der Anstieg kam für den Likud zu spät. Und die Rabinregierung? Sie plante für 1993 10,2%.

Daß der Entwicklungshaushalt nach der Fertigstellung der wichtigsten Infrastrukturmaßnahmen und der Aufnahme der Masseneinwanderung Anfang der 50er Jahre wesentlich geringer wurde, leuchtet ein.

Die Schuldenlast der Regierung stieg bis Mitte der 50er Jahre ständig an, ging zwischen 1956 und 1959 kurzfristig zurück und pendelte sich bis 1973 auf hohem Niveau ein. Beachtlich ist der Rückgang dieses Postens in den Jahren der Regierung Rabin (mit Finanzminister Rabinovitch). Seit der Übernahme der Regierungsgewalt durch den Likud ist in diesem Bereich ein Anstieg zu verzeichnen, der allein durch amerikanische Schenkungen gemildert wurde. In den frühen 90er Jahrn nahm dieser Budgetposten etwas ab.

Über die tatsächliche Höhe der für die Siedlungspolitik im Westjordanland getätigten Ausgaben liegen nur Vermutungen vor. Die amtlichen Angaben belaufen sich seit Anfang der 80er Jahre auf 1% bis 2% des Jahresetats der Regierung. Dies deckt sich weitgehend mit US-amerikanischen Schätzungen. Es gibt auch Berechnungen, die von 9% oder gar 15% des Jahreshaushalts sprechen (Daten in: Wolffsohn, 1985a).

Die genaue Berechnung der Ausgaben für die Siedlungstätigkeit in den besetzten Gebieten war kaum durchführbar, weil die amtlichen Stellen sie nicht ausweisen wollten. Hinzu kommt die Tatsache, daß verschiedene Ministerien und die Zionistische Weltorganisation mit unterschiedlichen Aufgaben betraut waren.

Auffallend ist die Tatsache, daß die „Schlüsselministerien" für diese Auf- und Ausgaben ebenso wie die hierfür verantwortlichen Teilbereiche der Zionistischen Weltorganisation auch in der von 1984 bis 1990 amtierenden großen Koalition von Politikern des Likud geleitet wurden.

Benvenisti (1986b: 51) zufolge betrugen die nicht-militärischen Ausgaben für das Westjordanland in den Jahren 1968 bis 1985 rund zwei Milliarden US-Dollar. In den 80er Jahren betrugen sie jedes Jahr 200 bis 250 Millionen US-Dollar.

Federführend war das Bauministerium. Allein 1985 wurden 30% aller in Israel von der öffentlichen Hand finanzierten Wohnungen im Westjordanland gebaut (Benvenisti, 1986b: 52). Wichtig waren außerdem das Industrie- und Handels- ebenso wie das Erziehungsministerium sowie das Ministerium für religiöse Angelegenheiten. Die beiden zuletzt genannten konnten die Infrastruktur des Erziehungswesens der Siedlungen attraktiv gestalten – durch finanzielle Zuwendungen.

Den um die Höhe der tatsächlichen Ausgaben verursachten Polit-Nebel verdeutlicht die im Juni 1987 geäußerte Behauptung von Finanzminister Nissim: Er wisse nicht, erklärte er, wie viel öffentliches Geld in den besetzten Gebieten investiert werde (A. Walfish, Jerusalem Post, Übersee-Ausgabe, 27.6.1987). Sein Nachfolger Peres nannte für 1988/89 eine Zahl von 300 Millionen DM (U. Nir, Haaretz, 14.7.1989). Im Haushaltsjahr 1990/91 wurden für Siedlungen 20% vom Haushalt des Bauministeriums – circa eine Milliarde DM – ausgegeben. Diese Summe allein entsprach 1,6% des gesamten Haushalts. Diese internen Daten des Bauministeriums gelangten durch Indiskretionen des Knessetabgeordneten Zucker von der Bürgerbewegung an die Presse (Haaretz, 9.4. 1991).

Das Kabinett Rabin beschloß auf seiner ersten Sitzung, am 19. Juli 1992, keine neuen Siedlungen mehr bauen zu lassen. Seit Anfang 1994 galten sie auch nicht mehr als „Entwicklungsgebiete“. Damit entfielen entscheidende Steuervorteile.

Literaturhinweise

Benvenisti, 1987, 1986, 1986a, 1986b

Der jährliche „Report“ Benvenistis vermittelt die genauesten und aktuellsten Daten.

Dehter, 1987

XVI. Außenhandel

1. Außenhandelsbilanz

Zu Israels politischen Zielen zählte nicht zuletzt ‚wirtschaftliche Unabhängigkeit', allein schon, um den außenpolitischen Manövrierraum der Regierung nicht zusätzlich einzuengen, politisch-wirtschaftlichen Abhängigkeiten und damit außenpolitischen Druckmöglichkeiten auszuweichen. Die wirtschaftlichen Motive sind ohnehin offensichtlich.

Daß „wirtschaftliche Unabhängigkeit" seit 1949 nicht einmal entfernt erreicht werden konnte, dokumentiert Abbildung 85.

Israel war und blieb auf Einfuhren angewiesen, deren Kosten durch den Erlös der Ausfuhren nicht gedeckt werden konnten.

Abbildung 85: Exporte als Prozent der Importe

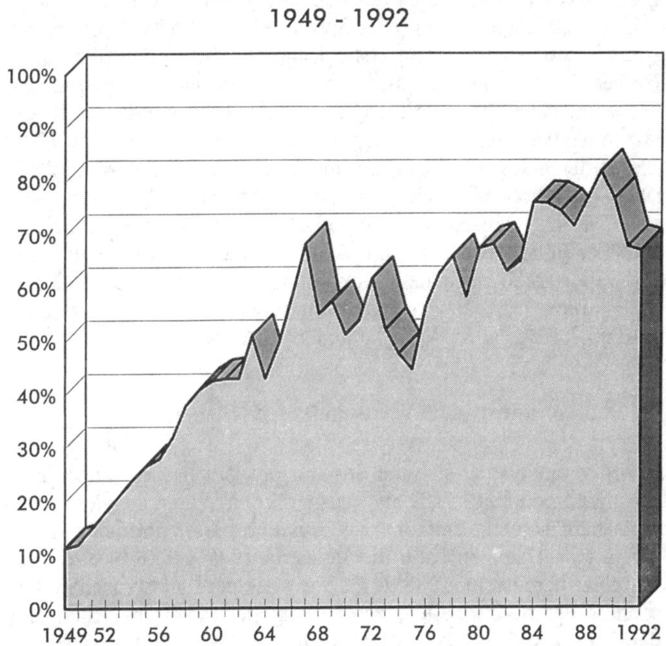

Daten: Statistical Abstract of Israel

Hart formuliert: Israel hat ständig über seine Verhältnisse gelebt. Diese rein außenwirtschaftliche Überlegung darf jedoch nicht gesondert gelten. Aus politisch-psychologischen Gründen konnte keine israelische Regierung die private Nachfrage nach eingeführten Gütern noch mehr drosseln als durch ohnehin auferlegte Zölle. Die Regierung eines Einwandererlandes, die zudem ihren Bürgern enorme Sicherheitslasten aufbürden muß, benötigt aus staats- und koalitionspolitischen Gründen Unterstützungsverhalten, das zusätzlich durch Konsum gewonnen werden kann. Ein zweiter Grund für die hohen Einfuhren war der Bedarf an Rüstungsgütern. Allerdings darf nicht übersehen werden, daß die private Nachfrage erheblich zum Außenhandelsdefizit beiträgt. Dabei blieb es. Allein 1987 klaffte mit knapp 72% eine noch größere Lücke.

Die holzschnittartige, allgemeine Beschreibung der Außenhandelsbilanz bedarf der Verfeinerung: Während 1949 die Exporte nur 11,3% der Importe deckten, so waren es 1989 immerhin 81,9%. Bis Anfang der 60er Jahre stieg der Ausfuhranteil ständig. Von 1961 bis 1966 gab es Schwankungen bei unverkennbar aufsteigender Tendenz. Ein großer Sprung wurde 1967 vollzogen, ein Sprung, der keineswegs in erster Linie mit der Berücksichtigung der besetzten Gebiete zusammenhängt, denn ohne sie betrug der Exportanteil 68,3%, mit ihnen 70,1%. Erst 1978 wurde die 70 %-Marke wieder erreicht und nach dem kurzen Rückschlag von 1979 übertroffen – sogar im Konsum- und Importtaumel des Wahljahres 1981. Im Jahre 1982 sank der Exportanteil auf 69%, stieg 1984 auf 75%. Das Muster von Auf- und Abstieg wiederholte sich in den 80er Jahren, bei insgesamt positiver Tendenz. Allerdings sank der Exportanteil nach dem Rekordhoch von 1989 bis 1992 auf 67% zurück. Das war der Stand von 1980. An Exportüberschüsse wird noch eine ganze Weile lang nicht zu denken sein.

2. Exportstruktur nach Wirtschaftsbereichen

Völlig verändert hat sich die Struktur des israelischen Außenhandels. Während 1949 64% aller ausgeführten Waren aus der Landwirtschaft kamen, umfaßte die Ausfuhr dieser Produkte 1988 knapp 6%. Dagegen hatte die Industrie 1949 nur 36% aller Exportgüter hergestellt, 1988 94%. Die Krise der Landwirtschaft, besonders der traditionellen, verdeutlicht der drastische Rückgang der Zitrusausfuhren von 63% (1949) auf 0,9 % (1992). Die Bedeutung von Jaffa-Orangen für die israelische Wirtschaft ist zu einer Geschichte aus alten Zeiten geworden.

Die Diamantenindustrie war und blieb ein wichtiger Exportzweig, unterlag jedoch starken Schwankungen und fiel 1982 auf den Stand von 1949 zurück (gemessen an den Anteilen), erholte sich aber wieder – auf niedrigerem Niveau.

Wie schon in anderen Abschnitten, so bestätigt sich auch hier der unmittelbar nach der Unabhängigkeit vollzogene Industrialisierungsschub, der Auswirkungen auf das landwirtschaftliche Pionierideal („Chalutziut“) als Leitideologie haben mußte.

Abbildung 86: Wandel der Exportstruktur

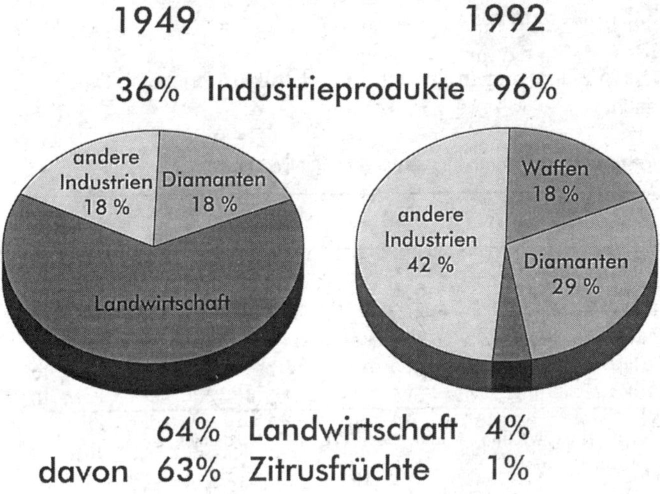

Daten: Statistical Abstract of Israel

Immer wieder trifft man auf die Frage nach dem Umfang der israelischen Waffenausfuhren. Die genauesten Angaben findet der interessierte Leser in den Studien von Klieman aus den Jahren 1984 und 1985 und in den jährlichen Veröffentlichungen der United States Arms Control and Disarmament Agency (= ACDA).

In jüngster Zeit wird in Israel eine heftige Diskussion über den ‚militärisch-industriellen Komplex‘ geführt (Klieman, 1984 und 1985; Hintz, 1985). Personell, interessenbezogen und funktional ist die Verflechtung zwischen Militär, Industrie und Politik recht eng geworden.

Eigentlich war sie es immer. Kein Wunder, wenn man an die Sicherheitslage denkt – oder an die Personalunion von Ministerpräsident und Verteidigungsminister unter Ben-Gurion, Eschkol und Rabin, aber nicht unter Ministerpräsidenten des Likud (dessen Militärpolitik viel härter war).

Der Anteil von Rüstungsgütern am Export der Industrieprodukte betrug bis 1988 ca. 25 % (Mintz, 1985: 629, eigene Berechnungen). Seit 1988 scheint eine Absatzflaute eingetreten zu sein (Klieman, 1988). 1993 waren es nur noch 13% des gesamten Exports (Daten: S. Sade, Haaretz, 15.7.1994 und Statistical Abstract of Israel).

3. Importstruktur

Die Veränderungen in der Importstruktur zeichnet Tabelle 35 nach.

Tabelle 35: Importstruktur zu laufenden Preisen (in %)

	Verbrauchs-güter	Rohstoffe	Erdöl	Investitions-güter	Summe
1949	31,7	40,1	6,0	22,2	100
1955	14,8	56,5	10,3	18,4	100
1965	10,1	61,9	6,4	21,6	100
1975	7,5	61,4	15,5	15,6	100
1981	9,5	51,9	25,7	12,9	100
1992	12,2	61,5	9,1	17,2	100

Daten: Halevy/Klinov-Malul, 1975: 116 bis 1965; danach: Statistical Abstract und Bank of Israel

Trotz des Konsumrausches, der den Israelis vorgeworfen wird, ging der Anteil der eingeführten Verbrauchsgüter von rund 32% im Jahre 1949 auf 10% im Jahre 1970 und nur 7% im Jahr 1980 zurück. Bis 1990 stieg der Anteil der Konsumgüter wieder auf 10% an und erreichte 1992 die Marke von 12%.

Wenig überraschend ist der insgesamt gestiegene Einfuhranteil des Erdöls von weniger als 5% im Jahre 1970 auf 9% (1992).

4. Ein- und Ausfuhren nach Regionen

Europa, d.h. Westeuropa, ist nach wie vor Israels wichtigster Handelspartner. 1950 kamen aus Europa 37% der Einfuhren, 1992 waren es 61%. Die Bilanz der Ausfuhren nach Europa ist für Israel

Abbildung 87: Wandel der Importstruktur

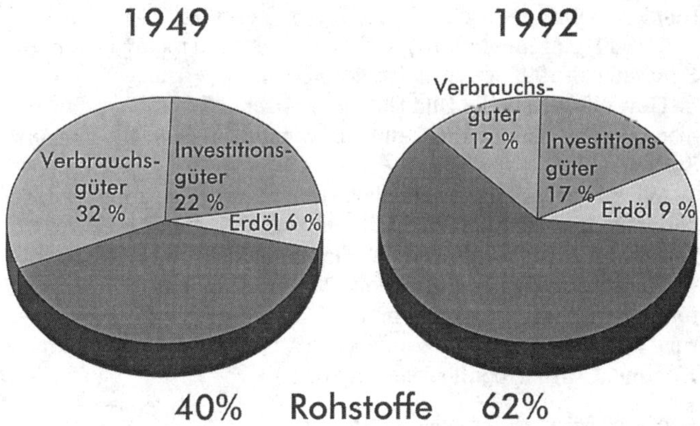

Daten: Statistical Abstract of Israel

ungünstiger geworden. 1950 gingen 73% der israelischen Exporte nach Europa, 1992 nur noch 40%. Trotzdem sind Europa und besonders die EU die wichtigsten Handelspartner Israels.

Gefährdet wäre gerade aufgrund dieser Regionalstruktur des israelischen Außenhandels die Fortführung des zweiseitigen Austausches, wenn aus politischen Gründen Handelshemmnisse aufgebaut würden. Selbst wenn Europa, allen voran die EU, nicht selten von Nahoststaaten und in bezug auf dieselben als brüllende Maus oder lediglich als Polithebel in Richtung USA abgestempelt wird (vgl. Wolffsohn, 1983c und 1984), darf nicht übersehen werden, daß die EU-Staaten über den Handelsaustausch mit Israel durchaus nicht nur über wirtschaftliche, sondern letztlich auch über politische Hebel verfügen.

Das israelisch-amerikanische Freihandelsabkommen von 1985 macht Israel auch für die EU interessant. Umgekehrt könnte die künftige israelisch-palästinensisch-jordanische Freihandelszone auch für Europa bedeutsam werden. Wer in Israel (und bald wohl eben auch im palästinensischen Autonomiegebiet oder Jordanien) Waren herstellt und in die USA exportiert, braucht in Amerika keine Zölle zu bezahlen.

Kaum große Schwankungen findet man im deutsch-israelischen Außenhandel. 1960 kamen 14% aller Importe nach Israel aus der Bundesrepublik Deutschland, 1992 waren es 12%. Zwischen 1960 und 1980 gingen rund 10% der israelischen Exporte in die BR Deutschland, 1992 waren es nur noch 6%.

Gewichtiger als die Bundesrepublik Deutschland blieb fast immer Großbritannien. Keinesweg unwichtig blieben die Benelux-Staaten.

Wichtigste asiatische Handelspartner sind Hongkong und Japan. Der Iran lag auch zur Zeit des Schahs hinter diesen beiden, sowohl im Ausfuhr- als auch im Einfuhrbereich (Erdöllieferant).

Kurz zum Mythos Südafrika: Der Ausfuhr- und Einfuhranteil mit diesem Staat schwankte in den Jahren 1950 bis 1992 zwischen rund einem und zwei Prozent. Das war, bezogen auf den gesamten Kontinent Afrika, der höchste Anteil.

Abbildung 88: Israels Einfuhren

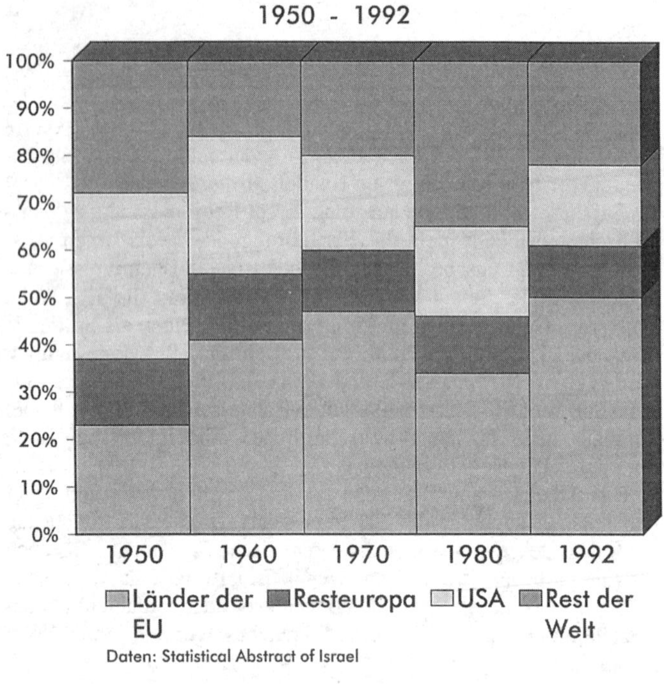

Daten: Statistical Abstract of Israel

Die USA blieben nach Europa der zweitwichtigste Partner im Außenhandel, zumindest in bezug auf die Preise der ausgetauschten Waren. Anders sähe es aus, wenn man Rüstungsgüter betrachtete.

Abbildung 89: Israels Ausfuhren

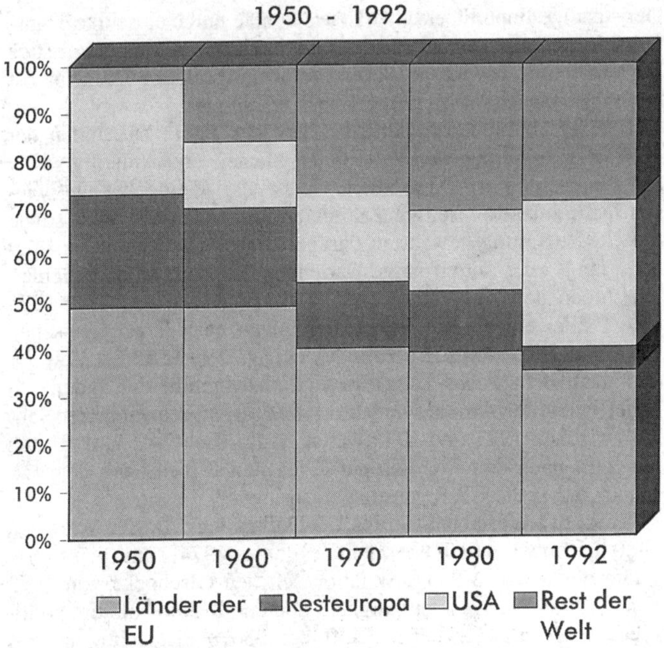

Daten: Statistical Abstract of Israel

XVII. Außenwirtschaftliche Abhängigkeiten

1. Kapitalimporte und regionale Abhängigkeiten

Der ständige Importüberschuß Israels konnte durch einseitige Transferzahlungen aus dem Ausland sowie durch mittel- und langfristige Darlehen zum Teil ausgeglichen werden. Abbildung 90 zeigt die wichtigsten Quellen einseitiger Transferzahlungen.

Drei Hauptquellen halfen im Laufe der Jahre: Die Juden der Welt, die Regierung der Vereinigten Staaten von Amerika sowie die Bundesrepublik Deutschland. Diese drei Geldgeber überwiesen nicht zuletzt einseitige Zahlungen, die Juden der Welt sowie die US-Regierung gewährten darüber hinaus auch noch zinsgünstige lang- oder mittelfristige Darlehen, also rückzahlbare Gelder. Die Juden der Welt überwiesen in der Zeit von 1950 bis 1955 45,4% aller einseitigen Transferzahlungen nach Israel. Zwischen 1956 und 1960 waren es deutlich weniger: 26,7%. In der Zeit vor und nach dem Sechs-Tage-Krieg (Einheitsgefühl der Juden mit Israel) stieg der Artikel wieder auf 43%. In in den ruhigeren Jahren zwischen 1971 und 1973 waren es nur noch 24,3%, und auch nur 24% nach dem Jom-Kippur-Krieg. (Ließ man nach dem Ölschock lieber die US-Regierung einspringen?)

Trotz der Wertabnahme des US-Dollars lag z.B. der Wert von 1980 nur unwesentlich über dem des Jahres 1974. Natürlich beeinflußte die wirtschaftliche Situation seit den Ölschocks von 1973 und 1979/80 die Spendenfähigkeit, doch muß man wohl die politischen *und* wirtschaftlichen Einflußgrößen berücksichtigen. Erst 1981 schickten die Juden der Welt wieder mehr Geld als im letzten Amtsjahr der vom Arbeitsblock geführten Regierung. 18,9% waren es 1982, nur 15% zwei Jahre später. 1985 sowie 1986 betrug der jüdische Anteil je 11% aller Transferzahlungen nach Israel. Das war der Tiefpunkt. Die Polarisierung im „Weltjudentum" seit 1982 (Libanon-Krieg) ist nun inmal unbestreitbar. Ende der 80er Jahre stieg der Anteil wieder leicht an.

1991/92 kamen 15% von den Juden der Welt. Im Jahr des Golfkrieges zeigten sich die Juden wieder spendabler. Trotz allem: wenn man die 45% der Jahre 1950 bis 1955 mit den 15% des Jahres 1991/92 vergleicht, gibt es nur eine Schlußfolgerung: Die Israelorientierung der jüdischen Diaspora ist erheblich schwächer geworden. Vielleicht weniger in Worten, als in finanziellen Taten.

Wir haben die „Emanzipierung“ der Diaspora schon im anderen Zusammenhang erörtert (vgl. Außenpolitik USA, Israel und das „Weltjudentum“). Die Fakten sind glasklar – und dramatisch für Israel. Jedoch auch für die Diaspora. Wenn Israelismus *und* jüdische Religion sowie jüdische Geschichte (mit Ausnahme des Holocaust) ihre Identität prägen, bleibt an eigenständiger jüdischer Substanz nicht viel übrig.

Dieser Spendenanteil ist stets in Bezug zu den übrigen Transferquellen zu setzen. In absoluten Zahlen hat sich die Summe der jüdischen Spenden in den letzten Jahren erhöht, doch nicht dramatisch erhöht.

Die Bedeutung der USA als Quelle der Kapitalimporte, von Rüstungsgütern ganz zu schweigen, ebenso von der allgemeinpolitischen Unterstützung, kann gar nicht überbewertet werden.

Abbildung 90: Einseitige Transferzahlungen 1950-1992

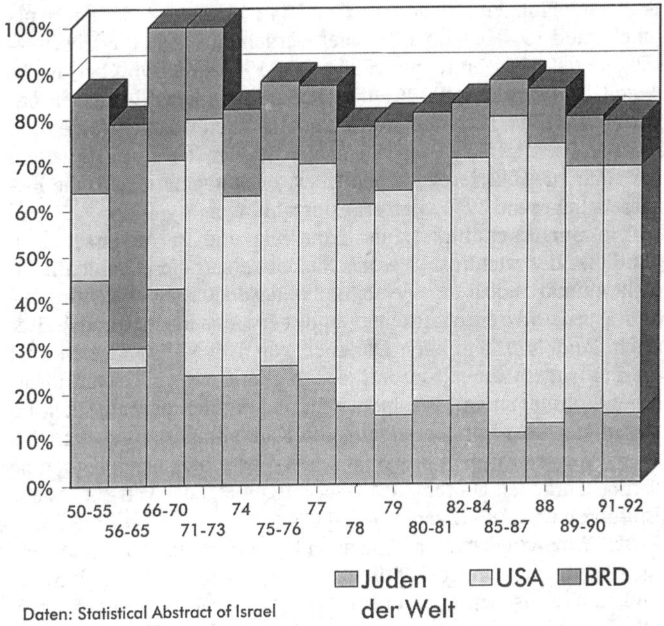

Daten: Statistical Abstract of Israel

Angesichts dieser Zahlen, die 1983/84 dramatisch wurden, ist es selbstverständlich, daß jedwede israelische Regierung die Beziehungen zu den USA nur bis zu einem bestimmten, bislang jedoch noch nicht erreichten, Punkt strapazieren kann. Der politisch-wirtschaftliche Hebel, den die USA Israel gegenüber in der Hand haben, ist beachtlich, doch auch er hängt nicht nur von der Außen-, sondern auch von der US-amerikanischen Innenpolitik ab. Dies sind die erkennbaren Grenzen amerikanischen Drucks auf Israel.

Wenn aber, wie die Spenden der „Juden der Welt“ (in erster Linie der amerikanischen) aus politischen Gründen nicht mehr so fließen, könnte dies die Regierung der USA vielleicht doch dazu veranlassen, die Schrauben anzuziehen und von Israel mehr Rücksicht auf Interessen der USA zu verlangen.

So bedeutsam die Wiedergutmachungsgelder aus der Bundesrepublik Deutschland waren, besonders im polit-psychologischen Bereich, so sehr müssen sie im Rahmen der übrigen einseitigen Transferzahlungen gesehen werden. Bis 1955 betrug hier der deutsche Anteil 19,4%, wobei beachtet werden muß, daß die Überweisungen erst 1954 einsetzten. Zwischen 1955 und 1960 betrug ihr Anteil 27,4% und von 1961 bis 1965 11,5%. Diese Angaben beziehen sich lediglich auf die Überweisungen an die Regierung, nicht an Privatpersonen. In den späten 1980er Jahren betrug allein der Anteil der bundesdeutschen Überweisungen an israelische Privatpersonen rund 12% aller Transferzahlungen.

Die Bundesrepublik Deutschland war und ist für Israel nach den USA der wichtigste Partner. Dabei zeigen diese Zahlen noch nicht einmal andeutungsweise die bundesdeutschen Hilfen im militärischen, wissenschaftlichen und betriebswirtschaftlichen Bereich. Auch die jährlichen Darlehen von 150 Millionen DM sind hierin nicht enthalten. Sie sind jedoch geringer als die bundesdeutschen Zahlungen an Einzelpersonen und werden deshalb nicht im Zusammenhang mit den wichtigsten Kapitalimporten erwähnt. Zu erinnern wäre im deutsch-israelischen Wirtschaftsbereich auch an den beachtlichen Umfang des zweiseitigen Handelsverkehrs (siehe Einfuhren und Ausfuhren).

Zählt man die Überweisungen an Privatpersonen hinzu, so sieht man weit eher, wie beachtlich die deutschen Leistungen waren und sind. Zwischen 1956 und 1960 waren es 49,6% aller einseitigen Transferzahlungen; von 1961 bis 1965 74,4%; 1966-1970 29,3%; 19,5% zwischen 1971 und 1973; sogar 1982 machte der deutsche Anteil noch 15,8% aus. Ende der 80er Jahre waren es rund 12%.

Es bleibt dabei und wird noch mehr: Ohne die Bundesrepublik kränkelte die israelische Wirtschaft weitaus heftiger.

Die deutschen Zahlungen erfolgen aufgrund der Politik der Vergangenheit. Die Überweisungen aus den USA sowie der Juden der Welt hängen mit der Politik der Gegenwart (und Zukunft) zusammen. Hier ist die wirtschaftliche Entwicklung Israels auch von der Politik abhängig, wird der politische Spielraum Israels durch wirtschaftliche Bedingungen eingeengt.

2. Auslandsschulden

Bei der Nennung der Gläubiger-Staaten ist man in Israel, ebenso wie woanders, außerordentlich zurückhaltend. Dennoch benötigt man nicht viel Phantasie, um zu wissen, daß die Vereinigten Staaten von Amerika Israels größter Gläubiger sind, gefolgt von der Bundesrepublik Deutschland. Derartige Tatsachen im wirtschaftlichen Bereich können langfristig nicht ohne politische Auswirkungen bleiben. Diese, so scheint es, werden für Israel auf absehbare Zeit nicht zu ungünstig sein können, denn trotz gewissen Verselbständigungen bleibt das amerikanische Judentum der sicherste und wirksamste Verbündete des jüdischen Staates, und die Bundesrepublik Deutschland hat besonders seit 1984 und 1985 erneut feststellen müssen, wie wirksam die Vergangenheit in der Gegenwart immer noch ist. Bitburg und die Auseinandersetzungen um das Fassbinder-Theaterstück belegen diese These, ebenso wie der beängstigende Anstieg rechtsextremistischer und antisemitischer Verbrechen seit 1991. Eine Flucht aus der historischen Verantwortung ist Deutschland durch historische Schuld und gegenwärtige Probleme unmöglich. Mit Geld kann, will und wird sich Deutschland nicht moralisch und geschichtspolitisch „freikaufen". Aber wenigstens durch Geld kann man konkrete Signale des guten Willens geben, die mehr als nur leere Phrasen sind. Insofern ist die politische Absicherung des finanziellen „Nachschubs“ weitgehend gesichert.

Bemerkenswert bleibt bei der Entwicklung der Auslandsschulden das seit 1977 sprunghaft gestiegene Defizit: „Brot und Spiele“ für die Unterschichten, also die Wähler des Likud, sowie die Siedlungsvorhaben waren dabei wichtige politisch-wirtschaftliche Größen. Seit 1984/85 (große Koalition!) wuchs die jährliche Zusatzverschuldung langsamer. Auch an diesen Zahlen wird politische Steuerung, Sanierungsabsicht erkennbar.

Abbildung 91: Israels Auslandsschulden 1960-1992

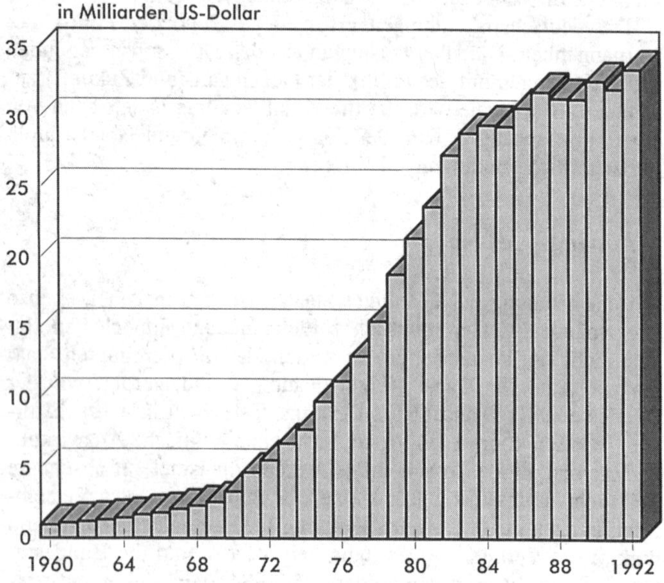

Daten: Statistical Abstract of Israel

3. Tourismus

Ein anderer außenwirtschaftlicher Bereich, der Tourismus, hängt keineswegs nur mit dem schönen Wetter Israels und den Bräunungsmöglichkeiten zusammen, sondern nicht zuletzt mit der Politik. Bis Anfang der 80er Jahre kamen nur noch mehr Touristen aus den USA als aus der Bundesrepublik Deutschland. Die Wachstumsrate des Touristenstroms aus Deutschland betrug, im Vergleich zum Vorjahr, 1979 17,7%, 1980 17,3% und ging 1981 um 1% zurück. Was war geschehen? Ministerpräsident Begin hatte am 3. Mai 1981 Bundeskanzler Helmut Schmidt und „das deutsche Volk" mit außergewöhnlicher Heftigkeit kritisiert und wegen der NS-Vergangenheit angegriffen. Der Tourismus aus anderen Staaten ging ebenfalls zurück, hinzu kam die Wirtschaftskrise in der

Welt, doch die plötzliche Wende kann eigentlich nur politisch erklärt werden, und die Klagen der israelischen Reiseveranstalter gingen vornehmlich in diese Richtung (Daten: Statistical Abstract und Bank of Israel).

Abbildung 92: Tourismus nach Israel 1950-1993

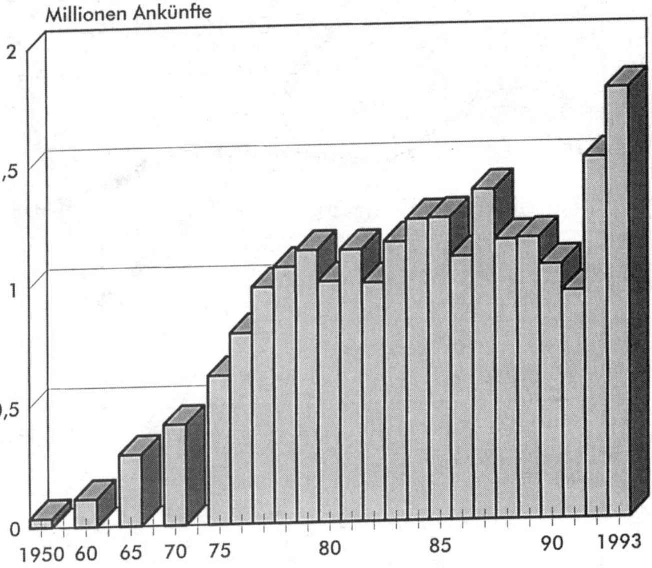

Daten: Statistical Abstract of Israel

Israel-Tourismus war und blieb politisch beeinflußt. Auch die späteren Daten beweisen diese Aussage (vgl. Wolffsohn, 1989: Kapitel VII).

Intifada und Golfkrise sowie -krieg führten zur schwersten Krise im israelischen Tourismus. In den Jahren zuvor waren die jeweiligen Rekorde gepurzelt: 1986 kamen 1,1 Millionen Besucher, und 1987, im letzten Jahr vor dem Beginn der Intifada (9.12. 1987), wurden fast 1,4 Millionen gezählt. 1988 trafen nur 1,2 Millionen ein, und 1989 wurde ein Rückgang von circa 20% verzeichnet. Ab August 1990 (Kuwait-Krise) standen die Hotels leer.

Abbildung 93: Deutsche Touristen in Israel – Israelische Touristen in Deutschland 1984-1992

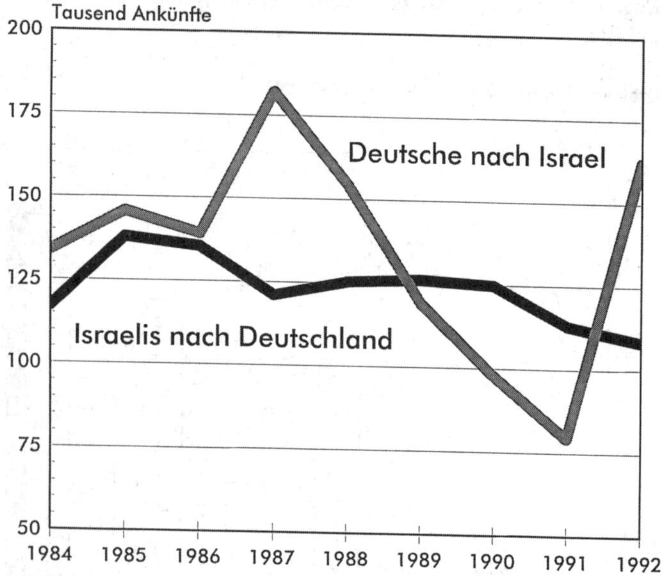

Daten: Statistical Abstract of Israel,
Statistisches Jahrbuch der Bundesrepublik Deutschland

Weniger die Anteile der Heimatstaaten der Touristen als deren Zahl hat sich verringert. So blieb der Anteil der bundesdeutschen Besucher in den Jahren 1986, 1987 und 1988 bei 13%. Aus den USA kamen sowohl 1987 als auch 1988 jeweils 21%, aus Frankreich 12% und 11%, aus Großbritannien erst 11%, dann 12%.

Verheerend war das Jahr des Golfkrieges, 1991. Nach dem Einschlag der irakischen Scud-Raketen kamen nur 951.200 Touristen. Der Sprung nach oben folgte 1992 mit rund 1,5 Millionen Touristen; 1993 waren es sogar 1,8 Millionen.

Mit Ausnahme der frühen 60er Jahre kamen die meisten Touristen immer aus Europa. Der Abstand zur Anzahl der Touristen aus den USA hat sich seit den 70er Jahren zugunsten der Europäer vergrößert. Gewiß, sie haben es näher. Aber *politisch* haben sich die Amerikaner Israel doch näher gefühlt als die Westeuropäer, deren diesbezügliche Distanz seit 1967 dramatisch wuchs, die der

Deutschen erst seit 1981. Wir haben dies im Kapitel über die Außenpolitik erörtert.

Höchst aufschlußreich – und ganz anders als die herkömmliche Ideologie der Geschichtspolitik: Die Israelis fühlen sich Deutschland offenbar näher als die Deutschen den Israelis. Weshalb? Weil seit 1984 ungefähr gleich viel Israelis nach Deutschland kommen, wie Deutsche nach Israel. In einigen Jahren verbuchte Deutschland sogar mehr israelische Touristen als Israel deutsche. Um die tatsächliche geschichtspolitische Bedeutung dieser Zahlen verstehen zu können, muß man natürlich die Zahl der jeweiligen Touristen zur Gesamtbevölkerung setzen (Verhältnis: rund 20:1). Die Botschaft ist eindeutig: Die Israelis verhalten sich Deutschland gegenüber entkrampfter als die Deutschen den Israelis gegenüber. Wirtschaftlich gesehen sind es keineswegs nur die Deutschen, die ihr Geld nach Israel tragen, sondern relativ weit mehr Israelis, die ihr Geld ins wesentlich reichere Deutschland bringen.

Nicht zuletzt aus wirtschaftlichen Gründen benötigt Israel dringend Frieden.

Abbildung 94: Tourismus nach Region

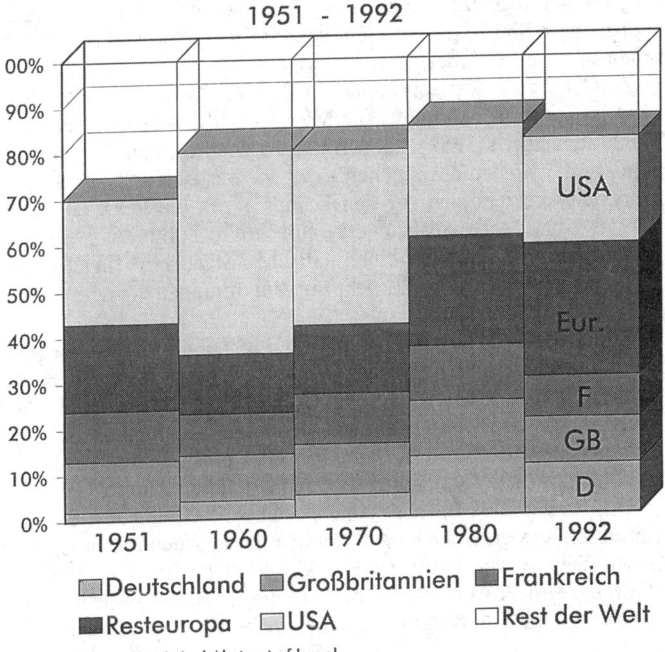

Daten: Statistical Abstract of Israel

Ausblick: Der Weg des Zionismus von der Utopie zur Wirklichkeit

Die so ausstrahlungskräftigen politischen Führungspersönlichkeiten Israels, derer es nicht wenige gab und die alles andere als unumstritten blieben, faszinierten in den vergangenen Jahrzehnten und nicht zuletzt von 1977 bis 1983, bis zum Rücktritt Menahem Begins, die Beobachter der israelischen Politik.

Nicht allen gefiel alles an den israelischen Politikern. Aber selten blieb man ihnen gegenüber gleichgültig. Israel, Israelis und besonders israelische Politiker polarisierten, nach außen ebenso wie nach innen.

Durch eine Personalisierung der Politik könnte man leicht vergessen, daß die gegenwärtigen und zukünftigen Probleme Israels weniger mit „großen" Männern und Frauen als vielmehr mit der Identität des jüdischen Staates zusammenhängen. Der Staat steckt in einer Identitätskrise, die eine bislang nie gekannte Polarisierung und, daraus abgeleitet, auch im Weltjudentum bewirkt hat (vgl. Wolffsohn, 1983 b). Diese Identitätskrise hat einen arabisch-jüdischen sowie einen innerjüdischen Aspekt.

Zunächst zum arabisch-jüdischen Bereich: Der Krieg gegen die PLO im Libanon, besonders die Massaker in den beiden Beiruter Flüchtlingslagern (1982), hat den Israelis deutlicher als frühere Ereignisse die Kosten des eigenen Erfolges drastisch vor Augen geführt. Dies bezieht sich auf den Kampf gegen die PLO, ja sogar auf das zionistische Aufbauwerk schlechthin: Sollte das Leid der Palästinenser der Preis für einen jüdischen Staat sein? fragen erstmals seit dem Herbst 1982 nicht nur Randgruppen sondern weite Kreise der Bevölkerung Israels.

Zugleich wurden Zweifel an der Strategie der militärischen Hegemonie, d.h., der militärischen Übermacht laut. Bislang hieß es immer, Israel müsse militärische Übermacht besitzen, damit die Araber nicht den jüdischen Staat vernichten könnten. Nun aber stellen viele betroffen fest, daß politisches und militärisches Vormachtdenken zur Vernichtung des Gegners führen kann.

Und weiter: Wie konnte man angesichts des Charakters des Libanon-Krieges guten Gewissens an den moralischen Anspruch der israelischen Armee glauben, der, wie es hieß, die „Reinheit der Waffen" zum Prinzip erhob? Zusätzliche, keineswegs neue Kratzer bekam das Bild des iraelischen Militärs seit dem Ausbruch der

Intifada (vgl. Schreiber, 1989). Brutales Vorgehen gegen Palästinenser in den besetzten Gebieten blieb nicht auf Einzelfälle beschränkt.

Die Fragen und Selbstkritik wurden grundsätzlicher: Noch unmittelbar nach dem Sechs-Tage-Krieg, 1967, hatte man geglaubt, eine freundliche Besatzungsmacht sein zu können. Eine Illusion, vor der schon Niccolo Machiavelli im dritten Kapitel seines Klassikers „Der Fürst" gewarnt hatte: „Unzählige Gewalttätigkeiten" würde eine „militärische Besetzung" hervorrufen. Und „...wenn Gebiete erworben werden in einem Land von fremder Sprache, Sitte und Verfassung, da beginnen die Schwierigkeiten..." Das geradezu klassische „Volk der Opfer" könnte gar nicht brutale Besatzer, also Täter werden, nahmen viele Israelis und Freunde Israels an.

Allmählich begann die ewige Wiederkehr der Geschichte von Besatzungsmächten. Es vollzog sich ein zunächst noch kaum bemerkter und bemerkbarer Rollentausch: Nicht alle, aber immerhin einige, und gar nicht so wenige Mitglieder des „Volkes der Opfer" konnten zu Tätern werden. Die Vergangenheit war kein Garantieschein für die Gegenwart und Zukunft. Keiner ist immun. Jeder David ist ein potentieller Goliath – eine Feststellung, die überall und immer gilt. Seit der Intifada wurde es allen bewußter. Dieser Wandel betraf und traf den moralischen Lebensnerv der Juden in Israel und in der Diaspora. Die moralische Grundlage israelischer und jüdischer Existenz geriet ins Wanken.

Vereinfacht kann man sagen, daß es heute zwei Denkschulen in Israel gibt. Die eine erklärt, anders könne man mit „den Arabern" im allgemeinen und „den Palästinensern" nicht „fertigwerden". Diese Richtung wurde von Begin und Scharon, auch dem zwischen 1978 und 1983 amtierenden Generalstabschef Eytan, angeführt. Die andere Denkschule glaubt mehr an Kompromisse als an Konfrontation und meint, die palästinensischen Ziele mit den zionistischen aussöhnen zu können.

Der Brutalisierung nach außen scheint auch eine Brutalisierung nach innen zu entsprechen, zumindest teilweise. Eine militärinterne Kommission berichtete im Januar 1990 dem Generalstabschef von systematischen Drangsalierungen, denen Rekruten ausgesetzt wurden (Z. Schiff, Haaretz, 30.1.1990). Einzelfälle oder Symptome? Der Generalstabschef, eher ein Liberaler, leitete ebenso wie Verteidigungsminister Rabin weitere Untersuchungen ein. Wie immer: Die Verwirklichung des ohnehin problematischen Ideals der „Reinheit der Waffen" rückt in noch weitere Fernen.

Hat nicht gerade die Entwicklung seit 1977 doch den Falken recht gegeben, die sich, wie einst Jabotinsy, vom Gedanken an die „Eiserne Wand“ leiten ließen? Diesem Gedanken liegt die Annahme zugrunde, daß „die Araber“ sich zwar nicht mit der Existenz eines zionistischjüdischen Gemeinwesens in Palästina anfreunden könnten, doch abfinden würden, da sie, nach wiederholten militärischen Fehlschlägen, einsehen müßten, vergeblich gegen eine „Eiserne Wand“ anzurennen. Ist nicht letztlich der am 26. März 1979 geschlossene Friedensvertrag mit Ägypten, auch das nicht lange währende Abkommen mit dem Libanon vom 17. Mai 1983, ja nicht sogar die indirekt ausgesprochene Anerkennung Israels durch die Mehrheit der Arabischen Liga (Gipfelkonferenz von Fez, September 1982) und die Mäßigung von Teilen der PLO eine Bestätigung dieses Denkansatzes? Daß Jassir Arafat im Dezember 1988 Israels Existenzrecht öffentlich anerkannte, ließe sich auch als unfreiwillige Bestätigung der Doktrin der „Eisernen Wand“ interpretieren. Waren allem Schreien der Falken zum Trotz das Autonomieabkommen mit der PLO (Vereinbarungen von Washington, 13. September 1993 und Kairoer Abkommen, 5. Mai 1994) und der Friedensvertrag mit dem Königreich Jordanien vom 26.10.1994 nicht ebenfalls Ergebnis der „Eisernen Wand“?

Der Leitgedanke von der „Eisernen Wand“ hat, genau besehen, eine defensive und eine offensive Variante. Die defensive zielt allein darauf ab, das Bestehende abzusichern. Die offensive, die besonders 1982 im Libanon-Krieg gegen die PLO erkennbar wurde, verlagert die Grenzen dieser Mauer immer weiter nach vorne – zur „Sicherung“ des Kerngebietes. Man könnte hier statt von einer „Eisernen Wand“ in sehr freier Anlehnung an Shakespeares „Macbeth“ von einem „Eisernen Wald“ reden, der seinem Gegner immer näher kommt. Der Prophet Secharija (2/8) sprach von einer „Feuermauer“ als Schutz des wiedererrichteten Jerusalem. Heute stellt sich die Frage, ob diese Feuermauer nicht nur die Feinde von außen, sondern auch die Juden von innen verbrennt. Innerhalb dieser Mauer leben zudem nicht nur Juden, sondern auch Nichtjuden: die Araber Israels und die Palästinenser der besetzten Gebiete. Die Regierung Rabin, die auch weitgehend aus grundsätzlichen Anhängern der (defensiven!) Variante der „Eisernen Wand“ bestand, erkannte die Gefahr dieser „Wand“ und erst recht des „Eisernen Waldes“. Die Folge: Dialog und Verträge mit der PLO und Jordanien.

Doch einschränkend in bezug auf diesen „Eisernen Wald“, der eigentlich schon bei Vergeltungsaktionen vor und seit dem Krieg von 1982 sichtbar wurde, muß bemerkt werden, daß „die“ arabische Seite durch ungeschicktes politisch-militärisches Handeln denjenigen Vorwände lieferte, die aus der „Eisernen Wand“ Israels einen „Eisernen Wald“ machen wollten.

Der innerjüdische Aspekt hängt eng mit dem jüdisch-arabischen zusammen. Hier gilt es, die jüdische Substanz des jüdischen Staates zu bestimmen. Stark vergröbert lautet die Frage: Soll die Bibel politischer Atlas oder moralischer Kompaß sein? Mit anderen Worten: Soll das Westjordanland annektiert, d.h. in das israelische Staatsgebiet einbezogen werden, weil es einst das Land der Bibel war, oder kommt es mehr darauf an, im Sinne der Bibel zu leben?

Für die Falken ist der Krieg gegen die PLO Teil des Kampfes um das Land der Bibel. Die Tauben pochen auf den moralischen, nicht auf den geographischen Anspruch der Bibel.

Die Härte der militärischen Auseinandersetzung mit der PLO und seit der Intifada deckte ein weiteres Dilemma der jüdischen Identität im jüdischen Staate auf: Sollte sich die israelische Armee, Zahal, inzwischen zu einer Armee „wie alle anderen“ entwickelt haben? Mehr noch: Ist Israel inzwischen ein Volk „wie alle anderen Völker“ geworden? Für bewußte Juden, welche die „Auserwähltheit“ als moralischen Anspruch, nicht als Garantieschein betrachten, eine Frage, deren Formulierung oder deren Notwendigkeit einem Schauder über den Rücken laufen läßt. Hinzu kommt, daß eine Annexion der besetzten Gebiete den bislang unbestreitbaren demokratischen Charakter Israels langfristig gefährden muß, denn bei einer nur zu drei Fünftel jüdischen und zu zwei Fünfteln arabischen Bevölkerung könnte man einen in bezug auf politische Führung und Werte rein jüdischen Staat nicht mehr aufrechterhalten, es sei denn, man verzichtete auf die Demokratie. Zionismus oder Demokratie?

Israelische Sozialwissenschaftler und Politiker haben die Alarmsignale erkannt. Sie stellten vor allem seit Beginn der Intifada eine „Erosion demokratischer Einstellungen“ fest: Die Sehnsucht nach einer „starken“ und „freien“ Führung, die weder auf Wahlen noch parlamentarische Kontrollen „Rücksicht nehmen“ müßte, nahm zwischen 1987 und 1989 um 11% zu (Y. Peres, in: Israeli Democracy, Winter 1990: 16). Knapp die Hälfte aller jüdischen Israelis befürwortete eine derartige „starke Führung“ in „Israels derzeitiger Lage“ (ebd.). Ein solches Neues Israel wollten die Anhänger der Rabin-Koalition von 1992 nicht.

Die jüdische Exklusivität des jüdischen Staates gilt heutzutage nicht mehr als unumstößliches Dogma in Israel. Nicht nur Randgruppen sind von Selbstzweifeln angekränkelt oder befallen. Im Oktober 1986 hat Schimon Peres, noch als amtierender Ministerpräsident, einen Bundesstaat vorgeschlagen, der Israelis, Jordanier und Palästinenser umfassen sollte. Ein Bundesstaat mag Illusion sein. Aber ein Staatenbund wäre es nicht. Das Autonomieabkommen mit der PLO dürfte zumindest eine Art Staatlichkeit der Palästinenser bewirken. Da zudem schon ohnehin eine Freihandelszone zwischen Israel und der PLO (am 29. April 1994) vereinbart wurde und auch mit Jordanien vorgesehen ist, zeichnen sich konföderative (= staatenbündische) Merkmale ab.

Einerseits käme dies einer geographisch-politischen Wiederbelebung des britischen Mandatsgebiets aus der Zeit vor der Teilung des Jahres 1922 gleich, andererseits gäbe man die jüdisch-zionistische Exklusivität des jüdischen Staates auf. Ob dies im israelischen und palästinensischen Lager ohne größere Erschütterungen durchgesetzt werden kann, scheint fraglich zu sein. Das Königreich Jordanien könnte ohnehin zwischen dem israelisch-jüdischen und dem palästinensischen Block zerrieben werden.

Der Gegensatz von Israelis orientalischer und euro-amerikanischer Herkunft muß erwähnt werden. Ungefähr die Hälfte der Israelis ist heute orientalischer Herkunft, und diese Orientalisierung hat die politischen Verhaltensweisen verändert. Auch in Israel geht man nicht mehr nur mit Argumenten „aufeinander los“, ist man „orientalischer“ d.h. „handgreiflicher“ geworden. Auch in Israel klammert man sich nicht mehr nur an Institutionen, sondern an ausstrahlungskräftige bzw. „charismatische“ Persönlichkeiten: Wie riefen die „Fans“ von 1981 bis 1983 „Begin, König Israels!“ „Scharon, König Israels!“ Im Zentralkomittee des Likud schrien im Februar 1990 Anhänger Scharons und Schamirs nur noch aufeinander ein. Lautstärke und taktische Tricks entschieden mehr als die Kraft der Argumente.

Israel ist nicht mehr oder nicht mehr ganz Europa in Asien (War eigentlich Europa jemals so eindeutig an rationaler Politik orientiert?)

Wie erwähnt, forderten die meisten Israelis orientalischer Herkunft den Palästinensern und Arabern gegenüber eine harte Gangart und befürworten mehrheitlich die seit 1977 verstärkte Siedlungspolitik. (Dies soll nicht heißen, es gäbe keine kompromißbereiten orientalischen Juden. Das Gegenteil ist der Fall – doch nicht auf der gesamtpolitischen Ebene). Die orientalischen Israelis sind wirtschaftlich schlechter als die euro-amerikanischen gestellt und verlangen daher zugleich mehr Sozialpolitik. Dies aber, so erklären ihnen ihre in der Regel euro-amerikanischen, kompromißbereiten Landsleute, sei nur möglich, wenn man „Sozialpolitik *statt* Siedlungen", nicht jedoch „Sozialpolitik *und* Siedlungen" fordere. Das Geld des ohnehin fast bankrotten Staates reiche nur für das eine oder andere – wenn überhaupt.

Nein, antworten die ebenfalls wirtschaftlich argumentierenden Befürworter der Siedlungspolitik: Erst durch den Bau subventionierter, d.h. staatlich mitfinanzierter, Wohnungen und Häuser im Westjordanland kommen auch diejenigen Schichten in den Genuß von Eigentumswohnungen oder eigenen Häusern, die im israelischen Kernland nicht einmal im Traume daran denken konnten. Also „Siedlungspolitik *und* Sozialpolitik?" Sozialpolitik als Eroberungspolitik? Sozialpolitik durch Eroberungen? Die Rechnung ging nicht mehr auf. Die Niederschlagung der Intifada war nicht nur ein aufwendiges militärisches, sondern auch ein kostspieliges wirtschaftliches Unterfangen. Sie war letztlich militärisch und wirtschaftlich unmöglich. Nur *politisch* war sie machbar - durch Vereinbarungen mit der PLO. Wie haltbar diese sind, wird die Zeit zeigen.

Grundsätzlich lautet die Frage: Zionismus oder Demokratie? Anders formuliert: Gebiete und Demokratie? Noch wäre statt des Entweder-Oder die Fortsetzung des Sowohl-als-Auch möglich – ohne Gebiete freilich. Von dieser Erkenntnis ließ sich die Regierung Rabin leiten.

Doch auch ohne Gebiete wäre das Problem nicht wirklich gelöst. Im israelischen Kernland leben rund 800.000 Araber bzw. Palästinenser mit israelischer Staatsbürgerschaft. Kann Israel als jüdischer Staat ihr Staat sein? Die Gesellschaft Israels ist binational, seine politische Struktur nationalstaatlich, das heißt exklusiv jüdisch.

Die Krise Israels erweist sich demnach als Krise des Nationalstaates. Wir begegnen einem weltweiten Problem, mit dem derzeit viele andere multireligiöse Staaten sowie Mehr- und Vielvölkerstaaten ringen. Die Sowjetunion war ein Staat der Russen. In Jugoslawien dominierten die Serben. In Rumänien fühlen sich die Ungarn nicht zuhause. In Indien geben die Hindus den Ton an. In Sri Lanka unterdrücken die Singhalesen die Tamilen. Die Beispiele ließen sich mühelos ergänzen.

Der Kern des Problems: Jede nationale Gruppe beansprucht für sich selbst ein geschlossenes Gebiet, ein Territorium. Sie will einen Staat für die eigene Nation, den Nationalstaat. Dieses Ideal muß an der israelischen und oft auch an der außerisraelischen Realität zerschellen. Die gesellschaftliche Wirklichkeit ist mehrnational. Solange die politischen Strukturen den gesellschaftlichen nicht entsprechen, bleiben die Probleme. Daß sie friedlich ausgetragen würden, ist leider ein frommer Wunsch.

Und schließlich: An welchen Idealen soll sich, kann sich der jüdische Staat orientieren? Am landwirtschaftlichen Pionierideal, das man schon vor der Unabhängigkeit im Alltag vernachlässigt hatte? An der Religion, die nur rund 30% der jüdischen Israelis ernsthaft ausüben, und die sich immer mehr als innerisraelischer und „weltjüdischer" Spaltpilz erweist? An Groß-Israel? Am Gemein- und Opfersinn im materiallen Bereich, wenn man ideell nicht genau weiß, was man will? Wenn 1985 knapp ein Drittel aller Bürger Steuerhinterziehung als Kavaliersdelikt betrachtete? Am Ideal des Schmelztiegels der Herkunftsgruppen, wenn die Gegensätze zwischen ihnen so groß sind? An der Idee der jüdischen Masseneinwanderung, wenn nur wenige kommen und viele gehen, das heißt auswandern, weil das Leben in Israel hart, in der Diaspora bequemer ist? Gewiß, seit Ende 1989 strömten sowjetische Juden nach Israel. Aber weshalb? Weil ihnen die Tore anderer Staaten, vor allem der USA, verschlossen waren. Freiwillig kommen die wenigsten Juden nach Israel, bleiben immer weniger, und die Bleibenden werden von Selbstzweifeln geplagt. Hinter der Maske einer oft übertriebenen Selbstsicherheit und Härte versuchen sie, die Zweifel zu verstecken. Gilt die Einheit des jüdischen Volkes, wenn sich die Diaspora zunehmend verselbständigt, nicht zuletzt weil sie euro-amerikanisch ist, Israel aber „orientalischer" wird und zudem jüdisch-arabisch ist?

Probleme über Probleme für ein an Problemen nicht armes Land.

Der Zionismus wies sicherlich verweltlichte Obertöne eines Messianismus auf. Wie jeder Messianismus hat er hohe, ja höchste Erwartungen geweckt. Hohe und höchste Erwartungen zu erfüllen, ist bekanntlich außerordentlich schwer. Selbst wenn man beachtliche Teilerfolge erzielt, wird man dieses Anspruchsniveau nicht erreichen können, und zwangsweise treten Enttäuschungen auf. Sie führen zu Selbstzweifeln, denen die eine Seite mit alten Rezepten, zum Beispiel den religiösen Tugenden, die andere mit neuen weltlichen beikommen möchte. Diese Seite hat bislang noch kein inhaltlich geschlossenes „Programm" vorlegen können, jene zumindest verfügt über den Vorteil, eine Alternative anzubieten, die zumindest schon existiert und auch praktiziert wird. Wahrscheinlich ist dies einer der Gründe für die Anziehungskraft religiöser Gruppen in Israel.

Die Vision der zionistischen Gründungsväter führte unabsichtlich, versteht sich, unter anderem zur Eurovision, wo man mit Schnulzen wie „Abanibi Abanibä“ oder „Halleluja“ zwar erfolgreich war, aber zeigte, daß „die“ Juden nun endgültig „wie alle anderen Völker“ geworden sind.

„Wie alle anderen Völker“ wurde Israel. Doch nicht alle Völker wollen Israel. Die Isolation des Staates nahm immer mehr zu. Daß trotz der Intifada afrikanische und osteuropäische Staaten ihre diplomatischen Beziehungen zu Israel wieder aufnahmen, widerlegt diese These nicht. Sie beweist allein die pragmatische Außenpolitik jener Staaten. Seit dem Herbst 1993, seit den Vereinbarungen mit der PLO, ist Israel aber nicht mehr isoliert. Der Damm der Isolation ist gebrochen. Ein regelrechtes Wettrennen setzte zwischen den Staaten ein, die wieder diplomatische Beziehungen aufnehmen wollten. Ein freundlich sanfteres Israel findet auch eine freundlichere Umwelt.

Bei einem religiösen Juden löst die Vorstellung, „wie alle anderen Völker“ zu sein, eine Gänsehaut aus. Diese Gänsehaut und der ohnehin vorhandene Verdruß sowie die Enttäuschung, Wut und Verärgerung, die viele Israelis der nichtjüdischen Welt gegenüber aus historischen oder aktuell-politischen Gründen empfinden, erklärt ebenfalls die Abkehr vom zionistisch-verweltlichten zum eigentlichen, das heißt zum religiösen Messianismus, zum orthodoxen Judentum.

„Gefallen“ kann das nicht allen, weder in Israel noch außerhalb des jüdischen Staates. Doch wissen muß, wer werten will.

Wie jedes Ideal mußte auch das zionistische zerbrechen. Zu Beginn der 90er Jahre ist Israel auf dem Weg zur Realität. Die Regierung Rabin und die sie stützenden Teile der israelischen Gesellschaft haben 1993/94 die Realität erreicht. Ein Weg ohne Umkehr?

Eine Darstellung von Israels Politik, Gesellschaft und Wirtschaft darf weder ein Idealbild noch ein Zerrbild zeichnen. Das Realbild muß entstehen. Hierbei besteht Nachholbedarf. Bei Israelis und Nicht-Israelis, bei Juden und Nicht-Juden, bei Freunden und Gegnern Israels. Die meisten sind noch auf der Suche nach der Realität.

Seit der Antike galten die Juden oft als Unmenschen, als „Christusmörder“. Im Mittelalter beschimpfte man sie als Nicht-Menschen, als „Judensau“. Aus dem vermeintlichen jüdischen Unmenschen oder Nicht-Menschen, machte Lessing in „Nathan der Weise“ einen jüdischen Übermenschen. Die alt-neuen Antisemiten verwandelten ihn wieder in einen Unmenschen. Trauriger Höhepunkt: Die Fratze, die das nationalsozialistische Hetzblatt „Der Stürmer“ vom Juden zeichnete. Nach der Katastrophe des millionenfachen Judenmordes wurden Juden und Israelis geradezu als Übermenschen gesehen und dargestellt. „Wiedergutmachung“ war das Schlagwort. Aus teigiger Denk- und Wortmasse wurde ein wandelndes jüdisch-israelisches Pseudoidealbild gezeichnet. Als die überhöhten Erwartungen an den jüdisch-israelischen Übermenschen nicht erfüllt wurden, zeigte sich auch die Außenwelt enttäuscht. Flugs begannen einige, wieder eine Fratze zu malen: Den Israeli als Killer. Man sollte Juden und Israelis weder als Unmenschen noch als Übermenschen darstellen, sondern als das, was sie immer waren, sind und bleiben werden: als Menschen.

Zeittafel

1882	Beginn der zionistisch motivierten Einwanderung nach Palästina, bis 1903 Erste Alija
1897	Gründung der ZWO, Ziel: Errichtung einer „Öffentlich-rechtlichen Heimstätte für das Jüdische Volk“ in Palästina
1904-14	Zweite Alija
1905	Gründung der ersten zionistischen Linksparteien in Palästina
1909	Gründung von Tel Aviv und des ersten „Kibbutz“, Degania
1917	Balfour-Erklärung (2. November)
1917/18	Eroberung Palästinas durch britische Truppen
1919-23	Dritte Alija
1920	April: Erste jüdisch-arabische Unruhen bes. in Jerusalem; Histadrut gegründet
1921	Mai: Jüdisch-arabische Unruhen, besonders in Jaffo
1922	Der Völkerbund überträgt Großbritannien die Treuhandschaft („Mandat“) für Palästina
1924-31	Vierte Alija
1929	August: Massaker an Juden, besonders in Hebron
1932-39	Fünfte Alija
1936-39	Arabische Revolte
1937	Juli: Erster Teilungsplan (Peel-Kommission)
1939	17. Mai: Weißbuch der Britischen Regierung: Erhebliche Begrenzung jüdischer Einwanderung nach und vor Bodenverkäufen an Juden in Palästina
1944ff.	Verstärkter Einsatz der zionistischen Parteien zur Gründung eines jüdischen Staates; Kampf gegen die Briten
1947	29. November: Die UNO-Vollversammlung beschließt die Teilung Palästinas in einen jüdischen und einen arabischen Staat. Das für den arabischen Staat vorgesehene Gebiet wird zum größten Teil durch Jordanien vereinnahmt, d.h. annektiert, was nur Großbritannien und Pakistan völkerrechtlich anerkennen.
1947/48	Bürgerkrieg in Palästina nach UN-Beschluß
1948	14. Mai: Israel verkündet seine Unabhängigkeit. Der nun beginnende Krieg mit den arabischen Nachbarn zieht sich bis Anfang 1949 hin (Unabhängigkeitskrieg 1948/49). Waffenstill-

standsvereinbarungen sind bis zum 20. Juli 1949 abgeschlossen.

1948-51 Masseneinwanderung und Wirtschaftsprobleme

1952 10. September: Wiedergutmachungsabkommen mit der Bundesrepublik Deutschland

1956 Sinai-Feldzug zur Öffnung der von Ägypten geschlossenen Meerenge von Tiran – mit französischer und britischer Hilfe (29. 10.-5. 11.)

1957 12. März: Beendigung des israelischen Rückzugs von den im Sinai-Feldzug eroberten Gebieten nach erheblichem Druck der USA

1960 14. März: Treffen Ben-Gurion/Adenauer in New York

1963 Juni: Ben-Gurion tritt endgültig als Ministerpräsident zurück

1965 Mai: Aufnahme der diplomatischen Beziehungen mit der Bundesrepublik Deutschland

1966 Dezember: Die Militärverwaltung über Israels Araber wird aufgehoben

1967 5. Juni-10. Juni; Sechs-Tage-Krieg gegen Ägypten, Jordanien und Syrien. Kurz nach dem Krieg beginnen die Aktionen des palästinensischen Widerstandes (PLO).

1969/70 1. März 1969-7. August 1970: Abnutzungskrieg mit Ägypten am Suez-Kanal
Juni: Bundeskanzler W. Brandt in Israel

1973 6.-26. Oktober: Jom-Kippur-Krieg gegen Ägypten und Syrien

1975 Juli: Rabin als erster Ministerpräsident Israels in der Bundesrepublik Deutschland
1. September: Sinai-Entflechtungsabkommen mit Ägypten

1977 17. Mai: Machtwechsel durch Wahlen;
19.-21. November: Sadat in Jerusalem

1978 17. September: Abkommen von Camp David, Friedensnobelpreis an Begin und Sadat

1979 26. März: Friedensvertrag mit Ägypten

1981 Libanonkrise,
3. Mai: Begin attackiert Bundeskanzler H. Schmidt
7. Juni: Zerstörung des Atomreaktors bei Bagdad

1982 6. Juni: Beginn der Libanon-Invasion gegen die PLO;
16./17. September: Christliche Milizen begehen Massaker an Palästinensern in Beirut mit Dek-

kung durch israelisches Militär

1983 28. August: Begin kündigt seinen Rücktritt an

1984 24.-29. Januar: Bundeskanzler H. Kohl in Israel

1985 8.-11. Oktober: Bundespräsident Richard von Weizsäcker in Israel

1986 26.-29. Januar: Ministerpräsident Peres in der Bundesrepublik Deutschland

1987 6.-10. April: Staatspräsident Chaim Herzog in der Bundesrepublik Deutschland

9.12.: Beginn der Intifada.

1988 16.Dezember: USA beginnen offizielle Gespräche mit der PLO, weil PLO UN-Entschließung anerkennt (d.h. auch das Lebensrecht Israels)

1989 9. November: Besorgte Reaktionen in Israel nach dem Fall der Mauer

1990 2. August: Kuwait-Invasion des Irak

Ab 12.August: „Verknüpfung" des Golfkonflikts mit der „Palästinafrage" durch Saddam Hussein

8. Oktober: Gewaltsame Konfrontation am Tempelberg

1991 17. Januar: Beginn des Golfkriegs

18. Januar: Die ersten Scud-Raketen treffen Israel

24. Januar: Außenminister Genscher besichtigt die Trümmer und verspricht wirtschaftliche und militärische Hilfe. Deutsch-israelische Spannungen wegen der Beteiligung deutscher Firmen an der irakischen Giftgasproduktion

März-April: Völkermord an den irakischen Kurden wurde in Israel als Bestätigung des Holocaust-Traumas (Tatenlosigkeit der Welt) interpretiert.

1992 23. Juni: Die Arbeitspartei gewinnt mit Rabin die Knessetwahlen

7. Juli: Rabin wird Ministerpräsident

September: Die Bundesrepublik Deutschland ist nach den USA der zweite Staat, den Premier Rabin besucht.

1993 13. September: Washingtoner Vereinbarungen. Die Bundesrepublik Deutschland wird von Außenminister Peres unverzüglich (nach den USA) über Einzelheiten informiert.

1994 26. Februar: Massaker von Hebron. Der Täter: Baruch Goldstein aus der Siedlung Kiryat Arba bei Hebron

1994

2. März: Aus Rache werden orthodoxe Juden in Brooklyn (New York) von Libanesen er- und angeschossen. Der „Grund": Goldstein sei aus Brooklyn nach Israel gekommen.
14. Mai: Israel hat sich aus Jericho zurückgezogen, am 17. 5. aus Gasa
1. Juli: Arafat in Gasa, dann Jericho. Noch im selben Monat siedelt er von Tunis nach Gasa.
25. Juli: Premier Rabin und König von Hussein unterzeichnen in Washington die Erklärung über die Beendigung des Kriegszustandes zwischen beiden Staaten. Ein Friedensvertrag soll folgen.
3. August: Auf seinem Weg von London nach Amman überfliegt König Hussein israelisches Gebiet. Eine Ehrenformation der israelischen Luftwaffe begleitet das Flugzeug des Monarchen. Am selben Tag wird der Grenzzaun zwischen Israel und Jordanien im Gebiet Eilat-Akaba beseitigt.
14. Oktober: Friedensnobelpreis an Rabin, Peres und Arafat
26. Oktober: Unterzeichnung des Friedensvertrags zwischen Israel und Jordanien

Literaturverzeichnis und Quellen

Grundlegende, thematisch bezogene, Literaturhinweise befinden sich am Ende der Abschnitte. Im allgemeinen sind drei, zumeist deutsche Titel empfohlen worden.

Auf vertiefende Veröffentlichungen wird im Text selbst hingewiesen.

Eine argumentativ-kritische Auseinandersetzung mit der Literatur bis 1978 ist in Wolffsohn 1979 und 1979a zu finden. Ausführlichere Angaben findet man in Wolffsohn 1983.

Wer auch die englische Literatur verstärkt sucht, findet sie in Wolffsohn 1987.

Für die französischen Arbeiten sei vor allem auf Barnavie 1988 und Klein 1983 verwiesen.

Allgemeine Literaturhinweise

Beilitz, 1992
Kruppe, 1992

– Geschichte und Grundlagen:

Wolffsohn, 1992
Sachar, 1987 und 1977
Laqueur, 1975
Hertzberg, 1959

– Gesamtdarstellungen:

Medding, 1989
Schatz / Arian, 1989 (Hebräisch)
Barnavie, 1988
Eisenstadt, 1987
Rolef, 1987
Arian, 1985a
Reich, 1985
Rabinovich/Reinharz, 1984
Klein, 1983
Wolffsohn, 1983
Mahler, 1982
Shimshoni, 1982
Aus amtlich sowjetischer Sicht – vor Glasnost: Nikitina, 1973
Aus der DDR vor der Wende: Jörgensen, 1984.

Daten und aktuelle Ergänzungen

American Jewish Yearbook (Abschnitt: Israel)

Bank of Israel, Jerusalem. Der Bericht der Zentralbank Israels erscheint jährlich und liefert eine Fülle von Informationen zur wirtschaftlichen Entwicklung.

Israel Year Book

Middle East Contemporary Survey, hrsg. von Colin Legum und anderen, New York-London: Holmes / Meier. Dieses Jahrbuch ist seit 1977 erschienen und vermittelt sehr gute Informationen über Politik, Wirtschaft, Gesellschaft und Militär während des Untersuchungszeitraumes. 1986 erschien der letzte Band über das Berichtsjahr 1983 bei Holmes / Meier. Seitdem verlegt Westview Press, Boulder, Colorado, USA, dieses Jahrbuch.

Nahost-Jahrbuch. Politik, Wirtschaft und Gesellschaft in Nordafrika und dem Nahen und Mittleren Osten (ab Berichtzeitraum 1987), hrsg. von Thomas Koszinowski u.a., Opladen: Leske + Budrich seit 1988

Statistical Abstract of Israel, Jerusalem: Central Bureau of Statistics. Erscheint jährlich wie das Statistische Jahrbuch der Bundesrepublik Deutschland. Eine sehr zuverlässige Fundgrube für Daten.

Umfragen (zu verschiedenen Themen)

Levy, 1986 und 1985 (allerdings Hebräisch!)
Stone, 1982
Etzioni-Halevy/Shapira, 1987
Antonovsky/Arian, 1972

Umfragen ab 1978 findet man im Jahrbuch: Index to International Public Opinion, Westport, Connecticut, USA: Greenwood Press.

Monatliche Ergänzungen ab 1976 durch die Zeitschrift World Opinion Update, die im selben Verlag erscheint.

Zu den einzelnen in diesem Buch erwähnten Themen siehe die entsprechenden Abschnitte.

Bibliographien

Mahler, 1985
Neuberg, 1977

Mit zeitlicher Verzögerung, doch am gründlichsten für Bücher: Kiryat Sefer. Bibliographical Quarterly of the Jewish National and University Library

Für Aufsätze sowie Sammelbände: Index of Articles on Jewish Studies. Bibliographical Quarterly of the Jewish National and University Library, Jerusalem.

Quellen zur Außen- und Araberpolitik

In den Documents on the Foreign Policy of Israel, herausgegeben für die Zeit ab Dezember 1947 bis 1950 (= Stand Frühjahr 1989) vom Israelischen Staatsarchiv (State of Israel: Israel State Archives). Viele der dort veröffentlichten Dokumente sind auf Englisch, und die hebräischen werden im jeweiligen Zusatzband zusammengefaßt sowie ins Englische übersetzt. Eine Fundgrube!

Für die Zeit bis 1948 ebenso gut wie teuer ($3.695) The Rise of Israel. A Documentary Record From the Nineteenth Century to 1948, 39 Bände, herausgegeben von Howard M. Sachar, Michael J. Cohen, Isaiah Friedman, Aaron S. Klieman,New York: Garland ab 1988.

Alphabetischer Teil

Abadi, Jacob (1982): Britain's Withdrawal From the Middle East, 1947-1971: The Economic and Strategic Imperatives, Princeton: The Kingston Press

A'si, Murad (1986): Israeli and Palestinian Public Opinion, Kingston, Ontario (Kanada): NECEF Publications und Washington, DC: The International Center for Research and Public Policy

Abbink, J. (1986): Aspects of the Ethnic Identity of Ethiopian Immigrants to Israel, in: Plural Societies, Vol. 16, Nr. 2, S. 102-125

Abitbol, Michael (1986): The Jews of North Africa during World War II, Jerusalem: Ben-Zwi Institute

Abramov, S. Zalman (1976): Perpetual Dilemma. Jewish Religion in the Jewish State, Rutherford usw.: Fairleigh Dickinson University Press, London: Associated University Press

Abramson, Paul R (1989): Generational Replacement, Ethnic Change, and Partisan Support in Israel, in: Journal of Politics, Vol. 51, No. 3, S. 545-574

Abramson, Glenda (1979): Modern Hebrew Drama, London: Weidenfeld/ Nicolson

Abu-Izzedin, Nejla M. (1984): The Druzes. A New Study of Their History, Faith and Society, Leiden: E.J. Brill

Ackermann, Walter u.a., Hg. (1982): Erziehung in Israel, 2 Bände, Stuttgart: Klett-Cotta

Africa Contemporary Record. Annual Survey and Documents, ed. by Colin Legum, New York/London: Holmes & Meier, bis 1985 insgesamt 14 Bände

Aharoni, Yair (1991): The Israeli Economy. Dreams and Reality, London usw.: Routledge

Aharoni, Yair (1976): Structure and Performance in the Israeli Economy, (hebr.), Tel-Aviv: Tschrikover

Allen, David/Alfred Pijpers, eds. (1984): European Foreign Policy-Making and the Arab-Israeli Conflict, The Hague usw.: Nijhoff

Alter, Robert, ed. (1975): Modern Hebrew Literature, New York: Behrman House

American Jewish Yearbook, New York/Philadelphia: The American Jewish Committee Amir, Shimon (1974): Israel's Development Cooperation with Africa, Asia and Latin America, New York: Praeger

Antonovsky, Aaron/Alan Arian (1972): Hopes and Fears of Israelis. Consensus in a New Society, Jerusalem Academic Press

Antonovsky, Aaron (David Katz (1979)): From the Golden to the Promised Land, Darby, Pa.: Norwood Editions und Jerusalem Academic Press
Arian Asher (1989): A People Apart. Coping with National Security Problems in Israel, in: Journal of Conflict Resolution, Vol. 33 nr. 4, S. 605-631
Arian, Asher (1985): Israeli Democracy, in: Journal of International Affairs, Vol. 38, No. 2, S. 259-276
Arian, Asher, ed. (1986): The Elections in Israel 1984, Tel-Aviv: Ramot (= Tel-Aviv University Press)
Arian, Asher (1985a): Politics in Israel, London: Chatham House
Arian, Asher, ed. (1983): The Elections in Israel 1981, Tel-Aviv University: Ramot
Arian, Asher (1981): Elections 1981: Competitiveness and Polarization, in: Jerusalem Quarterly No. 21, S. 3-27.
Arian, Asher, ed. (1980): The Elections in Israel 1977, Jerusalem Academic Press
Arian, Asher (1979): The Electorate: Israel 1977, in: Penniman (1979), S. 59-89
Arian, Asher, ed. (1975): The Elections in Israel 1973, Jerusalem Academic Press
Arian, Asher/Michal Shamir (1983): The Primarily Political Functions of the Left-right Continuum, in: Arian (1983), S. 259-279
Arian, Asher/Ilan Talmud/Tamar Hermann (1988): The Guardian of Israel: National Security and Public Opinion, Tel-Aviv University: Jaffe Center for Strategic Studies, Jerusalem Post
Arian, Alan, ed. (1972): The Elections in Israel 1969, Jerusalem Academic Press
Arian, Alan (1972a): Electoral Choice in a Dominant Party System, in: Arian (1972), S. 187-201
Arian, Alan (1971): Voting and Ideology in Israel, in: Lissak/Gutmann (1971), S. 257-286
Aronoff, Myron J. (1986): Establishing Authority: The Memorialization of Jabotinksky and the Burial of the Bar-Kochba Bones in Israel under the Likud, in: Political Anthropology, Vol. 5, S. 105-130
Aronoff, Myron J., ed. (1984): Cross-Currents in Israeli Culture and Politics, New Brunswick, N.J., and London: Transaction Books
Aronoff, Myron J. (1984a): Gush Emunim: The Institutionalization of a Movement in Israel, in: Political Anthropology, Vol. 3, S. 63-84
Aronoff, Myron J. (1977): Power and Ritual in the Israel Labor Party, Assen-Amsterdam: Van Gorcum
Aronson, Shlomo (1992): The Politics and Strategy of Nuclear Weapons in the Middle East: OPacity, Theory and Reality, 1960-1991, Albany: State University of New York Press
Aronson, Shlomo (1978): Conflict/Bargaining in the Middle East. An Israeli Perspective, Baltimore: Johns Hopkins University Press

Ashkenasi, Abraham (1992): Palestinian Identities and Preferences. Israel's and Jerusalem's Arabs, New York: Praeger
Ashkenazi, M./A. Weingrod, eds. (1987): Ethiopian Jews and Israel, New Brunswick, NJ: Transaction Books; vgl. auch die Zeitschrift
Israel Social Science Research, Vol. 3, Doppelnummer 1-2, 1985
Avrahami, Hanna (1988): Orientalische Mitglieder in Kibbuzim, in:
Kibbuz Studien, Ramat Efal, Yad Tabenkin, Februar, S. 30-32
Avruch, Kevin (1981): Becoming Traditional: Socialization Among American Immigrants in Israel, in: Studies in Comparative International Development, Vol. 16, No. 3-4, S. 64-83
Avruch, Kevin (1981): American Immigrants in Israel. Social Identities and Change, University of Chicago Press
Ayalon, Hannah/E. Ben-Rafael/S. Sharot (1986): The Costs and Benefits of Ethnic Identification, in: The British Journal of Sociology, Vol. 37, No. 4, S. 550-568
Baker, Henry E. (1977): Legal System of Israel, in: Israel Yearbook
Baker, Henry E. (1976): Legal System of Israel, in: Israel Yearbook
Bar-Kochva, Bezalel (1989): Judas Maccabeus, Cambridge University Press
Bar-Kochva, Bezalel (1985): The Perception of the Battles of Judas Macabaeus and their Impact on Modern Israel, in: Antike in der Moderne, , S. 15-23
Bar-Tal, Daniel/Shmuel Zoltak (1989): The Image of Arabs and Jewish-Arab Relations in School Readers, (Hebräisch), in: Megamot, Vol. 32, No. 3, S. 301-317
Barnaby, Frank (1989): The Invisible Bomb: Nuclear Weapons in the-Middle East, London: I. B. Tauris
Barnavie, Eli (1982): Israel au XXe siècle, Paris: Presses Universitaires de France 1982
Beauftragter für Beschwerden, Nr. 8 (1979): Jahresbericht, (hebr.), Jerusalem
Becker, Helmut/Ludwig Liegle (1980): Israel, Erziehung und Gesellschaft, Stuttgart: Klett-Cotta
Behbehani, Hashim S.H. (1981): China's Foreign Policy in the Arab World, 1955-75, London: K. Paul
Beilin, Yossi (1992): Israel: A Concise Political History, London: Weidenfeld & Nicolson
Beilin, Yossi (1983): Inter-Generational Friction in Three Parties in Israel, in: International Journal of Group Tensions, Vol. 13, Ns. 1-4, S. 18-41
Ben-Avram, Baruh (1976): Hewer Hakawutzot, Seine gesellschaftliche und ideologische Entwicklung, (hebr.), Tel-Aviv: Am Oved Ben-Dor, Gabriel (1981): The Druzes in Israel. A Political Study, Boulder, Co.: Westview Press
Ben-Dov, Nitza (1988): Why They Write: The Political Impulse of Israeli Writers, in: International Migration Review, Winter 1987/88, S. 15-25

Ben-Meir, Dov (1982): Histadrut. Die israelische Gewerkschaft, Bonn-Bad Godesberg: Verlag Neue Gesellschaft
Ben-Meir, Dov (1980): The Histadrut Lexicon, (hebr.), Tel-Aviv: Am Oved
Ben-Meir, Yehuda (1987): National Security Decisionmaking: The Israeli Case, Tel-Aviv University: Jaffe Center for Strategic Studies
Ben-Porath, Yoram, ed. (1986): The Israeli Economy, Harvard University Press
Ben-Rafael, Eliezer (1982): The Emergence of Ethnicity. Cultural Groups and Social Conflict in Israel, Westport, Conn./London: Greenwood Press
Ben-Rafael, Eliezer/S. Sharot (1991): Ethnicity, Religion and Class in Israeli Society, Cambridge University Press
Ben-Sira, Zeev (1988): Alienated Identification in the Jewish Israeli Society. Interethnic Relations and Integration, (Hebräisch), Jerusalem: Magnes Press
Ben-Sira, Zeev (1983): Die jüdisch-israelische Gesellschaft: Zwischenethnische Beziehungen, (hebr.), Jerusalem: IIASR
Bendelac, Jacques (1982): Les fonds exterieurs d'Israel, Paris: Economica
Bensimon, Doris (1992): Religion et Etat en Israel, Paris: L'Harmattan
Benvenisti, Meron (1987): 1987 Report. Demographic, Economic, Legal, Social and Political Developments in the West Bank, Jerusalem Post (Der "Report" erscheint jährlich.)
Benvenisti, Meron (1986a): The Gaza Strip Survey, Jerusalem Post
Benvenisti, Meron (1986b): 1986 Report. Demographic, Economic, Legal, Social and Political Developments in the West Bank, Jerusalem Post
Benvenisti, Meron (1986): The West Bank Handbook. A Political Lexicon, Jerusalem Post
Benvenisti, Meron (1984): The West Bank Data Project, Washington, D.C. American Enterprise Institute
Benyamini, Kalman (1981): Israeli Youth and the Image of the Arab, in: Jerusalem Quarterly, No. 20, Summer, S. 87-95
Beres, Louis R. (1986): Security or Armageddon. Israel's Nuclear Strategy, Lexington, Mass.: Lexington Books
Berman, Yitzhak/A. Solomon Eaglstein (1986): Social Class and Juvenile Delinquency: The Role of Education, in: Education and Society, Vol. 4, No. 2, S. 37-41
Bernstein, Dvorah (1987): The Women Workers' Movement in Pre-State Israel, 1919-1939, in: Journal of Women in Culture and Society, Vol. 12, No. 3, S. 454-470
Bernstein, Dvorah (1984): Conflict and Protest in Israeli Society: The Case of the Black Panthers of Israel, in: Youth and Society, Vol. 16, No. 2, S.129-152
Beschorner, Natasha (1992): Water and Instability in the Middle East. An Analysis of Environmental, Economic and Political Factors Influencing Water Management and Water Disputes in the Jordan and Nile

Basins and Tigris-Euphrates Region, London: Brassey's = Adelphi Papers, 273
Biale, David (1986): Power and Powerlessness in Jewish History, New York: Schocken Books
Bialer, Uri (1990): Between East and West: Israel's foreign policy orientation 1948-1956, Cambrige University Press
Bin-Nun, Ariel (1983): Einführung in das Recht des Staates Israel, Darmstadt: Wissenschaftliche Buchgesellschaft
Birrenbach, Kurt (1984): Meine Sondermissionen. Rückblick auf zwei Jahrzehnte bundesdeutscher Außenpolitik, Düsseldorf/Wien: Econ
Bishara, Bahbah/Linda Butler (1986): Israel and Latin America: The Military Connection, London: Macmillan
Black, Ian/Benny Morris (1991): Israel's Secret Wars: The Untold Story of Israeli Intelligence, London: Hamish Hamilton
Blake, Gerald H./Richard N. Schofield, eds., (1987): Boundaries and State Territory in the Middle East and North Africa, Wisbech: Menas Press
Blustein, Jakob (1975): Die Begegnung des Individuums mit der Bürokratie, (hebr.), Jerusalem Hebräische Universität: Academon
Bober, Arie, ed. (1972): The Other Israel. The Radical Case against Zionism, Garden City, N.Y.: Doubleday
Bracha, Baruch (1978): ;Restriction of Personal Freedom without Due Process of Law according to the Defence (Emergency) Regulations, 1945, Israel Year Book of Human Rights (Tel-Aviv), Vol. 8, S. 296-323
Brecher, Michael (1980) Decisions in Crisis. Israel 1967 and 1973, Berkeley: University of California Press
Brecher, Michael (1974a): Israel, the Korean War and China, Jerusalem Academic Press
Brecher, Michael (1974): Decisions in Israel's Foreign Policy, Oxford University Press
Brecher, Michael (1972): The Foreign Policy System of Israel, Setting, Images, Process, London: Oxford University Press
Brichta, Abraham (1977): Democracy and Elections: On Changing the Electoral and Nominations Systems in Israel (hebr.), Tel-Aviv: Am Oved
Brichta, Abraham (1972): The Social, Political and Cultural Background of Knesset Members in Israel, (hebr.), Diss. Hebräische Universität Jerusalem, z. T. in: Arian, 1972: 109ff.
Brod, Peter (1980): Die Antizionismus- und Israelpolitik der UdSSR. Voraussetzungen und Entwicklung bis 1956, Baden-Baden: Nomos
Brownstein, Lewis (1977): Decision-Making in Israeli Foreign Policy: An Unplanned Process, Political Science Quarterly, Vol. 92, No. 2, S. 259-279
Büren, Rainer (1982): Ein palästinensischer Teilstaat? Zur internen, regionalen und internationalen Dimension der Palästinenserfrage, Baden-Baden: Nomos

Busch-Lüty, Christiane (1989): Leben und Arbeiten im Kibbutz, Köln: Bund Verlag
Caiden, Gerald E. (1980): To Right Wrong: The Initial Ombudsman Experience in Israel, Tel-Aviv: Ashdown Press
Caiden, Gerald E. (1970): Israel's Administrative Culture, Berkeley: University of California Press
Calabrese, John (1991): China's Changing Relations with the Middle East, London: Pinter
Carta's Historical Atlas of Israel (1977), Jerusalem: Carta
Caspi, Dan (1986): Media Decentralization. The Case of Israel's Local Newspapers, New Brunswick, N.J./Oxford: Transaction Press
Caspi, Dan (1976): Between Legislators and Electors. The Knesset Members' Perceptions of Public Attitudes (hebr.), Diss., Hebräische Universität Jerusalem
Caspi, Dan (1972): Muster der Wählerfluktuation in Israel, (hebr.), in: State and Government No. 3, S. 81-97, hier zit. aus: Lissak/Gutmann (1977), S. 268-284
Caspi, Dan/A. Diskin/E. Gutmann, eds. (1982): The Roots of Begin's Success: The 1981 Israeli Elections, London: Croom Helm, New York: St. Martin's Press
Chafets, Zeev (1984): Press and Government in Israel, in: Israel Yearbook on Human Rights, vol. 14, S. 134-147
Chagnollaud, Jean-Paul (1985): Israel et les territoires occupés, Paris: L'Hartmattan
Codo, Léon C. (1989): Israel's Return to Sub-Saharan Africa, in: Jerusalem Journal of International Relations, Vol. 11, Nr. 1, März, S. 58-73
Cohen, Steven M. (1990): Israel-Diaspora Relations: A Survey of American Jewish Leaders, Tel Aviv: Israel Diaspora Institute Report No. 8
Cohen Steven M. (1988): (American Jews). Ohne Titel, Pressefassung, New York: American Jewish Committee
Cohen, Steven M. (1987): Ties and Tensions. The 1986 Survey of American Jewish Attitutes Toward Israel and Israelis, New York: American Jewish Committee (Vom selben Autor wurden auch frühere Umfragen zu diesem Thema durchgeführt. Bibliographische Angaben in Cohen, 1987.)
Cohen, Samy(1974): De Gaulle, les gaullistes et Isra•el, Paris: A.Moreau
Cohen, Michael J. (1988): Palestine to Israel. From Mandate to Independence, London: Frank Cass
Cohen, Michael J. (1982): Palestine and the Great Powers 1945-1948, Princeton University Press
Cohen, Esther (1986): Justice for the Occupied Territory? The Israeli High Court of Justice Paradigm, in: Columbia Journal of Transnational Law, Vol. 24, No. 3, S. 472-507
Cohen, Adir (1985): An Ugly Face in the Mirror. National Stereotypes in Hebrew Children's Literature, (hebr.), Tel-Aviv: Reshafim
Cohen, Tamir (1988): Das Ansehen der Industrie in Israel, (Hebräisch), Tel-Aviv: Shiluv Institut im Auftrag der Industriellenvereinigung

Cohen, Raanan, Hg., (1984): Die Araber Israels, (hebr.), Tel-Aviv: Israelische Arbeitspartei
Council for Higher Education (1982): Higher Education in Israel, Statistical Abstract 1980/81, Jerusalem, August
Crosbie, Sylvia K. (1974): A Tacit Alliance. France and Israel From Suez to the Six Day War, Princeton University Press
Dahaf (1986): Siehe Zemach (1987a)
Danet, Brenda (1989): Pulling Strings. Biculturalism in Israeli Bureaucracy, State University of New York Press
Daniel, Abraham (1976): Labor Enterprises in Israel, Bd. 1: The Cooperative Economy, Bd. 2: The Institutional Economy, Jerusalem Academic Press
Darin-Drabkin, H. (1967): Der Kibbutz. Die neue Gesellschaft in Israel, Stuttgart: Klett
Davis, Moshe, ed. (1977): World Jewry and the State of Israel, New York: Arno Press (= New York Times Company)
Dehter, Aaron (1987): How Expensive are the West Bank Settlements? The Jerusalem Post
Dent, Brenda (1972): Public Attitudes toward the Use of ‚Protekzia' in the Israeli Administration, State and Government, (hebr.), No. 3, S. 57-80
Deutschkron, Inge (1983): Israel und die Deutschen. Das besondere Verhältnis, Köln: Verlag Wissenschaft und Politik, 2. Auflage
Dieckhoff, Alain (1989): Sionisme et Judaisme. La Deficile et Fragile Autonomie du Politique, in: Revue Francaise de Science Politique, Vol. 39, No. 6, S. 816-826
Diner, Dan (1979): Israel in Palästina, Königstein: Athenäum
Diskin, Abraham (1991): Elections and Voters in Israel, New York-London: Praeger
Diskin, Abraham (1989): Elections and Voters in Israel, New York: Praeger (israelische Ausgabe: Tel-Aviv: Am Oved 1988)
Diskin, Abraham (1989a): The Israeli General Election of 1988, in: Electoral Studies, Vol. 8, No. 1, S. 75-85
Diskin, Abraham (1982): Polarization and Volatility in the Elections for the Tenth Knesset, (hebr.), in: State, Government and International Relations, No. 19-20, S. 44-62, engl. in: Caspi/Diskin/Gutman (1983)
Diskin, Abraham (1982a): The 1981 Elections: Public Opinion Polls, in: Jerusalem Quarterly, No. 22, S. 99-104
Diskin, Abraham (1980a): The 1977 Interparty Distances: A Three-Level Analysis, in: Arian (1980), S. 213-229
Diskin, Abraham (1980): Das politische System Israels, Köln: Böhlau
Diskin, Abraham (1976): The Competitive Multi-Party System of Israel (1949-1973), (hebr.), Diss., Hebräische Universität Jerusalem
Diskin, Abraham/Michael Wolffsohn (1979): Die organisatorische und ideologische Entwicklung der israelischen Parteien, in: Orient, 20 (1979), Heft 1, S. 33-52

Diskin, Abraham/Michael Wolffsohn (1978): Strukturelle Veränderungen in den politischen Parteien Israels, in: Jahrbuch des Öffentlichen Rechts der Gegenwart, Neue Folge, Bd. 27, S. 455-499

Diskin, Abraham/Michael Wolffsohn (1977): Das Ende des Dominanzpartei-Systems, Israels Wahlen vom 17. Mai 1977, in: Politische Vierteljahresschrift, Jhg. 18, S. 771-841

Don-Yehiya, Eliezer (1987): Jewish Messianism, Religious Zionism and Israeli Politics: The Impact and Origins of Gush Emunim, in: Middle Eastern Studies, Vol. 23, No. 2, S. 215-234

Dror, Yehezkel (1978): Policy and Administration Improvement in Israel, (hebr.), Tel-Aviv: Sifriat Haminhal

Dror, Yehezkel (1971): Political Decision-Making Processes in Israel, (hebr.), State and Government, No. 1, S. 7-32

Economy (1973): Israel Pocket Library Jerusalem: Keter

Efrat, Elisha (1988): Geography and Politics in Israel since 1967, London: Frank Cass

Efrat, Elisha (1984): Urbanization in Israel, London: Croom Helm und New York: St. Martin's Press

Ehrlich, Avishai (1987): "Bagatzim". Petitions to the High Court – AStatistical Portrait, in: Israeli Democracy, Tel-Aviv, Mai 1987, S. 33-35.

Eibl-Eibesfeldt, Irenäus (1986): Die Biologie des menschlichen Verhaltens. Grundriß der Humanethologie, München/Zürich: Piper, 2. überarbeitete Auflage

Eisenstadt, Shmuel N. (1987): Die Transformation der israelischen Gesellschaft, Frankfurt am Main: Suhrkamp (US-Ausgabe, Boulder, Co.: Westview Press 1985)

Eisenstadt, Shmuel N. (1973): Die israelische Gesellschaft, Stuttgart: Enke

Elazar, D./C. Kalchheim, eds. (1988): Local Government in Israel, University Press of America

Elcott, David M. (1981): The Political Resocialization of German Jews in Palestine, 1933-1939, unveröffentl. Ph. D. Diss., Columbia University New York

Elections (1984): Results of Elections to the Eleventh Knesset 23.7.1984, Jerusalem: Central Bureau of Statistics, 1986

Elections (1981): Results of Elections to the Tenth Knesset 30.6.1981, (hebr.), Jerusalem: Central Bureau of Statistics, 1981

Elections (1977): Results of Elections to the Ninth Knesset 17.5.1977, (hebr.), Jerusalem: Central Bureau of Statistics, 1978 Statistics 1970

Elections (1973): Results of Elections to the Eigth Knesset and to Local Authorities 31.12.1973 (hebr.), Jerusalem: Central Bureau of Statistics, 1974

Elections (1969): Results of Elevtions to the Seventh Knesset and to Local Authorities 28.10.1969, (hebr.), Jerusalem: Central Bureau of Elections (1965): Results of Elections to the Sixth Knesset and to Local Authorities 2.11.1965, (hebr.), Jerusalem: Central Bureau of Statistics 1967

Elections (1961): Results of Elections to the Fifth Knesset and to Local Authorities 1961, (hebr.), Jerusalem: Central Bureau of Statistics 1964

Elections (1959): Results of Elections to the Fourth Knesset and to Local Authorities 1959 (hebr.), Jerusalem: Central Bureau of Statistics 1961

Elon, Amos (1972): Die Israelis, Gründer und Söhne, Wien/München: Molden (Taschenbuchausgabe)

Encyclopaedia of Social Sciences, (hebr.), ed. by David Knaani, 5 vols., Merhavia: Sifriat Hapoalim 1970

Encyclopaedia Hebraica (1958), Bd. VI, Eretz Israel, (hebr.), Tel-Aviv: Encyclopaedia Publishing Company

Englard, Izhak (1987): Law and Religion in Israel, in: American Journal of Comparative Law, Vol. 35, No. 1, S. 185-208

Erel, Shlomo (1983): Neue Wurzeln. 50 Jahre Immigration deutschsprachiger Juden in Israel, Gerlingen: Bleicher Verlag

Etzioni-Halevy, Eva (1987): National Broadcasting Under Siege. A Comparative Study of Australia, Britain, Israel and West Germany, New York: St. Martin's Press

Etzioni-Halevy, Eva/Rina Shapira (1977): Political Culture in Israel. Cleavage and Integration among Israeli Jews, New York: Praeger

Falk, Gloria H. (1985): Israeli Public Opinion: Looking toward a Palestinian Solution, in: Middle East Journal, Vol. 39, No. 3, Summer, S. 247-269

Falk, Ze'ev W. (1973): Religion und Staat in Israel, in: Orient, Heft 4, S. 423-433

Fein, Leonhard J. (1976): Politics in Israel, Boston: Little, Brown

Fein, Aharon (1984): The Rate of Emigration from Israel, in: Forum on the Jewish People, Zionism and Israel, No. 53, S. 53-60

Feinberg, Anat, Hg. (1993): Kultur in Israel. Eine Einführung, Gerlingen: Bleicher Verlag

Feldman, Shai (1988): U.S. Middle East Policy: The Domestic Setting, Boulder, Colorado: Westview Press

Feldman, Shai/Heda Rechnitz-Kijner (1984): Deception, Consensus and War: Israel in Lebanon, Tel-Aviv University, Jaffe Center for Strategic Studies

Feldman, Lily G. (1984): The Special Relationship between West Germany and Israel, Boston etc.: George Allen/Unwin

Fernandez, D. J. (1988): Central America and the Middle East, Boulder, Colorado: Westview Press

Fisher, Jeffrey M. (1988): Cyclical Indicators of the Israeli Economy, in: Bank of Israel Economic Review, Vol. 61, S. 100-131

Fishman, Aryei (1986): The Religious Kibbutz Movement: The Pursuit of a Complete Life within an Orthodox Framework, in: Studies in Contemporary Jewry, No. 2, S. 97-115

Flapan, Simha (1987): The Birth of Israel: Myths and Realities, New York: Pantheon Books (deutsche Ausgabe: Knesebeck/Schuler, München 1988)
Freudenheim, Yehoshua (1973): Government in Israel, Its Structure and Legal Foundations, (hebr.), 5. erw. Aufl., Jerusalem: Rubin Mass; dt. München 1963
Friedberg, Asher/Ahron Kfir (1988): Jewish Emigration from Israel, in: Jewish Journal of Sociology, Juni 1988, S. 5-15
Friedlander, Dov/Calvin Goldscheider (1979): The Population of Israel, New York: Columbia University Press
Friedman, Menahem (1989): The State of Israel as a Theological Dilema, S. 165-215, in: Baruch Kimmerling (1989), ed.: The Israeli State and Society, Boundaries and Frontiers, State Univ. of New York
Friedman, Menahem (1977): Society and Religion. The Non-Zionist Orthodox in Eretz-Israel 1918-1936, (hebr.), Jerusalem: Jad Itzhak Ben-Zvi Publications
Friedmann, Daniel/Ulysses Santamaria (1989): Identité et changement: les Falachas entre l'assimilation en Äthiopie et l'integration en Israel, in: Archives Européennes de Sociologie, Vol. 30, No. 1, S. 90-119
Fuchs, Esther (1987): Israeli Mythogynies: Women in Contemporary Israeli Fiction, Albany: State University of New York Press
Funke, H./Christian Sterzing (1989): Geschichte und Arbeit israelischer Friedensgruppen, Frankfurt am Main: Arbeitskreis für Frieden im Nahen Osten
Galnoor, Itzhak (1982): Steering the Polity. Communications and Politics in Israel, Beverly Hills/London: Sage
Gelber, Yoav (1989): Neue Heimat. Die Einwanderung der mitteleuropäischen Juden 1933-1948 (hebr.), Jerusalem: Leo Beack Institute and Jad Ben-Zwi
Gelber, Yoav (1986): Garin lezawa iwri sadir, Jerusalem: Jad Ben-Zvi
Gertz, A., ed. (1947): Statistical Handbook of Jewish Palestine, Jerusalem: Jewish Agency
Giersch, Herbert, ed. (1980): The Economic Integration of Israel in the EEC, Tübingen: Mohr
Giladi, Dan (1973): Jewish Palestine During the Fourth Alija Period (1924-1929). Economic and Social Aspects, (hebr.), Tel-Aviv: Am Oved
Gilbert, Martin (1974): The Arab-Israeli Conflict. Its History in Maps, London: Weidenfeld and Nicolson, 4. Auflage 1984
Gilboa, Eytan (1989): The Palestinian Uprising: Has it Turned American Public Opinion? In: Orbis, Winter 1989, S. 21-37
Gilboa, Eytan (1987): American Public Opinion toward Israel and the Arab-Israeli Conflict, Lexington Books
Gilboa, Eytan (1986): Terrorism and Trust: How We See the Middle East, in: Public Opinion, November/Dezember, S. 52-58
Ginor, Fanny (1979): Socio-Economic Disparities in Israel, Tel-Aviv and New Brunswick, N.J.: Tel-Aviv University and Transaction Books

Gitelman, Zvi (1982): Becoming Israelis. Political Resocialization of Soviet and American Immigrants, New York, Praeger
Gitelson, Susan A. (1974): Israel's African Setback in Perspective, Hebrew University: Jerusalem Papers on Peace Problems
Glass, Moshc M. (1977): Die Beeinflussung der israelischen Volkswirtschaft durch die Fiskalpolitik in den Jahren 1960-1974. Versuch einer strukturell-quantitativen Analyse, Zürich: Schulthess Polygraphischer Verlag
Globerson, Arye (1970): The Bureaucratic Elite in the Israeli Civil Service (hebr.), Tel-Aviv: Institute of Management Press
Golan, Galia (1990): Soviet Policies in the Middle East: From World War II to Gorbachev, Cambridge University Press
Golan, Galia (1979): Yom Kippur and After. The Soviet Union and the Middle East Crisis, Cambridge University Press
Goldberg, Giora (1988): Das Absterben der alten Parteien Israels, (hebr.), in: State, Government and International Relations, Nr. 28-29, S. 97ff.
Goldschneider, Calvin and Dov Friedlander (1982): Religiosity Patterns in Israel, American Jewish Year Book 1983, New York: American Jewish Committee and Philadelphia: Jewish Publication Society of America, S. 3-39
Gonen, Amiram (1982): The Geography of the Electoral Competition between the Labor Alignment and the Likud in Jewish Cities of Israel, 1965-1981, (hebr.), in: State, Government and International Relations, No. 19-20, S. 63-87, engl. in: Caspi/Diskin/Gutmann (1983)
Gordon, Carol (1989): Mutual Perception of Religious and Secular Jews in Israel, in: Journal of Conflict Resolution, Vol. 33 No. 4, S. 632-651
Goren, Dina (1980): Secrecy and the Right to Know, Ramat-Gan: Turtledove
Gorni, Yosef (1973): Ahdut Haawoda 1919-1930. The Ideological Principles and the Political System, (hebr.), Tel-Aviv University-Hakibbutz Hameuchad
Gorni, Yosef (1970): Chanes in the Social and Political Structure of the Second Aliyah (1904-1940), (hebr.), in: Zionism. Studies in the History of the Zionist Movement and the Jews in Palestine, Bd. I, (hebr. z. T. engl.), ed. by Daniel Carpi, Tel-Aviv University-Hakibbutz Hameuchad, S. 204-246
Gorny, Joseph (1987): Zionism and the Arabs, 1882-1948. A Study of Ideology, Oxford: Clarendon Press
Gorny, Joseph (1983): The British Labour Movement and Zionism 1917-1948, London: Frank Cass
Gottheil, Fred M. (1975): Arab Immigration into Pre-State Israel: 1922-1931, in: Michael Curtis et al. ed.: The Palestinians, People, History, Politics, New Brunswick, N.J.: Transaction Books, S. 30-41
Greilsammer, Ilan (1988): Le poids des partis religieux sur la politique étrangère d'Israel, in: Politique Etrang+ere, Heft 4, S. 921-929

Greilsammer, Ilan/Joseph H.H. Weiler, eds. (1988): Europe and Israel: Troubled Neighbours, Berlin usw.: de Gruyter
Greilsammer, Alain (1978): Les communistes israeliens, Paris: Presses de Fondation Nationale des Sciences Politiques
Grossman, David (1992) Der geteilte Israeli. Über den Zwang,den Nachbarn nicht zuverstehen, München: Hanser
Gudkov, Lev/Alex Levinson (1994): Attitudes toward Jews in the Commonwealth of Independent Nations, New York: The American Jewish Committee
Gutmann, Emanuel ed. (1984): Israel and the Second Enlargement of the European Community. Political and Economic Aspects, Jerusalem: Hebrew University: The European Research Center
Gutmann, Emanuel/Jakob Levy, Hg. (1976): Das Regierungssystem Israels. Eine Quellensammlung. (hebr.), Kaplan School, Hebräische Universität Jerusalem, 3.Aufl.
Gutmann, Emanuel/Jakob M. Landau (1975): The Political Elite and National Leadership in Israel, in: Lenczowski (1975), S. 163-199
Hérodote. Revue de géeographie et de géeopolitique: Géopolitiques au proche-orient, No. 29-39, avril-sept.
Haberfeld, Jitzhak/Laurence Nadler (1979): Demographical Characteristics of Senior Civil Servants in the Israeli Civil Service, (hebr.), in: State, Government and International Relations, No. 13, S. 114-119
Hacke, Christian (1984): Amerikanische Nahost-Politik. Kontinuität und Wandel von Nixon bis Reagan, München/Wien: Oldenbourg
Halevy, Nadav/Ruth Klinov-Malul (1975): The Economic Development of Israel, (hebr.), Jerusalem: Academon (Hebrew University), amerikan. Ausgabe, New York: Praeger 1968
Hall-Cathala (1991): The Peace Movement in Israel, 1967-1987, London: Macmillan
Harari, Yechiel (1978): Die Wahlen des Jahres 1977 im arabischen Sektor, (hebr.), Givat Chaviva: Zentrum für arabische Studien
Harari, Yechiel (1976): Die Araber in Israel 1976. Tatsachen und Zahlen, (hebr.), Givat Haviva: Arab and Afro-Asian Sources
Harel, Aharon (1981): Analyse der Wahlen zu den Arbeiterräten, (hebr.), Tel Aviv: Histadrut, September
Harkabi, Yehoshafat (1983): The Bar Kokhba Syndrome, New York: Rosel Books
Heinsohn, Gunnar, Hg. (1982): Das Kibbutz-Modell. Bestandsaufnahme einer alternativen Wirtschafts- und Lebensform nach sieben Jahrzehnten, Frankfurt am Main: Suhrkamp
Heller, Josef (1989): Lehi. Ideology and Politics, 1940-1949, (Hebräisch), Jerusalem: Keter/Schazar-Zentrum
Herman, Simon N. (1977): Jewish Identity. A Social Psychological Perspective, Beverly Hills/London: Sage
Hertzberg, Arthur (1992) Shalom Amerika. Die Geschichte der Juden in der Neuen Welt, München: Knesebeck

Hertzberg, Arthur (1989): The Jews in America. Four Centuries of an Uneasy Encounter: A History, New York: Simon/Schuster
Hertzberg, Arthur (1988): The Illusion of Jewish Unity, in: The New York Review of Books, 16. Juni 1988, S. 6-12.
Hertzberg, Arthur, ed. (1959): The Zionist Idea. A Historical Analysis and Reader, Westport, Conn.: Greenwood Press
Herzog, Hanna (1986): Political Factionalism: The Case of Ethnic Lists in Israel, in: Western Political Quarterly, Vol. 39, Nr. 2, S. 285-303
Himmelfarb, Milton (1989): American Jews: Diehard Conservatives, in: Commentary, April 1989, S.Herzog Hanna/M. Shamir/A. S. Zuckerman (1989): The Israeli Politician: The Social Bases of Israeli Labour and Herut Political Activists, (Hebräisch), Jerusalem 44-49
Histadrut (1977): Statistisches Jahrbuch 1968-1977. Der 13. Generalversammlung vorgelegt, (hebr.), Tel-Aviv: Allgemeine Histadrut
Hof, Frederic C. (1985): Galilee Divided. The Israel-Lebanon Frontier, 1916-1984, Boulder, Colorado: Westview Press
Hoffman, Tzippi/Alan Fischer (1988): The Jews of South Africa, Johannesburg: Summit Publishers
Hoffman, Jochanan/Kamil Nager (1985): Die Bereitschaft zu intakten gesellschaftlichen Kontakten zwischen jüdischen und arabischen Gymnasiasten, (hebr.), Universität Haifa: Februar, unveröffentlicht (von den Autoren dankenswerterweise übersandt)
Hoffman, Charles (1989): The Smoke Screen: Israel, Philanthropy and American Jews, Silver Spring, Maryland: Eshel Books
Hooker, M.B., ed. (1983): Islam in South-East Asia, Leiden: Brill
Horowitz, Dan/Moshe Lissak (1978): The Origins of the Israeli Polity. Palestine under the Mandate, University of Chicago Press
Horowitz, David (1973), Economic Development, Israel Pocket Library, Vol.: Economy, Jerusalem: Keter, S. 1-101
Hunter, J. (1987): Israeli Foreign Policy: South Africa and Central America, London: Spokesman
Ichilov, Orit (1981): Citizenship Orientations of City and Kibbutz Youth in Israel, in: International Journal of Political Education, Vol. 4, S. 305-317
IIASR (1980): Die Einstellung der Öffentlichkeit zu den Kommunalwahlen vom November 1978, (hebr.), Jerusalem
IIPO (=Index of International Public Opinion, Westport, Connecticut: Greenwood Press, jährlich)
Immigration (1975): Immigration to Israel 1948-1972, Part II, Composition by Period of Immigration, Jerusalem: Central Bureau of Statistics
Inbar, Michael/Ephraim Yuchtman-Ya'ar (1989): The People's Image of Conflict Resolution: A Comparative Survey of Israelis and Palestinians, in: Journal of Conflict Resolution, Vol. 33, No. 1, S 37-66
Inbar, Efraim (1989): The ‚No Choice War' Debate in Israel, in: The Journal of Strategic Studies, Vol. 12, No. 1, S. 22-37
Institut zur Erforschung Israels, Research Paper No. 34

Isaac, Rael Jean (1981): Party and Politics in Israel. Three Visions of a Jewish State, New York/London: Longman
Isaac, Rael Jean (1976): Israel Divided. Ideological Politics in the Jewish State, Baltimore: The Johns Hopkins University Press
Janke, Jutta/Angelika Timm/Monika Zemke, Hg. (1987): Erkundungen. 20
Erzähler aus Israel, Berlin (DDR): Verlag Volk und Welt
Jörgensen, A. (1984): Israel intern, Berlin (DDR)
Joseph, B.M. (1988): Strange Bedfellows: Israel and the Land of Apartheid, Westport, Conn.: Greenwood Press
Jütte, Robert (1991): Die Emigration der deutschsprachigen ‚Wissenschaft des Judentums'. Die Auswanderung jüdischer Historiker nach Palästina 1933-1945, Stuttgart: Steiner
Kahanman, Ira/Hana Levinson (1980): Die Einstellung der Öffentlichkeit gegenüber dem neuen Wirtschaftsprogramm von Minister Hurvitz, (hebr.), Jerusalem: IIASR, Februar
Kalcheim, Chaim (1979): Local Income Resource and the Dependance on Central Government as Viewed by Local Government Spokesmen in Israel, (hebr.), in: State, Government and International Relations No. 13, Winter, S. 101-110
Kamen, Charles S. (1988): After the Catastrophe II: The Arabs in Israel, 1948-51, in: Middle Eastern Studies, Vol. 24, No. 1, S. 68-109
Kamen, Charles S. (1987): After the Catastrophe I: The Arabs in Israel, 1948-51, in: Middle Eastern Studies, Vol. 23, No. 4, S. 453-495
Kanazi, George (1989): Ideologies in the Palestinian Literature in Israel, (hebr.), in: The New East, Vol. 32, No. 125-128, S. 129-138
Kaplan, Steven/Chaim Rosen (1993): Ethiopian Immigrants in Israel: Between Preservation of Culture and Invention of Tradition, in: The Jewish Journal of Sociology, Vol. 35, No. 1, S. 35- 48
Karmon, Yehuda (1994): Israel. Eine Geographische Landeskunde, 2. überarbeitete Auflage, Darmstadt: Wissenschaftliche Buchgesellschaft
Karsh, Efraim (1985): The Cautious Bear. Soviet Military Engagement in Middle East Wars in the Post-1967 Era, Jerusalem Post und Westview Press (Boulder, Colorado)
Katz Elihu/Hanna Levinsohn (1989): Too Good to Be True: Notes on the Israel Elections of 1988, in: International Journal of Public Opinion Research, Vol. 1 Nr. 2, S. 111-122
Katzenstein, Liora (1983): From Reparations to Rehabilitation. The Origins of Israeli-German Relations, unveröffentlichte Dissertation, Universitée de Genève
Kaufmann, Edy/Yoram Shapira/Joel Barromi (1976): Israel-Latin American Relations, New Brunswick, N.J.: Transaction Books
Kedem, Peri/Mordechai Bar-Lev (1989): Does Political Socialization in Adolescence Have a Lasting Influence? in Political Psychology, Vol. 10, Heft 3, S. 391-416
Kerbe, Nathalie (1975): L`ombudsman israelien, Paris: A. Pedone

Kessler, A.A. (1984): Financing Jewish Education: Yeshivot and Universities in Israel, in: Jewish Education (New York), Vol. 52, No. 3, 1984, S. 39-42.
Key, V.O. (1955): A Theory of Critical Elections, in: Journal of Politics, Vol. 17, S. 1ff.
Khalidi, Raja (1988): The Arab Economy in Israel: The Dynamics of a Region's Development, London: Croom Helm
Kieval, Gershon R. (1983): Party Politics in Israel and the Occupied Territories, Westport, Conn., und London: Greenwood Press
Kimmerling, Baruch (ed.) (1989): The Israeli State and Society: Boundaries and Frontiers, Albany: State University of New York Press
Kimmerling, Baruch (1985): The Interrupted System. Israeli Civilians in War and Routine Times, New Brunswick, N.J.: Transaction Books
Kimmerling, Baruch (1983a): Zionism and Territory. The Socio-Territorial Dimensions of Zionist Politics, University of California (Berkely)
Kimmerling, Baruch (1983): Zionism and Economy, Cambridge, Mass.: Schenkman
Kipnis, Baruch A. (1987): Geopolitical Ideologies and Regional Strategies in Israel, in: Tijdschrift voor economische en sociale geografie (Amsterdam), Bd. 78, Nr. 2, S. 125-138
Klatzmann, Joseph (1985): L'Economie d'Israel, Paris: Maisonneuve/Larose
Klayman, Maxwell I. (1970): The Moshav in Israel, New York: Praeger
Klein, Claude (1983): Le syst+eme politique d'Israel, Paris: Presses Universitaires de France
Klieman, Aaron (1987): Current Crisis in the Israeli Defence Industry, in: The Israeli Economist, September, S. 46-49
Klieman, Aaron (1985): Israel's Global Reach. Arms Sales as Diplomacy, Washington usw. Pergamon-Brassey's
Klieman, Aaron (1984): Israeli Arms Sales: Perspectives and Prospects, Tel-Aviv University
Klinghoffer, Hans (1987): Verfassungsrechtliche Fragen in der Rechtsprechung Israels, in: Jahrbuch des Öffentlichen Rechts der Gegenwart, Neue Folge, Band 36, hrsg. v. Peter Häberle, Tübingen: J.C.B. Mohr (Paul Siebeck), S. 222-313
Klinghoffer, Arthur J./Judith Apter (1985): Israel and the Soviet Union, Boulder, Colorado: Westview Press
Knesset 10: Wer ist Wer in der Zehnten Knesset?, (hebr.), Jerusalem: Maariv
Knesset 9: Wer ist Wer in der Neunten Knesset?, (hebr.), Jerusalem, Knesset (Abteilung Öffentlichkeitsarbeit), 1975
Kotler, Yair (1986): Heil Kahana, New York: Adams Books•
Krauss, Vered (1976): Die gesellschaftliche Einstufung von Berufen in Israel, (hebr.), Diss., Hebräische Universität Jerusalem
Krausz, Ernest, ed. (1985): Politics and Society in Israel, Bd. 3, New Brunswick, N.J.: Transaction Books

Krausz, Ernest, ed. (1983): The Sociology of the Kibbutz. Studies of Israeli Society, Vol. II, New Brunswick, N.J., and London: Transaction Books
Krausz, Ernest, ed. (1980): Studies of Israeli Society, Migration, Ethnicity and Community, New Brunswick, N.M., û London: Transaction Books
Krupp, Michael (1992): Zionismus und Staat Israel. Ein geschichtlicher Aufriß, Gütersloh: Gütersloher Taschenbücher Siebenstern
Lahis, Shmuel (1980): Israelis in the U.S.A., Jerusalem: Jewish Agency
Landau, David (1993): Piety and Power. The World of Jewish Fundamentalism, New York: Hill & Wang
Landau, Jacob M. (1993): The Arab Minority in Israel, 1967-1991, Oxford: Clarendon Press
Landau, Jacob M. (1971): The Arabs in Israel. A Political Study, Tel Aviv: Maarahot (Veröffentlichungen des israelischen Verteidigungsministeriums), hebr. Fassung der englischen Ausgabe mit dem gleichen Titel, London u. a.: Oxford University Press
Landau, Pinhas (1988): Israeli Banking Today. Dinosaur or Phoenix? Jerusalem Post
Laqueur, Walter Z. (1975): Der Weg zum Staat Israel. Geschichte des Zionismus, Wien usw.: Europaverlag
Laqueur, Walter Z., ed. (1970): The Israel-Arab Reader, Harmondsworth: Penguin
Latin America and Carribbean Contemporary Record, ed. by Jack W. Hopkins, New York-London: Holmes/Meier, bis 1985 2 Bände dieses Jahrbuches
Layish, Aharon, ed. (1992): The Arabs in Jerusalem. From the Late Ottoman Period to the Beginning of the 1990s, Jerusalem: Magnes Press
Layish, Aharon ed. (1989): The Arabs in Israel: Between Religious Revival and National Awakening, Hebräisch), = Sondernummer der Zeitschrift The New East (Hamizrah Hehadash), Jahrgang 32, No. 125-128
Le Mire, Henri (1986): Tsahal. Histoire de l'armée d'Israel, Paris: Plon
Lehman-Wilzig, Sam (1991): Stiff-Necked People. Bottle-Necked System. The Evolution and Roots of Israeli Public Protest, 1949-1986, Bloomington: Indiana University Press
Lehman-Wilzig, Sam (1987): Conflict and Communication: Public Protest in Israel, 1952-1982, in: S.A. Cohen/E. Don-Yehiya, eds.: Conflict and Consensus in Jewish Political Life, Ramat-Gan: Bar-Ilan University Press, S. 128-145
Lehman-Wilzig, Sam (1982): Public Protest Against Central and Local Government in Israel, 1950-1979, in: Jewish Journal of Sociology, Vol. 24, No. 2, S. 99-115
Lehman-Wilzig, Sam (1981): Public Protest and Systemic Stability in Israel: 1960-1979, in: Lehman-Wilzig/Susser (1981), S. 171-210

Lehman-Wilzig, Sam/Bernhard Susser, eds. (1981): Public Life in Israel and the Diaspora, Ramat-Gan: Bar-Ilan University Press

Lehman-Wilzig, Sam/Giora Goldberg (1983): Religious Protest and Police Reaction in a Theo-Democracy, 1950-1979, in: Journal of Church and State, Summer (das Manuskript wurde mir freundlicherweise von Herrn Dr. Lehman-Wilzig zugesandt)

Lerner, Abba/Haim Ben-Shahar (1975): The Economics of Efficiency and Growth. Lessons From Israel and the West Bank, Cambridge, Mass.:Ballinger

Leslau, Avraham/Ernest Krausz/Sara Nussbaum (1987): Feelings of Discrimination among Iraqis and North Africans in Israel, in: Plural Societies, Vol. 17, No. 1, S. 34-44

Leviathan, Uri (1983): Der Kibbutz und die israelische Gesellschaft, (hebr.), Universität Haifa: Zentrum für Kibbutzforschung

Leviathan, Uri (1980): Die Einstellung der jüdischen Bevölkerung Israels gegenüber der Kibbutz-Bewegung und der Möglichkeit, im Kibbutz zu leben, (hebr.), in: Megamot, Bd. 26, No. 2, Dez., S. 232-236

Levy, Shlomit u.a. (1993): Beliefs, Observances and Social Interaction Among Israeli Jews, Jerusalem: IIASR, Louis Guttman Institut

Levy, Shlomit (1986): The Structure of Social Values, Jerusalem: IIASR

Levy, Shlomit (1985): Components of the Jewish Identity as Motivators for Jewish Identification among Jewish Youth and Adults in Israel in the Period 1967-1982, (hebr.), unveröffentlichte Dissertation, Hebräische Universität Jerusalem

Levy, Shlomit (1984): Israel 1984: Values, (hebr.), Jerusalem:IIASR

Levy, Shlomit (1992): Indikatoren zu gesellschaftlichen Problemen inIsrael,1979-1991 (hebräisch), Jerusalem: IIASR

Levy, Shlomit/E.L. Gutman (1981): The Voters of Tehija, (hebr.), Jerusalem: IIASR

Levy, Shlomit/E. L. Guttman (1979), Changes in the Attitudes of the Voters, (hebr.), Jerusalem: Israel Institute of Applied Social Research, Bulletin No. 49

Levy, Shlomit/E. L. Guttman (1979a): Vor einer Prognose für die nächsten Knessetwahlen. Wählerwanderung und Wahlabsichten, (hebr.), Jerusalem: IIASR und Communications Institute, Hebrew University, März

Levy, Shlomit/E. L. Guttmann (1978): Veränderungen in der Einschätzung der Regierungsarbeit und Wandlungen in der Absicht der Wähler, (hebr.), Jerusalem: Israel Institute of Applied Social Research, Communications Institute, Hebrew University

Levy, Shlomit/Louis Guttman (1976): Values and Attitudes of Israel High School Youth, (hebr.), Jerusalem: The Israel Institute of Applied Social Research

Levy, Shlomit/Louis Guttmann (1976a): Zionism and Jewishness of Israelis, in: Forum (Jerusalem), Vol. 24, Nr. 1, S. 39-50

Levy, Shlomit/Louis Guttman (1971): Der Zionismus und das Jüdische Volk in den Augen der Israelischen Öffentlichkeit, (hebr.), Jerusa-

lem: Israel Institute of Applied Research Communications Institute, Hebrew University
Lewis, Bernard (1987): Die Juden in der islamischen Welt. Vom frühen Mittelalter bis ins 20. Jahrhundert, München: Beck (US- Ausgabe: The Jews of Islam, Princeton University Press 1984).
Liebman, Charles S. (1991): Religious and Secular: Conflict and Accomodation Between Jews in Israel, Jerusalem: Keter
Liebman, Charles S. (1977): Pressure without Sanctions. The Influence of World Jewry on Israeli Policy, Fairleigh Dickinson University Press and London: Associated University Press
Liebman, Charles S./E. Don-Yehiya (1984): Religion and Politics in Israel, Indiana University Press
Liebman, Charles S./Eliezer Don-Yehiya (1984): Civil Religion in Israel. Traditional Judaism and Political Culture in the Jewish State, University of California Press
Likhovski, Eliahu S. (1971): Israel's Parliament. The Law of the Knesset, Oxford: Clarendon Press
Linde Gerd (1989a): Mittelost-Terrorismus: Indigen oder fremdgesteuert? Köln: Berichte des Bundesinstituts für ostwissenschaftliche und internationale Studien Nr. 25/1989
Linde, Gerd (1989): Die neue Ausgangslage für die sowjetische Mittelostpolitik, Köln: Berichte des Bundesinstituts für ostwissenschaftliche und internationale Studien, Nr. 61/1989
Linn, Ruth (1986): Conscientious Objection in Israel During the War in Lebanon, in: Armed Forces/Society, Vol. 12, No. 4, S. 489-512
Lipset, Seymour Martin/Earl Raab (1985): The American Jews, the 1984 Elections, and Beyond, in: American Jewish Affairs, S. 141-157
Lissak, Moshe, ed.(1984): Israeli Society and its Defence Establishment, London: Frank Cass
Lissak, Moshe (1981): The Elites of the Jewish Community in Palestine, (hebr.), Tel-Aviv: Am Oved
Local Authorities (1979): Results of Elections to the Local Authorities, 7. November 1978, (hebr.), Jerusalem: Ministry of the Interior, Inspector General of Elections
Lorch, Nathaniel (1982): Latin America and Israel, in: Jerusalem Quarterly, No. 22, S. 70-84.
Louis, W. Roger (1984): The British Empire in the Middle East 1945-1951, Oxford: Clarendon Press
Luft, Gerda (1977): Heimkehr ins Unbekannte. Eine Darstellung der Einwanderung von Juden aus Deutschland nach Palästina vom Aufstieg Hitlers zur Macht bis zum Ausbruch des Zweiten Weltkrieges 1933-1939, Wuppertal: Peter Hammer Verlag
Lustick, Ian (1988): For the Land of the Lord: Jewish Fundamentalism in Israel, New York: Council on Foreign Relations
Lustick, Ian (1981): Israel and the West Bank after Elon Moreh: The Mechanics of De Facto Annexation in: Middle East Journal, Vol. 35, No. 4, S. 557-577

Lustick, Ian (1980): Arabs in the Jewish State, Israel's Control of a National Minority, Austin/London: University of Texas Press
Luttwak, Edward/Dan Horowitz (1975): The Israeli Army, New York: Harper/Row
Mahler, Gregory (1990): Israel, Government and Politics in a Maturing State, Chicago: Harcort Brace Jovanovich
Mahler, Gregory S. (1985): Bibliography of Israeli Politics, Boulder, Co.: Westview Press
Mahler, Gregory, ed. (1982): Readings on the Israeli Political System, Washington, D.C.: University Press of America
Mahler, Gregory S. (1981): The Knesset, Parliament in the Israeli Political System, Fairleigh Dickenson University Press; London/Toronto: Associated University Press
Mahler, Gregory S./Richard J. Trilling (1975): Coalition Behavior and Cabinet Formation, The Case of Israel, in: Comparative Political Studies, Vol. 8, S. 200-233
Mar'i Sami Khalil (1978): Arab Education in Israel, Syracuse, N.Y.: Syracuse University Press
Margalit, Elkana (1971): Hashomer Hazair û From Youth Community to Revolutionary Marxism (1913-1936), (hebr.), Tel-Aviv University, Hakibbutz Hameuhad
Marmorstein, Emilie (1969): Heavan at Bat, Oxford University Press
Mayseless, Ofra/Reuwen Gal/Eli Fischoff (1989): Weltbild und Einstellungen von Gymnasiasten in bezug auf Militär und Sicherheitspolitik, (hebr.), Zichron Jaakov: Israelisches Institut für Militärstudien
Meari, Mahmoud (1978): Identity of Arab Academics in Israel, Jerusalem: Israel Institute of Applied Social Research, der Ford Foundation vorgelegt
Meckel, Christoph u.a., Hg. (1989): Vier Tage im Mai. Ein deutsch-israelisches Lesebuch, Freiburg: Waldkircher Verlag
Medding, Peter Y., ed. (1989): Studies in Contemporary Jewry, Volume V: Israel. State and Society, 1948-1988, Oxford University Press Medding, Peter Y., ed. (1986): Studies in Contemporary Jewry, Band II, Bloomington: Indiana University Press
Medding, Peter Y. (1972): Mapai in Israel, Political Organization and Government in a New Society, London u. a.: Cambridge University Press
Meier-Cronemeyer, Hermann (1969): Kibbutzim-Geschichte, Geist und Gestalt, Hannover: Verlag f. Literatur u. Zeitgeschehen (auch: Friedrich-Ebert-Stiftung: Historisch-politische Schriften)
Melzer, Wolfgang/Georg Neubauer, Hg.(1988): Der Kibbutz als Utopie, Weinheim/Basel: Beltz
Mergui, Raphael/Phillipe Somonnot (1987): Israel's Ayatollahs: Meir Kahane and the Far Right in Israel, Saqi Books über: Atlantic Highlands, N.J.: Humanities International Press

Merhav, Peretz (1972): Die israelische Linke. Zionismus und Arbeiterbewegung in der Geschichte Israels. Frankfurt am Main: Europäische Verlagsanstalt

Mi'ari, Mahmoud (1987): Traditionalism and Political Identity of Arabs in Israel, in: Journal of Asian and African Studies, Vol. 22, Nos. 1-2, S. 33-44

Michaely, Michael (1975): Foreign Trade Regimes and Economic Development: Israel, Columbia University Press

Middle East Contemporary Survey, ed. by Colin Legum et al., New York/London: Holmes & Meier, vols. 1-7 (1978ff.), vols 8ff. Boulder, Co.: Westview Press

Mielke, Siegfried, Hg. (1983): Internationales Gewerkschaftsbuch, Opladen: Leske + Budrich

Migration (1986): Migration of Israelis Abroad û A Survey of Official Data from Selected Countries, in: Monthly Bulletin of Statistics, Vol. 37, No. 6, June, S. 80ff.

Mintz, Alex (1985): Military-Industrial Linkages in Israel, in: Armed Forces and Society, Vol. 12, No. 1, S. 9-27

Mintz, Alex/Michael D. Ward (1989): The Political Economy of Military Spending in Israel, in: American Political Science Review, Vol. 83 Nr. 2, S. 521-533

Mintz, Alex/M. Ward (1988): The Evolution of Israel's Military Expenditures, in: Western Political Quarterly, Vol. 41, No. 3, September, S. 489-507

Miron, Dan (1979): Back to Focus. Studies in Modern Hebrew Fiction, Tel-Aviv: Schocken

Mittelman, Jakob Markus, Hg. (1964): Hebräische Erzählungen der Gegenwart, Zürich: Manesse

Morris, Benny (1988a): Haifa's Arabs: Displacement and Concentration, July 1948, in: Middle East Journal, Vol. 42, No. 2, S. 256-259

Morris, Benny (1988): The Birth of the Palestinian Problem, Cambridge University Press•

Morris, Benny (1986): The Harvest of 1948 and the Creation of the Palestinian Reugee Problem, in: Middle East Journal, Vol. 40, No. 4, S. 671-685•

Morris, Benny (1985): The Crystallization of Israeli Policy Against a Return of the Arab Refugees: April-December 1948, in: Studies in Zionism, Vol. 6, No. 1, S. 85-118•

Nachmias, David/David H. Rosenbloom (1978): Bureaucratic Culture. Citizens and Administrators in Israel, New York: St. Martin's Press•

Nachmias, David (1975): Coalition Myth and Reality, in: Arian (1975), S. 241-254•

Nadelmann, Ethan A. (1981): Israel and Black Africa: A Rapprochement?, in: Journal of Modern African Studies, Vol. 19, No. 2, S. 183-219•

Naff, Thomas, ed (1984): Water in the Middle East. Conflict or Cooperation, Boulder, Co.: Westview•

Naor, Arye (1986): Cabinet at War. The Functioning of the Israeli Cabinet during the Lebanon War (1982),(hebr.) Tel-Aviv: Lahav•
Nashis, Taysir N. (1984): Nuclear Venture in the Middle East, Princeton: Kingston
Naumann-Stiftung (1985): Schreiben in einem jungen Staat – in einer traumatisierten Gesellschaft, Tagung der Friedrich-Naumann-Stiftung, Haifa, Mai 1985, Protokoll
Near, Henry (1991): The Kibbutz Movement. A History, Oxford
Negbi, Moshe (1989): On Occupation, Intifada, and Constitutional Crisis in Israel, in: Jerusalem Quarterly, No. 52, S. 18-36
Neuberg, Assia (1977): The State of Israel. An Annotated Bibliography, 2 volumes, Jerusalem: The Centre for Public Libraries in Israel 1969
Neustadt, Amnon (1983): Die deutsch-israelischen Beziehungen im Schatten der EG-Nahostpolitik, Frankfurt am Main: Haag + Herchen
Nevo, Joseph (1987): The Arabs of Palestine 1947-48: Military and Political Activity, in: Middle Eastern Studies, Vol. 23, No. 1, S. 3-38
Newman, David, ed. (1985): The Impact of Gush Emunim Politics and Settlement in the West Bank, London: Croom Helm
Nikitina, Galina S. (1973): The State of Israel. A Historical, Economic and Political Study, Moscow: Progress Publishers
Oded, Arye (1987): Africa and the Middle East Conflict, Boulder, Colorado: Westview Press
Oded, Arye (1983): Africa, Israel, and the Arabs: On the Restoration on Israeli-African Diplomatic Relations, in: Jerusalem Journal of International Relations, Vol. 6, No. 3, S. 48-70
Ophir, Arie (1973): The Kibbutz in the Labour Movement, (hebr.), Tel-Aviv: Am Oved
Orchan, Eliat/Jitzhak Samuel (1981): Der Einfluß der Anziehungskraft des Kibbutz auf die Bereitschaft zur Mitgliedschaft und Neuaufnahme, (hebr.), in: Megamot, Bd. 26, No. 4, Juni, S. 390-404
Orland, Nachum (1994): Cherut-Gachal-Likud 1965 bis 1977. Begins Weg zur Macht, Frankfurt am Main usw: Peter Lang
Orland, Nachum (1983): Die Cherut. Analyse einer rechtsorientierten Partei, München: tuduv
Orr, Emda u.a. (1986): Compulsory Military Service as a Challenge and as a Threat: Attitudes of Israeli Twelfth Graders towards Conscription, in: Israel Social Science Reserach, Vol. 4, No. 2, S. 5-20
Osia, Kunirum (1981): Israel, South Africa and Black Africa, Washington, D.C.: University Press of America
Ostrovsky, Victor (1991): Der Mossad, Hamburg: Hoffmann & Campe
Oz, Amos (1984): Im Lande Israel, Frankfurt am Main: Suhrkamp Taschenbuch
Pack, Howard (1981): Structural Change and Economic Policy in Israel, Yale University Press
Palumbo, Michael (1987): The Palestinian Catastrophe. The 1948 Expulsion of a People from their Homeland, London: Faber and Faber

Pappé, Ilan (1986): Moshe Sharett, David Ben-Gurion and the "Palestinian Option", 1948-1956, in: Studies in Zionism, Vol. 7, No 1, S. 77-96

Pappé, Ilan (1984): British Foreign Policy towards the Middle East 1948-1951: Britain and the Arab-Israeli Conflict, unveröffentlichte Dissertation, St. Antony's College Oxford

Parfitt, Tudor (1985): Operation Moses. Vom Auszug der Falascha-Juden aus Äthiopien, Berlin

Paz, Reuven (1990): The Islamic Movement in Israel and the Municipal Elections of 1989, in: The Jerusalem Quarterly, Vol. 53, Winter 1990, S. 3-55

Peled, Yoav/Gershon Shafir (1985): Thorns in Your Eyes: The Socio-Economic Basis of the Kach Vote, unveröffentl. Manuskript; dem Autor freundlicherweise zur Verfügung gestellt.

Peled, Ziona (1979): Über die gesellschaftliche Distanz zwischen Juden und Arabern in Israel, (hebr.), Jerusalem: IIASR, Informationsheft Nr. 50, S. 8-11

Peled, Ziona (1983): Intervention Activities in Arab-Jewish Relations: Conceptualization, Classification and Evaluation, Jerusalem: IIASR

Peled, Ziona (1980): On Social Distance Between Jews and Arabs in Israel, Israel Institute of Applied Social Research Report 1978-1979, ed. by Haya Gratch, S. 19-21

Peled, Ziona (1976): Stability and Change of the Attitude Structure of the Israeli Public. From the Six-Day War to December 1970, unveröffentlichte Dissertation, Jerusalem: Hebräische Universität

Penn, Mark J./Douglas E. Schoen (1988): American Attitudes toward the Middle East, in: Public Opinion, Mai/Juni 1988, S. 45-48

Penniman, Howard R., ed. (1979): Israel at the Polls. The Knesset Elections of 1977, Washington, D.C.: American Enterprise Institute

Peres, Yochanan (1987): Most Israelis are Committed to Democracy, in: Israeli Democracy, Israel-Diaspora Institute, Tel-Aviv University, Vol.1, Februar, S. 16-19

Peres, Yochanan (1976): Ethnic Relations in Israel, (hebr.), Tel-Aviv: Sifriat Hapoalim

Peres, Yochanan/Ephraim Ya'ar (1989a): Gender and Democracy, in Israeli Democracy, Vol. 3, No. 2, S. 23-26

Peres, Yochanan/Ephraim Ya'ar (1989): How the Israeli Public Views Sexual Inequality, in: Israeli Democracy (Tel-Aviv University), Vol. 3, No. 2, S. 27-29

Peretz, Don (1985): The West Bank. History, Politics, Society, and Economy, Boulder, Colorado: Westview Press

Peretz, Don/Sammy Smooha (1989): Israel's Twelfth Knesset Election: An All-Loser Game, in: Middle East Journal, Vol. 43, No. 3, S. 388-405

Peretz, Don/Sammy Smooha (1981): Israel's Tenth Knesset Elections, in: Middle East Journal, Vol. 35, No. 4, S. 506ff.

Peri, Yoram (1983): Between Battles and Ballots. Israeli Military in Politics, Cambridge University Press

Peri, Yoram (1974): Der ideologische Charakter der Militärelite in Israel, (hebr.), in: State, Government and International Relations, No. 6, Fall, S. 142-155

Peri, Yoram (1973): Das Entstehen einer neuen zivilen Elite in Israel. Höhere Reserveoffiziere, (hebr.), M.A. (Soziologie), Hebräische Universität Jerusalem

Pijpers, Alfred/D. Allen ed. (1984): European Foreign Policy-Making and the Arab-Israeli Conflict, Den Haag usw., Nijhoff

Plessner, Yakir (1994): The Political Economy of Israel. From Ideology to Stagnation, State Univ. of New York Press

Porat, Dina (1986): An Entangled Leadership. The Yishuv and the Holocaust, 1942-1945, (hebr.), Tel-Aviv: Am Oved

Portugali, Juval (1986): Arab Labour in Tel Aviv. A Preliminary Study, in: International Journal of Urban and Regional Research, Vol. 10, No. 3, S. 351-376

Pry, Peter (1984): Israel's Nuclear Arsenal, Boulder, Colorado: Westview Press

Rabinovich, Itamar/Jehuda Reinharz, eds. (1984): Israel and the Middle East. Documents and Readings on Society, Politics and Foreign Relations, 1948 to the Present, Oxford University Press

Rabinowicz, Harry (1982): Hasidism and the State of Israel, Madison, NJ: Fairleigh Dickinson University Press

Rayman, Paula (1981): The Kibbutz Community and Nation Building, Princeton University Press

Razin, Assaf (1993): The Economy of Modern Israel, Chicago University Press

Reich, Bernard (1985): Israel. Land of Tradition, Boulder, Colorado: Westview

Reich, Bernard (1984): The United States and Israel. The Dynamics of Influence, New York: Praeger

Reich, Bernard (1977): Quest for Peace. United States-Israel Relations and the Arab-Israeli Conflict, New Brunswick, N.J.: Transaction Books

Reiter, Yitzhak (1989): Forming Their Identity, in: Israeli Democracy, Fall, S. 31-34

Rejwan, Nissim (1986): The Jews of Iraq: 3000 Years of History and Culture, Boulder, Co.: Westview Press

Rekhess, Eli (1988): Araber und Juden in der Kommunistischen Partei, (hebr.), in: State, Government and International Relations, No. 27, S. 67-94

Reuveni, Jacob (1974): The Israeli Civil Service. Its Development in the Years 1948-1973, (hebr.), Ramat-Gan: Massada

Rivlin, Paul (1992): The Israeli Economy, Boulder, Col.: Westview

Ro'i, Yaacov (1980): Soviet Decision-Making in Practice. The USSR and Israel 1947-1954, New Brunswick, N.J.: Transaction Books

Ro'i, Yaacov (1974): From Encroachment to Involvement. A Documented Study of Soviet Policy in the Middle East, 1945-1973, New Brunswick, N.J.: Transaction Books
Robbe, Martin (1987): Scheidewege in Nahost. Der Nahostkonflikt in Vergangenheit und Gegenwart, zweite Auflage, Berlin (Ost): Militärverlag der Deutschen Demokratischen Republik
Roberts, Samuel J. (1990): Party and Policy in Israel: The Battle between Hawks and Doves, Boulder, Colorado: Westview Press
Robinson, Donnann (1970):, Patrons and Saints. A Study of the Career Patterns of Higher Civil Servants in Israel, unpublished Ph.D. thesis, Columbia University New York City
Rolef, Susan Hattis, ed. (1987): Political Dictionary of the State of Israel, New York: Macmillan
Rosner, Menachem/Alexander Ovnath (1979): Seven Years Later: Changes in Perceptions and Attitudes of Kibbutz-Born Adults and Their Causes, in: Journal of Rural Cooperation, Vol. VII, Nos. 1-2, S. 65-85
Rosner, Menachem et al., eds. (1978): The Second Generation. Continuity and Change in the Kibbutz (hebr.), (Tel-Aviv): Sifriat Hapoalim
Rottenberg-Koralnik, Eva, Hg. (1981): Schalom. Erzählungen aus Israel, Zürich: Diogenes, 2. Aufl.
Rubenberg, Cheryl A. (1986): Israeli Foreign Policy in Central America, in: Third World Quarterly, Vol. 8, Heft 3, S. 896-915
Rubenstein, Sandra M. (1985): The Communist Movement in Palestine and Israel, 1919-1984, Boulder, Colorado: Westview Press
Rubinstein, Amnon (1980): Israelisches Verfassungsrecht, 3. erw. Aufl., Tel-Aviv, Schocken
Russ, Sholo M. (1981): The ‚Zionist Hooligans`: The Jewish Defense League, unveröfftl. Diss. City University New York (Soziologische Fakultät)
Sabbagh, Hani Raji (1986): Arabic Poetry in Israel: The Developing Expression of the Identity and Aspirations of the Arabs in Israel, unveröffentlichte Dissertation, University of Michigan
Sachar, Howard M. (1985): Diaspora. An Inquiry into the Contemporary Jewish World, New York: Harper/Row
Sachar, Howard M. (1977): A History of Israel. From the Rise of Zionism to Our Time, Oxford: Blackwell
Saddy, Fehmy (1983): Arab-Latin American Relations, New Brunswick, N.J.: Transaction Books
Safran, Nadav (1978): Israel, The Embattled Ally, Cambridge, Mass: The Belknap Press of Harvard University Press
Sager, Samuel (1985): The Parliamentary System of Israel, Syracuse University Press
Sankari, Farouk A. (1979): The Costs and Gains of Israeli Pursuit of Influence in Africa, in: Middle Eastern Studies, Vol. 15, No. 2, S. 270ff.

Schaked, Gerschon (1986): Das Bild des Helden in der modernen israelischen Literatur, in: Ariel (Jerusalem), Nr. 65, S. 4-21 (Der Autor veröffentlicht auf Englisch als Shaked.)
Schammas, Anton (1989): Arabesken, München/Zürich: Piper
Schatz, Yacob/S. Ariel, eds.(1989): Ezrachut, Hevra, Medina, 2 Bände, Dvir-Lexikon
Schiff, Zeev (1985): A History of the Isracli Army. 1874 to the Present, New York: Macmillan
Schiff, Zeev/Eytan Haber (1985): Israel. Army and Defence, New York
Schiff, Zeev/E. Yaari (1984): Israel's War in Lebanon, New York: Macmillan
Schiff, Gary S. (1977): Tradition and Politics. The Religious Parties of Israel, Detroit: Wayne State University Press
Schmeld, U.O./Sergio Della Pergola/Uri Avner (1990): Ethnic Differences among Israeli Jews: A New Look, in: American Jewish Year Book 1990, New York: American Jewish Committee und Philadelphia: The Jewish Publication Society, S. 3-204
Schnall, David J. (1979): Radical Dissent in Contemporary Israeli Politics. Cracks in the Wall, New York: Praeger
Schneider, Karlheinz, Hg. (1984): Staat und Religion in Israel, Frankfurt am Main
Schoenbaum David (1990): The United States and Israel, Oxford University Press
Scholem, Gerschom (1968): Zum Verständnis der messianischen Idee im Judentum, in: derselbe: Judaica, Frankfurt am Main: Suhrkamp
Schoneveld, J. (1976): The Bible in Israeli Education, Assen/Amsterdam: Van Gorcum
Schreiber, Friedrich (1989): Aufstand der Palästinenser: Intifada. Fakten und Hintergründe, Opladen: Leske + Budrich
Schreiber, Friedrich/Michael Wolffsohn (1993): Nahost. Geschichte und Struktur des Konflikts, Opladen: Leske + Budrich, 3. Aufl.; 1. Aufl. a.a.O. 1987
Segal, Zeev (1988): Israeli Democracy. Governance in the State of Israel, (hebr.) Tel-Aviv: Ministry of Defence
Seligmann, Rafael (1982): Israels Sicherheitspolitik, München: Bernard/Graefe
Semyonov, Moshe/Noah Lewin-Epstein (1987): Hewers of Wood and Drawers of Water: Noncitizen Arabs in the Israeli Labor Market, Ithaca, N.Y.: IRS Press
Semyonov, Moshe (1988): Bi-Ethnic Labor Markets, Mono-Ethnic Labor Markets, and Socio-Economic Inequality, in: American Sociological Review, Vol. 53, Nr. 2, S. 256-266
Shadid, Mohammed (1987): The al-Fajr Public Opinion Survey, Washington, DC, 8 September 1986, Berichtet von Peter George und Tim Phelps, in: Journal of Palestine Studies, No. 2, S. 196-207; auch abgedruckt in: Révue d'études Palestiniennes, Nr. 22, Winter 1986, S. 73-85

Shadid, Mohammed/Rick Seltzer (1988): Political Attitudes of Palestinians in the West Bank and Gaza Strip, in: Middle East Journal, Vol. 42, No. 1, Winter, S. 16-32

Shafir, Gershon (1989): Land, Labor and the Origins of the Israeli-Palestinian Conflict 1882-1914, Cambridge University Press

Shafir, Gershon (1989): Land, Labor and the Origins of the Israeli-Palestinian Conflict, 1882-1914, Cambridge University Press

Shaked, Gershon (1977ff.): Hebrew Narrative Fiction, 1880-1980, Tel-Aviv und Jerusalem: Hakibbutz Hameuchad und Keter, bislang 3 Bände. Band 1: 1977, Band 2: 1983, Band 3: 1988.

Shalev, Michael (1989): Jewish Organized Labor and the Palestinians: A Study of State/Society Relations in Israel, S. 93-133, in: Baruch Kimmerling (1989), ed.: The Israeli State and Society, Boundaries and Frontiers, State Univ. of New York

Shalit, Erel (1987): Within Borders and Without: The Interaction between Geopolitical and Personal Boundaries in Israel, in: Political Psychology, Bd. 8, Nr. 3, S. 365-378

Shamgar, Meir, ed. (1982): Military Government in the Territories Administered by Israel 1967-1980, Jerusalem: Hebrew University

Shamir, Michal/John L. Sullivan (1985): Jews and Arabs in Israel. Everbody Hates Somebody, Sometime, in: Journal of Conflict Resolution, Vol. 29, No. 2, S. 283-305

Shamir, Michal/Asher Arian (1982): The Ethnic Vote in Israel's 1981 Election, (hebr.), in: State, Government and International Relations, No. 19-20, S. 88-104, engl. in: Caspi/Diskin/Gutmann

Shapira, Rina/Eva Etzioni-Halevy/Anat Barak (1986): Political Attitudes of Israeli Students: a Comparative Perspective, in: Higher Education, Vol. 15, Nos.3-4, S. 231-246

Shapira, Rina/Rachel Peleg (1984): From Blue Shirt to White Collar, in: Youth and Society, Vol. 16, No. 2, S. 195-216

Shapira, Rina/Haim Adler/Miri Lerner/Rahel Peleg (1979): Blue Collar and White Collar. A Study on the Social World of Youth Movement Graduates in Israel, (hebr.), Tel-Aviv: Am Oved

Shapira, Anita (1977): Futile Struggle: The Jewish Labour Controversy 1929-1939, (Hebräisch) Tel-Aviv

Shapiro, Yonathan (1989): Laschilton Bechartanu, (Hebräisch), Tel-Aviv: Am Oved

Shapiro, Yonathan (1977): Demokratie in Israel, (hebr.), Ramat-Gan: Massada

Shapiro, Yonathan (1976): The Formative Years of the Israeli Labour Party. The Organization of Power 1919-1930, London: Sage

Sharfman, Daphna (1993): Livin Without a Constitution. Civil Rights in Israel, New York: M. Sharpe

Sharkansky, Ira (1987): The Political Economy of Israel, New Brunswick, N.J.: Transaction Books

Sharkansky, Ira (1979): Wither the State? Politics and Public Enterprise in Three Countries, Chatham, N.J.,: Chatham House Publications

Shavit, Yaacov (1987): Jabotinksy and the Revisionist Movement 1925-1948 (= Bd. I der geplanten Reihe des Autors: The Right in Zionism and in Israel 1925-1985), London: Frank Cass
Sheffer, Gabriel (1984): The Uncertain Future of American Jewry-Israel Relations, in: Jerusalem Quarterly, No. 32, Summer, S. 66-80
Sheffer, Gabriel, ed. (1987): Dynamics of Dependence. U.S.-Israel Relations, Boulder, Colorado: Westview Press
Sheffer, Gabriel, ed. (1986): Modern Diasporas in International Politics, London usw. Croom Helm
Sherman, Neal (1982): From Government to Opposition: The Rural Settlement Movements of the Israel Labor Party in the Wake of the Election of 1977, in: International Journal of Middle Eastern Studies, Vol. 14, S. 53-69
Shetreet, Shimon (1994): Justice in Israel: A Study of the Israeli Judiciary, Leiden: M. Nijhoff
Shichor, Y. (1976): The Middle East in China's Foreign Policy 1949-1974, 2 volumes, Dissertation London University
Shimshoni, Daniel (1982): Israel Democracy. The Middle of the Journey, New York: Free Press
Shlaim, Avi/Raymon Tanter (1978): Decision Process, Choice and Consequences: Israel's Deep Penetration Bombing in Egypt, 1970, in: World Politics, Vol. 30, S. 483-516
Shlaim, Avi (1988): Collusion Across the Jordan: King Abdullah, the Zionist Movement and the Partition of Palestine, Columbia University Press
Shokeid, Moshe (1988): Children of Circumstances. Israeli Emigrants in New York, Cornell University Press
Shokeid, Moshe/Shlomo Deshen (1982): Distant Relations, Ethnicity and Politics among Arabs and North African Jews in Israel, New York: Praeger Special Studies
Shokeid, Moshe/Shlomo Deshen (1977): The Generation of Transition: Continuity and Change Among North African Immigrants in Israel, (hebr.), Hebräische Universität Jerusalem: Ben-Zwi-Institut
Shye, Schmuel (1988): Ethnische Integration und Werte-Polarisierung in Israel, (hebr.), Jerusalem: IIASR
Sieben, Hermann (1982): Jugend und Jugendarbeit in Israel. Versuch einer Darstellung, Bonn: Internationaler Jugendaustausch- und Besucherdienst
Silberschlag, Eisig (1977): From Renaissance to Renaissance. Hebrew Literature in the Land of Israel: 1870-1970, New York: Ktav
Sirkin, Ronald M. (1971): Coalition, Conflict and Compromise. The Party Politics of Israel, unpublished Ph. D. thesis, Pennsylvania State University, Philadelphia
Smith, Herbert (1973): Analysis of Voting, in: Arian (1972), S. 63-80
Smith, Hanoch/Smith Rafi (1988): Ergebnisse der April-Umfrage für die Verwaltung der Stadt Jerusalem, unveröffentlichte Studie, Jerusalem:

Smith-Institut, April. Von Bürgermeister Kollek dem Autor dankenswerterweise übersandt.
Smith, Hanoch (1983): Attitudes of Israelis towards America and American American Jews, Jerusalem: Smith Research Center und New York: American Jewish Committee
Smith, Tom (1994): Anti-Semitism in Contemporary America, New York: American Jewish Committee
Smooha, Sammy (1989): Arabs and Jews in Israel, Vol. 2: Change and Continuity in Mutual Intolerance, Boulder, Co.: Westview Press
Smooha, Sammy (1988): Arabs and Jews in Israel, Vol. 1: Conflicting and Shared Attitudes in a Divided Society, Boulder, Co.: Westview Press
Smooha, Sammy (1987a): Social Research on Jewish Ethnicity in Israel: 1948-1986, Haifa University Press
Smooha, Sammy (1987): Jewish and Arab Ethnocentrism in Israel, in: Ethnic and Racial Studies, Vol. 10, No. 1, S. 3-26.
Smooha, Sammy (1980): The Orientation and Politization of the Arab Minority in Israel, Haifa: The Jewish-Arab Center, Institute of Middle East Studies
Smooha, Sammy (1978): Israel, Pluralism and Conflict, London: Routhledge/Kegan Paul
Smooha, Sammy/Don Peretz (1982): The Arabs in Israel, in: Journal of Conflict Resolution, Vol. 26, No. 3, September, S. 451-484
Sobel, Zvi (1986): Migrants from the Promised Land, New Brunswick, N.J.; Transaction Books
Society in Israel (1976): Selected Statistics, Jerusalem: Central Bureau of Statistics
Somaratne, G. V. P. (1989): Renewal of Ties Between Sri Lanka and Israel, in: Jerusalem Journal of International Relations, Vol. 11, Nr. 1, März, S. 74-86
Spiegel, Steven L. (1985): The Other Arab-Israeli Conflict. Making America's Middle East Policy, from Truman to Reagan, The University of Chicago Press
Sprinzak, Ehud (1989): The Emergence of the Israeli Radical Right, in: Comparative Politics, Vol. 21, Nr. 2, Januar, S. 171-192
Sprinzak, Ehud (1986): Gush Emunim. The Politics of Zionist Fundamentalism in Israel, New York: American Jewish Committee
Sprinzak, Ehud (1981): Gush-Emunim. The Tip of the Iceberg, in: Jerusalem Quarterly, No. 21, S. 28-47
Sprinzak, Ehud (1977): Extreme Politics in Israel, in: Jerusalem Quarterly, No. 5, S. 33-47
Staatskontrolleur (1983): Jahresbericht Nr. 33, (hebr.), Jerusalem Statistical Abstract of Israel, Jerusalem: Central Bureau of Statistics, diverse Jahrgänge
Starr, Joyce R/Daniel C. Stoll, eds. (1988): The Politics of Water in the Middle East, Boulder, Co.: Westview

Stein, Kenneth (1984): The Land Question in Palestine, 1917-1939, Chapel Hill: University of North Carolina Press
Stein, Gustav/Udo Steinbach, Hg. (1979): The Contemporary Middle Eastern Scene. Basic Issues and Major Trends, Opladen: Leske + Budrich
Stock, Ernest (1988): Chosen Instrument. The Jewish Agency in the First Decade of the State of Israel, New York: Herzl Press
Stock, Ernest (1987): Partners & Pursestrings. A History of the United Israel Appeal, Lanham usw.: University Press of America
Stone, Russel A. with the collaboration of Louis Guttman and Shlomit Levy (1982): Social Change in Israel. Attitudes and Events, 1967-79, New York: Praeger
Strauch, Naomi/Schalom Schwarz (1989): Konfliktwahrnehmung mit Orthodoxen, (hebr.), in: Megamot, Vol. 32, No. 1, S. 5-26
Sullivan, John L./M. Shamir/P. Walsh/N.S. Roberts (1985): Political Tolerance in Context. Support for Unpopular Minorities in Israel, New Zealand, and the United States, Boulder, Colorado: Westview
Tabory, Ephraim (1982): Reform and Conservative Judaism in Israel: A Social and Religious Profile, American Jewish Year Book 1983. New York: American Jewish Committee and Philadelphia: Jewish Publication Society of Amerika, S. 41-61
Talbar, Michael A. (1973): Foreign Trade, in: Israel Pocket Library, Bd. Economy, Jerusalem: Keter, S. 137-145
Tatsachen (1975): Tatsachen über Israel, Jerusalem: Informationsabteilung des Außenministeriums
Tefutsot Israel (1983), Vol. 21, No.3: Non-Orthodox Religious Movements in Israel: Reform and Conservative Judaism. The View from Diaspora
Tessler, Mark A. (1977): Israel's Arabs and the Palestinian Problem, in: Middle East Journal, Vol. 31, No. 3 S. 313-329
Teveth, Shabtai (1989): Charging Israel With Original Sin, in: Commentary (New York), Vol. 88, No. 3, September, S. 24-33
Teveth, Shabtai (1988): Ben-Gurion: Burning Ground 1886-1948, New York: Robert Hale
Teveth, Shabtai (1985): Ben-Gurion and the Palestinian Arabs. From Peace to War, Oxford University Press
Thompson, Joseph (1988): Israel's Bomb, the First Victim: The Case of Mordechai Vanunu, London: Spokesman
Tivnan, Edward (1987): The Lobby. Jewish Political Power and American Foriegn Policy, New York: Simon and Schuster
Ulfkotte, Udo (1988): Kontinuität und Wandel amerikanischer und sowjetischer Politik in Nah- und Mittelost 1967 bis 1980, Rheinfelden: Schäuble Verlag
Vital, David (1975): The Origins of Zionism, Oxford University Press
Vital, David (1982): Zionism: The Formative Years, Oxford University Press

Viteles, Harry: A History of the Cooperative Movement in Israel, 7 Bde., London: Valentine, Michell, 1966-68
Wald, Emanuel (1987): Der Fluch der zerbrochenen Instrumente, (hebr.), Jerusalem/Tel Aviv: Schocken
Wallach, Jehuda L. (1983): "...und mit der anderen hielten sie die Waffe", Koblenz: Bernard/Graefe
Wehling, Gerd-Rudolf (1977): Die politischen Parteien im Verfassungssystem Israels, Berlin: Duncker & Humblot
Weinberg, Henry H. (1987): The Myth of the Jew in France 1967-1982, Oakville, New York, London: Mosaic Press
Weintraub, Dov/Moshe Lissak/Yael Azmon (1969): Moshava, Kibbutz, and Moshav, Ithaca, N.Y.: Cornell University Press
Weisburd, David/Vered Vinitzky (1984): Vigilantism as Rational Social Control: The Case of the Gush Emunim Settlers, in: Aronoff, 1984, S. 69-87
Weiss, Shvah (1979): Der Machtwechsel. Mai 1977-November 1978, (hebr.), Tel-Aviv, Am Oved
Weiss, Shevah (1977): Die Neunte Knesset. Eine erste Analyse ihrer Zusammenfassung und Rekrutierung, (hebr.), in: State, Government and International Relations, No. 11, S. 26-39
Weiss, Shevah (1973): Politicians in Israel, (hebr.), Tel-Aviv: Achiasaf
Weiss, Shevah (1972): Local Government in Israel, (hebr.), Tel-Aviv: Am Oved
Weiss, Shevah (1970): Typologie der gewählten Lokalpolitiker und das Problem der Stabilität der israelischen Kommunalpolitik, (hebr.), Hebräische Universität Jerusalem: Academon
Weissbrod, Lilly (1984): Protest and Dissidence in Israel, in: Aronoff, 1984, S. 51-68
Weissbrod, Lilly (1981): Delegitimation and Legitimation as a Continous Process: The Case Study of Israel, in: Middle East Journal, Vol. 35, No. 4, S. 527-543
Weitman, Sasha (1987): Prénoms et orientations nationales en Israel, 1882-1980, in: Annales, Bd. 42, Nr. 4, S. 879-900.
Wiemer, Reinhard (1988): Kultur und kulturelle Entwicklung in Israel, in: Udo Steinbach/Rüdiger Robert, Hg.: Der Nahe und Mittlere Osten, Opladen: Leske + Budrich, S. 625-636
Wiener, Daniel, Hg. (1984): Shalom. Israels Friedensbewegung, Reinbek b. Hamburg: rororo aktuell
Wilson, Harold (1981): The Chariot of Israel. Britain, American and the State of Israel, London: Weidenfeld and Nicolson
Wolffsohn, Michael (1994): Frieden Jetzt? Nahost im Umbruch, München: edition ferenczy bei Bruckmann
Wolffsohn, Michael (1992): Wem gehört das Heilige Land? Die Wurzeln des Streits zwischen Juden und Arabern, München: C. Bertelsmann
Wolffsohn, Michael (1991a): Spanien, Deutschland und die "Jüdische Weltmacht". Über Moral, Realpolitik und Vergangenheitsbewältigung, München: C. Bertelsmann

Wolffsohn, Michael (1991): The World Jewish Congress and the End of the German Democratic Republic, Washington, D.C.: German Historical Institute, Occasional Paper No. 3

Wolffsohn, Michael (1990): Keine Angst vor Deutschland!, Erlangen: Straube

Wolffsohn, Michael (1990a): Die Reaktionen Israels und der diasporajüdischen Welt auf den 9. November 1989, in: G. Trautmann (Hrsg.): Die häßlichen Deutschen?, Darmstadt: Wissenschaftliche Buchgesellschaft

Wolffsohn, Michael (1990b): Der Nahe Osten im Spannungsfeld von Nationalität, Territorialität und staatlicher Identität, in: Peter Haungs, Hg.: Politik ohne Vertrauen? Schriftenreihe der Deutschen Gesellschaft für Politikwissenschaft, Baden-Baden: Nomos

Wolffsohn, Michael (1989): Ewige Schuld? 40 Jahre Deutsch-Jüdisch-Israelische Beziehungen, München: Serie Piper, 3. Aufl.

Wolffsohn, Michael (1989a): Von der verordneten zur freiwilligen Vergangenheitsbewältigung. Eine Skizze der bundesdeutschen Entwicklung 1955-1965. (Zugleich eine Dokumentation Böhm-Schäffer-Kontroverse sowie der Sitzung des Bundeskabinetts vom 4. und 5. März 1965.), in: German Studies Review, vol. XII, Heft 1, 1989, S. 111-137

Wolffsohn, Michael (1988): Vierzig Jahre Israel: Versuch einer historischen Einordnung und Bilanz, in: Aus Parlament und Zeitgeschichte, B 16/88, 15. 4. 1988, S. 3-15

Wolffsohn, Michael (1988a): Das deutsch-israelische Wiedergutmachungsabkommen von 1952 im internationalen Zusammenhang, in: Vierteljahreshefte für Zeitgeschichte, 36. Jhg. Heft 4, S.691-731

Wolffsohn, Michael (1988b): Globalentschädigung für Israel und die Juden? Adenauer und die Opposition in der Bundesregierung, in: Wiedergutmachung in der Bundesrepublik Deutschland, hrsg. von Ludolf Herbst und Constantin Goschler, Schriftenreihe des Instituts für Zeitgeschichte, München: Oldenbourg 1988, S. 161-190.

Wolffsohn, Michael (1988c): (mit Y. Jelinek) Berührungsängste und Rollenwechsel: Eine Miszelle zu den ersten deutsch-israelischen Diplomatenkontakten, 1952 bis 1955, in: Orient, Heft 2/1988, S. 282-293.

Wolffsohn, Michael (1987): Israel: Polity, Society, Economy. An Introductory Handbook, Atlantic Highlands, N.J.: Humanities Press

Wolffsohn, Michael (1987a): Ungeliebter Markt: Staat und Wirtschaft in Israel, Köln: Otto A. Friedrich Kuratorium

Wolffsohn, Michael (1986): Deutsch-israelische Beziehungen: Umfragen und Interpretationen 1952-1983, München: Bayerische Landeszentrale für politische Bildungsarbeit

Wolffsohn, Michael (1985): German Saudi-Arabian Arms Deals, 1936-1939, 1981-1985 With an Essay on West Germany`s Jews, Frankfurt am Main: Peter Lang

Wolffsohn, Michael (1985a): The European Community and the Middle East 1981/82, in: Middle East Contemporary Survey, Bd. VI, ed. by Colin Legum et al., New York/London: Holmes & Meier
Wolffsohn, Michael (1985c): The European Community and the Middle East 1983, in: Middle East Contemporary Survey, ed. by C. Legum et al., New York-London: Holmes/Meier, Bd. VII
Wolffsohn, Michael (1985d): Zur innenpolitischen Funktion des Holocaust in Israel, in: Die Schatten der Vergangenheit, hrsg. v. Andreas Wojak, Gütersloh: GTB Sachbuch, S. 98-113
Wolffsohn, Michael (1984): Israel: Politik, Gesellschaft, Wirtschaft, Opladen: Leske, 1. Auflage
Wolffsohn, Michael (1984a): The European Community and the Middle East 1981/82, in: Middle East Contemporary Survey, ed. by C. Legum et al., New York-London: Holmes/Meier, S. 55-74, Bd. VI
Wolffsohn, Michael (1984b): Deutsch-israelische Beziehungen im Spiegel der öffentlichen Meinung, in: Aus Politik und Zeitgeschichte, Beilage zu Das Parlament, 17.11.1984, S. 19-30
Wolffsohn, Michael (1984c): The European Community and the Middle East: Great Interests but Little Leverage, in: Middle East Contemporary Record, Bd. 6 (1981-1982), New York/London: Holmes & Meier, S. 55-74
Wolffsohn, Michael (1983): Politik in Israel. Entwicklung und Struktur des politischen Systems, Opladen: Leske + Budrich
Wolffsohn, Michael (1983a): Gewerkschaften in Israel, in: Handbuch der Internationalen Gewerkschaftsbewegung, hrsg. von Siegfried Mielke, Opladen: Leske + Budrich, S. 588-596
Wolffsohn, Michael (1983b): Leben im Land der Mörder. Deutschlands Juden im Spannungsfeld zwischen Israel und Diaspora, in: Die Zeit, 27. 5. 1983, S. 9-10
Wolffsohn, Michael (1983c): Hochschul- und Studienfinanzierung in Israel, in: Bildung als öffentliches Gut? Hochschul- und Studienfinanzierung im internationalen Vergleich, hrsg. v. Michael Zöller, Stuttgart: Verlag Bonn aktuell, S. 189-192
Wolffsohn, Michael (1981): Israel's PLO Policy, 1977-1981: Towards a Dialogue? in: Orient, Jhg. 22, Heft 3, S. 413-430
Wolffsohn, Michael (1979): Israel's New Economic Order, in: Stein/Steinbach (1979), S. 59-83
Wolffsohn, Michael (1979a): Israel in der Epoche der Mapai/Arbeitspartei (I), in: Neue politische Literatur, Heft 1, S. 94-119
Wolffsohn, Michael (1979b): Israel in der Epoche der Wolffsohn, Michael (1978): Religion und Politik in Israel, in: Orient, Jhg. 19, Heft 2, S. 88-117
Mapai/Arbeitspartei (II), in: Neue politische Literatur, Hft 2, S. 221-234
Wolfsfeld, Gadi (1988): The Politics of Provocation: Participation and Protest in Israel, State University of New York Press
Ya'ar, Gila (1989): The Name of the Game is Poltics. A Guide to the Israeli Media, in: Israeli Democracy, Winter 1990, S. 22-24

Ya'ar, Ephraim/Yochanan Peres (1988): Democracy as a Matter of Demography, in: Israeli Democracy, Vol. 2, Nr. 4, S. 15-19
Ya'ar, Ephraim (1989): Who's afraid of a Free Press? In: Israeli Democracy, Winter 1990, S. 19-21
Yaacobi, Gad (1982): The Government, New York
Yaacobi, Gad (1980): The Government, (hebr.), Tel-Aviv: Am Oved and Zmora, Bitan, Modan
Yadlin, Asher (1980): Testimony, (hebr.), Jerusalem: Idanim
Yanai, Nathan (1981): Party and Leadership in Israel, Maintenance and Change, Ramat-Gan etc.: Turledove
Yegar, Moshe (1981): Israel in Asia, in: Jerusalem Quarterly, No. 18, S. 15-28
Yishai, Yael (1992): Three Faces of Associational Politics: Interest
Groups in Israel, in: Political Studies, Bd. 40, S. 124-136
Yishai, Yael (1987): Land or Peace. Whither Israel? Stanford: Hoover Institution Press
Yishai, Yael (1986): The Jewish Terror Organization: Past or Future Danger, in: Conflict, Vol. 6, No. 4, S. 307-332
Yishai, Yael (1985): Women and War: The Case of Israel, in: Journal of Social, Political and Economic Studies, Vol. 10, No. 2, S. 195-214
Yishai, Yael (1984): Responsiveness to Ethnic Demands: The Case of Israel, in: Ethnic and Racial Studies, Vol. 7, No. 2, S. 283-300
Yishai, Yael (1981): Challenge Groups in Israeli Politics, in: Middle East Journal, Vol. 35, No. 4, S. 544-556 (ansonsten zitiert als: Ishai)
Yoshitsu, Michael M. (1984): Caught in the Middle East: Japan's Diplomacy in Transition, Lexington, Mass.: Lexington Books
Young, James E. (1988): Writing and Rewriting the Holocaust. Narrative and the Consequences of Interpretation, Indiana University Press. Dt. Ausgabe: Frankfurt am Main: Jüdischer Verlag 1992
Youth Movements (1972): Youth Movements in Israel, Jerusalem: Secretariat of Youth Movements Council, (hebr.)
Yuchtman-Ya'ar, Ephraim (1989): Who Do You Trust? The Israeli Public and Its Institutions, in: Israeli Democracy, Fall, S. 7-11
Yuchtman-Ya'ar, Ephraim (1988): The Test of Israel's Arab Minority, in: Israeli Democracy, Spring, S. 42-46
Yuchtman-Ya'ar, Ephraim (1987a): Economic Culture in Post-Industrial Society: Orientation toward Growth, Work and Technology, in: International Sociology, Vol. 2, No. 1, S. 77-101
Yuchtman-Ya'ar, Ephraim (1987): Public Trust in Social Institutions, in: Israeli Democracy, Tel-Aviv, Herbst, S. 31-34
Yuoval-Davis, Nira (1977): Matzpen, The Israeli Socialist Organization, (hebr.), Hebräische Universität Jerusalem, Kaplan School of Economic and Social Sciences
Zarzur, Sa'ed (1982): Arabische Erziehung, in: Ackermann u. a. (1982), S. 129-189

Zelniker, Shimshon/Michael Kahan (1976): Religion and Nascent Cleavages: The Case of Israel's Religious Party, in: Comparative Politics, Vol. 9, S. 21ff.
Zemach, Mina (1987a): Politische und gesellschaftliche Einstellungen der Jugend, (Hebräisch), Tel-Aviv: Dahaf-Institut im Auftrag der Van Leer Foundation, Jerusalem
Zemach, Mina (1987): Through Israeli Eyes. Attitutes Toward Judaism, American Jewry, Zionism and the Arab-Israeli Conflict, New York: American Jewish Committee
Zemach, Mina (1980): Die Einstellung der jüdischen Mehrheit zur arabischen Minderheit, (hebr.), Jerusalem: Van Leer Foundation
Zemach, Mina/Ruth Zin (1984): Meinungen von Jugendlichen über demokratische Werte, (hebr.), Jerusalem: Van Leer Foundation, September
Zidon, Asher (1971): The Knesset - Israel's Parliament, (hebr.), Tel-Aviv: Achiasaf, 6. Aufl., amerikan. Ausgabe New York: Herzl Press 1967
Zidon, Asher (1967): Knesset. The Parliament of Israel, New York: Herzl
Zuckermann, Moshe (1988): Fluch des Vergessens. Zur innerisraelischen Diskussion um den Holocaust, in: Babylon, Nr. 4, S. 63-78
Zureik, Elia (1988): Crime, Justice, and Underdevelopment: The Palestinians Under Israeli Control, in: International Journal of Middle Eastern Studies, Vol. 20, Nr. 4, S. 411-442

Verzeichnis der Tabellen

Verzeichnis der Abbildungen

Verzeichnis häufiger gebrauchter Abkürzungen

A	=	Achdut (Einheit) (= Hillel Seidel)
ABL	=	Arabische Befreiungsliga
ADP	=	Arabische Demokratische Partei
AE	=	Arieh Eliav
AH	=	Achdut Haawoda
AI	=	Agudat Israel (Vereinigung Israels)
AZ	=	Allgemeine Zionisten
BLR	=	Blau-Rot-Bewegung
BR	=	Bürgerrechtsbewegung
DB	=	Demokratische Bewegung
DBV	=	Demokratische Bewegung für Veränderung
Dem.Z.	=	Demokratische Zionisten
DFF	=	Demokratische Front für Frieden und Fortschritt
DV	=	Delegiertenversammlung des Jischuw
EG	=	Europäische Gemeinschaft
EK	=	Erneuerungskreis
Ezel	=	Irgun Zwai Leumi
FP	=	Frauenpartei
FZ	=	Freies Zentrum
GE	=	Gusch Emunim
GI	=	Großisrael-Bewegung
HH	=	Haolam Haze
HPM	=	Hapoel Hamisrachi
HPZ	=	Hapoel Hazair
IAP	=	Israelische Arbeitspartei
IZL	=	Irgun Zwai Leumi (auch: Ezel)
J	=	Jahad (Bewegung für die Nationale Einheit)
JA	=	Jewish Agency
Jem.	=	Jeminiten
JSP	=	Judenstaatpartei
Ko	=	Kommunistische Opposition
KP	=	Kommunistische Partei Israels
KPP	=	Kommunistische Partei Palästinas
LAO	=	Law and Administration Ordinance
LB	=	Linker Bund (Unabhängiger Links-sozialistischer Bund)
Le	=	Lechi = Lohame Herut Israel (Kämpfer für die Freiheit Israels)
LP	=	Liberale Partei
LZ	=	Liberale Zentrumspartei
M	=	Misrachi
Mapai	=	Mifleget Poale Eretz Israel (Arbeiterpartei des Landes Israel)
MH	=	Min Hajesod ("von Grund auf")

Mapam	=	Mifleget Hapoalim Hameuchedet (Vereinigte Arbeiterpartei)
Mn	=	Matzpen
Mo	=	Moledet (Heimat/Vaterland)
Mz	=	Mazad
NE	=	Alija Chadascha (Neue Einwanderung)
NKL	=	Neue Kommunistische Liste
NRP	=	Nationalreligiöse Partei
O	=	Ometz (Mut)
PAI	=	Poale Agudat Israel
PFL	=	Progressive Friedensliste
PKP	=	Palästinensische Kommunistische Partei
PLO	=	Palästinensische Befreiungsorganisation
PP	=	Progressive Partei
PZL	=	Poale Zion Linke
PZM	=	Marxistische Poale Zion in Eretz Israel und Borohow-Fraktion
PZSD	=	Jüdisch-Sozialdemokratische Poale-Zion-Partei
Rafi	=	Reschimat Poale Israel (Liste der Arbeiter Israels)
Rev.	=	Revisionisten
RZ	=	Radikale Zionisten
SAP	=	Sozialistische Arbeiterpartei
Seph.	=	Sepharadim
Sh	=	Shinui (Bewegung für Veränderung)
Shelli	=	Gleichheit für Israel
SL	=	Staatsliste
SP	=	Schwarze Panther
SS	=	Schass
SZ	=	Schlomzion (Friede in Zion)
T	=	Techija (Wiederauferstehung)
Tami	=	hebr.: Bewegung für die Tradition Israels
TB	=	Degel Hatora (Thora-Banner)
Te	=	Telem
UL	=	Unabhängige Liberale Partei
US	=	Unabhängige Sozialisten
UZ	=	Unabhängiges Zentrum
VRF	=	Vereinigte Religiöse Front
Z	=	Zomet (Bewegung für Zionistische Erneuerung)
ZA	=	Haowed Hazioni (Zionistische Arbeiter)
ZJ	=	Zionistische Jugend
ZR	=	Israelisch-Zentristisch-Religiöses Lager

Stichwort- und Namenverzeichnis